Horst Scharfenberg

Aus Deutschlands Küchen

Hallwag Verlag Bern und Stuttgart

Die Abbildungen auf den vorhergehenden Seiten stammen aus Christoph Weigels berühmter Darstellung «Abbild- und Beschreibung der Gemein-Nützlichen Haupt-Stände von dem Regenten biß auf die Künstler und Handwercker» aus dem Jahre 1698.

Herzlichen Dank

allen, die mir bei diesem Buch geholfen haben! Es sind Hunderte von Hausfrauen, Köchen und Genießern, deren Küchenerfahrungen mir als Anregungen und Unterlagen dienten. Wo immer ich meine kulinarischen Wohltäter persönlich kenne oder kannte oder wenigstens ihre Namen weiß, habe ich diese bei den jeweiligen Rezepten vermerkt. Allen unbekannten Verfasserinnen handgeschriebener Rezepte danke ich mit diesem bescheidenen Hinweis.
Herr Walter Putz vom Brenners Park-Hotel (Baden-Baden) und Herr Ernst Birsner, der Chef des Burda Kochstudios (Offenburg), haben aus ihren wunderbaren Kochbuchsammlungen einmaliges Bildmaterial beigesteuert, wofür ich ihnen ebenso zu Dank verpflichtet bin wie den Mitarbeitern des Hallwag Buchverlags, die so viel Liebe und Mühe und Können auf dieses Buch verwandt haben.
Der innigste Dank jedoch gilt meinen lange verstorbenen Eltern. Mein Vater kannte die Genüsse der weiten Welt wie kaum ein anderer seiner Zeitgenossen, trotzdem oder gerade darum liebte er die Küche seiner Heimat so sehr, daß er keine Gelegenheit versäumte, sie mir mundgerecht zu machen. Meine Mutter war eine jener wunderbaren Köchinnen, für die das Wohlergehen der Familie und deren Zufriedenheit bei Tisch der schönste Lohn ihrer Kunst ist. – Dank, euch beiden Lieben, daß ihr mich zum guten Geschmack erzogen habt!

Umschlag und Gestaltung: Robert Buchmüller
Gesamtherstellung: Hallwag AG Bern

3. Auflage, 1989
ISBN 3-444-10362-X

Hallwag

Inhalt

Vorwort

Horst Scharfenberg ist nicht nur begeisterter und eifriger Sammler und Bewahrer kulinarischer Tradition. Er ist ebenso engagiert und begabt in der Umsetzung seiner Rezepte. In der Zubereitung der Speisen verbindet er das Wissen des Theoretikers mit der Erfahrung des Praktikers und dem feinen Gespür des Gourmets. Davon konnte ich mich überzeugen, als ich kurz vor dem Erscheinen dieses Buches Gast in seinem Hause und an seinem Tische war. Sein Buch gab an jenem Abend auch Anstoß für ein kulinarisch-politisches Gespräch und mir Anlaß, diesem Buch einige Worte voranzustellen.

Gutes Essen und Trinken beeinflußt durchaus nicht nur das leibliche Wohlergehen. Selten verfehlt es seine entspannende Wirkung auf Geist und Seele. Der Wert von sogenannten Arbeitsessen lag nie darin, die nun einmal notwendige Nahrungsmittelaufnahme möglichst zeitsparend und ohne Unterbrechung eines Gesprächs abzutun. So manches stokkende Gespräch, so manche verfahrene Diskussion wurde bei einem gemeinsamen Mahl erst belebt.

Einem Fremden oder Freund die Gastfreundschaft gewähren, hieß immer den Tisch mit ihm teilen. Darauf habe ich auch bei Staatsbesuchen immer Wert gelegt. Die politische Wirkung einer guten Küche soll man nicht unterschätzen.

Horst Scharfenberg verbindet Küche und Politik in eigener Weise: Kulinarische Traditionen seien dauerhafter als politische Grenzen; das habe die deutsche Geschichte bewiesen. Die deutsche Kleinstaaterei sei zwar überwunden, aber eine einheitliche deutsche Küche habe sich nie entwickelt, nie im Bewußtsein der breiten Bevölkerung verankert.

Die deutsche Küche, das sei nach wie vor die Vielfalt der deutschsprachigen Landesküchen, der vielen lokalen und regionalen Küchentraditionen.

Sie haben sich ihre Originalität bewahren können. Aber sie drohe nun heute in Vergessenheit zu geraten. Denn, statt sich dieses Küchenföderalismus zu besinnen, glaube man heute, daß die besseren Kirschen in Nachbargärten wachsen. Statt sich der eigenen Tradition zu besinnen, suche der Deutsche in seinem erwachenden kulinarischen Ehrgeiz sein Vorbild bei unseren französischen, österreichischen oder italienischen Nachbarn. So komme es, daß wir kulinarisch gesehen bereits vorbildliche Europäer seien.

Es ist so, deutsche Gerichte verschwinden zunehmend vom Speiseplan, und bald wissen nur noch wenige, welche Köstlichkeiten die deutsche Küche zu bieten hat. Denn das, was heute landauf und -ab als «Schwarzwälderplatten» und «Rheinische Schüsseln» angeboten wird, hat mit dem Original meist nur den Namen gemeinsam.

Engagierte Europäer, zu denen ich mich zähle, mögen es für einen bedeutsamen Schritt halten, wenn unsere Bürger in einem so sensiblen Bereich, wie es Essen und Trinken ohne Zweifel sind, sich dem Nachbarn und Miteuropäer zuwenden.

Doch Europa heißt nicht, zugleich die nationale Tradition, das kulturelle Erbe über Bord zu werfen und zu vergessen. Jedes Land, jede Nation soll seine eigene Kultur mit nach Europa einbringen. Die kulturelle Vielfalt muß erhalten bleiben, das gilt auch für die Küche. Daß wir uns der Vielfalt und Köstlichkeit der deutschen Küche bewußt bleiben, dazu will dieses Buch beitragen.

Walter Scheel,
Bundespräsident a. D.

W. JUNER

Suppen

Zweifelsohne sind Suppen die erste zubereitete Nahrung der Menschen gewesen. Das alles begann mit der Erfindung des Suppentopfes aus Ton; die Gelehrten streiten sich darum, ob das erst vor 7000 oder schon vor 8000 Jahren war. In der deutschen Küche hat die Suppe ein wechselvolles Schicksal. Sie war immer Grundbestandteil der bäuerlichen Küche. Bis zu Beginn unseres Jahrhunderts wurde sie nicht selten dreimal am Tag auf den Tisch gebracht. Vor allem die Morgensuppe war allgegenwärtig. Unsere Märchen haben uns gelehrt, die Suppe als Arme-Leute-Mahlzeit zu betrachten. So hatte sie es recht schwer, ihre neuzeitliche Rolle als Vorgericht zu übernehmen. Strenges Erziehungsgeschütz mußte aufgefahren werden, um sie wieder essenswert zu machen; denken wir nur an die Geschichte vom Suppenkaspar aus dem Struwwelpeter-Buch!
In Frankreich – wo man heutzutage übrigens die Suppe vorzugsweise am Abend ißt – hat man viele Namen dafür. Wir begnügen uns mit Suppe und lassen daneben höchstens noch die Brühe als klare Suppe gelten. Auf deutschen Eßtischen hat die Suppe traditionsgemäß die Mittagszeit gepachtet. Neuerdings erst weiß man sie als mitternächtlichen Muntermacher zu

schätzen. Letzte Reste der Morgensuppentradition finden wir in der Brühe mit oder ohne Ei, die zuweilen noch während Geschäftsbesprechungen im Laufe des Vormittags gereicht wird. Die Grenzen zwischen Suppen und Eintöpfen oder auch Grützen und Breigerichten sind nicht immer genau zu bestimmen. Alles, was den Namen Suppe trägt, findet sich in jedem Fall in diesem Abschnitt. Milch-, Bier-, Frucht- und Weinsuppen sind ganz bewußt in der Zusammenstellung berücksichtigt, da es sehr alte Suppen sind, die vor dem Vergessenwerden bewahrt werden sollten.

SCHLESWIG-HOLSTEIN

FRISCHE SUPPE

Das Gemüsesuppenkochen haben die Norddeutschen von alleine – und nicht wie am Rhein von den französischen Besatzungstruppen – gelernt. Ursprünglich wurde die «Frische Suppe» nur mit dem darin zur Aromatisierung gekochten Suppengrün angereichert. Die Veredelung durch Gemüse begann im vorigen Jahrhundert, so kann man sie getrost altehrwürdig nennen. Bei offiziellen Anlässen oder zu privaten Festessen ist in Schleswig-Holstein heutzutage die «Frische Suppe» nicht wegzudenken.

750 g Suppenfleisch
Einige Markknochen
1 bis 2 Bund Suppengrün (Petersilie, Möhre, Sellerie)
Salz
750 g feine Gemüse wie grüne Bohnen, Erbsen, Kohlrabi, Möhren, Spargel
1/4 l Wasser
Salz
1 Eßl. Butter
Knapp 200 g Mehl
1 Ei
1 Eigelb
Etwas geriebene Muskatnuß

Fleisch und Knochen nach gründlichem Waschen in etwa 1 1/2 l kaltem Wasser mit dem Suppengrün aufsetzen und 1 1/2 Stunden schwach brodelnd kochen. Abseihen und salzen. Auf gut 1 l Brühe einkochen. Eventuell entfetten. Gemüse kleinschneiden, waschen und in der Brühe gerade eben gar kochen.
Zu Suppenklößchen (in Schleswig-Holstein und gerade für die «Frische Suppe» auch «Mehlmusklößchen» genannt) den Viertelliter Wasser mit etwas Salz und der Butter zum Kochen bringen. Mehl hineinschütten, rühren, bis sich ein Kloß gebildet hat. Vom Feuer nehmen, leicht abkühlen lassen und dann erst das ganze Ei, anschließend noch das Eigelb in den Teig rühren. Mit Muskatnuß abschmecken. Mit zwei Teelöffeln kleine Klößchen abstechen und in etwa 5 Minuten auf der leicht siedenden Suppe garziehen lassen.

Burg Hohenzollern
mit Hechingen

SCHWABEN

FEINE BROTSUPPE

In Schwaben ist (und ißt) man solide und bescheiden; Großmutters Kochkunst wird überall in Ehren gehalten. Selbst moderne Großunternehmer machen da keine Ausnahme. So hat Rolf-Dieter Krauth, Juniorchef von «Bizerba» in Balingen, schon vor Jahren ein altes Brotsuppenrezept so verfeinert, daß er seine Brotsuppe mit Stolz in- und ausländischen Gästen vorsetzen konnte.
Es muß halt nicht immer Filetsteak sein!

1 kg Rindfleisch zum Kochen
6 Stück Markknochen
2 Zehen Knoblauch
1 Lauchstange
Einige Sellerieblätter
½ Sellerieknolle
2 kleine gelbe Rüben
Salz, Pfefferkörner
4 Zwiebeln
3 Eßl. Butter
Einige Scheiben Bauernbrot
2 Eßl. gehackte Petersilie
4 bis 6 Eßl. Sahne

Fleisch mit Knochen, Suppengrün und Gewürzen in gut 1½ l Wasser zum Kochen bringen. Gut 1 Stunde schwach sieden lassen. Dabei am Anfang abschäumen.
Zwiebeln halbieren und in dünne Scheibchen schneiden, die in halbe Ringe zerfallen. Diese in der Butter dunkelbraun rösten; bei nicht zu großer Hitze dabei ständig rühren, damit sie nicht schwarz werden. Die Hälfte davon zur Suppe geben und mitkochen lassen. Den Rest auf Küchenpapier entfetten und aufheben.
Bauernbrot, das in möglichst dünne Scheiben geschnitten sein sollte, im Backofen goldbraun rösten. In streichholzschachtelgroße Stücke brechen.

Fleischbrühe abgießen. Brotstücke und geröstete Zwiebeln auf die Suppenteller verteilen. Brühe darübergießen. Mit Petersilie bestreuen und jeweils einen kleinen Klecks Sahne in die Mitte setzen. Angegebene Mengen reichen zum Nachfüllen.

SCHLESWIG-HOLSTEIN

SCHNÜSCH

(AUCH SCHNUSCH ODER SNUSCH)

Weil «Schnüsch» wahrscheinlich im Angelland entwickelt wurde, in dem es ausgezeichnetes Milchvieh gibt, ist es eine Gemüsesuppe mit Milch.

250 g Möhren
250 g Erbsen
250 g Brechbohnen
250 g Kartoffeln
Salz
Zucker
½ l Milch
3 Eßl. gehackte Petersilie
60 g Butter

Alle Gemüse putzen. Erbsen und Möhren zusammen in nicht zu viel Wasser mit etwas Salz und Zucker weichkochen. Sie sollen aber noch ein wenig Biß haben.
Brechbohnen gesondert und nur mit Salz in wenig Wasser garen. Pellkartoffeln kochen, schälen und in Scheiben schneiden. Milch zusammen mit der Petersilie und der Butter aufsetzen. Sobald sie kocht, Gemüse mit jeweils nur 1 bis 2 Eßl. Kochbrühe hineinschütten. So lange erhitzen, bis alle Einlagen heiß sind. Abschmecken.
Als Beilagen sind möglich: roher Schinken, geräucherter Speck, Salzheringe, Matjesfilets oder Rollmops.
Hinweis: Wer «Schnüsch» richtig angelländisch machen will, der spare nicht am Zucker. (Süß-pikante oder süße Suppen sind eine Spezialität der Norddeutschen.)
Dies war ein Rezept für «dünnen Schnüsch». Der «dicke Schnüsch» wird ebenso zubereitet, nur tritt an Stelle der Milch eine helle Milch-Mehl-Sauce auf der Basis von in Butter angeschwitztem Mehl.

FRANZOSESUPP

Diese Gemüsesuppe kennt man in Hessen auch als «Französische Suppe». Sie wurde während einer der zahlreichen französischen Besetzungen – von welcher ist nicht mehr genau nachzuweisen – von den fremden Soldaten übernommen und zur einheimischen Spezialität gemacht.
Sehr oft erhöht man die Menge des Fleisches und ißt es anschließend oder auch später zusammen mit «Süß-saurer Gurke» (siehe S. 480).

500 g Kochfleisch (Flach- oder Querrippe)
Eine gehörige Portion Suppenknochen
2 Zwiebeln
2 Nelken
2 Lorbeerblätter
10 Pfefferkörner, Salz
1 bis 2 Lauchstengel
1 bis 2 Kohlrabi
2 Möhren (gelbe Rüben)
½ Sellerieknolle
4 Kartoffeln
1 Tasse grüne Bohnen, in Stücke gebrochen
½ Tasse Erbsen
Einige Wirsingblätter
1 Tasse Blumenkohlröschen
Petersilie oder Schnittlauch

Fleisch und Knochen gründlich waschen und in Wasser schnell zum Kochen bringen. In ein Sieb abgießen, kalt abspülen und in etwa 1¼ l Wasser erneut aufsetzen. (Durch das kurze Vorkochen bleibt die Suppe klar, ein Küchentrick, den altgediente deutsche Hausfrauen natürlich kennen – und gelernte Küchenchefs ebenso.)
Schwach strudelnd eine gute Stunde lang das Fleisch allein kochen (was noch zu dem eben genannten Trick gehört). Nach 20 Minuten die Zwiebeln, auf die jeweils mit 1 Nelke 1 Lorbeerblatt festgesteckt wurde, sowie Pfefferkörner und 1 Teel. Salz zugeben. Abschließend die Suppe durch ein Haarsieb seihen und etwa gut 1 l davon in einen anderen Topf gießen. Noch besser ist es, wenn man die Brühe nach dem Seihen auf die gewünschte Menge einkocht.
Die in Ringe geschnitttenen weißen Teile der Lauchstangen, gestiftelte Kohlrabi, Möhren und Sellerieknolle sowie in kleine Stückchen geschnittenen Kartoffeln zugeben und zum Kochen bringen. Nach 10 Minuten die Bohnen, Erbsen, streifig geschnittenen Wirsing sowie die Blumenkohlröschen zugeben. Wenn alle Gemüse gerade gar, aber noch nicht zerkocht sind, ist die Suppe fertig; sie wird mit Petersilie oder Schnittlauch bestreut, nachdem sie abgeschmeckt ist. Oft schneidet man auch das Fleisch in kleine Streifchen und erhitzt es nochmals in der Brühe, in der man es serviert.

Es müssen nicht alle angegebenen Gemüse verwendet werden. Immer schon nahm man das, was gerade frisch zur Hand war. Dabei muß man natürlich die Mengen der vorhandenen Gemüse erhöhen, damit sie die Mengen der fehlenden etwa aufwiegen.

Apropos: Bei der Auswahl der frischen Gemüse und beim Kochen, wobei die Hausfrau schon immer darauf achtete, daß sie knackig blieben, wurden seit mindestens 150 Jahren die Grundsätze der «Nouvelle Cuisine» von den Hausfrauen praktiziert. Womit wieder mal bewiesen sein dürfte, daß die «Neue Küche» ein uralter Hut ist.

Hamburger Aalsuppe

In der Hansestadt ist diese Suppe heute fester Bestandteil von Imponier-Essen. Sie wird überall in Schleswig-Holstein und auf der Insel Fehmarn geschätzt.
Die Aalsuppe war ursprünglich keine Suppe, sondern ein Eintopf, und sie enthielt auch keinen Aal, sondern alles, was gerade so da war. In Norddeutschland dehnt man das «a» gern; anstatt «alles» sagt man «aahl», und so wurde aus «Alles-Suppe» eben «Aalsuppe». Eine Suppe mit Aal ist naheliegend, da es in den holsteinischen Flüssen immer viele Aale gab.
Das älteste mir bekannte Rezept stammt aus dem Jahre 1854. In allen alten Rezepten werden die Zutaten in großen Mengen angegeben; bei der Aalsuppe sollte man auch heute noch große Portionen kochen, sonst lohnt sich die viele Arbeit nicht.

Alt-Hamburgische Aalsuppe

Für 8 Personen:
1 Schinkenknochen (oder Stück davon)
500 g Hühnerklein (Backs and Necks, tiefgefroren)
1 ¼ kg mageres Rindfleisch zum Kochen
1 Bündel Suppengrün (Sellerie, Petersilienwurzel, Lauch, Möhre)
10 Pfefferkörner
1 Lorbeerblatt
1 kg Gemüse der Saison (Erbsen, Möhren, Spargel – in kleineren Mengen auch Blumenkohl, Kohlrabi, grüne Bohnen)
250 g Dörrpflaumen ohne Stein
150 g getrocknete Äpfel (auch frische möglich)
150 g Birnschnitze (getrocknete Birnen; auch frische möglich)
gut ¼ l Weißwein
1 kg Aal
Essig, 1 Zwiebel, 1 Lorbeerblatt, Salz, Pfeffer, 1 Prise Zucker, 4 Pimentkörner zum Fischsud

Schinkenknochen (am besten zersägt) über Nacht in kaltem Wasser einweichen.
In frischem Wasser (gut 2 l) zusammen mit dem Hühnerklein und dem Rindfleisch zum Kochen bringen. Etwa 2 Stunden sacht köcheln lassen. Dabei sorgfältig abschäumen. Suppengrün zugeben, vorsichtig salzen und pfeffern. Nach einer weiteren halben Stunde durch ein Sieb gießen, das man am besten noch mit einem ausgewaschenen Mulltuch ausgelegt hat. Brühe erkalten lassen, entfetten.
Brühe erneut erhitzen und die geputzten und vorbereiteten (gestiftelt, geschnitten) Gemüse darin knapp gar kochen. Die einzelnen Sorten entsprechend ihrer Garzeit nacheinander zugeben. Inzwischen alles Obst in Wein kochen; es darf dabei keineswegs zerfallen.
Aal enthäuten, in Stücke schneiden und in Wasser, in dem man vorher die Sudzutaten aufgekocht hat, vorsichtig garziehen lassen. Auch die Aalstücke dürfen keineswegs zerfallen.
Für die Schwemmklößchen kocht man Wasser (oder Milch) mit Butter auf, schüttet das Mehl zu und rührt so lange kräftig, bis sich ein Klumpen gebildet hat und auf dem Boden des Topfes ein weißer Belag sichtbar wird. Vom Feuer nehmen, abkühlen lassen und nacheinander die Eier gut damit verrühren. Dabei abschmecken mit Salz und etwas geriebener Muskatnuß. Wasser zum Sieden bringen, ganz kleine Klößchen (am besten mit Mokkalöffeln) aus dem Teig abstechen und im schwach siedenden Wasser garziehen lassen. Herausnehmen und abtropfen lassen.
Jetzt kommt die Endmontage: Brühe zusammen mit den Aalkräutern, die alle fein gerebbelt sein müssen, wieder erhitzen. Rindfleisch, in feine Streifen geschnitten, zufügen. Kochflüssigkeit des Obstes zugeben. Anschließend

noch Obst, Aalstücke und Schwemmklößchen in der Brühe heiß werden lassen.
Abschmecken mit etwas Essig. Die Aalsuppe muß kräftig schmecken und dabei leicht süßsauer sein.
Bitte beachten! Alle Zutaten der Aalsuppe müssen noch eine gute Konsistenz haben, sie dürfen nicht zerkocht werden. Hat man Gelegenheit, die einzelnen Zutaten getrennt voneinander warm zu halten, so legt man in die angewärmte Terrine zuunterst die Aalstücke, gibt dann die Obststücke darauf, füllt mit der Brühe auf, in der sich Gemüse, Kräuter und Fleisch befinden, schmeckt ab und gibt zuletzt die Schwemmklößchen darauf. Etwas gehackter Schnittlauch kann dann beim Servieren noch über die Suppe gestreut werden.
Rezeptvariationen: Als Ersatz für den Schinkenknochen kann man auch Pökelfleisch verwenden. Zugabe von anderen Fleischsorten ist ebenfalls möglich. Dörrpflaumen (Backpflaumen) müssen unbedingt in der Suppe sein, die anderen Obstsorten können auch fehlen.
Früher wurde die Suppe, um als Eintopf besser zu sättigen, mit einer hellen Mehlschwitze gebunden. In ländlichen Gebieten macht man das heute noch.

Für Schwemmklöße:
1 Tasse Wasser oder Milch, 1 Eßl. Butter, 1 Tasse Mehl, 1 bis 2 Eier, Salz, Muskatnuß

Zum Abschmecken:
«Aal-Kräuter», bestehend aus Petersilie, Thymian, Majoran, Bohnenkraut, Salbei, Kerbel, Basilikum, Estragon, Selleriekraut, Zitronenmelisse – am besten eine Auswahl daraus; nach alter Tradition sollen es sieben verschiedene Kräuter sein.
Salz, Pfeffer, Zucker, Weinessig

Hamburg —
das Blockhaus

ALTES REZEPT

HAMBURG, 1879

„In einen Topf kochendes Wasser giebt man Hafergrütze, Butter und Salz, rührt diesen Schleim, bis er gar ist, und läßt ihn durch ein Haarsieb laufen. Dann setzt man ihn in einem großen Topfe mit Bouillon oder Wasser wieder zu Feuer."

(Weitere Zubereitung wie im oben gegebenen Rezept, ohne Schinkenknochen und Hühnerklein.)
Hamburg und Aale – für diesen Zweiklang eine symbolische Verbeugung vor einem Mann, der vor 150 Jahren als Original stadtbekannt war: Herr J. J. Weber, genannt «Aalweber». Auf dem Markt ebenso wie in den Straßen oder Wirtschaften pries er seine Aale mit volltönender Stimme und . . . in Versen an. Auf dem Fischmarkt führten Aalverkäufer sonntags die Aalweber-Tradition weiter, indem sie rote Westen anlegten und sich weiße Zylinder aufsetzten.

VERLORENE AALSUPPE

SPECKSUPPE

Bei dieser Zubereitung geht der teure Aal «verloren». Er wird oft durch einige Räucherspeckscheiben ersetzt. Sonst ist die Zubereitung wie beim Grundrezept.
Diese Suppe wird zuweilen auch als «Specksuppe» bezeichnet. Dabei kann auch die knappe Hälfte der Flüssigkeit aus Buttermilch bestehen. Immer wird diese Buttermilch-Specksuppe mit Stärkemehl angedickt.

OSTPREUSSEN

SAUERAMPFERSUPPE

500 g Sauerampfer
Salz
1 großes Bündel Petersilie
1 Bündel gemischte Suppenkräuter
1 Eßl. Butter
1 l klare Fleischbrühe
Pfeffer aus der Mühle
1 Eßl. Zitronensaft
1 Prise Zucker
1 gehäufter Teel. Stärkemehl
¼ l Schmant (saure Sahne)
4 verlorene oder hartgekochte Eier

Sauerampfer verlesen, entstielen, waschen und in reichlich Salzwasser 1 bis 2 Minuten kochen. Einige Minuten ziehen lassen, dann abgießen und ausdrücken. Zusammen mit den Kräutern durch den Fleischwolf drehen.
Butter in einem großen Topf zerlassen. Durchgedrehten Sauerampfer unter Rühren darin einige Minuten angehen lassen.
Fleischbrühe zugießen. Abschmecken mit Pfeffer, Salz, Zitronensaft und ganz wenig Zucker. Gut 10 Minuten alles zusammen kochen. Stärkemehl in der sauren Sahne verrühren und mit einem Schneebesen in die Suppe rühren. Noch einmal aufkochen lassen und mit je einem Ei (verlorenes oder hartgekochtes) servieren.
Rezeptvariation: In Ostpreußen hat man zuweilen das Rindfleisch, aus dem die Brühe gekocht worden war, in Streifen geschnitten und ebenfalls in der Suppe serviert.
Zusammen mit Salz- oder Pellkartoffeln wird so die Suppe zu einer vollwertigen Mahlzeit.
Wer die Suppe noch verfeinern will, der kann sie zusätzlich mit 1 bis 2 Eigelben legieren und vor dem Servieren auch noch einen Stich Butter einrühren.
Wer die saure Sahne durch Crème fraîche ersetzt, der erzielt ebenfalls eine Geschmacksverfeinerung, muß dabei allerdings auch eine Kalorienanreicherung in Kauf nehmen. Und echt ostpreußisch ist es natürlich auch nicht.

GEKÜHLTE SAUERAMPFERSUPPE

3 bis 5 Handvoll verlesener, gehackter Sauerampfer
3 Eßl. gehackter Dill
1/4 l saure Sahne
2 Eigelbe
Salz
2 hartgekochte Eier
1 kleine Salatgurke

Die Kräuter werden natürlich vor dem Hakken gründlich gewaschen. Dann kocht man sie in gut 1 1/2 l Wasser etwa 15 Minuten lang. Zum Schluß die Sahne einrühren und vom Feuer nehmen. Mit den Eigelben legieren. Auf Eis stellen und immer wieder mit dem Schneebesen durchschlagen. Salzen.
Hartgekochte Eier grob hacken. Gurke entkernen und in Streifchen schneiden. Zuerst die Gurke in die kalte Suppe rühren, dann die gehackten Eier leicht unterheben. Mit Eiswürfeln servieren.
Es wird empfohlen, in diese Suppe – falls vorhanden – noch Reste von Braten oder gekochtem Fleisch oder gekochtem, filetiertem Fisch in Streifen einzulegen.

Kartoffelsuppe

Diese urdeutsche Suppe ist längst nicht so alt, wie allgemein angenommen wird. In einem mitteldeutschen Kochbuch aus dem Jahre 1792 gibt es unter 121 Rezepten für Suppen und Potagen zwar solche aus Artischocken oder Austern, jedoch keine Kartoffelsuppe. Erst wenige Jahre vorher tauchte das Wort «Erdäpfel» in einem Lexikon auf, in dem das Stichwort Kartoffel allerdings nocht fehlte. Eines der ganz frühen Rezepte für Kartoffelsuppe stammt aus dem Jahre 1819; es wurde in einem «Kochbuch» in Quedlinburg abgedruckt und soll hier im Originaltext wiedergegeben werden:

SACHSEN-ANHALT

QUEDLINBURGER KARTOFFELSUPPE

„Man kocht roh geschabte, oder geschälte und in Stücke zerschnittene Kartoffeln in Wasser oder Fleischbrühe weich, treibt sie durch einen Durchschlag, verdünnt sie nach Belieben, setzt Salz, Butter und gehackte grüne Petersilie hinzu, läßt die Suppe damit aufkochen, quirlt sie auch wohl mit einem abgerührten Ey oder Eydotter ab, und richtet sie über würflicht geschnittene und in Butter gebratene Semmel an. Man kann auch die Kartoffeln mit etwas gequetschtem Kümmel in Wasser gahr kochen, sie durchtreiben, Butter und Salz hinzusetzen, und wenn sie damit aufgekocht sind, die Suppe anrichten."

Ein etwa zur gleichen Zeit am Oberrhein gedrucktes Rezept ist sehr ähnlich. Es erwähnt allerdings noch Zwiebel, Schnittlauch und Muskatnuß als Zutaten.

HESSEN

KARTOFFELSUPPE

Nach der Art, wie sie in der Familie meiner Großmutter gekocht wurde.

1 kg Kartoffeln
1 Bund Suppengrün
1 große Zwiebel
2 Eßl. Schmalz
Fleischbrühe
Salz
Weißer Pfeffer aus der Mühle
Ein Spritzer Essig
2 Eßl. gehackte Petersilie

Kartoffeln schälen, nochmals waschen und in nicht zu dünne Scheiben schneiden.
Suppengrün putzen und ebenso wie die Zwiebel in kleine Würfelchen schneiden. Alles zusammen im Suppentopf in heißem Schmalz anrösten, bis die Zwiebelwürfelchen hellgelb sind. Kartoffeln dazuschütten und so viel Fleischbrühe zugießen, daß alles gut bedeckt ist. Etwas Salz und Pfeffer dazu, umrühren und so lange zugedeckt kochen, bis die Kartoffeln ganz weich und schon etwas abgekocht sind. Etwa 1/3 der Kartoffeln herausnehmen, zerstampfen und zur Bindung der Suppe wieder einrühren.
Würzung prüfen, mit ganz wenig Essig abrunden, mit Petersilie bestreut anrichten.

Kartoffelsuppe mit heisser Wurst

Zutaten und Zubereitung wie Grundrezept (voriges Rezept). Zusätzlich noch beliebige Siedwürstchen oder 300 g Fleischwurst, die in Scheiben geschnitten mit der Suppe serviert wird.

Baden

Kartoffelsuppe badische Art

Dies ist eine besonders feine Kartoffelsuppe, die heute sehr viel auch in anderen Landesteilen zubereitet wird.

1 kg Kartoffeln
1 Möhre
1 Stück Sellerieknolle
1 Lauchstange (nur das Weiße)
1 Zwiebel
Salz
Weißer Pfeffer aus der Mühle
Geriebene Muskatnuß
½ Tasse kleingewürfelte Zwiebel
1 Eßl. Butter
1 bis 2 Tassen süßer Rahm
1 Tasse kroß in Butter gebratene Weißbrotwürfel
1 bis 2 Eßl. gehackter Schnittlauch

Kartoffeln schälen, nochmals waschen und in Scheiben oder Würfel schneiden. Suppengemüse putzen, waschen und in dünne Scheiben schneiden. Zusammen mit den Kartoffeln in den Suppentopf geben und mit kaltem Wasser bedecken. Salz, Pfeffer und Muskatnuß zufügen. Auf schwacher Hitze so lange kochen, bis die Kartoffeln weich sind.
2 Tassen voll Kartoffelwürfel aus der Suppe herausfischen und beiseite stellen. Die Suppe durch ein Haarsieb treiben. Zwiebelwürfel in einer Pfanne in der Butter hellgelb werden lassen und dann den gesamten Pfanneninhalt in die passierte Suppe gießen. Rahm einrühren, Kartoffelwürfel zufügen, Würzung prüfen und alles zusammen wieder erhitzen.
Mit Brotwürfelchen und Schnittlauch bestreut anrichten.

Stadt Blankenburg und Ruine des Schlosses Greifenstein

THÜRINGEN

KARTOFFELSUPPE MIT FISCH

Zutaten und Zubereitung wie im vorigen Rezept, allerdings ohne Essig. Dafür werden noch 250 g Fischreste (von Kochfisch) oder gewässerter und entgräteter Stockfisch in der Suppe gegart.

Erbsensuppe

Auch die Erbsensuppe gehört zu den deutschen Heimweh-Essen. Wer sie lange nicht gegessen hat, träumt von ihr. Dabei geschieht etwas sehr Ungewöhnliches: Erbsensuppe ist stets eine – und oft die einzige – angenehme Erinnerung des deutschen Mannes älterer Jahrgänge an seine Soldatenzeit. Die beste Erbsensuppe wird in der Gulaschkanone gekocht. Vereine und Verbände machen sich diese allgemeine Überzeugung zunutze, mieten für ihre Feste eine Gulaschkanone und lösen so das Bewirtungsproblem auf einfache und zugleich köstliche Art und Weise.
Auch daheim kann man sich Erbsensuppe von Gulaschkanonen-Qualität kochen – im Dampfdrucktopf. Allerdings sollte man nicht mit kleinen Mengen anfangen; deshalb gebe ich das Rezept für 8 Portionen.

400 g grüne Trockenerbsen (noch besser: 200 g halbe und 200 g ganze Trockenerbsen)
200 g durchwachsener Speck
1 kleingeschnittene Zwiebel
1 Stück Speckschwarte
1 Schinkenknochen «mit noch was dran»
3 Kartoffeln
1 Prise gerebbelter Majoran
1 Prise gerebbeltes Basilikum
Salz
Pfeffer aus der Mühle
4 Eßl. geröstete Weißbrotwürfel

Erbsen über Nacht in 2 l Wasser einweichen. Am nächsten Tag in einem großen Dampfkochtopf den in kleine Streifchen geschnittenen Speck kurz auslassen und dann die kleingeschnittene Zwiebel zugeben und gut glasig werden lassen. Die Erbsen mitsamt dem Einweichwasser zugeben. Speckschwarte und Schinkenknochen einlegen.
Die Kartoffeln schälen, nochmals waschen und in kleine Würfelchen schneiden. Wenig Majoran und Basilikum zufügen, Deckel verriegeln, abdampfen und auf mittlerer Garstufe gut 15 Minuten kochen. Warten, bis der Topf drucklos ist, und den Deckel öffnen.
Speckschwarte und Schinkenknochen aus der Suppe nehmen; alle Fleischreste vom Knochen lösen und kleinschneiden. Die Hälfte der Erbsensuppe herausschöpfen und durch ein feines Sieb wieder in die Suppe pressen.
Fleischteile des Schinkenknochens zufügen.
Abschmecken und mit Brotwürfelchen bestreut anrichten.
Hinweis: In vielen Rezepten wird empfohlen, die ganze Suppe zu passieren. Dadurch verliert sie meiner Ansicht nach viel von ihrem Wohlgeschmack, zu dem es auch gehört, daß

man noch Erbsen auf der Zunge spüren muß. Außerdem habe ich nie einen «Küchenbullen» getroffen, der seine Erbsensuppe passierte. Schinkenknochen ist die beste Erbsensuppeneinlage. Man muß sich allerdings rechtzeitig einen beim Metzger bestellen. Als Ersatz muß notfalls Speckschwarte allein dienen. In diesem Fall sollte man dann jedoch Siedwürste in der Suppe erhitzen und in Scheiben geschnitten darin servieren.

Sollte die Suppe einmal zu dünn geraten sein, so dicke man sie nicht mit Mehlschwitze an, sondern mit einem Stück «Erbswurst». Diese Erbswurst ist ihrerseits ein Stück deutscher Küchentradition. Schon 1870 bekam ein Berliner Metzger das Patent auf getrocknete Erbsmischung; die Fa. Knorr kaufte es, irgend jemand hatte die geniale Idee mit der Wurstform, und so entstand eine der erfolgreichsten Spezialitäten der deutschen Nahrungsmittelindustrie. Wahrscheinlich ist es auch die älteste. Ganze Generationen deutscher Buben konnten durch die Erbswurst ihre Kochprobleme lösen, wenn sie kreuz und quer durch ihre Heimat wanderten oder radelten. Ein dreifach Hoch der guten alten Erbswurst!

Linsensuppe

250 g Linsen
1 große Zwiebel
1 Eßl. Schmalz
1 Bund Suppengrün (Lauch, Sellerie, Möhre, Petersilie)
1 Möhre
1 Kartoffel
200 geräucherter, durchwachsener Speck
Salz
Pfeffer aus der Mühle
Einige Eßl. Essig

Linsen verlesen, waschen und über Nacht in reichlich Wasser weichen lassen.
In einem großen Topf die kleingeschnittene Zwiebel im Schmalz gelb werden lassen. Linsen mitsamt ihrem Einweichwasser dazuschütten. Geputztes Suppengrün beigeben. Möhre schrappen, Kartoffel schälen, beide in Würfelchen oder Blättchen schneiden und in die Suppe geben. Ebenso den Speck, der am Stück bleibt. Alles zusammen eine gute Stunde kochen, bis die Linsen weich sind. Nach der Hälfte der Garzeit mit Salz und Pfeffer würzen.
Vor dem Anrichten den Speck herausnehmen und entweder in vier Portionsstücke oder in kleine Streifchen schneiden. Sollte die Suppe zu dünn sein, so passiert man einige Eßl. Linsen durch ein Haarsieb und kocht damit noch einmal durch. Die gesamte Suppe wird mit wenig Essig abgeschmeckt.
Ein kleines Kännchen mit Essig kommt zusätzlich auf den Tisch, damit sich jeder seine Suppe selbst nochmals abschmecken kann. Essig wirkt Blähungen entgegen.
Man kann zusätzlich noch Würstchen in der Suppe heiß machen und damit servieren. Dann wird der Speck auf jeden Fall in kleine Streifchen geschnitten.
In Norddeutschland schmeckt man die Linsensuppe gern mit ein bißchen Zucker ab.

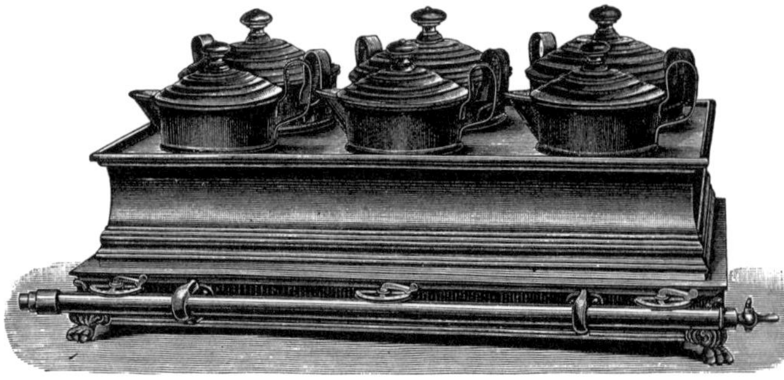

RUMFORD-SUPPE

Zwei Amerikaner haben erfolgreich die Not in unserem Lande besiegt. Der eine, George C. Marshall, 1947 als US-Außenminister durch den Marschall-Plan; obwohl er mit Milliarden von Dollars unsere Wirtschaft wieder in Gang brachte, ist nach noch nicht einmal 40 Jahren sein Name schon fast vergessen. Er hätte lieber eine Suppe erfinden sollen. Das tat ein Landsmann von ihm vor 200 Jahren – und wurde dadurch unsterblich. Wenigstens für gut 150 Jahre. Zu Lebzeiten wurde er vom bayrischen Landesherren in den Grafenstand erhoben. Er konstruierte auch Küchengeräte, verfaßte wissenschaftliche Arbeiten über Kanonen und schuf eine der schönsten Parkanlagen Münchens. Benjamin Graf Rumford war Physiker. Seine größte Tat war eine Suppe, mit der die hungernden Massen gesättigt werden konnten; 1797 in Bayern, 1800 auch in Berlin. Damals wurde anstelle von Speck nur Speckschwarte verwendet. Erst bei ihrem späteren Einzug in alle Kochbücher wurde die «Rumford-Suppe» mit Speck veredelt.

200 g gelbe Erbsen
Gut 1 l Wasser oder Brühe
1 Bund Suppengrün (Möhre, Sellerie, Lauch)
50 g fetter Speck
1 Zwiebel
30 g Graupen
2 Kartoffeln
Salz

Erbsen über Nacht einweichen, dann mit der Einweichflüssigkeit kochen. Dabei gewaschenes Suppengrün zugeben.
Speck in Würfelchen schneiden, auslassen und in seinem Fett die kleingewürfelte Zwiebel glasig werden lassen. Bratfett zur Suppe gießen. Wenn die Erbsen nach etwa 1½ Stunden gar sind, streicht man sie mitsamt Brühe und Einlagen durch ein feines Sieb. – Wieder aufsetzen, Speckwürfelchen dazu, ebenso Graupen und die geschälten, gewürfelten Kartoffeln. Mit Salz abschmecken und bei schwacher Hitze kochen, bis die Einlagen gar sind.
In den späteren Rezepten wurde die Suppe verfeinert:
- mehr Speck
- legieren mit Eidottern
- bestreuen mit in Butter gerösteten Brotwürfelchen

GERÖSTETE GRIESSSUPPE

Dies war einmal eine in allen deutschen Landschaften beliebte Suppe, die millionenfach aufgetischt wurde. Heute ist sie fast vergessen.

70 g Schmalz oder Butter
1 Tasse Grieß
Salz
3 Eigelbe
4 Scheiben weißes, in wenig Butter beidseitig geröstetes Brot

Schmalz in einem großen Topf erhitzen und den Grieß darin unter ständigem Rühren hellgelb rösten. Etwa 1 l kochendes Wasser zugießen, salzen und so lange kochen, bis der Grieß gequollen ist.
Vom Feuer nehmen und mit den verkleppertten Eidottern legieren.
Über die Brotscheiben, von denen eine in jeden Teller gelegt wird, anrichten.

BADEN

GRÜNKERNSUPPE

Diese Suppe war früher in vielen Teilen Deutschlands sehr beliebt, trotzdem kann man sie Baden zuordnen, weil das einzige große Anbaugebiet des Dinkels und die letzten Röstereien im badischen Frankenland liegen.
Diese Suppe erlebt seit einigen Jahren – wenigstens in Südwestdeutschland – eine erstaunliche Wiedergeburt als wohlschmeckende deutsche Spezialität. Ich habe ihren Erfolg bei mehreren internationalen Festessen miterlebt.

125 g Grünkerngrütze (im Reformhaus zu haben; aber kein Grünkernmehl kaufen)
1 Eßl. ganz fein gewürfelte Karotte
1 Eßl. ganz fein gewürfelte Schalotte
1 Eßl. ganz fein gewürfelte Sellerieknolle
2 bis 3 Eßl. Butter

Grünkerngrütze zusammen mit den Gemüsen, deren Würfelchen nicht größer als 4 mm sein sollen, in der Butter auf dem Boden eines Suppentopfes anrösten, bis die Schalotten – die man auch einen Augenblick später zugeben kann – goldgelb sind. Mit der Fleischbrühe ablöschen. Brötchen in dünne Blättchen schneiden und in die Brühe geben. Noch etwas nachsalzen. Alles zusammen unter öfterem Umrühren etwa 1½ Stunden kochen.
Eigelbe mit der Sahne verrühren, Brühe vom Feuer nehmen und damit legieren. Markklößchen einlegen und heiß werden lassen.

Sind die Markklößchen größer oder noch nicht gegart, so kann man sie vor dem Legieren einlegen.

Apropos: In früheren Jahrhunderten hat man in der feinen Küche diese Grünkernsuppe stets passiert, sie sollte möglichst glatt und samtig werden. Es gibt sogar eine Reihe von alten Rezepten, in denen man allen Grünkern abseihte und nur den Grünkernschleim aß. In der Küche vornehmer Leute, wohlgemerkt. Die Bauern haben ihn immer so gegessen, wie ihn moderne Genießer, die nicht von der Püree-Unsitte verdorben sind, heute genießen.

1 ½ l kräftige Fleischbrühe
½ altbackenes, abgeriebenes Brötchen
Salz
1 bis 2 Eigelbe
6 Eßl. süße Sahne
Einige Markklößchen

SCHLESIEN

WASSERSUPPE

Diese Arme-Leute-Suppe war eine Feiertagssuppe. In einem handgeschriebenen Familienrezept aus dem vorigen Jahrhundert steht darüber folgendes:

„Schneide von einem Laib Brotschnitten ab, reibe sie kräftig mit Knoblauchzehen, lege sie in eine Suppenschüssel und streue Salz darüber. Setze dann noch kleine Butterstückchen darauf und gieße kochendes Wasser darüber.
Solche Suppe gebe zum Mittagessen an Karfreitagen und anderen Fasttagen."

Rathaus zu Breslau

Historisches Menü: Das Menü des Prunkmahls am 23. Januar 1893 zur Feier der Vermählung der Prinzessin Margarethe von Preußen mit dem Prinzen Friedrich Karl von Hessen

Hochzeitssuppe

Derartige Namen tauchen in zahlreichen deutschen Landschaften auf. D i e Hochzeitssuppe aber gibt es nicht. Hochzeitssuppen sind bäuerliche Festsuppen. Und da Hochzeiten früher auf dem Lande sehr viel größere Feiern waren, als das heute der Fall ist, kam in die Hochzeitssuppe alles, was in der betreffenden Gegend gut und teuer war. Grundlage bildete fast immer eine kräftige Fleischbrühe.
In Bayern mußten natürlich Weißwürste in der Hochzeitssuppe sein. Grieß- und Leberknödel gehörten unbedingt zur Hochzeitssuppe der Schwaben, während die Friesen es nicht an saftigem Fleisch fehlen ließen.
So wie es dereinst dörflicher Brauch war, ist die Hochzeitssuppe heute noch eine besonders reich-

haltige Suppe, die man aber längst nicht mehr auf Anlässe beschränkt, bei denen ein Brautpaar der Mittelpunkt ist. Unter den Namen Hochzeitssuppe kann mancherlei in den Topf mit Fleischbrühe wandern, nur reichlich und vielfältig muß es sein.

OBERSCHLESIEN

HANFSUPPE

Keine Angst, die braven Oberschlesier waren nicht dem Rauschgift verfallen! Aus dem bei ihnen angebauten Hanf kann man nämlich kein Haschisch gewinnen; das geht nur mit den asiatischen Arten. Europäischer Hanf ist eine Faserpflanze, mit der Heimwerker heute noch zu tun haben, wenn sie Werg verwenden. In Oberschlesien wurden die ovalen, aschfarbenen Körnchen mit dem süßen Mark zu einer Suppe verwendet, von der alte Leute noch immer schwärmen. Sie wurde nur am Heiligabend gekocht.

1 große Tasse Hanfkörner
1 bis 2 Eßl. Hirsemehl
Salz
1 kleine Prise Zucker

Körner waschen und mit frischem Wasser gut bedecken. Etwa zwei Stunden kochen. Kochbrühe in einen Suppentopf abgießen. Körner zerstampfen, wieder frisches Wasser darübergießen und etwa eine Viertelstunde kochen. Brühe zu der ersten abseihen. Neues Wasser auffüllen und die Kerne damit kochen, abseihen. Dieses insgesamt vier- bis fünfmal wiederholen. Körner anschließend wegwerfen. Die Kochbrühe erhitzen und mit Salz und einer kleinen Prise Zucker abschmecken. Binden mit kalt angerührtem Hirsemehl.

Apropos: Hanfkörner dienten auch zur Bereitung von vielgepriesenen Hausmitteln. In einem alten Gesundheitsbuch steht: «Eine Milch von Hanf-Saamen wird mit Rosenwasser oder Hollundersaft vermischet; mit Tüchlein über die Stirn gebunden stillet sie in hitzigen Fiebern das Hauptweh und befördert den Schlaf; eingenommen lindert sie den Husten.»

Königinsuppe

Während der ersten drei Jahrzehnte unseres Jahrhunderts hat man sie noch auf den Speisekarten aller Restaurants gefunden, die auf das Renommee ihrer Küche Wert legten. Wenn sie jetzt verschwunden ist, dann ist dafür einzig und allein der Personalmangel (verbunden mit hohen Löhnen) verantwortlich. Diese Suppe ist sehr aufwendig. Trotzdem sollte sie nicht vergessen werden.

Ich gebe ein Originalrezept aus dem Jahre 1773, veröffentlicht in der Gleditschen Handlung zu Leipzig.

„Man nehme weiß Brod, schneide die braune Kruste oder Rinde ganz dünn ab, zertheile das Brod in 4 bis 6 Stücken, thue es in einen Kessel, werfe einige kreuzweise geschnittene gelbe und weiße Rüben wie auch Petersilienwurzeln dazu, schütte recht gute kräftige Fleischbrühe daran, und lasse es damit sieden, bis das Brod ganz verkocht und die Brühe etwas sämig ist; alsdann hacke und stoße man ein halb Pfund Mandeln, ein wenig gebraten Kalb- oder Hühnerfleisch, nebst zween hart gesottenen Eyerdotteren, zu einem Teige, thue dieses alles zu der Brühe, und rühre es darinnen recht unter einander; jedoch darf es mit den Mandeln nicht kochen, sondern nur ein wenig gegen dem Feuer stehen. Hierauf kann alles, was man durchbringen kann, durch ein feines Sieb gestrichen werden, damit es eine weiße sämige Brühe wird, ferner mit Salz und Muscatenblüthen recht gewürzt, und bis zum Anrichten ans Feuer gestellt werden, daß es siedend heiß bleibt; aber kochen darf es nicht, indem es sonst etwas käsig und unansehnlich werden möchte. Wenn man nun die Suppe anrichten will, wird das Brod mitonnieret (= die Terrine mit gerösteten Brotstücken auslegen); alsdann kann man in dieselbe legen, was man will, Hühner, Markknochen, farcierten oder ordinairen Kalbsknochen, oder auch nur ein wenig Farce, und solches um einen Kalbsknochen schlagen, oder es sonst in beliebige Form bringen, ferner fein glatt machen, mit einem Messer zierlich einkerben, in einer Tortenpfanne backen lassen, und so in eine Schüssel anrichten, so giebt es eine herrliche Suppe."

Schneckensüpple

In Baden sind Schnecken eine Bauernmahlzeit. Man findet sie auf der Karte der Dorfgasthäuser. Kein Wunder, daß es eine Fülle von Zubereitungsarten gibt. Diese Schneckensuppe ist in den letzten Jahrzehnten erfolgreich in die Edel-Gastronomie vorgedrungen.

¼ l Kalbsbrühe (oder Fleischbrühe)
¼ l herber Weißwein
1 Karotte
1 Zwiebel
300 g Sellerieknolle
1 Lorbeerblatt
1 Dose Schnecken (24 Stück Inhalt)
½ Teel. Basilikum
½ Teel. Stärkemehl
1 Tasse saure Sahne
Knoblauchsalz
Weißer Pfeffer aus der Mühle
Geriebene Muskatnuß
2 Eßl. gehackte Petersilie

Brühe, Weißwein, Gemüse und Lorbeerblatt 15 Minuten lang zusammen kochen. Schnekken mitsamt dem Konservierungssaft zufügen und nochmals 15 Minuten kochen. Abseihen. Die Hälfte der herausgeklaubten Schnecken kleinhacken, Rest halbieren. Die Hälfte von Karotte und Sellerie sehr fein stifteln. Alles wieder in die abgeseihte Brühe schütten. Basilikum zufügen. Wieder erhitzen. Stärkemehl in der Sahne verrühren, zur Schneckensuppe gießen, darin verquirlen und aufkochen.
Abschmecken mit Knoblauchsalz, Pfeffer und Muskatnuß. Petersilie zur Hälfte unterrühren, Rest auf die Tassen oder Teller beim Servieren streuen.
Hinweis: Wer sich vor einem intensiveren Knoblaucharoma nicht scheut, nimmt frisch gepreßte Knoblauchzehen und Salz.
Zur Verfeinerung verzichte man auf das Stärkemehl und legiere mit zwei Eigelben.

Benediktbeuren

ALLGÄU

KÄSESUPPE

Käsesuppen oder Suppen mit Käse spielen in der deutschen Küchentradition nur eine kleine Nebenrolle (ganz im Gegensatz zu Frankreich und Italien).
Nur im Allgäu findet sich eine volkstümliche Suppe dieser Art, aber auch sie ist wahrscheinlich erst kurz vor der Jahrhundertwende entstanden.
Schon 1581 erwähnt Marxen Rumpolt in seinem «New Kochbuch» «Käß Suppen mit verlorenen Eyern» und «Ein Käßsuppen von einem Parmesankäß gemacht» oder «Kapaunen in einer Suppen und mit Parmesan Käß uberstrewt». Aber das waren alles Speisen aus der Fürstenküche.

50 g Mehl
50 g Butter
1 l kräftige Fleischbrühe
200 g geriebener Emmentaler
1 Eigelb
2 Eßl. süße Sahne
Weißer Pfeffer aus der Mühle
4 Eßl. Weißbrotwürfel, die in Butter geröstet wurden
2 Eßl. angeröstete Zwiebelringe

Mehl und Butter in einem Suppentopf mit dikkem Boden erhitzen und verrühren. Bevor das Mehl Farbe annimmt, wird mit der Brühe aufgegossen. Alles zusammen verrühren und 15 Minuten schwach kochen. Käse nach und nach einrühren. Nochmals aufkochen, vom Feuer nehmen. Eigelb mit Sahne verquirlen und die Suppe damit legieren. Mit etwas weißem Pfeffer abschmecken.
Beim Anrichten mit gerösteten Brotwürfeln und Zwiebelringen belegen.

BAYERN

MILZSCHNITTENSUPPE ODER MILZSCHÖBERLSUPPE

Dies ist eine der Köstlichkeiten, die es in deutschen Suppentöpfen zu entdecken gibt. Ich halte beide Daumen, daß sie bald von möglichst vielen Landsleuten auch für die westlichen und nördlichen Regionen unserer Heimat entdeckt wird.
Das Rezept habe ich aus verschiedenen Milzschnittengenüssen, die mir in bayrischen Familien und Gasthäusern zuteil wurden, zusammengetragen.

150 g Milz vom Kalb oder Rind
2 Schalotten
1 Eßl. gehackte Petersilie
1 Eßl. Butter
40 g frischgeriebene Weißbrotbrösel
4 Eßl. süßer Rahm
1 Messerspitze abgeriebene Zitronenschale
Salz
Weißer Pfeffer aus der Mühle
1 Prise gerebbelter Majoran
1 Ei
8 dünne Weißbrotscheiben ohne Rinde
2 bis 3 Eßl. Butter
1 l kräftige, klare Fleischbrühe
2 Eßl. gehackter Schnittlauch

Die Milz ausschaben, was besser geht, wenn man sie vorher geklopft hat.
Schalotten schälen und kleinschneiden. Zusammen mit der Petersilie in Butter glasig werden lassen. Brösel, Rahm und geschabte Milz vermischen sowie Schalottenmischung zugeben. Abschmecken mit Zitronenschale, Salz, Pfeffer und Majoran. Schließlich noch das Ei zufügen und alles zu einer streichfähigen Paste verarbeiten.
Vier Brotscheiben dick bestreichen und die restlichen Brotschnitten darauf festdrücken. In Butter beidseitig goldbraun backen. Nach dem Abkühlen in Vierecke oder Rauten schneiden, auf vier Teller verteilen und mit heißer Brühe übergießen.
Schnittlauch darüberstreuen und anrichten.

WESTERWALD

KÖNIGIN-LUISE-SUPPE

Zum Namen dieser Suppe muß angemerkt werden, daß die Preußenkönigin Luise sich wahrscheinlich sehr an dieser Suppe delektiert hätte, dies jedoch nicht tun konnte, weil sie «ihre» Suppe garantiert nicht kannte.

Es handelt sich dabei um ein ganz junges Traditionsgericht mit dem seltenen Vorteil, daß wir sein Entstehungsjahr genau kennen: 1962. Mein Marmitenbruder Reinhard Hauschild stellte die Suppe im Jagdhaus unseres gemeinsamen Freundes Walter Tauffenbach aus den Resten der Vorratskammer zusammen.

Ich habe wenige Monate später das Rezept im Fernsehen gezeigt, später wurde es noch vielfach veröffentlicht und noch viel mehr nachgekocht. Die «Königin-Luise-Suppe» ist zu einem echten Mitternachtssuppen-Schlager geworden. Ihren aristokratischen Namen hat sie bekommen, weil ihr Schöpfer damals gerade an einem Artikel über die Preußenkönigin arbeitete.

Inzwischen hat die «Königin-Luise-Suppe» viele Abwandlungen erfahren. Ich kann Ihnen jedoch die Urfassung des Rezeptes aus der Koch-Club-Fernsehsendung vom 5. Mai 1962 geben.

2 große Zwiebeln
2 Eßl. Butter
1 gehäufter Teel. Currypulver
1 Eßl. flüssiger Honig
1 Dose gebundene Ochsenschwanzsuppe (850 ml)
1 kleine Dose Brechbohnen (450 ml)
Salz, Pfeffer aus der Mühle
1 Hauch Cayennepfeffer
1 kleine Prise Bohnenkraut
1/8 l eiskalte süße oder saure Sahne (oder Joghurt)

Zwiebeln kleinschneiden und in einem Topf mit dickem Boden in der Butter hellgelb werden lassen. Erst Currypulver damit verrühren und dann den flüssigen Honig. Ablöschen mit der Ochsenschwanzsuppe. Bohnen dazu sowie alle Gewürze. Kurz durchkochen lassen. Beim Servieren auf jeden Teller einen Klecks Sahne setzen.

OSTPREUSSEN

KREBSSUPPE

Wasser gab es in Ostpreußen sehr reichlich; und da gleichzeitig Industrie sehr, sehr spärlich vertreten war, blieb das Wasser auch sauber und lieferte Krebse in Hülle und Fülle. Da diese wohlschmeckenden Krustentiere heute von «weit hinten in der Türkei» für teures Geld eingeführt werden müssen, sollte man sich der «Krebssuppe» erinnern, da kommt man nämlich mit wenigen Krebsen recht weit. Eine Überlegung, die seinerzeit in Ostpreußen keine Rolle gespielt hat. Bestimmt nicht für Herrn von Hindenburg, dessen Leibgericht diese Suppe in «Kühls-Hotel» bei Tannenberg war.

8 Krebse (sind sie sehr klein, sollten es 10 bis 12 sein)
2 Bund Dill
Einige Stengel Petersilie
1 bis 2 Sellerieblätter
Salz
2 Eßl. Butter
1 Eßl. Mehl
1 bis 2 Eigelbe
2 bis 3 Eßl. gehackter Dill
Eventuell: Spargelköpfe und Blumenkohlröschen

Krebse gut bürsten. Unzerteilte Dill- und Petersilienstengel mit Sellerieblättern und 1 Eßl. Salz in ca. 2 l Wasser aufkochen. Krebse einzeln hineindrücken und etwa 10 Minuten kochen. Herausnehmen, aufbrechen, Fleisch auslösen und zusammen mit den Krebsnasen beiseite legen.
Schalen kleinhacken und in knapp 1 Eßl. Butter gut 5 Minuten anschwitzen. Mit 1 Liter Krebssud aufgießen, 15 Minuten durchkochen und durch ein Haarsieb passieren.
Restliche Butter mit Mehl zu einer hellen Schwitze rühren, mit der Krebsbrühe aufgießen, eine Viertelstunde sachte köcheln lassen. Einlagen, bestehend aus dem Krebsfleisch und eventuell einigen Spargelköpfen und Blumenkohlröschen (vorher gegart), in der Suppe erhitzen. Vom Feuer nehmen und mit Eigelb legieren. Sehr schön sieht es aus, wenn man den Tellerrand mit einer mit Krebsfleisch gefüllten Krebsnase garniert. Auf jeden Fall viel Dill über die Suppe streuen.

Apropos: Wußten Sie, daß man Krebse früher in Brennesseln aufbewahrte? Sollten Sie heute also einmal in die Verlegenheit kommen: Brennesseln gibt es überall reichlich. Aber Handschuhe anziehen zum Pflücken!

SCHWABEN

FLÄDLESUPPE

In Württemberg läßt man das Endungs-e weg, doch da diese Suppe in den letzten Jahren eine «vornehme Karriere» gemacht hat und sogar bei Staatsempfängen gereicht wird, kann man ihr die hochdeutsche Form zugestehen. In Österreich ist diese Suppe unter dem Namen «Fritattensuppe» bekannt. Da Österreich als Habsburger Monarchie ja einmal Besatzungsmacht in einem Teil Baden-Württembergs war, ist das nicht verwunderlich; fragt sich nur, wer von wem gelernt hat!

1 l kräftige, klare Fleischbrühe

Flädle aus:
125 g Mehl
2 Eiern
Etwa 1/4 l Milch
Salz
Speckwscharte für die Pfanne
2 bis 3 Eßl. gehackter Schnittlauch

Aus Mehl, Eiern, Milch und einer Prise Salz einen glatten Eierkuchenteig (Flädleteig) rühren. Mindestens 1/2 Stunde ruhenlassen. Dann eine nicht zu große Pfanne mit einer Speckschwarte ausreiben und darin dünne Flädle backen und gleich rollen oder auch aufeinanderlegen.
Suppe langsam erhitzen. Flädle in dünne Streifen schneiden und in der Brühe heiß werden lassen.
Beim Servieren wird die Flädlesuppe mit gehacktem Schnittlauch bestreut.

WÜRTTEMBERG

MUTSCHELMEHLKLÖSSE

(AUCH ALS GEIGEN-KNÖPFLE BEKANNT)
IN BAYERN MÜNCHNER NOCKERLN

Mutschelmehl ist eine Ulmer Spezialität, es ist ein sehr wohlschmeckendes und bindefähiges Paniermehl, das aus einem besonderen Gebäck, den «Mutscheln», gemacht wird.
Wo man es nicht im Lebensmittelhandel bekommt, sollte man es durch selbstgemachte Weißbrotbröseln ersetzen.

1 Ei
Etwa 2 Eßl. Mutschelmehl

Das Ei gut schlagen, so viel Mutschelmehl damit verrühren, daß die Masse gerade noch vom Löffel läuft. Salzen.

Nach 2 bis 3 Minuten mit zwei Kaffeelöffeln Klößchen abstechen und in leicht kochende Brühe einlegen. Zerfällt das erste Klößchen, so muß man den Teig noch etwas stehenlassen; sinkt es unter, so ist der Teig zu fest und kann mit lauwarmer Brühe oder Milch etwas verdünnt werden.
Nach gut 2 Minuten muß man die schwimmenden Klößchen umdrehen, damit auch die andere Seite richtig gart. Diese Klößchen gehen sehr auf.
In heißer Brühe anrichten. Dabei mit etwas geriebener Muskatnuß bestreuen und gehackten Schnittlauch zugeben.
Bitte beachten: Die angegebene Masse muß für etwa 8 bis 10 Klößchen reichen.

1 kleine Prise Salz
Geriebene Muskatnuß
Schnittlauch
Klare Fleischbrühe

Eßlingen

Baumwollsuppe oder Einlaufsuppe

Der erstgenannte Name wurde im vorigen Jahrhundert häufig gebraucht, später hat sich die Bezeichnung «Einlaufsuppe» durchgesetzt.

6 Eier
6 Eßl. Mehl
1 Prise Salz
Geriebene Muskatnuß
Gut 1 l Wasser oder Fleischbrühe
8 bis 12 kleine Weißbrotschnittchen
2 Eßl. Butter
4 Eßl. gehackter Schnittlauch

In einer Rührschüssel die ganzen Eier mit dem Mehl, etwas Salz und Muskatnuß gut verrühren.

In einem Suppentopf die Fleischbrühe (in alten Rezepten wird oft nur Wasser oder Salzwasser angegeben) zum Kochen bringen. Einen Eßl. heiße Brühe mit den Eiern verrühren, dann diese in die Fleischbrühe einlaufen lassen und dabei ständig und energisch rühren.

Die Fleischbrühe darf nicht mehr zum Kochen kommen. Man rührt den Eierteig so lange, bis er überall zu Flocken geronnen ist und die Suppe aussieht, als ob grober Grieß darin wäre.

Die dünnen Weißbrotschnitten in Butter beidseitig kroß rösten.

Suppe in Teller füllen, Brotscheiben darauflegen und mit Schnittlauch überstreuen.

Abwandlung: Früher wurde, wenn die Suppe nur mit Salzwasser hergestellt war, Zwiebel in Schmalz gebräunt und anstelle des Schnittlauchs auf die Röstbrotschnitten verteilt. Das gab der dünnen Suppe einen etwas kräftigeren Geschmack.

Markklösschen

Dies ist eine in ganz Deutschland beliebte Suppeneinlage. Heute kauft man die Markklößchen fertig beim Metzger. Früher machte sie jede Hausfrau selbst. Ältere Mitbürger behaupten, daß die selbstgemachten viel besser schmeckten. Selbst für Zweifler lohnt sich ein Versuch.

50 g Rindermark
50 g Butter
2 Eier
2 Eigelbe
Etwa 200 g Semmelbrösel
1 Prise geriebene Muskatnuß
Salz
1 Eßl. gehackte Petersilie

Rindermark mit etwas kaltem Wasser so lange kneten, bis es weiß ist.
Butter, die sehr weich sein sollte, und grob zerdrücktes Mark zusammen schaumig rühren.
Eier und Eigelbe über die Semmelbrösel schlagen und leicht damit vermengen. Einige Minuten weichen lassen. Am besten nimmt man etwas weniger als die angegebene Menge, damit die Masse nachher nicht zu fest wird; ist sie zu weich, kann man immer noch Semmelbrösel nachgeben.
Geweichte Brösel mit Mark und Butter gut verkneten. Dabei abschmecken mit Salz und Muskatnuß. Petersilie untermengen. Die Masse kühl stellen, dann läßt sich besser eine Stange (dünne Wurst) daraus formen. Nochmals kalt stellen. Dann Stückchen davon schneiden und diese zwischen zwei Holzkellen zu Markklößchen rollen. So haben es unsere Großmütter jedenfalls gemacht. In gut 10 Minuten in klarer Fleischbrühe garziehen lassen.
Bitte beachten: Die Semmelbrösel müssen von bester Qualität sein. Paniermehl, wie man es heutzutage abgepackt kauft, ist kaum gut genug. Deshalb trocknet man sich entrindete Weißbrotscheiben im Backofen, ohne daß sie sich verfärben, und zerbröselt sie dann, was mit den Fingern oder dem Wellholz ganz leicht zu bewerkstelligen ist.

SÜDDEUTSCHLAND

QUITTENSUPPE

Herr von Montaigne, der berühmte französische Philosoph des Späthumanismus, erwähnte 1580 eine ihm neue Speise, die ihm am Bodensee vorgesetzt wurde, eine «Quittensuppe». Ein solches Rezept sucht man in modernen Kochbüchern vergebens; selbst Henriette Davidis hat es nicht mehr erwähnt. Ich lasse ein Rezept in der Fassung folgen, wie sie hundert Jahre nach Montaigne aufgeschrieben wurde.

„Wann vorher die Quitten geschält und in vier Stücke zerschnitten sind, schneidet man jedes Stück noch drey- bis viermal enzwey, (je) nachdem die Quitten groß sind, und kocht sie in Wasser und Wein; jedoch muß es mehr Wein als Wasser seyn; hernach würzt man es mit Zucker und Zimmet, wirft auch Butter und kleine Rosinen darein, und läßt es damit fast gar kochen. Endlich thut man wenig gerieben Brod hinein, damit es etwas dick werde, und richtet die Suppe an."

OSTPREUSSEN

PFLAUMENSUPPE MIT KEILCHEN

Zuweilen betrachtete man in Ostpreußen die Suppe nur als Beiwerk und nannte das Gericht «Pflaumenkeilchen». Die Ostpreußen waren halt immer fürs Handfeste, dachten also erst an die Klößchen und dann an die Brühe.

500 g frische Pflaumen
1 Stückchen Zimtstange
3 Nelken
Abrieb 1/2 Zitrone (ungespritzt)
1 bis 3 Teel. Zucker
Salz
1 bis 2 Teel. Stärkemehl

Pflaumen (oder auch Zwetschen) entsteinen. Zusammen mit Zimt, Nelken, Zitronenabrieb, Zucker und einer kleinen Prise Salz in etwa 1 l Wasser weich kochen. Nelken und Zimt herausfischen, übrige Suppe durch ein Haarsieb streichen und in den Kochtopf zurückgießen. Stärkemehl mit wenig kaltem Wasser anrühren und damit die Suppe leicht binden.
Vorher hatte man das Ei mit so viel Mehl verrührt – eine kleine Prise Salz ebenfalls dazu –, daß ein nicht zu weicher Teig entstand, von

dem mit dem Teelöffel Klößchen (Keilchen) abgestochen und in leicht gesalzenem, siedendem Wasser gegart worden waren. Diese erkalteten Keilchen gibt man in die heiße Suppe.

1 Ei
Mehl
Salz

Andere Zubereitungsart: Anstatt mit Mehl zu binden, wurde die Pflaumensuppe auch sehr oft mit Graupen gekocht. Dabei muß man die Gewürze in ein Mullsäckchen binden, damit man sie leicht herausfischen kann. Die Suppe wird dann nicht durch ein Haarsieb gestrichen.

ZITRONENSUPPE

Solche Suppen hat es seit dem frühen 18. Jahrhundert in vielen Gegenden in bürgerlichen Küchen gegeben. Das folgende Rezept stammt aus den Familienaufzeichnungen einer Konstanzer Familie.

1 Zitrone, ungespritzt
4 Zwiebäcke
Etwa 100 g Zucker
1/2 l herber Weißwein
2 bis 3 Eier

Zitrone dünn abschälen, Saft ausdrücken. Zitronenschale mit 3/4 l Wasser und den Zwiebäcken 30 Minuten schwach kochen. Dann durch ein Sieb rühren.
Zucker, Zitronensaft und Weißwein zufügen. Nochmals zum Kochen bringen.
Eier trennen. Eiweiße zu steifem Schnee schlagen. Auf die sachte kochende Suppe in kleinen Häufchen setzen, bis diese steif werden. Dabei einmal umdrehen. Mit Schaumkelle herausnehmen und auf eine Platte setzen.
Suppe vom Feuer nehmen und mit den verquirlten Eigelben legieren. Nochmals abschmecken und mit den Eiweißbällchen belegt servieren.

THÜRINGER WALD

BLAUBEER-KALTSCHALE

Die Blaubeeren (Heidelbeeren) wucherten überall in den Wäldern. Alle Familien gingen sommers «in die Beeren». Auf dem Heimweg hatten wir Kinder dicke schwarze Ränder um die Mäulchen, die Erwachsenen schleppten eimerweise die kostenlose Ernte.

750 bis 1000 g Blaubeeren
Zucker nach Belieben
1 l Milch

Die Beeren verlesen, ganz kurz waschen. Mit Zucker vermengen und zugedeckt mindestens eine Stunde stehenlassen. Dann kalte Milch darübergießen und in Schalen servieren. Dazu gab es ein dickes Stück «Schietchen», wie im Hause meiner Großeltern das Kuchenbrot genannt wurde, das es das ganze Jahr über zu Frühstück und Nachmittagskaffee gab. Es war natürlich selbstgebacken (siehe Rezept S. 492).

Rezeptvariation: Zum Sonntag gab es diese Kaltschale für Erwachsene mit einer Weinsauce. Dazu wurde ½ l Weißwein mit der gleichen Menge Wasser und dem Saft einer Zitrone vermischt und über die Blaubeeren gegossen. So schmeckte dann sogar der Wein, den man in Thüringen beim Kaufmann erstehen konnte.

FLIEDERBEERSUPPE

Im Norden Deutschlands werden süße Suppen heiß geliebt, selbst wenn sie im Sommer kalt serviert werden. Hier jedoch handelt es sich um die wohl beste und bekannteste süße Suppe. «Fliederbeeren» sind Holunderbeeren, die im Herbst in schwarzen Dolden an den Büschen hängen. Immer seltener kann man in norddeutschen Städten diese «Fliederbeeren» auf Märkten und in Obstgeschäften kaufen. Man muß schon den Suppengenuß mit der gesunden Freude eines Herbstspaziergangs verbinden und darf verfleckte Hände nicht scheuen.

1 l abgestreifte Fliederbeeren
einige Eßl. Zucker
2 bis 3 Äpfel
250 g Pflaumen oder Zwetschen
Eventuell 1 bis 2 Teel. Stärkemehl
1/8 l Milch
1 Eßl. Butter
1 Prise Salz
60 g Mehl
1 Ei

Die Fliederbeeren mit einer Tasse Wasser langsam zum Kochen bringen. Sind sie noch nicht vollreif, muß vielleicht noch etwas Wasser zugegeben werden. Zucker zufügen und 10 Minuten kochen, dann durch ein Haarsieb passieren.

Äpfel schälen, entkernen und in mundgerechte Stücke schneiden. In die Suppe geben und nicht zu weich kochen. Pflaumen entsteinen und einige Minuten nach den Apfelstükken in die Suppe geben. Eventuell mit etwas kalt angerührtem Stärkemehl binden. Prüfen, ob süß genug, und eventuell nachzuckern.

Schwemmklößchen («Kluntjes») vorbereiten, indem Milch, Butter und Salz zum Kochen gebracht werden; Mehl hineinschütten, kräftig rühren, bis sich ein Kloß bildet. Topf vom Feuer nehmen, etwas abkühlen lassen und das Ei einrühren. Von dem Teig kleine Klößchen abstechen und auf der Fliederbeersuppe garziehen lassen.

Apropos: Es gibt auch eine sächsische «Fliederbeersuppe», diese wird nicht mit «Kluntjes» serviert, sondern mit Bällen aus geschlagenem Eiweiß.

Biersuppen

In früheren Jahrhunderten war Biersuppe ein deutsches Standardfrühstück. Dann hatte man sie offensichtlich so dicke, daß man nichts mehr davon wissen wollte. Jetzt wäre es an der Zeit, ab und zu einmal wieder eine gute Biersuppe zu kochen.
Ich gebe ein Rezept, das aus den ersten Jahren des vorigen Jahrhunderts stammt, nun also schon bald seinen 200. Geburtstag feiern kann.

SACHSEN-ANHALT

BRAUNBIERSUPPE

„Man koche Braunbier mit etwas gröblich gestoßenem Kümmel oder Ingwer auf, zieht es mit Eydotter und etwas Mehl ab, setzt Butter, Zucker und etwas Salz hinzu, und richtet diese Suppe über gewürfeltes schwarzes Roggenbrodt an. Man kann das aufgekochte Bier auch bloß mit etwas Mehl sämig machen, etwas Fliedermus, Salz und Butter hinzu thun, und die Suppe über gewürfeltes Brodt anrichten."

Hinweise:
«Braunbier» = dunkles Bier; man nehme davon ca. 1 l.
«gestoßener Kümmel oder Ingwer» – von jedem 1/2 Teel.; der Ingwergeschmack ist für viele aromatischer als Kümmel.
«Eydotter und . . .» – ich schlage vor, 3 Eidotter mit 1 Eßl. Stärkemehl und einigen Eßl. kaltem Wasser verquirlt.
«Butter» – 1 bis 2 Eßl.
«gewürfeltes Schwarzbrodt» – 2 große oder 4 kleine Scheiben.
«Fliedermus» = Holunderbeermark (das der Suppe einen sehr vollen Geschmack gibt).

Spandau bei Berlin,
Stich von
Joh. Poppel nach
einer Zeichnung
von L. Rohbock

Berliner Suppe

Eine der vielen Biersuppen, die in früheren Jahrhunderten in allen deutschen Landschaften so sehr beliebt waren. Originalrezept von 1795 aus «Magdeburgsches Kochbuch». Mengenangaben für moderne Zubereitung in Klammern.

„Reibe von 1 oder 2 Zitronen die gelbe Schale auf Zucker (etwa 6 Würfel) ab, thue dies in einen kleinen Keſſel oder Kaſſerole, nebſt fein geſtoßenem Kümmel (2 Meſſerſpitzen Kümmelpulver), gieße dann halb Bier halb Wein dazu (½ l Bier, ½ l Weißwein) und laß es eine Viertelſtunde kochen. Schneide indeſſen harte Semmel (1 große) in nicht zu kleine und nicht zu große Würfel, backe ſie in Butter (1 Eßl.) gelbbraun und thue dieſe kurz vor dem Anrichten in die Suppe. Siehe dabei zu, daß dieſelbe ſüß genug ſey, und drücke noch Zitronenſaft hinein (2 Eßl.). Es iſt dies eine ſchöne Abendſuppe."

Lübeck

Weinsuppe

Wie in Bremen, so gab es auch in der Hansestadt Lübeck eine Schaffermahlzeit. Diese Tradition wird heute noch vom «Nautischen Verein» mit seinen «Nautischen Essen» fortgeführt. Beliebter war aber bis 1802 der «Schüttingschmaus», zu dem sich die wohlhabenden Mitglieder des «Schonenfahrercollegiums» alljährlich versammelten. Eine ganze Woche lang wurde gefeiert. Den Auftakt des ersten Festmahls bildete eine «Weinsuppe». Im ausgehenden 18. Jahrhundert gab es zahllose Weinsuppenrezepte; Weinsuppen waren äußerst beliebt, besonders in Norddeutschland.

Hier ist ein teures Rezept, bei dem man sich sogar Reis als Einlage leistete. Aber die Schonenfahrer brauchten wahrlich nicht zu sparen. Das Rezept stammt aus einem 1794 in Lübeck verlegten Kochbuch.

Für 4 Personen:

200 g Reis
1 Flasche Wein (in den Hansestädten meist Rotwein)
1 kleine Prise Salz
5 Eßl. Zucker
Andere Gewürze nach Geschmack
80 g Korinthen

„Man koche den Reis erstlich in Wasser gar, daß er ein wenig dicke wird, denn gießt man Wein daran, auch klein gehackte oder geriebene Citronenschalen, Salz, Zucker, zerstoßenen Zimmet und Cardemom, nebst einem Stückchen Butter, solches noch ein wenig zusammen durchgekocht und zuletzt mit ein paar Eyerdottern abgerühret. Item: Man kann auch Corinthen darein thun."

Milchsuppen

Die beiden folgenden Rezepte sind Originale aus einer kleinen Rezeptsammlung, die 1903 vom «Central-Verein der Milchhändler-Vereine von Hamburg und Umgegend» herausgegeben wurde.

NORDDEUTSCHLAND

MILCHSUPPE MIT TAPIOKA ODER PERLSAGO

Sago und Tapioka spielten bis in die zwanziger Jahre unseres Jahrhunderts eine wichtige Rolle in der deutschen Küche. Heute sind sie am Aussterben. Bei beiden handelt es sich um Stärkeprodukte (die man heutzutage als Dickmacher fürchtet und früher ihres Sättigungswertes wegen schätzte), die aus Palmmark (Sago) oder Maniokwurzeln (Tapioka) gewonnen werden.

Für 5 Personen:

2 l Milch
100 g Perlsago oder Tapioka
Zucker, Zimt und Salz

Die Milch wird mit Zucker und Zimt (nach Geschmack) aufgekocht, dann der Sago (oder Tapioka) hineingegeben und mäßig eine halbe bis dreiviertel Stunde gekocht. Zuletzt wird mit wenig Salz abgeschmeckt.

NORDDEUTSCHLAND

MILCHSUPPE MIT MEHLKLUNKERN

Für 5 Personen:

2 l Milch
4 Eier
50 g Mehl
Salz

Die Milch wird zum Kochen gebracht. Unterdessen bereite man aus den Eiern, dem Mehl, Salz und ein wenig Milch einen schaumigen Teig, den man über rasch gedrehtem Quirl (Holzquirl) in die Milch tut. Sobald die Suppe hierauf aufkocht, ist sie zum Auftragen fertig.

BUTTERMILCHSUPPE MIT GRAUPEN

1 l Buttermilch
125 g Graupen
1 Prise Salz
Einige Eßl. Zucker nach Geschmack

Buttermilch mit den gewaschenen und abgetropften Graupen aufsetzen, eine Prise Salz dazu und etwa 1 Stunde schwach kochen lassen. Mit Zucker abschmecken.
Diese Suppe hat einen eigenartig pikanten Geschmack, der fast etwas sauer-süß ist; die Graupen müssen sehr gut weich sein.

KARMELKBREE – BUTTERMILCHBREI

wird nach gleichem Rezept zubereitet und war eine der verbreitetsten Frühstücksspeisen in Ostfriesland. Bis in die Nachkriegszeit fuhren des Morgens Wagen durch die Straßen und verkauften ihn warm. Das gibt es nicht mehr. Dafür stellen einige Molkereien in Ostfriesland den Buttermilchbrei (Karmelkbree) noch immer her; er wird in verschweißten Plastikbeuteln verkauft und muß dann im Haushalt nur noch aufgewärmt werden. Auf besonderen Wunsch servieren ihn gute Hotels in den ostfriesischen Fremdenverkehrsgebieten zum Frühstück.

Salate und kleine Gerichte

In dieser Speisenkategorie hat die deutsche Küche keine große Auswahl zu bieten. Salate und Vorspeisen spielten in der volkstümlichen Kochkunst nur eine untergeordnete Rolle. Allerdings erwuchsen aus den Vespergewohnheiten der bäuerlichen sowohl als auch der städtischen Gesellschaft eine ganze Reihe von kleinen Gerichten und auch herzhaften Salaten. Die Sitte, daß sich in den Dörfern die Männer nach dem sonntäglichen Kirchgang zum Frühschoppen treffen, führte zu weiteren Imbißrezepten. Besondere Berühmtheit haben die bayrischen «Schmankerln» erlangt. Schließlich sollte man auch nicht vergessen, daß die Stammtischgewohnheiten nicht nur Spießbürger hervorbrachten, sondern ebenfalls zur Bereicherung der Speisekarten mit kleinen Gerichten beitrugen.
Unter den Salaten rangiert der aus Kartoffeln unangefochten an der Spitze deutscher Spezialitäten. Zwiebelkuchen und Maultaschen sind weitere Höhepunkte.

Unbedingt muß noch darauf hingewiesen werden, daß die eingangs erwähnte bescheidene Auswahl natürlich durch die Tatsache bedingt ist, daß deutschen Hausfrauen und Wirten schon immer die Mühe der Imbißzubereitung abgenommen wurde durch die sehr große Wurstauswahl. Würste sind ja so etwas wie uralte Fertiggerichte, und Würste werden in Deutschland seit langem in konkurrenzlos breiter Auswahl hergestellt; unsere «kleinen Gerichte» bestehen weitgehend aus Wurst. Und sogar unsere Salate.

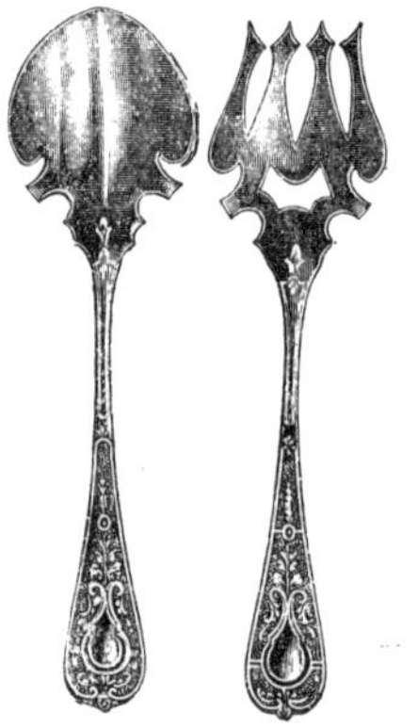

Krautsalat

Ehe Treibhäuser und Importe grüne Blattsalate das ganze Jahr über reichlich lieferten, spielte Krautsalat eine bedeutendere Rolle als heute. Noch immer wird er jedoch seines herzhaften Geschmackes wegen geschätzt.
Krautsalate aus Weiß- und Rotkraut haben sich über alle deutschen Landschaften verbreitet. Sie werden roh oder gebrüht zubereitet.
Michel de Montaigne, Philosoph und Humanist, erwähnte schon 1580 in seinem Reisetagebuch ausdrücklich die «Krautsalate», die er in Lindau vorgesetzt bekam, als «ihm unbekannte Gerichte».

ROHER KRAUTSALAT

1 junger Krautkopf (weiß) von knapp 1 kg
1 Eßl. Salz
2 kleine Zwiebeln (besser noch 4 Schalotten)
2 bis 3 Eßl. Essig
½ Teel. Zucker
3 Eßl. Öl
½ Eßl. Kümmel

Alle beschädigten Außenblätter vom Kraut entfernen, den Kopf vierteln und die Strunkstücke großzügig ausschneiden. Kraut fein hobeln. In einer festen Schüssel mit Salz vermischen und mit einem Kartoffelstampfer kräftig bearbeiten, bis es mürbe wird. Eine Viertelstunde ziehen lassen. Kleingeschnittene Zwiebeln dazu. Essig mit dem Zucker so lange verrühren, bis dieser sich völlig aufgelöst hat, dann mit dem Kraut vermischen. Nochmals eine Viertelstunde ziehen lassen.
Ganz zum Schluß Öl und Kümmel mit dem Kraut vermischen.
Bitte beachten: Vielfach wird mehr Kümmel zugegeben, da entweder der Kümmelgeschmack besonders geschätzt wird oder man dieses Gewürz verwendet, weil es das Kraut leichter verdaulich macht. Oder aus beiden Gründen. – Man kann auch die beim Stampfen entstandene Lake abgießen.

Rotkrautsalat, roh

1 junger Rotkrautkopf von knapp 1 kg (auch Blaukraut genannt)
1 Eßl. Salz
2 kleine Zwiebeln
2 bis 3 Eßl. Essig
1 Teel. Zucker
1 kleiner säuerlicher Apfel
3 Eßl. Öl

Zubereitung wie «Roher Krautsalat»; der Apfel wird fein gestiftelt zugegeben.
Mein Tip: Anstelle des Zuckers nehme ich 1 Eßl. Johannisbeergelee, den ich durch Erhitzen flüssig gemacht und mit einer kleinen Prise Nelkenpulver gewürzt habe.
Beilagen: Alle Krautsalate sind ausgezeichnete Beilagen zu Bratwürsten und kurzgebratenem Schweinefleisch.

Gebrühter Weisskrautsalat

1 Weißkrautkopf von etwa 1 kg
Salz
2 bis 3 Eßl. milder Weinessig
100 g geräucherter Speck in kleinen Würfelchen
Salz
Weißer Pfeffer aus der Mühle
1 kleine Prise Zucker

Weißkraut vierteln, dabei die äußeren Blätter und den Strunk wegschneiden. In feine Streifen hobeln.
In reichlich kochendes Salzwasser schütten, einige Male aufkochen lassen. In einem Sieb gut abtropfen lassen; dabei schütteln und etwas ausdrücken.
In einer Salatschüssel lauwarm mit Essig beträufeln und vermischen. Einige Minuten ziehen lassen.
Kurz vor dem Servieren die Speckwürfelchen in einer Pfanne gut glasig braten und sofort mitsamt dem ausgetretenen Fett über den Salat gießen.
Abschmecken mit Salz, Pfeffer und wenig Zucker.

Gebrühter Rotkrautsalat

Zutaten und Zubereitung wie für Gebrühten Weißkrautsalat, wobei nur das Weißkraut durch Rotkraut ersetzt wird. Weiterhin empfiehlt es sich, dem Salzwasser zum Brühen einen kleinen Schuß Essig zuzusetzen und nachher die Essigzugabe etwas zu reduzieren. Außerdem wird bei der Verwendung von Rotkraut vielfach der Speck weggelassen und durch Öl ersetzt, das natürlich kalt über den (lauwarmen) Salat gegossen werden muß.

Selleriesalat

Dies ist ein typisch deutscher Salat. Er wird meist als Beigabe gereicht, kann jedoch auch für sich allein als Vorspeise bestehen.

1 mittelgroße Sellerieknolle
1/4 l Fleischbrühe
1 Eßl. Öl
1 Eßl. Essig
1/2 Teel. Salz
1 Prise Zucker
1 kleingeschnittene oder geriebene Zwiebel
Einige Spritzer Weinessig
1 bis 2 Eßl. Öl

Sellerieknolle schälen, waschen und in kleine, dünne Scheiben schneiden. Sofort in die Fleischbrühe legen, die mit Öl, Essig, Salz und Zucker sowie der Zwiebel aromatisiert wurde. Darin so lange kochen, bis die Selleriescheiben weich sind und die Brühe fast verkocht ist. Abschmecken mit etwas mehr Essig und Öl, vielleicht auch noch etwas Salz.

Hinweis: Will man den Selleriesalat als Vorspeise servieren, so kann man einige grob zerdrückte Walnüsse daruntermischen und ihn mit halben Walnußkernen garnieren. So hat ihn schon meine Großmutter Maximiliane zu Tisch gebracht; sie war besonders stolz darauf, nur Walnüsse aus dem alten Garten der Familie bei Auerbach an der Bergstraße zu verwenden.

Neuerdings raffelt man gern rohe Sellerieknollen und macht sie mit Essig-Öl-Marinade zu Rohkostsalat an, der oft mit roh geraffelten Möhren gemischt wird.

LÖWENZAHNSALAT SEICHER

Der zweitgenannte Name dieses Vorfrühlingssalates ist echt badisch. Dialektunkundige seien dezent auf die harntreibende Wirkung der verwendeten Blätter hingewiesen, welche die Franzosen veranlaßt haben, ihm den ganz offiziellen Namen «pissenlit» zu geben, was auch noch «Bettnässer» bedeutet. Eine weitere badische Bezeichnung für den Löwenzahnsalat ist «Roßblumensalat», womit auf die rauhe, harte Beschaffenheit der Blätter hingewiesen wird.
Am besten schmecken Löwenzahnblätter, wenn man sie in badischen Weinbergen im späten Januar pflückt, dann sind sie noch ganz klein und weißlichgelb. Daß die unter Rieslingreben gewachsenen besonders würzig sind, gehört allerdings ins Reich der Städterverulkung.

6 Handvoll Löwenzahnblättchen (gut 500 g)
1 Eßl. Weinessig
1 Prise Salz
1 kleine Prise Zucker
Pfeffer aus der Mühle
2 Eßl. Öl
150 g durchwachsener, geräucherter Speck
1 mittelgroße Pellkartoffel (nach Belieben)

Löwenzahn gut waschen und abtrocknen.
Essig mit Salz und Zucker verrühren. Pfeffer für sich über die Blätter mahlen und einige Minuten stehenlassen.
Inzwischen Öl mit dem gewürzten Essig verrühren.
Salat darin durchheben.
Heiße Pellkartoffeln schälen und mit der Gabel gut verdrücken. Unter den Salat mischen, den man am besten so in einen Topf mit heißem Wasser setzt, daß er gerade über dem Wasser hängt. In warmer Schüssel wird der Salat etwas weicher.
Speck in Würfelchen oder feine Streifchen schneiden und diese in der Pfanne auslassen. Mitsamt ihrem heißen Fett über den angemachten Salat gießen. Er soll nun noch mindestens 15 Minuten ziehen.
Zu diesem Salat ißt man gern verlorene Eier. Oft bestreut man ihn auch mit gehackten, hartgekochten Eiern oder belegt ihn mit Eischeiben.

Weinsberg

In Frankreich und in Südwestdeutschland kann man Löwenzahnsalat in Gemüsegeschäften oder auf dem Markt kaufen; anderwärts ist er nur in Spezialitätengeschäften zu haben. Wer herb-bitteren Geschmack liebt, der sollte unbedingt einmal Löwenzahnsalat kosten. – Aber immer daran denken: Er heißt nicht umsonst «Seicher»!

HUNSRÜCK

RETTICHSALAT

Ein Rezept aus Idar-Oberstein. Dort wird der Rettichsalat zu Spießbraten vom Grill serviert. Eine ausgezeichnete Beilage auch zu anderem gegrillten Fleisch.

4 bis 6 mittelgroße Rettiche, möglichst weiße
Salz
Saft von 2 Zitronen
1 kleine Prise Zucker
1/4 l dicke saure Sahne

Rettiche schälen und in Streifchen raffeln. Salzen und etwa 10 Minuten stehenlassen. Dabei zwei- oder dreimal durchheben. Zitronensaft mit dem Zucker verrühren und über die Rettiche gießen. Nochmals durchheben und mit der sauren Sahne vermischen und servieren.

Kartoffelsalat

Der deutsche Kartoffelsalat hat viele Gesichter. Leider sind einige davon häßliche Grimassen. Der größte aller deutschen Küchenmeister, Alfred Walterspiel, hat ein Kartoffelsalatrezept in sein Standardwerk aufgenommen und dazu einen sehr bemerkenswerten Satz geschrieben: «Man wundre sich nicht, wenn ich hier das Rezept für einen Kartoffelsalat bringe; aber es gehört viel dazu, ihn richtig herzustellen.» Seine Nachfolger in deutschen Restaurants haben diese Kunst nicht gelernt. Nur noch Hausfrauen und Hobby-Köche führen die alte Tradition des vollendeten Kartoffelsalates fort. Unsere neunmalklugen Restaurantkritiker haben, soviel ich weiß, noch kein Zeter-und-Mordio-Geschrei ob dieses Mißstandes angestimmt; was ist für sie schon ein Kartoffelsalat, wo sie doch in den hehren Regionen von Gänseleber-Mousses und Cherimoya-Parfaits wandeln!?

Ich weise dem Kartoffelsalat einen Ehrenplatz in der Ruhmeshalle deutscher Küche an. Wir wollen ihm Reverenz erweisen, indem wir ihn mit Kunst und Sorgfalt zubereiten!
Voraussetzung für jeden guten Kartoffelsalat sind festkochende Kartoffeln; am besten eignen sich die schmalen, länglichen Salatkartoffeln, auch Mäuschen genannt. In einem Gemüsegeschäft, das sie nicht führt, sollte eine gute deutsche Hausfrau nicht länger Kundin bleiben.
Nie dürfen die Kartoffeln zu weich gekocht werden. Mit ganz seltener Ausnahme muß man sie warm zu Salat verarbeiten.
Beliebte Beilagen zu Kartoffelsalat sind:
Heiße Würstchen aller Art
Bratwürste
Bulletten oder Frikadellen, heiß und kalt
Wiener Schnitzel
In Teighülle ausgebackenes Hirn oder Bries
Gebratener Fisch
Kalbshaxe, gebraten
Und — in Schwaben Braten mit kräftiger Sauce. (Ich bekenne, daß ich diese nach allen Regeln der Kunst unmögliche Zusammenstellung heiß und innig liebe. Mea culpa — aber mir schmeckt's.)

WARMER KARTOFFELSALAT

Nach einem Rezept des Küchenmeisters Carl Beck, Berlin, 1888, das in der Originalfassung wiedergegeben ist.

„Hierzu wählt man gewöhnlich die langen Salatkartoffeln; nachdem man sie gewaschen und gekocht, schält und schneidet man sie in warmem Zustand nicht zu dick, legt sie in eine Porzellan- oder irdene Schüssel, gießt etwas heiße Bcuillon, ist keine vorhanden, etwas heißes Wasser darauf, hierauf giebt man Olivenöl, Essig, Salz, Pfeffer und etwas feingehackte Zwiebel dazu, mengt alles gut durcheinander und servirt dann den Salat lauwarm."

Kartoffelsalat Walterspiel

Knapp 100 Jahre später schrieb ein anderer Küchenmeister, der ebenfalls in Berlin seine größten Erfolge errang, Alfred Walterspiel, ein ähnliches Rezept; für mich ist es das beste Kartoffelsalatrezept der deutschen Küche. (Aus A. Walterspiel, «Meine Kunst in Küche und Restaurant», Süddeutscher Verlag, München.)

«Der Kartoffelsalat darf nicht eiskalt sein, fast lauwarm schmeckt er am besten. Die Mäuschen (Kartoffelsorte aus der Mainzer oder Mannheimer Gegend) werden im Kartoffeldämpfer gekocht. Wenn sie halb ausgekühlt sind, werden sie geschält und in gleichmäßige, zwei Millimeter dicke Scheiben geschnitten. Einzeln, damit sie nicht aneinanderkleben, gebe ich sie in die Salatsauce, die ich auf folgende Weise herstelle: Für etwa 8 Personen mische ich eine Tasse Fleischbrühe, ebensoviel Olivenöl, drei Eßlöffel Weinessig, einen Eßlöffel feingehackte Kräuter, Petersilie, Estragon und Kerben, einen Eßlöffel rohen Zwiebelsaft, einen Eßlöffel französischen Senf, einen Eßlöffel Zucker, entsprechend viel Salz und etwas Pfeffer aus der Mühle. In diese gut vermischte Flüssigkeit werden die Kartoffelscheiben behutsam hineingegeben. In einer halben Stunde saugen sie die Hälfte der Brühe auf, erst dann mische ich das Ganze, ohne die einzelnen Scheibchen zu zerstören.»

Schwäbischer Kartoffelsalat

Diese Bezeichnung findet man sehr häufig für einen «glitschigen» Kartoffelsalat, so wie man ihn in Schwaben liebt. Das Rezept deckt sich mit dem von Alfred Walterspiel, was insofern nicht verwundert, als er ja aus Baden stammt, wo man ähnliche Kartoffelsalat-Vorlieben hat.

Schwaben

Geriebener Kartoffelsalat

1 kg festkochende Kartoffeln
etwa 1/4 l Fleischbrühe
3 bis 4 Eßl. Essig
Salz
Pfeffer aus der Mühle
1 große Zwiebel
4 Eßl. Öl

Pellkartoffeln kochen, warm schälen und erkalten lassen. Erst dann auf einer Raffel reiben oder durch die Fleischmaschine drehen. Fleischbrühe erhitzen und heiß darübergießen. Kurz durchheben und sofort Essig, Salz, Pfeffer und die ganz fein geschnittene Zwiebel (die auch gerieben sein kann) zugeben und unterheben. Zum Schluß das Öl in den Salat mischen. Abschmecken und 1 bis 2 Stunden ziehen lassen.

Zum Anrichten wird der geriebene Kartoffelsalat, der so steif sein muß, daß ein Löffel darin aufrecht stehenbleibt, in einer Schüssel kuppelartig geformt und glattgestrichen. Mit Messer oder Löffelstiel drückt man ein Muster ein.

Zu besonderen Anlässen (Geburtstag, Kindstaufe usw.) machen sich die Hausfrauen auch die Mühe und mischen 1/4 des Salates mit Roten Rüben und benutzen diesen roten Salat zur Garnierung.

Weitere Dekoration erfolgt wie zu anderen Kartoffelsalaten auch mittels hartgekochter Eier in Vierteln oder Scheiben.

Kartoffelsalat mit Speck

Eine sehr bäuerlich-deftige Art des Kartoffelsalates, die ich besonders in Nordhessen und Niedersachsen gefunden habe; man kennt sie natürlich auch in anderen Landesteilen. Elisabeth Charlotte Herzogin von Orléans und Schwägerin des französischen Königs Louis XIV ist bekannt als «Lieselotte von der Pfalz». Sie schrieb von Paris aus in ihre Heimatstadt Heidelberg Briefe voller Sehnsucht nach – Kartoffelsalat mit Speck.

1 kg Pellkartoffeln
100 g durchwachsener Räucherspeck
1 kleine Zwiebel
3 Eßl. Essig
1 Tasse Fleischbrühe
Salz
Pfeffer aus der Mühle
2 bis 3 Eßl. gehackter Schnittlauch

Kartoffeln warm schälen und in Scheiben schneiden.
Speck in kurze Streifchen schneiden und in der Pfanne zusammen mit der kleingeschnittenen Zwiebel so lange braten, bis beide gut glasig sind. Essig in die Pfanne geben, kurz verrühren und dann die Mischung sofort über die Kartoffelscheiben schütten und kurz durchheben. Nach und nach die warme Fleischbrühe zugießen und vermischen. Dabei mit Salz und Pfeffer abschmecken.
Etwas durchziehen lassen und dann möglichst noch lauwarm – früher hat man ihn an den Rand der Herdplatte gestellt – servieren. Kurz davor mit Schnittlauch bestreuen.

Würzburg

FRANKEN

SCHTORZENÄRLA-SALAT

Damit sich niemand die Zunge zerbrechen muß, will ich gleich sagen, daß man diesen Salat auch «Schwarzwurzel-Salat» nennen kann. In Franken werden sehr viel Schwarzwurzeln angebaut und gegessen. Im Dialekt hat man den alten (und auch noch heute als lateinische Bezeichnung gültigen) Namen «Scorzonera» beibehalten; allerdings haben die Franken ihn sich mundgerecht gemacht. Einen «Schtorzenärla-Salat» wird man außerhalb Deutschlands wahrscheinlich vergeblich suchen.

1 kg Schwarzwurzeln
Essig für das Wasser
1 Teel. Salz
2 bis 3 Eßl. Essig
6 bis 8 Eßl. Öl
1 Prise Zucker
Eventuell 2 bis 3 Eßl. saure Sahne

Schwarzwurzeln schaben oder schälen und in Essigwasser legen. Dann in gleichmäßig lange – etwa 6 cm – Stücke schneiden; da diese auch nicht zu dick sein sollten, schneidet man die umfangreichsten Stangen auf die Dicke der schwächsten. In Salzwasser weichkochen, was etwa eine knappe Stunde dauern dürfte.
Aus Essig, Öl, Salz und wenig Zucker eine Salatmarinade rühren, die man noch durch saure Sahne abrunden kann. Die noch warmen Schwarzwurzelstücke darin wenden und anschließend mindestens 1 Stunde ziehen lassen.

BADEN

HERRENSALAT MIT BROMBEEREN

Diese überraschende – und sehr wohlschmeckende Kombination – zeugt von Erfindungsreichtum und kulinarischem Wagemut unserer Großmütter. Ich gebe das Rezept im Originaltext wieder, so wie ich es in einem handgeschriebenen Kochbuch aus dem späten 19. Jahrhundert gefunden habe.

„3 mürbe, geschälte Äpfel hobeln. Desgl. 2 kl. Zwiebeln. Mische dieses mit etwas Salz und 1 Eßl. Citronensaft, daß die Äpfel nicht braun werden. Dazu 300 g reife Brombeeren. Mische zu e(iner) leicht. Majonnaise 1 Eßl. geriebenen Meerrettich. Vielleicht einige Tropfen engl. Würze dazu (gemeint ist wahrscheinlich Worcestershiresauce). Alles gut vermengen. Sehr gut z. kaltem Braten."

Dieser «Herrensalat» ist also eigentlich gar kein Salat, sondern eine Würzbeilage — was seinem Wohlgeschmack aber keinen Abbruch tut.

SCHWABEN

RINDFLEISCHSALAT

Dieser bäuerliche Salat hat nichts mit dem undurchsichtigen Mischmasch zu tun, das man in modernen Metzgereien als Fleischsalat zu kaufen bekommt. Bei diesem alten Rezept sieht man auf den ersten Blick, was im Salat drin ist. Man machte ihn immer dann, wenn man viel Fleisch zu anderen Gerichten oder auch nur, um Brühe zu bekommen, gekocht hatte.

500 g mageres, gekochtes Rindfleisch
2 Zwiebeln
2 Eßl. Weinessig
1 kleine Prise Zucker
½ Teel. Salz
3 Eßl. Öl

Fleisch in kleine Streifchen schneiden. Zwiebeln schälen, vierteln und in dünne Scheiben schneiden, die dann zerfallen. Essig mit Zukker und Salz verrühren, dann Öl und Rahm zugeben und alles miteinander zu einer glatten Marinade verarbeiten. Fleisch- und Zwiebelstücke darin wenden. Mit etwas Pfeffer

abschmecken. Mindestens 1 Stunde ziehen lassen.
Beim Anrichten mit gehackter Petersilie bestreuen und eventuell mit Eivierteln garnieren.
Hinweis: Neuerdings mischt man unter diesen «Rindfleischsalat» gern noch eine in Streifchen geschnittene Paprikaschote. Nimmt man 1/2 grüne und 1/2 rote oder gelbe, so wird der Anblick noch attraktiver.

2 bis 3 Eßl. Sauerrahm
Pfeffer aus der Mühle
2 bis 3 Eßl. gehackte Petersilie
Eventuell 1 bis 2 hartgekochte Eier

Ochsenmaulsalat

Normalerweise bezeichnet man ihn als eine süd- oder südwestdeutsche Spezialität. Abgesehen davon, daß man ihn in allen deutschen Landesteilen kennt, finden sich mehr Rezepte dafür in Kochbüchern aus Nord- und Westdeutschland. Allerdings wird er da meistens «Salat von Rindsgaumen» genannt.
Ich gebe ein modernes Rezept aus Franken.

Fränkischer Ochsenmaulsalat

Ochsenmaul (das ohne Knochen gekauft wurde) in sehr dünne Streifen oder Blättchen schneiden.
Essig mit Salz und Zucker verrühren, dann Öl und Wein zugießen und alles zu einer glatten Marinade verarbeiten.
Ochsenmaulstücke mindestens eine Stunde darin ziehen lassen. Öfter wenden und kräftig mit Pfeffer würzen.
Zwiebeln schälen, halbieren und in dünne Scheibchen schneiden, die dann in Halbringe zerfallen. Zwiebeln mit dem Salat vermischen und noch eine weitere Stunde ziehen lassen.
Dazu ißt man kräftiges Brot mit oder ohne Butter.

500 g Ochsenmaul, bereits gekocht zu kaufen
2 Eßl. Essig
1/2 Teel. Salz
1 kleine Prise Zucker
2 Eßl. Öl
2 Eßl. herber Weißwein
Schwarzer Pfeffer aus der Mühle
2 Zwiebeln

STRASSBURGER WURSTSALAT

Trotz seines linksrheinischen Namens ist dies eine rechtsrheinische Spezialität. Kaum ein Restaurant am deutschen Oberrhein, in dem es sie nicht gibt.

400 g Lyoner (Fleischwurst)
250 g Emmentaler
1 Zwiebel
2 Eßl. Weinessig
1 Prise Zucker
1 Prise Salz
3 bis 4 Eßl. Öl
Schwarzer Pfeffer aus der Mühle

Die Wurst in Scheiben und dann in Streifen schneiden. Den Käse ebenso schneiden. Zwiebel schälen, vierteln und in ganz dünne Scheibchen schneiden, die dann in Streifchen zerfallen. Essig mit Zucker und Salz verrühren, dann das Öl dazu und kräftig rühren, bis eine glatte Marinade entstanden ist. Wurst und Käse darin mit den Zweibelstückchen vermischen und knapp 1/2 Stunde ziehen lassen.
Mit grob gemahlenem Pfeffer überstreuen. Helles Bauernbrot mit oder ohne Butter dazu.

Würste

Man kann sehr daran zweifeln, ob Deutschland wirklich (noch) das «Land der Dichter und Denker» ist. Aber zweifellos ist es das «Land der Würste». Da halten Deutsche alle Rekorde: Sortenzahl, verzehrte Mengen und größte Würste.
Neben den Wursterwähnungen im Zusammenhang mit verschiedenen Rezepten will ich stellvertretend für alle hier nur eine Wurst kurz beschreiben, die bundesweit wenig bekannt ist, jedoch zu den alten, traditionellen Sorten gehört und nach meinem Geschmack die beste deutsche Wurst ist — «Feldkieker» vom Eichsfeld (nordwestliches Randgebiet Thüringens, ein Zipfel des DDR-Gebietes, der zwischen Göttingen und Eschwege nach Westen ragt).

Einer meiner alten Freunde, Bernhard Richardt, Postbeamter in Birkungen und Kratschel genannt, hat sich genau bei seinem

Hausschlachter erkundigt und mir folgendes Rezept mitgeteilt:

MITTELDEUTSCHLAND

FELDKIEKER

Fleisch:
Schweinefleisch von Keule oder Blatt
2/3 mageres, 1/3 fettes Fleisch
(zu etwa 3 mm Körnung gemahlen)
Gewürze (gerechnet auf 25 kg Fleisch):
2 Zehen Knoblauch
600 bis 700 g Salz
40 bis 50 g weißer Pfeffer, grob gemahlen
1 Muskatnuß, gemahlen
10 g Salpeter

Verarbeitung: Das Fleisch muß warm verarbeitet werden und mit den vermischten Gewürzen verknetet. Die Masse wird sehr stramm in Kalbsblasen von mittlerer Größe gefüllt. Vor dem Abbinden müssen die Blasen mit einer Gabel kräftig «gesteppt» werden.
Die Blasen müssen langsam und hängend trocknen; sie vertragen keine Zugluft und keine Heizungswärme. Eine geringe Luftfeuchtigkeit muß vorhanden sein. «Feldkieker» braucht mindestens 3 bis 4 Monate bis zur Reife.
Räuchern muß nicht sein. Wenn, dann kalt und mit Buchensägemehl.
Die Lagerfähigkeit kann je nach Vorratskammer 1 bis 2 Jahre betragen. –
Und dann fügt mein Freund Kratschel noch hinzu: «Eine alte Eichsfelder Bauernweisheit behauptet: Wenn der Kuckuck ruft, ist der Feldkieker reif. Gegessen wird er zu Brot; am besten zur Kirmes, weil man da einen Anständigen dazu heben kann.»
Damit Wurstmacher vor eventuellen Enttäuschungen bewahrt bleiben, will ich noch mitteilen, daß ich mich erinnere, schon vor Jahrzehnten im Eichsfeld gehört zu haben, daß die Qualität des «Feldkiekers» von der Fütterung der Schweine abhänge. Ohne bäuerlich gezogene Eichsfelder Schweine könne niemand einen hochwertigen «Feldkieker» machen.
Ich glaube das. Zwischen Hannover und Eschwege habe ich in den letzten Jahren so manchen «Kieker» gekauft; schlecht war keiner, aber nur einer aus Eschwege, den der Landrat eigens besorgt hatte, war wirklich gut. Leider erlauben die innerdeutschen Bestimmungen nicht, «Feldkieker» von drüben nach hüben zu schicken.

Marbach

BADEN

FALSCHE GÄNSELEBER

Schon vor 100 Jahren hat man sich in Baden von den Gänselebererfolgen der Straßburger Nachbarn inspirieren lassen und einen Gänseleberersatz gefunden.
Dieses Rezept ist so gut, daß es heute noch mit Erfolg praktiziert werden kann. Es stammt aus einem Gasthaus in Offenburg und wurde dort von einem unbekannten Küchenchef aufgeschrieben.

250 g Speck, leicht geräuchert und fett
500 g Kalbsleber
3 bis 4 hartgekochte Eidotter
Salz und weißer Pfeffer aus der Mühle
1 Prise Koriander
1 kleines Gläschen Madeira
Eventuell einige Trüffelscheiben, kleingewürfelt und vorher in Madeira eingelegt

Speck würfeln, ebenso Kalbsleber. Speck anbraten, dann Kalbsleber zugeben. Beides zusammen unter ständigem Rühren so lange angehen lassen, bis der Speck gut glasig und die Leber eben durchgebraten ist, was nur wenige Minuten dauert. Diese Masse abkühlen lassen und pürieren. Heute macht man das entweder mit einer elektrischen Küchenmaschine, oder man treibt sie durch den Wolf und anschließend durch ein Haarsieb. Eidotter zerdrücken und mit der Lebermasse vermischen. Dabei würzen mit Salz, Pfeffer, Koriander, Madeira und — so man hat — den Trüffelstückchen.

Diese Masse auf Eis rühren, dann im Kühlschrank fest werden lassen.
Andere Anrichteweise: Eine Form mit Madeira-Aspik ausgießen, steif werden lassen, die noch weiche Lebermasse einfüllen, glattstreichen. Nach dem Erstarren im Kühlschrank kann man noch eine Aspikschicht über die Lebermasse gießen und ebenfalls erstarren lassen. Vor dem Servieren stürzen und in Scheiben schneiden.
Toast und Butter dazu.

Grieben – Grammeln – Schreiwen – Spirkeln – Krappen

Alle Worte bezeichnen die gleiche Spezialität. In allen deutschen Landen schätzte man die Grieben, die beim Auslassen von Schweinefett als Rückstände bleiben. Sie haben einen kernigen, herzhaften Geschmack.
In letzter Zeit hat man sie verachtet und oft weggeworfen; so fettes Zeug wollte man nicht haben. Dabei hat man buchstäblich das Kind mit dem Bade ausgeschüttet. Grieben haben sehr wenig Fett, viel weniger Kalorien als zum Beispiel geröstete Erdnüsse. Kurzes Nachdenken überzeugt: Grieben entstehen ja dadurch, daß das Fett ausgebraten wird. Kein Wunder, daß vor wenigen Jahren ein Hersteller Grieben als Knabbergebäck auf den Markt brachte.
In Großmutters Küche waren Grieben viel billiger zu haben. Und sie sind es noch — wenn man das folgende Rezept anwendet.

Flomen
(Nierenfett des Schweins)

Den Flomen in kleine Würfelchen schneiden und bei nicht zu starker Hitze so lange ausbraten, bis die Würfelchen gelbbraun und kroß werden. Fett abgießen. Grieben auf Küchenkrepp entfetten und in Gläsern kühl aufbewahren.
Das abgegossene Fett kann zum Braten verwendet werden; man kann ihm auch zusammen mit gerösteten Zwiebelstückchen und angebratenen Apfelwürfelchen nebst etwas Majoran die Grieben wieder zusetzen und bekommt einen deftig-köstlichen Brotbelag, der so richtig nach Bauernhof schmeckt, wenn man etwas Salz daraufstreut.
Grieben kann man außerdem verwenden:
- in Füllungen für Gans oder Puter
- in Bratkartoffeln
- zum Bestreuen von Kartoffel- und Krautsalat
- in Kartoffel- oder Erbsensuppe
- zum Bestreuen von Kartoffel- oder Erbsbrei
- als Zugabe an den Fleischteig für Buletten

Stolp, Stich von J. Richter nach einer Zeichnung von L. Rohbock

POMMERSCHER KAVIAR

Das war eine Delikatesse, die sich schmecken lassen konnte. Leider ist sie nie über die Grenzen Pommerns hinausgewandert. Zu einer Zeit, als man noch stolzer auf seine heimatlich-ländlichen Genüsse war als heute, soll die Gräfin Bismarck diesen «Pommerschen Kaviar» mit großem Erfolg an ausländische Diplomaten verschenkt haben. Wie wäre es, wenn unser Bundesaußenminister einem Staatsgast nächstens als kleinen Imbiß «Pommerschen Kaviar» servierte? Das könnte ein großer Erfolg werden, denn er schmeckt nicht nur gut, sondern er ist auch viel unbekannter als sein «echter» Namensvetter.
Und man kann ihn auch heute überall zubereiten.

Darmfett von einer Gans oder mehreren Gänsen
reichlich gerebbelter Majoran
Salz

Das Fett ausgiebig in kaltem Wasser wässern, mindestens über Nacht. Gut auf einem Sieb abtropfen lassen und zusätzlich trockentupfen. Aus den Häuten streichen und fein hakken. Sehr gründlich und lange mit Majoran und wenig Salz verrühren. Früher geschah dies in Pommern in einer derben Tonschüssel mittels eines Holzlöffels, heute kann man die Rührbesen des elektrischen Handrührers und ein enges Gefäß dafür benutzen.
Diese Mischung wird auf Bauernbrot gestrichen, eventuell noch etwas nachgesalzen.
Man kann den «Pommerschen Kaviar» in Gläser oder Steingefäße füllen, verschließen und im kühlen Keller oder Kühlschrank wochenlang aufbewahren.
Ist der «Pommersche Kaviar» zum baldigen Verbrauch bestimmt, so vermischt man gern noch eine sehr fein geschnittene Zwiebel damit. Man kann die Würzung auch noch durch etwas Pfeffer aus der Mühle abrunden.

Ostpreussen

Schusterpastete

Schuster gehörten nie zu den sprichwörtlich reichen Leuten; werden sie in einem Rezept erwähnt, dann deutet das auf billige Herstellung hin. Natürlich können solche Speisen ausgezeichnet schmecken – und heute durchaus nicht mehr so billig sein. Die ostpreußische «Schusterpastete» kann ihre Verwandtschaft zur bekannten «Versuchung» des alten Schweden namens Janson nicht verleugnen; trotzdem hat sie eine ganz eigene Geschmacksnote.

8 bis 10 mittelgroße, kalte Pellkartoffeln
2 Eßl. Butter
Schwarzer Pfeffer aus der Mühle
2 bis 4 dicke Scheiben Bratenrest (kann auch von Kochfleisch sein)
1 große Zwiebel
1 Teel. Butter
2 bis 3 Heringsfilets
Gut 1/4 l saure Sahne (Schmant)
2 bis 3 Eßl. Semmelbrösel
2 bis 3 Eßl. Butter

Pellkartoffeln schälen, in dicke Scheiben schneiden.
Eine feuerfeste Form (Keramikgeschirr) gut ausbuttern und mit einem Drittel der Kartoffelscheiben auslegen. Leicht mit Pfeffer bestreuen.
Braten in Würfelchen schneiden und diese über den Kartoffeln verteilen. Zweites Kartoffeldrittel darüber.
Zwiebel grob würfeln, kurz in der Butter angehen lassen (knapp glasig werden lassen)

und mit den gewürfelten Heringsfilets vermischen; über den Kartoffeln verteilen.
Mit den restlichen Kartoffelscheiben abdekken, wieder leicht pfeffern, Sahne zugießen, mit Semmelbröseln überstreuen und die Butter als Flöckchen aufsetzen.
Im heißen Ofen bei etwa 220° ungefähr ½ Stunde backen. Oben auf der «Schusterpastete» soll eine Kruste entstehen.
Beilage: Grüner Salat oder im Winter Gemüsesalat.

Heringssalat

Wie alle wahrhaft volkstümlichen Spezialitäten hat auch diese viele Namen: «Heringssalat», «Polnischer Salat», «Roter Salat» sowie «Konfettisalat» in Mainz, weil er genauso bunt aussieht und zum Rosenmontag waschbüttenweise angemacht wird; für uns daheim in Frankfurt war er in meiner Kindheit der «Weihnachtssalat», denn ihn gab es am Heiligen Abend traditionsgemäß mit «Frankfurter Würstchen» als Vorspeise.

6 mittelgroße geschälte Pellkartoffeln vom Vortag
1½ Glas eingelegte rote Bete (Glasinhalt 330 g)
400 g kaltes, gekochtes Rindfleisch (mager)
200 g Fleischwurst
4 Salz- und Gewürzgurken
1 Röhrchen Kapern
3 bis 4 Matjesfilets
1 bis 2 Eßl. Weinessig
1 bis 2 Eßl. Öl
Pfeffer aus der Mühle
Nach Belieben noch 1 säuerlicher Apfel
1 Tasse Mayonnaise und 2 hartgekochte Eier zum Garnieren

Vor Beginn der Zubereitung muß man sich entscheiden, ob man die Zutaten in kleine Streifchen oder in Würfelchen schneiden will. Beides ist möglich, nur muß man einheitlich verfahren. Würfeln wir! Kartoffeln, rote Bete, Fleisch, Wurst und Gurke. Alles vermischen mit dem Saft der roten Bete. Kapern mit ihrer Flüssigkeit dazu. Matjesfilets eventuell kurz wässern, dann auch in Würfelchen schneiden und mit den anderen Zutaten vermischen. Würzen mit Pfeffer, Essig und Öl. Salz ist meist nicht mehr nötig. Wird der Apfel verwendet, so muß er geschält, entkernt und natürlich gewürfelt werden. Der Salat soll mindestens 10 Stunden ziehen.
Beim Anrichten mit Eivierteln und Mayonnaise garnieren. Dazu ißt man heiße Würstchen und Wasserbrötchen (Wasserweck in Frankfurt, Paarweck in Mainz).

Das Rathaus zu Brieg, Stich von J. Richter nach einer Zeichnung von Johann Poppel

SCHLESIEN

HERINGSHÄCKERLE

Mein schlesischer Freund Heinz Schwarz hat dieses Rezept vor vielen Jahren einmal in einer meiner Fernsehsendungen vorgeführt. Es hat uns allen und vielen anderen so gut geschmeckt, daß er monatelang, wo immer er hinkam, «Heringshäckerle» zubereiten mußte. Das trug ihm bald den Namen «Mr. Häckerle» ein. Er hat's nie übelgenommen. Sein «Heringshäckerle» schmeckt ihm noch immer, mir ebenfalls – und Ihnen hoffentlich auch!
Ähnliche Heringszubreitungen sind auch in anderen deutschen Gebieten heimisch; sie heißen auch: «Stippe», «Heringsstippe» oder «Beamtenstippe».

8 Matjesfilets
1 großer, säuerlicher Apfel
1 Eßl. Zitronensaft
125 g geräucherter, durchwachsener Speck
1 große Zwiebel
2 hartgekochte Eier
2 Eßl. saure Sahne
1/2 Teel. scharfer Senf
1 bis 2 Eßl. gehackte Petersilie

Matjesfilets nur kurz wässern, dann mit Küchenkrepp trockentupfen und fein würfeln. Apfel schälen, entkernen und gleich fein würfeln, dabei mit Zitronensaft vermischen.
Speck, Zwiebel und ein Ei gleichfalls würfeln, also «häckeln». Alles mit der Sahne und dem Senf vermischen.
Beim Anrichten mit dem zweiten, in Scheiben oder Achtel geschnittenen Ei garnieren und mit der Petersilie einen Kranz darum streuen.
Dazu kann man heiße Pellkartoffeln essen. Auch als Brotaufstrich (für kräftiges Bauernbrot) schmeckt «Heringshäckerle» ausge-

zeichnet. Und wenn die Preise für Matjesheringe weiter so steigen wie in den letzten Jahren, dann wird das einstige Armeleute-Essen aus Schlesien wohl bald in der Nobel-Gastronomie auftauchen und dem Kaviar auf Pellkartoffeln Konkurrenz machen. Nur Mut, meine Herren Mehr-Sterne-Köche!

HAMBURG, NIEDERSACHSEN

HERINGSBUTTER

Als Gegengewicht gegen die vielen süßen Schleckereien zu Weihnachten und Neujahr schätzt man im Norden Deutschlands diese einfache, aber köstliche Heringsbutter. Familienrezept aus Hamburg.

4 Matjesfilets
2 Eßl. sehr fein gewiegte Zwiebeln
125 g Butter

Matjesfilets eventuell wässern, dann abtrocknen und mit dem Wiegemesser ganz klein häckeln.
Zwiebeln und Butter dazu und alles tüchtig miteinander verkneten. Einige Stunden oder über Nacht durchziehen lassen.
Auf kräftiges Landbrot streichen.
Das ist — Kenner haben es sicher gleich gemerkt — die norddeutsche Form des schlesischen «Heringshäckerles». Oder ist dieses eine Abart der «Heringsbutter»? Erstaunlich ist jedenfalls, daß die armen Schlesier die wohlhabenden Hamburger in der Reichhaltigkeit der Zutaten übertreffen.

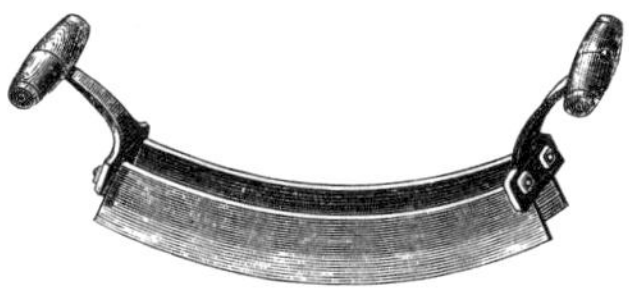

Quark

Quark ist bestimmt kein deutsches Patent. In keinem anderen Land wird er jedoch so vielfältig und häufig gegessen. Seine tiefe Verwurzelung in den nationalen Eßgewohnheiten geht schon aus der Vielzahl der Namen, die er trägt, hervor. Hier sind nur die bekanntesten: Quark, Weißer Käse, Klatsch-, Schmier-, Sieb-, Schicht- und Bibeles-Käse, Topfen, Glumse und Zieger. Man ißt ihn nur mit Salz oder pikant und auch süß angemacht. Mit Fisch und Obst. In Brei und Cremes. Als Dip und als Kloßbestandteil.
Kuchen werden damit gebacken, Gebäck hält er frisch, und mit Wurst und Gemüsen vermischt wird er zu herzhaften Herrentorten.
Kürzlich hat eine deutsche Zeitschrift einen Wettbewerb veranstaltet, bei dem es um Quarkrezepte ging: «Wer hat das schönste Quarkrezept?» — Über 6000 wurden eingesandt; Rezepte für jeden Geschmack, für jeden Anlaß, zu jeder Tageszeit — und alle mit Quark. Da kann man wirklich von einer deutschen Spezialität sprechen, deren Reichtum an Zubereitungsarten und Geschmacksnuancen sich erst in den letzten Jahrzehnten entfaltete.
In diesem Buch sind Rezepte wiedergegeben, die gewissermaßen die Urformen der deutschen Quarkliebe darstellen.

Klosterkirche Berchtesgaden

ALLGÄU

NITZLE – DOPPEKIENZLE

Eine Speise aus der armen alten Zeit. Heute wird sie höchstens noch einmal von Hobbyköchen ausprobiert. Vielleicht läßt ein findiger Gastwirt die alte Sitte wieder aufleben, «Nitzle» zum Frühschoppen (mit herbem Wein) zu servieren. In dem zweiten Namen «Doppekienzle» steckt das bayrische «Topfen» = Quark.

125 g Butter
300 g Quark (im Allgäu auch «Zieger» genannt)
1 Prise Salz
1 Eßl. Kümmel

Butter cremig rühren und mit dem Quark zu einem glatten Käseteig verarbeiten. Dabei mit Salz und Pfeffer würzen. Kleine Kugeln formen, auf ein Brett mit so gehörigem Abstand legen, daß man kleinfingerdicke Plätzchen daraus drücken kann. Diese mit einem Tuch locker bedecken und in Zimmerwärme mehrere Tage reifen lassen. Sobald sie eine faltige Oberfläche bekommen, sind sie reif und können zu Butterbrot gegessen werden. Wein zum Runterspülen ist sehr zu empfehlen.

Gumbinnen, Stich von Navellier nach einer Zeichnung von Clerget

OSTPREUSSEN

SCHMANT MIT GLUMSE

Diese sommerliche Quarkspeise kennt man vielerorts in deutschen Landen. Wir haben daheim in Frankfurt am Main immer «Kräuterquark» dazu gesagt. Bei der sehr alten und sehr großen Vorliebe, die man in Ostpreußen für Quark, den man dort zärtlich «Glumse» nannte, hegte, bin ich gern bereit, dieses einfache Sommergericht den Ostpreußen zuzuschreiben.

500 g Quark
1 kleine Zwiebel
1 großer Bund Schnittlauch
Salz, weißer Pfeffer aus der Mühle
Gut 1/4 l süße oder saure Sahne

Quark mit der geriebenen Zwiebel zerdrükken. Schnittlauch klein schneiden und zusammen mit allen anderen Zutaten unter den Quark rühren. Es muß eine zarte Creme entstehen. Verfeinern kann man sie noch durch eine ganz kleine Prise Zucker.
Eine mögliche weitere Zutat sind hartgekochte und dann kleingehackte Eier.
Dazu ißt man heiße Pellkartoffeln. Vielleicht noch einen grünen Salat dazu. Man kann diese angemachte Glumse aber auch mit und ohne Butter aufs Brot streichen.
In alten Rezepten findet sich stets der Hinweis, daß der Quark oder die Glumse durch ein feines Sieb zu streichen sei. Das war einst tatsächlich nötig, um den Quark glatt zu bekommen, heute kann man darauf verzichten, denn aller Quark ist so vorbehandelt, daß er geschmeidig, zart und klümpchenfrei angeboten wird.

Kochkäse

Bis zum Zweiten Weltkrieg wurde dieser Kochkäse nicht nur in bäuerlichen Haushalten, sondern auch in gutbürgerlichen Großstadtfamilien hergestellt. Da Kochkäse weder schwer verdaulich noch kalorienreich ist und außerdem einen sehr angenehmen Geschmack hat, verdiente er es, in die moderne Ernährung aufgenommen zu werden. Das folgende Rezept stammt aus Mitteldeutschland. Ich habe die gleiche Zubereitungsart auch in Hessen kennengelernt.

1 kg Quark (Siebkäse hat man früher gesagt)
1 Teel. Natron
2 Eßl. Butter
1 Teel. Kümmel
1 Teel. Salz
1/8 l Milch
1 Eigelb

Quark zerkrümeln und mit dem Natron vermischen. In einer flachen Schüssel und mit einem Tuch bedeckt einige Tage warmstellen. Wenn man die Reifegärung wahrnimmt, kocht man ihn zusammen mit Butter, Kümmel, Salz und der Milch, die man gut damit verrührt hat, einmal auf. Nach leichter Abkühlung legiert man mit dem Eigelb.
In eine größere flache Schüssel oder in kleinere Schüsseln füllen. Der Kochkäse muß erstarren und gelb und glasig aussehen.
Beilagen: Bauernbrot, eventuell mit Butter oder auch Pellkartoffeln (früher in bäuerlichen Haushalten zum Abendbrot).
Wer will, kann sich noch Kümmel darüberstreuen.
Rezeptvariation: Man kann Kochkäse in der gleichen Zusammensetzung ohne Natron und Eigelb herstellen. Dabei dauert die Gärung allerdings länger.
Die Milch kann durch Sahne ersetzt werden; dann eventuell weniger oder keine Butter zufügen. Aber auch beim Butterkäse ist es so, daß der volle Wohlgeschmack vom Fettgehalt kommt.

LIPTAUER

Der Name ist irreführend, denn Liptauer Käse, auch Liptauer Brimsen genannt, kommt aus der zwischen Tatra und Karpaten gelegenen Stadt Liptau.
Richtig müßte es heißen «Angemachter Käse nach Liptauerart». Wer aber nimmt schon so lange Formulierung so oft in den Mund, wie er Appetit auf diesen Käse hat?! Ursprünglich hat man streng darauf geachtet, daß «Liptauer», der südlich der Donau serviert wurde, nur aus Frischkäse bestand; waren andere Käse mitverwendet worden, so galt die Bezeichnung «Obatzter». Im Norden der Donau gingen die Begriffe schon immer kunterbunter durcheinander. Heute trifft das überall zu.

Pro Person:

150 g Topfen (Quark)
50 g feingeriebener Emmentaler
2 bis 3 Eßl. saure Sahne
1 bis 2 Teel. feingehackte Zwiebel
Salz und Pfeffer aus der Mühle
Edelsüßes Paprikapulver

Alle Zutaten gut miteinander vermischen. Zu Misch- oder Weißbrot servieren.

Rezeptveränderungen:
- Anstatt geriebenem Emmentaler nimmt man Camembert oder Romadur.
- Besonders gut schmeckt die Mischung, wenn man sie aus Topfen und Weißlacker-Käse herstellt; sie kommt auch so am ehesten an den echten Liptauergeschmack heran.
- Zu den jeweils gewählten Käsemischungen wird noch Butter hinzugefügt.
- Ergänzend verwendet man noch eine oder mehrere der folgenden Würzzutaten: Kümmel, gehackte Sardellen, scharfer Senf.

BAYERN

OBATZTER

Einer der berühmtesten angemachten Käse, der Bayern zugerechnet werden muß, denn überall sonstwo firmiert er recht ausdruckslos nur als «angemachter Käse». Nun sagt zwar das bajuwarische Dialektwort «Obatzte» auch nichts anderes aus, klingt aber viel kraft- und saftvoller. Außerdem wird wahrscheinlich in Bayern mehr «Obatzter» gegessen, als im ganzen übrigen Deutschland «angemachter Käse» verzehrt wird. – Und wahrscheinlich auch mehr Brotzeit gemacht.

Pro Person:

100 g Camembert
1 bis 2 Teel. Butter
1 bis 2 Teel. feingehackte Zwiebel

Alle Zutaten gut mit der Gabel zerdrücken und vermischen.

Rezeptveränderungen:

- 2/3 Camembert und 1/3 Backsteinkäse (Limburger) oder auch Romadur.
- Zusätzlich zur Grundmischung noch 1 Eigelb.
- Zwiebel bewußt grob schneiden, damit der Geschmack deftiger wird.
- Ein Teil des Camemberts wird durch Frischkäse oder Topfen (Quark) ersetzt, um den Geschmack milder zu machen.
- Weitere Gewürze werden zugefügt: Kümmel, kleingehackte Gewürzgurke, kleingehackte, frische Paprikaschote, Paprikapulver (Paprikapulver muß immer zunächst mit der Butter gründlich vermischt werden, da es nur so seine Geschmacksstoffe entfaltet).
- Grundrezept wird für die Mischung des «Obatzten» verwendet, dieser dann in der Mitte eines Tellers serviert; drum herum werden alle genannten Gewürze und zusätzlich noch kleingeschnittene Zwiebeln in kleinen Häufchen arrangiert, damit sich jeder Gast den Käse nach seinem persönlichen Gusto würzen kann.

RHEINHESSEN, MAINZ

SPUNDEKÄS

In Mainz wird diese Käsezubereitung viel häufiger gegessen als der berühmte «Mainzer Handkäs», vor allem in den urgemütlichen Weinstuben, die noch die gute alte Sitte der blanken Holztische bewahrt haben.
Der Name rührt von der ursprünglichen Form der Käse her; sie wurden leicht gerollt, so daß sie einem Zapfen glichen, der auf mainzerisch Spund genannt wird. Mit dem Aussterben der Fässer und damit der Spunde ging auch die Käseform verloren; heute wird er meistens auf die Teller gehäuft.

Pro Person:

150 g Quark (Schmierkäs)
1 bis 2 Eßl. Sahne
1 Eßl. Butter
1 Eßl. sehr fein geschnittene Zwiebel
Salz

Alle Zutaten gut miteinander vermischen. Der «Spundekäs» darf keinesfalls flüssig sein, er muß seine Form gut halten. Dazu ißt man dick geschnittenes Mischbrot oder Paarweck (Wasserteigbrötchen).

Rezeptveränderungen:
- Paprikapulver wird mit der Butter verrührt und diese dann in den Käse geknetet.
- Zusätzlich wird noch Kümmel dazu serviert.

Apropos: Wer «Spundekäs» mit «Liptauer» vergleicht, wird unschwer feststellen, daß geschmacklich kaum ein Unterschied zwischen beiden besteht; allenfalls dürfte man in Mainz schon immer mehr Wert auf einen nicht zu geringen Butteranteil gelegt haben, wohingegen die Bayern sich früher dem Paprikapulver zuwandten.

HESSEN, RHEINHESSEN, PFALZ

EINGELEGTE HANDKÄSE

10 Handkäse
1 bis 2 Eßl. Kümmel
½ l herber Weißwein
1 Steingutgefäß

Handkäse nebeneinander in eine flache Schale oder auf eine Platte legen und mit Wein begießen. Während 15 Minuten mehrmals im Wein wenden.

Käse anschließend in das Steingutgefäß dachziegelförmig schichten und jeweils großzügig Kümmel dazwischenstreuen. Den Wein zugießen; er muß die Käse bedecken.
Gefäß mit einem Tuch zubinden und mindestens vier Tage zum Reifen beiseite stellen, je kälter, desto länger.
Dazu ißt man Bauernbrot mit Butter und trinkt am besten den Wein, in dem der Käse eingelegt wurde — frischen natürlich. Und aus nicht zu kleinen Gläsern.

RHEINHESSEN, HESSEN

HANDKÄS MIT MUSIK

Ein Meßfremder fragte in Mainz einen Meenzer, was denn die seltsame Bezeichnung «mit Musik» bedeute. Antwort: «Ei, esse Se en erst emol, dann kommt die Musik ganz von selbst!» Ausdrücklich sei darauf hingewiesen, daß in diesem Käsenamen bei dem Wort «Musik» die Betonung auf der ersten Silbe liegt und das «u» kurz wie in «muß» ausgesprochen wird.

Pro Person:

Je nach Größe 1 bis 2 Handkäse, die gut «durch» sein müssen
1 Zwiebel
1 Eßl. Essig
3 Eßl. Öl
Salz und Pfeffer aus der Mühle

Handkäse auf einen Teller legen und vor dem Servieren mit der kleingeschnittenen Zwiebel bestreuen. Essig mit Salz und Pfeffer verrühren, bis das Salz aufgelöst ist, dann das Öl zu der Mischung rühren und diese über den Handkäse gießen.
Dazu ißt man nicht zu dünn geschnittenes Bauernbrot, das reichlich mit Butter bestrichen wurde.
Kenner lehnen den Gebrauch einer Gabel ab, das Messer genügt. Mit diesem schöpft man Marinade über das abgeschnittene Käsestückchen, legt eventuell auch noch einige Zwiebelwürfelchen nach und schaufelt das ganze dann auf eine Ecke des Butterbrotes, von dem man herzhaft abbeißt.
Wer als Getränk keinen herben Weißwein oder einen Apfelwein zur Hand hat, der denke gar nicht erst daran, «Handkäs mit Musik» zu essen!

Grütze

Wer dieses Wort heute liest, muß wahrscheinlich ein Lexikon aufschlagen, um nachzusehen, was es bedeutet. Es handelt sich um geschälte und geschnittene Körner von Hafer, Gerste oder Buchweizen. Aus ihnen kann man Brei kochen. Da dieser in weiten Kreisen der deutschen Bevölkerung im vorigen Jahrhundert alltäglicher war als das tägliche Brot, bezeichnete man den Brei auch als Grütze. In armen ländlichen Gegenden aß man morgens, mittags und abends Grütze. Rezepte dafür finden sich nur selten in alten Kochbüchern, da man sich einmal nicht um die Küche der einfachen Leute kümmerte und andererseits das Grützekochen zu selbstverständlich schien, um ein Wort darüber zu verlieren.

HEIDEGRÜTZE GEMEIN, WIE SIE IM WENDISCHEN BRÄUCHLICH IST

(Original aus «Nutzbares, galantes und curieuses Frauenzimmer-Lexicon» von 1773.)

„Wenn sie im Wasser abgekocht, und ein wenig gesalzen worden ist, so thut man sie auf eine Schüssel, und läßt sie kalt werden. Will man sie alsdann essen, so muß allezeit eine Schüssel mit warm gesottener Milch dabey stehen. Sie (die Grütze) wird stückweise genommen, in die Milch getunket und verzehret."

200 g Buchweizenschrot
ca. 3/4 l Wasser
1 Teel. Salz
3/4 l Milch

Hinweis: «Heidegrütze» war der für Buchweizengrütze gebräuchliche Ausdruck.

GERSTENGRÜTZE

(Original aus einer Hamburger Rezeptsammlung aus dem Jahre 1903.)

Man schüttet die Gerstengrütze in die kochende Milch, kocht sie dann 2–3 Stunden lang ohne Umrühren; erst kurz vor dem Garwerden wird sie dann umgerührt. Zuletzt kommt etwas Salz hinzu. – Für 5 Personen.

2 Liter Milch
400 g Gerstengrütze
Salz

Hinweis: Die einzige Grütze, die sich bis heute erhalten hat, wenn auch hierzulande nur noch als Schonkost, ist die «Hafergrütze», die man auch als «Haferbrei» bezeichnet. Sie wird gekocht wie «Gerstengrütze» (voriges Rezept).

Apropos: Eine der beliebtesten ländlichen Anrichteweisen für Grütze sah so aus: Grütze wurde als Brei in Milch gekocht und kam in der großen Pfanne auf den Tisch. Gebräunte oder auch nur ausgelassene Butter wurde aus einem irdenen Topf darübergegossen. Familie und Gesinde saßen ringsum, und jeder langte mit seinem Löffel zu – und versuchte dabei, soviel Butter wie möglich zu ergattern.

Allgäu

Saurer Käse

1 bis 2 Eßl. Weinessig
½ Teel. Salz
1 kleine Prise Zucker
4 Eßl. Öl
1 Tasse lauwarmes Wasser
500 g Limburger (Backsteinkäse)
Weißer Pfeffer aus der Mühle
1 bis 2 Zwiebeln

Essig mit Salz und Zucker verrühren, bis beide aufgelöst sind. Öl dazumischen und alles zusammen im Wasser verrühren. Käse in Scheiben schneiden, mit der Flüssigkeit vermischen. Während einer Stunde immer wieder wenden. Anschließend den Käse in ein Porzellangefäß legen und mit der Flüssigkeit begießen. Pfeffer darüberstreuen. Über Nacht ziehen lassen. Beim Servieren mit den zu Ringen geschnittenen Zwiebeln belegen.
Dazu ißt man Bauernbrot oder Pellkartoffeln.

Apropos: Bei diesem «Sauren Käse» handelt es sich um die seltene Frühform eines Käsesalates. Die heute in Deutschland recht verbreiteten Käse- und Käse-Wurst-Salate sind alle Erfindungen der jüngsten Zeit.

Allgäu

Käsespätzle

400 g Mehl
4 Eier
1 Teel. Salz
einige Eßl. kaltes Wasser
Salz und 1 Eßl. Öl
250 g Allgäuer Emmentaler, gerieben
100 g Butter
4 Zwiebeln

Aus Mehl, Eiern, Salz und etwas Wasser einen Spätzleteig so lange schlagen, bis er Blasen wirft. Kurz ruhen lassen.
Reichlich Wasser mit Salz und Öl zum Kochen bringen. Aus dem Teig Spätzle vom Brett ins Wasser schaben. Oder mit Spatzenhobel oder ähnlichem Gerät; siehe Grundrezept «Spätzle», S. 366.
An die Oberfläche gekommene Spätzle herausnehmen und gut abtropfen lassen.
Angewärmte Schüssel mit etwa 1 Eßl. Butter ausschwenken. Dann abwechselnd Spätzle und geriebenen Käse schichtweise einfüllen. Zum Schluß noch etwas Butter in Flöckchen aufsetzen, alles durcheinanderheben.
In der restlichen Butter die zu Ringen geschnittenen Zwiebeln goldbraun anrösten.

Mitsamt ihrem Fett über die Käsespätzle schütten.
Als Beilage gibt es grünen Salat.
Dies ist ein köstliches Sommergericht. Im Winter schmeckt es allerdings auch.

OSTPREUSSEN

KURLÄNDER SPECKKUCHEN

Kurland gehörte nur kurz zu Ostpreußen, mit dem es unter den Deutschordensrittern einmal vereint war. Dies würde nicht die Aufnahme der «Speckkuchen» in diese Zusammenstellung rechtfertigen, wenn nicht das herzhafte Gebäck in preußischen Landen längst heimisch geworden wäre.

40 g Hefe
¼ l Milch
1 Messerspitze Zucker
500 g Mehl
100 g Butter
1 Ei

200 g Schinkenspeck
2 Zwiebeln
1 hartgekochtes Ei
Salz und Pfeffer aus der Mühle

2 Eier
Kümmel
1 Eßl. Schmalz

Hefe mit wenig lauwarmer Milch und einigen Körnchen Zucker zerdrücken. Mehl in eine Schüssel sieben, weiche Butter auf den Rand verteilen. Aufgegangenes Hefestück dazugeben und einen Teig rühren. Mit einem Ei verkneten und zugedeckt aufgehen lassen.
Inzwischen Schinkenspeck kleinwürfeln und ausbraten. Aus der Pfanne nehmen. Im zurückbleibenden Fett die kleingewürfelten Zwiebeln glasig werden lassen. Abgekühlt mit dem Schinkenspeck und dem hartgekochten, zerdrückten Ei vermischen. Mit Salz und Pfeffer kräftig abschmecken.
Hefeteig zu dünnen Platten ausrollen. Mit großer Tasse oder kleiner Schüssel runde Stücke ausstechen. Auf eine Hälfte jeweils etwas Füllung geben, Ränder mit Eiweiß bestreichen, zu Halbmonden zusammendrükken. Oberseiten mit geschlagenem Eigelb bestreichen und mit Kümmel bestreuen.
Backblech(e) mit Schmalz einfetten, Speckkuchen daraufsetzen und nochmals kurz gehen lassen.
Bei etwa 175° im Ofen zu goldbrauner Farbe backen. Schmecken heiß, warm und kalt.

Maultaschen

Käme jemand daher und behauptete, «Maultaschen» seien die größte Köstlichkeit der schwäbischen Küche, so würde ich ihm nicht widersprechen. Würde man vor einem internationalen Feinschmeckergremium einen Wettbewerb zwischen Piroggen, Ravioli und Maultaschen veranstalten, so hätte die schwäbische Spezialität gute Aussichten auf den 1. Preis. Wie gut «Maultaschen» auch bei Nicht-Schwaben ankommen, kann man auf der Grünen Woche erfahren, auf der sie die Berliner in solchen Massen kaufen, daß der schwäbische Verkaufsstand kaum genug Nachschub heranschaffen kann.
Zwei Köche der Allgemeinen Rentenanstalt halten seit 1979 den Maultaschen-Herstellungsrekord mit 1000 Maultaschen in 32 Minuten. Dem guten Geschmack der Maultaschen tut es keinerlei Abbruch, daß sie von den listigen Schwaben dermaleinst erfunden wurden, um den lieben Gott oder wenigstens den örtlichen Kaplan zu täuschen: Unter der Teighülle und im Spinatfüllsel versteckte man das Fleisch, das während der Fastenzeit verboten war. Niemand halte sich allzu engherzig an das folgende Rezept; bei der Füllung nehme man, was im Haus ist oder wonach einem der Appetit steht.

Teig:
500 g Mehl
4 Eier
Salz

100 g durchwachsener, geräucherter Speck
1 Eßl. Butter
3 Zwiebeln
250 g Bratwurstbrät (frisch, ungebrüht)
1 abgeriebenes Brötchen
250 g gekochter Spinat

Aus den Teigzutaten einen Nudelteig rühren, wenig Wasser zugeben und so lange kneten, bis eine feste Konsistenz erreicht ist.
Speck in kleine Würfelchen schneiden und in der Butter zusammen mit den kleingewürfelten Zwiebeln gut glasig werden lassen. Mit dem Bratwurstbrät vermischen. Brötchen in Wasser einweichen, ausdrücken und zusammen mit dem Spinat (falls dieser nicht schon püriert ist) sowie den Mettwürsten oder den Bratenresten (falls kein Hackfleisch verwendet wird) durch den Fleischwolf treiben. Mit Eiern, Gewürzen und der Petersilie verkneten. Füllung muß sehr kräftig gewürzt sein.
Teig auf bemehltem Brett nacheinander zu möglichst rechteckigen Platten ausrollen.

In gehörigen Abständen mit einem Eßlöffel Füllung zu Klecksen auf die eine Hälfte der Platte setzen. Zwischenräume mit Ei-Milch-Mischung bestreichen, andere Teigplattenhälfte darüberschlagen, zwischen den Füllungen gut zusammendrücken und mit dem Kuchenrädchen oder einer Untertasse so teilen, daß viereckige oder auch rautenförmige Maultaschen entstehen.
Diese in reichlich Fleischbrühe oder siedendem Salzwasser offen garen; das dauert je nach Größe der Maultaschen 10 bis 15 Minuten; sie kommen an die Oberfläche. Herausnehmen und abtropfen lassen.

250 g gemischtes Hackfleisch oder leicht geräucherte, grobe Mettwürste (Bauernbratwürste) oder durchgedrehte Braten- oder Siedfleischreste
2 bis 3 Eier
Salz, Pfeffer aus der Mühle
Geriebene Muskatnuß
3 bis 4 Eßl. gewiegte Petersilie
1 Ei und 3 Eßl. Dosenmilch zum Bestreichen
Fleischbrühe oder Salzwasser zum Garen

Verschiedene Anrichteweisen:

- GESCHMÄLZTE MAULTASCHEN
  Reichlich halbe Zwiebelringe in Butter goldbraun rösten und mitsamt dem Fett über die Maultaschenportionen geben. Dazu saftiger Kartoffelsalat oder gemischter Salat
- MAULTASCHEN IN DER BRÜHE
  In kräftiger Fleischbrühe jeweils einige Maultaschen servieren und mit reichlich gehacktem Schnittlauch bestreuen
- GERÖSTETE MAULTASCHEN
  Maultaschen erkalten lassen und in Streifen schneiden. Diese Streifen in der Pfanne in Butter oder Schmalz kroß rösten. Dazu gibt es Kartoffelsalat
- FEINSCHMECKER-MAULTASCHEN
  Maultaschen portionsweise in feuerfeste Pfännchen legen, mit gekochtem Schinken bedecken, einige Käsescheiben darüber und überbacken. Dazu grüner Salat.

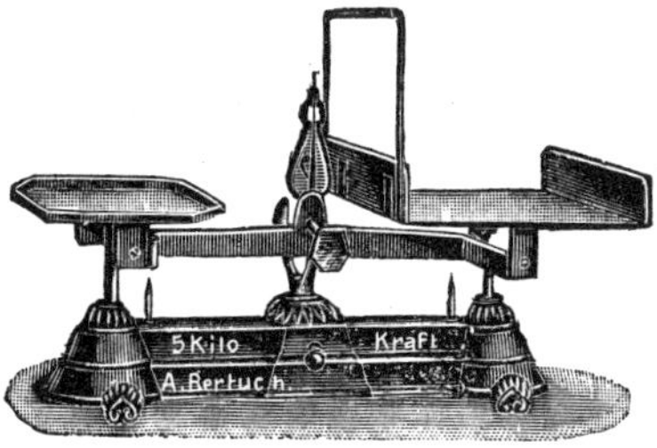

SÜDWESTDEUTSCHLAND

ZWIEBELKUCHEN

Zwiebelkuchen ist nur in Weinlandschaften daheim. In der Pfalz und in Hessen ist er als «Zwiwwelkuche» (mit kurzem «u» wie in Kuß) bekannt. In Franken nennt man ihn «Zwiebelplatz». In Schwaben trägt er neben seinem angestammten Namen auch noch die Bezeichnung «Zwiwlwähe», während er in Baden schlicht «Zwiewelkuche» oder «Zwiwelblotsch» heißt. Zuweilen nennt man ihn auch «Posaunentorte». Warum wohl?
Einen echten Süddeutschen erkennt man daran, daß ihn – wo immer in der Welt er sei – zur Herbstzeit unbändiges Heimweh befällt, Sehnsucht nach neuem Wein und Zwiebelkuchen. An Rhein, Main und Neckar findet man im Herbst an jeder Wirtschaft, die etwas auf sich hält, ein Schild: «Neuer und Zwiebelkuchen.»

Zum Teig:
250 g Mehl
50 g Butter
20 g Hefe

Aus den angegebenen Zutaten einen Hefeteig herstellen. Nur kurz gehen lassen und dann in eine ausgebutterte, große Springform so einlegen, daß ein Rand von 2 bis 3 cm hochgedrückt werden kann.

Zwiebeln nicht allzu fein schneiden.
Speck in Würfelchen oder kleine Streifchen schneiden und diese in der Butter gut glasig werden lassen. Zwiebelwürfel zugeben und unter häufigem Rühren diese hellgelb werden lassen. Zum Abkühlen beiseite stellen. Dabei mit Salz, Pfeffer und Kümmel abschmecken.
Sahne mit den Eiern und dem Eigelb gut verkleppern. Abgekühlte Zwiebelmasse auf dem Teigboden verteilen. Sahne-Eier-Gemisch darübergießen, langsam, damit es überall zwischen die Zwiebeln dringen kann.
Im vorgeheizten Backofen bei ca. 200° etwa 35 bis 40 Minuten backen.
Warm verzehren und unbedingt neuen Wein dazu trinken, der nicht mehr süß ist, dafür aber reißt. Auch ein kräftiger, herber Weißwein schmeckt zum Zwiebelkuchen.

1 kleine Tasse lauwarme Milch
1 Prise Salz
Butter für die Form

Belag:
1 kg Zwiebeln
200 g durchwachsener, geräucherter Speck
2 bis 3 Eßl. Butter oder Schmalz
Salz und Pfeffer aus der Mühle
1 kräftige Prise Kümmel
1/4 l saure Sahne
2 Eier
2 Eigelbe

Rezeptabwandlungen:
BADISCHER ZWIEBELKUCHEN – wird gern auf Brotteig gebacken. Früher kannte man kaum einen anderen Teig dafür; bei jedem Brotbakken wurden anschließend die Zwiebelkuchen in den großen Backofen geschoben. Das ganze Jahr über. – Zuweilen backt man noch heute Zwiebelkuchen auf großen Blechen und ganz dünn in Teig und Belag.
«ZWIWLWÄHE» wird im Schwäbischen auch in Formen gebacken, die an Pizza erinnern, also echte Fladen. Zum Belag nimmt man auch kleingeschnittene Frühlingszwiebeln.
Zuweilen nimmt man auch Mürbeteig für den Zwiebelkuchen; neuerdings sogar Tiefkühl-Blätterteig.

Zwiebelkuchen

Der schwäbische Dichter Eduard Mörike (1804 bis 1875) mußte einst bei seinem Amtsbruder, dem Pfarrer von Winsheim, in einer Kammer übernachten, in der Zwiebeln gelagert wurden. Dieses Erlebnis inspirierte ihn zu folgendem Gedicht und dem verzweifelten Ruf nach Zwiebelkuchen.

«Ganz richtig hört' ich sagen,
Daß, wer in Zwiebeln schlief,
Hinunter werd' getragen
In Träume schwer und tief.

Und gegen dieses Übel,
Das gar nicht angenehm,
Hilft selber nur die Zwiebel
Nach Hahnemanns[1] System.
Das laßt uns gleich versuchen!
Gott gebe, daß es glückt! –
Und schafft mir Zwiebelkuchen!
Sonst wer' ich noch verrückt.»

Samuel Hahnemann, Arzt und Begründer der Homöopathie, hatte zu jener Zeit gerade eine These aufgestellt, daß «Ähnliches mit Ähnlichem zu heilen sei».

BERLIN

HOPPEL-POPPEL

(IN ANDERN LANDSCHAFTEN BAUERNFRÜHSTÜCK)

Dieses volkstümliche Gericht wird in vielerlei Formen zubereitet, immer jedoch auf der Basis von Bratkartoffeln und einem Überzug aus Eiern.
Der Name «Hoppel-Poppel» ist einer der typischen Einfälle des Berliner Mutterwitzes ohne tieferen Sinn, nur das Durcheinandergemenge klanglich andeutend.
«Bauernfrühstück» geht darauf zurück, daß jahrhundertelang Bratkartoffeln mit den jeweils zur Verfügung stehenden Resten als Frühstück in bäuerlichen Haushalten serviert wurden, wo man sich ja für einen sehr langen und kräftezehrenden Vormittag stärken mußte.
Heute wird diese Spezialität als Mittagessen serviert.

750 g Kartoffeln
200 g Speck, durchwachsen oder fett oder wahlweise auch eine etwas größere Menge Fleisch- oder Bratenreste
1 große Zwiebel
2 bis 3 Eßl. Schmalz oder Butter
Salz, Pfeffer aus der Mühle
6 Eier

Kartoffeln am Vortag als Pellkartoffeln kochen, schälen und erkalten lassen. In Würfelchen schneiden.
Speck ebenfalls würfeln und zusammen mit der kleingeschnittenen Zwiebel in Schmalz oder Butter erhitzen. Kartoffeln hinzufügen. Unter gelegentlichem Wenden braten, bis Krüstchen entstehen. Dabei salzen und pfeffern.
Eier aufschlagen und miteinander verkleppern. Über die Bratkartoffeln gießen, durchmengen und stocken lassen. Sofort servieren.
Beilage: Brot und/oder Salat.

Westfalen

Wurstbrötchen

Früher verwendete man dafür Brot- oder Brötchenteig, heute nimmt man Blätterteig, was nicht nur den Geschmack hebt, sondern auch jeder Hausfrau die Zubereitung sehr einfach macht – mit TK-Blätterteig.

400 g frische, grobe Bratwürste
1 altbackenes Brötchen
Pfeffer aus der Mühle
Salz
1 bis 2 Pakete Tiefkühl-Blätterteig
Mehl
1 Ei

Brät aus der Wursthaut drücken. Brötchen abreiben, in dünne Scheiben schneiden und in Wasser einweichen. Wieder ausgedrückt wird es dann unter das Brät geknetet. Dabei mit Pfeffer und Salz nachwürzen.
Auf bemehltem Brett Blätterteig ausrollen, Quadrate schneiden, zu Würstchen geformte Brätstücke einrollen. Mit etwas geschlagenem Ei die Teigränder zusammendrücken. Eingepackte Würstchen mit der Naht nach unten auf ein mit kaltem Wasser abgespültes Blech setzen, mit geschlagenem Ei bestreichen und bei etwa 220° goldbraun backen.
Heiß genießen, dabei nach Geschmack mit Senf abrunden. Natürlich Bier dazu.

Bergstrasse

Eier mit Sauerampfer

Eine sehr schöne Platte, die ich als Bub mehrfach bei Verwandten meiner Großmutter in Bensheim gegessen habe. Es handelt sich dabei sicher nicht um eine Spezialität der Gegend; jedoch wurde immer erzählt, daß diese Zubereitungsart schon sehr lange in der Familie bekannt und immer wieder weiter vererbt worden sei. Leider gehörte ich nicht zu den direkten Rezepterben. Ich habe erst sehr viel später diese «Eier mit Sauerampfer» aus der Erinnerung nachgekocht.

Sechs der Eier hart kochen, abschrecken, schälen und der Länge nach teilen. Dotter herausnehmen und in eine kleine Rührschüs-

sel legen. Sauerrahm sowie die beiden restlichen frischen Eier, die vorher aufgeschlagen und verkleppert wurden, zugeben.
Sauerampfer waschen, gut ausdrücken und dann mit etwas Salz und wenig geriebener Muskatnuß in 2 Eßl. Butter kurz dämpfen. Leicht abkühlen lassen und dann auf einem Brett mit dem Wiegemesser zerkleinern. Mitsamt der Butter, in der er gedämpft wurde, in die Rührschüssel geben. Deren gesamten Inhalt gut miteinander vermischen. Die Eihälften damit füllen.
Ein flaches, feuerfestes Geschirr, das alle Eihälften nebeneinanderliegend gut aufnehmen kann, jedoch nicht viel größer ist, mit der restlichen Butter ausstreichen. Eihälften mit der gefüllten Seite nach unten einsetzen. Restliche Fülle mit Salz und Muskatnuß noch etwas kräftiger abschmecken, süße Sahne unterrühren und zwischen die Eihälften füllen. Im vorgeheizten Ofen bei etwa 150° müssen die gefüllten Eier so lange erhitzt werden, bis die Füllmasse dick geworden ist.
Heiß servieren. Das ist eine sehr schöne Vorspeise. Wenn man sie rechtzeitig vorbereitet, eignet sie sich ausgezeichnet für einen modernen Brunch.
Dazu ißt man frisches Weißbrot.

8 Eier
3 Eßl. saure Sahne
2 bis 3 Tassen grob geschnittene Sauerampferblätter
Salz
Geriebene Muskatnuß
3 Eßl. Butter
2 bis 3 Eßl. süße Sahne

Heidelberg

Berlin

Saure Eier mit Specksauce

8 Eier
150 g durchwachsener Räucherspeck
2 große Zwiebeln
1 Eßl. Schmalz
2 Eßl. Mehl
Knapp 1/2 l Fleischbrühe
Salz
Pfeffer aus der Mühle
2 Lorbeerblätter
Essig
Zucker

Eier in der Schale hartkochen oder als verlorene Eier zubereiten. Hartgekochte Eier schälen und – wie auch die verlorenen Eier – in heißem Wasser warm halten.
Speck in kleine Streifchen oder Würfelchen schneiden und zusammen mit den Zwiebeln, die in Würfel geschnitten wurden, glasig werden lassen. Schmalz hinzufügen. Wenn die Zwiebelwürfel gelb werden, wird das Mehl zugefügt und unter ständigem Rühren braun geschwitzt. Mit Brühe ablöschen. Abschmekken mit Salz, Pfeffer, Lorbeerblättern, etwas Essig und wenig Zucker. Knapp 1/4 Stunde sachte kochen.
Beim Anrichten die Sauce über die Eier gießen.
Beilage: Kartoffelbrei, den man in Berlin «Quetschkartoffeln» nennt. Man gibt auf jeden Teller «Quetschkartoffeln», drückt sie breit, legt 2 Eier darauf und übergießt mit der Sauce.

Berlin

Soleier

Sie sollen zwar in Sachsen erfunden worden sein, wo sie die Arbeiter der Stadt Halle im mitgebrachten Netz in die natürliche Sole der Salinen hängten. Ohne Zweifel wurden sie in Berlin populär, wo sie im hohen Bonbonglas auf der Theke jeder Eckkneipe standen.
In den siebziger Jahren sind sie groß in Mode gekommen. Die deutsche Schickeria stellt sie stolz auf ihre Partybuffets. Sogar in Frankreich gelten sie als letzter Imbißschrei.

12 Eier
5 bis 6 Eßl. Salz

Eier in etwa 10 Minuten hart kochen. In kaltem Wasser abschrecken.

In 1 l Wasser das Salz auflösen, was am besten geht, wenn das Wasser lauwarm ist.
Die Eier auf einer festen Unterlage so rollen, daß die Schale Risse bekommt. So vorbereitet in ein großes Glas (oder mehrere Einmachgläser) legen. Salzwasser darübergießen. Zugedeckt 3 bis 6 Tage, je nach gewünschtem Salzgehalt, stehenlassen.
Das Essen der Soleier ist fast schwerer als die Zubereitung. Zunächst schäle man die Eier, dann kümmere man sich nicht um den Streit der Experten, von denen die einen behaupten, sie müßten der Länge nach halbiert werden, während die anderen auf Halbieren in Querrichtung bestehen, sondern mache es, wie einem in den Sinn kommt. Anschließend löst man die Dotterhälften, hebt sie heraus, gibt in die Höhlung wenig Senf, Salz, Pfeffer, Essig und Öl. Umgekehrt, also mit der Wölbung nach oben, wird der jeweilige Dotter wieder aufgesetzt. So gefüllt kann das Solei verzehrt werden.
Solei-Experten aus den Eckkneipen führen die ganze Prozedur in der Hand aus, wobei es schon einiger Übung bedarf, Eihälfte und Dotter voneinander getrennt mit einer Hand zu halten, um mit der anderen die Füllung hineinzupraktizieren. Nur aus der Hand genossen entfalten Soleier ihren ganzen herben Charme.

Duisburg

WESTFALEN

MARINIERTE EIER

Im Gegensatz zu den Soleiern sind ihre marinierten Zwillinge in Vergessenheit geraten. Dieses Rezept aus dem vorigen Jahrhundert ist so einfach, billig und mit wohlschmeckendem Erfolg gesegnet, daß man es einmal ausprobieren sollte.

12 Eier
Salz
10 g Pfeffer
20 g frischer oder
10 g getrockneter
Ingwer
12 g Pimentkörner
1 l milder Essig

Eier in kräftig gesalzenem Wasser in 10 Minuten hart kochen. Abschrecken und schälen.

Pfeffer und Pimentkörner ganz grob zerdrükken. Ingwer in hauchfeine Scheibchen schneiden. Alle Gewürze im Essig gut 10 Minuten leise sprudelnd kochen.

Geschälte, hartgekochte Eier in ein hohes Glas oder in einen Steintopf schichten. Durch

ein feines Sieb mit dem etwas abgekühlten Essig übergießen.
Mit Pergamentpapier zubinden und an einem kühlen Ort (nicht Kühlschrank) aufbewahren.
Nach acht Tagen sind die Eier verzehrbereit; früher hat man sie vier Wochen mariniert, aber das ist Geschmackssache.
Zum Verzehr nimmt man sie heraus, läßt sie abtropfen, reibt sie mit Küchenkrepp trocken und ißt sie zu Butterbrot.

OSTSEEKÜSTE

RÜHREI MIT BÜCKLING

Pro Person
(zu Imbiß oder Vorspeise):

½ kleine Zwiebel
1 Teel. Butterschmalz
½ Bücklingsfilet
1 Teel. gehackter Dill
2 bis 3 Eier
Salz, weißer Pfeffer aus der Mühle
1 Scheibe Mischbrot

Zwiebel in hauchdünne Lamellen schneiden. Im heißen Fett auf nicht zu großer Hitze glasig werden lassen.
Bücklingsfilet darauflegen. Noch 2 bis 3 Minuten in der Pfanne lassen; Bücklingsfilet dabei einmal vorsichtig wenden. Danach Dill darüberstreuen.
Eier mit wenig Salz kurz schlagen. In die Pfanne geben und mit der Gabel rings um das Bücklingsfilet zu Rührei zusammenschieben. Zum Schluß mit Pfeffer abschmecken.
Eventuell noch etwas Dill als Garnierung überstreuen.
Mischbrotscheibe toasten.
Rührei mit Bückling darauf servieren.
Bitte beachten: Dieses Rezept kann auch zur Hauptmahlzeit werden. Dann verwendet man dazu einen ganzen, nicht zu großen und natürlich auch filetierten Bückling sowie 3 bis 4 Eier pro Person.
Als Beilage gehören Bratkartoffeln und grüner oder Gurkensalat dazu.
«Rührei mit Bückling» hat seit einigen Jahrzehnten eine bescheidene Karriere gemacht. Man trifft es zuweilen auf den Speisekarten der Nobel-Gastronomie.

MARK BRANDENBURG, OSTFRIESLAND

KIEBITZEIER

Natürlich wurden Kiebitzeier seit langem mit größtem Vergnügen verzehrt. Sie waren jedoch eine Spezialität für wenige Kenner. Allgemeinen Ruhm erwarben sie durch den «patriotischen» Beschluß einer Stammtischrunde, dem Fürsten Bismarck zum 56. Geburtstag und quasi als Dank für die Reichsgründung 101 Kiebitzeier zu schicken. Das war im Jahre 1871 und am 1. April, dem Geburtstag Bismarcks. Das Kiebitzeier-Geschenk war jedoch kein Aprilscherz, es wurde jährlich wiederholt und mit Dankesbriefen des Fürsten und einem kostbaren Silberbecher, dem Kiebitzbecher, Anno 1883 belohnt.

Die Kiebitzspender nannten sich «Die Getreuen», sie tagen noch heute in Jever in Ostfriesland in einem Gasthaus, das «Haus der Getreuen» heißt und direkt neben der berühmten Brauerei liegt. An jedem 1. April kreist dort der «Kiebitzbecher», der eine ganze Flasche Wein faßt, und man gedenkt des großen Kanzlers. – Womit bewiesen wäre, daß auch die Politik durch den Magen geht.

Wie aber bereitet man Kiebitzeier zu?

Pro Person:

Mindestens
2 Kiebitzeier, besser viel mehr
Salz
Butter

Immer erst die Schwemmprobe machen; jedes Ei wird in ein Gefäß mit kaltem Wasser gelegt, je schneller es zu Boden sinkt, um so frischer ist es. Nur ganz frische Eier verwenden. Die kleinen grünlichen Eier mit den dunklen Flecken werden dann 8 Minuten gekocht.

Auf einem Salzsockel oder auf gebrochener Serviette anrichten. Aufschlagen, Eigelb herauslösen und dieses mit etwas Salz und Butter vermischen, was auf dem Teller mit der Gabel geschieht. Brot dazu.

Neuerdings serviert man Kiebitzeier auch auf einem Kressebett und ißt Kressesalat dazu.

OSTSEEKÜSTE

KIELER SPROTTEN-RÜHREI

Zubereitung ist gleich der für «Rührei mit Bückling». Bei den Zutaten ersetzt man das 1/2 Bücklingsfilet durch etwa 100 g Kieler Sprotten, die man abzieht, entgrätet und von Kopf und Schwanz befreit.

Pro Person (zu Imbiß oder Vorspeise):

1/2 kleine Zwiebel
1 Teel. Butterschmalz
1/2 Bücklingsfilet
1 Teel. gehackter Dill
2 bis 3 Eier
Salz, weißer Pfeffer aus der Mühle
1 Scheibe Mischbrot

Eierpfannkuchen

Sie sind die burschikoseren Schwestern der Omelette. Was ihnen an feiner französischer Art abgeht, das machen sie wett durch eine sehr praktische deutsche Eigenschaft: Anpassungsfähigkeit. So ein Eierkuchen ist ein richtiger «Hansdampf in allen Gassen». Kein Wunder, daß er zu einem der Angelpunkte der deutschen Küche wurde.

EINFACHER EIERPFANNKUCHEN

Aus Mehl, Milch, den Eigelben und 1 Prise Salz einen Teil rühren und 15 Minuten ruhen lassen. Eiweiße zu steifem Schnee schlagen und unterheben.
Die Pfanne — Eierkuchen backt man in Pfannen von etwa 20 bis 25 cm Durchmesser — mit wenig Fett erhitzen, Teig mit einer kleinen Schöpfkelle einfüllen, zerfließen lassen und auf der Unterseite backen. Wenn die Oberseite nicht mehr flüssig ist, durch Rucken den Pfannkuchen lösen und umwenden; Könner werfen ihn mit elegantem Schwung herum. Ein kleines Stückchen Fett darunterschieben und auf der zweiten Seite auch goldgelb backen.

250 g Mehl
Etwa 1/4 l Milch
2 bis 3 Eier
1 kleine Prise Salz
Fett für die Pfanne (Butterschmalz, Schmalz oder Öl)

Feiner Eierpfannkuchen

Pro Pfannkuchen:
2 Eßl. Milch
1 Eßl. Mehl
2 Eier, getrennt
1 kleine Prise Salz
Fett für die Pfanne

Milch, Mehl und Eigelbe mit etwas Salz zu einem glatten Teig verrühren, ½ Stunde ruhen lassen und dann die steifgeschlagenen Eiweiße unterziehen.
Fett in der Pfanne erhitzen, Teig einlaufen lassen und bei nicht zu starker Hitze auf der Unterseite backen. Dann in den auf gut 200° vorgeheizten Ofen schieben und dort noch knapp 5 Minuten aufziehen.
Man nennt den besonders lockeren Eierpfannkuchen dieser Garmethode wegen auch «Aufgezogener Eierpfannkuchen».

Abwandlungen:
Kräuterpfannkuchen
Zu dem Teig «Einfacher Eierpfannkuchen» gibt man 4 bis 6 gehäufte Eßl. feingehackten Schnittlauch; man kann auch in geringen Mengen andere Kräuter wie Basilikum, Pimpinelle oder Petersilie dazumischen.

Speckpfannkuchen
Zu dem «Einfachen Eierpfannkuchen» kommen noch einige Scheiben geräucherter, fetter oder durchwachsener Speck, die man in der Pfanne glasig werden läßt, bevor man den Teig eingießt.
Als Beilage dazu gibt es grünen Salat.

Bücklingspfannkuchen
Wie «Speckpfannkuchen», nur daß man anstelle des Specks Stücke von entgrätetem und gehäutetem Bückling verwendet. Auch dazu ißt man grünen Salat.

Käsepfannkuchen
Wie «Speckpfannkuchen», nur daß man anstelle des Specks einige kleine Scheibchen vollfetten Emmentalers oder Edamers verwendet.
Auch dazu ist die Beilage grüner Salat.

GEFÜLLTER PFANNKUCHEN, PIKANT

Man backt «Einfache Eierpfannkuchen» und füllt sie mit einer der folgenden Massen; dabei schlägt man sie zusammen oder rollt sie.

Gebratene Hühnerleber
Hackfleisch mit Tomatenwürfelchen
Gedünstete Waldpilze
Rahmspinat

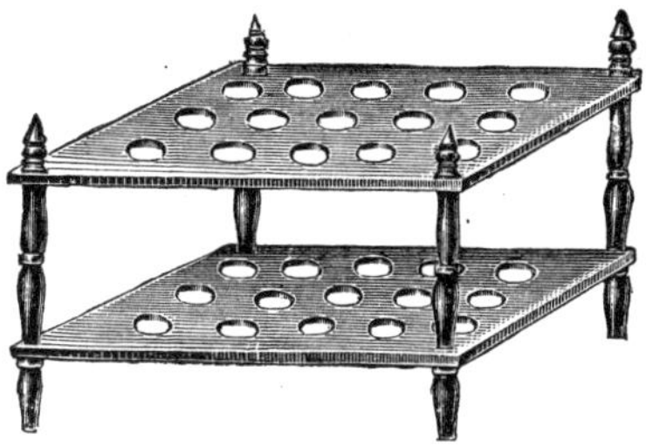

GEFÜLLTE PFANNKUCHEN, SÜSS

Man backt «Feine Eierpfannkuchen» und füllt sie mit Marmelade oder beliebigem Kompott. An den Teig gibt man in diesem Fall 1 Teel. Zucker oder Vanillezucker pro Pfannkuchen.

Außerdem werden «Einfache Eierpfannkuchen» gern als Beilagen zu feinen Gemüsen, wie z. B. Spargel oder Frühlingswirsing, gegessen.

Falls Sie einmal nach Köln kommen sollten und dort Eierpfannkuchen bestellen, denken Sie an Heinrich Heine, der hat das auch getan und nachher darüber geklagt ...
« ... ich aß
dort Eierkuchen mit Schinken.
Und da er sehr gesalzen war,
mußt' ich auch Rheinwein trinken!»
(Ob der Wein wohl zuviel Süßreserve hatte?)

Buchweizenpfannkuchen

Snobisten genießen sie heute für teures Geld als russische «Blinis» und behaupten, daß es nichts Besseres zu Kaviar gäbe. Im eigenen Land waren deftige «Buchweizenpfannkuchen» ein Bauernessen, und traditionsbewußte Feinschmecker genießen sie noch heute nach der heimischen Art.

GRUNDREZEPT

500 g Buchweizenmehl
Gut ½ l Milch
2 bis 4 Eier
Salz
1 kleine Prise Zucker
Fett für die Pfanne (Schmalz, Pflanzenfett, Öl)

Buchweizenmehl mit Milch, Eiern, Salz und ganz wenig Zucker zu einem glatten Teig verrühren. Am besten mehrere Stunden stehen lassen, damit das Mehl richtig ausquillen kann. Wenig Fett in der Pfanne erhitzen und darin etwa handtellergroße Pfannkuchen schön knusprig backen.

OSTFRIESLAND

BOOKWEETENSCHUBBER

Diese Pfannkuchen waren eine Frucht des Raubbaus im Moor; man brannte große Moorflächen ab und säte Buchweizen in die Asche; die Ernten waren gut, aber nur für wenige Jahre, dann war der Boden ausgelaugt.

Buchweizenpfannkuchen nach Grundrezept zubereiten, beim Backen jedoch reichlich Speckstücke in die Pfanne geben. Auch ersetzt man bei der Teigzubereitung gern die Milch durch Tee. Dazu ißt man dann am «ostfriesischsten» Heidelbeerkompott (was man zwischen Ems und Jade «Bickbeerenmus» nennt).

NIEDERRHEIN

BOOKWETEPANNEKOKE

Buchweizenpfannkuchen nach Grundrezept zubereiten und mit Rübenkraut oder Pflaumenmus essen.

OSTFRIESLAND

SPECKENDICKEN

Dies ist ein emsländisches Neujahrsessen. Die ganze Familie umlagert das Waffeleisen und tut sich an den sehr gehaltvollen Waffeln gütlich.

500 g Roggenmehl
250 g Weizenschrotmehl
1 Päckchen Backpulver
3 bis 4 Eier
Knapp 1/2 l Milch
125 g Sirup
100 g Zucker
125 g Schmalz
1/2 Teel. gemahlener Zimt
1/2 Teel. gemahlener Kardamom
1/4 Teel. gemahlene Aniskörner
Grobe, luftgetrocknete Mettwurst
Speckschwarte für das Waffeleisen

Roggenmehl und Weizenschrot zusammen mit dem Backpulver in einer großen Teigschüssel vermischen. Eier verkleppern und zugeben. Sirup, Zucker und Schmalz werden zusammen mit der Milch in einem Stieltopf verrührt und gut lauwarm gemacht, ehe man sie an den Teig gibt, der mit den angegebenen Gewürzen gut verarbeitet wird. Früher hat man ihn dann oft tagelang in den Keller gestellt; es genügt, wenn man ihn über Nacht ruhen läßt.
Dann wird das Waffeleisen gefettet; schön ist es, wenn man ein altertümliches Herzcheneisen hat, denn dann gibt man in die Mitte eines jeden der drei Herzen eine Scheibe Mettwurst, verteilt darum und darauf den dickflüssigen Teig und backt goldgelb-knusprige Waffeln.
Heiß schmecken sie am besten; sie können aber auch kalt und sehr viel später gegessen werden.
Dazu trinkt man keinen Kaffee, sondern mehrere gekühlte «Doornkaat» und gelegentlich ein Täßchen Tee.

Westfalen

Bookweten-Janhinnerk

Buchweizenpfannkuchen nach Grundrezept zubereiten, jedoch die Milch durch Kaffee (auch Malzkaffee) ersetzen und zusätzlich noch Speckwürfel in die Pfanne geben.
In den Teig mischt man auch gern Korinthen oder Preiselbeeren.
Zu den «Janhinnerks» ißt man Rübenkraut oder Honig und Pumpernickel.

Eifel

Heensch-Kuchen

In der Gegend des Nürburgrings sagt man zu Buchweizen «Heensch». Er wurde auf den Heideflächen früher viel gepflanzt.
Die Pfannkuchen macht man mit Hefe und würzt gern mit Muskat, Pfeffer und Salz. Dazu ißt man dann Sirup (Rübenkraut).

Fisch

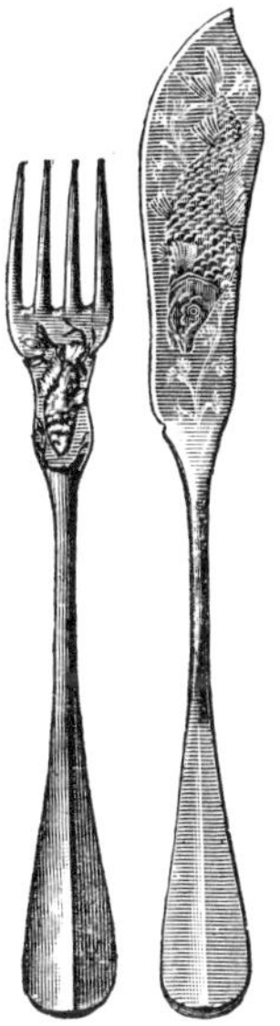

«Die Deutschen sind keine Fischesser», so stellen einheimische und ausländische Beobachter immer wieder fest. Ganz von der Hand zu weisen ist das nicht.
Es gibt jedoch Ausnahmen. Eine betrifft die Küstenbewohner; bei ihnen wurde und wird Fisch gern und oft gegessen. Allerdings gelang es ihnen kaum, Zubereitungsarten zu entwickeln, die internationale Karriere gemacht haben.
Bei der zweiten Ausnahme ist die Situation etwas verworrener. Sie betrifft die katholischen Landesteile im Süden. Fastenzeiten, die früher sehr viel umfangreicher waren und strenger beachtet wurden, zwangen zum Fischverzehr. Dabei entstanden auch ausgezeichnete Rezepte. Allerdings waren diese auf den höheren Adel und die Klöster beschränkt. Die einfachen Leute konnten sich nicht genügend Fisch leisten.
Drei Fische spielten in den traditionellen Küchen Deutschlands eine Sonderrolle: Karpfen, Hering und Stockfisch. Die beiden letzten waren lange Zeit die einzigen, die man vom Meer billig ins Binnenland transportieren konnte. Karpfen wurden überall gezüchtet.
Die heute allgegenwärtige Forelle, eine moderne Spezialität aller Mittelgebirge, gehört nicht zu den traditionsreichen deutschen Speisefischen. Sie begann ihre Karriere erst vor genau 100 Jahren. Aus Nordamerika wurden nämlich ab 1880 Regenbogenforellen eingeführt, die höhere Wassertemperaturen vertragen und sich leicht züchten lassen. Die einheimische Bachforelle war immer schon selten und ist heute noch seltener. Sie kann nur in kühlen, klaren, sauerstoffreichen Bergwassern leben. Auf die «Geräucherten Forellenfilets», die heute eine echte deutsche Spezialität sind, sei nur hingewiesen und angemerkt, daß es sich dabei um Neuerscheinungen handelt. Sehr gute allerdings.

Etwas stiefmütterlich werden auch die ausgezeichneten Räucherwaren behandelt, die, wie etwa die «Kieler Sprotte», große Bedeutung haben. Gleiches gilt für Fischmarinaden. Ihre stiefmütterliche Behandlung geht allein auf die Tatsache zurück, daß man sie kaum im Haushalt herstellt.
Falls jemand den sehr populären Rotbarsch vermißt — er wurde nicht vergessen, aber er gehört nicht zu den traditionellen deutschen Fischsorten. Da er in Tiefen zwischen 400 und 600 Metern lebt, konnte er erst nach dem Ersten Weltkrieg gefangen werden, als entsprechende Tiefseegeräte entwickelt waren. Unsere Urgroßmütter, ja viele Großmütter kannten den Rotbarsch noch nicht. Dafür war damals der Schellfisch, der heute preislich schon zu den Edelfischen zählt, Konsumfisch Nr. 1. So schnell ändern sich selbst bei so uralten Nahrungsmitteln, wie es Fische sind, die Verzehrgewohnheiten.

HAMBURG

SCHOLLEN, GEBRATEN

Unsere Nordseeschollen plätschern – bildlich gesprochen – nur noch in den trüben Gewässern kulinarischer Mittelmäßigkeit. Das hat die Tiefkühlindustrie mit ihren «Schollenfilets» getan. So einwandfrei sie auch vorbereitet sein mögen, sie halten keinen Vergleich mit einer frischen Scholle aus. Diese – vor allem die kleinen Maischollen – ziehe ich sogar den Seezungen vor. Komme ich nach Hamburg, so ist meine größte Freude, wenn ich von meinem Freund Heinz Tödter, seines Zeichens Großmeister und Ordensoberer im «CC-Club kochender Männer», zum Essen eingeladen werde – denn er brät stets frische Schollen für mich.

Pro Person:

1 Scholle (wenn sehr klein, auch 2 oder 3)
Zitronensaft
Salz
Mehl
Butterschmalz
40 g durchwachsener, geräucherter Speck
1 Eßl. Butter
¼ Zitrone

Scholle vom Fischhändler zum Braten vorbereiten lassen. Auswaschen, mit reichlich Zitronensaft innen und außen beträufeln und salzen. Etwa 10 Minuten ziehen lassen. In Mehl wenden, überschüssiges Mehl durch leichtes Klopfen entfernen.
Butterschmalz mit gewürfeltem Speck so lange erhitzen, bis der Speck sehr gut glasig ist. Speck herausnehmen und beiseite stellen. Im Fett die Scholle beidseitig schön braun braten. In einer zweiten Pfanne die Butter mit dem ausgelassenen Speck braun werden lassen und beim Anrichten über die Scholle gießen. Zitronenviertel dazu.
Beilage: Kartoffelsalat, der mit etwas Gurkensalat gemischt sein kann.

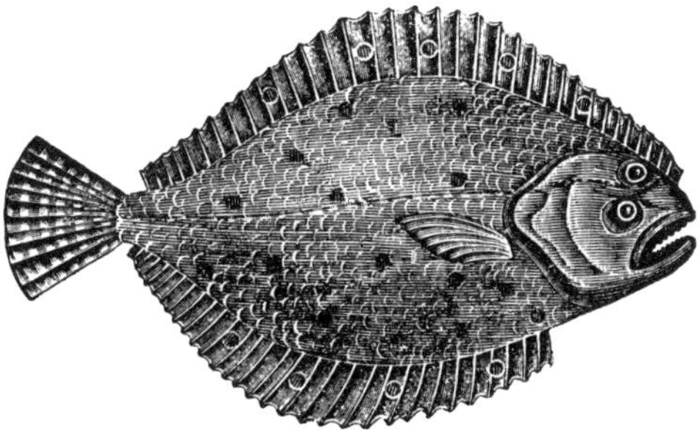

PFANNFISCH

Ein Resteessen, das populär geworden ist. Es wurde zum Beispiel 1979 bei einem der Mittagessen anläßlich der Jahrestagung der «Gastronomischen Akademie Deutschlands» im «Atlantik-Hotel» in Hamburg serviert. Aus ehrlicher Chronistenpflicht muß ich allerdings darauf hinweisen, daß es nicht allen Anwesenden als kulinarische Offenbarung erschien. An der Küste ist man da anderer Ansicht.

1 kg Pellkartoffeln
125 g geräucherter, durchwachsener Speck
2 Eßl. Butter
500 g gekochter, entgräteter Fisch
Weißer Pfeffer aus der Mühle, Salz
3 mittelgroße Zwiebeln
2 Eßl. Butter
3 Eßl. gehackte Petersilie

Zur möglichen Verfeinerung:
1 Teel. Senf
4 Eßl. Wasser oder Fischsud
3 bis 4 Eier
Salz

Pellkartoffeln erkalten lassen, schälen und in Würfelchen oder Scheiben schneiden.
Den Speck in kleine Streifen schneiden und in 1 Eßl. Butter glasig werden lassen. Kartoffeln zugeben. Leicht salzen und pfeffern und unter häufigem Wenden auf großer Flamme anbraten. Fisch in nicht zu kleine Stücke zerpflükken, mit Pfeffer bestreuen und etwas ziehen lassen.
Zwiebeln schälen, in Ringe schneiden und diese in 2 Eßl. Butter braun braten.
Restliche Butter zusammen mit den Fischstükken zu den Bratkartoffeln geben. Vorsichtig vermischen; die Fische sollen nicht zerfallen. Sobald sie heiß sind, ist der «Pfannfisch» fertig. Er wird mit den Zwiebelringen belegt; die Bratbutter gießt man darüber und bestreut mit gehackter Petersilie. Will man eine Verfeinerung, so verrührt man den Senf in Wasser oder Fischbrühe und vermischt ihn mit den verklepperten Eiern. Salzen und pfeffern, aber vorsichtig! Kurz nach den Fischstücken und den Zwiebeln wird die Eiermischung über das Gericht gegossen. Stocken lassen. Abschlie-

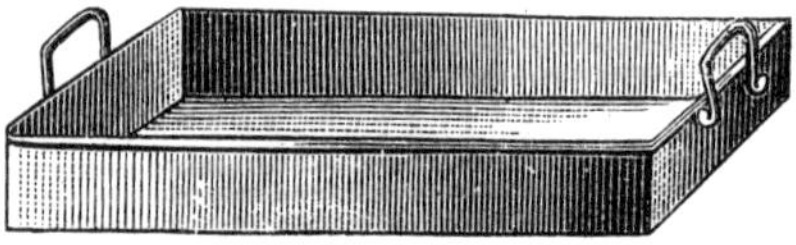

ßend mit Petersilie überstreuen. Vielfach verrührt man auch die gehackte Petersilie mit den Eiern.
Zuweilen gibt man dem Pfannfisch einen besonderen «Pfiff», indem man einen Teil des Kochfisches durch beliebigen Räucherfisch ersetzt. Früher nahm man Stockfischreste.
In jedem Fall gehören als Beilagen sauer eingelegte Gemüse dazu.

Fischkartoffeln

Dies ist ein seit langem beliebtes Resteessen. Man kennt es nicht nur an der Küste, sondern so ziemlich überall. Besonders beliebt war es in Mitteldeutschland.

Etwa 500 g Reste von beliebigem Kochfisch
Knapp 1 kg Pellkartoffeln
2 Eßl. Butter
1 1/2 Eßl. Mehl
1 geriebene Zwiebel
Salz und weißer Pfeffer aus der Mühle
Etwa 1/4 l Fischsud oder leichte Fleischbrühe oder Wasser
1 Tasse Sahne (süß oder sauer)
1 bis 2 Eigelb
2 Eßl. Butter
2 Eßl. Reibkäse (kein Parmesan, der wird zu bitter)

Kalte Fischreste sorgfältig entgräten, zerpflücken. Pellkartoffeln schälen und in Scheiben schneiden. Butter mit Mehl und geriebener Zwiebel zu einer hellen Schwitze rühren. Ablöschen mit einer der angegebenen Flüssigkeiten und der Sahne. Gut verrühren, mit Salz und Pfeffer würzen und einige Minuten kochen lassen. Vom Feuer nehmen und mit den Eigelben legieren.
Eine Auflaufform mit 1 Eßl. Butter ausstreichen. Kartoffeln und Fisch lagenweise einschichten; dabei stets etwas Sauce dazu. Mit restlicher Sauce begießen, restliche Butter als Flöckchen aufsetzen und mit Reibkäse bestreuen.
Bei etwa 180° ungefähr 20 Minuten im Ofen backen. Eventuell gegen Schluß der Backzeit noch etwas Oberhitze geben, damit sich eine goldbraune Kruste bildet.
Als Beilage gibt es grünen Salat. In Mitteldeutschland wurde auch gern Erbsen-Möhren-Gemüse dazu gegessen.
Verfeinern kann man die Fischkartoffeln, indem man zwischen die Schichten noch reichlich gehackte Petersilie streut und/oder einige gehackte Sardellen dazwischen verteilt.

Schellfisch oder Kabeljau in Senfsauce

Seit vielen Jahrzehnten ist diese Zubereitungsart daran schuld, daß so viele Binnenländer keinen Seefisch mögen. Es ist nämlich die einzige Zubereitungsart, in der sie ihn von Kindesbeinen an vorgesetzt bekamen. Oft auch noch lieblos zubereitet. Dabei ist dieses Gericht, gut gekocht, gar nicht zu verachten. Es hat den Nachteil, daß die Senfsauce oft zu scharf ist und den Fischgeschmack zu stark überdeckt. Dies wiederum war früher ein Vorteil, denn Fische, die, wie damals meist der Fall, nicht mehr so ganz frisch sind, profitieren davon.

1/4 l herber Weißwein
1/8 l Essig
1 große Zwiebel, in Scheiben geschnitten
1 Lauchstange, der weiße Teil, gut gewaschen
1 Mohrrübe, geschabt
1 Stück Sellerieknolle
10 Pfefferkörner
6 Pimentkörner
1 Lorbeerblatt
1 Teel. Salz

1 kg Schellfisch oder Kabeljau, möglichst Schwanzstück
1 bis 2 Eßl. Zitronensaft
Salz

2 Eßl. Butter
1 Eßl. geriebene Zwiebel
2 Eßl Mehl
2 Eßl. Zitronensaft
Etwa 2 Eßl. Senf
1 hartgekochtes Ei
Evtl. Salz und weißer Pfeffer aus der Mühle

Aus der ersten Gruppe von Zutaten zusammen mit 2 l Wasser in 30 Minuten eine Fischbrühe kochen.
Das Fischstück schuppen (macht auch der Fischhändler, wenn man ihn darum bittet), gut waschen und mit Zitronensaft einreiben. Ganz leicht salzen und 20 Minuten stehenlassen. Dann in den heißen Fischsud einlegen. Flüssigkeit zum Kochen bringen, dann Hitze verringern und den Fisch nur noch ziehen lassen. Knapp 20 Minuten müssen genügen.
Inzwischen die Senfsauce zubereiten. Butter mit der Zwiebel kurz erhitzen, Mehl einrühren, bis es einen leichten Kuchenduft ausströmt. Ablöschen mit so viel Fischsud, daß eine gut gebundene Sauce entsteht. Mit Zitronensaft würzen und etwa 10 Minuten kochen lassen. Dann Senf einrühren, nochmals aufkochen, Würzung prüfen.
Fisch abtropfen lassen und auf eine Platte legen. Senfsauce separat anrichten und dabei mit dem gehackten Ei bestreuen.
Zu diesem Gericht ißt man meistens Salzkartoffeln, die auch mit in Butter braun gebratenen Zwiebeln übergossen werden können.

Apropos: Während der letzten hundert Jahre hat man Fisch auch in vielerlei anderen

Zusammenstellungen genossen. Darunter war die ausgezeichnete, heute wieder modern werdende Sauerampfersauce. Es gab auch schlechtere Verbindungen: Aus den Tagebüchern von Karl May geht hervor, daß er oft Schellfisch mit Rotkraut aß.

Hafen zu Danzig

KÜSTENGEBIETE

FISCHKLOPSE, GEBRATEN

Dies war ein Resteessen. Später bereitete man es auch aus Fischfilets zu. Im Binnenland verwendete man dafür Reste von Süßwasserfischen.

2 bis 3 altbackene Brötchen
Gut 500 g Fischfleisch, frisch oder gekocht
1 bis 2 Eßl. Butter
1 mittelgroße Zwiebel
1 Eßl. Butter
2 Eier
Salz und Pfeffer aus der Mühle
2 bis 3 Eßl. Mehl
Butterschmalz oder Bratfett

Brötchen abreiben, in Scheiben schneiden und einweichen. Anschließend gut ausdrücken und zusammen mit dem Fisch durch die Fleischmaschine drehen. Weiche Butter darunterkneten. Zwiebel in feine Würfelchen schneiden und diese in heißer Butter glasig werden lassen. Zusammen mit den verklepperten Eiern in den Fischteig rühren. Mit Salz und Pfeffer abschmecken.
Flache Klopse daraus formen, leicht mit Mehl bestäuben und im heißen Fett beidseitig goldbraun braten.
Als Beilage: Mayonnaise-Kartoffelsalat.
Zur Verfeinerung kann man noch etwas kleingehackte Petersilie und/oder ganz wenig abgeriebene Zitronenschale an den Fischteig geben.

Fischpudding, bürgerlich

Pikante Puddings, die in Spezialformen im Wasserbad gekocht wurden, waren bis zum Ende des vorigen Jahrhunderts sehr viel populärer als heute. Vor allem gehörten sie zur bürgerlichen und Herrschaftsküche.
Fischpuddings findet man in allen deutschen Landschaften.

1 kg Seefisch (auch Süßwasserfisch möglich)
30 g frisches Schweinerückenfett
1 mittelgroße Zwiebel
1 kleine, gekochte Kartoffel
1 großes Milchbrötchen, altbacken
Einige Eßl. Milch
3 Eßl. Butter
3 Eier
2 Eigelbe
Salz und weißer Pfeffer aus der Mühle
2 Eßl. feingehackte Petersilie
1 Eßl. Butter

Fisch enthäuten und entgräten. Zusammen mit dem Rückenfett, der geschälten Zwiebel und der Kartoffel zweimal durch die feinste Scheibe der Fleischmaschine drehen.
Brötchen abreiben, in Scheiben schneiden und in Milch einweichen. Butter sahnig rühren und mit dem ausgedrückten Brötchen verkneten.
Eier trennen, Eiweiße beiseite stellen. Alle 5 Eigelbe mit der Butter-Brötchen-Mischung und dem durchgedrehten Fischteig gut verkneten. Würzen mit Salz, Pfeffer und Petersilie. Eine Puddingform gut ausfetten.
Steifgeschlagene Eiweiße unter den Fischteig heben und diesen in die Form füllen. Verschließen und im Wasserbad etwa 80 Minuten garen.
Zum Servieren wird der Pudding gestürzt und mit Tomaten- oder Sardellensauce serviert. Dazu Brot oder Salzkartoffeln.

OSTPREUSSEN

KOHLROULADEN MIT DORSCH

1 Krautkopf
500 g Dorschfilet
Salz und Pfeffer aus der Mühle
1 Zitrone
3 bis 4 Eßl. Butter
1/4 l Schmant
1 Teel. Kartoffelmehl

Aus dem Krautkopf 8 bis 16 schöne Blätter auslösen und einige Minuten in kochendem Salzwasser ziehen lassen. Herausnehmen, ausdrücken und zum Abkühlen ausbreiten.
Dorsch durch den Wolf drehen. Mit Salz, Pfeffer, dem Saft der ganzen und der abgeriebenen Schale einer halben Zitrone gut verkneten. In vier oder acht Portionen teilen und in die gebrühten Krautblätter einrollen. Eventuell mit ungeleimtem Faden binden.
In Butter allseitig anbraten und dann zugedeckt nach Hinzufügen von wenigen Eßlöffeln Wasser unter nochmaligem Wenden garschmoren. Kohlrouladen herausnehmen.
Schmant mit dem Kartoffelmehl verrühren und damit den Bratsatz ablöschen und zur Sauce kochen. Über die Krautrouladen gießen.
Als Beilage dazu gibt es Salzkartoffeln.

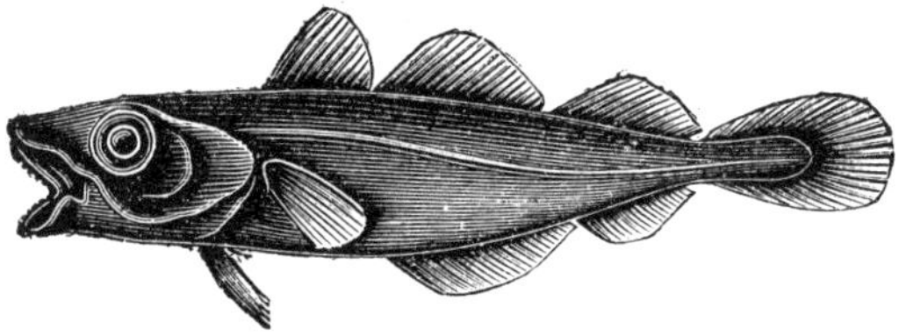

Apropos: Dorsch ist die Bezeichnung für den Ostsee-Kabeljau, der meist etwas kleiner ist als sein Nordmeervetter. In Ostpreußen hat dieser populäre Fisch seinen eigenen Namen: «Pomuchel». Die Danziger nannte man gern «Pomuchelsköpp». Wer den Dorsch kennt, weiß, daß er einen ziemlich dicken Kopf hat.

THÜRINGEN, SACHSEN

FISCH-PICHELSTEINER

Dieses Rezept wurde in einer Familie überliefert, die aus dem Vogtland stammt.

1 kg Seefische (Kabeljau, Schellfisch; Rotbarsch gab es noch nicht, er kann heute verwendet werden)
250 g geschälte Kartoffeln
250 g geschabte Möhren
250 g Sellerieknolle
1 große Zwiebel
2 bis 3 Eßl. Schmalz oder Butter (sehr gut ist Butterfett)
Salz
Pfeffer aus der Mühle
½ l Fleischbrühe

Fische von den Gräten befreien, waschen, abtrocknen und in mundgerechte Stücke schneiden. Kartoffeln in Scheiben schneiden. Möhren und Sellerie ganz grob stifteln. Zwiebel in dünne Scheiben schneiden
Einen Topf mit sehr dicht schließendem Deckel ausfetten und die Zutaten lagenweise darin schichten. Die oberste Lage soll aus Kartoffeln bestehen. Jede Lage salzen und pfeffern. Fleischbrühe dazugießen. Restliches Fett in Flöckchen aufsetzen und den Topf auf kleiner Hitze gut 2 Stunden kochen.

MECKLENBURG

TEIG MIT FISCHEN UND BLUMENKOHL

Dies ist ein Zwischending zwischen Pastete und Auflauf, beides Zubereitungsformen, die man in gutbürgerlichen Häusern früher sehr viel häufiger antraf als heute.
Ein Familienrezept aus dem vorigen Jahrhundert.

125 g Butter
125 g Mehl
¾ l Milch
5 Eier
Salz
2 bis 3 Tassen gekochtes, zerpflücktes (beliebiges) Fischfilet
2 Eßl. Zitronensaft
1 Eßl. Butter

Butter und Mehl auf dem Feuer miteinander verrühren, bis ein leichter Kuchenduft zu verspüren ist. Milch zum Kochen bringen und nach und nach mit der Mehlschwitze verrühren, bis sich diese vom Topfboden löst.
Ganz kurz abkühlen lassen. Eier trennen und die Dotter nacheinander in den Teig rühren. Eiweiße zu steifem Schnee schlagen und leicht unterheben. Dabei mit Salz abschmecken. Die Fischfilets, die vorher mit Zitronensaft mariniert wurden, mit dem Teig lose vermengen. Eine feuerfeste Schüssel ausbuttern, Masse einfüllen, glattstreichen und im Ofen bei etwa

175° knapp 1 Stunde backen. Als Beilage paßt Blumenkohl zu diesem Gericht. Auch ein beliebiger Salat ist möglich.

Apropos: Früher wurde dieses Gericht in Mecklenburg auch gern mit ausgelöstem Krebsfleisch zubereitet.

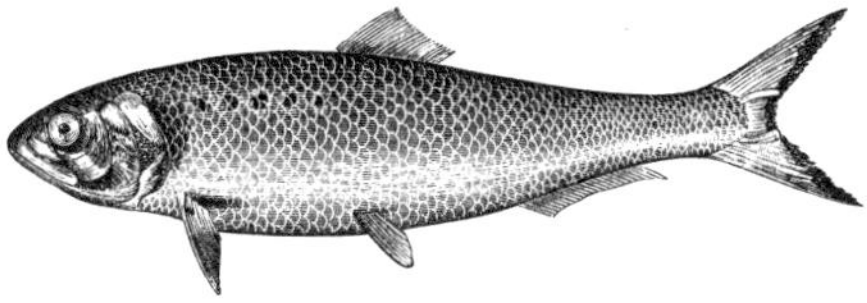

Hering

Wir können uns heute kaum noch vergegenwärtigen, welche Bedeutung der Hering in früheren Jahrhunderten als Nahrungsmittel hatte. Vor etwa 1000 Jahren schon lernten die Nordmeerfischer, ihn einzusalzen; damit begann der europäische Siegeszug des Salzherings. Die Hanse, so stellten bereits im ausgehenden Mittelalter einige Kaufherren fest, gründete ihren Reichtum weitgehend auf Heringshandel. Und noch zu Beginn unseres Jahrhunderts nannte man einen Lebensmittelhändler scherzhaft «Heringsbändiger», weil die Salzheringe eine so große Rolle bei seinem Umsatz spielten. Heringe waren Fische der armen Leute und als solche in den Früh-Industriegebieten Schlesiens und Sachsens populär. Man sprach von der «Leineweber-Forelle», einem Salzhering, der über die Kartoffelschüssel gehängt wurde und an dem jeder einmal lecken durfte; so reichte ein Hering einer großen Familie für die ganze Woche.
Gleichzeitig bekam ein marinierter Hering den Namen des damals mächtigsten Mannes und wurde als «Bismarck-Hering» weltbekannt. Wo gibt es das sonst noch, daß man einem Arme-Leute-Fisch den Namen des seinerzeit größten Staatsmannes beilegt?!
Allerdings war Fürst Bismarck tatsächlich ein sehr vorausschauender Herings-Sachverständiger, denn er erklärte, daß der Hering zu den ganz großen Delikatessen zählen würde, wenn er sehr viel teurer wäre. Wir erleben es heute.

Gebratene Heringe zum Marinieren

Dies ist ein sehr altes Rezept, das Heringe nicht nur sehr wohlschmeckend, sondern auch lange haltbar macht. Heute kennen wir diese Zubereitungsart vorwiegend unter dem Namen «Bratheringe». Wir können sie in jedem Fischgeschäft kaufen und finden sie sogar als Konserve auf den Regalen aller Lebensmittelhändler.

Trotzdem lohnt sich Urgroßmutters Hausmacherart noch immer. Das folgende Rezept stammt aus dem 19. Jahrhundert.

«Man legt die Serviette dreiteilig und erhält Fig. I, klappt diese einmal zusammen und hat Fig. II. Dann schlägt man die Ecken 1 nach der Mitte zusammen, so daß Fig. III erzielt wird. Nun schlägt man den oberen Teil von Fig. III nach unten und erhält Fig. IV. Jetzt legt man die Spitzen 2 aufeinander, während man die inneren Seiten der Serviette zusammenbringt, und es ergibt sich Fig. V. Dann legt man Ecke 3 nach 4, wendet es um und macht es mit der andern Ecke ebenso; dadurch wird Fig. VI erzielt. Hierauf legt man, wie bei den Spitzen 2, die Spitzen 5 aufeinander und zieht die entgegengesetzten Ecken nach rechts und links aus.»

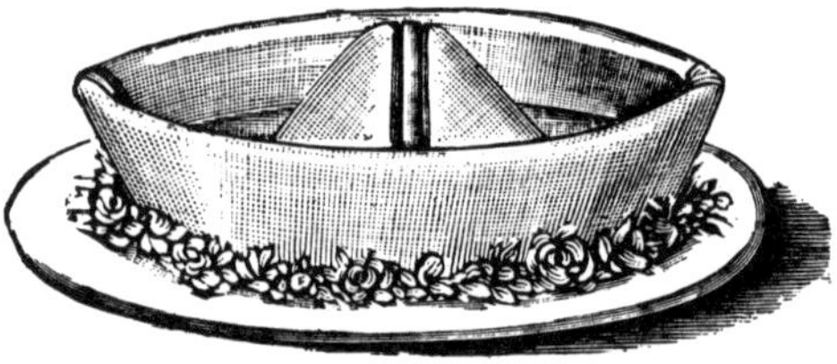

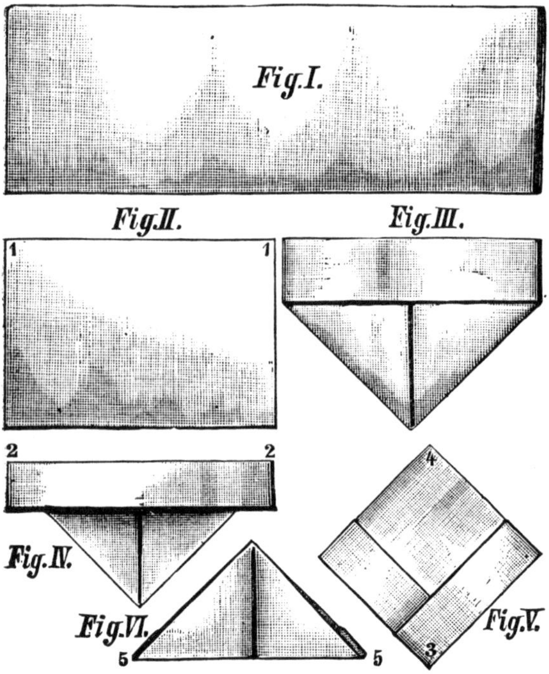

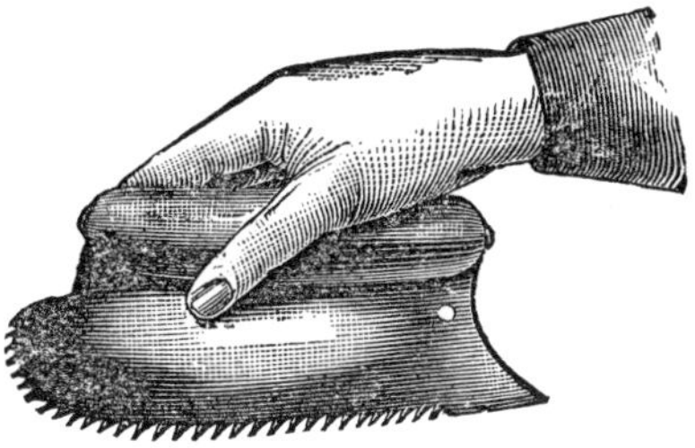

Heringe schuppen, ausnehmen und waschen. Abtrocknen und innen und außen mit etwas Zitronensaft beträufeln sowie mit wenig Salz und Pfeffer würzen. Eine Stunde so stehenlassen. Wieder abtupfen, in Mehl wenden, überschüssiges Mehl abklopfen und im heißen Öl auf beiden Seiten kroß braten. Abkühlen lassen.
Aus Essig, Wasser sowie den angegebenen Gewürzen (außer 2 Zwiebeln und 2 Lorbeerblättern) in 15 Minuten eine Marinade kochen. Der Ingwer sollte in dünne Scheibchen geschnitten sein. Marinade durch ein Sieb abgießen und abkühlen lassen. Die beiden restlichen Zwiebeln schälen und in dünne Ringe schneiden.
Die gebratenen Heringe in ein irdenes Gefäß schichten. Dazwischen Zwiebelringe und die halbierten Lorbeerblätter legen. Marinade darübergießen. Zudecken und mindestens 2 Tage ziehen lassen.
Diese Bratheringe schmecken zu Butterbrot gleich gut wie zu Pellkartoffeln. Früher hat man im Rheinland vorzugsweise Stampfkartoffeln (mit etwas ausgelassenem Speck) dazu gegessen. In Mitteldeutschland waren statt dessen Bratkartoffeln beliebt.

12 frische Heringe
Salz und weißer Pfeffer aus der Mühle
Zitronensaft
Mehl
Öl zum Braten
½ l Essig
Etwa ¼ l Wasser
1 Zwiebel
6 Pimentkörner
10 Pfefferkörner
1 kleine Prise Thymian
1 kräftige Prise Basilikum
Haselnußgroße Ingwerknolle
½ Teel. Salz
2 Zwiebeln
2 Lorbeerblätter

Apropos: Im 18. Jahrhundert hat man solche Bratheringe (allerdings auf dem Rost und ohne Mehl gebraten) in Fässern eingelegt und als Dauervorrat betrachtet.

Insel Rügen

MECKLENBURG

GEBACKENE SALZHERINGE

Ein Fischer- und Bauernessen, für das man gern die kleineren Salzheringe verwendete.

8 kleine Salzheringe
Knapp 1 l Milch
2 bis 3 Eigelbe
4 bis 5 Eßl. Weißwein
1 Tasse Mehl
2 bis 3 Eßl. Butter

Salzheringe sehr gründlich in mehrmals gewechseltem Wasser waschen, Kopf und Flossen abschneiden sowie entgräten. Nochmals auswaschen. Gut abtropfen lassen.

In Milch mindestens 12 Stunden einlegen. Hatte man Rogen oder Milch aus den Heringen, so legt man diese nach dem Waschen ebenfalls mit ein; sie geben einen pikanten Geschmack. Heringe herausnehmen und gut abtrocknen (heute am besten mit Küchenkrepp).

Eigelbe mit Wein verquirlen. Heringe darin wenden und anschließend in Mehl wälzen, um sie sofort in der heißen Butter beidseitig braun zu braten.

Beilage: Sauerkohl und Pellkartoffeln oder Salzkartoffeln.

Heringskoteletts

Dieses Rezept habe ich von einer Tante, die sehr alt wurde und nie das Meer gesehen hatte. Es ist also eine binnenländische Version der Fischklopse. (Meine Tante schrieb übrigens noch «Häringskoteletten»)

2 große Salzheringe
1 kleines Sträußchen Petersilie
1 kleine Zwiebel
1 Eßl. Butter
1 Ei
1 bis 2 Brötchen
2 Eßl. saurer Rahm
Pfeffer aus der Mühle
2 Eßl. Semmelbrösel
Butter oder Schmalz

Heringe über Nacht in Milch oder Mineralwasser einlegen. Am nächsten Tag enthäuten und entgräten. Kopf und Flossen abschneiden. Zusammen mit der gewaschenen Petersilie sehr fein wiegen. Geriebene Zwiebel dazumischen. Butter und Ei mit dem Heringsteig verkneten.
Brötchen abreiben, in Scheiben schneiden, einweichen und gut ausdrücken. Ebenfalls mit dem Teig verkneten. Etwa 2 Eßl. Rahm dazumischen und mit etwas Pfeffer abschmecken. Vier Frikadellen formen (obwohl das Rezept von «Koteletten» spricht), diese in Semmelbrösel wenden und im heißen Fett beidseitig braten.
Beilage: Kartoffelsalat und grüner Salat.

Hering Hausfrauenart

So lautet der moderne Name einer alten Heringszubereitung, die wahrscheinlich ostdeutschen Ursprungs ist. In Ostpreußen war sie seit langem unter der Bezeichnung «Schmantheringe» bekannt. «Heringe Hausfrauenart» werden von unseren Gastronomen vorwiegend «Matjesfilets Hausfrauenart» genannt. Sie sind allgegenwärtig auf den Speisekarten. Leider haben sich die Restaurantköche verschworen, diese alte Spezialität langsam, aber sicher abzumurksen. Die Heringe liegen nicht mehr lange genug in der Sahnesauce, und sie werden nicht mehr von Salzgurken, sondern von sogenannten Gewürzgurken begleitet; dadurch fehlt der volle Wohlgeschmack von einst. Damals verwendete man auch Salzheringe, also mußten sich unsere Großmütter mehr Mühe mit der Marinade geben. Ich gebe ein Rezept, das meine Mutter von ihrer Mutter übernommen hatte.

4 Salzheringe
Knapp 1/2 l saure Sahne
Etwas Zitronensaft
1 Prise Zucker
Weißer Pfeffer aus der Mühle
2 Zwiebeln
1 großer säuerlicher Apfel
1 große Salzgurke
2 Lorbeerblätter
1 Teel. Senfkörner

Beim Kauf der Salzheringe unbedingt darauf achten, daß mindestens ein «Milchner» dabei ist. (Man lege es mir nicht als Dolchstoß gegen die Gleichberechtigung aus, wenn ich darauf bestehe, daß ohne wenigstens einen männlichen Hering der volle Wohlgeschmack nicht zu erreichen und durch deren zwei wesentlich zu verbessern ist.)
Salzheringe auswaschen, dabei ein oder zwei Milchner-Einlagen beiseite legen. Heringe gründlich in wechselndem Wasser wässern, bis nur noch ein milder Salzgeschmack verhanden ist. Dann enthäuten und von den Gräten befreien, also filetieren. Zur Marinade die saure Sahne mit etwas Zitronensaft, ein oder zwei durchpassierten Milchnern, Zucker und Pfeffer verrühren.
Zwiebeln schälen und in dünne Ringe oder Halbringe schneiden, Äpfel schälen, entkernen und die Viertel in dünne Scheibchen schneiden. Salzgurke in Scheiben schneiden.
In einen irdenen Topf schichtet man nun die Heringsfilets mit den anderen Zutaten dazwi-

schen, streut auch einige Senfkörner ein und praktiziert die Lorbeerblätter mitten hinein. Jede Lage benetzt man mit etwas Marinade und gießt den Rest dann über die letzte Schicht; die Marinade muß einige Millimeter über dem Inhalt stehen.
Über Nacht stehen lassen, damit sich alle Geschmackskomponenten miteinander verbinden können.
Unbedingt Pellkartoffeln dazu servieren.
Selbst eingefleischte Weintrinker sollten zum Bier greifen.

Apropos: Früher hatte man längliche, rechteckige Schalen aus Steingut zum Einlegen der Heringe. Wer einen solchen auf dem Flohmarkt oder in Großmutters Rumpelkammer ergattern kann, der schätze sich glücklich. In die meisten neuzeitlichen Töpfe passen die Fische kaum noch der Länge nach hinein, selbst wenn schwungvoll «Heringstopf» draufsteht. Eine Zubereitungsart mit den gleichen Zutaten und dem einzigen Unterschied, daß die Heringe in mundgerechte Stücke geschnitten werden, ist im Rheinland bekannt unter dem Namen:
RHEINISCHER HERINGSTIPP

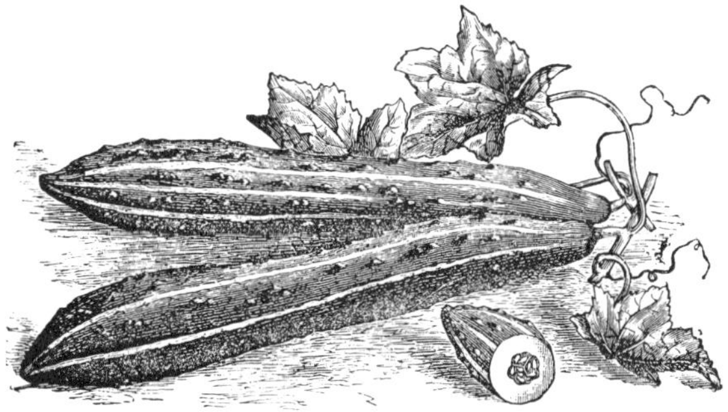

NORDDEUTSCHLAND

MATJESFILETS MIT GRÜNEN BOHNEN

Nur der Ursprung dieses Gerichts liegt (wahrscheinlich) in Norddeutschland. Längst ist es Allgemeingut geworden, und sogar die vornehmste Gastronomie hat es der Ehre für würdig befunden, ihre Speisekarten zu zieren. Wenn die Heringspreise so weiter steigen wie in den vergangenen Jahren, dann wird es diese Spezialität bald nur noch in Grand-Hotels geben.

8 Matjesfilets
1 kg grüne Bohnen
Salz, weißer Pfeffer aus der Mühle, 1 Prise Bohnenkraut
4 Zwiebeln
125 g durchwachsener, geräucherter Speck
1 Eßl. Butter
4 Eßl. gehackte Petersilie

Matjesfilets je nach deren Schärfe wässern, was besonders gut und schnell in Mineralwasser geht. Dann auf Eiswürfel legen.
Bohnen putzen, waschen, brechen und in wenig Wasser etwa 20 Minuten kochen, bis sie gar, aber noch knackig sind.
Zwei Zwiebeln klein würfeln und zusammen mit dem ebenfalls gewürfelten Speck in der Butter gut glasig werden lassen. Die abgegossenen Bohnen mit Salz, Pfeffer und wenig Bohnenkraut würzen und in der Zwiebel-Speck-Butter-Mischung einige Minuten schwenken. Beim Anrichten mit der gehackten Petersilie bestreuen.
Restliche Zwiebeln in Ringe schneiden und über die auf Eis liegenden Matjesfilets verteilen. So servieren.
Als Beilagen schmecken am besten neue Kartoffeln, in der Schale gekocht; wer will und nach alter Väter Sitte keine Kalorien scheut, gibt noch etwas frische Butter über die Kartoffeln.
Dazu sollte man sich unbedingt einen klaren Schnaps und ein Bier (oder auch mehrere) leisten.

Helgoland

NORDSEEKÜSTE

GRANATSCHNITTE

Verständlicher wird diese Überschrift, wenn man sie mit «Krabbenbrot» übersetzt. Es handelt sich dabei um die einfachste und ursprüngliche Anrichteweise der Nordseekrabben, die man an den Küsten ihres Fanggebietes «Granat» nennt. Am besten schmecken sie – und das ist noch einfacher, vorausgesetzt man kann ganz frisch abgekochte, ungeschälte Krabben kaufen –, wenn man sich genügend Zeit nimmt, sie einzeln schält, also «puhlt», und gleich verzehrt. Ohne alles. Höchstens würzige Seeluft als Beigabe.
Alle scharfen Saucen mit Tomatenketchup oder Curry sind dem Kenner ein Greuel. Sie mögen für geschmacklose Shrimps taugen, aber für den feinen, leicht nußartigen Geschmack der Nordseekrabben sind sie eine Beleidigung.

Pro Person:

100 g geschälte Krabben
1 bis 2 Scheiben Schwarzbrot
30 bis 40 g Butter
Wenig Zitronensaft
Vielleicht noch warmes Rührei von 2 Eiern

Die Krabben füllt man in ein Schälchen und beträufelt sie allerhöchstens mit wenig Zitronensaft.
Man kann sie dann zum Butterbrot mit einer kleinen Gabel essen oder sie auf das Brot häufen.
Das warme Rührei verzehrt man als Beilage.
Die alten Ostfriesen wußten warum. Weil sich Rührei- und Krabbengeschmack so wundervoll ergänzen.

Stockfisch

Getrocknete Fische, Klippfisch oder Stockfisch, spielten früher, als es noch keine Kühltransporte, geschweige denn Seefrostung gab, überall eine große Rolle. Oft waren es die einzigen Seefische, die geliefert werden konnten, wenn man einmal von den allgegenwärtigen Salzheringen absieht. Heute sind Stockfische fast gänzlich aus unseren deutschen Küchenzetteln verschwunden. In Südwestdeutschland spielen sie noch als Aschermittwochessen eine Rolle. Es gibt z. B. in Südbaden überall noch Restaurants, die für den Tag nach Fastnacht in der Zeitung «Stockfisch-Essen» ankündigen. Das folgende Rezept stammt aus dem Gasthaus «Grüner Baum» in Wolfach im Schwarzwald und wurde so im Jahre 1796 von der damaligen Wirtin aufgeschrieben. Der heutige Wirt, Günter Endres, hat es mir gegeben.

SCHWARZWALD

STOCKFISCH ZU KOCHEN

„Seze den Stockfisch bey 3 Stunden lang zum Feuer, er muß aber nicht kochen, wenn er anfangen will (zu kochen) muß er ein wenig hinweg gethan werden. Will man ihn schön weiß haben, so binde ihn in eine Serviete und so bey gethan (aufgesetzt im Wasser). Wenn er herausgethan wird, so mache die Gräten davon. Alsdann ein gut Stück Butter in eine Cahserol, laß ihn (den Butter, wie man im Allemannischen sagt) heiß werden. Sodann etliche Schalotten, ein wenig Peterle (Petersilie) klein geschnitten mit ein wenig Mehl dazu röften lassen. Hernach Fleischbrüh, ein gut Theil Sahne, Pfeffer, Ingber (Ingwerpulver), M.(uskat)-Blüthen, Salz. Solches aufkochen lassen, daß es ein dicklicht Brühchen gibt. Den Stockfisch darein gethan und ein paar Wellen kochen lassen, alsdann angericht."

Hinweis: 1 kg gewässerter Stockfisch.
2 Eßl. Butter erhitzen und darin 4 kleingeschnittene Schalotten und 3 Eßl. gehackte

Badenweiler

Petersilie angehen lassen. Mit 1½ Eßl. Mehl eine helle Mehlschwitze machen. Dann wie beschrieben auffüllen.
Zu Stockfisch werden stets Salzkartoffeln gegessen.
Früher mußte der Stockfisch noch tagelang gewässert werden, nachdem er vorher geklopft und mit Soda behandelt worden war. Heute bekommt man ihn schon vorgewässert im Fischgeschäft zu kaufen.
Allerdings ist Stockfisch, der früher ein Arme-Leute-Essen war, so teuer geworden, daß man ihn fast schon als Delikatesse bezeichnen muß.

In Wolfach im Schwarzwald, einem besonders malerischen alten Städtchen, waschen heute noch die Narren am Aschermittwoch unter großem Geplärre ihre Geldbeutel mit Wurzelbürsten im Stadtbrunnen aus und pflanzen sie, an lange Stangen gebunden, vor die Mauer des Finanzamtes; anschließend findet das traditionelle Stockfisch-Essen statt. Wahrscheinlich wegen der hohen Stockfischpreise streckt man es mit Kartoffeln. Der Geschmack ist jedoch, wie ich aus eigener Erfahrung weiß, so gut, daß ich es zur Nachahmung empfehle.

BADEN, WOLFBACH

ASCHERMITTWOCH-STOCKFISCH

750 g Stockfisch
1 kg Kartoffeln
Salz
5 Eßl. Butter (Anken, sagt man in Wolfach)
2 Zwiebeln

Stockfisch gründlich in fließendem, kaltem Wasser wässern. In reichlich Wasser aufsetzen und bis gerade vors Kochen kommen lassen. Dann 20 bis 30 Minuten ziehen lassen. Herausnehmen, enthäuten und entgräten. In Stücke teilen. Inzwischen hatte man die Kartoffeln geschält, in Scheiben geschnitten und diese zu Salzkartoffeln gekocht. Abgießen. In eine vorgewärmte Terrine schichtet man abwechselnd Kartoffeln und Stockfisch. Anschließend mit der heißen, aber nicht gebräunten Butter (4 Eßl.) übergießen. In der restlichen Butter wurden die zu Ringen geschnittenen Zwiebeln gebräunt; sie werden auf dem Inhalt der Terrine verteilt. Mit viel Bier wird dieses Gericht hinuntergespült. (Und anschließend beginnt man sich so langsam auf die nächste «Fasnet» zu freuen.)

MUSCHELN IN WEISSWEIN

Zur Winterszeit liebt man sie allenthalben und nennt sie meist nach dem Gebiet, in dem sie am populärsten sind, «Rheinische Muscheln», obwohl sie natürlich nicht aus dem Strom, sondern vom Meer kommen und heute meistens entsandet sind, so daß es einfacher ist, sie zuzubereiten.

3 kg Muscheln (Mies- oder Pfahlmuscheln)
2 Zwiebeln
1 Stange Lauch (weißer Teil)
1 Mohrrübe
1 Eßl. Butter
Weißer Pfeffer aus der Mühle
Gut 1/4 l herber Weißwein

Muscheln unter fließendem Wasser bürsten und mit dem Messer alle Fäden abschneiden (die brauchen die Muscheln nicht mehr, denn damit hielten sie sich am Meeresboden fest). Alle geöffneten Muscheln wegwerfen. (Nach dem Kochen ist es umgekehrt, dann müssen alle Muscheln weggeworfen werden, die sich nicht geöffnet haben.)
Zwiebeln schälen und kleinschneiden. Lauch halbieren, waschen und kleinschneiden. Mohrrübe schrappen und kleinwürfeln. Alles zusammen in Butter einige Minuten glasig werden lassen. Das geschieht schon in dem sehr großen Topf, in dem die Muscheln gegart werden. Man schüttet sie auf das angedünstete Suppengemüse, gibt Pfeffer darüber und gießt den Weißwein zu. Deckel auflegen, Topf ab und zu rucken. Nach gut 5 Minuten Kochzeit sind die Muscheln gar.
Man serviert sie in tiefen Tellern und vergißt die Schale für den Abfall nicht.
Den Muschelsud gießt man am besten durch ein Sieb, das mit einer Filtertüte ausgelegt ist, dann ist man am sichersten vor Sandkörnern. Wagemutigere Genießer ersparen sich diese Prozedur, weil ein paar Zwiebelstückchen im Sud gut schmecken.
Zukost ist Schwarzbrot und reichlich Butter. Und wie wäre es mit einem Alt-Bier?

Räucherfische aus Ostpreußen

Das Nachvollziehen dieser Genüsse wird nur ganz wenigen Fischliebhabern möglich sein, leider, leider. Denn selbst Hobbyräucherer kommen kaum an Fischqualitäten heran, wie sie einst in Ostpreußen ganz selbstverständlich verfügbar waren.
Trotzdem gebe ich einige wenige Rezepthinweise – und sei es nur darum, daß beim Lesen so manch einem, der diese Köstlichkeiten früher einmal genießen durfte, das Wasser sehnsuchtsvoll im Mund zusammenläuft.

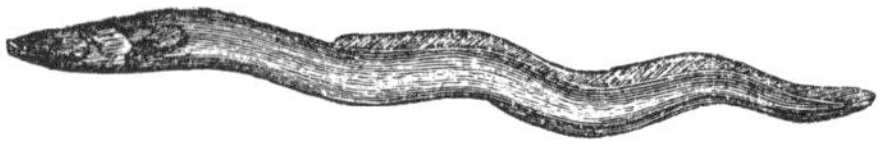

SPALTAAL
Aale von mindestens einem Kilo Gewicht und mit einem Leibesumfang von ungefähr 25 Zentimetern werden der Länge nach gespalten und dann über Kienäpfelschwaden geräuchert. Die aromaspendenden Zapfen der Kiefer nannte man in Ostpreußen «Schischken». Durch das Aufspalten kann das Raucharoma besonders gut in die Fischhälften eindringen.
Danziger Räuchereien waren berühmt für ihre «Spaltaale».

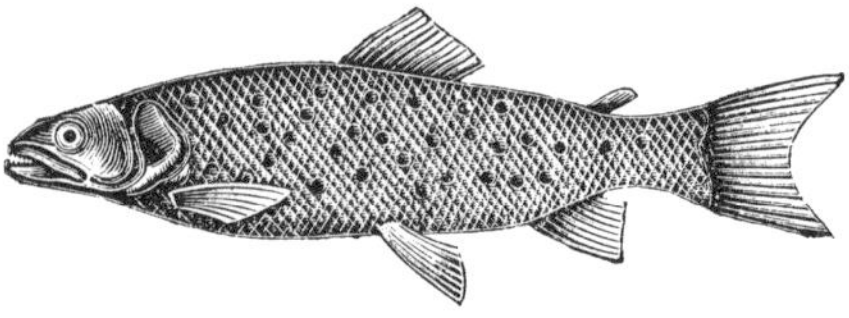

STREMELLACHS
An der Küste Ostpreußens wurden Lachse beachtlicher Größe gefangen. Man sprach immer wieder von Riesenfischen, die mehr als 20 Kilo gewogen haben sollen. Und das war wohl nicht einmal Anglerlatein.

Für «Stremellachs» bevorzugte man fünfzehnpfündige Lachse, die man in Streifen, ostpreußisch «Stremel», schnitt. Dabei halbierte man den Fisch zunächst der Länge nach, dann jede flache Hälfte nochmals quer, so daß Viertel entstanden; diese wurden dann – wieder quer – in Stremel geschnitten und kamen so in den aromatischen Rauch.
Kleine Lachse, die man meist frisch verzehrte, hatten den Namen «Merlitze».
Andere Räucherwaren aus Neptuns Reich, die einst in Ostpreußen Spezialitäten waren und leider verlorengingen, waren:

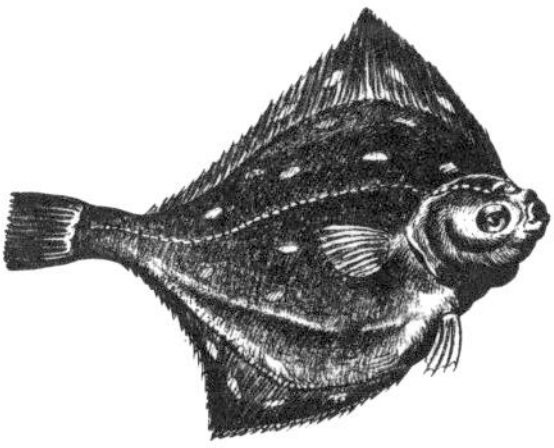

FLUNDERN
An der Nordseeküste werden diese Fische, die bis zu einem halben Meter groß werden, auch Elb- oder Weserbutt genannt. Für die Räucherung der Flundern waren in Ostpreußen die Orte Cranz und Sarkau berühmt. In Cranz wurden die Flundern zwischen Ziegelsteinen geräuchert, in Sarkau in kleinen Erdgruben; und immer brachte das Aroma von Kiefernzapfen die letzte Vollendung des Wohlgeschmacks.

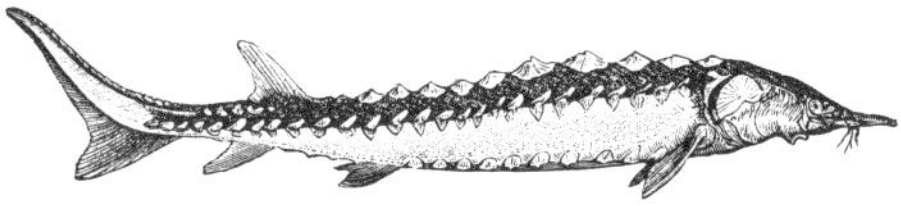

STÖRE
Auch diese Kaviarfische gab es an der ostpreußischen Küste, und auch sie wurden geräuchert. Kenner rühmten dabei die siebenerlei verschiedenen Fleischarten, die jeder einzelne Fisch aufweisen konnte.

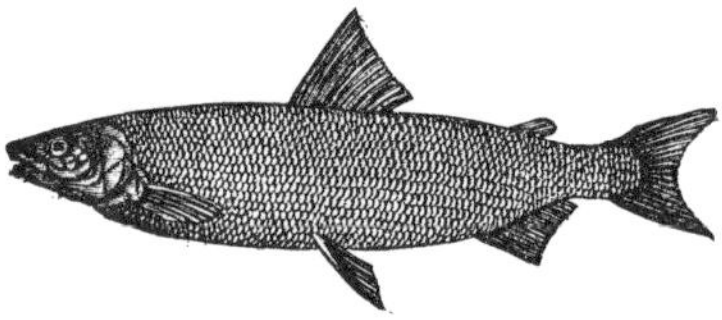

MARÄNEN

Man behauptete zuweilen, daß die Hälfte aller Passagiere, die von Lötzen aus mit Ausflugsdampfer die herrlichen Seen befuhren, nur an Bord wären, weil sie in Nikolaiken aussteigen und Maränen essen wollten. Dort verstand man sich tatsächlich besonders gut auf das Räuchern der geheimnisvollen Fische, die unmittelbar aus der Urzeit nach Ostpreußen gekommen zu sein schienen.

Heute findet man diese Fische, die richtiger «Kleine Maränen» heißen, in geringer Zahl in schleswig-holsteinischen Seen.

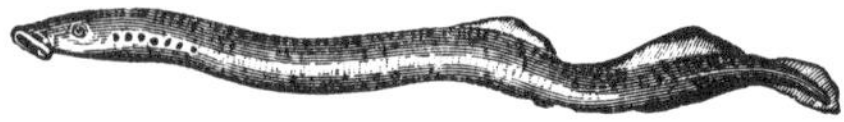

NEUNAUGEN

Dieser rätselhafte Fisch, der trotz seines Namens keine neun Augen hat, sondern Kiemenlöcher, die man dafür ansah, wird heute in und um Bordeaux von weitgereisten Feinschmeckern als Rarität geschätzt. Dort bereitet man ihn in Rotwein zu und belegt ihn mit seinem anderen Namen «Lamprete». In Ostpreußen räucherte man ihn zwar nicht, sondern man röstete ihn, vor allem am Kurischen Haff und an der Memel. Es gab dafür spezielle Röstöfen. Neunaugen wurden nach dem Rösten auch in Essig eingelegt – aber nur in kleinen Holzfäßchen.

Zum Beweis, daß es auch noch andere Räucherfische in Ostpreußen gab, sei ein Spruch zitiert, der in einer Kneipe am Danziger Fischmarkt prangte:

«Goldig ist der Bückling,
Fettig ist der Aal,
Schielen tut die Flunder,
Und wir trinken noch einmal!»

Damit alle jene geneigten Leser, die sich keine ostpreußischen Räuchergenüsse verschaffen können, trotzdem einen praktischen Nutzen aus deren Erwähnung haben, sei ein Hinweis angefügt, der in Ostpreußen Binsenweisheit war, in küstenfernen Großstädten jedoch kaum mehr bekannt ist: Räucherfische schmecken nur gut, wenn sie ganz frisch sind; am allerbesten sind sie rauchwarm; am zweiten Tag schenkt ihnen der Kenner keine Beachtung mehr.

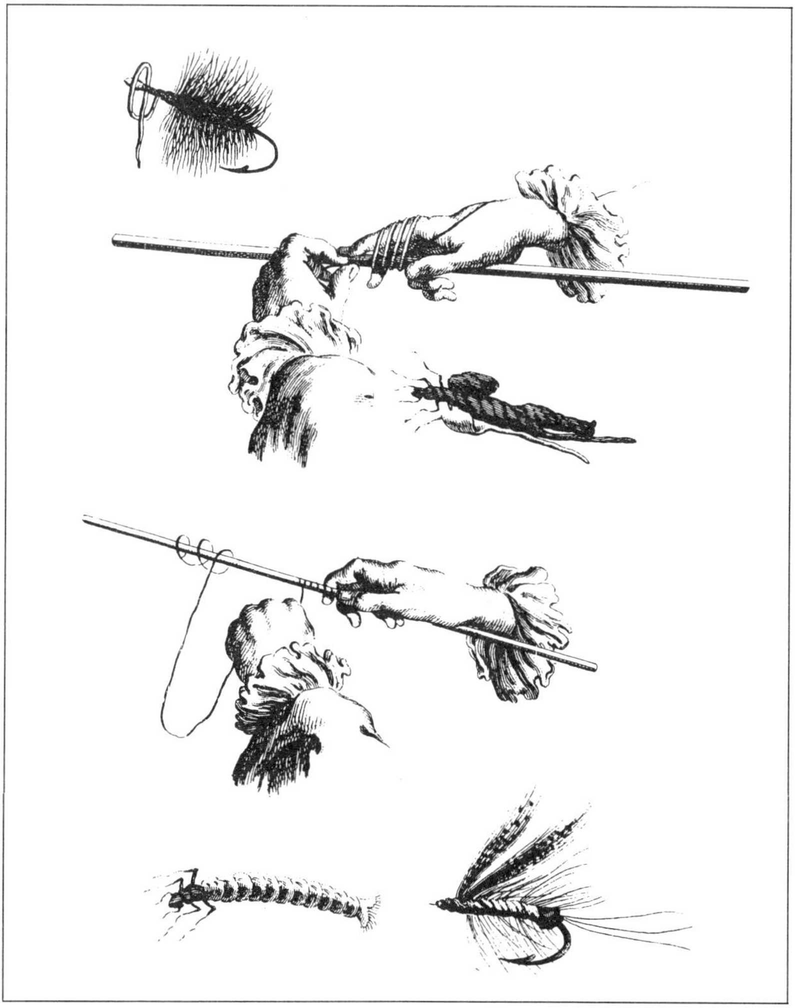

AAL GRÜN

Dazu zwei Ergänzungen: In Berlin sagt man natürlich «Aal jrün», und genossen wurde diese köstliche Spezialität früher meistens in der Umgebung Berlins; «man» hatte seine Aal-Restaurants.
Leider kann sich heute kaum noch jemand frischen Aal leisten. Er ist teurer als Lachs geworden; 1979 kostete er rund DM 25.— das Kilo. Trotzdem werden Jahr für Jahr so um die 5000 bis 6000 Tonnen in der Bundesrepublik verzehrt. Meistens als Räucheraal. Nur noch etwa 300 Tonnen kommen jährlich aus unseren Flüssen und Seen, etwa gleich viel aus der Ostsee, der Rest muß importiert werden.
Trotz allem – wer sich einen ganz besonderen Genuß leisten will, der genieße «Aal grün». Am besten dann, wenn es die ersten neuen Kartoffeln gibt.

1 kg Aal, gehäutet oder ungehäutet, je nach Wunsch
1/4 l herber Weißwein
2 Eßl. Zitronensaft
1 Bündel Dill
1 Bündel Petersilie
Einige Zweiglein Kerbel
1 bis 2 Salbeiblätter
2 Lorbeerblätter
1/2 Zwiebel
1/2 Teel. Salz
8 Pfefferkörner
1 Eßl. Butter
1 Eßl. Mehl
2 Eigelbe
2 Eßl. saure Sahne
1 kleine Prise Zucker
2 Eßl. gehackte Petersilie
2 Eßl. gehackter Dill
1 Eßl. gehackte Kerbelblätter (oder auch Pimpinelle)

Den Aal gut auswaschen und in insgesamt etwa 12 Stücke schneiden; er sollte nicht zu dick sein.
Aus Weißwein und gut 1/2 l Wasser einen Sud kochen, der gewürzt ist mit allen genannten Aromaten.
Nachdem der Sud eine Viertelstunde gekocht hat, wird die Hitze gedrosselt, und man läßt die Aalstücke darin in etwa 15 Minuten gar ziehen. Herausnehmen und warm stellen.
Aus Butter und Mehl eine helle Schwitze rühren, ablöschen, mit durchgeseihtem Sud eine glatte Sauce rühren. Eigelbe mit saurer Sahne verkleppern und in die Sauce quirlen. Nicht mehr zum Kochen kommen lassen. Abschmecken, vor allem noch eine kleine Prise Zucker und die gehackten Kräuter einrühren.
Die Aalstücke werden mit der Sauce übergossen.
Als Beilage muß es unbedingt neue Pellkartoffeln geben sowie Gurkensalat in Sahnesauce.

Moselaal in Weinsauce

Durchs Tal der Mosel fahren nur noch Genießer. Die Mehrzahl aller Zeitgenossen nehmen Autobahn oder Höhenstraße, die nur halb so lang sind, weil sie nicht die vielen Flußwindungen mitmachen. Wer diese aber geruhsam ausfährt, der wird durch Wein belohnt und findet an vielen Gasthäusern Schilder, auf denen «Moselaal» angepriesen wird. Wenn auch die dort servierten Aale meistens nicht mehr aus der Mosel kommen, so sind sie noch immer eine echte Spezialität.

Gut 600 g Moselaal
3 bis 4 Eßl. sehr fein geschnittene Zwiebel
2 bis 3 Eßl. Butter
1 bis 2 Eßl. Mehl
¼ l Kalbsbrühe (aus Knochen)
1 bis 2 Gläser herber Riesling
Salz, weißer Pfeffer aus der Mühle
2 bis 3 Eßl. saure Sahne
1 bis 2 Eßl. Zitronensaft
1 bis 2 Eßl. feingeschnittener Dill

Moselaal enthäuten, ausnehmen und in Stücke schneiden, die etwa fünf Zentimeter lang sind.
Zwiebelwürfelchen in der Butter in einem Topf mit dickem Boden glasig werden lassen. Mehl einrühren und mit Kalbsbrühe ablöschen. Wein zufügen und mit Salz und Pfeffer abschmecken. Einige Minuten unter ständigem Rühren gut durchkochen.
Aalstücke einlegen, Hitze reduzieren und zudecken. Den Fisch in gut 20 Minuten unter einmaligem Umwenden garziehen lassen. Herausnehmen und warm stellen.
Sahne, Zitronensaft und Dill in der Sauce verrühren, Würzung prüfen und über den Aalstücken anrichten.
Als Beilage: Kartoffelbrei und Salatplatte.
Dazu trinkt man einen Mosel-Riesling, aber bitte keinen süßen!
Häufig wird heute «Moselaal in Weinsauce» mit einer angereicherten Sauce zubereitet, in der sich noch Champignonsstücke und Kapern befinden. Abgesehen davon, daß man über die Verbindung von Dill, Kapern und Champignons streiten kann, sind die Champignons, die leider auch noch oft aus der Dose kommen, sicher eine Zutat, die erst in den letzten Jahrzehnten zugefügt wurde.

Aal in Gelee

Man bekommt ihn heute in jedem Fischgeschäft. Früher machte man ihn selbst – und meistens besser. In Schleswig-Holstein werden in ländlichen Gaststätten dünne Aale in Gelee als «Saure Aale» angeboten. Sie sind eine echte Spezialität, die man mit Bratkartoffeln genießt.

1 kg Aal
1/4 l Essig
1/4 l Weißwein
1 Zwiebel
6 Pimentkörner
10 Pfefferkörner
1 Teel. Salz
1 gelbe Rübe
1 Eiweiß
10 bis 12 Blatt Gelatine
1 hartgekochtes Ei

Aal ausnehmen, gut waschen und in etwa 5 cm lange Stücke schneiden. Ob man die Haut daranläßt oder abzieht, ist seit langem eine Streitfrage; in alten Rezepten wird angegeben, daß die Haut daranbleibt; mir ist es lieber, wenn die Aale abgezogen sind; ein Kompromiß: von kleinen Aalen die Haut nicht, von dickeren sehr wohl abziehen.

Essig und Wein mit 3/4 l Wasser vermischen. (Besser ist es, wenn man eine leichte, klare Kalbsbrühe verwendet, die man sich aus Kalbsknochen ziehen kann.) Zwiebel, Piment, Pfeffer, Salz und die geschrappte, nicht zerteilte Rübe zusetzen. Alles zusammen etwa 10 Minuten kochen lassen. Aalstücke einlegen, Hitze reduzieren und den Fisch in etwa 15 Minuten garziehen lassen. Vom Herd nehmen und in der Brühe erkalten lassen. Aalstücke herausnehmen und in eine Schale arrangieren, die sie gerade nebeneinander aufnehmen kann.

Brühe durchseihen und nochmals mit dem leicht geschlagenen Eiweiß unter Rühren zum Kochen bringen, damit sie klar wird, wenn man sie nochmals durch ein Sieb (mit Mull ausgelegt) gießt. Gelbe Rübe in Scheiben oder zu Ornamenten schneiden und diese zusammen mit den Eischeiben zum Garnieren verwenden. Gelatine kalt einweichen und in der heißen Brühe lösen. Etwas abkühlen lassen und über die Aalstücke gießen. Kurz vor dem Stocken Garnierung arrangieren. Erstarren lassen und in Stücke schneiden. Dazu Bratkartoffeln.

Aal-Anmerkung

Eugen Baron Vaerst schrieb in seiner «Gastrosophie», die 1854 in Leipzig erschien: «Der Aal ist unter den Fischen, was Helena unter den Frauen ist. Aber man muß ihn in Mangoldblätter eingewickelt kochen, um sein Fleisch saftiger und schmackhafter zu erhalten.» — Es käme auf einen Versuch an.

GESPICKTER HECHT

1 Hecht (etwa 1,5 kg)
100 g frischer, fetter Speck
2 Eßl. Essig
1 Stück Speckschwarte
Salz und weißer Pfeffer aus der Mühle
50 g Butter
1 große Zwiebel
2 Tassen saure Sahne

Den Hecht ausnehmen und waschen. Kopf und Schwanz daran lassen, jedoch hinter dem Kopf und kurz vor dem Schwanz einen ringförmigen Einschnitt machen, der die Haut durchtrennt. Die Haut zwischen diesen Schnitten abziehen. Das Fischfleisch außen und innen leicht mit Essig einreiben. Nach einer Viertelstunde den zu Keilchen geschnittenen Speck mittels einer Spicknadel zu beiden Seiten der Mittelgräte einstecken. Innen und außen salzen und pfeffern. Nochmals mindestens eine Viertelstunde stehen lassen.
Butter schnell erhitzen.
Hecht (eventuell Kopf und Schwanz zusammengebunden) auf die Fettpfanne des Backofens setzen, Stücke von Speckschwarte unterlegen, mit der heißen Butter übergießen und in den vorgeheizten Ofen schieben. Bei 170° etwa 30 Minuten garen. Dabei die zu Scheiben geschnittene Zwiebel um den Fisch legen und diesen mit seinem eigenen Saft ab und zu begiessen. Gut 10 Minuten vor Ende der Garzeit gießt man die saure Sahne über den Fisch und erhöht die Backtemperatur auf 200°.
Der «gespickte Hecht» wird auf einer Platte angerichtet. Der Bratsaft wird abgegossen und als Sauce gereicht. Als Beilage ißt man entweder Kartoffelsalat oder Petersilienkartoffeln.

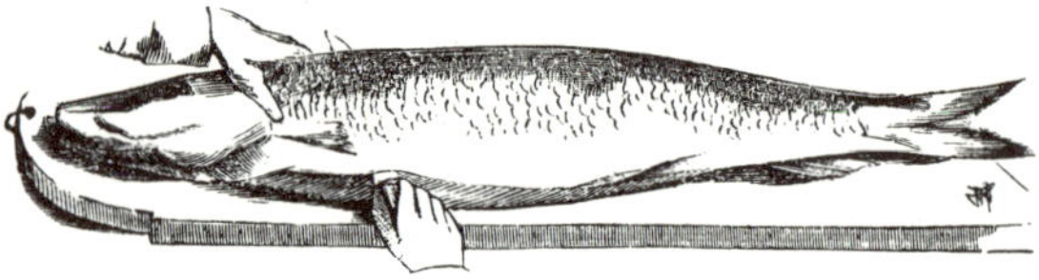

Das folgende Rezept wurde um 1850 von einer Hausfrau aus Emmendingen handschriftlich festgehalten. Ich gebe den Originaltext.

BADEN

HECHT GEBACKEN

„Die Hechte putzen, ausnehmen. Eine Form dick mit Butter schmieren, die Hechte hinein. Darüber wird gestreut: Salz, geriebene Milchbrödle, geriebener Käse, verwiegelte Petersilie, ganze Zwiebeln. Kleine Stücke frische Butter darüber. Zudecken, im Ofen backen, bis sie gelb sind; ½ Stunde. Bevor man auf den Tisch gibt, süßen Rahm darüber. Heiß machen. Dazu braucht man keine Sauce zu machen."

Und dann hat das Rezept noch den Zusatz:
«FELCHEN GEBACKEN
wird nach derselben Art gemacht.»

Hinweis: Da mehrere Hechte im Rezept genannt sind, kann es sich nur – selbst bei großen Familien – um kleinere Exemplare gehandelt haben, worauf auch die Backzeit hindeutet.
Wer kein entsprechendes Geschirr mit Deckel hat, der kann auch mit gebuttertem Pergamentpapier oder Alufolie abdecken.
Es ist besser, wenn man die «ganzen Zwiebeln» mindestens in dünne Scheiben schneidet. Gegen Ende der Garzeit sollte man eventuell aufdecken, um eine nicht zu dunkle Oberfläche (das Rezept sagt «gelb») zu bekommen. Nach dem Übergießen mit Rahm noch mindestens 4 bis 5 Minuten in den Backofen.
Sauce entsteht durch die sehr reichliche Butter und den Rahm, von dem man gut ¼ l verwenden muß. Beides wird dann verrührt und muß

noch mit Salz und Pfeffer abgeschmeckt werden. Ist sehr viel eingekocht oder will man mehr Sauce, so ist es bestimmt keine Sünde wider den Geist der badischen Kochkunst, wenn man noch etwas herben Weißwein zugießt und mit wenig Mehlbutter zwecks leichter Bindung aufkocht, nachdem man den Fisch herausgenommen hat.
Beilage: Auch hier vorzugsweise hausgemachte Bandnudeln.

Mitteldeutschland

Schüsselhecht

1 Hecht von gut 1 kg
200 g Butter
5 Eßl. gehackte Petersilie
2 Eßl. gehackte Kapern
4 Eßl. geriebene Schalotten (oder Zwiebeln)
4 zerdrückte Sardellenfilets (oder Sardellenpaste)
Weißer Pfeffer aus der Mühle
Geriebene Muskatnuß
Etwa 4 Eßl. frischgeriebenes Semmelmehl
Einige Eßl. Wein, weiß und herb
Einige Eßl. kräftige Fleischbrühe
Saft einer Zitrone
Salz
Eventuell noch ½ Tasse Weißwein

Ausgenommenen Hecht schuppen und waschen; in mundgerechte Stücke schneiden und dabei die Gräten entfernen.
Butter schaumig rühren und mit allen folgenden Zutaten zu einem weichen Brei vermischen.
Boden einer flachen Auflaufform mit der Hälfte des Breis ausstreichen, Fischstücke darauf legen und mit dem restlichen Brei bedecken.
Gut zudecken (heute am besten mit etwas gebutterter Alufolie) und bei etwa 170° im Ofen garen. Das dauert etwa ½ Stunde. Der Hecht soll dabei nicht zu weich werden. Während der Garzeit eventuell mit etwas Weißwein beträufeln. Sollte man das Gefühl haben, daß die Sauce zu dünn wird, so gibt man rechtzeitig noch etwas Semmelbrösel dazu und drückt sie in die Flüssigkeit.

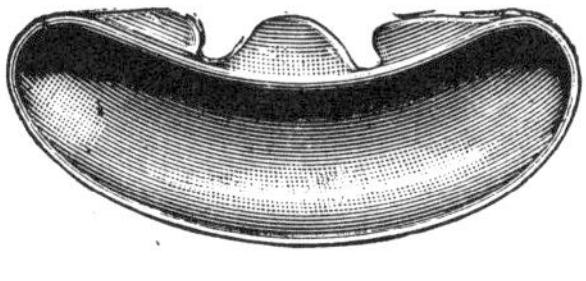

ALTBERLINER FISCHGERICHT

Dieses Rezept, das, wie viele Berliner, aus Schlesien stammen dürfte, lasse ich im Originaltext, wie ihn meine Tante Erna Frickert aufgezeichnet hat, folgen.

«Karpfen, Schlei, Aal, Hecht, Karausche in gut gewürztem Wasser garziehen lassen. Abtropfen. Nach Arten sortiert auf einer heißen Platte anrichten und mit polnischer Tunke übergießen, die restliche Tunke extra servieren.
Polnische Tunke: Fischköpfe in Braunbier mit Zwiebel, Lorbeerblatt, Petersilienwurzel und Pimentkörnern 1/2 Stunde auskochen. Mit zerbröckeltem Pfefferkuchen oder Mehl binden, durchseihen und abschmecken mit 2 Eßl. gequollener Rosinen, Citronensaft, Prise Zukker, Salz, reichlich Butter und etwas Rotwein.»
Dazu gibt es Salzkartoffeln.
Hinweise: Es müssen nicht alle genannten Fischarten verwendet werden, sondern so viele, wie gerade zu haben sind. Aus den Fischköpfen Augen und Kiemen entfernen, ehe man sie kocht.
Um die Fische zu kochen, würzt man das Wasser mit 1 Lorbeerblatt, 1 Zwiebel, 1 Möhre, einigen Zitronenscheiben mit Schale, Salz und etlichen Pfefferkörnern; alles zusammen vorher einige Minuten kochen, dann die Hitze reduzieren und die Fische so einlegen, daß die größten früher hineinkommen als die kleineren, damit dann alle zur gleichen Zeit gar sind.

Karpfen

Der Karpfen spielt in Deutschland als Speisefisch eine erheblich größere Rolle als in den meisten anderen europäischen Ländern. Wahrscheinlich waren hier die Mönche besonders eifrige Karpfenzüchter. Sie brauchten die Leckerbissen aus dem Wasser, weil sie viel mehr Fastentage zu beachten hatten, als sich heute der frömmste Katholik träumen läßt. Nördlich der Main-Linie wird der Karpfen hauptsächlich als Weihnachts- oder Neujahrsfisch verzehrt. Vor allem in Bayern erfreut man sich das ganze Jahr über an ihm. Aus Bayern kommen auch die meisten Karpfen. Besonders berühmt sind die aus Mittelfranken, aus den Aischgründen. Süddeutsche Kenner bevorzugen Fische, die nicht allzuviel über 1 kg auf die Waage bringen; im Norden bevorzugt man die größeren Exemplare.

FRANKEN

GEBACKENER KARPFEN

1 Karpfen von gut 1 kg Gewicht
Zitronensaft oder Essig
Salz und weißer Pfeffer aus der Mühle
1 Tasse Mehl
2 Eier
Etwa 4 bis 5 Eßl. Semmelbrösel
Ausbackfett
4 Bündel Petersilie
1 Zitrone

Karpfen schuppen, ausnehmen, Kopf und Flossen abschneiden, waschen und in 8 Stücke schneiden. Diese mit Zitronensaft oder Essig beträufeln, salzen und pfeffern. Etwa 10 Minuten ziehen lassen.
Dann nacheinander in Mehl, verkleppertem Ei und Semmelbrösel wälzen. Im heißen Fett schwimmend ausbacken. Dabei nicht zuviel Fisch auf einmal einlegen, damit die Fett-Temperatur nicht absinkt.
Auf saugfähigem Papier entfetten. Gewaschene und abgetrocknete Petersilie büschelweise ebenfalls ausbacken. Zusammen mit Zitronenvierteln zum Karpfen servieren.
Dazu Feldsalat und Bauernbrat- oder Petersilienkartoffeln.

Karpfen in Essig

Dies ist eine sehr eigenartige Karpfenzubereitung. Sie war vor allem in Haushalten, in denen beim herbstlichen Abfischen der Karpfenteiche viele Fische in die Küche kamen, eine sehr willkommene Abwechslung. Heute ist dieses alte Rezept so gut wie vergessen.

1 großer Karpfen (auch die bemoosten Herren sind zu gebrauchen)
Salz
4 bis 5 Eßl. flüssige Butter
3/4 l Weinessig
1/4 l Wasser
2 Zwiebeln
3 Lorbeerblätter
6 Pimentkörner
1 Mohrrübe
Schale 1 Zitrone (ohne weiße Innenhaut und ungespritzt)

Karpfen in frischem Wasser halten, damit er eventuell Schlammgeschmack verliert. (Das macht heute der Fischhändler für uns.) Schuppen, ausnehmen und gut waschen. In Scheiben von etwa 2 cm Dicke schneiden. Diese abtrocknen, salzen und beidseitig mit flüssiger Butter bestreichen. Auf (oder unter) einem Grill garen; zur Not geht auch die Grillpfanne.
Essig mit Wasser vermischen. Zwiebeln in Scheiben, Lorbeerblätter, Pimentkörner, die geschrappte und in mehrere Teile geschnittene Möhre sowie die Zitronenschale zugeben und alles zusammen etwa 10 Minuten schwach kochen lassen. Abgekühlte Karpfenscheiben in eine Schale legen und mit dem abgekühlten Essig begießen, der dabei nicht durchgeseiht zu werden braucht; man nimmt nur die Zitronenschale heraus.
Der Karpfen muß mindestens drei Tage marinieren. Er hält sich an kühlem Ort zwei Wochen.
Als Beilage Brot oder Bratkartoffeln.

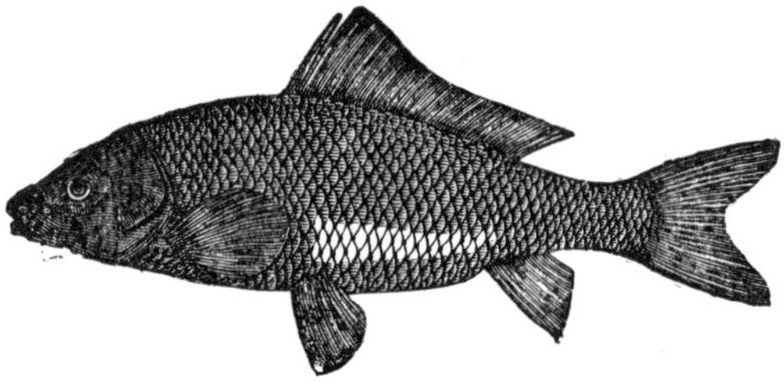

KARPFEN IN BIERSAUCE

«Karpfen in polnischer Sauce» oder «Böhmischer Karpfen» sind andere und sehr ähnliche Zubereitungsarten. Der «Bierkarpfen» hat – für diese Zusammenstellung – den Vorzug, daß er am ehesten deutschen Ursprungs ist. Alle diese Zubereitungsarten sind ostdeutsche Neujahrsessen.

1 nicht zu kleiner Karpfen
Salz
Essig
2 Zwiebeln
Schale von 1/4 Zitrone (ohne weiße Innenhaut, ungespritzt)
1 Mohrrübe
1 Lorbeerblatt
1 Nelke
3/4 l dunkles Bier
Etwa 100 g Saucenlebkuchen (Honigkuchen)
1 Eßl. Butter
1 Eßl. Mehl
Etwas Zucker oder Sirup
Zitronensaft

Karpfen ausnehmen, schuppen, waschen, in Scheiben schneiden und salzen; beiseite stellen. (Wenn möglich, läßt man das Blut beim Schlachten des Karpfens auffangen und gleich mit etwas Essig verrühren; aufheben.)
Zwiebeln schälen und in Scheiben schneiden, Zitronenschale nicht zu klein stückeln, Mohrrübe schrappen und in Scheiben schneiden. Alles auf dem Boden eines nicht zu engen Topfes verteilen. Fischstücke auflegen. Lorbeerblatt und Nelke dazu. An der Seite drei Viertel des Biers zugießen. Saucenlebkuchen zerkrümeln und ebenfalls zugeben. Zugedeckt zum Kochen bringen und dann etwa 15 Minuten ganz schwach köcheln lassen.
Inzwischen in der Butter das Mehl dunkel rösten. Mit restlichem Bier ablöschen, verrühren. Blut und Essig damit verquirlen und zu den Karpfenstücken geben. Mitkochen.
Sind die Fischstücke gar, so nimmt man sie heraus und hält sie warm.
Sauce durch ein Sieb gießen; durchpassieren, falls der Lebkuchen noch nicht ganz verkocht sein sollte. Abschmecken mit etwas Zucker oder Sirup und Zitronensaft.
Die Sauce nochmals aufkochen und zum Teil über die Karpfenstücke gießen, zum Teil separat servieren.
Zu diesem Gericht gibt es traditionsgemäß Salzkartoffeln.

WALLER

WELS

Von diesem urdeutschen Fisch hören sicher 95 % aller Bundesbürger nur dann einmal, wenn wieder ein Riesenexemplar von 3 Meter Länge gefangen wurde und als Sensationsmeldung durch die Gazetten schwänzelt. Zu viel mehr taugen die ganz großen Waller auch nicht; das Fleisch der kleineren, die etwa 1 Meter lang sind, ist hingegen eine Delikatesse. Im schwäbischen und bayrischen Voralpengebiet kann man sie noch auf den Teller bekommen. In Saulgau gibt es ein Restaurant, das schon jahrzehntelang ob seiner Waller-Spezialitäten berühmt ist.
Für 4 Personen sollte man diesen seltenen Fisch nicht zubereiten, bei 8 Personen fängt der Spaß erst an, deshalb gebe ich auch dafür das Rezept (welches im übrigen auf den Erfahrungen des Herrn Rottenhöfer, ehem. Mundkoch seiner Majestät Maximilian II. von Bayern, beruht).

Fisch gründlich auswaschen, trocken tupfen und mit Salz bestreuen. Eine halbe Stunde stehenlassen.

Frauenchiemsee

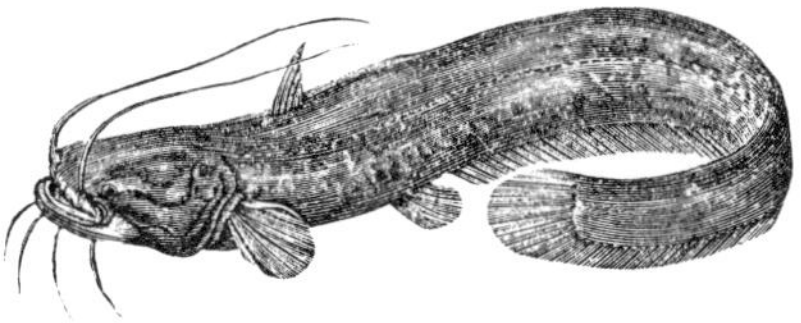

Zwiebeln, Möhren, Sellerie und Petersilienwurzeln sauber vorbereiten und in Scheiben schneiden. In Butter so lange andünsten, bis die Zwiebelringe gut glasig sind. Gewürze dazu; mit Brühe auffüllen. Zugedeckt etwa eine Stunde kochen lassen. Dann Essig und Wein zugießen, nochmals aufwallen lassen und durch ein feines Sieb abgießen.
Waller in den Sud legen und langsam gar dünsten, das dauert je nach Umfang und Alter des Fisches zwischen 30 und 60 Minuten.
Aus dem Sud nehmen, abtropfen lassen und am besten auf einer blütenweißen, gefalteten Serviette anrichten. Bei der Seltenheit dieses Fisches kann man sich sogar eine Silberplatte darunter leisten.
Beilagen: Holländische Sauce (aber bitte echte Butter-Eier-Sauce und nicht die Mehlpapp-Version!) und Salzkartoffeln.
Bitte beachten Sie, daß dieser Fisch einen besonders kräftigen Sud braucht; worauf hingewiesen sei, damit niemand auf den Gedanken komme, es handle sich bei unserem Rezept um einen Druckfehler.

Apropos: In Regensburg, der alten Stadt, die sich ihrer Donau-Waller rühmt, weiß man auch einen «Waller-Salat» zuzubereiten, indem man blaugesottenen Fisch zerteilt und kalt mit einer Marinade serviert; eine seltene Delikatesse.

2,5 kg Waller (Wels)
3 Zwiebeln
2 Mohrrüben
200 g Sellerieknolle
1 Petersilienwurzel
2 Eßl. Butter
12 Pfefferkörner
6 Pimentkörner
Salz
1 kräftige Prise Basilikum
1 kleine Prise Thymian
1 l leichte Brühe (am besten aus Kalbsknochen)
1/8 l Essig
3/4 l Weißwein

ALLE MITTELGEBIRGE

FORELLE BLAU

Auch in den romantischsten Gebirgstälern können sich heute nur noch Angler und Angler-Intimfreunde frische Bachforellen leisten. Alle anderen, und das sind auf den Gesamtkonsum berechnet fast alle Forellen, kommen aus Zuchtanstalten. Werden sie dort in fließendem Wasser aufgezogen, kann man sie gerade noch blaugesotten genießen. Im Zweifelsfall weiche man lieber auf die – schlechtere – Zubereitungsart, nämlich die «Müllerinart», aus; sie verdeckt die kleinen Unreinheiten im Forellengeschmack.

Pro Person:

1 Forelle
½ kleingeschnittene Möhre
3 Pfefferkörner
1 bis 2 Scheiben einer geschälten Zwiebel
1 Stengel Petersilie
1 bis 2 Teel. Zitronensaft
1 knapper Teel. Salz

Forellen ausnehmen und auswaschen. Schleim der Außenhaut vorsichtig behandeln, denn er bewirkt die Blaufärbung. Innen ganz wenig salzen. Einige Minuten stehenlassen. Wasser mit den geputzten Gemüsen eine Viertelstunde kochen lassen. Salzen und warten, bis das Salz aufgelöst ist. Forelle hineinlegen; dabei den Topf auf eine schwach geheizte Platte stellen, denn das Wasser darf nicht mehr wallen. In 8 bis 12 Minuten ist die Forelle, je nach ihrer Größe, gar gezogen. Und blau geworden, wenn sie frisch war.
Als Beilage Salzkartoffeln und zerlassene oder auch frische Butter, welche erheblich aromatischer schmeckt.
Wer auf das Hinzufügen von Zitronensaft beim Essen verzichtet, hat den reineren Forellengeschmack.

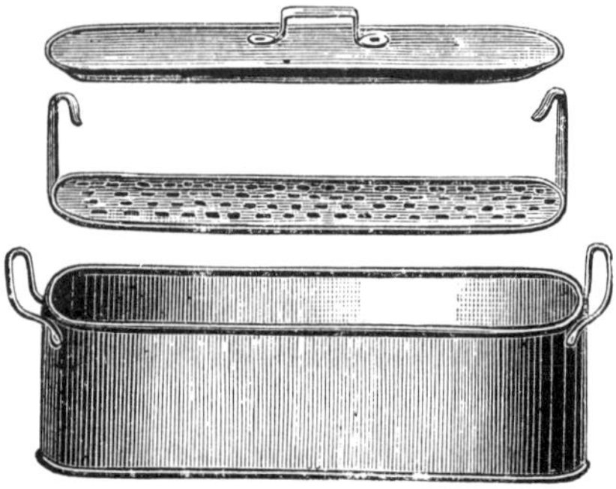

Apropos: Ob langgestreckt oder Maul zum Schwanz gebunden, das verändert den Forellengeschmack nicht, sondern nur das Aussehen. Gebundene Forellen lassen sich leichter in ansehnlicher Aufmachung auf den Tisch bringen.

BODENSEE

FELCHEN MÜLLERINART

Am «Schwäbischen Meer» wird kein Fisch so häufig gegessen wie der Felchen. Gebraten nach Art der Müllerin ist die beliebteste Zubereitung. Wer «Glück» hat, dem kann es noch heute passieren, daß er eine gute halbe Stunde warten muß, weil der Fischer sich verspätet hat – und das betreffende Lokal nur ganz frische Fische verarbeitet.

Pro Person:

1 Felchen
Salz, Pfeffer aus der Mühle
Etwas Zitronensaft
Mehl
1 Eßl. Butterfett
1 Eßl. Butter

Ausgenommenen Felchen waschen und gut abtrocknen. Innen und außen mit Zitronensaft beträufeln. Salzen und mit weißem Pfeffer bestreuen. Eine Viertelstunde stehenlassen.
In Mehl wenden, überflüssiges Mehl durch leichtes Klopfen entfernen. In heißem Butterfett beidseits in der Pfanne braten.
Butter in einer zweiten Pfanne schnell braun braten, Zitronensaft, der von dem Felchen abgelaufen war, zugeben, durch ein feines Sieb gießen und über den gebratenen Felchen löffeln.
Beilage: Salzkartoffeln oder Kartoffelsalat und Feldsalat.

Apropos: Nur schlechte Köche gießen die Bratbutter über den Felchen; darin sind nämlich immer verbrannte Mehlpartikelchen, und deshalb kann sie nicht schmecken.

Baden

Falsche Austern

Rezept in der Familie Seidel mündlich überliefert. Ich habe es mir von Tante Marthel erklären lassen und dabei aufgeschrieben.

1 Karpfenmilch (oder auch 2 bis 3, da diese unterschiedlich groß sind)
Etwa ½ l Milch
Saft 1 Zitrone
¼ l kräftige Fischbrühe
4 gehackte Sardellen (einfacher 1 Eßl. Sardellenpaste)
125 g Champignons (frische)
2 Eigelbe
2 Zitronen
1 Eßl. Butter

Karpfenmilch in Wasser, dem etwas Milch zugesetzt wurde, gründlich waschen. In frischem Wasser mit Milch einige Stunden wässern. In 8 gleiche Stücke teilen und diese in die gleiche Zahl gut gereinigter Austernschalen legen. Mit Zitronensaft beträufeln, darin umwenden. Fischbrühe mit Sardellen und den geputzten und in dünne Scheiben geschnittenen Champignons kochen, bis diese weich sind. Alles durch ein Haarsieb streichen. Eventuell nochmals erhitzen und dann mit den Eigelben abseits vom Feuer verquirlen, um eine gebundene Sauce zu bekommen. Diese Sauce über die Stücke von Karpfenmilch in die Austernschalen verteilen. Nochmals etwas Zitronensaft darüber. Kleine Butterflöckchen auflegen. Gefüllte Austernmuscheln auf ein Backblech (eventuell in etwas Salz, damit sie nicht umkippen) setzen und bei guter Hitze im Ofen so lange backen, bis sich eine dunkelgelbe Kruste gebildet hat.
Mit Zitronenachteln garnieren und zu Tisch bringen. Toastbrot und Butter dazu.

Baden

Kretzer Reichenauerart

Dies ist ein altes Rezept der Fischer von der Frühgemüse-Insel Reichenau. In Restaurants habe ich es noch nie gefunden.
«Kretzer» und «Egli» sind zwei Namen für ein und denselben Fisch, den Barsch.

Kretzer ausnehmen, schuppen, waschen, salzen und etwa 2 Stunden stehenlassen.

Zwiebeln in Ringe schneiden und diese in einem Teil der Butter gut glasig werden lassen. Beiseite schieben, Butter zugeben und die abgetupften und durch Mehl gezogenen Fische einlegen. Auf starker Hitze braten. Sahne mit Wein und Salbei verrühren. Sobald die Fische auf beiden Seiten knusprig braun sind, Hitze reduzieren, die Sahne-Wein-Mischung am Rand zugießen. Alles zusammen zugedeckt noch einige Minuten ziehen lassen.
Beilage: Salzkartoffeln und ein Salat.

4 große Kretzer (Barsche aus dem Bodensee) à 250 g
Salz
2 Zwiebeln
3 bis 4 Eßl. Butter
Mehl
1 Tasse saure Sahne
1 Tasse Weißwein
½ Teel. gerebbelter Salbei

BODENSEE

EGLIFILETS IN SAHNE

Diese althergebrachte Zubereitungsart der kleinen Barschfilets erfreut sich seit vielen Jahren in der «Krone» zu Schnetzenhausen (bei Friedrichshafen) größter Beliebtheit. Das alte Rezept ist allerdings etwas modernisiert, was zu seiner Verfeinerung beigetragen hat.

Eglifilets waschen, abtrocknen.
Mehl mit etwas Salz und Pfeffer vermischen. Fischfilets darin wenden, überschüssiges Mehl abklopfen. In heißem Butterfett beidseitig braten. Zum Schluß noch kleine Butterflöckchen darauf zerfließen lassen. Filets beträufeln und warm stellen.
Bratsatz mit der Sahne loskochen, dabei Zitronenscheiben einlegen. Würzung prüfen, abrunden mit einigen Spritzern Worcestershiresauce.
Die Sahnesauce über die Eglifilets gießen.
Als Garnitur kommen noch einige feine grüne Erbsen, die in Butter geschwenkt wurden, als Kranz um die Eglifilets. Das gibt nicht nur optisch einen reizvollen Akzent.
Als weitere Beilagen: Salzkartoffeln und grüner Salat.

600 g Eglifilets
1 Tasse Mehl
Salz und weißer Pfeffer aus der Mühle
2 bis 3 Eßl. Butterfett
2 Eßl. Butter
Gut ¼ l süße Sahne
2 bis 3 Zitronenscheiben
1 Zitrone
Einige Spritzer Worcestershiresauce

STECKERLFISCH

Das Münchner Oktoberfest hat diesen «Steckerlfisch», was auf hochdeutsch etwa «Fisch am Stöckchen» heißen würde, weltberühmt gemacht. Ursprünglich röstete man fast ausschließlich Weißfische zu «Steckerlfisch», weil jedoch Heringe oder auch Makrelen vielfach einfacher zu beschaffen sind, können auch sie als «Steckerlfisch» zubereitet werden.
Hier haben wir eine urtümliche, deutsche Art des Gartengrillvergnügens, welches wir auf neudeutsch mit «Barbecue» bezeichnen.

Pro Person:

1 Weißfisch, Hering oder Makrele
Zitronensaft
Salz und weißer Pfeffer aus der Mühle
Mehl
Haselnußstecken, frisch geschnitten
Offenes Feuer

Fisch ausnehmen, säubern und anschließend abtrocknen. Kopf und Schwanz bleiben dran, die Flossen kann man abschneiden, muß es aber nicht.
Innen mit Zitronensaft ausreiben. Innen und außen salzen und pfeffern. Eine Viertelstunde stehen lassen.
Der Länge nach auf einen nicht zu kurzen Haselnußstecken spießen. Beidseitig mit Mehl bepudern und den Stecken so neben ein zu guter Glut niedergebranntes Holzfeuer in den Boden spießen, daß der «Steckerlfisch» schräg über die Glut ragt. Mehrmals wenden. Eine Garzeit kann nicht angegeben werden, da sich diese nach Kraft des Feuers, Dicke des Fisches, Abstand von der Glut und Windstärke richtet. Der «Steckerlfisch» ist gut, wenn er beidseitig schön kroß wird.

Einige Ratschläge: Fisch eventuell mit einem Drahtstück verankern, damit er nicht um den Stecken herumdreht und vorm Feuer nicht gewendet werden kann.
In die Glut des Holzfeuers kann man einige Holzkohlen legen. Will man «Steckerlfisch» auf dem Grill rösten, so hat man Probleme, weil ohne Mehlbestäubung die Haut nicht richtig kroß wird, mit ihr jedoch an den Grillstäben festklebt. Dafür gibt es kleine Grillkörbchen aus Drahtgeflecht zu kaufen; was dann entsteht, sind streng genommen «Körb-

lefisch», sie schmecken aber wie «Steckerlfisch».
Zum «Steckerlfisch» ißt man Brot oder Wekken und trinkt dazu Bier. – Wer im eigenen Garten einen glitschigen Kartoffelsalat dazu serviert, der kann den Fischgenuß noch erhöhen.

FRANKEN, WÜRZBURG

MEEFISCHLE

Wer Würzburg richtig genießen will, der muß zum «Silvaner» frisch gebackene kleine Fische essen. Früher kamen sie noch alle aus dem Main, deshalb heißen sie heute noch «Mainfische»; die urigere Dialektform mit langgezogenem e wurde als Überschrift gewählt.
Die Fische sollen die Größe eines normalen Fingers kaum überschreiten.
In Trier kennt man eine ähnliche Sitte, man ißt dort die kleinen Fische aus der Mosel ebenfalls paniert und gebacken und trinkt den einheimischen Apfelwein, genannt «Viez», aus weißen Steingutbechern dazu.

800 g kleine Flußfische, nicht ausgenommen
Zitronensaft
Salz
1 bis 2 Tassen Mehl
1/3 Teel. Zimtpulver
Zitronenhälften
Ausbackfett

Die Fischlein werden evtl. geschuppt und dann gewaschen. Abtropfen lassen und mit Zitronensaft beträufeln sowie salzen. So müssen sie mindestens eine gute halbe Stunde ziehen. Mehl mit wenig Zimtpulver vermischen, Fische einzeln darin wenden und – nicht zu viele auf einmal – im siedenden Fett so lange backen, bis sie kroß und goldbraun sind.
Der Kenner ißt sie mit Kopf und wirft höchstens den Schwanz weg, obwohl auch der, kroß gebacken, wie geröstete Mandel schmekken kann.
Dazu muß man unbedingt Frankenwein trinken, aber den althergebrachten, den trockenen «Silvaner».
Ob man Weißbrot oder Kartoffelsalat oder gemischten Salat als weitere Zukost verzehrt, bleibt jedem dann selbst überlassen.

OSTPREUSSEN

GEBACKENER ZANDER

Das folgende Rezept stammt vom Kurischen Haff, einem der riesigen Strandseen Ostpreußens, die ein wahres Eldorado für Fischer, Segler und Badegäste waren.

Das Rezept wurde von Frau Sophie Frühling zum Rezeptwettbewerb der «Gastronomischen Akademie Deutschlands» 1978 eingesandt; es erhielt den 1. Preis der «Rezepte aus ehemaligen deutschen Ostgebieten», wie der Wettbewerb lautete.

1 Zander von 1 bis 1½ kg
Salz
125 g durchwachsener Bauchspeck
¼ l Brühe
100 g Butter
1 Eßl. Mehl
⅛ l süße Sahne
2 bis 3 Eßl. gehackter Dill

Zander schuppen, waschen und salzen.
Eine Schmorpfanne mit dem in dünne Scheiben geschnittenen Speck auslegen. Zander darüber legen und die Brühe angießen. Im vorgeheizten Backofen bei etwa 225° ungefähr 40 Minuten garen. Dann 3 bis 4 Eßl. Butter in Stücken aufsetzen und weitere 5 Minuten überbacken.
Den verbliebenen Eßlöffel Butter zusammen mit dem Mehl zu einer hellen Schwitze verrühren. Mit dem Fischsud ablöschen. Sahne darin verquirlen und mit Dill vollenden. Diese Sauce über den Zander gießen. Servieren.
Als Beilagen gibt es Salzkartoffeln, Erbsen-und-Möhren-Gemüse oder auch Blumenkohlröschen.

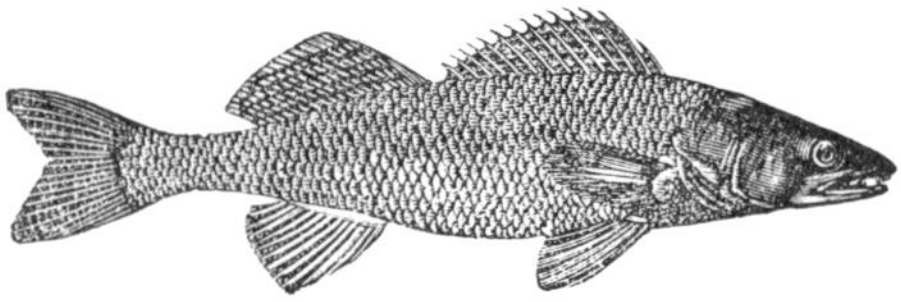

Geflügel

Das liebe Federvieh wurde überall in deutschen Landen schon immer hoch geschätzt. Unterschiedlich war allerdings die Bedeutung der einzelnen Arten.
Und davon wanderten früher viel mehr in den Kochtopf oder in die Bratpfanne als heute, wie z. B. Schwan oder Pfau. Dafür fand der Truthahn in der breiten Bevölkerung kaum Beachtung; man kannte ihn zwar unter vielen Namen wie Indian, Kalekutischer Hahn, Welschhahn oder Türkischer Hahn seit etwa 1530, aber als kulinarischer Genuß diente er nur den hohen Herren. Volkstümliche oder traditionelle Zubereitungsarten gibt es dafür nicht.

So briet Großmutter Federvieh

Ihre Backröhre konnte nicht so heiß werden, wie das in modernen Herden möglich ist. Das bekam dem Federvieh gut. Temperaturen zwischen 180° und maximal 200° lassen alle Vögel saftiger werden.
Das Brustfleisch ist nach Meinung der meisten Genießer das beste, es ist aber bestimmt auch das empfindlichste. Deshalb briet Großmutter ihr Geflügel zuerst immer nur mit der Brust nach unten. Auch wenn die verschiedenen Vögel dann vor dem Anschneiden «ausruhen» mußten, wurden sie so gelegt, daß die Brust nach unten kam, also alle Säfte dorthin fließen mußten. Bei Wildgeflügel wurde die Brust noch zusätzlich mit Speckscheiben umwickelt; ein Brattrick, der immer noch praktiziert wird.
Die Kruste ist für Augen und Zunge ein Gradmesser dafür, ob richtig gebraten wurde. Obwohl eine Kruste sein muß, kann sie zum Ärgernis werden, wenn sie zu hart und trocken geraten ist. Großmutter besprengte ihre Bratvögel während der letzten Hälfte ihres Ofendaseins mit kaltem Wasser, das sie mit den Fingern darüberschnippte, um es anschließend ganz leicht mit einer Feder zu verstreichen.
Und abschließend vergaß Großmutter nie, daß jeder Braten, also auch jedes Geflügel, mindestens 10 Minuten zwischen Backofen und Tranchieren «ausruhen» muß, damit sich die Säfte im Fleisch verteilen und nicht unter dem Messer in hellen Strömen davonlaufen. Während der Ausruhzeit stülpte sie gerne eine große, vorher mit kochendem Wasser angewärmte Schüssel über den anmutig-knusprigen Vogel.

GEFÜLLTE HÜHNCHEN

Geflügel von der Stange, in Züchtereien auf Gramm und Tag genau gezüchtet, das ist eine Errungenschaft der Neuzeit. Früher gab es neben kraftstrotzenden Bauernhühnern auch reichlich mickerige Exemplare. Die findigen Hausfrauen wußten auch daraus gute und ansprechende Speisen zu machen. So lesen wir im «Niederrheinischen Kochbuch» (um 1900) folgendes Rezept:

„Man nimmt dazu nur ganz kleine Hühnchen, die einfach gebraten keine ansehnliche Schüssel liefern würden. Oben am Hals macht man in die Brusthaut einen kleinen Einschnitt nach abwärts und trennt sie hierauf der Breite nach mit einem Messerchen vorsichtig vom Fleisch, worauf man einen Federkiel einführt und durch diesen hineinbläst, damit sich die Haut hebt und ein leerer Raum entsteht. Wo dieselbe zu fest sitzt, muß mit einem dünnen, schmalen Messer vorsichtig nachgeholfen werden, damit die äußere Haut nicht verletzt wird.

In diesen leeren Raum wird dann eine beliebige Fülle eingefüllt, und zwar derart, daß die Brust straff gespannt erscheint, wobei die Haut jedoch nicht platzen darf. Die lose Haut wird dann oben am Halse wieder mit einigen Stichen befestigt und das Hühnchen wie sonst gebraten."

Hinweis: Wer dieses Verfahren heute versuchen will, um einige unansehnliche Sonderangebotsvögel aufzumöbeln, der muß in Ermangelung eines Federkiels einen Strohhalm (aus Kunststoff) zum Aufblasen nehmen.
Für die Fülle schlage ich feines, frisches Kalbsbrät aus Bratwürsten vor, das man mit geriebener Zitronenschale und wenig durchgedrehtem Speck vermischt.

Huhn gleich Huhn?

Heute muß man im Hinblick auf das deutsche Angebot diese Frage fast bejahen. Wir unterscheiden nicht einmal mehr zwischen Huhn = weiblich und Hahn = männlich.
Früher ging die Gleichberechtigung nicht so weit. Man war auch sorgfältiger in der Auswahl, weil das Federvieh sehr viel teurer war.
Wer kennt heute noch Unterschiede, die für unsere Großeltern alltäglich waren? Kapaun, das war ein gemästeter und kastrierter Junghahn. Bedeutete nun Poularde dasselbe? – Nicht ganz; es war ein fettes gemästetes junges Tier beliebigen Geschlechts. Ganz junge Hühner bezeichnete man auch gern als «Hamburger Hühner» – in Anlehnung an das Stubenküken, die Babyform. Ein Huhn verwendete man einst für Frikassees, und eine Henne war alt und nur noch suppentauglich.
Herausragende Qualitätsgeflügel, wie das aus der Bresse, von Le Mans oder aus Brüssel, hat es in Deutschland nie gegeben. Vielleicht die «Vierländer Mastende».
Heute kennen wir noch in Baden einen sehr liebenswerten Ausdruck für in der Freiheit des Bauernhofes aufgewachsene Hühner: «Mistkratzerle».
Ein Kapaun kostete vor dem Ersten Weltkrieg übrigens 3 Mark; und das bei Monatseinkommen zwischen 100 und 200 Mark.
In alten Kochbüchern wird immer wieder folgendes Verfahren empfohlen, um Hühner saftig und zart zu bekommen: Vor jedweder Zubereitung erst in lauwarmes Wasser legen, dann in kaltes Wasser.

MITTELRHEIN

GEFÜLLTES BRATHUHN

Ich entsinne mich, derartige Hähnchen während meiner Kindheit häufig auf Rheinreisen mit meinen Eltern gegessen zu haben. Neben dem Wohlgeschmack, der nicht zu verachten ist, gewann man durch die Füllung einen weit höheren Sättigungswert des einstmals teuren Huhns. Heute kann diese Art Füllung eine sehr schmackhafte Beilage neben einem Gemüse sein.

Huhn bratfertig zurichten und dabei nach dem Waschen gründlich austrocknen. Innen und außen mit Salz und Pfeffer einreiben.
Die Brötchen abreiben, in Scheiben schneiden und in Wasser einweichen. Anschließend gut ausdrücken und mit den Eiern, der Petersilie, dem Basilikum sowie Muskatnuß und abgeriebener Zitronenschale zu einer glatten Füllung verkneten. Gut 1 Eßl. der Butter sahnig rühren und dann gründlich mit der Füllung vermischen.
Huhn füllen und vernähen. Mit Butter in der gewohnten Art braten.
Zum Anrichten wird das Huhn längs mit der Geflügelschere halbiert und auseinandergeklappt. Die Füllung schneidet man in dicke Scheiben und garniert das Fleisch damit.
Beilage: Beliebiges Gemüse oder auch nur Salat.

1 großes Brathuhn
Salz
Weißer Pfeffer aus der Mühle
2 bis 3 Brötchen (je nach Größe)
2 Eier
1 Eßl. gehackte Petersilie
1 Prise Basilikum
Geriebene Muskatnuß
Abgeriebene Schale 1/2 Zitrone
3 Eßl. Butter

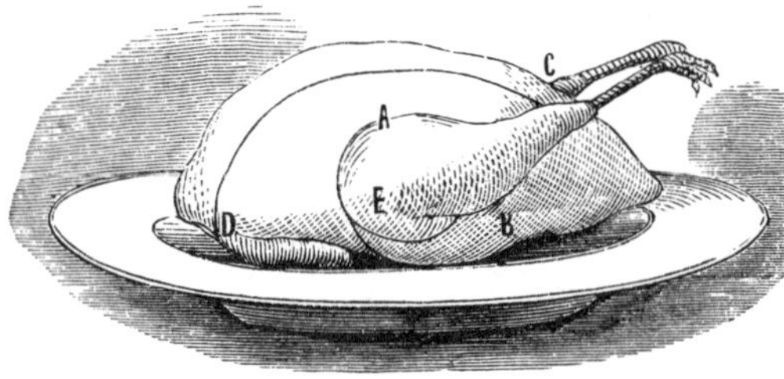

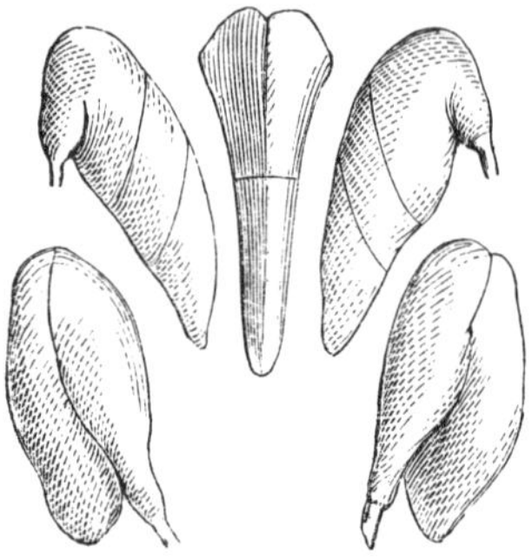

Huhn mit Reis

Bis zum Zweiten Weltkrieg waren Hühner in Deutschland teuer und das altberühmte «Huhn auf Reis» folglich ein sehr vornehmes Essen. Heute ist es zur Hühnersuppe mit Reis degradiert oder mit scharfen Gewürzen und Gelbfärbung zum Hühner-Curry umstilisiert worden.
An dem guten alten Geschmack kann man sich aber auch heute noch erfreuen. Vor allem, wenn man ein wirklich gutes Huhn gekauft hat.
Das nachfolgende Rezept folgt den Kochanweisungen eines Herrschaftskochs aus der zweiten Hälfte des 19. Jahrhunderts.

1 kräftiges, jedoch nicht zu altes Huhn
Etwa 1 l Kalbsbrühe
1 Zwiebel
1 Lorbeerblatt
1 Mohrrübe
1 Stück Sellerieknolle
10 Pfefferkörner
Etwas Salz
400 g Reis, Langkornreis
1 Zwiebel

Das Huhn waschen und zurichten. In einen großen Topf legen und die geputzten Suppengemüse, in Stücke geschnitten, zugeben; ebenso Lorbeerblatt, Pfefferkörner und Salz. So viel Kalbsbrühe eingießen, daß das Huhn gut bedeckt ist. Langsam zum Kochen bringen, abschäumen und so lange kochen, bis das Huhn gar ist. Herausnehmen und in mindestens 8 Teile zerlegen; warm stellen.
Reis waschen und abtropfen lassen. In einen Topf mit nicht zu großem Durchmesser schüt-

ten. Die Zwiebel schälen und mit den beiden Nelken spicken, wenig Salz und 1/2 Eßl. Butter zugeben. So viel Hühnerkochbrühe – durchgeseiht – auffüllen, daß sie 2 bis 3 Fingerbreiten über dem Reis steht. Zum Kochen bringen, umrühren, dann zudecken und auf kleinster Hitze in etwa 20 Minuten ausquellen lassen.

2 Nelken
1/2 Eßl. Butter
2 Eßl. Butter
2 Eßl. Mehl
4 Eigelb
1 Eßl. Butter
Weißer Pfeffer aus der Mühle

Inzwischen erhitzt man in einem Stielpfännchen 2 Eßl. Butter und verrührt sie mit dem Mehl zu einer hellen Schwitze. Mit Hühnerbrühe ablöschen und eine sämige Sauce rühren. Etwa 15 Minuten kochen. Früher hat man während dieses Vorgangs die Hühnerteile im Dampf über der Sauce aufgewärmt, was auch heute noch eine gute Methode ist; allerdings kann man das auch machen, indem man sie in gebutterte Aluminiumfolie packt und im Ofen aufwärmt. Nachdem die Sauce genügend gekocht hat, um ihren Mehlgeschmack zu verlieren, nimmt man sie vom Feuer, legiert mit den Eigelben und schlägt anschließend noch die restliche Butter darunter, damit sie schön glänzend wird.

Aus dem Reis entfernt man die Zwiebel und türmt ihn auf eine Platte. Hühnerstücke darauf verteilen und mit der Sauce begießen. Als Beilage reicht ein grüner Salat.

Früher war außerdem das Beilegen von Blätterteighalbmonden, Fleurons, sehr beliebt; sie sehen schön aus und schmecken gut. Man kann sie beim Bäcker bestellen.

BREMER KÜKENRAGOUT

IN BERLIN: BERLINER HÜHNERFRIKASSEE

Diese beiden Rezepte sind trotz der verschiedenen Namen so ähnlich, daß ich das gleiche Grundrezept dafür geben kann. Beide Zubereitungsarten kommen aus der Küche des Großbürgertums und hatten sich in der gehobenen Gastronomie einen Stammplatz erworben. Im Zeichen der Personalknappheit sind beide fast vollständig von privaten und gastronomischen Speiseplänen verschwunden. Ein bißchen spielt dabei natürlich auch die (irrige?) Spekulation eine Rolle, daß man mit komplizierten Gerichten aus Frankreichs Neuer Küche mehr Geld verdienen kann.

Alle wahren Genießer seien auf «Kükenragout» und «Hühnerfrikassee» hingewiesen! (Wenn's unbedingt sein muß, kann man sie auch mit Poulet de Bresse zubereiten.)

1 Suppenhuhn von knapp 2 kg
1 Bündel Suppengemüse
10 Pfefferkörner
Salz
1 Kalbszunge
2 große oder 4 kleine Kalbsbratwürste, fein
1 Kalbsbries
1 Eßl. Essig
Salz
150 g rohe Champignons
2 Eßl. Butter
250 g Spargeln
1 Prise Zucker
20 g getrocknete Morcheln
3 Eßl. Butter
2 Eßl. Mehl
1/4 l Weißwein
2 bis 3 Eßl. Zitronensaft
2 Eigelbe

Huhn gut waschen und mit dem geputzten Suppengrün und den Pfefferkörnern in reichlich Salzwasser gut 1 1/2 Stunden kochen, bis es weich ist, aber noch immer fest im Fleisch. Die gut gebürstete Kalbszunge von Anfang an mit dem Huhn kochen.

Zunge und Huhn aus der Brühe nehmen. Zunge enthäuten und in Würfel schneiden. Huhn abziehen, Fleisch von den Knochen lösen und in mundgerechte Stücke schneiden. Beides in etwas durchgeseihter Brühe warm halten.

Die Kalbsbratwürste hat man, nachdem Huhn und Zunge gar waren, noch gut 10 Minuten in der Hühnerbrühe garziehen lassen. Sie werden enthäutet und in Stücke von etwa 3 cm Länge geschnitten; ebenfalls in der Brühe warm halten.

Während Huhn und Zunge garten, hat man alle Gemüse geputzt und einzeln zubereitet. Ebenso das Kalbsbries.

Kalbsbries dazu wässern. In etwas Essigwasser ganz kurz kochen, herausnehmen, enthäuten und Äderchen entfernen. In Salzwasser anschließend etwa 12 Minuten garziehen lassen; es darf nicht kochen. Herausnehmen, abtropfen lassen, zwischen zwei Holzbrettchen legen und mit einer Konservendose beschweren. Es läßt sich dann, wenn es erkaltet ist, besser schneiden. Das tut man; die Scheiben beiseite stellen.

1 Tasse Sahne
8 Blätterteig-halbmonde

Champignons putzen, waschen und halbiert oder geviertelt, je nach Größe, in der Butter garziehen lassen. Leicht salzen und beiseite stellen.

Spargel schälen, in Salzwasser mit einer Prise Zucker garen. Anschließend in etwa 5 cm lange Stücke schneiden.

Die Morcheln einweichen und gut waschen. In wenig Wasser garen.

Butter in einem großen Topf mit dickem Boden erhitzen, Mehl darin hell anschwitzen und mit Hühnerbrühe ablöschen. Weißwein und Zitronensaft hinzufügen und gut 10 Minuten kochen. Die Eigelbe mit der Sahne verquirlen und damit die Sauce legieren.

Alle Zutaten in die heiße Sauce geben, nicht mehr kochen, aber so lange gut heiß halten, bis alle Einlagen gleichmäßig erhitzt sind.

Beim Servieren mit Blätterteig-Halbmonden garnieren. Beilage: Reis.

Anmerkung: Bremer Rezepte schrieben früher immer Küken vor; mit einem guten, nicht zu alten Suppenhuhn wird das Rezept gleich gut.

Ergänzungen: Für «Bremer Kükenragout» kann man abweichend von dem Berliner Gericht noch verwenden: Artischockenböden, Pistazienkerne und gehackte Sardellen.

- Für «Berliner Hühnerfrikassee» kann noch verwendet werden: Vorgekochte Kuheuter, Krebsschwänze, Grießklößchen und zur Dekoration Krebsnasen mit Grießmasse gefüllt.
- Beide Gerichte kann man verfeinern, wenn man etwas Krebsbutter in die Sauce schlägt.

Und wie heißt es bei Wilhelm Busch?

«Mancher gibt sich viele Müh
mit dem lieben Federvieh,
einesteils der Eier wegen,
welche diese Vögel legen,
zweitens, weil man dann und wann
einen Braten essen kann.»

HAMBURG

HAMBURGER STUBENKÜKEN

Eine der deutschen Spezialitäten von Weltklasseformat. Heute auf teure Banketts in Hamburg und die binnenländische Nobel-Gastronomie beschränkt. Dabei ist das Stubenküken durchaus ländlichen Ursprungs; genau gesagt verdanken wir diese Delikatesse den Elbfischern, die in ihren Häusern vor allem während der schlechten Jahreszeit junge Hühner unter den Bänken großzogen, also kleine Hühnchen in der Stube, eben Stubenküken.

4 Stubenküken
Salz
Weißer Pfeffer aus der Mühle
2 Zwiebeln
2 Eßl. Butter
150 g frische Champignons
150 g Geflügelleber
Frisch zerbröselte Weißbrotkrumen
2 Eier
2 Eßl. süße Sahne
1 Prise gerebbeltes Basilikum
2 Eßl. Butter
1 Tasse Hühnerbrühe

Stubenküken, die bereits ausgenommen und ausgewaschen sind, gut trocknen. Innen und außen leicht mit einem Salz-Pfeffer-Gemisch einreiben und eine Stunde ruhen lassen.
Inzwischen die Füllung vorbereiten: Zwiebeln kleinschneiden, Champignons putzen und in Scheiben schneiden. Beides zusammen in der Butter so lange dünsten, bis die Zwiebeln leicht glasig sind. Geflügellebern zugeben, unter Wenden diese steif werden lassen. Das leicht abgekühlte Gemisch mitsamt Fett und Flüssigkeit wird anschließend fein gehäckelt und mit frischer Weißbrotkrume sowie den Eiern und der Sahne verknetet; dabei nimmt man so viel Brösel, daß ein knetbarer Brei entsteht. Abschmecken mit Salz, Pfeffer und einer kräftigen Prise Basilikum.

Stubenküken füllen und Öffnung mit Holzzahnstochern verschließen. Mit heißer Butter bestreichen und im vorgeheizten Ofen bei 250° braten. Nach 10 Minuten die Hitze auf knapp 200° reduzieren. Stubenküken noch mehrmals mit Butter bestreichen und mit Hühnerbrühe begießen.
Gesamtgarzeit etwa 40 Minuten, dabei eventuell mit gebuttertem Pergamentpapier abdekken.
Angerichtet können die knusprig gebratenen Stubenküken auf dicken, in Butter gerösteten Brotstücken werden.
Dazu passen feine Gemüse.

«Einfaches Hahnenfricassee»

Originalrezept aus einem handgeschriebenen Kochbuch, welches im Jahre 1851 in Braunschweig abgeschlossen wurde.

2 Brathähnchen
2 bis 3 Eßl. Butter
1 Zwiebel
Gut 1 Eßl. Mehl
1 Tasse Fleischbrühe
2 Eßl. gehackte Petersilie
Saft ½ Zitrone
Salz
1 Lorbeerblatt
1 Glas herber Weißwein

„Die Hahnen werden geputzt und in 4 bis 6 Theile zerschnitten, dann läßt man die Butter zergehen, dämpft darin verwiegte Zwiebel und thut die Hahnen dazu, wenn sie schön gelb gedämpft sind, kommt eine Hand voll Mehl darüber, dann Fleischbrühe dazu bis es dünn genug ist, nun noch Petersilie, Citrone, Salz, Lorbeerblatt und ein Glas Wein."

Hinweis: Alles läßt man so lange kochen, bis die Hähnchenstücke weich sind. Nachdem das Lorbeerblatt herausgefischt wurde, kann man das Frikassee servieren.
Als Beilage bieten sich Nudeln oder Reis an. Dazu ein grüner Salat.

Braunes Geflügelragout

Als die Hühner noch größer und sehr viel teurer waren, verwendete man für diese Zubereitungsart Reste, heute können wir es uns leisten, frischgebratene Hähnchen zu nehmen. Diese kann man gebraten kaufen, die Sauce läßt sich vorher fertigstellen, also hat man ein arbeitssparendes Gericht.

500 g Fleisch von gebratenen Hähnchen
2 Eßl. Butter
2 Eßl. Mehl
2 Eßl. gehackte Zwiebeln
½ l Fleischbrühe
½ Glas Rotwein
2 dicke Zitronenscheiben nebst (ungespritzter) Schale
2 Loorbeerblätter
Salz und Pfeffer aus der Mühle
Essig

Fleisch in mundgerechte Stücke schneiden. Butter in einem Topf mit dickem Boden erhitzen und darin das Mehl braun anrösten. Während der letzten Minuten Zwiebeln zugeben, damit sie glasig werden. Ablöschen mit Fleischbrühe und Rotwein. Zitronenscheiben, Lorbeerblätter sowie etwas Salz und Pfeffer zugeben. Unter gelegentlichem Rühren läßt man diese Sauce nun etwa 20 Minuten kochen, dann gießt man sie durch ein Haarsieb, prüft die Würzung, schmeckt mit einigen Spritzern Essig ab und gibt die Hühnerfleischwürfel hinein, damit sie auf kleiner Hitze erwärmt werden.
Beilage, wenn man das Ragout als Vorspeise oder Zwischengericht serviert, ist nur Brot. Als Hauptgericht braucht es die Ergänzung durch Kartoffelpüree oder Nudeln.

GANS MIT GRAUPEN

Das war bis zum Ersten Weltkrieg ein sehr beliebtes Rezept für die Zubereitung der Veteranen aus der Gänseschar, die keine Bratkunst mehr zart bekommen hätte. Solche Gänse waren billig zu haben und machten mit Graupen zusammen eine vielköpfige Familie satt.
Nach einem handschriftlichen Rezept von 1905.

1 Gans
1 Zwiebel
1 Loorbeerblatt
Salz
300 g Perlgraupen
1 bis 2 Eßl. Gänseschmalz

Gans waschen und in 8 bis 10 Stücke schneiden. Mit der in Scheiben geschnittenen Zwiebel und dem Lorbeerblatt in Salzwasser so lange kochen, bis sich das Fleisch leicht einstechen läßt.
Gleichzeitig werden die Graupen in nicht zuviel Wasser weichgekocht. Dabei leicht salzen. Sie sollen zu einem dicken Brei werden.
Gänsestücke aus dem Wasser nehmen. Gänseschmalz in die Graupen rühren und die Gänsestücke darin noch eine knappe halbe Stunde mehr ziehen als kochen lassen. Dabei eventuell nachsalzen.
Beilage: Kartoffeln.
«Dieses sehr angenehme Gericht ist auch nahrhaft. Auch mit Gänseklein kann man es machen.» — So steht es als Zusatz bei dem alten Rezept.

STOPPELGÄNSCHEN

Das ist ein heute völlig vergessener Begriff. Noch um die Zeit der Jahrhundertwende bezeichnete man damit das Feinste vom Feinen.
Im «Niederrheinischen Kochbuch» mit den «besten Rezepten für den bürgerlichen Mittagstisch», das um 1900 erschien, lesen wir:

„Das sind ganz junge Gänschen, die wenige Wochen – 10 bis 14 – alt sind. Man bratet sie wie Enten mit Butter, da sie sehr arm an Fett sind, in 3/4 bis 1 Stunde gar und hochgelb. Gefüllt werden sie nicht."

GÄNSEBRATEN

Zur Abwechslung einmal kein Rezept, sondern der Stoßseufzer eines Reisenden, aufgeschrieben von einem Herrn v. Seld, der Mitte des vorigen Jahrhunderts durch Mecklenburg und Pommern reiste, um auf den Dörfern und in kleinen Städten religiöse Erbauungsvorträge zu halten:

„Einst bekam ich drei Wochen lang täglich zweimal fetten Gänsebraten; jeder Landmann dachte, er könne mir gar nichts Besseres zu Mittag und Abend geben. Und da ich täglich weiterreiste, so dachte niemand daran, daß jeder mir die gleiche Speise vorsetzte."

Ob der Hannoveraner Wilhelm Busch wohl nach Kenntnis dieser Reiseerlebnisse noch seinen Gänsevers gedichtet hätte, der da lautet:

«Jeder, der Verstand hat, spricht:
einen schönren Vogel gibt es nicht!»

Auch andere deutsche Dichter erwiesen dem wohlschmeckenden Vogel ihre Reverenz. Goethe hat ihn geschätzt und dies durch beachtliche Portionen Gänsebraten, die er verzehrte, bewiesen.

Weit übertroffen wurde er dabei allerdings von Adalbert Stifter, von dem zuverlässig berichtet wird, daß er am selbigen Tag eine stattliche Gans nebst einem mächtigen Schinken unter Assistenz seiner Ehefrau vertilgte.
Der zu Großvaters Zeiten berühmte Verseschmied Joseph von Lauff widmete einen ganzen Band seiner moselländischen Dichtung «Brixiade» der Martinsgans und hebt dabei also an:

«Das Jahr war gut, der Wein geraten,
Das Moseltal voll Nebelglanz,
Und allwärts duftete der Braten
Der delikaten Martinsgans.»

Überall in Deutschland ist die Gans der kulinarische Lieblingsvogel. Im Mittelalter war er vor allem in Frankreich beliebt. Das ließ aber in der Neuzeit nach, heute ist die Gans viel eher eine deutsche Spezialität. Dem tut es auch keinen Abbruch, wenn wir die leckeren Vögel für die Weihnachtszeit aus Polen und Ungarn beziehen müssen, weil bei uns nicht mehr genug davon herumlaufen.
Jahrhundertelang war Pommern ein echtes Gänseland.
Dort wurden die Gänse meistens von den Landarbeitern gezogen. Die Gutsherrschaft stellte dafür Wagen und Hirten. Dafür mußten die Arbeiter jede zehnte Gans abliefern. Das geschah im späten Herbst. So um Martini herum gab es dann Gänse in Hülle und Fülle. Dadurch kam der Heilige zu seiner Gänseverbindung und die Martinsgans zu ihrem Ruhm.

Gänsebraten

«Eene jut jebratne Jans is eene jute Jabe Gottes!» sagt der Berliner, und er spricht damit allen seinen deutschen Landsleuten aus dem Herzen.
In unseren Speisezimmern haben Gänse zu Weihnachten und zu Martini Hochsaison.
Der Martinstag (11. November) hat mit seiner Martinsgans die ältere Tradition.
Da zum Braten selbst nichts zu sagen ist, beschränke ich mich auf Rezepte für traditionelle Füllungen.

APFELFÜLLUNG

Die Äpfel müssen säuerlich und fest sein. Sie schmecken besonders gut, wenn man sie nicht schält, sondern nur Stiele, Butzen und Kernhaus entfernt.
Zu den Äpfeln kann man (auch in Alkohol) vorgeweichte Rosinen mischen.
Die Bauchhöhle der Gans wird mit Salz, Pfeffer und etwas Beifuß ausgerieben.

APFEL-MARONEN-FÜLLUNG

Wie Apfelfüllung; zusätzlich vorgekochte, geschälte Eßkastanien dazu. Zuweilen gibt man außerdem noch kleine, glasig gedünstete Zwiebeln dazu.

KARTOFFELFÜLLUNG

Kartoffeln schälen, waschen und in etwa 2 cm große Würfel schneiden. Diese etwa 5 Minuten in Salzwasser kochen und abgießen. 1 bis 2 Eßl. kleingeschnittene Zwiebel werden in Butter zusammen mit der kleingeschnittenen Leber und dem Herz der Gans gut glasig gedünstet. Zusammen mit 3 Eßl. gehackter Petersilie mischt man dann den Pfanneninhalt mit den Kartoffelwürfeln, schmeckt mit Salz und gerebbeltem Majoran ab und füllt die Bauchhöhle der Gans.

Berlin

Füllung «Testament»

Was der Name besagen soll, ist nicht mehr zu klären, man findet ihn aber bis zur Jahrhundertwende in vielen Rezepten; diese Füllung muß also sehr beliebt gewesen sein. Ich gebe ein Rezept aus dem Jahre 1904 in der Originalfassung.
«Geriebenes Schwarzbrot, ein ganzer Teller voll, ebensoviel zerschnittene Äpfel, ein wenig Zucker und je nach Geschmack noch gut gewaschene Sultaninenrosinen werden zusammengemengt, und mit der Masse wird die Gans ordentlich vollgestopft.»

Baden

Steinbacher Füllung

Der größte deutsche Kochkünstler, Alfred Walterspiel, der aus Steinbach (heute ein Ortsteil Baden-Badens) stammt, gibt in seinem Standardwerk «Meine Kunst in Küche und Restaurant» das Rezept einer Füllung, die, wie er ausdrücklich betont, eine Spezialität seiner Mutter war.
«Sie verwendete zwei Eßlöffel feingehackte Gänsegrieben, eineinhalb bis zwei Pfund ganze, in Milch weichgekochte Maronen, drei bis vier geschälte reife Äpfel, die sie entkernte, in feine Streifchen schnitt und dann anbriet wie Bratkartoffeln, einen halben Teelöffel gehackten Rosmarin, die feingehackte Leber, wenig Schalotten, die Schweinsfarce von zwei Bratwürsten und ein ganzes, verquirltes Ei. Sie salzte und würzte vorsichtig und füllte es ein.»
Walterspiel gibt diese Füllung für Truthahn an, ich habe sie jedoch vor vielen Jahren einmal in einer Gans versucht, und seitdem ist sie die Lieblingsfüllung meiner Familie geworden.

HESSISCHES FÜLLSEL

Gänsemagen vorgekocht (in Gänsesuppe oder mit Weißsauer)
Leber und Herz
1 Zwiebel
1 Eßl. Gänsefett
500 g Hackfleisch (halb Schwein, halb Rind)
2 altbackene Brötchen
2 Eier
4 Eßl. gehackte Petersilie
Gerebbelter Majoran
Salz und Pfeffer aus der Mühle

Die harte Haut des Magens entfernen, fleischige Teile in kleine Würfelchen schneiden. Frische Leber samt Herz ebenfalls in Würfelchen schneiden, gleichermaßen die Zwiebel. Alles zusammen im Gänsefett anbraten, bis die Zwiebel gut glasig ist. Mit dem Hackfleisch vermischen. Eingeweichte und wieder ausgedrückte Bröten sowie die beiden Eier ebenfalls zugeben. Würzen mit Petersilie, Majoran, Salz und Pfeffer. Alles gut miteinander verkneten und in die Gans füllen.

POMMERN, MECKLENBURG, BERLIN

GÄNSESÜLZE ODER GÄNSEWEISSSAUER

Es lohnt sich kaum, dieses Gericht nur für 4 Personen zuzubereiten. Deshalb sind die angegebenen Mengen für 10 bis 12 Portionen bestimmt. Das fertige Gericht kann man gut aufbewahren.

2 Gänse ohne die Brüste
Gänseklein und zusätzlich 3 bis 4 Gänsekeulen
3 gespaltene Kalbsfüße
1 große Zwiebel
2 Mohrrüben
2 Lorbeerblätter
4 Nelken
12 Pfefferkörner
Salz
1 bis 2 Tassen Essig
1 kräftige Prise Zucker

Gänsestücke und Kalbsknochen sehr gründlich waschen. Zusammen mit der mit Nelken und Lorbeerblättern besteckten Zwiebel, den Mören, Pfefferkörnern und Salz gut zwei Stunden in ca. 1 l Wasser kochen lassen. Abschäumen. Nach etwa einer Stunde das Gänsefleisch, sobald dieses gar ist, herausnehmen. Ebenso Möhren und Zwiebel. Möhre aufheben, Zwiebel wegwerfen.
Fleisch von den Knochen lösen und in große Stücke schneiden. Mohrrübe würfeln. In längliche Terrinen oder Kastenformen füllen.
Brühe mit Essig und Zucker süßsauer abschmecken und darübergießen. Ins Kalte stellen und erstarren lassen. Gänsesülze wird in Scheiben geschnitten serviert. Dazu gibt es Bratkartoffeln aus Pellkartoffeln und Salat. Außerdem eingelegte Gurken.

Will man die Gänsesülze aufheben, so begießt man sie mit Rindertalg und läßt diesen erstarren.
Andere Zubereitung: Ohne Kalbsfüße kochen, dafür zum Schluß kalt gequollenes Gelatinepulver (2 gehäufte Eßl.) einrühren.

«Bitte, so steht's im Kochbuch!»
Originalzeichnung von H. Merté

Stargard, Stich von B. Peters nach einer Zeichnung von Clerget

POMMERN

GÄNSESCHWARZSAUER

Deutsche Hausfrauen sind so sensibel geworden, daß sie beim Kochen nicht mit Blut umgehen wollen. Außerdem ist der rote Lebenssaft bei den modernen Vermarktungsmethoden unserer Lebensmittel schwer zu beschaffen. So entgehen uns heute viele urtümliche Genüsse. Für alle, die Wiederbelebungsversuche machen wollen, sind am Ende des Rezepts Hinweise angefügt.

Kleinfleisch einer Gans (Füße, Innereien, Kopf, Hals, Flügel)
1 Lauchstengel
1 Möhre
Einige Petersilienstiele
1 Scheibe Sellerieknolle
1 Zwiebel
2 Nelken
1 Lorbeerblatt
6 Pimentkörner
Salz und Pfeffer aus der Mühle

Kleinfleisch vorbereiten, dabei Krallen von den Füßen schneiden, Innenhaut des Magens entfernen und Augen sowie Schnabel aus dem Kopf lösen. Alles zusammen ohne die Leber mit den Gewürzen und dem Grünzeug gut mit Wasser bedeckt knapp zwei Stunden sachte kochen. Eine Viertelstunde vor Ende der Garzeit die Leber zufügen.
Parallel dazu das über Nacht eingeweichte Backobst mit Zucker, Nelkenpulver und Zimt sowie Zitronenschale gar kochen. Zimtstange und Zitronenschale herausfischen und wegwerfen. Gänsekleinbrühe abseihen. Gänseklein herausklauben und Fleischteile von den Knochen lösen, warm stellen.

Gänsekleinbrühe (eventuell noch etwas einkochen) zu dem Backobst gießen. Blut mit Mehl verquirlen und in das Backobst rühren. Zum Binden aufkochen lassen. Beim Abschmecken eventuell mit etwas Essig noch eindeutiger süß-sauer würzen. Beim Anrichten kommt das mit Brühe aufgefüllte und mit Blut-Mehl-Gemisch gebundene Backobst in eine Terrine. Das Gänseklein wird getrennt gereicht.
Für die Füße finden sich fast immer Liebhaber, die sie als Vorspeise abknappern. In Pommern war das meist Vorrecht der Kinder. Sie sagten: «Gänsepeute schmecke seute» (Gänsepfoten schmecken süß, also gut).
Als Beilage gibt es Mehlklöße.
Rezepterweiterung: Um den Fleischanteil des Gerichts zu erhöhen, kann man eine Gänsekeule zukaufen. Auch Putenunterkeulen, die es wohlfeil tiefgefroren gibt, verändern den Geschmack nicht, erhöhen jedoch den Fleischanteil. Auch ein Zukaufen von Geflügellebern (TK-Kost) erfüllt den gleichen Zweck.
Einkaufstip: Gänseblut ist heute kaum zu beschaffen. Schweineblut tut es auch; man muß es nur rechtzeitig beim Metzger bestellen und mit etwas Essig verrühren, damit es nicht gerinnt.
Ich selbst mache mir die Sache noch einfacher, indem ich frische Blutwürste (ungebrüht, wie man sie zur Schlachtplatte verwendet) kaufe, aus der Pelle drücke und damit die Sauce binde; in diesem Fall ist kein Mehl nötig.

500 g Backobst (gemischt)
1 Eßl. Zucker
1 Prise Nelkenpulver
1 Stückchen Zimtstange
Schale 1/2 Zitrone, ungespritzt
Gut 1/4 l Gänseblut
1 bis 2 Eßl. Mehl
Eventuell ein Schuß Essig

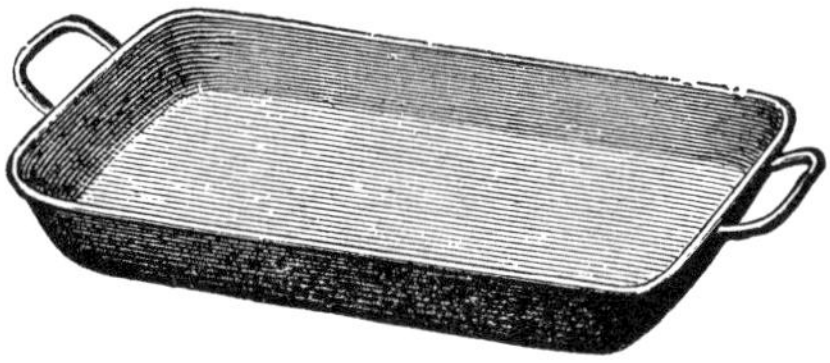

Pommern

Gänsezungen-Imbiss

Diese Leckerei kann sich nur jemand leisten, der Verbindung zu einer Gänse-Großschlachtung hat. Sie ist aber äußerst exquisit und wurde von Frau Gertrud Kuhlau der «Gastronomischen Akademie Deutschlands» so dargestellt:

«Die Gänsezungen wurden mit Zungenbein aus dem Kopf gezogen und frisch in Salzwasser gekocht; dann wurden sie in warmes Apfelmus gesteckt, daß nur die Zungenbeine zum Anfassen genommen werden konnten. Man aß nun die Zunge in Apfelmus getunkt, wie man die Artischocke in Sauce tunkt und ablutscht. Eine kleine pommersche Schlemmerei beim Gänseschlachten.»
(Sie war natürlich nur auf Gutshöfen möglich, wo Dutzende von Gänsen geschlachtet wurden.)

Pommern

Spickgans

Geräucherte Gänsebrust

An zweiter Stelle nenne ich den heutigen Namen, unter dem die altehrwürdige bäuerliche pommersche «Spickgans» in den siebziger Jahren des 20. Jahrhunderts als Delikatesse in Westdeutschland zu Ehren (und hohen Preisen) gekommen ist.
Ich gebe die ländliche Zubereitungsart, wie man sie auf pommerschen Gutshöfen bis zum Zweiten Weltkrieg praktizierte. Wenn es jetzt auch keine Gutshöfe mehr dort gibt, wird die bäuerliche Zubereitung sich kaum geändert haben.

Gerupfte und ausgenommene Gänse wurden zunächst mit Kleie abgerieben, paarweise zusammengebunden und mindestens eine Nacht zum Austrocknen aufgehängt; auch bekamen die Brüste dadurch eine gute Form. Haut und Fleisch der Brust, und zwar beide Seiten zusammenhängend, wurden durch eine

Schnittführung, die unter den Flügeln begann, von den Knochen gelöst. Danach konnte die Brust, Fleischseite nach oben, flach ausgebreitet werden.

Pro Brust brauchte man zwei Handvoll Salz, das mit etwas Salpeter vermischt war, und streute es über die Gänsebrust. (Handvoll, dazu sagte man in Pommern «Kniepfaust»). Das Salz-Salpeter-Gemisch mußte dann kräftig in die Gänsebrust eingewalkt werden. Dann klappte man die beiden Hälften zusammen und vernähte die Hautränder mit hellem Baumwollfaden.

Eine Woche lang wurden die Brüste gepökelt, wozu man sie in ein Holzfaß packte, dicht an dicht, und mit Steinen beschwerte. Anschließend wurden sie abgetrocknet und geräuchert. Was an Kräutern oder Wacholderreisig oder Kiefernzapfen noch auf die Buchenspäne kam, das war von Hof zu Hof verschieden.

Auf die gleiche Weise stellte man auch geräucherte Gänsekeulen her.

Wer heute fertig geräucherte Gänsebrust kauft, sollte wissen, daß sie dünn geschnitten am besten schmeckt. Und daß man in Pommern gern Bratkartoffeln dazu aß.

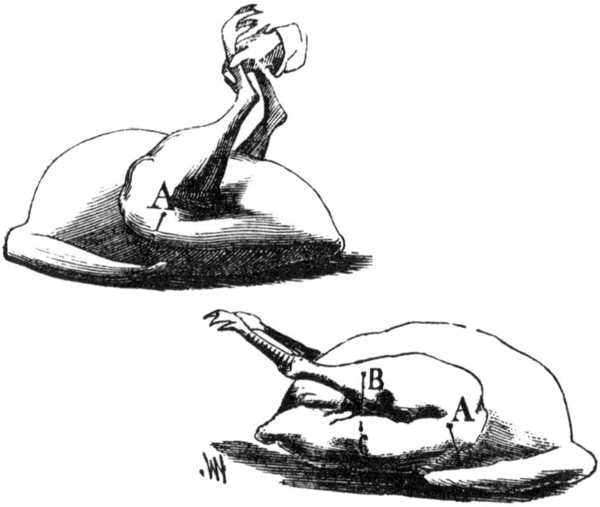

Gefüllter Gänsehals

1 Gänsehals, unbeschädigt
Salz
Pfeffer
Gerebbelter Thymian
150 g Leber (von Geflügel, Kalb oder Schwein)
50 g geräucherter, durchwachsener Speck
3 bis 4 Eßl. frische Semmelbrösel
1 Teel. geriebene Zwiebel
1 Ei
1 Prise Thymian
1 kleine Prise gerebbelter Salbei
¼ Teel. abgeriebene Zitronenschale
Salz
Pfeffer aus der Mühle
1 bis 2 Eßl. Gänseschmalz
1 Tasse Hühner- oder Gänsebrühe

Die Haut so vorsichtig vom Hals abziehen, daß sie nicht beschädigt wird. Gründlich innen und außen waschen und gut trocknen. Innen und außen mit Salz, Pfeffer und Thymian bestreuen, dann zusammenklappen oder einrollen, etwas beschweren und ½ Stunde stehenlassen.
Leber fein hacken oder pürieren, ebenso mit dem Speck verfahren. Beides vermischen mit Semmelbröseln, Zwiebel und Ei. Würzen mit Thymian, Salbei, Zitronenschale, Salz und Pfeffer. Sollte die Masse zu trocken sein, kann man noch 1 bis 2 Teel. Brühe damit vermischen.
Gänsehals auf einer Seite zunähen, vorsichtig mit der Füllmasse stopfen, jedoch nicht zu prall, damit er nicht platzt. Anderes Ende ebenfalls zunähen.
Gänseschmalz erhitzen und auf nicht zu großer Hitze den gefüllten Hals anbraten. Ist er knusprig geworden, so gießt man wenig Brühe zu und gart ihn unter mehrmaligem Wenden etwa eine halbe Stunde zugedeckt zu Ende. Etwas Brühe dabei nachgießen.
Zum Anrichten in dicke Scheiben schneiden.
Beilage: Brot oder Kohl und Kartoffeln.

OST- UND MITTELDEUTSCHLAND

GÄNSE-SPIELZEUG

Früher wurde nichts von der Gans weggeworfen. Was wirklich nicht dem menschlichen Verzehr zugeführt werden konnte, selbst das durfte nicht verkommen.
In einem Bauernkalender von 1900 findet sich dafür folgendes Beispiel:

„Die Gans liefert den Kindern auch Spielzeug. Steckt man zum Beispiel einige Erbsen in die Gurgel, fügt die Enden zusammen, solange sie noch feucht ist, und läßt die Gurgel trocknen, so ergibt sich ein ‚Klapperring'. Wenn der getrocknete Brustknochen an seinen Enden mit einer stramm gezogenen doppelten Zwirnschlinge versehen und durch diese ein Holzstäbchen gesteckt wird, so kann man einen ‚Springer' herstellen, der, auf den Tisch gelegt, so lustige Sprünge macht wie die Heuschrecke im Sommer auf der Wiese."

Und zum Abschluß noch ein kleines poetisches

GÄNSEVERGNÜGEN

dem wir keine kulinarische Wiederholung wünschen.
Heinrich Heine besang die im Jahre 1844 erlebte Begegnung mit einer Gans so:

«Es stand auf dem Tisch eine Gans,
Ein stilles, gemütliches Wesen.
Sie hat vielleicht mich einst geliebt,
Als wir beide noch jung gewesen.

Sie blickte mich an so bedeutungsvoll,
So innig, so treu, so wehe!
Besaß einst eine schöne Seele gewiß,
Doch war das Fleisch sehr zähe.»

MECKLENBURG

GÄNSELEBERWURST

Dieses traditionelle Rezept stammt von einem Gut in Mecklenburg, auf dem Gänse gezogen wurden. Es ist so vorzüglich, daß man es nicht vergessen sollte.
Anstelle der Gänselebern kann man auch die überall erhältlichen Geflügellebern verwenden. Und da Gänsehälse schwer zu beschaffen sein dürften, besorgt man sich bei seinem Metzger Schweinedärme.

1 kg frischer Schweinebauch
1,5 kg Gänseleber (keine Stopfleber)
125 g Gänsefett (auch Gänseschmalz)
1 mittelgroße Zwiebel
Pfeffer aus der Mühle
½ Teel. zerstoßene Pimentkörner
1 Teel. gerebbelter Majoran
½ Teel. Zucker
Gut 1 Eßl. Salz

Schweinebauch in Salzwasser gar kochen. Die Lebern einige Stunden wässern, trocknen, hacken und zusammen mit dem Gänsefett durch ein Haarsieb treiben. Schweinebauch in Stücke schneiden und zusammen mit der Zwiebel (und so man rohes Gänsefett benutzt, auch dieses) zweimal durch die feinste Scheibe der Fleischmaschine gedreht. Alles leert man nun in eine Rührschüssel, gibt sämtliche Gewürze zu und verarbeitet alle Zutaten zu einem gleichmäßigen Füllsel.
In die gut gewaschenen Halshäute von Gänsen füllen — nicht zu prall — und abbinden. Oder in gereinigte Schweinedärme. Die Würste werden in reichlich Wasser aufgesetzt, langsam erhitzt und etwa ½ Stunde schwach gekocht. In kaltem Wasser abkühlen.
Hinweis: Diese köstliche Hausmacherwurst kann man natürlich auch in Gläser füllen und sterilisieren.

MARK BRANDENBURG

ENTE MIT RÜBEN

Nach handschriftlichen Aufzeichnungen einer aus der Mark Brandenburg stammenden und heute in Berlin lebenden Familie.

1 Ente
1 bis 2 Eßl. Butter
2 Eßl. Mehl

Die bratfertige Ente in etwa 8 Stücke zerteilen. Diese in einem Bräter in Butter rundum anbraten. Dabei mit Mehl, Zucker und Salz bestreuen. Zwiebel in Scheiben dazulegen. Sobald das Mehl hellbraun ist, gießt man etwa 3/4 l Wasser zu, löst den Bratsatz und färbt mit etwas Speisecouleur.

Die geputzten und geschnittenen Rüben kocht man erst kurz in Salzwasser mit Natron, gießt sie ab, überspült sie kalt und legt sie zu den Entenstücken, mit denen sie noch etwa 1 Stunde auf nicht zu großer Hitze schmoren sollen, bis Fleisch und Rüben weich sind. Dabei mit Pfeffer und Salz abschmecken. Während der letzten Viertelstunde muß wahrscheinlich der Deckel abgenommen werden, damit nicht zuviel Flüssigkeit in diesem Gericht bleibt.

Beilage: Salzkartoffeln.

1 Teel. Zucker
1/2 Teel. Salz
1 Zwiebel
2 Tropfen Speisecouleur (heute als Saucenbraun erhältlich)
500 g Speiserüben (Teltower, aber auch beliebige andere)
Salz
1 Prise Natron
Weißer Pfeffer aus der Mühle

ENTE IN WIRSING

1 große Fleischente
2 Eßl. Butter
2 bis 3 Scheiben frischer Speck
Salz, Pfeffer aus der Mühle
2 Wirsingköpfe

Ente ausnehmen, waschen und ab- und austrocknen. In Butter sehr rasch ringsum hellbraun anbraten. Herausnehmen.
Den Boden des Bräters mit den Speckscheiben belegen (die restliche Bratbutter drin lassen) und darauf die Ente, die innen und außen gesalzen und gepfeffert wurde, mit der Brust nach oben legen.
Wirsing putzen, waschen und ausdrücken. Köpfe halbieren. Die dicken Rippen auslösen, die Hälften müssen aber zusammenhalten. Sie werden rings um die Ente gelegt, nachdem man sie auch zwischen den Blättern leicht gesalzen hat. Zwei Tassen Wasser vorsichtig am Rand zugießen, den Topf zudecken und auf nicht zu starkem Feuer gut 1 1/2 Stunden garen.
Dazu ißt man Salzkartoffeln oder ganze Pellkartöffelchen, die angeröstet wurden.

ENTE MIT POMERANZENSAFT

Manche Köche preisen Entenfleisch mit rosa Kern als letzten Schrei der Kochkunst an. Das zeugt von einem bedauerlichen Mangel an Kenntnissen alter deutscher Kochkunst. Im «Magdeburgschen Kochbuch für angehende Hausmütter, Haushälterinnen und Köchinnen» finden wir folgendes Rezept, das immerhin aus dem Jahre 1795 stammt.

„Laß die Ente am Bratspieße halb gar werden, lege sie hernach in eine Schüssel, schneide das Fleisch in längliche Stücken, doch so, daß selbige an der Ente sitzen bleiben, thu Salz, gestoßenen Pfeffer und von zwey Pomeranzen den Saft daran; kehre die Ente darin um, presse sie mit einem Teller, kehre sie dann wieder um, und richte sie in ihrem Saft warm an."

Hinweise:

- Anstelle des schwer zu bekommenden Pomeranzensaftes kann man einen Pomeranzenlikör wie etwa «Brillat-Savarin Bitterorange» mit etwas geriebener Apfelsinenschale vermischen und einreiben.
- Sehr gut ist es, wenn man heute grünen, geschroteten Pfeffer verwendet.
- Die Ente sollte man mit dem Saft beträufeln, während sie in einem Bräter liegt, der mit Butter ausgestrichen ist; kein Saft geht dann verloren. Im gleichen Bräter sollte man Keulen und Brust noch etwa je 5 Minuten nachbraten.
- Unter Zusatz von einigem weiteren Bitterorangenlikör und ganz wenig klarer, eingekochter Brühe aus den Abgängen macht man eine ganz kurze Sauce, nur 2 bis 3 Eßl. pro Person.

So wird aus einem alten Rezept eine Zubereitung, die sich nahtlos in die *andere deutsche Küche* einpaßt.

Berlin

Geschmorte Täubchen

Nach einem Rezept aus dem Jahre 1910.

4 junge Tauben
4 Brötchen
1/4 l Milch
2 Eßl. Butter
2 Eier
1 Eßl. Zucker
1 Eßl. geriebene Mandeln
1 Prise Salz
2 Eßl. Korinthen
1 Eßl. geriebene Semmel
3 bis 4 Eßl. Butter
1 Tasse süße Sahne
Salz

Gerupfte, ausgenommene und ausgewaschene Tauben werden gut getrocknet.
Zur Füllung die Brötchen abreiben, in Scheiben schneiden und in der Milch einweichen. So trocken wie möglich ausdrücken und in einer Schüssel mit der sahnig gerührten Butter verkneten. Mit den Eiern, Zucker, geriebenen Mandeln und einer Prise Salz so lange kräftig rühren, bis eine glatte Masse entstanden ist. Damit noch die gewaschenen Korinthen und so viel Semmelmehl verarbeiten, wie zu einer geschmeidigen Farce nötig ist. Die Tauben damit füllen, zunähen und in ansehnliche Form drücken.
In einem Bräter in der heißen Butter auf allen Seiten anbraten, danach löffelweise heißes Wasser und Sahne an die Seite gießen. Tauben salzen. Bei ganz schwacher Hitze in etwa einer Stunde zugedeckt schmoren.
Beilage: Butternudeln.
Hinweis: Tauben galten immer als Kranken- und Wöchnerinnenkost.

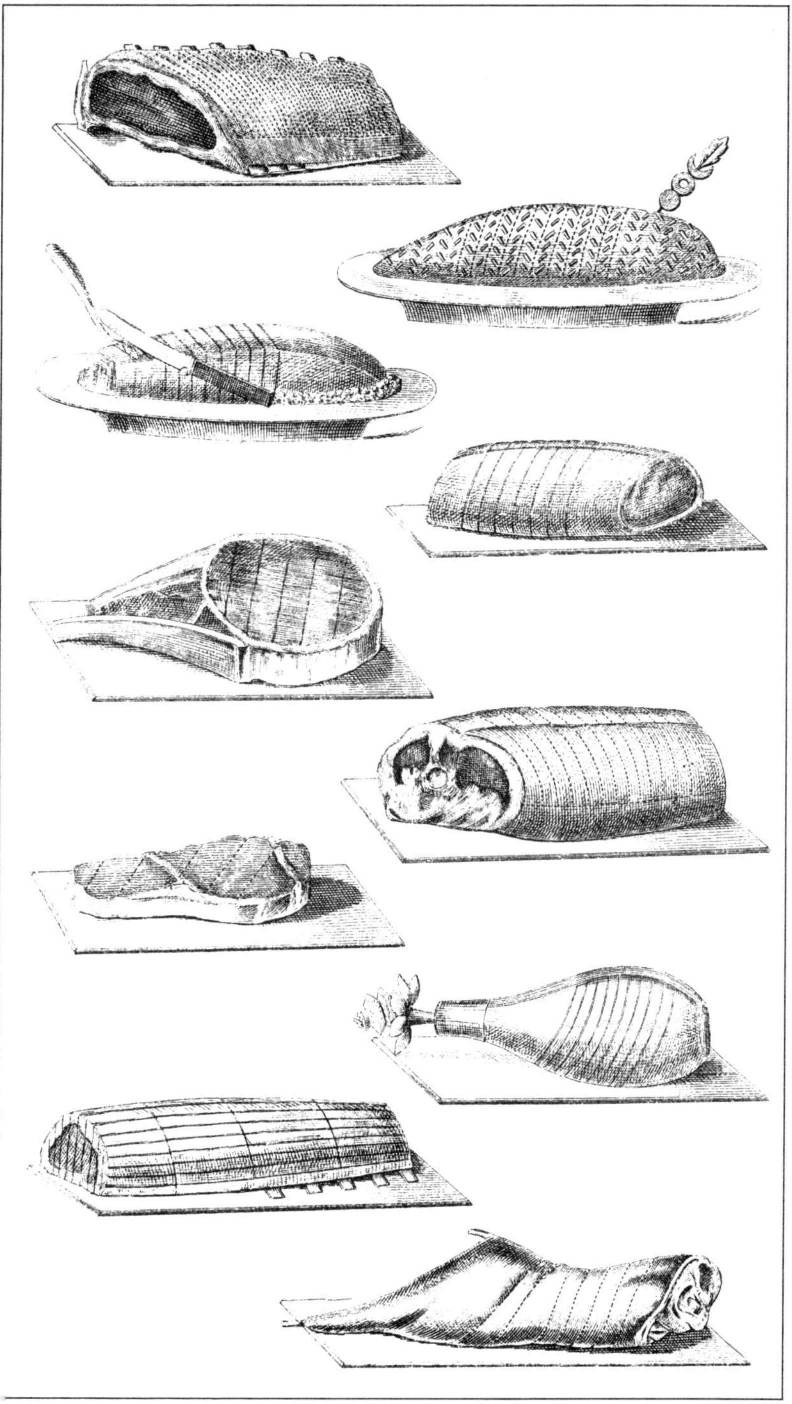

Schlachtfleisch

Fleisch gibt Kraft, so meinte man in Deutschland schon immer. Allerdings sollten wir nicht vergessen, daß es unsere Vorfahren nicht so einfach hatten wie wir, die wir jederzeit in eine Metzgerei gehen und uns dort nach Wunsch und Laune Fleisch kaufen können. Jahrhundertelang mußte man sich mit dem Problem des Verderbs herumschlagen. Dabei kam Pökelfleisch in Mode. Schweinefleisch wurde eingesalzen und geräuchert; außerdem verwurstet. In der Küche vornehmer Herren spielte Wildbret eine große Rolle, denn damit überbrückte man die langen frischfleischlosen Zeiten zwischen den Schlachttagen.

Immer schon stand in der deutschen Küche das Schweinefleisch an erster Stelle. Und noch immer ist der Schweinefleischhunger nicht gestillt, von Jahr zu Jahr vertilgen wir mehr davon, 1978 waren es fast 50 kg pro Kopf und Jahr. Insgesamt verzehrte der Bundesbürger im gleichen Zeitraum 90 kg Fleisch. Wobei besonders erstaunlich und als Wohlstandsbeweis erfreulich ist, daß er damit 20 kg mehr Fleisch als Brot konsumierte.

Entsprechend der deutschen Küchentradition und gerechtfertigt durch gegenwärtige Verzehrgewohnheiten wird auch in der folgenden Zusammenstellung das Schwein gewürdigt. Wie sagt doch Wilhelm Busch?

«Ein kluger Mann verehrt das Schwein,
Er denkt an dessen Zweck;
Von außen ist es ja nicht fein,
Doch drinnen sitzt der Speck.»

«Bifflamott»

In solcher oder ähnlicher Verbalhornung geisterte das Rindfleisch namens «Bœuf à la mode» auch durch die deutschen Küchen, vor allem in Süddeutschland.
Immer bezeichnete man damit ein großes Stück Schmorbraten, das mit den verschiedensten Gewürzen und oft auch in Rotwein zubereitet wurde. Vielfach ist «Bifflamott» südlich der Mainlinie auch ein mit Essig zubereiteter Braten, also eine Art Sauerbraten, gewesen. Und dazu gab es natürlich Semmelknödel.
Heute findet man in Bayern noch häufig die Schreibweise «Böfflamott». Der Braten ist immer gespickt, leicht säuerlich, weil er in Essig eingelegt war, und von einer kräftigen, dunklen Rotweinsauce begleitet.
Das ursprüngliche «Bœuf à la mode», welches nach dem Dreißigjährigen Krieg in unsere Lande kam und zum Symbol dafür wurde, daß man sich wieder auf angenehme Weise nach all den Notjahrzehnten sattessen konnte, hat die Jahrhunderte überdauert. Nicht nur in Bayern ist es noch in aller Munde, sondern überall. Es hat nur seinen Namen geändert zum gut deutschen «Schmorbraten».

BŒUF À LA MODE

Nicht nur, daß selbst am preußischen Königshof die Speisekarten auf französisch geschrieben wurden, auch das deutsche Bürgertum nannte jahrhundertelang einen seiner beliebtesten Sonntagsbraten «Bœuf à la mode». Nach welcher Art, wurde dabei nicht gesagt. Die Zubereitung war allerdings oft grundverschieden. Ich gebe zunächst ein Rezept aus «Neues verständliches Kochbuch», 1819 in Quedlinburg veröffentlicht, im Originaltext.

„Hierzu nimmt man ein gutes Schwanzstück, oder ein Stück aus der Keule des Rindes, klopft es mürbe, spickt es mit etwa 5 Zoll langen und einem halben Zoll breiten Speckstreifen, die man vorher in einem Gemenge von Salz, Pfeffer, Gewürznelken, fein gehackten Schalotten und Thymian umgewendet hat. Alsdann läßt man in einem Kasserol oder Schmortopf etwas in Scheiben geschnittenen Schinken, Speck, Zwiebeln und Butter gelbbraun werden, legt das Fleisch darauf und läßt es auf gelindem Feuer so lange schwitzen, bis es gleichfalls gelbbraun wird. Jetzt gießt man gute Jüs darauf, thut etwas Salz dazu und läßt es 3 bis 4 Stunden auf gelindem Feuer kochen, daß die Flüssigkeit sich wie ein dicker Syrup an dem Fleische ansetzt. Dann nimmt man das Fleisch heraus, legt es in ein anderes Kasserol und macht von dem übrigen alles Fett herunter, thut etwas Jüs oder Coulis und von einer Zitrone den Saft hinzu, läßt es damit aufkochen, giebt es darauf durch ein Haarsieb auf das Fleisch, läßt es damit noch eine halbe Stunde kochen und richtet es alsdann an."

[1] «Zoll» = altes deutsches Längenmaß, örtlich verschieden; zwischen 2 und 3 cm.
[2] «alles Fett herunter» = die zurückbleibende Sauce wird entfettet.
[3] «Jüs oder Coulis» = klarer Bratensaft heißt «Jüs», und mit «Coulis» ist eine durch angeröstetes Mehl kräftig eingekochte Fleischsauce gemeint.

RHEINLAND

RHEINISCHER SAUERBRATEN

Überall in deutschen Landen steht Sauerbraten ganz oben in der kulinarischen Hitliste. Allerdings läßt man oft die Rosinen weg, welche typisch für die rheinische Zubereitungsart sind.

Sauerbratengewürz
oder:
1 Mohrrübe
1 Stück Sellerieknolle
½ Lauchstange
1 Zwiebel
2 Nelken
1 Lorbeerblatt
6 Pfefferkörner

Sauerbratengewürz oder die angegebenen Zutaten (wo nötig geputzt und zerkleinert) zusammen mit Rotwein und Essig kalt aufsetzen und zum Kochen bringen. Abkühlen lassen und dann mitsamt allen Aromaten über das gewaschene Fleisch gießen. Das Gefäß so wählen, daß von der Flüssigkeit der Braten bedeckt ist. Unter gelegentlichem Wenden 3 bis 5 Tage so stehenlassen.

Dann Braten herausnehmen, abtrocknen (Küchenkrepp), salzen und pfeffern und in einem Bräter in der Butter auf allen Seiten gut anbraten. Darauf mit der Marinade nebst Aromaten ablöschen. Zugedeckt auf schwacher Hitze gut eine Stunde schmoren. Dann Fleisch herausnehmen, Sauce durch ein Haarsieb gießen und danach Fleisch und abgeseihte Sauce wieder in den Schmortopf. Gewaschene Rosinen zufügen.
In einem kleinen Stieltöpfchen das Mehl in der Butter braun rösten und mit etwas Sauce ablöschen, verrühren und dann zu dem Schmorbraten gießen und in der Sauce verrühren. Alles zusammen noch etwa 15 Minuten schwach kochen. Würzung der Sauce prüfen, evtl. noch etwas Salz und Pfeffer zufügen.
Der «Rheinische Sauerbraten» wird zum Anrichten geschnitten, auf eine Platte gelegt und mit wenig Sauce begossen. Den Rest der Sauce serviert man in einer Saucenschüssel.
Als Beilage gibt es Kartoffelklöße (meistens aus gekochten, in anderen Landesteilen auch aus rohen Kartoffeln); gar nicht selten ißt man im Rheinland auch Reibekuchen (Kartoffelpuffer) zum Sauerbraten.

6 Wacholderbeeren
3 Glas Rotwein (kann teilweise durch Wasser ersetzt werden)

½ Glas Weinessig
750 g Rindfleisch zum Schmoren
1 Essl. Butter
Salz
Pfeffer aus der Mühle
1 Essl. Mehl
1 Eßl. Schmalz
3 Eßl. Rosinen

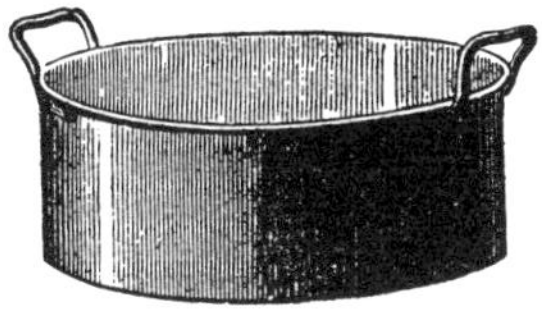

Apropos: Früher legte man das Fleisch gern ein, um es länger haltbar zu machen; heute schätzt man vorwiegend den Wohlgeschmack, der dadurch entsteht. – Für den Sauerbraten, den man fertig eingelegt in Metzgereien kaufen kann, verwendet man meist Fleischstücke, die zum Braten an und für sich zu zäh wären, die aber durch die Beize sehr schön mürbe werden.

PFEFFER-POTTHAST

Das Gericht ist eine westfälische Spezialität. Die Stadt Dortmund meldet besonderes Erstgeburtsrecht an; sie hält ihren Pfeffer-Potthast so hoch in Ehren, daß sie ihn noch immer im Rahmen offizieller Festbankette serviert. Schon im 14. Jahrhundert wurde dieser Eintopf auf dem Markt verkauft. Er ist also wirklich ein traditionelles Essen.
Das Wort Potthast setzt sich zusammen aus Pott = Topf und Hast = gekochtes Fleisch. Mit eiliger Hast hat diese Landesspezialität nichts zu tun. Es gibt inzwischen viele Abwandlungen. Ich gebe ein Rezept, das entgegen der heute üblichen Praxis ohne Anbraten des Fleisches auskommt; mir scheint das authentischer.

750 g durchwachsenes Rindfleisch
500 g Zwiebeln
1 knapper Teel. Salz
Pfeffer aus der Mühle, grob
1/3 Teel. gemahlener Piment (Nelkenpfeffer)
2 Lorbeerblätter
3 bis 4 Zitronenscheiben mit (ungespritzter) Schale
1 Eßl. Paniermehl
1 bis 2 Eßl. Zwiebackmehl
Zitronensaft

Fleisch in 2 bis 3 cm große Würfel schneiden. Die Hälfte der Zwiebeln halbieren und in dünne Scheiben schneiden, den Rest ganz feinwürfelig schneiden oder – noch besser – reiben. Fleisch und Zwiebeln in einen Topf mit dickem Boden schütten. Gewürze einschließlich Zitronenscheiben zufügen; dabei den Pfeffer so grob wie möglich mahlen und nicht sparsam damit sein. Wasser – noch besser Brühe – zugießen, bis der Topfinhalt gut bedeckt ist. Umrühren und auf kleiner Hitze etwa eine Stunde köcheln lassen. Dabei noch mehrmals umrühren und eventuell Flüssigkeit nachfüllen.
Paniermehl und Zwiebackmehl zugeben, weitere 10 Minuten kochen. Lorbeerblätter und Zitronenscheiben aus dem Potthast herausfischen. Abschmecken. Die Sauce muß jetzt gut gebunden sein und soll pikant schmecken. Vielleicht muß noch etwas Zitronensaft, Salz und/oder Nelkenpfeffer zugegeben werden.
Beilage: Salzkartoffeln, Salz- oder Gewürzgurken und eingelegte Rote Beete.
Vollkommen wird der Genuß durch ein gutes Bier.

Abwandlungen: Heute gibt man vielfach Kapern an den Potthast; vor 600 Jahren gehörten sie bestimmt noch nicht dazu. Allerdings schmecken sie sehr gut in diesem herzhaften Fleischtopf. Eine mehlgedickte Sauce hat sich auch den guten, alten Pfeffer-Potthast erobert. In den letzten Jahrzehnten dickt kaum noch eine Hausfrau mit Paniermehl oder gar Zwiebackmehl an, sondern mit Mehl. Da gleichzeitig das Fleisch fast immer angebraten wird, kann man dabei auch das Mehl anrösten. Angebratenes Fleisch gibt dem Gericht einen volleren Geschmack; Mehl allerdings scheint mir eindeutig den Bröseln unterlegen. Wer dabei keine Zwiebackbrösel verwendet, muß zur Abrundung des Geschmacks eine Prise Zucker zufügen.
Beim Fleisch mischt man nicht selten Rind und Schwein. Das scheint mir entwicklungsgeschichtlich sinnvoll, denn in Westfalen gab es sicher mehr Schweine als Rinder. Der Geschmack des Rindfleischs allerdings ist voller und kräftiger.
Auch Kümmel wird zuweilen den anderen Gewürzen zugefügt, schmeckt aber allzu leicht unangenehm vor.

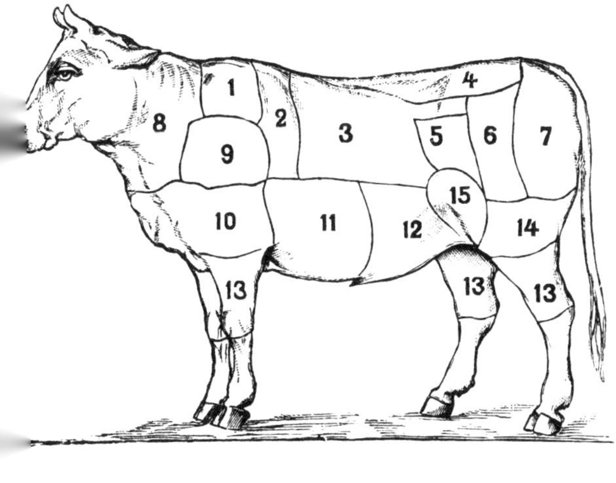

1. Mürbekamm (Mittel), 2. Fehlrippe, Rippenstück, 3. Roastbeef (Rindstück), 4. Filet (Lungenbraten, Lende), 5. Blume, 6. Mittelschwanzstück (Schmorstück), 7. Schwanzstück (Schweif, ausgestochener Örtel), ist dies qualitativ nicht sehr gut, so verwende man es nur zur Brühe, 8. Halsstück oder Kamm, 9. Schaufelstück, 10. Brust (Bug), 11. Nachbrust oder Querrippe, 12. Flanke, 13. Hesse, 14. Unterschwanzstück, 15. Nuß; unter 6 und 7 liegt Oberschale

«Mürbbraten auf Teutsch»

Dies ist ein Rezept aus dem Jahre 1790, das ich in modernem Deutsch wiedergebe, um es besser verständlich zu machen. An der darin beschriebenen Zubereitung habe ich nichts geändert, sie ist nämlich supermodern (bis vielleicht auf den Spickspeck). Garen ohne Fett und Wasser mit Erhaltung aller Inhaltsstoffe – alles schon mal dagewesen.

1 Schmorbraten von 1 ½ kg aus der Blume
125 g Spickspeck in Streifen
1 Teel. ganz fein gewiegte Petersilie
1 Teel. ganz fein gewiegtes Basilikum
1 Messerspitze Salbeipulver
Salz
2 Eßl. Butter
1 bis 2 Tassen süße Sahne
1 bis 2 Eßl. Kapern

Fleisch waschen und alle Sehnen, Hautstücke und fetten Teile sorgfältig abschneiden. Speckstreifchen in den miteinander vermischten Kräutern wälzen und damit das Fleisch allseitig spicken. In einen schweren Eisenbräter legen, leicht salzen und alle Fleischabschnitte neben das Fleisch legen, damit sie helfen, die Brühe zu verbessern. Zudecken und dabei den Deckel mit etwas in Wasser angerührtem Mehl dichten. Auf schwaches Feuer setzen und etwa 4 Stunden garen lassen. Wenn man den Deckel öffnet, wird sich, obwohl keine Flüssigkeit zugefügt wurde, ein großer Löffel Saft gebildet haben. In einem kleinen Topf die Butter ausschäumen; Sahne, Kapern und Fleischsaft dazu. Alles miteinander verrühren, vielleicht noch etwas salzen und noch einige Minuten durchkochen. Als Sauce zu dem Braten reichen.

Westfalen

Ochsenfleisch in Bier

Man kann zu diesem Schmorfleisch beliebige Biersorten verwenden, nur kein Pilsner, das ist zu bitter. Ich habe gute Erfahrungen mit Alt-Bier gemacht.

1 kg Schmorbraten
3 bis 4 Scheiben fetter, geräucherter Speck
1 große Zwiebel
1 Mohrrübe
1 Lorbeerblatt
12 Pfefferkörner
Salz, Pfeffer aus der Mühle
Bier
2 bis 3 Eßl. Essig
1 Teel. Sirup (Zuckerrübenkraut oder Apfelkraut)
1 bis 2 Eßl. Mehl

Der Schmorbraten wurde früher vor der Zubereitung kräftig geklopft. Wer sich auf seinen Metzger verlassen kann, daß er ihm keine alte Kuh andreht, hat das nicht nötig.
Einen Schmortopf, der im Durchmesser nicht viel größer als der Braten sein soll, mit den Speckscheiben auslegen. Braten darauf. Grob zerschnittene Zwiebel, geschrappte und ebenfalls grob zerteilte Möhre, Lorbeerblatt und Pfefferkörner rings um das Fleisch verteilen.
Fleisch mit Salz und Pfeffer bestreuen. Am Rand Bier, das mit einem Drittel Wasser vermischt wurde, zugießen, bis es gerade etwas über die halbe Höhe des Bratens hinausreicht. Essig mit dem Sirup verrühren und in die Schmorflüssigkeit rühren.
Topf fest mit einem Deckel verschließen und etwa 2 Stunden garen.
Fett abschöpfen und darin 1 bis 2 Eßl. Mehl bräunen. Schmorflüssigkeit aus dem Topf durch ein feines Sieb zugießen und eine leicht gebundene Sauce rühren. Noch einige Minuten kochen lassen.
Fleisch in der Sauce anrichten. Vorher eventuell noch abschmecken.
Es ist zu beachten, daß früher das Schmorfleisch stets fett war. Wer ein neuzeitliches, mageres Stück erwischt, muß das Mehl in etwas Butter anrösten.

Marktplatz zu Greifswald, Stich von H. Winkles nach einer Zeichnung von Joh. Poppel

MECKLENBURG

RINDFLEISCH UN PLUMMEN

Dieses «Rindfleisch mit Pflaumen», wie man hochdeutsch sagen müßte, ist in die Literatur eingegangen. Der Mecklenburger Fritz Reuter hat es in den Mittelpunkt seiner Verse vom Streit zwischen Meister und Lehrjungen gestellt.

300 bis 400 g Backpflaumen
1 kg Rindfleisch (da es durchwachsen sein soll, am besten ein Bruststück ohne Knochen)
1 Bund Suppengrün
6 Pimentkörner
10 Pfefferkörner
Salz
2 Möhren
1 kleine Sellerieknolle
2 Lauchstangen
2 bis 3 Eßl. Zucker
3 Eßl. Butter

Backpflaumen in kaltem Wasser einweichen. Rindfleisch waschen und mit Suppengrün, Piment, Pfeffer und Salz in kaltem Wasser ansetzen, zum Kochen bringen, abschäumen und ½ Stunde sachte köcheln lassen. Dann geschrappte Möhren und geschälte Sellerieknolle zugeben. Nach weiteren 20 Minuten gut gewaschene Lauchstangen zufügen; nach einer guten Stunde müßte das Fleisch gar sein. Möhren, Sellerie und Lauch herausnehmen und beiseite stellen.
Vorher hatte man das Einweichwasser von den Backpflaumen abgegossen und diese in etwas Fleischbrühe weichgekocht. Gesondert Butter erhitzen und darin die kleingeschnittenen Zwiebeln goldgelb werden lassen, Mehl

überstäuben und hell anschwitzen. Mit durchgeseihter Brühe ablöschen und eine Viertelstunde zur sämigen Sauce kochen. Dabei mit Salz und Pfeffer abschmecken und zum Schluß die Petersilie unterrühren.
Zum Anrichten Fleisch in Scheiben schneiden und mit der Sauce begießen. Backpflaumen und Salzkartoffeln als Beilagen. Vorher kann man noch den Rest der Fleischbrühe servieren, in der alle beiseite gestellten und dann kleingeschnittenen Gemüse erhitzt wurden.

2 große Zwiebeln
2 Eßl. Mehl
2 Eßl. gehackte Petersilie
Salz und Pfeffer aus der Mühle

Rindsrouladen

Eines der beliebtesten deutschen Fleischgerichte. Man schätzt es in allen Landesteilen. Es gibt viele Abwandlungen bei der Füllung. Ich nenne eine sehr verbreitete, die gut und pikant schmeckt.

Fleischscheiben ausbreiten und dünn mit Senf bestreichen sowie mit etwas Pfeffer überstreuen. Auf jede zwei Speckscheiben legen, darauf eine Gurke und zusammenrollen. Mit Faden oder Rouladenklammern oder -nadeln befestigen.
Außen leicht salzen, pfeffern und in Mehl wenden.
Fett in einem Brattopf erhitzen, kleingeschnittene Zwiebeln darin leicht glasig werden lassen, dann zur Seite schieben, Rouladen einlegen und allseitig scharf anbraten. Zwei Tassen Fleischbrühe zugießen, die geschrappte und in Würfelchen geschnittene Mohrrübe einstreuen und zugedeckt auf nicht zu starker Hitze knapp zwei Stunden schmoren. Dabei etwas Brühe nachgießen.
Zum Anrichten Rouladen herausnehmen. Stärkemehl mit ganz wenig kaltem Wasser verrühren und damit die Sauce leicht binden. Je nach Geschmack kann man die Sauce passieren oder aber mit den Gemüsewürfelchen – was ich anrate – servieren.
Beilage: Salzkartoffeln, Erbsen und Möhren oder Schwarzwurzeln.

4 Rouladenscheiben (große Fleischscheiben aus der Keule zu 175 g)
2 Teel. Senf
Pfeffer aus der Mühle
8 Scheiben durchwachsener Räucherspeck ohne Schwarte
4 große Gewürz- oder Salzgurken
Salz
1 bis 2 Eßl. Mehl
2 Eßl. Bratfett (Schmalz, Pflanzenfett, Butterschmalz)
2 Zwiebeln
1 Mohrrübe
2 bis 3 Tassen Fleischbrühe
1 Teel. Stärkemehl

STEAK NACH ART DES HAUSES

Eine Zubereitungsart für unverwöhnte Gaumen

Pro Person:

1 Steak, nicht dicker als 1 cm
Salz
Pfeffer
Bratfett
1 kleine Dose Champignons, Einwaage etwa 175 g
1 Teel. Stärkemehl
Einige Schinkenstreifchen
½ Tasse Würfelbrühe
2 Salatblätter
½ Treibhaustomate

Steak wird nicht geklopft, sondern durch den Steaker gedreht, bei dem es sich um ein Spitzenerzeugnis der deutschen Metallwarenindustrie handelt, blitzsaubere, haarscharfe kleine Messerchen sind mit hervorragender Präzision derart auf Walzen montiert, daß sie die Fleischfasern eines jeden Steaks zerhacken, diesem jedoch gleichzeitig das Aussehen einer gewissen Unversehrtheit belassen. Durch die deutsche Steaker-Behandlung werden Metzger und Gastronomen in die Lage versetzt, altes Kuhfleisch so herzurichten, daß es auch für Gebißträger verzehrbar wird.
Das so vorbehandelte Steak wird gesalzen und gepfeffert im Bratfett mit deutscher Gründlichkeit beidseitig gebraten und auf einen vorgewärmten Teller gelegt.
Die Champignondose ist maschinell zu öffnen, die Pilze sind – falls dies nicht schon geschehen – in Scheiben zu schneiden und im verbliebenen Bratfett zu dünsten. Dabei salzen. Anschließend anmutig auf der gesamten Oberfläche des Steaks verteilen. Würfelbrühe wird mit dem Konservierungssaft vermischt und, nachdem das Stärkemehl eingerührt wurde, in der Pfanne zur aromatischen Sauce erhitzt, die nur noch über das Steak gegossen zu werden braucht.
Als Garnitur dürfen zwei Salatblätter sowie einige Tomatenscheiben nicht fehlen, wobei die absolute Geschmacklosigkeit als Garantie von dem holländischen Treibhauserzeuger verlangt werden muß, damit die Langweiligkeit des Steakverzehrs nicht durch artfremde Aromastoffe gestört wird.
Auch diesmal sollte man auf die Beilage in Form von Pommes frites keinesfalls verzichten. Feinschmecker werden selbstverständlich vor diesem Rezept gewarnt.

Rindersteaks geschmort mit Garnitur

Schon frühzeitig haben findige Hausfrauen einen Ausweg aus der deutschen Steakmisere gesucht — und gefunden.
Für vier Personen ein Rezept von Hedwig Heyl, Hauswirtschaftslehrerin, deren «ABC der Küche» bereits 1891 eine Goldmedaille bekam und später im In- und im Ausland noch zahlreiche Silbermedaillen einheimste.

2 Scheiben vom Schwanzstück oder Roastbeef, 18 cm lang, 10 cm breit und 2 cm dick
15 g Salz
40 g Butter
1/16 l Bouillon
12 kleine weiße Zwiebeln
30 kleine Kugeln, aus Mohrrüben gebohrt
10 g Mehl
1 Eßl. Essig

Die Fleischscheiben werden geklopft, gesalzen und in der braunen Butter hellbraun gebraten wie Beefsteaks, dann in einem Topf mit der Bouillon übergossen, Zwiebeln und Mohrrüben hinzugefügt, aufgekocht und zugedeckt langsam weich geschmort. Das Fleisch wird herausgehoben; die Gemüse werden mit dem Schaumlöffel herausgenommen; das Mehl wird mit etwas Abfüllfett gebräunt, mit Essig verrührt, mit der Sauce durchgekocht und durch ein Sieb gegossen; einige Löffel voll davon füllt man über das Fleisch. Es wird mit den Gemüsen und kleinen Kartoffeln garniert.

Apropos: Wo das Braten zu unsicher wird, schmort man eben. Auf diese Weise hat man auch Ochsenkoteletts aus der Hochrippe in Biersauce zur gewünschten Zartheit und zu beträchtlichem Wohlgeschmack gebracht.

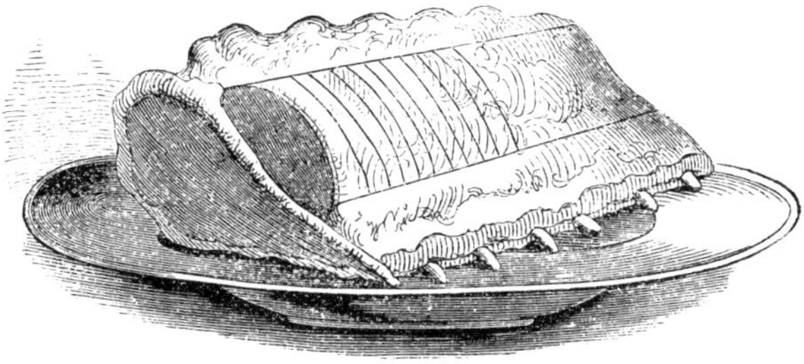

Tübingen

WÜRTTEMBERG

SCHWÄBISCHER ROSTBRATEN

Heute serviert man vielfach nur Steaks mit angerösteten Zwiebelringen und nennt das stolz «Schwäbischer Rostbraten». In Wirklichkeit ist das eine Festtagsplatte mit alter schwäbischer Tradition. So war es, und so soll es bleiben! Ich gebe ein altes und altbewährtes Rezept.

4 Beefsteaks aus dem Roastbeef oder der Blume zu 200 g
150 g durchwachsener Räucherspeck
1 Eßl. Butterfett
4 Zwiebeln
Salz
Pfeffer aus der Mühle
1 Eßl. Butter
Heiße Spätzle
Fertig gekochtes Sauerkraut

Beefsteaks an der Haut- oder Fettseite so einschneiden, daß sie sich beim Braten nicht werfen. Beidseitig mit etwas Pfeffer bestreuen.
Speck in Scheiben schneiden und in der heißen Pfanne so lange anbraten, bis er sehr gut glasig ist. Herausnehmen und beiseite stellen.
Butterfett zum Speckfett geben und darin die geschälten und in Ringe geschnittenen Zwiebeln braun rösten. Herausnehmen und beiseite stellen.
Steaks nun in dem verbleibenden Fett auf jeder Seite etwa 3 Minuten braten. Salzen. Butter zufügen und noch eine Minute pro Seite braten. Auf die Mitte einer heißen Platte dachziegelartig anrichten.
Zwiebelringe noch einmal kurz in der Pfanne erhitzen. Ebenso Speckscheiben.

An die eine Seite der Bratenscheiben das Sauerkraut arrangieren und mit den Speckscheiben belegen. Auf die andere Seite die Spätzle schichten und mit dem restlichen Fett aus der Pfanne beträufeln. Die Zwiebelringe über das Fleisch verteilen.
Hinweis: Es gibt auch alte Rezepte, in denen geraten wird, aus dem Bratsatz mit Mehl und Brühe eine braune Sauce zu kochen.

HUNSRÜCK

SPIESSBRATEN NACH AUGUST GÖRG

Dieser Spießbraten ist ein Supersteak, das in der Lage ist, die deutsche Ehre zu retten. Es stammt aus Idar-Oberstein, wo bereits im vorigen Jahrhundert Edelsteinsucher ihre in Südamerika erworbenen Bratfertigkeiten zu einer lokalen Spezialität ummünzten. Und aus dem Spießbraten hat dann der jetzt verstorbene August Görg den Schwenk-Spießbraten entwickelt. Ich bin stolz, mich als seinen Schüler und Freund bezeichnen zu dürfen.

Pro Person:

1 Rindersteak zu 450 bis 500 g und mindestens 3 cm dick, nur von weiblichem Vieh, das noch nicht gezahnt hatte; nach dem Schlachten mindestens 3 Wochen abgehangen
1 Schalotte oder kleine Zwiebel
Pfeffer aus der Mühle
1 Prise Muskatblüte
Salz

Rindersteaks von allen anhängenden Sehnenstückchen befreien. Schalotte in kleine Stückchen schneiden und diese in Pfeffer und Muskatblüte wälzen. Einige von ihnen mit der Fingerspitze in das Steak eindrücken, es gewissermaßen damit spicken. Pfeffer überstreuen, restliche Zwiebeln auflegen und leicht festklopfen. Steak etwa 1 Stunde ruhenlassen. Dann Zwiebelstückchen wegnehmen und das Steak auf einem Grill in den Flammen geschälten Eichenholzes so braten, daß es innen noch rosa ist. Dabei salzen.
Als Beilage nur Bauernbrot und Rettichsalat mit Sahne.
Anmerkung: Ich habe normale Bundesbürger erlebt, die drei solcher Riesensteaks an einem Abend mit Genuß und ohne Nachwehen verzehrten.

OCHSENFLEISCH SEHR SAFTIG ZU KOCHEN

Dies ist aus einem alten Kochbuch, dessen Titelseite so beschädigt ist, daß man nur noch die Jahreszahl 1844 entziffern kann. Darin habe ich ein Rezept gefunden, das zeigt, welche Mühe man sich dermaleinst gegeben hat, um einen Braten so saftig wie nur möglich zuzubereiten. Eine interessante Anregung.

Hier der Originaltext!

„Ein Stück Ochsenfleisch vom Hochrücken schabt man ein wenig vom Knochen, gießt heißgemachten Essig darüber und läßt es über Nacht stehen. Den anderen Morgen breitet man ein fettes Kalbsnetz oder zwei Schweinsnetze auseinander, legt das Rindfleisch darauf, reibt es mit Salz ein, legt verwiegte Zwiebeln, Petersilie und ziemlich Citronenschale und ein Lorbeerblatt, auch etwas Majoran über das Fleisch, gießt einen Löffel voll Provenceröl dazu und bindet die Netze zusammen; dieß legt man in eine Platte, gießt zwei Schöpflöffel voll Fleischbrühe dazu, läßt es in einem Ofen langsam braten, wendet aber das Fleisch fleißig um, und ehe es zu sehr weich wird, nimmt man die Netze davon, drückt ziemlich viel Zitronensaft darüber und giebt es mit guter Jus zur Tafel."

Praktische Hinweise:

- Hochrücken = Hochrippe, bei der man das Fleisch etwas vom Knochen löst, damit es gleichmäßiger durchbrät.
- Kalbsnetz, Schweinenetz – beide wurden früher häufig verwendet, um Fleisch, Hackfleisch und Farcen bei feiner Zubereitung einzupacken.
- Provenceröl = Olivenöl; wurde auch Baumöl genannt.
- Jus = ungebundene, kräftige Fleischsauce, praktisch reiner Fleischsaft.

Haschee von Rindfleisch

Dies ist ein ganz einfaches Restegericht, das aber, gut abgeschmeckt, bei vielen meiner Landsleute zu den angenehmen Jugenderinnerungen zählt. Warum es wohl ausgestorben ist? Sind wir zu wohlhabend geworden? Oder zu mißtrauisch? Ich für meine Person bin nicht Optimist genug, um es in einer Kantine oder einem Gasthaus zu bestellen.

500 g Rindfleisch (gekocht oder auch Bratenrest)
1 große Zwiebel
2 Eßl. Schmalz oder Butterfett
1 Eßl. Mehl
Etwa 1/4 l kräftige Fleischbrühe, die auch mit einem Saucenrest gemischt sein kann
Salz
Pfeffer aus der Mühle
Zitronensaft
4 Setzeier
4 Salz- oder Gewürzgurken

Rindfleisch durch die grobe Scheibe der Fleischmaschine drehen.
Zwiebel schälen und sehr fein würfeln. Im heißen Fett zusammen mit dem Mehl anrösten, bis eine dunkle Schwitze entstanden ist. Ablöschen mit der Brühe. Fleisch damit verrühren. Abschmecken mit Salz, Pfeffer und Zitronensaft. Noch einmal alles zusammen mindestens 5 Minuten kochen lassen. Aus tiefen Tellern anrichten und dabei jeweils mit einem Setzei (Spiegelei) und einer Gurke garnieren.
Als Beilage Salzkartoffeln.

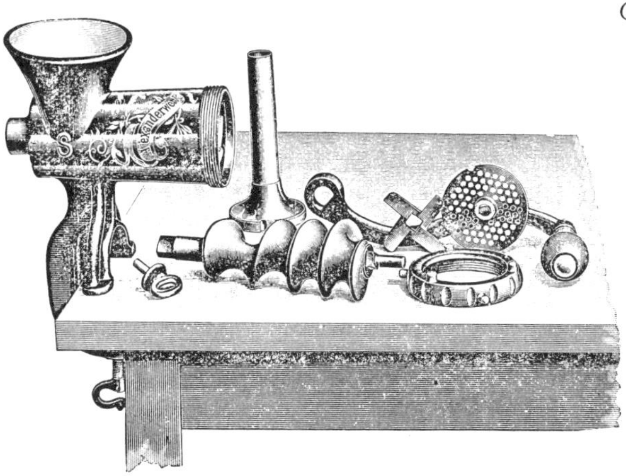

Rheinhessisches Rindfleisch

1 kg Rindfleisch zum Kochen (Brustkern)
1 Bund Suppengrün
Salz und Pfeffer aus der Mühle
1 Stück Meerrettichstange
1 Tasse Weckmehl
4 Eßl. süße Sahne
1 Prise Zucker
1 kg Kartoffeln
3 bis 4 Eßl. Pflanzenfett zum Braten
Eingelegte grüne Nüsse oder süß-sauer eingemachte Preiselbeeren*
** Siehe Rezept S. 478*

Fleisch waschen und zusammen mit dem Suppengrün in nicht zuviel Wasser kochen, bis es gar ist. Nach etwa 30 Minuten Salz und Pfeffer zugeben.
Meerrettich schrappen und reiben. Weckmehl in etwas Fleischbrühe einweichen. Geriebenen Meerrettich zufügen, Sahne unterrühren und mit wenig Zucker abschmecken.
Kartoffeln schälen und in Scheiben schneiden. Diese trocken tupfen und im heißen Fett kroß braten; während der letzten 10 Minuten wird die Hitze reduziert und die Pfanne zugedeckt.
Das Rindfleisch wird mit der Meerrettichsauce, den gebratenen Kartoffeln und grünen, eingelegten Nüssen serviert.
Wer keine eingelegten Nüsse hat oder kaufen kann, nehme als Ersatz Preiselbeeren.
Sehr gern ißt man in Rheinhessen auch «Grüne Sauce» (siehe S. 305) zum Rindfleisch.

Baden

Schwarzwälder Hochzeitsfleisch

Für 10 Personen:

2 kg Kalbsfricandeau (Schnitzelstück aus der Keule)
1 Bund Suppengrün
10 Pfefferkörner
2 Lorbeerblätter
6 Pimentkörner (Nelkenpfeffer)
Salz
2 Eßl. Butter
3 Eßl. Mehl
1/4 l Weißwein

Kalbfleisch waschen und zusammen mit dem geputzten Suppengrün, Pfefferkörnern, Lorbeerblättern, Piment und Salz in reichlich Wasser weichkochen, was eine gute Stunde dauern wird. Butter in einem Stieltopf erhitzen, Mehl darin hell anschwitzen und mit einem Schöpflöffel Kochbrühe ablöschen. Weißwein und Zitronensaft dazu. Alles gut miteinander verrühren. Schließlich noch mit der Sahne verquirlen. Eventuell mehr Kochbrühe zufügen, damit eine gebundene Sauce entsteht. Diese eine Viertelstunde lang kochen. Abschmecken mit Salz und Pfeffer.

Vom Feuer nehmen und mit den Eigelben legieren.
Das Kalbfleisch wird in Scheiben geschnitten und auf einer tiefen Platte angerichtet. Einen Teil der Sauce gießt man darüber, den Rest serviert man separat.
Beilage: breite Nudeln.

Saft von 1 Zitrone
Gut 1/4 l Sahne
6 Eigelb
Weißer Pfeffer aus der Mühle

NIEDERSACHSEN

KALBSSCHULTER AUF HANNOVERSCHE ART

Anläßlich der Olympischen Spiele in München ließ die Centrale Marketinggesellschaft der deutschen Agrarwirtschaft (CMA) ein Büchlein mit Spezialitäten aus deutschen Landen zusammenstellen. Unter den Rezepten erfreute sich das folgende besonderer Aufmerksamkeit der ausländischen Gäste.

Die ausgelöste Schulter von innen spicken, zusammenrollen und binden. Langsam in Butter anbraten, das gewürfelte Wurzelwerk und die Speckabfälle hinzugeben und mit anrösten. Nach und nach die Buttermilch angießen und das Fleisch schmoren, bis es gar ist. Das Fleisch herausnehmen, die Flüssigkeit in der Pfanne mit der Brühe durchkochen, abschmecken, passieren und leicht mit kalt angerührtem Stärkemehl binden. Die Sauce mit dem entgräteten, feingehackten Fisch vervollständigen.
Das Fleisch in Scheiben schneiden, mit Sauce bedecken und nebenbei Butternudeln, mit geriebenem Muskat gewürzt, sowie Kopfsalat, mit saurer Sahne süßlich angemacht, servieren.
Hinweis: In alter – und heute wieder besonders zu empfehlender – Manier wurde in Niedersachsen die Sauce mit geriebener Kartoffel gebunden.

Für 8 bis 10 Personen:

2,5 kg Kalbsschulter ausgelöst
150 g Spickspeck
75 g Butter
250 g gewürfeltes Wurzelwerk
100 g Speckabfälle
1,5 l Buttermilch
1/4 l kräftige Kalbsbrühe
Stärkemehl
15 gewässerte Sardellen oder
3 gewässerte Heringe

Berlin

Schnitzel Holstein

Natürlich liegt Berlin nicht in Holstein, aber der Name hat nichts mit der norddeutschen Landschaft zu tun, sondern erinnert an den Geheimrat Friedrich von Holstein, der zur Bismarckzeit die berühmte «graue Eminenz» des Auswärtigen Amtes war. Er lebte von 1837 bis 1909 und war eigenbrötlerisch, schroff und puritanisch. An Luxus leistete er sich nur Gaumengenüsse. Im Weinrestaurant Borchardt in der Französischen Straße zu Berlin war er Stammgast. Dort traf «man» sich seinerzeit zum Frühstück, das jedoch ein umfangreiches Mittagsmahl war. Einmal soll nun die graue Eminenz noch mehr als sonst mit seinem feingesponnenen Ränkespiel beschäftigt gewesen sein und eine Vorspeisenplatte zusammen mit einem Schnitzel bestellt haben, um nicht über Gebühr durch servierende Kellner gestört zu werden. Der Küchenchef des Schlemmerlokals entsprach dem Wunsch mit sehr viel Erfindungsreichtum – und so entstand das «Schnitzel Holstein».

1 nicht zu dünnes Kalbsschnitzel
1 Spiegelei
Butter zum Braten
Salz und weißer Pfeffer aus der Mühle
1 Eßl. Kapern
2 bis 3 Weißbrotdreiecke, in Butter knusprig geröstet
Sardellenfilets
2 Scheiben Räucherlachs
1 Ölsardine
Pfeffergürkchen
(Eventuell noch Kaviar, Hummerscheiben, marinierte grüne Bohnen)

Schnitzel in Butter naturell braten, salzen und pfeffern. Mit einem ebenfalls in Butter gebratenen Spiegelei belegen. Kapern darüberstreuen. Beides in die Mitte eines großen Tellers oder einer Platte legen und mit den anderen Zutaten attraktiv umgeben.
Es spricht für den guten Geschmack des Geheimrates, daß er zu «seinem» Schnitzel nicht etwa Pommes frites verzehrte, sondern Bratkartoffeln. So sollte es auch bleiben.

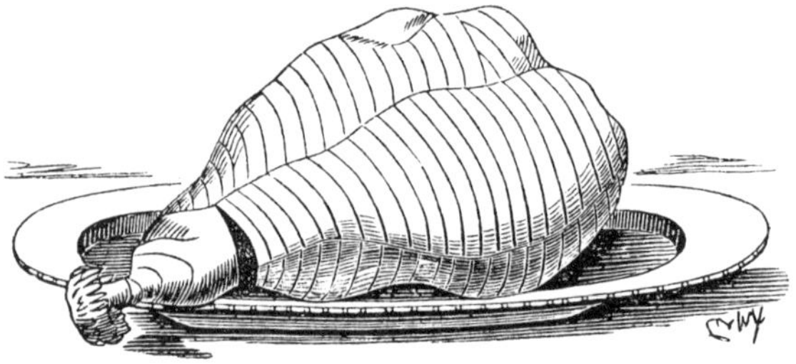

SCHLESWIG-HOLSTEIN

GEFÜLLTE KALBSBRUST

Ein altes Rezept, das gegen Ende des vorigen Jahrhunderts von Frau Luise Keck aufgezeichnet wurde.

„Die Brust wird gut geklopft, der Knochen heraus gelöst, auch die Rippen kann man heraus ziehen, indem man auf der unteren Seite auf jedem Knochen die Haut einritzt. Sauber gewaschen und abgetrocknet giebt man folgende Füllung in die Öffnung: ½ Kilo Kalbfleisch, 135 g Speck oder Nierentalg, den man mit dem Fleisch in kleine Würfel schneidet, hackt man sehr fein, salzt es nach Geschmack, giebt wenig Muscatblüte und etwas weißen Pfeffer dazu, 1 abgeschältes Weißbrot, das gerieben, 3 Eier, wenn man will ein Stück Butter und arbeitet es mit der sauberen Hand durch. Dann setzt man einen Kloß davon ein und prüft den. Ist die Masse zu fest, giebt man noch etwas von der Suppe, die von den Sehnen ausgekocht ist, dazu; ist sie zu weich, einen kleinen Löffel Mehl. Die Farce wird in die Öffnung gefüllt, jedoch nicht zu fest, da sie beim Braten sich ausdehnt. Das Loch wird zugenäht. Soll die Brust gebraten werden, wird sie gespickt, in die braune Butter oder das Backfett gelegt und 2 Stunden unter öfterem Begießen, wozu man etwas sauren Rahm oder Milch verwendet, gar gebraten."

Anmerkung: Mit der Angabe «1 abgeschältes Weißbrot» können wir heute nichts mehr anfangen. Ich schlage vor, 2 Milchbrötchen abzureiben und dann im Mixer zu Semmelbröseln zu verarbeiten. – Speck schmeckt besser als Nierentalg. Zum Braten rate ich, Butterfett zu nehmen.

Den Bratsatz kann man mit etwas Fleischbrühe loskochen sowie mit wenig Mehlbutter verrühren, um eine Sauce zu bekommen. Es kann dem Wohlgeschmack keinen Abbruch tun, wenn man während des Bratens die Kalbsbrust mit etwas Salz und weißem Pfeffer bestreut.

GEFÜLLTE KALBSBRUST

Südlich der Main-Linie schätzte man schon immer eine Weißbrotfüllung der Kalbsbrust. Es folgt ein altes Rezept, das ich nur sprachlich umformuliert habe.

Etwa 1 ½ kg Kalbsbrust (mit Knochen)
4 Brötchen (altbacken)
1 Zwiebel
1 Teel. Butter
Salz
1 bis 2 Bündel Peterling (Petersilie)
4 Eier
Weißer Pfeffer aus der Mühle
Geriebene Muskatnuß
2 Eßl. Butterfett
1 Zwiebel
1 Mohrrübe
1 Tasse saurer Rahm

Aus der Kalbsbrust die Knochen lösen, was man auch schon beim Metzger machen lassen kann, da dieser mehr Übung und schärfere Messer hat. Er schneidet auch eine Tasche in die Kalbsbrust, die man dann nur noch gründlich waschen und abtrocknen muß. Innen und außen mit wenig Salz und weißem Pfeffer einreiben und etwas stehenlassen.
Inzwischen die Brötchen grob schneiden und in Wasser einweichen. Zwiebel schälen, würfeln und in wenig Butter gelb anschwitzen. Zu den gut ausgedrückten Brötchen in eine Schüssel geben. Die Petersilie waschen und kleinschneiden. Mit den Eiern zu den Brötchen geben. Alles gut miteinander vermischen und dabei mit Salz, Pfeffer und wenig Muskatnuß abschmecken. In die Kalbsbrust füllen, die nicht zu prall gestopft werden darf. Mit ungeleimtem Faden zunähen, etwas flach drücken und in einem Bräter im Butterfett auf beiden Seiten anbraten.
Zwiebel schälen und in dicke Scheiben schneiden, Mohrrübe schrappen, waschen und ebenfalls in dicke Scheiben zerteilen. Beides neben die Kalbsbrust legen, 1 bis 2 Tassen Wasser seitlich angießen (es kann auch Fleischbrühe sein). Den Bräter nun in den Ofen schieben und bei 220° etwa 1½ Stunden braten. Beim Braten soll die Knochenseite unten sein, außerdem begieße man die Kalbsbrust einige Male; auch kann man die Temperatur nach 30 Minuten bis 175° reduzieren.
Ist die Kalbsbrust gar und gebräunt, so wird sie herausgenommen und warm gestellt. Inzwischen kratzt man den Bratsatz los, entfernt Zwiebel- und Möhrenstücke aus der Sauce und füllt diese mit dem sauren Rahm

auf. Durchrühren, aufkochen und zu der Kalbsbrust servieren. Die Kalbsbrust wird dabei in gleichmäßige Scheiben geschnitten. Als Beilage reicht schon eine Salatplatte; oft gibt man geschmälzte, breite Nudeln dazu oder auch saftigen Kartoffelsalat.

Hinweise: Schon immer haben Hausfrauen und Köche ihren Ehrgeiz darein gesetzt, die Füllung der Kalbsbrust zu verändern. Das geschieht einmal, um bei diesem beliebten Gericht kein Einerlei aufkommen zu lassen, und zum anderen, um das Aussehen der Scheiben so attraktiv wie möglich zu machen. Häufige Ergänzungen für die Füllung sind dabei: Gehackter Spinat (für grüne Füllung), Pistazien oder auch hartgekochte Eier, die in der Mitte der Füllung eingelegt werden, während man die Pistazien einfach unter den Teig mischt. Nicht selten gibt man zu der Füllung auch kleingewürfelte Pökelzunge oder kleine Würfelchen von gekochtem Schinken.

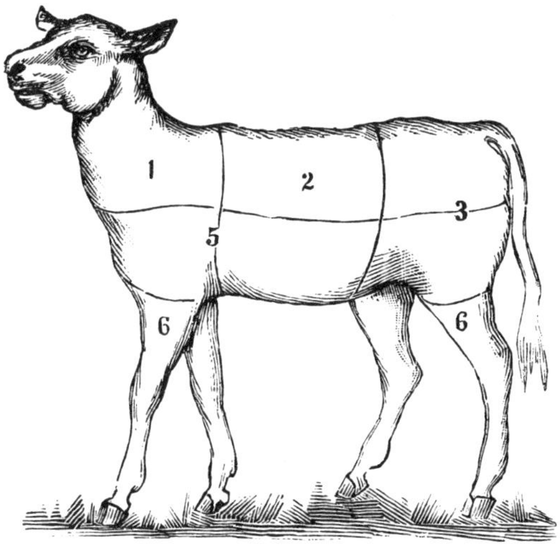

1. Hals, 2. Rücken, 3. Keule (Schlegel, Stoß); aus der Keule schneidet man die Frikandeaux und Schnitzel, 5. Brust, 6. Hesse

EINGEMACHTES KALBFLEISCH

1 ½ kg Kalbfleisch (Brust oder Bug)
1 Zwiebel
2 Nelken
1 Lorbeerblatt
1 Eßl. Essig
½ l Weißwein (Markgräfler Gutedel)
Salz
50 g Butter
80 g Mehl
¼ l Weißwein
2 bis 3 Eigelb
gehackte Petersilie

Kalbfleisch waschen und in mundgerechte Stücke schneiden. Zwiebel schälen und vierteln. Beides zusammen mit Nelken und Lorbeerblatt 24 Stunden in den Weißwein legen. Mehrmals wenden. Schließlich das Fleisch in der Beize, die mit Salzwasser aufgefüllt wurde, in etwa 20 Minuten weichkochen. Brühe abgießen und aufheben. Zwiebel, Nelken und Lorbeerblatt aus den Fleischstücken herausklauben.
Butter erhitzen und Mehl darin hell anschwitzen. Mit Weißwein und so viel Kochbrühe auffüllen, daß eine sämige Sauce entsteht. Diese 15 Minuten kochen. Vom Feuer nehmen, mit den beiden Eigelben legieren. Fleischstücke einlegen und in der Sauce heiß machen, nicht mehr kochen lassen.
Beim Anrichten mit Petersilie betreuen.
Beilagen: Nudeln, Spätzle, Schupfnudeln oder «Strieble» (Rezept S. 333). – Außerdem noch Kopfsalat.
Dazu sollte man unbedingt einen trockenen Weißwein trinken.

Apropos: So absonderlich es klingen mag, im Schwarzwald ißt man dazu auch Gugelhupf.

Gebackene Kalbsfüsse im Teig

Unsere Wohlstandsgesellschaft nennt man auch Wegwerfgesellschaft. Früher war das lange Zeit anders, da hat man alles verwertet. So zum Beispiel Kalbsfüße gleich zweimal: erst, um Gelatine herauszukochen, und dann hat man noch das Fleisch (heute würde man sagen, nicht viel mehr als Haut) zubereitet. Sogar so lecker, daß man es mal wieder versuchen sollte.

2 bis 3 Kalbsfüße
1 Bündel Suppengrün
10 Pfefferkörner
Salz
Pfeffer aus der Mühle
1 bis 2 Glas herber Weißwein
4 Eßl. Mehl
Etwas helles Bier
1 Eßl. Öl
Salz
1 winzige Prise Zucker
2 Eiweiß
Ausbackfett

Kalbsfüße gut waschen und abschaben, spalten (was der Metzger macht). Zusammen mit geputztem Suppengrün, Pfefferkörnern und 1 Teel. Salz in nicht zuviel Wasser in gut zwei Stunden weich kochen. Die fleischige Haut noch heiß von den Knochen lösen, in etwa 6 cm große Stücke teilen und mit wenig Salz und mehr Pfeffer bestreuen, sofort zwischen zwei Bretter legen und beschweren. So erkalten lassen. Nach einer weiteren Stunde die Stücke in Wein legen und eine gute Stunde beizen; dabei umwenden. Abtrocknen.
Aus Mehl hatte man mit Bier einen glatten Teig gerührt, einen Eßl. Öl dazugegeben, mit Salz und Zucker abgeschmeckt und wieder gut verquirlt. Nach einer Stunde Ruhe wird der steifgeschlagene Eischnee untergezogen.
Fleischstücke kurz in Mehl wenden, dann im Teig, der nicht zu dünn sein darf, und anschließend im siedenden Fett bei etwa 180° goldbraun und knusprig ausbacken.
Beilage: Kartoffelsalat.
Auch Remouladensauce schmeckt sehr gut dazu oder Schnittlauchsauce.
Garnieren kann man mit Bündelchen von Petersilie, die ebenfalls ausgebacken wurde und dann besonders gut schmeckt.

KALBSHAXN

Dieses Kälberbein wird durch die Behandlung, die ihm bayrische Köchinnen angedeihen lassen, zu einer Haupt- und Staatsaktion. Man kann dafür – wie Erna Horn bemerkt – sein Erstgeburtsrecht verkaufen.

Es gibt vielerlei Zubereitungsarten:
Gesotten in Brühe ist die wohl älteste.
Eingemacht bedeutet nach dem Kochen in Stücke geschnitten und in einer weißen Sauce angerichtet.
Sauer wird sie zubereitet, indem man sie in einem Essigsud kocht und darin auch serviert.
Gegrillt wird die Haxn, nachdem man sie vorher ausgebeint hat.
Gebraten ist die bundesweit beliebteste Zubereitungsart; dafür gebe ich das Rezept.

Für 2 bis 3 Personen:

1 Kalbshaxn vom Hinterviertel
Salz
Weißer Pfeffer aus der Mühle
2 Eßl. Butterfett oder Schmalz
2 Zwiebeln
1 gelbe Rübe

Kalbshaxn waschen, gut abtrocknen und lose Fleischstücke entweder (wenn es nur Fitzelchen sind) abschneiden, oder größere Stücke mit ungeleimtem Faden festbinden. Mit Salz und Pfeffer kräftig massieren. Eine Viertelstunde ruhen lassen.

Fett in einem Bräter (einer Bratreine, sagt man in Bayern) erhitzen, Haxn darin auf allen Seiten scharf anbraten. Wenig Wasser an der Seite zugießen. Zwiebeln schälen und in dicke Scheiben schneiden, gelbe Rübe schrappen und in nicht zu kleine Stücke schneiden, beides neben die Haxn legen. Bratreine in den vorgeheizten Ofen setzen und bei etwa 200° unter gelegentlichem Begießen braten. Eventuell etwas heißes Wasser nachfüllen. Sollte die Haxn nicht genug bräunen, muß man während der letzten Viertelstunde die Temperatur erhöhen, auf Oberhitze schalten oder gar den Grill kurz in Betrieb nehmen. Gesamtbratzeit etwa zwei Stunden.

Eine richtig gebratene Kalbshaxn ist ein so schöner Anblick, daß man ihn den Essensteilnehmern nicht vorenthalten darf. Also erst am Tisch von den Knochen lösen und in Portionsstücke schneiden.

Die Sauce wird, nachdem der Bratsatz losgekratzt ist, durchpassiert und ohne Mehlbindung – auch das gibt es, Gott sei Dank, in der traditionellen deutschen Küche gelegentlich! – serviert; man braucht nur ganz wenig Sauce. Dazu gibt es als Beilagen Kartoffelsalat, andere Salate, Semmelknödel.

SCHLESIEN

SCHWÄRTELBRATEN

Die Schlesier haben wie kaum ein anderer deutscher Stamm ihren Traditionsbraten, den «Schwärtelbraten». Wenn er auf den Tisch kommt, weiß man, daß Sonntag ist. Ist der Braten groß, dann ist es ein besonders schöner Sonntag.

1 ½ kg Schweinekeule ohne Knochen, aber mit Schwarte
Kümmelpulver
Schwarzer Pfeffer aus der Mühle
Salz
1 Zwiebel
1 Mohrrübe
1 bis 2 Teel. Stärkemehl
1 Tasse saure Sahne

Kümmel, Pfeffer und Salz miteinander vermischen. Abgewaschenes und gut getrocknetes Fleisch ringsum damit einreiben. Fleisch in einen Bräter legen, eine Tasse Wasser angießen und in den auf 200° vorgeheizten Backofen schieben. Die Schwarte muß dabei unbedingt nach oben zeigen. Eine gute halbe Stunde schmoren. Fleisch herausnehmen und mit einem sehr scharfen Messer die Schwarte rautenförmig bis in die darunterliegende Fettschicht hinein einschneiden. Wieder in den Backofen schieben. Flüssigkeit nachfüllen und den Braten alle 10 Minuten begießen. Insgesamt noch fast 1 ½ Stunden garen.
Während der letzten 20 Minuten bestreicht man die Schwarte allenfalls noch mit kaltem Salzwasser, damit sie schön knusprig wird.
Ist das Fleisch gar, so nimmt man es heraus. Im Bräter wird der Bratsatz losgekratzt; Stärkemehl verquirlt man mit der sauren Sahne und rührt diese dann in die im Bräter vorhandene Flüssigkeit. Aufkochen und abschmekken.
Braten in Scheiben schneiden und zu Tisch bringen. Sauce extra.
Beilage: Semmelklöße und Sauerkraut.

Spiessbraten Idar-Oberstein

Niemand, der in die Stadt der Edelsteinschleifer kommt, versäumt es, Spießbraten zu essen. Jede einheimische Familie genießt ihn an Festtagen, er ist eine der lebendigsten Spezialitäten in westdeutschen Landen.
Im vorigen Jahrhundert wanderten junge Leute, von der Armut ihrer Heimat getrieben, nach Südamerika aus. Bald zogen sie edelsteinsuchend durch den neuen Kontinent. Gasthäuser gab es nicht, jedoch Vieh in Massen; jeder konnte sich ein Stück schlachten und sein Fleisch braten. Als die ersten Edelsteinsucher in die Heimat zurückkamen, zeigten sie, wie sie sich «drüben» verköstigt hatten: Fleisch am Holzfeuer gebraten. So entstand die Tradition.

Ur-Rezept

Auf Familienausflügen heute noch praktiziert.

Pro Person:

2 grüne Astgabeln
1 dickes Steak von mindestens 300 g (besonders beliebt: Hochrippe)
Salz
1 kräftiges Klappmesser

Es wird ein Holzfeuer gemacht. Alle Essensteilnehmer setzen sich ringsum. Jeder spießt sein Steak auf eine Astgabel, rammt die zweite in den Boden und benutzt die Gabelung als Auflage für seine andere Astgabel, mit der er das Fleischstück vorm Feuer dreht.
Stück für Stück wird dann davon abgesäbelt, mit etwas Salz bestreut und genüßlich verspeist.
Als Beilage gibt es nur ein dickes Stück Bauernbrot.

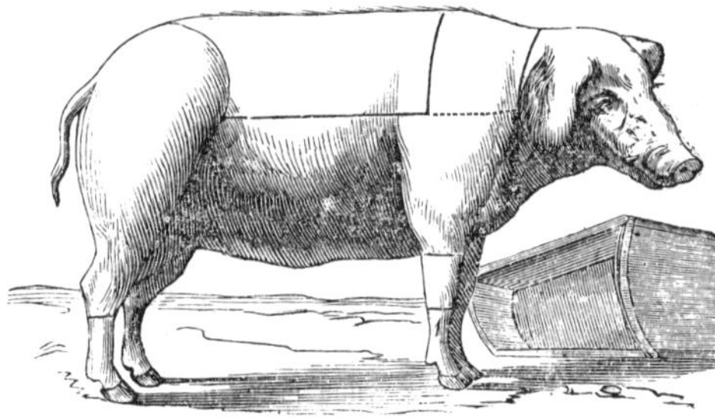

Moderner Spiessbraten

So ist das Rezept schon seit vielen Jahrzehnten modern. Man hat dafür kleine eiserne Mulden, in denen das Feuer gemacht wird, und lange Doppelgabeln, an denen der Braten steckt.

Für 8 Personen (für weniger lohnt sich der Aufwand nicht):

Schweineschulter von etwa 2 kg Gewicht
Salz
Pfeffer aus der Mühle
Majoran
Basilikum oder Petersilie
3 bis 4 Zwiebeln
100 g Schmalz

Schweineschulter so aufschneiden, daß ein großes, flaches Fleischstück entsteht. Dieses mit Salz, reichlich grob gemahlenem Pfeffer, gerebbeltem Majoran und frischem oder getrocknetem Basilikum (ersatzweise Petersilie) bestreuen.

Zwiebeln schälen und in kleine Würfelchen schneiden; diese auf dem Fleisch verteilen. Alles zusammenrollen und mit ungeleimtem Faden binden.

Der Länge nach auf eine der speziellen Spießgabeln stecken. Außen mit heißem Schmalz bestreichen, mit Pfeffer bestreuen und über der Glut immer wieder von einer zur anderen Seite wenden. Dabei noch salzen und gelegentlich mit etwas Schmalz bestreichen, damit das Fleisch nicht austrocknet.

Bratzeit: gut zwei Stunden. Dabei wird der Braten, wie schon angedeutet, nicht gedreht, sondern in kurzen Zeitabständen gewendet. Männer und Kinder lösen sich bei dieser Arbeit ab und – die Männer stärken sich dabei mit Bier.

Der Braten wird in Scheiben geschnitten.

Dazu gibt es Brot oder Schalenkartoffeln und eingelegte Gurken.

Hinweis: Soll die Kruste des Spießbratens besonders knusprig werden, bepinselt man sie gegen Ende der Bratzeit mit Bier. Diese Spezialität ist inzwischen bis an Mosel und Rhein vorgedrungen. Auf der letzten «Grünen Woche» in Berlin war sie so erfolgreich, daß die heimatliche Liefermetzgerei Nachtschichten einlegen mußte, um den Nachschub zu sichern.

Spanferkel

Das ist ein geradezu magisches Wort in deutschen Genießerkreisen. Leider sind die kulinarischen Versuche in dieser Richtung heutzutage vom Mißgeschick begleitet. Erstens einmal werden viel zu große Jungschweine verwendet, und zweitens müht man sich häufig an amateurhaften Grillrosten herum, die einer derartigen Aufgabe nicht gewachsen sind.

Unsere Großeltern waren mit den Spanferkelgenüssen viel vertrauter, sie benutzten den Backofen, und sie hätten auch nie eines der heute üblichen Läuferschweine dafür gekauft. Hier ist ein Rezept aus dem 1885 erschienenen «ABC der Küche» von Hedwig Heyl, das zwar «Ihrer Königlichen Hoheit Victoria Prinzessin Adolf zu Schaumburg-Lippe ehrerbietigst zugeeignet» war, jedoch eine Arbeit der Kochschule des «Vereins für Volkserziehung» zu Berlin darstellte.

1 Milchschwein von 2 bis 3 Wochen Mark 15.00
1 bis 2 Eßl. Salz Mark 0.00½
200 g Butter Mark 0.56
(Die nachgestellten Zahlen sind Preise nach der Jahrhundertwende und in Goldmark angegeben.)

„Man biegt die Füße unter das Tier, salzt den Braten innen und außen, legt ihn auf eine Bratenleiter in die Pfanne[1], in die man 1/16 l Wasser tut, und überpinselt ihn mit Salzwasser. Der Ofen muß je nach Größe des Bratens 150 bis 160°[2] haben. Man wischt mit einem Tuch alle herausquellenden Tropfen ab, bepinselt das Tier dann alle 5 bis 10 Minuten mit zerlassener Butter, und sticht viertelstündlich leicht die Haut mit einer Spicknadel, damit sie nicht Blasen bildet. So läßt man das Spanferkel 1¼ bis 1½ Stunden braten. Sauce soll sich nicht bilden, es wird nur so viel Flüssigkeit nachgegossen, daß die Leiter nicht brennt. Der Braten wird durch den Überstrich kroß. Man reicht Oliven-, Tomaten-, Kapern- oder Trüffelsauce dazu oder garniert es mit Bratkartoffeln oder Sauerkohl."

Hinweis: Um die Jahrhundertwende war auch eine Füllung des Spanferkels mit geschälten Bosdorfer Äpfeln nebst Sultaninen sehr beliebt. Diese Köstlichkeit scheint man ganz vergessen zu haben.

Apropos: Der berühmte Feinschmecker Baron von Vaerst hatte allerdings schon 1854 in seiner «Gastrosophie» geschrieben: «Was kann ein Auge mehr verletzen, als daß mitten unter den

[1] Die Bratenleiter war ein Lattenrost, heute benutzt man den Stahlrost des Backofens und die Fettwanne.
[2] Die Gradangaben beziehen sich auf die damals übliche Réaumurskala; in heute üblichen Celsiusgraden sind das etwa 185 bis 200°.

lachenden Tafelfreuden, die in bunter Mannigfaltigkeit den rohen Genuß verbergen, sich ein geschundenes Schwein darstellt, dessen leichenfarbene Haut an Embryonen in Spiritus erinnert.»
Der Gastrosophie-Baron war übrigens alles andere als ein Vegetarier.

Fränkisches Majoranfilet

Ein Rezept aus Kissingen, das mir der Küchenchef des dortigen Steigenberger-Hotels verraten hat.

1 bis 1½ Schweinelenden
Salz
Pfeffer aus der Mühle
Senf
3 Eßl. Schmalz
1 große Zwiebel
1 großer Apfel
2 Eßl. Butter
1 Eßl. gerebbelter Majoran

Schweinelende in etwa 3 cm dicke Stücke schneiden, diese ganz leicht klopfen, mit wenig Salz und Pfeffer bestreuen und anschließend mit etwas Senf bestreichen.
In einem Bratgeschirr das Schmalz erhitzen und darin die in Scheiben geschnittene Zwiebel sowie den geschälten, entkernten Apfel in Schnitzen andünsten. Butter zugeben. Die Filetscheiben beidseitig bräunen. Danach die Hitze reduzieren und die Pfanne zudecken. Nach etwa 3 Minuten wird das Fleisch mit reichlich Majoran bestreut; man läßt es noch etwa 2 Minuten in der zugedeckten Pfanne.
Beilagen: Kartoffeln und Salate.

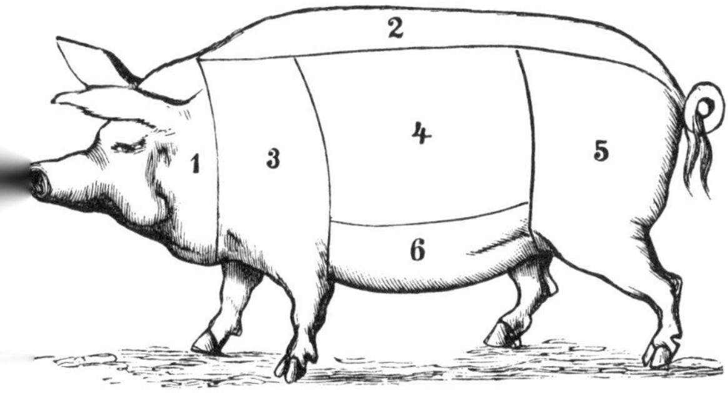

1. Kopf mit Schnauze (Rüssel), 2. Rückstrang, 3. Kamm, 4. Koteletts oder Karbonaden (Karree), Rippespeer und Speck, 5. Schinken oder Keule (Schlegel), 6. Bauch

Schlachtplatte

Schlachttage waren in der bäuerlichen Gesellschaft – und sind es zum Teil noch immer – Tage voll Aufregung und Arbeit sowie Abende des herzhaften Schmausens.
In die städtischen Bereiche sind sie in Form von «Schlachtplatten» und «Schlachtschüsseln» eingedrungen und überall noch lebendig.
Die geradezu klassisch gewordene Begleitung für das vielerlei Schweinerne ist Sauerkraut. Dazu kommen Kartoffeln, Kartoffelbrei und Erbsbrei.
Leider ist dem ansteigenden Wohlstand die «Wurstbrühe» oder «Metzelsuppe» zum Opfer gefallen. Noch bis zum Zweiten Weltkrieg konnte man sie an Schlachttagen bei seinem Metzger kaufen. Sie schmeckte als dünne Suppe, noch besser allerdings als Grundstock der verschiedenen dicken Suppen oder Eintöpfe. Ein Bauer, der was auf sich hielt, sorgte dafür, daß beim Wurstkochen einige Würste mutwillig angestochen wurden, damit die «Wurstbrühe» gehaltvoller wurde; die «Wurstbrühe» wurde nämlich traditionsgemäß von allen Nachbarn abgeholt. Unserem Kalorienbewußtsein wurde ein anderes Schlachtprodukt geopfert, das Wurstfett. Es hatte oft einen graugrünen Farbton und einen unvergleichlich aromatischen Geschmack. Wurstfett wurde wie Schweineschmalz abgepackt in den Metzgereien verkauft. Man strich es aufs Brot oder verwendete es zum Braten.

Eine Standard-Schlachtplatte enthält eine Auswahl aus folgenden Bestandteilen:
Kesselfleisch, Wellfleisch
frische Leberwürste
frische Blutwürste
frische Bratwürste
frischer, gekochter Bauchspeck
Leberklöße, Leberknödel
gekochtes Kopffleisch
Speisen mit Schweineblut wie etwa «Schwarzsauer»

Speisen mit gemahlener Schwarte wie «Wecke-weck»
Sauerkraut als Unterlage für alle fleischlichen Genüsse

Als Beilage vorzugsweise Kartoffelbrei, zu dem sich in manchen Gegenden noch Erbsbrei gesellt.
Gepökelte Bestandteile der Schlachtplatte, wie man sie in Gasthäusern bekommt, und als da sind:
Rippchen
Räucherspeck
Eisbein
Haspel
Solber

... sind städtisches Beiwerk, denn sie konnten während des ländlichen Schlachttages nicht serviert werden, da sie ja erst gepökelt und gelagert werden mußten.

Es folgen noch zwei Rezepte für typische Schlachttagsgerichte.

NÖRDLICHES HESSEN

WECKEWECK

Etwa 1 l Wurstbrühe oder Fleischbrühe
4 bis 5 Brötchen, altbackene
750 g gekochte Schlachtfleischreste einschließlich Schwarte, die zuweilen einen großen Anteil stellt
3 Zwiebeln
Salz
Pfeffer aus der Mühle
Kümmel
Majoran

Wurstbrühe über die in Scheiben geschnittenen Brötchen gießen und diese weich werden lassen.
Fleisch und geschälte Zwiebeln zweimal durch die Fleischmaschine drehen und zu den Brötchen geben. Alles gut vermischen und mit den angegebenen Gewürzen pikant abschmecken. Unter häufigem Umrühren etwa 30 Minuten kochen.
Beilage: Pellkartoffeln.

SCHLESWIG-HOLSTEIN

SCHWARZSAUER

500 g Kleinfleisch (Schnauze, Pfoten, Halsfleisch usw.)
Gut 1 l Schlachtbrühe (Wurstbrühe)
2 Lorbeerblätter
1 kleingeschnittene Zwiebel
Salz
Pfeffer aus der Mühle
Essig
Frisches Schweineblut

Kleinfleisch in Stückchen schneiden und in der Schlachtbrühe kochen. Würzen mit Lorbeerblättern, Salz, Pfeffer, Zwiebel und einem kräftigen Schuß Essig. Sobald das Fleisch weich ist, nimmt man es heraus und füllt es in eine Schüssel. Die Schlachtbrühe wird etwas eingekocht und dann mit so viel Schweineblut verrührt, daß sie gut sämig wird. Nachwürzen und zu dem Fleisch in die Schüssel gießen.
Kalt geworden, erstarrt die Speise, man kann sie dann zu Bratkartoffeln essen. Warm aufgetischt, gibt es Salzkartoffeln und Backobst dazu.

Berlin

Eisbein, Erbsbrei und Sauerkohl

Ähnliche Zusammenstellungen trifft man allenthalben in deutschen Landen, aber Eisbein und Erbsbrei sind typisch berlinerisch. In einem Gasthaus am Görlitzer Bahnhof soll diese Spezialität zum erstenmal serviert worden sein. Was in Berlin und Norddeutschland «Eisbein» heißt, bezeichnet man im Süden des Landes als «Schweinsfüß» oder «Haxn».

In nordischen Ländern übte man sehr viel früher den Schlittschuhsport aus. Die ersten Schlittschuhe bestanden aus gespaltenen Röhrenknochen der Schweinsfüße; weil man mit ihnen auf dem Eis lief, nannte man sie «Eisbein». Heute werden sie nur noch gefuttert, und zwar heiß, aber der Name «Eisbein» ist geblieben.

4 Eisbeine, gepökelt
1 große Zwiebel
1 Lorbeerblatt
10 Pfefferkörner
8 Pimentkörner
1 Möhre

250 g geschälte Erbsen

1 kg Sauerkohl
2 Zwiebeln
2 bis 3 Eßl. Schmalz
4 Wacholderbeeren
1 Lorbeerblatt
1 Prise Zucker

2 Zwiebeln
1 Eßl. Schmalz

Eisbeine waschen und in kaltem Wasser mit allen angegebenen Gewürzen aufsetzen. Langsam kochen, dabei abschäumen. Je nach Größe der Eisbeine beträgt die Garzeit zwischen 1 und 2½ Stunden.

Die über Nacht eingeweichten Erbsen mit ihrem Einweichwasser aufsetzen und bei kleiner Hitze in etwa einer Stunde sehr weich kochen. Vorsichtig abschmecken mit Salz und Pfeffer. Sollte Flüssigkeit nachgegossen werden müssen, so nimmt man diese von der Kochbrühe des Eisbeins. Anschließend Erbsen durch ein feines Sieb zu Brei passieren.

Sauerkohl zerpflücken; nur sehr alten waschen.

Zwiebeln kleinschneiden und in einem großen Topf im Schmalz glasig werden lassen. Sauerkohl zufügen. Ebenso alle Gewürze und wenige Eßl. von der Eisbeinbrühe. Durchmengen und auf kleiner Hitze garen.

Zwiebeln halbieren und in dünne Scheiben schneiden, die in Halbringe zerfallen. Diese in einer Pfanne separat goldbraun in Schmalz braten. Beim Servieren mitsamt dem Bratfett über den Erbsbrei schütten.

Als Beilage reicht man traditionsgemäß Salzkartoffeln; es hat sich jedoch auch eingebürgert, Kartoffelbrei zusätzlich zu dem Erbsbrei zu reichen.

Wir Deutschen berufen uns gern auf unsere Dichter, um unsere Spezialitäten zu rühmen oder deren Ruhm zu untermauern. Am ergiebigsten ist dabei Johann Wolfgang Goethe, weil er so gern gut aß und dies auch bei jeder Gelegenheit zum Ausdruck brachte. Beim Sauerkraut läßt er uns allerdings nicht nur im Stich, er wendet sich geradezu gegen den Nationalgeschmack. Es wird erzählt, daß er es bei einer Einladung – ich glaube es war bei Frau von Stein – an der Tafel nicht mehr aushalten konnte, weil es Sauerkraut gab. Er erhob sich unter einem Vorwand, entfernte sich und schlenderte durch die anschließenden Salons. In einem ließ er sich nieder, griff ein Buch, das auf dem Tisch lag, fing an darin zu blättern und – warf es entsetzt auf den Tisch zurück mit dem Stoßseufzer: «Erst Sauerkraut, und jetzt noch Jean Paul – das ist zuviel!» Er hatte nämlich für diesen Dichter ebenso wenig übrig wie für Sauerkraut.

Görlitz, nach einer Zeichnung von Borussia

MÜNSTERLAND

SCHWEINSFÜSSE MIT SPECK UND THYMIAN

Ein sehr aromatisches Rezept, das aus dem «Koch- und Haushaltungsbuch für den höheren und Mittelstand» von W. D. stammt, welches in Münster 1824 gedruckt wurde. Der Originaltext:

„Koche einige Schweinsfüße sehr mürbe, lasse sie wieder kalt werden, mache sie sodann recht rein und schneide sie in der Länge durch. Brate nun einige Würfel Speck, gib Mehl, fein gehackten Thymian und Zwiebeln, ein wenig Salz und Fleischbrühe dazu, rühre dieses klein und laß es zusammen braten; lege dann die Schweinsfüße hinein und koche es eine halbe Stunde miteinander durch."

Hinweis für die Zubereitung:
4 ungepökelte Schweinsfüße, besser kleine Schweinshaxen
125 g Speck in kleinen Würfeln
1 bis 2 Eßl. Mehl
2 kleine Zwiebeln, kleingeschnitten
2 bis 3 Tassen Brühe

Die Schweinsfüße werden von den Knochen gelöst und in mundgerechte Stücke geschnitten, ehe man sie in der Sauce zu Ende gart.
Als Beilage: Salzkartoffeln.

BAYERN

SCHWEINSHAXEN MIT KRAUT

4 kleine Schweinshaxen, gepökelt
2 Zwiebeln
2 kleine, säuerliche Äpfel

Schweinshaxen waschen und gut abtropfen lassen.
Zwiebeln kleinschneiden, desgleichen die geschälten und entkernten Äpfel. Beides im Schweineschmalz in einem großen Topf andünsten. Das zerpflückte Sauerkraut dazu.

Ebenso Lorbeerblätter und die Flüssigkeit. Durchheben.
Die Schweinshaxen ins Kraut drücken und auf kleiner Hitze zugedeckt etwa 1½ Stunden, bis das Fleisch gar ist, kochen.
Beilage: Salzkartoffeln oder Kartoffelbrei sowie Senf oder geriebener Meerrettich zu den Haxen.

2 Eßl. Schweineschmalz
2 Lorbeerblätter
1 Tasse Weißwein
1 Tasse Fleischbrühe
1 kg Sauerkraut

MÜNSTERLAND

SCHWEINEFLEISCH IN SCHWARZ GEKOCHT

Hier ist ein sehr altes Rezept für ein Schwarzsauer aus Schweinefleisch. Es stammt aus der Zeit um 1800 aus dem Münsterland. Ich gebe es in getreuer Anlehnung an die alten Anweisungen in etwas modernisierter Sprachform wieder.

Fleisch waschen, abtrocknen und in Stücke schneiden, die etwas kürzer und dicker sind als Pommes frites. Zusammen mit Salz, Lorbeerblättern, Pfefferkörnern und Piment in nicht zuviel Wasser so lange kochen, bis das Fleisch weich ist. Herausnehmen und beiseite stellen.
Kochbrühe durchseihen und wieder aufs Feuer stellen. Schweineblut in die abgekühlte Kochbrühe quirlen und mit etwas Essig abschmecken. Gut durchrühren. Fleischstücke wieder einlegen. Abschmecken mit Salz und Pfeffer sowie einer Prise Piment. Einige Minuten kochen lassen.
Mit Salzkartoffeln oder Brot servieren.
Hinweis: Heutzutage ist es schwer, Schweineblut zu bekommen, außerdem ekeln sich viele Frauen davor. Ich bereite dieses Gericht zu, indem ich anstatt Blut einige frische Blutwürste aus der Haut drücke und zerquetsche. Sie werden in der Brühe gekocht und haben den Vorteil, daß sie gleichzeitig Bindung geben.

600 g Schweinefleisch aus dem Bug
1 Teel. Salz
2 Lorbeerblätter
12 Pfefferkörner
6 Pimentkörner
¼ l Schweineblut
Einige Eßl. Essig
1 Prise gemahlener Piment (Nelkenpfeffer)

Gebratene Schweinshaxe

Der schwäbische Dichter Mörike muß einst eine bayrische Zimmerwirtin gehabt haben, der er unvorsichtigerweise seine Liebe zu gebratenen Schweinsfüßen gestand. Was er damit anrichtete, hat er in wohlgesetzten Versen bejammert:

«Aber vor jeglichem Ding begehr ich gebratenen Schweinsfuß.
Meine Frau Wirtin, die merkt's, nun hab ich alle Tage Schweinsfüß . . .
Und ich sagte zur Wirtin zuletzt: nun laßt mir die Schweinsfüß!
Aber sie denkt, aus Zartgefühl nur verbät ich mir Schweinsfüß,
Lächelnd bringt sie mir auch heute gebratenen Schweinsfuß –
Ei, so hole der Teufel auf ewig die höllischen Schweinsfüß!»

Aber gelegentlich sind sie doch ganz gut, deshalb, für alle, die's versuchen wollen, hier ein Rezept!

1 bis 2 Schweinshaxen
Salz, weißer Pfeffer aus der Mühle
1 Eßl. Schmalz
1 Mohrrübe
1 Zwiebel
1 Stück dunkle Brotrinde
1 Tasse Bier
1 Teel. Mehl

Wer einen Metzger mit bayrischer Erfahrung hat, der kann ihn bitten, die Haut der Haxe(n) karoartig einzuschneiden, das macht den Braten viel ansehnlicher. Auf jeden Fall werden die Haxen mit Salz und Pfeffer kräftig eingerieben.

In einem Bräter erst im Schmalz, dann mit einer Tasse Wasser etwa 15 Minuten anschmoren. Danach geschrappte und grob zerschnittene Mohrrübe sowie die geschälte und in dicke Scheiben geschnittene Zwiebel und die Brotkruste dazu. Im vorgeheizten Backofen bei 225° eine gute Stunde braten. Dabei öfter begießen.

Kurz vor dem Ende der Bratzeit bestreicht man ausgiebig mit Bier, was nicht nur den bayrischen Brauern zuliebe geschieht, sondern die Kruste knusprig macht.

Herausnehmen. Fleisch von den Knochen lösen, Gemüse wegwerfen. Im verbliebenen

Fett das Mehl kurz etwas anrösten, Bratflüssigkeit, die vorher abgegossen war, wieder zufügen, noch einige Minuten kräftig kochen lassen, dabei allen Bratsatz loskratzen. Eventuell muß noch wenig Brühe oder heißes Wasser zugegossen werden. Es soll nicht viel, dafür aber kräftige Sauce entstehen.
Beilagen: Sauer- oder Rotkraut und Knödel oder auch nur Kartoffelsalat. Ebenfalls ist es möglich, die gebratenen Schweinshaxen nur mit Krautsalat und Brot zu servieren, was dann eine herzhafte Brotzeit, also eine Zwischenmahlzeit, ist. Als Hauptgericht reicht man in Bayern Semmelknödel dazu nebst Krautsalat.

Apropos: Im Jahre 1975 machte das Bayrische Landesamt für Denkmalpflege im Wald bei Pfaffenhofen ein riesiges Gräberfeld aus der Hallstattzeit zugänglich. Die staunenden Neu-Bayern konnten feststellen, daß ihre Stammesgenossen aus den Jahren 800 bis 500 v. Chr. ihnen sehr ähnlich waren, wenigstens was Essen und Trinken betrifft: Als Grabbeigaben fanden sich Bierhumpen gewaltiger Größe und – Schweinshaxen. Rezepte sind leider aus der Vorzeit nicht überliefert. Begnügen wir uns also mit denen der Neuzeit, die ja nicht schlecht sind!

RHEINPFALZ

PFÄLZER SAUMAGEN

Dies ist die berühmteste Pfälzer Spezialität. Ihr Name ist weit über die Provinzgrenzen gedrungen, leider nicht der raffiniert-deftige Genuß. Früher wurde der «Saumagen» zur herbstlichen Schlachtfestzeit zubereitet. Heute scheuen viele junge Hausfrauen die Arbeit. Gott sei Dank gibt es noch genügend «Wertschafte» in der Pfalz, die ihn auf der Speisekarte haben.

350 g mageres Schweinefleisch
250 g fettes Bauchfleisch
350 g mageres Rindfleisch
1 Schweinemagen (Saumagen, den man sich rechtzeitig beim Metzger bestellen muß)
2 Zwiebeln
1 großes Brötchen
3 Eier
Salz und schwarzer Pfeffer aus der Mühle
1 Eßl. gerebbelter Majoran
1 kräftige Prise gemahlener Piment (Nelkenpfeffer)
Geriebene Muskatnuß
50 g geräucherter Bauchspeck
350 g kalte, geschälte Pellkartoffeln
1 Tasse Fleischbrühe
Etwas Suppengrün
2 Eßl. Schmalz
1 weitere Tasse Fleischbrühe

Alles Fleisch in Würfel schneiden. Die knappe Hälfte davon zusammen mit der grobgeschnittenen Zwiebel und dem abgeriebenen, eingeweichten und wieder ausgedrückten Brötchen durch die feine Scheibe des Fleischwolfs drehen. Mit dem entstandenen Fleischteig die Eier verrühren; kräftig würzen mit Majoran, Salz, Pfeffer, Piment und Muskatnuß. Verkneten. Geräucherten Speck in kleine Streifchen und Pellkartoffeln in kleine Würfel schneiden. Beides zusammen mit einer Tasse Brühe und allen Fleischwürfeln in den Fleischteig kneten. Saumagen – der gut gewaschen und am besten über Nacht in Salzwasser eingeweicht wurde – damit füllen. Nicht zu prall stopfen, sonst platzt er beim Kochen. Mit ungeleimtem Faden (Wurstkordel) zubinden.
In einem großen Topf mit Suppengrün in kaltem Salzwasser aufsetzen und bei nicht zu starker Hitze etwa 1½ Stunden kochen.
Herausnehmen, abtropfen und abtrocknen. Schmalz in der Pfanne erhitzen und darin den gefüllten Saumagen auf allen Seiten anbraten. Auch dabei Hitze nicht zu stark, weil sonst Gefahr des Platzens besteht.
Bratsatz, nachdem der Saumagen aus der Pfanne genommen wurde, mit der restlichen Brühe loskochen und als Sauce verwenden.
Der Saumagen wird in dicken Scheiben serviert. Dazu gibt es Sauerkraut (mit Wein zubereitet) und dicke Scheiben Bauernbrot.
Man kann die einzelnen Scheiben auch noch einmal braten. Das macht man immer mit den

Resten. Viele Kenner behaupten, am zweiten Tag schmecke der Saumagen so aufgewärmt doppelt gut.
Wer einen «doppelten Saumagen» genießen will, der trinke dazu ein Glas «Kallstadter Saumagen» (eine berühmte Weinlage aus der Gegend von Bad Dürkheim). Aber einen trokkenen, bitte!

Ostpreussen

Schmantschinken

Schinken in vier Scheiben schneiden und einige Stunden oder über Nacht in Milch einlegen. Mehrmals dabei wenden.
Abtropfen lassen, gut trocken tupfen und leicht klopfen.
Butter in der Pfanne erhitzen und Schinkenscheiben auf beiden Seiten je etwa 3 Minuten braten. Warm stellen.
Mehl in der Bratbutter verrühren. Mit dem Schmant ablöschen, gut verrühren. Durchkochen lassen und dabei würzen mit wenig Salz, etwas mehr Pfeffer, Zitrone und Zucker.
Beim Anrichten gießt man die Sauce über die Schinkenscheiben. Dazu gibt es mehlige Salzkartoffeln und Gurkensalat, der nach ostpreußischer Art natürlich auch mit Schmant angemacht wurde.
Beste und auch billigere Ergebnisse kann man erzielen, wenn man einen Metzger hat, der einem auf Bestellung einen besonders milden Schinken liefert. Muß man davon eine größere Portion nehmen, so kann man sich mit Freunden darein teilen. Geradezu zum Billiggericht wird der «Schmantschinken», wenn man dafür mildes Kasseler – ausgebeint natürlich – verwendet. Das schmeckt gar nicht übel; auf alle Fälle besser als mit zu salzigem Schinken.

600 g sehr mild geräucherter Schinken (beste Erfahrungen habe ich mit «Coburger Saftschinken» gemacht; leider ist das ein teures Vergnügen)
½ l Milch
2 Eßl. Butter
1 gehäufter Teel. Mehl
2 Tassen Schmant (saure Sahne)
Salz und weißer Pfeffer aus der Mühle
1 Eßl. Zitronensaft
1 Teel. Zucker

TOPFBRATEN

Nur die Waldgeister, die am Inselberg hausen, wissen vielleicht, warum der Topfbraten «Topfbraten» heißt, obwohl er doch ein Ragout ist. Nach dem Schlachtfest wurde er früher zubereitet. Und weil es ihn nur ein- oder zweimal im Jahr gab, freute man sich um so mehr darauf.

1 Stück Schweinskopf mit Knochen von etwa 1 kg
200 g frischer Schweinebauch
1 Schweinezunge
1 Schweineherz
2 Schweinenieren
Salz
Pfeffer aus der Mühle
2 Zwiebeln
4 Nelken
2 Lorbeerblätter
½ Tasse Essig
125 g Saucenlebkuchen
2 Eßl. Pflaumenmus

Alle Fleischteile sehr gründlich waschen. Dabei den Kopf entbeinen und sowohl Herz als auch Nieren aufschneiden, Stränge herauslösen und 2 bis 3 Stunden in mehrfach gewechseltem, kaltem Wasser liegenlassen. In einem großen Topf die Zunge aufsetzen und 15 Minuten kochen. Abschäumen. Schweinebauch, Herz, Schweinskopf und Nieren zugeben und wieder abschäumen.
Zwiebeln schälen und die Lorbeerblätter mit Nelken daran feststecken und in die Brühe geben. Salzen und pfeffern. Nach ½ Stunde gießt man den Weinessig zu und läßt nun auf kleiner Flamme so lange kochen, bis alle Fleischteile weich sind. Topfinhalt abseihen. Brühe wieder mit dem Lebkuchen aufsetzen und so lange kochen, bis dieser sich auflöst.
Fleischteile in mundgerechte Stücke schneiden, dabei die Zunge enthäuten.
Fleischbrühe durch ein Haarsieb passieren und mit dem Pflaumenmus verrühren. Eventuell noch etwas einkochen, um eine sämige Sauce zu bekommen. Diese abschmecken; sie muß kräftig sauersüß sein. Alle Fleischteile wieder einlegen, dabei die sehr fetten Teile des Kopfes nicht verwenden. Alles zusammen noch einmal 10 Minuten sachte kochen lassen. In einer Terrine oder großen Schüssel servieren.
Die klassische und traditionelle Beilage: Watteklöße.

OSTFRIESLAND

PÖKELFLEISCH

Ich habe immer nur diesen schlichten Namen für das gehört, was in Wirklichkeit eine bäuerliche Festtafel allerersten Ranges ist.
Ostfriesland hatte immer schon sehr zahlreiches und gutes Rindvieh. Im Sommer stand es auf der Weide, zum Winter mußte ein großer Teil davon abgeschlachtet werden. Und früher wurde das reichlich anfallende Fleisch nicht subventioniert und eingelagert, also pökelte man es und entwickelte mit der Zeit kulinarische Höhepunkte aus Pökelfleisch.
Das nachfolgende Rezept kann man nicht für vier Personen zubereiten. Es sollten mindestens ein Dutzend Mitesser sein.

6 kg Rindfleisch aus der Kluft
Salz, Salpeter, Zucker
4 Zwiebeln
4 Lorbeerblätter
8 Nelken
Geriebener Meerrettich
Eingelegte Rote Bete
Verschiedene Arten eingelegte Gurken
Süß-saure Kürbisse
Essigpflaumen
Preiselbeeren
Apfelmus
Perlzwiebelchen
usw.
Salzkartoffeln

Heute wird niemand mehr das Fleisch selbst einpökeln; ich habe nur als Erinnerung an alte Zeiten die drei Pökelzutaten genannt. Man läßt das Fleisch beim Metzger etwa 10 bis 15 Tage pökeln; aber bitte nicht spritzen! Anschließend wird es abgewaschen und in reichlich Wasser mit Zwiebeln, Lorbeerblättern und Nelken schwach kochend in 2½ bis 3½ Stunden gegart.
Dann kommt es auf einer großen Platte auf den Tisch und wird in Scheiben geschnitten.
Alle Beilagen wurden schon vorher aufgestellt. Jeder bedient sich von der Festtafel. Meerrettich (zuweilen auch noch Senf) und Salzkartoffeln müssen sein, von den anderen Genüssen nimmt sich jeder, was er mag.
Hat man genügend Bier und Doornkaat als Schmiermittel und Transporthilfe, so kann man an einem Winterabend beträchtliche Mengen dieser ostfriesischen Spezialität vertilgen.

BERLIN

SÜLZKOTELETT

Eine sehr gute deutsche Spezialität von besonders hübschem Aussehen. Bis vor wenigen Jahrzehnten bekam man sie noch überall in Metzgereien und Gasthäusern angeboten. Jetzt scheint sie aber so langsam zu verschwinden. Nur in Berlin bin ich dem «Sülzkotelett» auch in den letzten Jahren noch häufig begegnet. Da es außerdem in der Literatur immer wieder mit Berlin in Verbindung gebracht wird, wage ich, es dieser Stadt zuzuordnen, wenngleich ich seinen Ursprung nicht belegen kann. Es sei denn, man schüfe eine Verbindung zwischen dem leicht gepökelten Schweinekotelett, genannt «Casseler», das nachweislich in Berlin erfunden wurde.

4 Koteletts aus dem Schweinskarree, leicht gepökelt, am Stück
2 Kalbsfüße
1 Zwiebel
1 Möhre
2 Lorbeerblätter
8 Pfefferkörner
6 Pimentkörner

Kotelette gut waschen. Kalbsfüße ebenso. Kalbsfüße dann spalten und mit Zwiebeln, der ganzen Möhre, Lorbeerblättern, Pfeffer- und Pimentkörnern in reichlich Wasser eine gute Stunde kochen. Kotelettstück zugeben und auf ganz kleiner Hitze noch eine weitere Stunde mehr ziehen lassen als kochen.
Kotelettstück herausnehmen, Knochen auslösen und wegwerfen; Fleisch in vier Scheiben schneiden, überstehendes Fett entfernen.
Kalbsfüße aus der Brühe nehmen und wegwerfen. Brühe entfetten und abseihen. Eiweiße zu ganz leichtem Schnee schlagen und mit der Brühe erhitzen, dabei umrühren.

Durch ein Haarsieb, das mit einer Doppellage Mull versehen ist, abgießen. Brühe mit etwas Essig abschmecken.
Hartgekochtes Ei schälen und in Scheiben schneiden. Längliche Scheiben aus den Gewürzgürkchen schneiden. Eventuell aus der in der Brühe gekochten Möhre Ornamente ausstechen. Vier gut gekühlte Sülzkotelettformen (gibt es im Fachhandel zu kaufen) mit wenig abgekühltem Aspik (der Brühe) ausgießen. Die Garnierung, zu der auch Estragonblätter zählen, attraktiv einlegen und mit einigen Tropfen Aspik befestigen. Sobald alles erstarrt ist, noch eine dünne Schicht Aspikbrühe eingießen, kurz in den Kühlschrank stellen und dann die entbeinten, abgekühlten Pökelkoteletttes einlegen. Mit restlichem Aspik die Förmchen ausgießen und im Kühlschrank erstarren lassen. Vor dem Stürzen kurz in heißes Wasser tauchen. Gestürzt anrichten. Eventuell überschüssiges Aspik zu Würfeln geschnitten daneben.
Als Beilage unbedingt Bratkartoffeln.
Hinweis: Man kann die Zubereitung vereinfachen, wenn man Aspik nicht aus Kalbsfüßen auf traditionelle Art zubereitet, sondern dafür Gelatine oder Aspikpulver verwendet (auf 1 Liter Flüssigkeit 16 bis 18 Blatt oder 40 g Aspikpulver). Dazu muß man jedoch geklärte Fleischbrühe haben, die mit Essig aromatisiert wird.
Auch ohne Sülzkotelettförmchen kann man diese Spezialität zubereiten. Man legt die Koteletts in ein flaches Geschirr nebeneinander, bedeckt alles mit Aspik und schneidet nach oder vor dem Stürzen rings um die Koteletts mit einem in heißes Wasser getauchten Messer die Sülzkotelettumrisse aus.

1 hartgekochtes Ei
Einige Gewürzgürkchen
Einige Estragonblätter
2 Eiweiß
1 Tasse Essig

BERLIN

STOLZER HEINRICH

Diese Zubereitungsart ist sonst auch als «Bratwurst in Biersauce» bekannt. Der Berliner Mutterwitz hat natürlich einen besonderen Namen dafür gefunden.

4 Bratwürste
1 bis 2 Eßl. Mehl
1 bis 2 Eßl. Butter oder Butterfett
2 Gläser dunkles Bier
3 bis 4 Eßl. Saucenlebkuchen (Honigkuchen)
1 Eßl. feingeriebene Zwiebel
Salz
Pfeffer aus der Mühle
Einige Eßl. kräftige Fleischbrühe
1 bis 2 Eßl. Zitronensaft

Bratwürste mehrmals einstechen, damit sie nachher nicht platzen. In Mehl wenden und in der heißen Butter beidseitig braten. Herausnehmen und beiseite stellen.
Bratsatz mit Bier loskochen. Saucenlebkuchen einstreuen, ebenso die Zwiebel. Alles zusammen etwa 10 Minuten kochen. Abschmecken mit Salz, Pfeffer, etwas Fleischbrühe und Zitronensaft. Weitere 2 bis 3 Minuten kochen. Hitze verringern, Bratwürste einlegen und heiß werden lassen.
Als Beilage: Kartoffelbrei und Salat. Die Bratwürste werden mit der Sauce und dem Kartoffelbrei zusammen auf Tellern serviert.

RHEINLAND

HIMMEL ON AHD MET BLOOTWOOSCH

HIMMEL UND ERDE

Dieses absonderlich zusammengestellte Gericht wird als rheinische Spezialität bezeichnet. Es ist allerdings auch in Hessen und Rheinhessen ebenso wie in weiten Teilen Niedersachsens bekannt und beliebt. In Mecklenburg kennt man eine ähnliche Zusammenstellung, bei der allerdings anstatt Äpfel nur Birnen verwendet werden.

1 kg Kartoffeln
1 kg säuerliche Äpfel
Saft 1 Zitrone
1 Eßl. Zucker
1 bis 2 Eßl. Butter
1 bis 2 Tassen heiße Milch

Kartoffeln schälen, waschen und in Salzwasser kochen.
Äpfel schälen, entkernen, in halbe Schnitze schneiden und mit wenig Wasser, Zitronensaft und Zucker zu Brei kochen. Kartoffeln abgießen, mit Butter und Milch zerstampfen. Den mit Apfelstückchen durchsetzten Apfelbrei mit

den Kartoffeln vermengen. Warm halten. Dabei abschmecken mit wenig Salz und Pfeffer. Zwiebeln schälen, halbieren und in Scheiben schneiden. Diese in Schmalz goldgelb rösten. Herausnehmen und beiseite stellen. Im gleichen Fett (eventuell noch etwas zugeben) die Blutwurstscheiben auf beiden Seiten scharf anbraten. Dann aufeinanderlegen und Zwiebelringe daneben nochmals erhitzen. Dabei etwas salzen und pfeffern.
Beim Anrichten häuft man Apfel-Kartoffel-Brei auf die Teller, belegt mit Blutwurstscheibe und gibt darauf die Zwiebeln mit Bratfett.

4 bis 5 große Zwiebeln
2 bis 3 Eßl. Schmalz
4 große, dicke Scheiben Blutwurst (ursprünglich nur Blunz, eine einfache Blutwurst ohne oder mit nur ganz wenigen Speckwürfelchen)
Salz
Pfeffer aus der Mühle

NIEDERSACHSEN

HARZER SCHWÄRCHEN

Ein einfaches Essen, das jedoch sehr pikant ist und sehr viel weniger Kalorien enthält, als man auf den ersten Blick vermutet.

Die Schwarte in wenig Wasser etwa eine Stunde kochen. Dann in kleine Würfel oder Streifen schneiden. In einen anderen Topf geben, Lorbeerblätter, Salz, Zucker und Essig dazu und nur so viel von der Kochbrühe auffüllen, daß alles gerade bedeckt ist. Zugedeckt auf kleiner Flamme so lange kochen, bis die Schwartenstücke sehr gut weich sind. Eventuell noch etwas Flüssigkeit nachgießen. Ab und zu umrühren.
Eine Viertelstunde vor dem Anrichten soll nicht mehr viel Flüssigkeit vorhanden sein. Man stäubt nun etwas Mehl über, verrührt alles gut, schmeckt noch einmal ab und kocht das Gericht fertig.
Beilage: Pellkartoffeln.

1 kg Schweineschwarte, frisch («Schwärchen» im Dialekt der Gegend)
4 bis 6 Lorbeerblätter
Salz
2 bis 3 Eßl. Zucker
Ein kräftiger Schuß Essig
1 bis 2 Eßl. Mehl

BRATWÜRSTE MIT CHAMPAGNERWEIN

Herr Rottenhöfer, weiland Mundkoch und Haushofmeister seiner Majestät des Königs Maximilian II. von Bayern, hat vor über hundert Jahren bewiesen, daß man auch aus einer einfachen Speise, einer regionalen Spezialität, Gerichte machen kann, die sich in Silberschüsseln behaupten können und zu Leckerbissen für die Großen dieser Welt werden.

Das folgende Originalrezept ist eine Abwandlung der «Blauen Zipfel», die, wie Rottenhöfer ausdrücklich versichert, «ihres guten Geschmacks wegen hoch geschätzt» und «mit Vorliebe bei Gabelfrühstücken» bei Hof gereicht wurde.

„Die nöthige Zahl gut bereiteter Bratwürste wird mit frischer Butter blaß gebraten und, nachdem die Haut heiß davon abgezogen, in 3 Centimeter lange Stücke geschnitten und dann in eine gut schließende, flache Casserolle gethan. 280 Gramm Trüffeln werden geschält, rondiert, in Scheiben geschnitten und nebst ebenso viel geschnittenen Champignons über die Würste gestreut. Ferner läßt man ein Stück Glace[1] mit 1/10 Liter guter Kalbfleischjüs aufkochen, gießt dieses mit einer halben Bouteille Champagner dazu und läßt es – gut zugedeckt – bis zur Hälfte einkochen, damit die Würste ganz im vollsten Safte sind und sich durch einen sehr kräftigen, angenehmen Geschmack auszeichnen."

[1] «Glace» = Glace de viande, ganz dick eingekochter Bratensaft, geleeartig, schnittfest.

Natürlich wird niemand heute dieses Rezept nachkochen können; bei den jetzigen Trüffelpreisen ist das schlechterdings unmöglich. Es sollte aber zur Anregung dienen. Auch ohne die allerteuersten Zutaten kann man sicher viele regionale, alte Spezialitäten zu Köstlichkeiten einer neuen deutschen Kochkunst erheben. Wir müssen nicht immer «Nouvelle Cuisine» nachäffen!

SCHWABEN

TELLERSULZ

Noch immer wird diese «Sulz» in schwäbischen Familien und in Gasthöfen gemacht. Und sie ist immer hausgemacht. Ich gebe ein Rezept, mit dem ich mich bei den vielen schwäbischen Wirten bedanken will, die mir oft während anstrengender «Fasnets»-Tage ihre Tellersulzen vorgesetzt haben.

2 Kalbsfüße, gespalten
1 Schweinefuß
1 Kalbszunge
1 schönes Stück mageres Schweinefleisch von ca. 400 g
Suppengrün
2 Lorbeerblätter
10 Pfefferkörner
8 Pimentkörner
4 Scheiben Zitrone mit Schale
Salz
1 gelbe Rübe
1 bis 2 Gewürzgurken
Essig
1 Glas Weißwein
1 kleine Prise Zucker
2 Eiweiß

Kalbsfüße, Schweinsfuß, Kalbszunge und Schweinefleisch in Salzwasser kochen, dem man folgende Gewürze zusetzt: geputztes Suppengrün, Lorbeerblätter, Pfeffer- und Pimentkörner sowie Zitronenscheiben.
Anfangs gut abschäumen, dann nur ganz sachte köcheln lassen. Sobald die einzelnen Stücke weich sind, werden sie herausgenommen. Anschließend wird die Brühe abgeseiht, vorher eventuell noch etwas eingekocht. Mit leicht geschlagenem Eiweiß verrühren, noch 1 bis 2 Minuten aufwallen lassen und dann durch ein Mulltuch abgießen, damit alle Unreinheiten darin zurückbleiben. Fleisch erkalten lassen und Brühe noch einmal mit dem Wein aufkochen, dann auch abkühlen lassen. Vier Teller nun mit Scheiben oder Stücken der abgezogenen Zunge, der ausgelösten Füße und dem Schweinefleisch auslegen. Dazwischen Scheiben oder Streifchen von im Sud nicht zu weich gekochter gelber Rübe und der Gewürzgurke(n) plazieren. Vorsichtig mit dem Sud begießen und kalt stellen. Nachdem die «Sulz» geliert ist, wird sie aufgetragen.
Dazu ißt man Brot oder Bratkartoffeln; man kann auch noch eine Essig-Öl-Zwiebel-Sauce dazu reichen.

Leberwurst

Eine der deutschesten aller deutschen Würste ist sicher die Leberwurst. Der berühmteste unserer Gastrosophen, Carl Friedrich von Rumohr, beschäftigte sich in seinem GEIST DER KOCHKUNST vorwiegend mit der sehr feinen Küche. Aber er berichtet auch von einer sehr schmackhaften Leberwurst, die er in niederrheinischen Haushaltungen aß. Er ließ sich das Rezept geben und nahm es in sein Buch auf. Ich lasse den Originaltext folgen. Wer seinen Gästen eine Leberwurst nach von Rumohrschem Rezept vorsetzt, der kann des Erfolges sicher sein.

NIEDERRHEINISCHE LEBERWURST NACH VON RUMOHR

«Nimm frische Kalbsleber, Schweineleber, geriebenes, in Fleischbrühe aufgeweichtes Weißbrot; von jedem ein Drittel. Wenn die Leber gereinigt und fein gehackt worden, so mische alles wohl zusammen, salze und würze es gut, sowohl mit Spezereien als feinen Kräutern; tue alsdann zu dieser Masse etwa die Hälfte frischen, in feine Würfel geschnittenen Speckes und menge alles wohl ineinander. Diese Masse fülle in wohlgereinigte Därme, binde dieselben wohl zu und lege sie zum

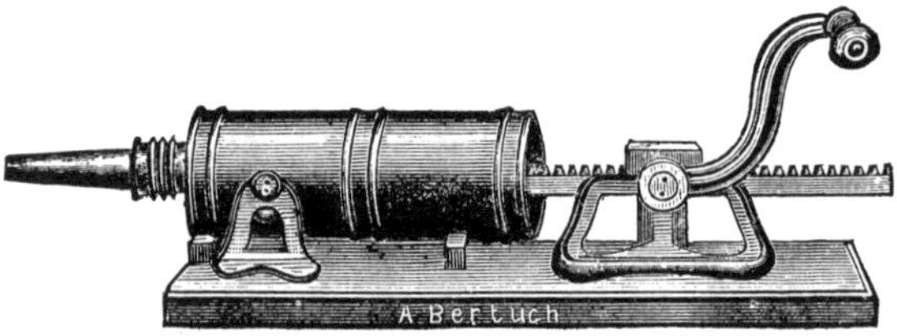

Xanten

Anziehen in heißes Wasser; endlich nehme man sie heraus, lasse sie abkühlen und hänge sie in den Rauch, bis sie recht hart sind.»

Bitte beachten: Bei der Menge des zu verwendenden Speckes kann man verschiedener Meinung sein; ich schlage Ihnen gleiches Gewicht wie Kalbsleber vor.

Die Lebern treibt man heute durch den Fleischwolf oder kauft sie schon gemahlen. Gut schmeckt es, wenn die Schweinsleber fein und die Kalbsleber etwas gröber gemahlen ist.

An Spezereien empfehle ich: Piment (Nelkenpfeffer), Pfeffer, ganz wenig Muskat und Koriander. An feinen Kräutern: Majoran reichlich und wenig Thymian.

Nur selten wird der Privathaushalt heute die Möglichkeit zum Räuchern haben. In diesem Fall kann man diese Leberwurst auch in Gläser füllen und kochen. Kleine Einmachgläser und Gläser mit Schraubverschluß sind dafür geeignet. Im Siebeinsatz des Dampfdrucktopfes braucht man dazu etwa 1 Stunde; sonst die Gläser bis knapp unter den Rand in Wasser setzen und im Backofen bei gut 100° C zwei Stunden garen.

THÜRINGER LEBERWURST

Dieses Rezept ist etwa 100 Jahre jünger als das vom Niederrhein.

2 kg Bauchfleisch vom Schwein, durchwachsen
2 kg Schweineleber
750 g feingewürfelter Speck, frisch
¼ l Brühe
1 große geriebene Zwiebel
3 Teel. pulverisierter Thymian
2 Teel. gerebbelter Majoran
2 Teel. gemahlener weißer Pfeffer
175 g Salz

Das Bauchfleisch im Stück in wenig Wasser so lange unter gelegentlichem Abschäumen schwach kochen, bis es gerade gar ist. Leber in gulaschgroße Würfel schneiden und in einem Sieb in kochendes Wasser tauchen, bis sie nicht mehr blutig erscheint.
Abgekühltes Bauchfleisch und Leber durch die Fleischmaschine drehen; die Hälfte nur einmal, den Rest zweimal.
Speck – den man mit dem Bauchfleisch gekocht haben kann – in kleine Würfelchen schneiden.
Alles zusammen mit der Brühe und den Gewürzen gut vermengen. In Einmachgläser bis zu ¾ von deren Höhe füllen. Gummiringe und Deckel auflegen und festklemmen.
Bei 100 Grad etwa 100 Minuten sterilisieren – entweder im Weckapparat, im Dampfdrucktopf oder im Backofen.
Nach ein bis zwei Tagen nochmals bei 100° etwa 10 Minuten sterilisieren.
Bitte beachten: Das zweimalige Sterilisieren ist nicht unbedingt erforderlich. Meine Gewährsfrau schwört allerdings darauf; die Haltbarkeit der Wurst würde dadurch besser.

Die Wartburgkapelle

THÜRINGEN

OSTERLAMM

Ziegenfleisch hat in der deutschen Küche weder Vergangenheit noch Gegenwart noch Zukunft. In einem 1900 erschienenen Kochbuch steht: «Das überaus zarte Fleisch der jungen Ziege, welches namentlich in den Monaten März und April sehr wohlschmeckend ist, findet viel zu selten Verwendung. In sehr vielen Küchen ist es ganz unbekannt, in anderen hegt man ein ungerechtfertigtes Vorurteil gegen dieses in Italien hochgeschätzte und überaus billige Nahrungsmittel.»
Einige süddeutsche Landstriche und Thüringen scheinen eine Ausnahme gemacht zu haben. Aus Thüringen kam ja auch der «Altenburger» als einziger deutscher Ziegenkäse. Meine Großeltern schickten ihren Kindern jedes Jahr zu Ostern Ziegenlamm zum Festtagsbraten. Und überall wurde er nach Großmutters Ilmenauer Rezept zubereitet. Ich kann es nur aus der Erinnerung aufschreiben.

1,5 kg Ziegenlamm (mit Knochen; meistens Vorder- und Hinterlauf)
Saft von 2 Zitronen
Weißer Pfeffer aus der Mühle
80 g Butter
Salz
1 Tasse Kalbsbrühe

Fleisch waschen, gut abtrocknen und mit Zitronensaft einreiben. Einige Stunden ziehen lassen. Dabei die Saftmassage wiederholen. Nach deren letzter mit Pfeffer bestreuen und auch diesen noch eine halbe Stunde wirken lassen.
In einem großen Bräter die einzelnen Stücke gleichzeitig oder nacheinander in Butter auf allen Seiten anbraten. Salzen. Kalbsbrühe am Rand eingießen und den Bräter in den auf 200° vorgeheizten Backofen schieben. Noch eine knappe Stunde garen; dabei mehrmals mit Butter einpinseln und/oder mit der Brühe begießen. Das Fleisch soll zart, saftig und ein bißchen knusprig an der Oberfläche werden.
Beilage: Bei uns gab es dazu stets kleine Pellkartöffelchen, die in Butter kroß gebraten waren, sowie ein junges Gemüse. Keine Sauce!

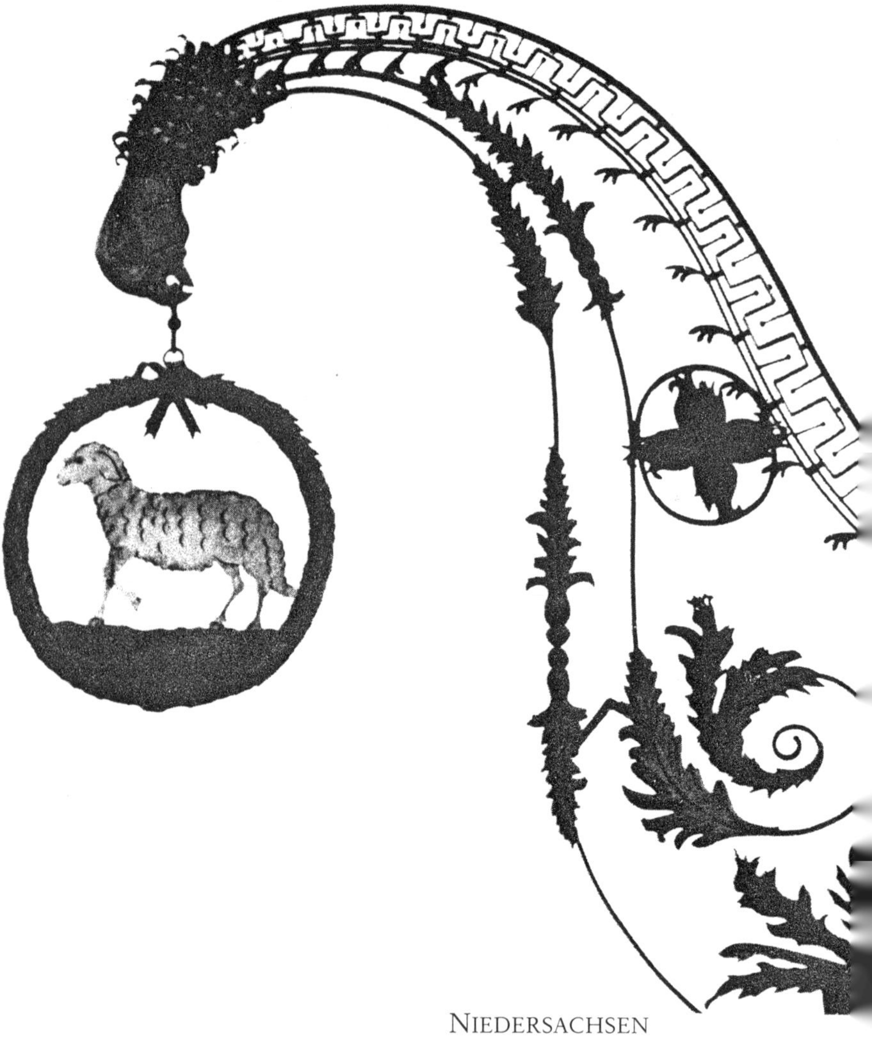

NIEDERSACHSEN

HEIDSCHNUCKEN-BRATEN

Heidschnucken sind die kleinen, genügsamen Schafe, die in der Lüneburger Heide weiden. Ihr Anblick versetzt Amateurfotografen in Begeisterung, ihr Fleisch tut dasselbe mit Feinschmeckern.

Für große Festtafeln bereitet man einen Heidschnuckenrücken vor. In der Familie begnügt man sich mit einem Braten aus der Keule. Zu klein darf er allerdings nicht sein, weil er dann nicht saftig bleiben könnte.

Bratenstück waschen, abtrocknen. Wacholderbeeren und Pimentkörner zerdrücken und mit Salbei, Thymian, Lorbeerblatt und Pfeffer vermischen und in das Fleisch massieren. In eine Schüssel legen und nach etwa zwei Stunden so viel Buttermilch zugießen, daß der Braten bedeckt ist. Über Nacht stehenlassen. Dann herausnehmen und gut abtrocknen. In einem Bräter das Butterschmalz erhitzen und das Fleisch darin auf allen Seiten anbraten. Geschrappte Mohrrübe und geschälte Zwiebel in grobe Stücke schneiden und ebenfalls mit anbraten. Fleisch salzen. Zum Schluß Mehl über die Gemüse stäuben, braun rösten und dann mit dem Rotwein ablöschen. Verrühren und mit etwas Essig würzen. Gut 1 Stunde auf schwacher Hitze zugedeckt schmoren, dabei umdrehen und nach und nach einen Teil der Marinade zugießen.
Fleisch herausnehmen und warm stellen.
Sauce durch ein Haarsieb streichen, eventuell noch etwas einkochen lassen und abschmekken. Vielleicht noch mit einigen zerdrückten Wacholderbeeren würzen.
Fleisch aufschneiden, mit wenig Sauce begießen, restliche Sauce extra reichen.
Beilagen: Rotkohl oder Rosenkohl mit Speck und Salzkartoffeln oder Klöße.

1,5 kg Bratenstück aus der Keule einer Heidschnucke
5 Wacholderbeeren
3 Pimentkörner
Je 1 kräftige Prise Salbei, Thymian, Lorbeerblatt; alles zerrieben
Pfeffer aus der Mühle
Etwa 1 l Buttermilch
2 Eßl. Butterschmalz
Salz
1 Mohrrübe
1 große Zwiebel
1 bis 2 Eßl. Mehl
1/4 l kräftiger Rotwein
1 bis 2 Eßl. Essig

Holzminden

HAMMELFLEISCH MIT GRÜNEN BOHNEN

600 g Hammelbraten (Kamm, Nacken)
2 große Zwiebeln
1 kg grüne Bohnen
½ Teel. Bohnenkraut
750 g Kartoffeln
Salz
Pfeffer aus der Mühle
2 Eßl. gehackte Petersilie

Hammelfleisch in knapp gulaschgroße Würfel schneiden. Zwiebeln schälen, halbieren und in Scheiben schneiden. Beides zusammen mit reichlich Wasser aufsetzen. Etwa 20 Minuten lebhaft kochen. Dabei abschäumen.
Grüne Bohnen putzen, waschen und brechen. Zum Fleisch geben. Bohnenkraut in ein Tee-Ei (oder Mullsäckchen) füllen und mitkochen. Nach weiteren 25 Minuten die geschälten und in kleine Würfel geschnittenen Kartoffeln zugeben. Würzen mit Salz und Pfeffer. Alles zusammen so lange kochen, bis das Fleisch weich ist und die Kartoffeln schon etwas abkochen und dadurch dem Gericht eine gewisse Bindung geben. Alles durcheinandermischen. Bohnenkraut entfernen. Beim Anrichten mit gehackter Petersilie bestreuen.
Dieser Eintopf ist leicht suppig und wird mit dem Löffel gegessen.
Als weitere Beilage vielleicht ein Stück Brot.

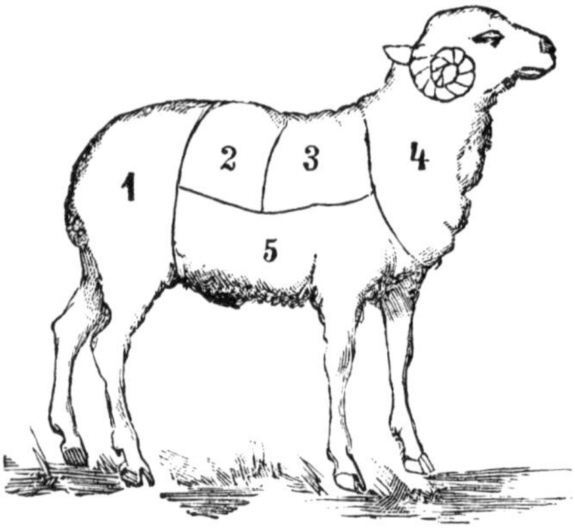

1. Keule (Schlegel, Stoß), 2. Nierenstück, 3. Koteletts; 2 und 3 zusammen: Rücken oder Sattel; wird dieser der Länge nach geteilt, so nennt man ihn Hammelrücken, 4. Hals, 5. Blatt und Brust; zusammen: Fehlrippe

MITTELDEUTSCHLAND

FRIKASSEE VON KANINCHEN

Kaninchen, auch «Stallhasen» genannt, trugen früher viel mehr als heute zur Fleischversorgung der Bevölkerung bei. Sie wurden für Sonn-, Feier- und Festtage geschlachtet. Besonders ausgefallene Rezepte wurden dabei keine entwickelt. Die häufigste Zubereitungsart war Frikassee oder Ragout. Viel Sauce half beim Sattwerden einer großen Familie, weil damit die Beilagen (Nudeln, Kartoffeln) angefeuchtet werden konnten. Inzwischen gehören Kaninchen mit zum billigsten Tiefkühl-Fleischangebot, trotzdem erfreuen sie sich noch immer keiner besonderen Beliebtheit in Deutschland.

Ein sächsisches Rezept, das um die Jahrhundertwende aufgeschrieben wurde.

1 Kaninchen
Salz
Weißer Pfeffer aus der Mühle
2 bis 3 Eßl. Butter
1 Zwiebel
3 Eßl. Mehl
Gut 1/2 l Fleischbrühe
1 Mohrrübe
Einige Stengel Petersilie
1 Stück Petersilienwurzel
150 g Champignons
1 Eßl. Butter
1 Glas Madeira
2 Eidotter

Kaninchen waschen und in 8 bis 10 Stücke zerschneiden. Diese abtrocknen und mit Salz und Pfeffer einreiben.
Butter in einem größeren Topf erhitzen, die kleingeschnittene Zwiebel darin glasig werden lassen, Mehl dazurühren und hell anschwitzen. Mit Fleischbrühe ablöschen und eine gebundene Sauce rühren. In diese geschrappte und geschnittene Mohrrübe, Petersilienstengel und Petersilienwurzel sowie die Fleischstücke legen und so lange kochen, bis das Fleisch weich ist. Sauce durch ein Haarsieb abschütten.
Champignons putzen, in Scheiben schneiden und in der Butter mit etwas Salz und Pfeffer weichdünsten. In die Sauce geben. Mit Salz und Pfeffer nochmals abschmecken und den Madeira in die Sauce quirlen. Schließlich noch mit den Eigelben legieren. Fleischstücke einlegen, alles zusammen erhitzen, nicht mehr kochen.
In einer großen Schüssel anrichten.
Dazu Teigwaren oder Salzkartoffeln.

SCHWARZWALD

RÖSCHELE

Dies ist eine Art der Schwarzwälder Saueressen, die man früher gern nach dem Kirchgang im Gasthaus genossen hat. Heute gehören sie hauptsächlich zur kulinarischen Tradition an Markttagen und während der Fastnacht. Aus rein ökonomischen Gründen scheint diese köstliche Spezialität «Röschele» langsam, aber sicher zu verschwinden: den Schwarzwäldern sind die Kalbsinnereien, die man dafür braucht, zu teuer geworden. Bewahren wir das Rezept! Hier ist eines, das aus dem Gasthaus «Grüner Baum» in Wolfach stammt.

600 g Kalbsinnereien (Herz, Leber, Lunge, Milz)
3 Zwiebeln
2 Eßl. Schmalz
1 bis 2 Eßl. Mehl
2 Tassen Fleischbrühe
Salz
Schwarzer Pfeffer aus der Mühle
1 Glas Weißwein (herb)
2 Teel. Tomatenmark
Evtl. ein Spritzer Essig
1 Eßl. Schmalz

Kalbsinnereien gut waschen, abtrocknen und in kleine Streifchen schneiden. Leber beiseite legen. Andere Innereien zusammen mit den geviertelten und dann dünn geschnittenen Zwiebeln in einer großen Pfanne im heißen Schmalz scharf anrösten. Mehl überstäuben und so lange weiterrösten, bis es braun ist. Mit Fleischbrühe ablöschen, würzen mit Salz und Pfeffer. Auf schwacher Hitze so lange schmoren, bis alle Innereien weich sind. Dabei noch etwas Flüssigkeit nachgießen in Form des Weißweins, in dem das Tomatenmark verrührt ist. (Tomatenmark ist eine Zutat neueren Datums, die allerdings zur Verbesserung des Geschmacks beiträgt.)
Leber für sich in Schmalz braten und kurz vor dem Servieren zu den «Röschele» geben. Eventuell noch mit einem Spritzer Essig geschmacklich abrunden.
Beilage: Weckle (Brötchen).

MÜNSTERLAND

TÖTTCHEN

Alt-Bier und «Töttchen» gehören zusammen. In echten Kneipen hat man beides stets am besten bekommen. Inzwischen servieren auch renommierte Speiselokale im Münsterland diese Spezialitäten. «Töttchen» war ursprünglich den Schwarzwälder «Röschele» sehr ähnlich, denn trotz anderer Zutaten wurden beide am Sonntagvormittag gegessen, als Imbiß oder Voressen nach dem Kirchgang.
Früher wurden «Töttchen» aus Kalbskopf, Lunge und Herz zubereitet, inzwischen ist man jedoch auf bessere Kalbfleischstücke übergegangen. Ich gebe ein heute gebräuchliches Rezept.

750 g Kalbfleisch (am besten von verschiedenen Stücken, wie entbeinte Brust, Schulter und Hals; wer es altmodischer will, nehme Kopf, Lunge und Herz)
1 Bündel Suppengrün
2 Lorbeerblätter
1 Nelke
1 Prise gerebbelter Thymian
10 Pfefferkörner und
1 Prise Salz
2 Eßl. Butter
2 große Zwiebeln
2 Eßl. Mehl
1 Glas Weißwein
Einige Spritzer Essig
Etwas Zucker
Senf

Kalbfleisch gut waschen und mit dem geputzten Suppengrün sowie Lorbeerblättern, Nelke, Thymian, Pfefferkörnern und etwas Salz so lange in reichlich Wasser kochen, bis das Fleisch weich ist, was knapp 1½ Stunden dauern dürfte. Fleisch dann herausnehmen, von Knorpeln, Sehnen und Fett befreien und in kleine Würfel schneiden. Kochbrühe durchseihen. In einem anderen Topf die Butter erhitzen und darin die nicht zu fein geschnittenen Zwiebeln gut glasig werden lassen. Mehl darüberstäuben und hell anschwitzen. Ablöschen mit dem Weißwein und so viel von der Kalbsbrühe (die man vorher eventuell noch etwas einkochen läßt), daß eine sämige Ragoutsauce entsteht, die man noch eine Viertelstunde kochen läßt. Anschließend abschmecken mit einigen Spritzern Essig, 1 Prise Zucker und etwa 1 Eßl. Senf, den man vorher in einigen Eßl. Kalbsbrühe verrührt hat. Die Sauce soll pikant, leicht säuerlich und mit einer Ahnung von «süß-sauer» gewürzt sein. Fleischstücke einlegen und noch so lange auf dem Feuer lassen, bis alles gut heiß ist.
Beilage: Roggenbrötchen oder Bauernbrot; manchmal auch Petersilienkartoffeln.

Bayern

Lüngerl

Das ist noch immer ein beliebtes bayrisches «Schmankerl», so ein Essen für zwischendurch, auch ein kleines Mittagessen. Zu bäuerlichen Festen gab es stets «Lüngerl» als Vorspeise. Das Rezept beruht höchstwahrscheinlich auf einer sehr alten Tradition und ist natürlich mit dem «Wiener Beuscherl» verwandt.

400 g Kalbslunge
1 Kalbsherz
Salz
1 Bund Suppengrün
2 Lorbeerblätter
6 Pimentkörner
1 kräftiger Schuß Essig
1 Eßl. Butter
1 Eßl. Mehl
1/8 l saurer Rahm
Etwas Zucker
Pfeffer aus der Mühle

Lunge und Herz in mehrere Stücke schneiden, sehr gut waschen und dabei mehrmals das Wasser wechseln.
Reichlich Wasser mit Salz, geputztem Suppengrün, Lorbeerblättern, Pimentkörnern sowie einem kräftigen Schuß Essig abschmekken und darin Lunge und Herz 1 Stunde kochen. In der Brühe auskühlen und über Nacht darin ziehen lassen. Am nächsten Tag herausnehmen und in feine Streifen schneiden.
In einem Topf die Butter erhitzen und das Mehl darin braun rösten. Mit durchgeseihter Kochbrühe auffüllen und eine sämige Sauce rühren. Diese abschmecken, dabei noch etwas Zucker und Pfeffer dazugeben. Gut durchkochen. Lungen- und Herzstreifen einlegen und darin erhitzen. Zum Schluß die saure Sahne einrühren.
Beilage: Semmelknödel.

Südwestdeutschland

Saure Nierle

500 g Nieren; die vom Kalb sind die feinsten, andere gehen auch
1 Zwiebel
2 Eßl. Butter
Salz
Pfeffer aus der Mühle
1 Eßl. Mehl

Nieren gut waschen, halbieren, alle Stränge herausnehmen und den – falls vorhanden – größten Teil des Fettes wegschneiden. Eine Stunde in mehrmals gewechseltem Wasser liegen lassen. Abtrocknen. Quer in Scheibchen schneiden.
In einer großen Pfanne Butter erhitzen und darin die kleingeschnittene Zwiebel glasig

werden lassen. Beiseite schieben, Nieren einlegen und unter fleißigem Wenden einige Minuten lang braten. Herausnehmen und beiseite stellen. Dabei würzen. Mehl in die Pfanne stäuben, braun rösten und mit Sauce (Brühe mit Fleischextrakt) und Rotwein ablöschen. Gut verrühren. Lorbeerblatt einlegen, Essig zufügen und alles zusammen auf schwacher Hitze gut 10 Minuten kochen. Lorbeerblatt herausfischen, Sahne einrühren. Abschmecken mit Salz, Pfeffer und Essig und noch einige Minuten kochen.
Nieren einlegen, Hitze reduzieren und alles zusammen nur noch gut erwärmen.
Beilage: Brot oder Kartoffelbrei. Heute auch Reis oder Nudeln.
Hinweis: Früher waren diese «Sauren Nierle» ein typisches Voressen, zu dem es nur Brot gab. Heute noch ißt man sie in ländlichen Gegenden am Sonntag nach dem Kirchgang mit einem Stück Brot.

1 Tasse Bratensauce (ersatzweise Brühe und etwas Liebigs Fleischextrakt)
4 Eßl. herber Rotwein
1 Lorbeerblatt
1 Eßl. Essig
2 Eßl. Sauerrahm

NIEDERSACHSEN

LEBERRAGOUT MIT KRÄUTERN

Dies ist eine alte Zubereitungsart, die im vorigen Jahrhundert von Henriette Davidis mitgeteilt wurde.

750 g Rinderleber
3 bis 4 Eßl. Butter
4 bis 5 Eßl. gehackte Kräuter (gemischt aus Petersilie, Thymian, Estragon und Schalotte)
Salz und Pfeffer aus der Mühle
4 Eßl. frisch geriebenes Weißbrot ohne Kruste
1 bis 2 Tassen kräftige Fleischbrühe
1 Tasse Weißwein

Leber waschen, abtrocknen, von Häuten und Röhrchen befreien und in Streifen schneiden. Butter erhitzen und darin die Kräuter kurz anschwitzen. Leberstreifen zugeben und unter ständigem Wenden andünsten. Salzen und pfeffern. Weißbrotkrumen zugeben, ebenso Brühe und Wein. Alles gut vermischen und so lange aufkochen, bis eine gewisse Bindung der Sauce entsteht.
Beilage: Kartoffelbrei.

BERLIN

LEBER BERLINERART

Auf allen Speisekarten Deutschlands ist die ehemalige Reichshauptstadt als Leberzubereitung vertreten.

4 Scheiben Kalbsleber (je 150 bis 200 g)
1 Eßl. Mehl
4 Eßl. Butter
2 bis 3 säuerliche Äpfel
4 Zwiebeln
Salz und Pfeffer aus der Mühle

Leberscheiben von allen Sehnen und Häuten sorgfältig befreien und beidseitig leicht mehlen.
1 Eßl. Butter erhitzen und darin die geschälten, entkernten und in Scheiben geschnittenen Äpfel beidseitig anbraten, daß sie weich werden, aber noch nicht zerfallen. Beiseite stellen und warm halten.
Restliche Butter zufügen und die Leberscheiben darin braten; nicht mehr als insgesamt 5 bis 6 Minuten, damit sie nicht hart werden. Nach dem Umdrehen salzen und pfeffern.
Ist noch genug Platz in der Pfanne, so kann man gleich zu Beginn die halbierten und in Scheiben geschnittenen Zwiebeln am Rand dazugeben. Ebenfalls würzen.

Leber herausnehmen, warm stellen.
Zwiebeln hellbraun werden lassen und zusammen mit dem Bratfett und den Apfelscheiben auf die Leber verteilen.
Beilage: Kartoffelbrei.
Anmerkung: Mittels dieser Zubereitungsart wird auch die billigere Rinder- oder Schweineleber ausgezeichnet.

Der Michelangelo der Köche, Königliche Küche Berlin

Marbach

BAYERN, BADEN-WÜRTTEMBERG

LEBERKNÖDEL

Bei den Leberknödeln kann man sich streiten, ob sie eine Suppeneinlage sind oder ein eigenständiges Gericht, dem nur etwas Fleischbrühe beigefügt wird. Sie werden groß wie Taubeneier oder wie Tennisbälle geformt. Die großen Exemplare schmecken natürlich viel kräftiger; sie können auch ohne Brühe als Beilage zu Sauerkraut gereicht werden.
Ohne Leberknödel in der Fleischbrühe müßten die Bayern aufhören, Bayern zu sein.
In echt bajuwarischen Leberknödeln verbirgt sich oft auch ein bißchen geschabte Milz (50 g Milz auf 200 g Leber).
Den Beweis, daß Leberknödel auch über die süd- und südwestdeutschen Grenzen hinweg eine geradezu magische Wirkung ausüben können, lieferten die beiden berühmten Komponisten Brahms und Bruckner: nach jahrelanger Feindschaft entdeckten sie bei einem gemeinsamen Leberknödelessen zum ersten und letzten Male eine Übereinstimmung – die Wertschätzung von Leberknödeln.

4 große Semmeln oder Brötchen, die altbacken sein sollten
Gut 1/4 l warme Milch
Salz

Die Semmeln abreiben und in ganz dünne Scheiben schneiden. Mit der Milch übergießen, Salz zufügen und etwa 10 Minuten weichen lassen, bis alle Milch aufgesogen ist. Zwiebel schälen und vierteln. Zusammen mit der grob geschnittenen Leber durch den Wolf drehen. Anschließend kann man noch ein klei-

nes Stück trockenes Brot durchdrehen, damit alle Leber aus der Maschine getrieben wird. Zwiebel-Leber-Masse mit den Brötchen verkneten. Eier damit vermischen und abschmekken mit Salz, Zitronenschale und Majoran. Butter in einer Pfanne erhitzen und die kleingehackte Petersilie darin kurz andünsten. Etwas abkühlen lassen und unter die Knödelmasse rühren.
Masse etwa 10 Minuten kalt stellen, dann Probeklößchen (klein) formen und in siedende Brühe geben. Hält es, so formt man vier große Knödel oder entsprechend mehr kleinere und läßt sie in der klaren Fleischbrühe 12 bis 25 Minuten ziehen, bis sie gar sind.
Die klare Brühe mit Leberknödel beim Anrichten noch mit gehacktem Schnittlauch bestreuen.

1 mittelgroße Zwiebel
200 g Rinderleber
2 Eier
Etwas abgeriebene Zitronenschale
1 Prise gerebbelter Majoran
1 bis 2 Eßl. Butter
1 Bündel Petersilie

PFALZ

LEWWERKNEPP

Dies ist die pfälzische Version der Leberknödel. Auf hochdeutsch müßte der Name lauten: «Leberknöpfe».

Zutaten und Zubereitung sind weitgehend identisch mit den «Leberknödeln». Allerdings nehmen die Pfälzer gern die doppelte Menge Leber und reduzieren dafür den Brötchenanteil auf die Hälfte. Da, wo die Bayern Milz zugeben, nehmen die Pfälzer gern Lunge (etwa $^1/_5$ des Lebergewichts und auch durchgedreht).
Beim Abschmecken wird oft etwas Zitronenschale an den Teig gerieben. Serviert werden die «Lewwerknepp» mit in Butter abgeschmälzten Semmelbröseln. Dazu ißt man Kartoffelsalat mit Speckwürfeln (Specksalat).

Königsberg kann sich rühmen, der deutschen Küche drei Spezialitäten geschenkt zu haben, die seinen Namen tragen: Marzipan, Klopse und Fleck.

Ostpreussen

Königsberger Fleck

Nicht selten nennt man diese Spezialität auch bei ihrem vollen Namen «Rinderfleck». Und dabei wiederum handelt es sich schlicht und einfach um Kutteln oder Pansen, die eßbaren Teile aus dem Magen-Darm-Bereich des Rindviehs. Jene gar nicht seltenen Zeitgenossen, die solches nicht einmal ihren Hunden vorsetzen, sollten nicht voreilig das Gesicht verziehen: diese Innereien sind nicht nur in vielen deutschen Landschaften, sondern auch in vielen anderen Ländern begehrte kulinarische Spezialitäten. Und schließlich haben sie sogar eine Großstadt berühmt gemacht, eben Königsberg.

Dort habe ich die besten auf dem Markt gegessen, heiß an Buden gekauft und von sogenannten «Fleckwiewerchen» angeboten. Noch besser sollen sie in kleinen Altstadtkneipen gewesen sein, in denen Nachtschwärmer sie zur frühesten Morgenstunde genossen, so wie die Zwiebelsuppe an der alten Pariser Markthalle. Leider ermangelt es mir an persönlichen Erfahrungen dieser Art, ich war damals noch zu jung dafür.

1 kg Kutteln
750 g Suppenknochen
2 gelbe Rüben
1 Sellerieknollen
2 Zwiebeln
1 Lauchstange
Einige Petersilienstiele oder ein Stück Petersilienwurzel
2 Lorbeerblätter
6 Pimentkörner (Nelkenpfeffer)
12 Pfefferkörner
Salz

Früher mußte man die Kutteln mindestens über Nacht wässern, vielfach waschen und stundenlang kochen, heute kauft man sie vorgekocht beim Metzger. Diese Kutteln werden in würfelförmige Stücke geschnitten.

Knochen gründlich waschen und dann gut eine Stunde unter Abschäumen kochen. Wer auf eine klare Brühe Wert legt, der lasse erst einmal kurz aufkochen und schütte dieses Wasser weg. So viel Brühe abseihen, daß die Kutteln gut bedeckt sind.

Mit geschrappten gelben Rüben, der geschälten und halbierten Sellerieknolle, den Zwiebeln sowie Petersilie und den Gewürzen (die man am besten in Mullbeutel oder Tee-Ei steckt) eine gute halbe Stunde kochen. Nach

der halben Garzeit den weißen Teil der Lauchstange zufügen.
Brühe abgießen, aufheben und Gemüse in Stückchen schneiden, die etwa den Kuttelstückchen entsprechen. Gewürze wegwerfen.
Kuttelfleck und geschnittene Gemüse in der Brühe in einer großen Terrine zu Tisch bringen.
Salz, Pfeffermühle, reichlich Mostrich, Essig und gerebbelter Majoran stehen auf dem Tisch, damit sich jeder seine Kuttelfleck nach eigenem Geschmack würzen kann. Dazu ißt man knusprige Brötchen.
Und wenn Sie dann über diesen Genuß noch lange sprechen sollten, beachten Sie bitte, daß es *die* «Königsberger Fleck» heißt. Sollte jemand gesappert haben, dann erst muß er *den* Fleck von *der* «Fleck» aus Hemd oder Bluse entfernen.

Zum Servieren dann noch:
Salz
Pfeffer aus der Mühle
Mostrich (Senf)
Essig
Gerebbelter Majoran

SCHWABEN

SAURE KUTTELN

Dieses ist ein typisches Voressen, so wie man es früher besonders schätzte. Heute genießt man «Saure Kutteln» als Vesper oder sonstige kleine Zwischenmahlzeit.

Mehl in einem großen Topf im heißen Schmalz braun rösten. Mit der Fleischbrühe ablöschen. Lorbeerblätter, Zwiebeln, Nelkenpulver, Essig, Salz, Pfeffer, Zucker und Tomatenmark zugeben. Umrühren und 5 Minuten kochen.
Kutteln dazu, wieder gut rühren und alles zusammen auf kleiner Hitze noch eine knappe halbe Stunde kochen.
Vor dem Anrichten Würzung prüfen und Lorbeerblätter herausfischen.
Beilage: Brot oder Bratkartoffeln.

Apropos: Das Tomatenmark ist natürlich eine neuere Zutat, die sich jedoch ausgezeichnet dem Gericht anpaßt.

1 Eßl. Mehl
1 Eßl. Schmalz
Gut 1/4 l Fleischbrühe
2 Lorbeerblätter
1 bis 2 Eßl. geriebene Zwiebeln
1 Messerspitze Nelkenpulver
1 bis 2 Eßl. Essig
Salz und Pfeffer aus der Mühle
1/2 Teel. Zucker
1 Eßl. Tomatenmark
600 g geschnittene, vorgekochte Kutteln

KÖNIGSBERGER KLOPSE

Was wie eine uralte Speise erscheint, ist erst seit dem 18. Jahrhundert zu belegen; zumindest was das Wort «Klops» betrifft, das von «kloppen», «klopfen» abgeleitet ist und aus dem nordostdeutschen, also ostpreußischen Raum stammt. In Ostpreußen waren die «Königsberger Klopse» einst beliebtes Sonntagsessen in Stadt und Land.

250 g Rinderhackfleisch
250 g Kalbshackfleisch (zur Not kann man auch Schweinehack nehmen)
1 Ei
2 dicke Scheiben entrindetes Weißbrot
Salz und weißer Pfeffer aus der Mühle
1 kleine Zwiebel
2 Sardellenfilets
3/4 l Fleischbrühe
1 Lorbeerblatt
1/2 Zwiebel oder ein Stück Lauch
6 Pimentkörner
4 Pfefferkörner
1 Eßl. Butter
1 Eßl. Mehl
1 Röhrchen Kapern
Saft einer Zitrone
2 Eigelbe

Hackfleisch mit Ei, den in Wasser eingeweichten und wieder ausgedrückten Brotscheiben, der geriebenen Zwiebel und den kleingeschnittenen Sardellenfilets vermischen und gut durcheinanderkneten. Daraus etwa eigroße Bällchen (Klopse) formen. Fleischbrühe mit Lorbeerblatt, halber Zwiebel, Piment- und Pfefferkörnern zum Kochen bringen. Klopse einlegen und gut 10 Minuten in der Brühe garen. Dann herausnehmen und warm stellen.

Brühe durchseihen. Aus Butter und Mehl eine helle Schwitze machen. Mit der Brühe ablöschen. Kapern mitsamt ihrer Brühe zugeben. Die so entstandene Sauce abschmecken, eventuell noch etwas Salz und Pfeffer zufügen, auf jeden Fall aber den Zitronensaft. Vom Feuer nehmen und mit dem verklepperten Eigelb legieren.

Klopse in die Sauce einlegen, darin noch etwas heiß werden lassen und damit servieren. Nicht umsonst nannte man die «Königsberger Klopse» in Königsberg selbst «Sauceklopse».

Als Beilage gehören unbedingt Salzkartoffeln dazu. Außerdem kann man noch eingelegte rote Rüben oder Salzgurken servieren.

Eine Verfeinerung erfährt das Rezept, wenn man zusätzlich einige Eßlöffel Schmant (saure Sahne) in der Sauce verquirlt. Schmant ist in der ostpreußischen Küche unentbehrlich, und zu fett konnte dort kaum eine Speise sein.

Manche Hausfrauen gaben auch etwa herben Weißwein und einige Teelöffel Zucker in die Klops-Sauce, damit sie deutlich süß-sauer schmeckte.

Apropos: In Königsberg selbst habe ich nie von «Königsberger Klopsen» gehört; dort sprach man nur von «sauren Klopsen», meinte damit natürlich dasselbe.

BERLIN

HACKEPETER

Auch in anderen deutschen Landschaften kennt man diese Hackfleischmischung, sie heißt dann meistens «Mett» oder «Frisches Mett» und ist besonders nördlich der Main-Linie beliebt. Aber nirgendwo gehört sie so zum Leben einer Stadt wie in Berlin als «Hackepeter». Und nirgendwo hat sie einen so schönen Namen!

500 g nicht zu mageres Schweinefleisch
1 Zwiebel, die nicht zu klein sein soll
Schwarzer Pfeffer aus der Mühle
Salz

Fleisch in Würfel schneiden und durch die feine Scheibe der Fleischmaschine drehen, Zwiebel fein hacken; dreht man sie mit durch die Fleischmaschine, so wird sie zu breiig und hat nicht mehr den pikanten Biß.
Hackfleisch und Zwiebelwürfelchen vermischen, dabei mit grob gemahlenem Pfeffer kräftig und mit Salz vorsichtiger abschmekken.
Als Garnitur kommt eine Salzgurke, ganz oder in Scheiben, dazu. Zuweilen streut man auch noch Zwiebelwürfel über den «Hackepeter».
Sehr beliebt ist «Schrippe mit Hackepeter», also Brötchen(hälften) dick mit Hackepeter bestreichen. Das ist eine der Köstlichkeiten aus der Kneipe an der Ecke.
Man nennt in Berlin sogar das Geburtsdatum und den Vater dieser Spezialität: 1903 soll der Gastwirt Eduard Martin den «Hackepeter» auf Schrippen erfunden haben.

Aug. Müller. sc
Bernhard Mörlins

BULETTEN

Wer vornehm tun will, der schreibt «Boulette», was natürlich barer Unsinn ist. Viel ehrlicher sieht doch «Bulette» aus, und auf die Ehrlichkeit muß man sich verlassen, wenn man sie irgendwo fertig kauft, was nur ein Super-Optimist tut. Allerdings ist bei uns ja alles durch behördliche Verordnungen geregelt, und so lautet die Vorschrift, daß der Fleischanteil mindestens 70 % betragen muß. Wollte man einem Berliner Ausspruch glauben, dann müßte man annehmen, daß «Buletten» besonders von Hunden geschätzt werden, heißt es doch: «Der geht ran wie Hektor an die Buletten.» Na, denn man ran an die Buletten!

600 g Hackfleisch, halb Rind, halb Schwein
1 bis 2 altbackene Schrippen (Brötchen)
2 Zwiebeln
2 Eßl. Butterfett
1 Ei
Salz, Pfeffer aus der Mühle
1 Eßl. feingehackte Petersilie

Hackfleisch in eine Schüssel geben.
Schrippen grob zerschneiden und in Wasser einweichen; gut ausdrücken und zum Hackfleisch geben.
Zwiebeln kleinschneiden und in etwas Butterfett gut glasig, aber nicht braun werden lassen. Ebenfalls zum Hackfleisch geben. Ei hinzufügen, würzen und mitsamt der Petersilie gut verkneten. Kugeln daraus formen (8 Stück), diese flachdrücken und im heißen Fett beidseitig bei nicht zu großer Hitze braten.
Buletten können heiß zu Kartoffelsalat gegessen werden. Besonders gut schmecken sie kalt, aufgeschnitten auf Butterbrot und mit Mostrich bestrichen. Oder, das ist «à la mode Berliner Eckkneipe», man ißt sie zu einer Schrippe aus der Hand. So werden sie auch langsam auf mondänen Partys beliebt.

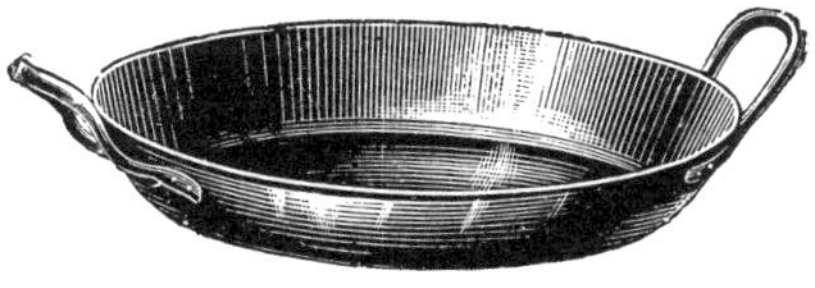

BERLIN

FALSCHER HASE

Hackbraten kennt man überall, unter der Bezeichnung «Falscher Hase» passen sie nur ins Berliner Milieu. Gönnen wir dieser Stadt das Geburtsrecht der beliebten deutschen Spezialität.

300 g Hackfleisch vom Rind
300 g Hackfleisch vom Schwein
1 Schrippe (Brötchen)
2 Zwiebeln
100 g fetter Räucherspeck
1 Eßl. Schmalz
2 Eier
Salz
Schwarzer Pfeffer aus der Mühle
1 kleine Prise gemahlener Koriander
1 Prise geribbelter Majoran
1 bis 2 Eßl. Schmalz
1 Zwiebel
1 bis 2 Tassen Brühe
1 Tasse Sauerrahm

Hackfleischsorten miteinander vermengen. Eingeweichte und wieder ausgedrückte Semmel zerpflücken und zugeben.
Zwiebeln schälen und in kleine Würfelchen schneiden.
Speck ebenfalls in Würfelchen schneiden. Diese zusammen mit etwas Schmalz und den Zwiebeln in einer Pfanne gut glasig werden lassen. Zum Hackfleisch geben und damit vermischen. Die beiden Eier mit dem Fleischteig verkneten. Abschmecken mit Salz, Pfeffer, Koriander und Majoran.
In einem Bräter Schmalz erhitzen. Aus dem Fleischteig einen Laib formen und einlegen. Im vorgeheizten Ofen bei 220° gut 10 Minuten anbraten. Dann Hitze auf 200° verringern. Zwiebelscheiben neben den «Falschen Hasen» legen, diesen öfter begießen, etwas Fleischbrühe auffüllen und den Hackbraten in weiteren 45 Minuten garen. Herausnehmen. Bratsatz loskratzen, mit Sahne verrühren, abschmecken und als Sauce dazu reichen.
Beilagen: Rotkohl und Salzkartoffeln.

Der Jäger

Die Wollust macht Wunden, gleich beissenden Hunden.

Der Teuffel spannet Garnen auff;
Der Tod zielt stets mit scharffen Pfeilen,
und der Versuchung schneller Hauff
ist frisch ein Wildpret zu ereilen
Wer hie will frey und sicher seyn:
kriech in die Wunden Hölen ein

Wild

Wälder und Felder müssen einstmals nur so von Wild gewimmelt haben. Bis in die Zeit der Karolinger durfte sich jedermann erlegen, wieviel er wollte – und erwischte. Dann wurden Jagdgesetze erlassen, und die Jägerei war bald nur noch ein Vorrecht des Adels und der Klöster. Wisente, Elche, Wölfe und Bären machten die Reviere unsicher. In Thüringen wurde 1686 der letzte Bär erlegt. Andere Wildarten waren schon früher ausgestorben. Trotzdem lief noch reichlich Getier herum, in Sachsen allein wurden während der Regierungszeit eines Fürsten, der genau Buch geführt hat, innerhalb von 20 Jahren im 16. Jahrhundert 795 400 Jagdtiere erlegt. Andere Fürsten hielten sich Wild in Gattern (so z. B. im Burggraben von Nürnberg), um jederzeit möglichst bequem den «Freuden der Jagd» frönen zu können; noch bedeutsamer waren solche Gehege aber als Vorratskammern. Daraus konnte man nach Belieben Frischfleisch holen.

Bis in die Neuzeit spielte das Abhängen des Wildbrets eine bedeutsame Rolle, erst wenn es zu stinken begann, wurde es für gut erachtet. Mit entsprechend hohen Gewürzgaben hat man dann den fauligen Geschmack zugedeckt. Diese Zubereitungsarten sind überwunden und in diesem Buch gar nicht mehr erwähnt. Außer acht gelassen wurden auch Wildarten, die heute nicht mehr vorkommen oder nicht mehr erlegt werden dürfen, wie etwa Haselhühner oder Birkhähne. Mit fortschreitender Industrialisierung wurde der Lebensraum des Wildes immer mehr eingeengt. Wir haben heute mehr Autos als Rehe und Hirsche. Selbst die Hasen können sich kaum noch irgendwo ungestört mit den Füchsen gute Nacht sagen. Für den Genießer bedeutet das: Wild ist zur teuren Delikatesse geworden. Ohne die Importe aus Osteuropa wüßten junge Leute gar nicht mehr, wie Hase oder Reh schmecken.

SCHWARZWALD

KALTES REHFILET

Ich gebe den Namen so einfach wieder, wie ich ihn in einem handgeschriebenen Kochbuch aus Alpirsbach gefunden habe. Wild als Sülze zubereitet ist sehr selten, deshalb ist dieses Rezept besonders interessant.

750 g Rehfleisch aus dem Rücken (fälschlich als «Filet» bezeichnet)
Mehl
Öl
Salz und Pfeffer aus der Mühle
Zitronenscheiben ohne Kerne und Schale
Einige Trüffelscheiben (oder in Essig eingelegte Waldpilze)
2 bis 3 große, rohe Champignons
Einige Eßl. Zitronensaft
Gut 1/4 l Weißwein
Gut 1/4 l völlig entfettete Fleischbrühe
1 Gläschen Arrak
8 bis 10 Blatt weiße Gelatine

Aus dem Rehfleisch Scheiben schneiden. In Mehl wenden, gut abklopfen und im heißen Öl von beiden Seiten braten. Anschließend würzen mit Salz und Pfeffer. Gewürze festdrücken. Auskühlen lassen.
Eine rechteckige oder ovale, flache Schüssel mit senkrechten Rändern mit den Fleischscheiben auslegen. Dazwischen Zitronenecken, Trüffelscheiben und Champignonscheiben, die mit etwas Zitronensaft bestrichen wurden, so anordnen, daß nach dem Stürzen ein attraktives Aspikbild sichtbar wird. Weißwein mit Fleischbrühe vermischen und erhitzen. Arrak zufügen. Abschmecken mit Zitronensaft sowie Salz und Pfeffer. Gelatineblätter (pro 1/2 l Flüssigkeit 7 Blatt) kalt einweichen und dann in der heißen Flüssigkeit auflösen. Abkühlen lassen. Vorsichtig in die flache Schüssel gießen, damit das Arrangement nicht wegschwimmt. Die Flüssigkeit soll nur einige Millimeter hoch stehen. In den Kühlschrank stellen. Sobald die erste Gelatineschicht fest geworden ist, gießt man den Rest zu, der alle Zutaten bedecken soll. Im Kühlschrank stocken lassen. Gestürzt servieren.
Dazu kalten Sahne-Mehrrettich und Bauernbrot mit Butter.

Rehrücken Baden-Baden

Dies war nie ein volkstümliches Gericht, andererseits ist es eines der ganz wenigen, die als deutsche Spezialität einen Stammplatz auf den Speisekarten der großen internationalen Gastronomie haben. Da Rehrücken zudem das feinste ist, was es an Wildbret gibt, können wir mit Recht stolz auf diese Kreation sein.

Für 8 Personen:

1 Rehrücken
3/4 l badischer Spätburgunder
1 Zwiebel
8 Wacholderbeeren
10 Pfefferkörner
Wildknochen mit kleinen Fleischabgängen
2 Eßl. Butterschmalz
1 Zwiebel
1 Mohrrübe
1 Teel. Mehl
2 bis 3 Scheiben Speck

Rehrücken enthäuten und zusammen mit den in feine Scheiben geschnittenen Zwiebeln, Wacholderbeeren und Pfefferkörnern in den Rotwein legen. Nach einem, spätestens zwei Tagen herausnehmen, abtrocknen und beiderseits längs des Rückenknochens leicht einschneiden. Dahinein Speckstreifen legen, die man vorher in zerdrückten Wacholderbeeren gewälzt hat. Übrige zerdrückte Wacholderbeeren mit grob gemahlenem Pfeffer vermischen und damit den Rücken sparsam einreiben. Und eine Stunde stehenlassen.
Inzwischen die Knochen kleinhacken und zusammen mit den Abgängen und den geschnittenen Gemüsen in der Butter scharf anbraten. Mehl überstäuben und weiterbraten.

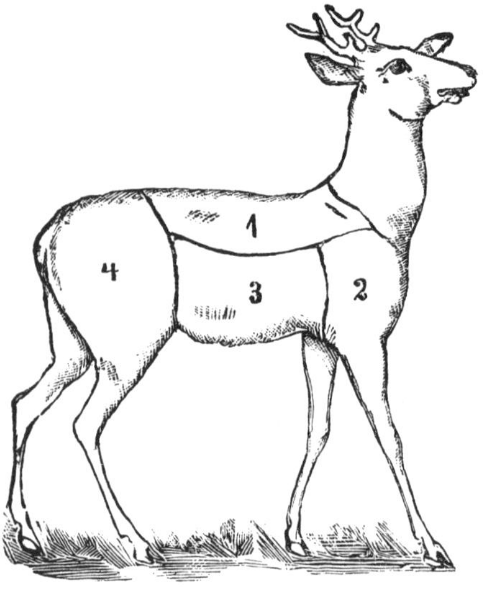

1 Rücken oder Ziemer, 2 Blatt, 3 Bauch, 4 Keule

Häufig umwenden. 1 bis 2 Tassen Wasser angießen, Bratsatz loskratzen und verkochen lassen. Auffüllen mit Marinaderotwein und auch diesen bis zu etwa 1 Tasse Flüssigkeit einkochen lassen, wobei ein kräftiger Wildfond entsteht. Mit Salz und Pfeffer abschmekken.

Rehrücken mit heißer Butter begießen und in den auf 250° vergeheizten Ofen schieben. Hitze auf gut 200° vermindern. Unter mehrmaligem Begießen mit Butter in etwa 35 Minuten braten. Nach halber Garzeit salzen. Er soll innen noch rosa sein. Speckstreifen entfernen. Rücken 10 Minuten warm halten.

Inzwischen Bratfett abgießen, Bratsatz mit ganz wenig Marinade-Rotwein loskochen und in ein kleines Stielpfännchen gießen. Dort mit dem extra gekochten Wildfond und dem Sauerrahm verrühren. Diese Sauce noch abschmecken.

Vom Rehrücken die beiden Fleischseiten lösen, schräg in dicke Scheiben schneiden und wieder auf die Knochen setzen. So servieren. Dabei mit halbierten Birnen, die mit Johannisbeergelee gefüllt sind, umlegen.

Sauce separat reichen.

Beilage: Spätzle und Waldpilze in Butter gedünstet.

Die Birnen wurden vorher geschält, halbiert, entkernt und in Wasser mit Zitronensaft und Zimt nicht zu weich gekocht.

Hinweis: Früher hat man die Birnen auch oft zu Kompott gekocht. Die halben Birnen mit dem Gelee sehen jedoch festlicher aus, so daß diese Anrichtweise sich durchgesetzt hat.

Bei großen Essen werden neben den Spätzle zuweilen auch Kartoffelkroketten zur Auswahl gereicht.

5 Wacholderbeeren
Weißer Pfeffer aus der Mühle
60 g Butter
1 Tasse saurer Rahm
Salz
Pfeffer aus der Mühle
4 Birnen
Saft 1 Zitrone
1/2 Zimtstange
Johannisbeergelee

Gedämpfte Rehleber

Die Leber eines erlegten Rehs gehört dem Jäger. Da sie außerdem noch ein besonderer Leckerbissen ist, bekommt man sie so gut wie nie zu kaufen. Früher, als man noch sehr viel mehr Wildbret direkt vom Jäger bezog, war es schon eher möglich, auch als Nicht-Waidmann an Rehleber zu kommen. Dann briet man sie in Scheiben oder dämpfte sie.

1 Rehleber
Milch
40 g geräucherter, fetter Speck
2 Eßl. Butter
Salz
Pfeffer aus der Mühle
1 Tasse Brühe
Saft ½ Zitrone
1 Tasse saure Sahne
1 Teel. Stärkemehl
1 kleines Gläschen Madeira

Rehleber gut waschen und kurz wässern. Anschließend legt man sie drei Stunden in Milch.
Gut abgetropft wird sie gehäutet und mit dem zu kleinen Keilen geschnittenen Speck gespickt.
In einem Schmortopf die Butter erhitzen, Leber einlegen, allseitig anbraten, salzen und pfeffern und eine halbe Stunde lang auf kleiner Hitze zugedeckt schmoren. Dabei in kleinen Portionen Brühe zugießen.
Gegen Ende der Garzeit den Zitronensaft beigeben. Ist die Leber gerade gar, so verringert man die Hitze auf ein Minimum, rührt die Sahne zur Sauce, verquirlt das Stärkemehl im Madeira und bindet die Sauce damit. Die Leber läßt man noch einige Minuten darin ziehen. Vor dem Anrichten schmeckt man die Sauce noch mit etwas Salz und Pfeffer – wenn nötig – ab.
Beilage: Rotkraut und Kastanienbrei.

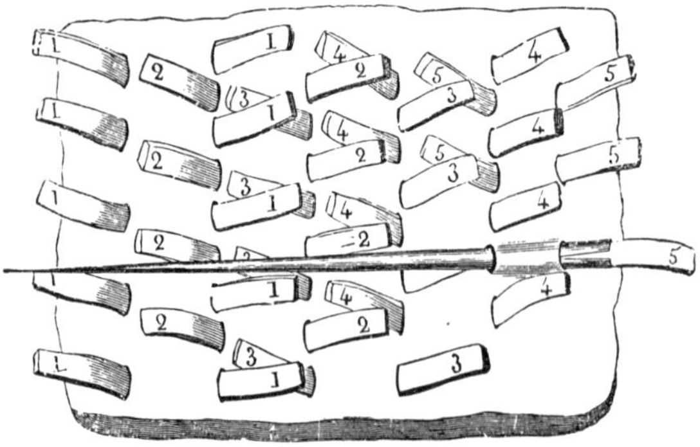

Rehpfeffer

Rehragout zusammen mit dem in mundgerechte Stücke geschnittenen Schweinebauch ganz kurz in Butter anbraten, dann mit dem Rotwein ablöschen. Lorbeerblatt, Wacholderbeeren, Pfefferkörner und Salz zugeben, fest zudecken und auf schwacher Hitze etwa eine Stunde schmoren.
Etwas abkühlen lassen und in ein Sieb schütten. Fleischstücke herausnehmen und beiseite stellen.
Die Zwiebeln in nicht zu kleine Würfel schneiden und in einem Brattopf in der Butter gelb werden lassen. Mehl darüberstäuben und unter Rühren bräunen. Ablöschen mit dem Schmorsaft und zu einer glatten Sauce rühren. Johannisbeergelee darin auflösen, eventuell mit Salz und Pfeffer nachwürzen, Fleischstücke einlegen und alles zusammen zugedeckt noch etwa 15 Minuten schwach kochen.
Beilage: Nudeln oder Spätzle oder Klöße.

500 g entbeintes Rehragout
250 g frischer Schweinebauch ohne Schwarte
1 Eßl. Butter
1/2 l Rotwein
1 Lorbeerblatt
6 Wacholderbeeren
10 Pfefferkörner
1/2 Teel. Salz
3 Zwiebeln
2 Eßl. Butter
1 Eßl. Mehl
1 Eßl. Johannisbeergelee

Ragout von Hirschfleisch

Nach einem Jägerrezept, das heute ein preiswertes Wildgericht liefern kann. Originaltext aus dem Jahre 1858:

„Die Brüste des Hirsches werden rein gewaschen, von den daran haftenden Haaren und den lappigen Teilen befreit, in hübsche Stücke gehauen und einige Augenblicke in kochendem Wasser blanchiert. Dann läßt man ¼ Pfund Butter in einer Kasserolle aufkröschen, thut das Hirschfleisch hinein, läßt es einige Augenblicke braten, vermengt es mit 2 Löffeln Mehl und rührt es mit schwacher Bouillon oder Wasser klar. Nun setzt man die Kasserolle zum Feuer, läßt das Ragout unter öfterem Umrühren aufkochen, fügt dann Salz, einige mit Nelken bespickte Zwiebeln, ein Lorbeerblatt, Wurzelwerk, etwas Essig und ein garniertes Bouquet[1] dazu und läßt das Ragout an der Seite des Feuers langsam kochen, bis das Fleisch weich ist. Hierauf entfernt man den Schaum und das Fett mit einem Löffel, nimmt die Fleischstücke heraus, gießt die Sauce durch ein Sieb und kocht sie auf raschem Feuer ein, bis sie seimig genug ist. Nun gießt man sie über das

[1] «Garniertes Bouquet» – Gewürzsträußchen aus Petersilie, Estragon, Thymian und Lorbeerblättern

1 Rücken oder Ziemer, 2 Blatt, 3 Bauch, 4 Keule; das Fett am Hirsch nennt man «Weiß»

Fleisch, schmeckt das Ragout ab (es muß einen pikant-säuerlichen Geschmack haben) und giebt geschälte, in Wasser und Salz gekochte Kartoffeln, oder geschmorte Gurken dazu. Man kann dies Ragout auch durch Zusatz von Zucker etwas süßsauer machen."

MITTELDEUTSCHLAND

HIRSCHRÜCKEN, KRUSTIERT

Hirschbraten – Rehrücken und Keule – hat man im vorigen Jahrhundert gern nach einer sehr alten Methode zubereitet, die allzeit ein zartes Fleisch garantierte. Dabei wurde das Fleisch erst gekocht und dann mit einer pikanten Kruste gebraten. Das folgende Rezept ist ein Original aus dem Jahre 1892 und stammt von Sophie Wilhelmine Scheibler. Damals nahm man schon nicht mehr die vorher übliche Vielfalt von Gewürzen, die früher zur Kruste verarbeitet worden waren.
Für heutige Verhältnisse ist ein ganzer Hirschrücken oft zuviel; man kann auch ein Stück Rücken zubereiten oder einen Braten aus einem anderen Stück Wildbret.

„Dazu eignet sich ein Hirschrücken, der gut mit Feist (Fett) belegt ist. Nachdem derselbe gut viereckig zugestutzt, sauber gewaschen, mit Bindfaden umschnürt und in ein passendes Geschirr gelegt ist, wird er mit einigen Litern Wasser, Salz, Zwiebeln, Wurzeln, Gewürz (Piment), Thymian, Basilikum, Lorbeerblättern, Wacholderbeeren und Essig nach gutem Ausschäumen langsam weichgekocht, gut abgetrocknet, mit Ei bestrichen, mit geriebenem Schwarzbrot, welches mit Zucker, Zimt und Nelken(pulver) vermischt ist, belegt, mit Fett beträufelt, mit ein wenig darunter gegossener Brühe in den Ofen gesetzt und hübsch braun gebacken. Dazu gibt man eine Hagebutten- oder Kirschsauce oder eine kalte Cumberland-Sauce."

Die Lange Wand bei Weltenburg

BAYERN

GAMSRÜCKENBRATEN

«Die Gemse lebt auf den höchsten Gebirgen und den beschneiten Alpen . . . Was den Wohlgeschmack ihres Fleisches betrifft, so steht dieses dem des Rehes bei weitem nach.» So beurteilte der königlich-bayrische Haushofmeister und Mundkoch Johann Rottenhöfer den Gamsbraten.
Allerdings stand dieses Wildbret seiner Seltenheit wegen in Deutschland immer in hohem Ansehen. Brät man den Rücken einer jungen Gemse, so ist dieser auch zart und wohlschmeckend, wenn man das folgende altbayrische Jägerrezept beachtet.

1 Rücken einer jungen Gemse
1 bis 2 Tassen Weinessig
½ Teel. gerebbelter Thymian
4 zerstoßene Wacholderbeeren
1 Prise Pfeffer aus der Mühle
½ Teel. Salz

Den Rücken einige Tage abhängen lassen, dann in ein Tuch einschlagen, das mit Weinessig getränkt ist. Zwei Tage so aufbewahren, dabei ab und zu etwas frischen Essig auf das Tuch träufeln.
Rücken auspacken. Thymian, Wacholderbeeren, Pfeffer und Salz vermischen und damit den Rücken einreiben. Speckplatten darumwickeln und festbinden.
In einen Bräter setzen und in den auf 225° vorgeheizten Ofen schieben. Nach etwa

10 Minuten die Hitze auf knapp 200° verringern und die Lorbeerblätter sowie die kleingeschnittenen Mohrrüben neben den Rücken legen und den Rotwein dazugießen. Nach weiteren 15 Minuten das Speckhemd entfernen und den Rücken noch weitere 20 Minuten braten, wobei man ihn ab und zu mit flüssiger Butter begießt.
Den Rücken herausnehmen und warm stellen. Sauce mit dem sauren Rahm verkochen und mit Zitronensaft und einer ganz kleinen Prise Zucker abschmecken. Eventuell noch etwas Salz und Pfeffer zufügen.
Gamsrücken schräg zu beiden Seiten des Rükkenknochens in dicke Scheiben schneiden, diese wieder auf die Karkasse legen und auftragen.
Die Sauce reicht man separat.
Als Beilage sollte es unbedingt Kartoffel- oder Semmelknödel geben. Außerdem Kraut oder Rosenkohl.

2 bis 3 Speckplatten
2 bis 3 Eßl. Butter
2 Gläser Rotwein
2 Lorbeerblätter
1 Mohrrübe
1 Tasse saurer Rahm
Saft 1/2 Zitrone
1 kleine Prise Zucker

Wildschweinkopf

Dies war überall in Deutschland bis gegen Ende des vorigen Jahrhunderts eines der kulinarischen Schaustücke, das zu besonderen Anlässen aufgetischt wurde.
Ob es heute noch unserem Geschmack entspricht? Urteilen Sie selbst! Hier ist ein sehr anschauliches Rezept aus dem «Illustrierten Kochbuch» des Herrn L. Kurth, in Berlin 1858 gedruckt.

„Wenn der Wildschweinskopf gesengt ist, löst man den Genickwirbel aus, schneidet die Haut rings um die Schnauze los und macht auf der Stirn zwei Einschnitte, die sich kreuzen, indem man dadurch das Zerreißen der Haut verhindert, welche sich beim Kochen zusammenzieht. Dann läßt man den Kopf einige Stunden wässern, schabt ihn mit einem stumpfen Messer ab, reinigt das Innere der Schnauze, sowie auch die Zunge, bindet den Kopf in ein reines Tuch, legt ihn in einen hinreichend großen Kessel und gießt so viel Wasser hinzu, daß er davon bedeckt ist. Hierauf läßt man ihn ankochen, schäumt ihn rein aus, fügt Salz, Gewürz, Lorbeerblätter, Basilikum, Tymian, Wacholderbeeren, Essig und eine oder mehrere Flaschen Wein hinzu und läßt ihn in dieser Brühe ganz langsam weich kochen. Sobald der Kopf hierauf in der Brühe erkaltet ist, nimmt man ihn heraus und trocknet ihn rein ab, legt ihn auf eine lange Schüssel und streicht mit recht weiß gerührtem Schweineschmalz auf der Stirn eine ovale Platte, umkränzt diese mit bunt gemachten in Scheiben geschnittenen Citronen, sowie auch mit einer zierlichen Guirlande von Buchsbaumblättern; den übrigen Teil des Kopfes bestreicht man mit zerlassener Tafelbouillon (Aspik). Auf die Mitte der Stirn spritzt man mittels einer Papierdüte mit braun oder roth gefärbtem Schmalz eine markierte Verzierung oder legt einen zierlichen Stern von klarer Fleischgallert darauf. Die Augenhöhlen streicht man ebenfalls mit Schweineschmalz aus und ahmt die Pupillen mit zwei großen Gewürzkörnern oder zwei runden Trüffelscheiben nach. Hat man keine wirklichen Hauer, so schneidet man ein Paar aus einer recht weißen Wasserrübe und steckt sie in die Schnauze. Nun umkränzt man den Kopf entweder mit gehackter und in Halbmonde geschnittenen Fleischgallerte oder mit Buchsbaum, Myrthenzweigen und natürlichen Blumen. Soll der Kopf präsentiert (zum Essen angeboten werden), so hebt man ihn von der Tafel ab, schneidet vom Hals die genügende Anzahl Scheiben ab und läßt sie auf einer besonderen Schüssel mit einer Cumberland- oder Remouladen-Sauce herumgehen."

Apropos: Herr Kurth war sicher ein hervorragender Koch; den Waidmännern wird jedoch seine Wortwahl Haarsträuben verursachen, wenn er z. B. von der «Schnauze» spricht. Tpyisch berlinerisch!

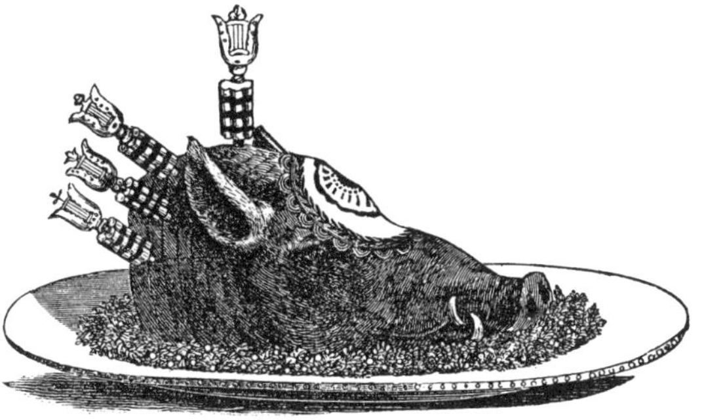

Wer einen Schweinskopf zur Zierde scines Büffets machen will, der beherzige einen Rat von Heinrich Heine:

«Auch einen Schweinskopf trug man auf
In einer zinnernen Schüssel;
Noch immer schmückt man den Schweinen bei uns
Mit Lorbeerblättern den Rüssel.»

Gefüllter Wildschweinkopf

Hierfür kein historisches, sondern ein ganz praktisches Rezept. Dieses traditionelle Schaustück kalter Buffets ist Augenweide und Gaumengenuß zugleich. Eine echte Herausforderung für passionierte Hobbyköche. Ich habe vor einigen Jahren einen solchen Wildschweinkopf zusammen mit meinem inzwischen leider verstorbenen Marmitenbruder Felix Vaillant zubereitet und damit den 1. Preis eines großen Wettbewerbes gewonnen. Im Vertrauen gesagt, das Rasieren des Kopfes ist die schlimmste Arbeit.

1 Wildschweinkopf (kein alter Keiler; am besten von einem Überläufer)
Ein Stück Schwarte des Wildschweins
Etwa 2,5 kg Wildbret (vom gleichen Stück)
Salz und Salpeter (wenn man nicht die Hilfe eines Metzgers in Anspruch nehmen will)
10 Wacholderbeeren
300 g frisches Brät (frische Bratwürste)
250 g gemahlene Rinder- oder Schweineleber
200 g Speckwürfelchen
2 Sträußchen Petersilie
1 Teel. gestoßene Wacholderbeeren
½ Teel. Thymian
2 Eßl. Zitronensaft
Abrieb einer Zitrone (ungespritzt)
4 Gläschen Weinbrand
Salz

Keine Angst vor der Länge der Zutatenliste! Sie sollten sich lieber bemühen, einen großen Topf zu finden, in den der Wildschweinkopf paßt. Ein Kessel aus Großmutters Waschküche wäre das beste. Vielleicht läßt Sie auch Ihr Metzger in seine Wurstküche.

Kopf zunächst einmal in kochendes Wasser stecken. Nach einigen Minuten herausnehmen und mit der Rasur beginnen. Ein altes Rasiermesser, das immer wieder abgezogen werden muß, leistet gute Dienste. Zum Aufweichen der Borsten kann man den Kopf noch eine Stunde lang in Tücher einpacken, die immer wieder mit kochendem Wasser getränkt werden. Letzte Borstenreste mit einer Lötlampe absengen. Die Schwarte und besonders alle Öffnungen werden nun noch sehr gründlich mit einer Wurzelbürste und Salzwasser bearbeitet. Augen (Lichter) ausstechen. An der Unterseite den Kopf aufschneiden, Schwarte vorsichtig lösen und alle Knochen nebst Fleisch entfernen. Alle Knorpel u. ä. wegwerfen, schieres Fleisch aufheben. An der Innenseite der Schwarte läßt man, wo vorhanden, das Gewebe etwa fingerdick stehen.

Unterseite des Kopfes, nachdem man ihn ausgewaschen und gut getrocknet hat, wieder mit ungeleimtem Faden zusammennähen. Aus der Schwarte ein Stück schneiden, das zum Verschließen der Halsöffnung dienen soll. Dieses ebenfalls rasieren und bürsten.

Pfeffer aus der Mühle
1 Kalbszunge, gepökelt
1 Speckplatte (frisch)
2 Flaschen herber Weißwein
2 Bund Suppengrün
2 Zwiebeln
4 Lorbeerblätter
4 Nelken
Abschnitte vom Wildbret des Wildschweins sowie Knochen
1 kg Kalbsknochen
Salz
12 Pfefferkörner

Zur Füllung das Wildbret in Würfel schneiden und den Metzger bitten, es leicht zu pökeln, oder es selbst mit Salz und Salpeter einreiben, mit den zerdrückten Wacholderbeeren vermischen in einem Steingutgefäß beschweren und 2 bis 3 Tage stehenlassen. Anschließend abwaschen, trocknen und die Hälfte davon durch die feinste Scheibe der Fleischmaschine drehen. Die Masse mit dem Brät, der gemahlenen Leber, den Wildbretstücken, den Speckwürfelchen, gehackter Petersilie, Wacholderbeeren, Thymian, Abrieb und Saft der Zitrone sowie Weinbrand gut vermischen. (Sollte die Masse nicht ausreichen, so kann man noch einige Scheiben eingeweichtes und wieder ausgedrücktes Weißbrot ohne Rinde damit verkneten.) Abschmecken mit Salz und Pfeffer. Die Hälfte der Masse in den Kopf füllen. Kalbszunge in die Speckplatte wickeln und längs einlegen. Rest der Masse darüberfüllen. Den Kopf nicht zu prall vollstopfen. Schwartenplatte vor die Halsöffnung legen und ringsum vernähen. Kopf in Form drücken und dann am besten auf ein Brett binden.
Einen Sud aus Wasser und den restlichen Zutaten machen. Den Kopf einlegen und langsam zum Kochen bringen. Auf schwachem Feuer etwa 5 Stunden kochen und in der Brühe dann abkühlen lassen.
Herausnehmen und auf einer mit Eichenblättern ausgelegten Platte (oder einem Brett) anrichten. So man hat, kann man die Waffen (Hauer) ansetzen. Mit dem abgeseihten Sud den abgekühlten Kopf bestreichen, da er glasiert sehr viel schöner aussieht.
Nachdem dieses herrliche Stück genügend bewundert worden ist, kann man es von der Halsseite her wie eine Pastete anschneiden und es sich mit einer kalten Würzsauce schmecken lassen.

Apropos: So ein «Gefüllter Wildschweinkopf» macht viel Arbeit, dafür hat man aber auch ein kulinarisches Prachtstück, wie es früher die Tafeln der deutschen Fürsten zierte.

Eifel

Wildschweinkeule

Dieses Rezept stammt aus einem Jägerhaushalt der Westeifel.

Für 6 Personen:

1,5 kg Wildschweinkeule, ausgebeint
2 bis 3 Gläschen Doppelwacholder
4 Wacholderbeeren
1 Prise Thymian
Schwarzer Pfeffer aus der Mühle
Salz
150 g fetter Räucherspeck in dünnen Scheiben
2 Eßl. Butter
1 Zwiebel
1 Glas Rotwein
1 Tasse saure Sahne

Die ausgebeinte Keule auseinanderklappen und mit dem Doppelwacholder begießen. Eine Stunde ziehen lassen, dabei mehrmals wenden und nach der Hälfte der Zeit mit zerdrückten Wacholderbeeren, Thymian und schwarzem Pfeffer bestreuen. Gewürze ins Fleisch drükken.
Einige Speckscheiben auf die Innenseite der Keule legen und diese fest zusammenrollen. Mit ungeleimtem Faden binden.
Außenseite trockentupfen, leicht salzen und in einem Bräter in der Butter auf allen Seiten gründlich anbraten. Zwiebel in Scheiben schneiden und kurz mit anbraten. Rotwein zugießen, die restlichen Speckscheiben auf den Braten legen. Im zugedeckten Topf etwa 1½ Stunden auf kleiner Hitze schmoren. Dabei öfter den Braten umwenden und jedesmal die Speckscheiben wieder obenauf legen. Braten herausnehmen, Speckscheiben wegwerfen.
Saure Sahne in den Topf rühren und diese Sauce abschmecken, durch ein Sieb abgießen und separat servieren.
Beilage: Kartoffelklöße und Rotkraut.

1 Keule oder Schinken, 2 Mürbebraten, 3 Rippespeer, Koteletts, 4 Kamm, 5 Kopf, 6 Kehlstück, 7 Schulterblatt, 8 Bauch

Hasentopf auf deutsche Art

Für heutige Hausfrauen sind alte Rezepte dieser Art kaum noch nachzukochen, weil nur die allerwenigsten von ihnen Gelegenheit haben, Hasenblut zu bekommen. Anderes Blut täte es auch. Aber davor ekelt man sich. Mit einem einfachen Trick habe ich den «blutigen Teil» der Zubereitung umgangen, komme jedoch zum gleichen Wohlgeschmack. Der Umweg führt über Blutwurst. In allen deutschen Wild-Gaststätten oder Jägerhaushalten kennt man dieses Gericht unter dem Namen «Hasenpfeffer». Zuweilen wird es auch als «Hase im Topf» bezeichnet. Dieser Name geht zweifellos direkt auf den hessischen, rheinhessischen und pfälzischen «Dippehas» zurück. In den letztgenannten drei Landschaften gehört dieses Rezept seit Generationen zu den beliebtesten und billigsten Wildgerichten. Ursprünglich nahm man dazu nur Vorderläufe, Kopf, Hals und Bauchlappen der Hasen sowie die Innereien. In Jägerhaushalten kann man das auch heute noch so handhaben.

Vorwiegend in den südwestlichen Landesteilen

Hasenpfeffer

Dippehas

Für 6 Personen:

1 Hase (es können auch nur Hasenteile sein; wer nur Vorderläufe bekommt, hat ein vorzügliches und sehr preiswertes Gericht)
300 g Schweinebackbraten
250 g frischer Schweinebauch ohne Schwarte
125 g Dörrfleisch (durchwachsener, geräucherter Speck ohne Schwarte)
1 Eßl. Schmalz
3 Zwiebeln
1 Mohrrübe
1 Stück Sellerieknolle
2 Gläser kräftiger Rotwein
1 Tasse Fleischbrühe
2 bis 3 Eßl. Essig
3 bis 4 Blutwürstchen (frische, ungebrühte, wie man sie im Sauerkraut zur Schlachtplatte kocht)
1 Prise Nelkenpfeffer
1 zerriebenes Lorbeerblatt
1 Eßl. Mehl
Salz und Pfeffer aus der Mühle
2 Eßl. Johannisbeergelee
Majoran

Hase häuten und in 10 bis 12 Stücke zerlegen. Schweinenacken und Schweinebauch in gulaschgroße Würfel schneiden. Dörrfleisch in briefmarkengroße Stücke. Diese im Schmalz ausbraten, herausnehmen und auf Küchenkrepp entfetten.

Im zurückgebliebenen Fett die kleingeschnittenen Zwiebeln, gestiftelte Mohrrübe sowie den gleichermaßen geschnittenen Sellerie so lange andünsten, bis die Zwiebeln hellgelb sind. Das alles sollte in einem dicken, gußeisernen Topf geschehen, der groß genug ist, das ganze Gericht aufzunehmen.

Inzwischen Rotwein, Brühe, Essig, die zerdrückten Blutwürste (ohne Pelle natürlich) zusammen mit Nelkenpulver und Lorbeerblatt aufkochen. Kräftig durchrühren.

Zu den angedünsteten Zwiebeln alle Fleischstücke geben, Mehl überstäuben, salzen und kräftig pfeffern. Unter mehrmaligem Wenden das Fleisch Farbe nehmen lassen. Dann Dörrfleischstücke zugeben.

Ablöschen mit der Rotweinmischung.

Johannisbeergelee einrühren und abschmekken. Falls die Blutwürste nicht kräftig gewürzt waren, muß man unbedingt noch etwas Majoran zufügen.

Deckel auflegen und mit einem Mehl-Wasser-Teig verkleistern. Im vorgeheizten Backofen bei knapp 175° gut 1½ Stunden schmoren lassen.

Anrichten: Am besten in dem Geschirr, in dem das Gericht gegart wurde. Deshalb kann man es auch nach dem Anbraten in ein irdenes Geschirr umfüllen und darin im Backofen schmoren.

Der Deckel wird erst bei Tisch geöffnet, denn der dabei ausströmende Duft ist der herr-

lichste Vorgeschmack, den man sich denken kann.
Beilagen: Kartoffelklöße, Weckklöße, Böhmische Knödel oder Spätzle; auch Bandnudeln. Rotkrautsalat.

SCHWARZWALD

EINGEMACHTER HAAS

Da Stallhasen schon immer einfacher und schneller zu haben waren als wildlebende, waren die «Hasen» dieses Gerichtes oft Kaninchen. Das Rezept stammt aus Villingen und wurde mir von meinem Freund Heiner Flaig mitgeteilt.

1 Kaninchen (TK-Ware gut möglich)
½ l Most oder Weißwein (Gutedel aus dem Markgräflerland)
1 große Zwiebel
2 Nelken
1 Lorbeerblatt
1 Teel. Essig
50 g Butter
50 g Mehl
1 Tasse Sahne
1 Schuß Weißwein
Weißer Pfeffer aus der Mühle und Salz
1 Eigelb

Kaninchen in mindestens acht Teile zerlegen. Marinade aus Most oder Weißwein mit Zwiebeln, Nelken und Lorbeerblatt ansetzen und darin das Fleisch mindestens 24 Stunden liegen lassen.
Gut 1 l Salzwasser aufkochen und Fleischstücke einlegen. Wenig später die Marinade nebst Gewürzen zugießen und eine Stunde schwach kochen.
Butter erhitzen, Mehl darin hell anschwitzen. Mit knapp ½ l Kochbrühe auffüllen und glattrühren. Sahne darin verquirlen und abschmecken mit einem kräftigen Schuß Weißwein, Pfeffer und Salz. Fleischstücke einlegen. Nach einigen Minuten vom Feuer nehmen und mit dem Eigelb legieren.
Als Beilage ißt man dazu breite Nudeln.

NIEDERSACHSEN

KALTER HASENRÜCKEN

Dieses Rezept habe ich von einer Familie, die jetzt bei Stuttgart lebt. Der «Kalte Hasenrücken» ist ein liebgewordenes Erbstück von einer alten Großtante, die den besten Teil ihres Lebens in einem Gutshaus in Niedersachsen verbracht hatte.

2 Hasenrücken
2 Zwiebeln
Salz
1 bis 2 Tassen Öl
1 bis 2 Eßl. Mehl
2 Gläser Rotwein
2 Lorbeerblätter
Saft einer Zitrone
Pfeffer aus der Mühle
Etwa 1 Teel. Zucker

Hasenrücken häuten und in Wasser mit einer in Scheiben geschnittenen Zwiebel und etwas Salz so lange kochen, bis das Fleisch fast gar ist. Etwas abkühlen lassen, dann das Fleisch von den Knochen lösen und im heißen Öl ringsum kräftig anbraten. Salzen und pfeffern, Hitze verringern und die Hasenrückenstücke, sobald sie gar sind, herausnehmen und abkühlen lassen. Im verbliebenen Öl die zweite, kleingeschnittene Zwiebel hellgelb werden lassen, mit Mehl bestäuben und dieses bräunen. Rotwein zugießen, Lorbeerblätter, Zitronensaft und Pfeffer zugeben und die Sauce eine gute Viertelstunde lang kochen. Mit Salz und Zucker abschmecken und dann im Backofen so lange bei 170° dünsten, bis das Öl an der Oberfläche austritt. Dann die Sauce passieren und kalt werden lassen. Kaltes Fleisch in nicht zu dicke Scheiben schneiden, diese dachziegelartig in einer Platte ausbreiten und mit der Sauce begießen.
Dazu schmeckt ein helles Bauernbrot.

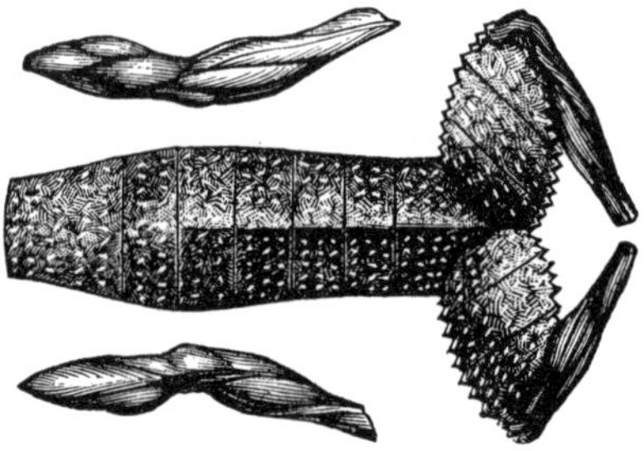

Hinweis: Als Verfeinerung verkochen die Rezept-Erben 2 Eßl. Tomatenmark in der Sauce und garnieren die Platte mit schwarzen Oliven, was allen noch viel besser schmeckt.

PFALZ

HASENPASTETE

Aus einem alten Familienkochbuch. Früher wurden auch in Privathaushalten sehr viel mehr Pasteten und Terrinen zubereitet als heute. Hier handelt es sich im engeren Sinn des Wortes um eine Terrine. Sie kann auch mit anderem Wildbret zubereitet werden.

350 g Hasenbratenreste
150 g nicht zu mageres Schweinefleisch
2 abgeriebene Brötchen
2 bis 4 Sardellenfilets
125 g fetter, geräucherter Speck
2 Eier
1 Gläschen Madeira
Salz und Pfeffer aus der Mühle und
3 zerdrückte Wacholderbeeren
1 bis 2 Eßl. Sauce vom Hasenbraten
1 Eßl. Butter
2 Scheiben Speck
1 bis 2 Lorbeerblätter

Hasenfleisch und Schweinefleisch zusammen mit den Sardellen und den eingeweichten und gut ausgedrückten Brötchen durch die Fleischmaschine drehen.
Speck in kleine Würfelchen schneiden. Zusammen mit den Eiern, Madeira, Gewürzen und Sauce kräftig unter das gehackte Fleisch mischen. Würzung prüfen, sie muß kräftig sein, da sie nach dem Garen etwas schwächer wird.
Eine kleine Kastenform oder eine feuerfeste Keramikterrine (was beim Anrichten schöner aussieht) gut ausbuttern, die Farce einfüllen und mit Speckscheiben belegen. Unter den Speck noch Lorbeerblätter legen.
Zugedeckt im Wasserbad etwa eine Stunde kochen.
Als Beilage schreibt das alte Familienkochbuch ausdrücklich gebackene Blätterteigstücke (Halbmonde, Fleurons) vor und Salat. Durch die Beigabe von Blätterteigstücken wird geschmacklich eine Annäherung an eine Pastete in Teigkruste erreicht – ein recht interessanter Trick aus Urgroßmutters Küche, die wohl wußte, wie schwer echte Pasteten zu backen sind.

MANNHEIM

KURPFÄLZER JAGDPASTETE

Das folgende Rezept stammt von dem weiland Hof-Conditormeister Kettemann. Es wurde in der Familie vererbt. Ich habe es von Eugen Kettemann, der heute noch in Mannheim Konditorei und Café besitzt. Zu besonderen Anlässen stellt er auch noch die Jagdpastete nach dem alten Familienrezept her. Hier sei sie dem vielbesungenen «Jäger aus Kurpfalz» gewidmet.

Pastetenteig:
500 g Mehl
1 Prise Salz
1/16 l Wasser
1 Teel. Kräutermischung «Fines herbes»
200 g Pflanzenfett

Füllung:
1/2 l Rotwein
1 Lorbeerblatt
10 Wacholderbeeren
1 grob geschnittene Zwiebel

Mehl mit Salz, Wasser und Kräutermischung verrühren. Fett erhitzen und flüssig zu dem Teigansatz gießen. Verrühren und kräftig kneten. Teig eine Nacht im Kühlschrank ruhen lassen. Er kann unbedenklich eine Woche aufgehoben werden. Für die Füllung den Rotwein mit Lorbeerblatt und sechs Wacholderbeeren sowie der Zwiebel würzen. Wildfilet in Streifen schneiden und über Nacht darin marinieren.
Schweineleber 5 Minuten lang in kochendem Wasser steif machen, dann herausnehmen und ebenfalls in Streifen schneiden. Pfifferlinge ohne Flüssigkeit im Butterfett erhitzen, mit Weinbrand übergießen und flambieren.

Abkühlen lassen und mit dem Wurstbrät vermischen.
Pfefferkörner, restliche Wacholderbeeren, Rosmarin, Piment und Koriander im Mörser zusammen zerstampfen und anschließend mit 1/3 Teel. Salz zu einem Wildgewürz vermischen. Zum Aufbau der Pastete fettet man eine Kastenform (26 cm lang) mit Schmalz aus. Teig ausrollen, eine große und eine kleine Platte daraus schneiden. Mit der großen Teigplatte die Form auslegen, Wülste in den Ecken ausschneiden, Ränder großzügig über die Form hängen lassen; sie werden später über der Pastete zusammengeklappt.
Mariniertes Wild abtropfen lassen. Boden der Pastete mit einigen Wild- und Leberstreifen belegen. Mit etwas Wildgewürz bestreuen. Darauf die Hälfte des Bräts verteilen. In der Mitte eine Längsrille drücken und dahinein die Preiselbeeren verteilen. Restliche Wild- und Leberstreifen auflegen und mit dem verbliebenen Brät bedecken. Glattstreichen. Teiglappen darüberklappen. Kleine Teigplatte zu einem Deckel schneiden und diesen auf die mit Eigelb bestrichenen Teiglappen drücken. Ränder sauber abschneiden. In der Mitte kreisrunde Öffnung schneiden und ein zusammengerolltes Stück Alu-Folie als Kamin einsetzen.
Oberfläche der Pastete mit einer Gabel einritzen oder aus Teigresten Ornamente formen und mit Eigelb aufkleben. Oberfläche ganz mit Eigelb bestreichen. Im vorgeheizten Backofen bei 200° in einer guten Stunde zu goldbrauner Farbe backen. Rotwein der Marinade durch ein Haarsieb gießen, 1/4 l abmessen, erhitzen und darin die in wenig Wasser vorgequollene Gelatine auflösen.
Aus der gebackenen Pastete den Kamin herausziehen, abkühlen lassen und dann im Kühlschrank richtig kalt werden lassen. Flüssiges Aspik durch die Öffnung eingießen und im Kühlschrank erstarren lassen. Zum Schneiden der Pastete ein feines Sägemesser verwenden. Die Scheiben sollen fingerdick sein.

375 g Hirsch- oder Rehfilet
125 g Schweineleber
1 kleines Döschen Pfifferlinge
1 Eßl. Butterfett
1 Gläschen Weinbrand
300 g Wurstbrät (Bratwurstfüllsel, grob, ungebrüht)
8 Pfefferkörner
1 Prise Rosmarin
2 Pimentkörner (Nelkenpfeffer)
1 Eßl. Schmalz
2 Eßl. eingemachte Preiselbeeren
1 Eigelb
1 Teel. Aspikpulver (gemahlene Gelatine)

Ansicht von Karlsruhe nach einer Zeichnung von L. Hofmeister

BADEN

HASENKUCHEN

Dies ist eine sehr einfache und volkstümliche Form einer Wildterrine, die sich auch heute noch zur Nachahmung anbietet.

500 g Hasenfleisch, gekocht oder gebraten (Reste)
4 Sardellenfilets
1 gehäufter Teel. Kapern
1 Zwiebel
1 Bündel Petersilie
4 Eßl. Butter
1 Eßl. Mehl
3 Eier
2 bid 3 Eßl. saure Sahne
Salz und Pfeffer aus der Mühle
1 Eßl. Butter
2 bis 3 Eßl. Semmelbrösel

Hasenfleisch zusammen mit Sardellen, Kapern, der grob zerteilten Zwiebel und der ebenfalls ganz grob gehackten Petersilie (ohne dicke Stengel) durch die feine Scheibe der Fleischmaschine drehen.
Butter sahnig rühren und mit Mehl vermengen. Eier schlagen und in die Mehlbutter gut einarbeiten. Dann diese Masse mit dem gewürzten Hasenhack kräftig vermischen. Dabei Sahne zufügen und mit Salz und Pfeffer abschmecken.
Eine Tortenform – am besten kleine Springform – mit Butter ausstreichen, mit Semmelbrösel ausstreuen, Teig einfüllen und bei 180° im Ofen zu dunklem Goldbraun backen. Stäbchenprobe!
Als Beilage paßt gemischter Salat.
Die Torte kann heiß und kalt serviert werden.

MECKLENBURG

WILDE ENTEN

Eine sehr interessante Anweisung findet sich in einem «Kochbuch für Norddeutschland» aus dem Jahr 1894. Dieses Rezept trägt der Tatsache Rechnung, daß wilde Enten leicht tranig schmecken, besonders jene aus den Küstenregionen. Unser norddeutsches Rezept hält sich nicht mit Einzelheiten auf, die das Braten betreffen; diese werden als bekannt vorausgesetzt.

„Nur junge Enten können gebraten werden, alte geben eine sehr gute Suppe. Wenn die Enten gerupft sind, werden sie gesengt, tüchtig gewaschen, mit warmem Wasser und etwas Mehl abgerieben und dann ausgenommen. Eine Handvoll Brennesseln wird dann auf die Enten gelegt und kochendes Wasser darübergegossen, worin sie 5 bis 8 Minuten liegenbleiben. Bei guter Hitze werden sie in 5/4 bis 1½ Stunden gar. Bei Tisch kann man die Brust einritzen, etwas Senf, rothen Pfeffer und Citronensaft hineinstreichen, mit der Sauce begießen, wodurch das Ganze angenehm schmeckt."

Die Enten werden vor dem Braten innen und außen gesalzen, jedoch nicht gefüllt.
Am besten legt man unter den Rost Knochen und Suppengrün in eine Fettwanne, in die man etwas Wasser gießt. Aus dem entfetteten, abgetropften Bratsatz der Enten wird die Sauce mit wenig Weißwein und Stärkemehl bereitet.

NIEDERSACHSEN

FELDHÜHNERRAGOUT

Grundlage dieses Rezeptes sind handschriftliche Aufzeichnungen aus einem Forsthaus der Lüneburger Heide, die kurz vor der Jahrhundertwende gemacht wurden. Darin ist betont von «jungen Feldhühnern» die Rede, man kann jedoch auch etwas ältere dafür verwenden. Feldhühner ist eine andere Bezeichnung für Rebhühner.

2 Rebhühner
1 Zwiebel
1 Mohrrübe
1 Lorbeerblatt
8 Pfefferkörner
2 bis 3 Eßl. kleingeschnittene Schinkenabfälle
2 Eßl. Butter
1/2 Glas Weißwein
2 Tassen kräftige Fleischsauce
1 Trüffel (die wir uns heute schenken werden)
4 frische Champignons
Salz
Cayennepfeffer
Dreiecke aus Weißbrot, in Butter kroß gebraten

Rebhühner ausnehmen, waschen und gut abtrocknen.
Zwiebel und Mohrrübe putzen und grob zerschneiden. Zusammen mit Lorbeerblatt, Pfefferkörnern, den Schinkenabfällen und der Butter in einem nicht zu großen Bräter erhitzen. Bratgemüse zur Seite schieben und die Rebhühner gründlich anbraten. Dann Weißwein und Fleischsauce zugießen. Auf nicht zu starker Hitze zugedeckt kochen, bis die Rebhühner gar sind. Sie sollten dabei zwei- oder dreimal umgedreht werden, damit sie gleichmäßig weich werden.
Herausnehmen und jedes in vier Stücke zerlegen (zwei Keulen und zwei Bruststücke). Sauce durch ein Haarsieb passieren, Gemüse dabei ausdrücken. Nach Möglichkeit auch entfetten.
Trüffel (so man heute 40 Mark ausgeben will) und/oder Champignons putzen, waschen und in Scheiben schneiden. In die Sauce legen und darin fast weich kochen. Dabei mit Salz und ganz wenig Cayennepfeffer abschmecken.
Hühnerstücke in der Sauce heiß werden lassen, dann auf einer Platte attraktiv anrichten und mit der Sauce übergießen. Mit den gerösteten Brotdreiecken (zwei oder drei pro Person) garnieren.
In den handschriftlichen Aufzeichnungen wird dieses «Feldhühnerragout» ausdrücklich als sehr gutes «Voressen» bezeichnet. Damals waren Ragouts oder Frikassees Gänge, die man nach der Suppe und vor dem Braten

reichte. Mit der Vereinfachung der Speisefolge ist auch das Wort «Voressen» aus unserem Sprachgebrauch verschwunden; nur in der Schweiz kennt man es noch. Nach Auskunft mehrerer Schweizer Freunde ist es auch da auf dem Rückzug. Der baltische Ausdruck «Vorschmack» hat sich in Finnland lebendig erhalten.

BADEN

MARKGRÄFLER FASAN

Fasan auswaschen, abtrocknen. Salz, Pfeffer und vier zerdrückte Wacholderbeeren vermischen und damit den Fasan innen und außen einreiben. Speckscheiben über die Brust binden; dabei auch Keulen zusammenbinden. Bei 250° im vorgeheizten Ofen etwa 40 Minuten braten. Nach 10 Minuten die Hitze auf knapp 200° drosseln. Mehrmals mit Butter, die mit Paprikapulver verknetet wurde, und Bratfett bepinseln.
Hals und Magen des Fasans scharf in Butter anbraten. Dazu kleingehackte Zwiebel, zerdrückte Knoblauchzehe und Thymian. Mit Mehl bestäuben und dieses leicht bräunen. Mit Weißwein ablöschen und mit Salz, Pfeffer und zwei zerdrückten Wacholderbeeren würzen. Etwa 15 Minuten kochen; eventuell etwas Wasser nachgießen. Sauce passieren.
Beilagen: Weinsauerkraut, Weintrauben (in Butter geschwenkt) und Kartoffelpüree. – Beim Anrichten werden die Fasanenhälften mit jeweils einer Speckscheibe belegt. Sauce wird extra gereicht.

Für 2 Personen:

1 junger Fasan
Salz
Pfeffer aus der Mühle
6 zerdrückte Wacholderbeeren
2 Scheiben Speck (fett)
1 Eßl. Butter
1/2 Teel. edelsüßes Paprikapulver (eine neuere Zutat, aber gut)
1 Zwiebel
1 Knoblauchzehe
1 Messerspitze gerebbelter Thymian
1 Eßl. Butter
1 Eßl. Mehl
Salz und Pfeffer
1/4 l herber Weißwein

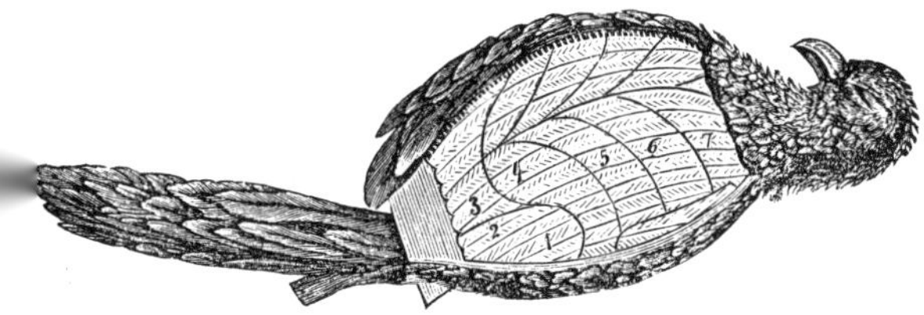

REBHÜHNER IN LINSEN

Man kennt diese Zubereitungsart auch anderswo und schätzt sie nicht nur wegen ihres Wohlgeschmacks, sondern auch, weil auf diese Weise selbst betagte Vögel noch Freude bereiten. Oberforstmeister Frevert, langjähriger Chef der Rominter Heide, hat mir erzählt, daß auch die höchstgestellten Jagdgäste Gefallen an diesem Gericht fanden.

2 bis 3 Rebhühner
Salz
Pfeffer aus der Mühle
4 bis 6 zerdrückte Wacholderbeeren
2 Eßl. Butter oder Butterschmalz
2 bis 3 Speckscheiben, fett, knapp ½ cm dick
80 g gewürfelter, fetter Speck
2 Zwiebeln
2 Mohrrüben
1 Stück Sellerie
1 Eßl. Mehl
1 Lorbeerblatt
400 g Linsen
1 Glas Rotwein
250 g Kartoffeln
1 Schuß Essig

Die vorbereiteten Rebhühner innen und außen salzen und pfeffern. Innen auch noch mit den zerdrückten Wacholderbeeren einreiben. Etwa 1 Stunde stehenlassen.
Butter oder Butterschmalz erhitzen und darin die Rebhühner von allen Seiten gründlich anbraten. Die Brustseite der Rebhühner mit je einer großen Speckscheibe belegen und festbinden.
Im verbliebenen Anbratfett in einem großen Suppentopf mit dickem Boden den gewürfelten Speck glasig werden lassen. Zwiebeln kleinschneiden, Mohrrüben schrappen und ebenfalls in kleine Würfel schneiden, gleichermaßen mit dem Sellerie verfahren. Alles Gemüse andünsten, bis die Zwiebeln sehr gut glasig sind. Mehl darüberstäuben und unter ständigem Rühren bräunen. Ablöschen mit

dem Einweichwasser, in dem die Linsen über Nacht lagen, gut verrühren, Lorbeerblatt und Linsen zufügen und den Rotwein eingießen. Umrühren und mit Salz und Pfeffer aus der Mühle würzen. Zugedeckt etwa 15 Minuten kochen. Dann die kleingewürfelten Kartoffeln in die Linsen rühren und die Rebhühner hineindrücken. Wieder zudecken und noch ungefähr eine 3/4 Stunde schwach kochen.
Rebhühner herausnehmen, Speck entfernen, diesen in Stücke schneiden und in die Linsen mischen. Nochmals abschmecken und dabei auch den Essig zufügen; die Linsen dürfen nicht suppig sein, sondern sollen die Konsistenz eines gebundenen Gemüses haben.
Beim Anrichten halbierte Rebhühner auf eine tiefe Platte mit den Linsen legen.

Gebratener Auerhahn

Bitte das Rezept sehr genau durchlesen und auch die letzte Zeile beachten!

1 schöner Auerhahn in seiner vollen Manneskraft
4 bis 6 Flaschen Portwein eines alten Jahrgangs
800 g Gänseleber
100 g Trüffeln
4 Gläser alter Cognac
Salz
Pfeffer aus der Mühle
2 Gläser Champagner
3 Scheiben Weißbrot
1 Kalbsries
200 g Butter
1/2 Flasche alter Calvados
250 g Morcheln
1 Tasse Sauerrahm

Den Auerhahn rupfen und ausnehmen (lassen). Auswaschen und gut abtrocknen. Dann vier Tage in Portwein einlegen, kühl stellen und ab und zu umwenden.
Abtropfen lassen.
Aus gemahlener Gänseleber und den gebürsteten Trüffeln, die man nicht zu klein hackt, zusammen mit dem alten Cognac eine Füllung kneten. Zur besseren Bindung eventuell noch etwas in Champagner eingeweichtes und wieder ausgedrücktes Weißbrot damit vermischen. Mit Salz und Pfeffer abschmecken. Auerhahn damit füllen und zunähen. In gute Form dressieren. Mit heißer Butter übergießen und bei 241° im vorgeheizten Ofen 95 Minuten braten. Dabei abwechselnd mit Butter und altem Calvados einpinseln.
Den goldbraun gebratenen Auerhahn auf eine große Silberplatte legen, mit Morcheln in

Rahm umgeben und von einem Kellner oder Diener im Frack feierlich in den mit Kerzen erleuchteten Speisesaal bringen lassen. Er wird allen Gästen zur gehörigen Bewunderung gezeigt, dann öffnet man ein Fenster und wirft ihn mit elegantem Schwung hinaus.

PS. Dies ist ein altes deutsches Rezept, das in Jägerkreisen immer wieder ... erzählt wird. (Ein alter Auerhahn ist zwar prächtig anzusehen, jedoch ungenießbar.)

Saucen

In der frühen deutschen Kochbuchliteratur spielen die Saucen eine Hauptrolle. In anderen Ländern ist es ähnlich. Bei der bescheidenen Auswahl an Speisen, die vor allem in langen Wintermonaten auf ein geradezu kärgliches Angebot zusammenschrumpfte, mußten Köche und Köchinnen versuchen, durch Saucen Abwechslung in das Einerlei zu bringen. Außerdem – und das sei nicht verschwiegen – waren dermaleinst viele Lebensmittel mangels erträglicher Frischhaltemöglichkeiten schon recht möpselnd, wenn sie in der Küche verarbeitet wurden; Saucen überdeckten alle Mißlichkeiten dieser Art.
In der Neuzeit hat man sich solcher Saucen-eigenschaften wieder entsonnen. Vor allem in England machte man sich die Erfahrungen der Alten zunutze und erfand würzige Saucen, die den geschmacklosesten Speisen auf die Sprünge halfen. Noch heute sind diese zweifelhaften Geschmackshilfen in Flaschen gefüllt auch bei uns überall zu kaufen.
Deutsche Hausfrauen und Kochkünstler wurden im Laufe der Jahrhunderte einmal zu geizig und dann auch zu faul, die komplizierten Saucen ihrer Vorväter weiter zuzubereiten. Also erfanden sie einen braunen Mehlpapp, den sie Sauce nannten und der die deutsche Kochkunst so besudelt hat, daß mit ihr kaum noch Staat zu machen ist. Diese deutsche Sauce, in der Gastronomie «Grundsauce» genannt, wollen wir bei unserer Zusammenstellung vergessen und uns lieber an bessere Beispiele der deutschen Saucentradition halten.

In dem sehr frühen Kochbuch «Koch und Kellermeisterey», das 1581 in Frankfurt erschien, finden wir eine:

Amerellen Salsen

Weichsel- oder Sauerkirschsauce

„Stoß sie in einem Mörser mit Kern und allem, reib Lebkuchen darunter, treib sie durch ein Tuch zusammen mit gutem Wein, schütt es in ein verglasierten Hafen. Stoß Negelin und allerley stark Würtz, und thu ein wenig Saltz darein; Erwell (laß aufwallen) es bey dem Feuer, darnach thu es auch in ein feucht Becken und laß es wol gestehen."

Sauerkirsch-Sauce

Modernisiertes Rezept einer alten Sauce, die besonders als Beigabe zu Wildgerichten geschätzt wird.

Knochen und Abgänge von Wild
1 Zwiebel
1 Möhre
1 Stück Sellerieknolle
1 bis 2 Eßl. Mehl
2 Eßl. Butter
6 zerdrückte Wacholderbeeren
Salz
Pfeffer aus der Mühle
2 bis 3 Eßl. Johannisbeergelee
250 g Sauerkirschen

Knochen und Abgänge (abgeschnittene Fleisch- und Knorpelstückchen) zusammen mit den geputzten und grob zerschnittenen Gemüsen in der Butter scharf anbraten. Häufig bewegen. Mit Mehl bestäuben und noch einige Minuten weiterbraten, bis das Mehl dunkel angeröstet ist. Ungefähr zwei Tassen heißes Wasser zugießen, Bratsatz loskratzen, Wacholderbeeren, Salz und Pfeffer zufügen. Unter häufigem Wenden 1/2 Stunde lang kochen, eine weitere Tasse Wasser zugießen und nochmals eine halbe Stunde kräftig kochen. Die Flüssigkeit soll dabei auf knapp 1/4 Liter einkochen. Durch ein Haarsieb abgießen und mit dem Johannisbeergelee sowie den entsteinten und weichgedünsteten Sauerkirschen mitsamt ihrem Saft vermischen. Noch einmal kurz aufwallen lassen, abschmecken und servieren.
Als Beilage zu Wildbret reichen.
Verbesserung dieser Sauce ist möglich, wenn man sie zusätzlich mit etwas Zimt würzt, der jedoch nicht vorschmecken darf.

Warme Meerrettichsauce

1 starke Stange Meerrettich
3 geh. Eßl. feingeriebene Weißbrotkrume
3 bis 4 Eßl. Butter
Einige Strich Muskatnuß
Etwas weißer Pfeffer aus der Mühle
1 kräftige Prise Salz
1/4 l gute Fleischbrühe

Meerrettich gründlich putzen und dann fein reiben. Mit allen anderen Zutaten vermischen. Unter Rühren einmal aufkochen.

Sollte die Sauce zu dick sein, so gibt man noch etwas Brühe oder Sahne zu. Eine zu dünne dickt man mit weiterer Zugabe von Weißbrotkrumen an.

Diese Sauce wird zu gekochtem Fleisch gegessen.

Bayern

Apfelkren

4 bis 5 gehäufte Eßl. frischgeriebener Meerrettich (Kren)
4 Eßl. geriebener, säuerlicher Apfel
2 Eßl. Zitronensaft
Zucker
Salz
2 bis 3 Eßl. saurer Rahm

Meerrettich in eine kleine Rührschüssel füllen. Geriebenen Apfel mit dem Zitronensaft vermischen und dann mit dem Meerrettich verrühren.

Abschmecken mit Zucker und ganz wenig Salz. Eine Viertelstunde ziehen lassen. Mit dem sauren Rahm abrunden.

Änderungsmöglichkeit: Wer die Sauce milder haben möchte, der kann etwas mehr saure Sahne nehmen und zur Bindung noch frischgeriebene Weißbrotkrume zufügen.

Apfelkren wird zu Siedfleisch und zu heißen Würstchen gegessen.

Frankfurt am Main,
Stich von W. Lacey
nach einer
Zeichnung von
W. Tobleson

FRANKFURT, HESSEN, RHEINHESSEN

GRÜNE SAUCE

GRIEH SOOS

Hier haben wir den Star unter den deutschen Saucen. Sie hat sich während der letzten Jahre sogar die Bankett-Tafeln erobert. Eine begrüßenswerte Entwicklung hat sich vollzogen: Hausmannskost wurde zur deutschen Spezialität der feinen Küche, genannt «Frankfurter Grüne Sauce».

Wenn man «Grüne Sauce» auch in weiten Teilen Hessens und Rheinhessens schon lange kennt, so kann man sie doch mit Fug und Recht als Frankfurter Spezialität bezeichnen. Dort nennt man sie «Grieh Soos». Daß sie zu Goethes Lieblingsspeisen zählte, wage ich zu bezweifeln, denn er, der so viel übers Essen schrieb, hat sie nie erwähnt. Sie taucht auch in Frankfurter Kochbüchern erstmals um die Mitte des 19. Jahrhunderts, also nach Goethe, auf.

Ich gebe drei Rezepte.

Das älteste stammt aus dem «Frankfurter Kochbuch» von W. Schünemann, 1842 erstmals gedruckt.

„Kerbel, Sauerampfer und Estragonblätter, von jedem eine Handvoll, sowie halb so viel Petersilie fein hacken, dann in einer Serviette auspressen, durch ein Sieb drücken und mit Mayonnaise verrühren."

Ein bis heute gültiges Rezept findet sich in der handschriftlichen Sammlung der «Tante Schlosser», einer feinsinnigen Frankfurter Patriziersfrau, die noch Goethes Mutter zu ihren Bekannten zählte. Frau Rat Schlosser hat ihr Rezept für «Grüne Sauce» vielleicht sogar vorm Erscheinen des Schünemannschen Kochbuches aufgeschrieben, aber das ist nicht mehr nachzuweisen, da nur noch Abschriften bestehen.

„Für 3 Personen 3 hartgekochte Eier. Das Gelbe wird gut zerdrückt, mit Salz und Pfeffer gewürzt und mit 1½ Eßl. Öl, 1 Eßl. Essig und ½ Eßl. Senf vermischt. Alsdann werden fein gewiegt: Petersilie, Borretsch, Pimpernelle, Drachant[1], und gut mit der Masse verrührt. Je nach der Dicke des sauren Rahmes kommen 3 bis 4 Eßl. darunter. Die Sauce wird durch ein Sieb gedrückt und die Kräuter, die sich nicht durchdrücken, weggelassen."

[1] «Drachant» ist einer der vielen altertümlichen Namen für Estragon.

Hinweis: Ähnliche Rezepte – alle auf der Basis zerdrückter, hartgekochter Eidotter – werden heute noch häufig benutzt.

Modernes Rezept

Dies stellt eine Mischung aus der Zubereitungsart dar, wie ich sie im Frankfurter Elternhaus kennenlernte, und verschiedenen anderen Hausfrauenrezepten aus Frankfurt, die heute gebräuchlich sind.

Petersilie, Schnittlauch, Kerbel, Borretsch, Dill, Spinatblätter, Kresse, Estragon, Basilikum, Pimpinelle
¼ l saure Sahne oder Joghurt
1 kleine Zwiebel
2 Eßl. süße Sahne
2 Eßl. Mayonnaise
200 g Magerquark
Salz und weißer Pfeffer aus der Mühle
1 kleine Prise Zucker
1 bis 2 hartgekochte Eier

Alle Kräuter oder eine Auswahl daraus; Estragon sparsamer als andere Kräuter verwenden. Kräuter waschen, mit Küchenkrepp trocknen. Alle Kräuter grob zerschneiden; sie sollten locker geschichtet dann etwa ¾ l ausmachen. Davon zwei Drittel zusammen mit der sauren Sahne und der grob geschnittenen Zwiebel im Mixbecher der Küchenmaschine pürieren. Sollte die Flüssigkeit nicht ausreichen, kann man noch die beiden Eßl. süße Sahne zugeben. Rest der Kräuter nur kleinschneiden und in einer Rührschüssel mit dem Inhalt des Mixbechers verrühren; sie geben der Sauce «Biß». Mayonnaise und so viel Quark unterrühren, bis eine cremige Sauce entsteht.

Abschmecken mit Salz, Pfeffer und Zucker. Die hartgekochten Eier schälen und grob zerhacken. Beim Anrichten auf die «Grüne Sauce» streuen oder auch damit vermischen. Diese Sauce ißt man zu Siedfleisch, gekochtem Fisch, hartgekochten oder verlorenen Eiern oder auch nur Pellkartoffeln.

Apropos: Früher war «Grüne Sauce» ein ausgesprochenes Gründonnerstagsessen; es gab dann Eier dazu. Darüber hinaus wurde damit der Beginn des Frühlings kulinarisch gefeiert. Heute gibt es das ganze Jahr hindurch im Raum Frankfurt die in Glashäusern gezogenen Kräuter als fertige «Grüne-Sauce-Bündel» zu kaufen.

OSTSEEKÜSTE

SAHNEN-SAUCE

Dieses Rezept basiert auf den handschriftlichen Aufzeichnungen einer Rostocker Familie. Ich gebe zuerst meinen persönlichen Vorschlag bezüglich der Zutatenmengen und lasse dann den Originaltext folgen, der etwa um 1840 herum aufgeschrieben worden sein dürfte.

1 Eßl. Butter
1 Teel. Mehl
4 Eigelbe
2 bis 3 Eßl. kaltes Wasser
1/4 l Sahne
1 Teel. abgeriebene Zitronenschale
1 Prise Salz
Geriebene Muskatnuß

Diese Sauce schmeckt zu Kochfisch, kann aber auch zu gebackenen Fischfilets gereicht werden.
Hinweis: Nachdem die ersten Zutaten kalt miteinander verrieben wurden, rührt man nach und nach die heißgemachte Sahne dazu. Die Sauce wird dann noch so lange heiß, aber ohne zu kochen gerührt, bis sie sämig ist. Vor dem Anrichten nochmals abschmecken.

„Ein Stückchen Butter wird mit wenig Mehl, ein paar Eidottern, ein wenig kaltem Wasser, abgeriebener Citronenschale und Muskatnuß zusammen gut durchgerieben und dann mit der Sahne zu einer sämigen Sauce abgerührt.
Nimmt man diese Sauce zu Stock- oder Klippfisch, so wendet man statt der abgeriebenen Citronenschale fein gehackte Chalotte an."

Senfsauce

2 Tassen Weinessig
1 Lorbeerblatt
Schale 1/2 Zitrone
4 Nelken
8 Pfefferkörner
1 bis 2 Eßl. Zucker
1 kräftige Prise Salz
1/4 l Fleischbrühe
1 Eßl. Kartoffelmehl
3 Eßl. Senf
3 bis 4 Sardellen oder
2 Teel. Sardellenpaste
1 Eßl. Butter
3 Eigelbe

Weinessig mit Lorbeerblatt, Zitronenschale, Nelken, Pfeffer, Zucker, Salz und Fleischbrühe unter kräftigem Schlagen mit dem Schneebesen zum Kochen bringen.
Kartoffelmehl mit einigen Eßl. Wasser verrühren und zusammen mit dem Senf in die Sauce quirlen. Nochmals zwei bis drei Minuten schwach kochen lassen, dann durch ein Sieb treiben.
Die Sauce abschmecken mit feingehackten Sardellenfilets oder Sardellenpaste. Butter zugeben, gründlich erhitzen, vom Feuer nehmen und mit den Eigelben legieren.
Diese Sauce wird zu allen Arten von Fisch gereicht.

Sauerampfersauce

Ein Rezept, das aus einem Berliner Bürgerhaus der Jahrhundertwende stammt.

1 Eßl. Butter
1 Eßl. kleingehackte Zwiebel
1 Eßl. Mehl
Gut 1/4 l Fleischbrühe
1 bis 2 Handvoll Sauerampferblätter
2 Eßl. süße Sahne
2 Eigelbe
Salz
1 kleine Prise Cayennepfeffer

Butter mit den Zwiebeln erhitzen, sobald diese glasig werden, das Mehl überstäuben und hell anschwitzen. Mit der Fleischbrühe ablöschen und die Sauce etwa 1/4 Stunde schwach kochen. Inzwischen die gewaschenen Sauerampferblätter in einem Eßl. Butter einige Minuten anschwitzen. Anschließend mit dem Wiegemesser hacken oder durch ein Sieb streichen. Mit ihrem Saft zur inzwischen durchgesiebten Sauce geben. Die Sahne ebenfalls unterrühren und gut mit dem Schneebesen schlagen. Nochmals aufwallen lassen. Sauce vom Feuer nehmen, mit den beiden Eigelben legieren und mit Salz und Cayenne abschmecken.
Sauerampfersauce paßt zu Fisch, hellem Fleisch und Geflügel.

KÜMMELSAUCE

Zwiebel schälen und in grobe Würfel schneiden. Diese in der Butter glasig werden lassen. Mehl darüberstäuben und hellgelb rösten. Fleischbrühe nach und nach zugießen, eine glatte Sauce rühren, mit dem Kümmel würzen und etwa 15 Minuten auf schwacher Hitze kochen.
Durch ein Sieb streichen, nochmals erhitzen und abschmecken. (Normalerweise müßte die Würzung der Fleischbrühe für die Sauce ausreichend Geschmack bringen.)
Diese Sauce wurde sehr gern zu gedämpftem Hammelfleisch, vor allem auch zu Hammelbrust gereicht.

1 große Zwiebel
4 Eßl. Butter
2 Eßl. Mehl
Knapp 1/2 l Fleischbrühe
1 Eßl. Kümmel

KAPERNSAUCE

Mehl mit wenig Brühe zu einem Brei rühren, dann die übrige Fleischbrühe dazugießen, verrühren, Muskatblüte sowie Zitronenscheibe zufügen. Alles miteinander unter ständigem Rühren zum Kochen bringen. Einige Minuten durchkochen. Vom Feuer nehmen und mit den verklepperten Eigelben legieren. Kapern hineinschütten. Butter in Flöckchen zufügen und dabei auf ganz schwachem Feuer ständig kräftig rühren, bis alle Butter verbraucht und eine glatte Sauce entstanden ist.
Diese Kapernsauce wird vor allem zu Hecht und Lachs gereicht.

1 Eßl. Mehl
Gut 1/2 l Fleischbrühe
4 Zitronenscheiben mit ungespritzter Schale und ohne Kerne
1 Prise Muskatblüte
3 Eigelbe
1/2 Tasse Kapern
125 g Butter

WACHOLDERSAUCE

Dieses Rezept stammt aus einem Forsthaus der Lüneburger Heide und dürfte während der letzten Jahrzehnte des vergangenen Jahrhunderts aufgeschrieben worden sein.

4 hartgekochte Eier
4 Eßl. Öl
1 Eßl. Senf
1 Eßl. Essig
Weißer Pfeffer aus der Mühle
10 Wacholderbeeren
½ Teel. Salz

Aus den Eiern verwendet man nur die Dotter, die man auslöst und in einer kleinen Rührschüssel zerdrückt.
Öl (das alte Rezept schreibt ausdrücklich Provencer-Öl, also Olivenöl, vor), Essig, Senf und Pfeffer zugeben und alles gut miteinander verrühren.
Die Wacholderbeeren zusammen mit dem Salz im Mörser zerreiben und dann in die Sauce rühren. Etwa eine halbe Stunde ziehen lassen, ehe man sie serviert.
«Wacholdersauce» wurde zu Wildschwein und Schweinskopfsülze im Heide-Forsthaus gegessen. Das sind auch heute noch sehr empfehlenswerte Zusammenstellungen.
Hinweis: Das alte Rezept ergibt sehr wenig Sauce, die einer gewürzten Mayonnaise ähnelt. Eventuell Mengen etwas erhöhen.

SCHNITTLAUCHSAUCE

3 Eßl. Butter
2 Eßl. Mehl
Gut ¼ l Fleischbrühe
2 Eßl. Zitronensaft
Salz
Weißer Pfeffer aus der Mühle
1 Tasse süße Sahne
1 kleine Prise Zucker
6 Eßl. gehackter Schnittlauch

Butter erhitzen und darin das Mehl hell anschwitzen. Kalte Fleischbrühe zugießen und eine glatte Sauce rühren. Zitronensaft, Salz und etwas Pfeffer dazu. Eine Viertelstunde kochen. Zum Abrunden die Sahne einrühren und ganz wenig Zucker zugeben. Vom Feuer nehmen und den Schnittlauch in die Sauce rühren.
Schmeckt hervorragend zu gekochtem Rindfleisch.

Der Dom zu Erfurt

MITTELDEUTSCHLAND

THÜRINGER ZWIEBELSAUCE

Eine sehr ungewöhnliche deutsche Sauce, weil sie ganz ohne Mehl auskommt.

40 g gewürfelter, fetter Speck
60 g Grieben von Schweine- oder Gänsefett
150 g Zwiebelscheiben
20 g Butter

Speckwürfel und Grieben zusammen mit den Zwiebelscheiben in einer schweren Eisenpfanne so lange auf nicht zu großer Hitze rühren, bis die Zwiebeln (es sollen am besten halbe Ringe sein) hellbraun sind.
Hitze stark drosseln – in alten Rezepten heißt es: Man schiebt die Pfanne an die Seite des Herdes. Butter zufügen, alles miteinander vermischen. Sauce in eine kleine, tiefe Schüssel füllen.
Mit Pellkartoffeln schmeckt diese Sauce ausgezeichnet.
Verbesserung: Hatte man vorher Gänsefett ausgelassen und dazu als Geschmacksverfeinerung Apfelstücke mit ausgebraten, so kann man die Bratäpfel unter die Sauce mischen.

DEFTIGE SPECKSAUCE

60 g fetter Räucherspeck
3 Zwiebeln
1 Eßl. Mehl
Knapp ½ l Fleischbrühe
1 Lorbeerblatt
Salz
Weißer Pfeffer aus der Mühle
Essig
1 kleine Prise Zucker

Speck in kleine, dünne Streifchen schneiden und in einer Pfanne mit dickem Boden auf nicht allzugroßer Hitze glasig werden lassen. Zwiebeln schälen, halbieren und in dünne Scheiben schneiden. Im Speckfett braten, bis sie gelb sind. Mehl darüberstäuben und unter ständigem Rühren ebenfalls goldgelb anschwitzen.
Mit der Fleischbrühe ablöschen. Eine glatte Sauce rühren. Lorbeerblatt zufügen und mit den folgenden Zutaten abschmecken. Etwa 20 Minuten auf schwacher Hitze kochen lassen. Lorbeerblatt herausfischen und die Sauce heiß servieren.
Diese Sauce wird als Beigabe zu Pellkartoffeln gereicht.

MORCHELSAUCE

Der wunderbar aromatische Speisepilz war noch vor einigen Jahrzehnten sehr viel billiger als heute und wurde gern für Saucen verwendet.

2 Tassen Morcheln
1 Eßl. Butter
1 Eßl. kleingeschnittene Petersilie
1 Teel. kleingehackter Schnittlauch
Weißer Pfeffer aus der Mühle
Salz
1 Eßl. Mehl
¼ l Fleischbrühe
1 Tasse saure Sahne
2 Eigelbe
1 Teel. Butter

Morcheln sehr gründlich waschen, abtropfen, ausdrücken und in kleine Stücke schneiden. In einem Stieltopf mit dickem Boden Butter erhitzen und die Morcheln darin mit der Petersilie und dem Schnittlauch gut anschwitzen; häufig dabei umwenden. Würzen mit Pfeffer und Salz. Mehl überstäuben und zusammen mit den Pilzen hell anschwitzen. Mit Fleischbrühe ablöschen, alles gut miteinander verrühren und auf schwacher Hitze eine Viertelstunde kochen lassen.
Sahne in die Sauce rühren und nach einigen Wallern vom Feuer nehmen. Die beiden verklepperten Eigelbe einrühren, Würzung prüfen und ganz zum Schluß noch ein wenig Butter zufügen.

Eine ausgezeichnete Beigabe für helles Fleisch, sei es gebraten oder gekocht.
Hinweis: Heute nimmt man 2 Eßl. getrocknete Morcheln, die vor Gebrauch eingeweicht werden.

Häringsauce

Diese Sauce, deren Name man heute natürlich anders schreibt, war bis zum Ersten Weltkrieg sehr beliebt, weil sie einfach und billig zu machen war und einen kräftigen Geschmack hatte, den man zu einfachem Kochfisch, aber auch zu Siedfleisch schätzte, das selbst kaum noch Aroma hatte, da es zur Suppe ausgelaugt war.

1 Salzhering
½ Zwiebel
1 bis 2 Eßl. gehackte Petersilie
1 kleines Stückchen Zitronenschale
2 Eßl. Butter oder Margarine
2 Eßl. Mehl
Knapp ½ l Fleischbrühe
1 bis 2 Eßl. Essig

Salzhering etwa ½ Stunde wässern, abtrocknen, klopfen, enthäuten, spalten und entgräten. Anschließend mit einer halben Zwiebel und der Petersilie sowie der Zitronenschale, aus der die weiße Innenhaut entfernt wurde, fein verwiegen. In einem Stieltopf mit dickem Boden die Butter zerlassen und darin das Mehl gelb anschwitzen. Mit Fleischbrühe ablöschen, Essig zugießen und alles zusammen etwa ¼ Stunde lang schwach kochen. Dann das Heringsgehäck zufügen, verrühren und nochmals gut 5 Minuten kochen.
Vor dem Anrichten kann man diese Sauce noch durch ein Sieb passieren.

NORDDEUTSCHLAND

HOLSTEINER FISCHSAUCE

1 große Zwiebel
4 Eßl. Butter
3 Eßl. Senf
4—6 Eßl. kräftiger Fischsud
Weißer Pfeffer aus der Mühle
Salz
Zitronensaft

Zwiebel schälen und in kleine Würfelchen schneiden. Diese in der Butter hellgelb werden lassen, dann den Senf auf ganz schwacher Hitze dazurühren. Fischsud zugeben, Hitze erhöhen und alles zusammen einige Minuten kochen. Vor dem Anrichten mit Pfeffer, Salz und vor allem Zitronensaft abschmecken.
Diese Sauce wird zu gekochtem Fisch gereicht.

Weinschaumsauce

Gewiß ein internationales Rezept, jedoch auch eine Sauce, die bei vielen sehr deutschen Klößen und Dessertgebäcken nicht wegzudenken ist.

Eigelbe mit dem Zucker im Wasserbad schaumig rühren. Dabei Saft und sehr fein abgeriebene Schale der Zitrone zugeben. Nach und nach bei kräftigem Schlagen mit dem Schneebesen den Wein zugießen, bis eine fast steife Creme entstanden ist.
Heiß oder abgekühlt zu gebackenen Süßspeisen wie «Dampfnudeln» oder gekochten Puddings.
Nach dem oben genannten Rezept wurde in deutschen Haushalten seit langer Zeit die «Weinschaumsauce» zubereitet. Leider muß darauf hingewiesen werden, daß es auch andere Rezepte gab, deren Ergebnis schlechter ausfallen muß, die jedoch sogar als typischer deutsch bezeichnet werden können.

5 Eigelbe
4 bis 5 Eßl. Zucker
1 Zitrone, Saft und Schale
Gut 1/4 l herber Weißwein

Einfache Weinsauce

Weißwein mit Zucker, Stärkemehl und Sauerrahm gründlich verrühren, bis der Zucker aufgelöst ist und eine glatte Konsistenz erreicht wird. Unter Rühren mit der Zitronenschale erhitzen. Mehrmals aufkochen lassen. Zitronenschale herausnehmen, vom Feuer rücken und mit den verklepperten Eigelben legieren.
Diese Sauce wird gern zu Reisbrei gereicht, ist allerdings unter dem Ansturm fertiger Päckchensaucen fast verschwunden.
Die «Einfache Weinsauce» kann verfeinert werden, indem man sie leicht abkühlen läßt und dann noch die steifgeschlagenen Eiweiße darunterzieht. Sie ist auch ohne Rahm herzustellen. Oft gibt man ihr eine zusätzliche Würzung durch ein Stück Zimtstange.
Alle Weinsaucen wurden – früher mehr als heute – auch mit Apfelwein oder Most zubereitet, was natürlich billiger war.

1/2 l herber Weißwein
4 Eßl. Zucker
1 Eßl. Stärkemehl
1/2 Tasse Sauerrahm
Schale einer ungespritzten Zitrone
2 Eigelbe

Rumsauce

Aus «Illustriertes Kochbuch» von Küchenmeister L. Kurth, Berlin, 1858.

125 g Zucker
Abrieb und Saft einer Zitrone
4 Eigelbe
gut 1/10 l Weißwein
4—5 Eßl. Rum

„Auf ¼ Pfund Zucker reibt man die gelbe Schale einer Citrone ab, ſtößt den Zucker fein, rührt ihn mit einem ganzen und 4 gelben Eiern und dem Saft einer Citrone klar, gießt ⅕ Flaſche Weißwein ſowie 4 bis 5 Eßl. Rum dazu und ſchlägt die Maſſe mit einem Schneebeſen aus Holz oder Draht kurz vor dem Anrichten auf langſamem Feuer zu einem dicken Schaum. Sobald die Sauce einmal aufſtößt, iſt ſie gut, worauf man ſie ſofort vom Feuer nimmt. Soll ſie zu einer kalten Mehlſpeiſe gegeben werden, ſo kann man etwas geſchlagene Sahne darunter miſchen.“

Rumsauce paßt vorzüglich zu gekochten Puddings, vor allem wenn diese auf Brotbasis hergestellt sind. Man kann sie auch zu allen Speisen reichen, zu denen man eine Weinsauce gibt.

Chokoladesauce

Für alle die, die noch Interesse an einer hausgemachten «Schokoladensauce» haben, gebe ich ein sehr einfaches Rezept aus dem «Regensburger Kochbuch» der Marie Schandri, die 40 Jahre Köchin im «Goldenen Kreuz» war. Das Rezept stammt aus dem Jahre 1876; deshalb auch die seltsame Schreibweise des Titels.

100 g Schokolade
½ l Milch
3 Eidotter

„Man reibt 100 Gramm Chokolade und rührt dieselbe in ein halbes Maß (½ l) gut kochende Milch und läßt dieselbe mehrmals aufkochen. Die kochende Chokolade gießt man dann an drei, mit einem Löffel kalte Milch abgerührte Eidottern und strudelt (verquirlt) das Ganze tüchtig, bis es Schaum gibt."

Hinweis: Eventuell ist noch die Zugabe von etwas Zucker nötig, den man am besten gleich mit der Schokolade in der Milch verkocht.

Vanillesauce

Diese beliebte Sauce zu vieler Art Puddings wird heutzutage nur noch mit Hilfe eines Saucenpulvers hergestellt. Die alte Zubereitungsart sollte jedoch nicht verlorengehen, zumal sie nicht kompliziert ist und ein Ergebnis liefert, das den Industrieprodukten eindeutig überlegen ist. Erkaufen wir uns doch erhöhten Genuß mit ein klein wenig mehr Arbeit!

½ l Milch
1 Stück Vanillestange
6 Eigelbe
1 bis 2 Eßl. Zucker
1 winzige Prise Salz

Milch mit der aufgeschlitzten Vanillestange eine Viertelstunde lang nach dem Aufkochen ziehen lassen.
Die Eigelbe mit dem Zucker und einigen Salzkörnchen so lange verrühren, bis diese aufgelöst sind. Dann langsam unter ständigem Rühren die heiße Milch zugießen. Den Topf aufs Feuer setzen, jedoch nicht kochen lassen, und so lange rühren, bis die Sauce andickt. Mit dem Schneebesen anschließend leicht schaumig schlagen.

Kalte Johannisbeersauce

Dieses Rezept stammt von einer alten Dame, deren Großvater ein hoher bayrischer Forstbeamter war. Sie berichtet, daß es diese Sauce bei Jagdessen zum Wildschweinbraten gab.

4 Eßl. Johannisbeergelee
2 Eßl. Senf
1 Glas herber Rotwein
Salz
Saft einer Zitrone
Schale einer Orange

Johannisbeergelee sehr gut mit Senf, Rotwein, Salz und Zitronensaft verrühren.
Aus der Orangenschale die weiße Innenhaut sorgfältig entfernen, dann aus der dünnen Haut feine Streifchen schneiden, diese einige Minuten in wenig Wasser kochen, abgießen und zu der Johannisbeersauce geben. Alles gut miteinander verrühren.
Als Beigabe zu Wild, besonders Wildschwein.
Hier haben wir also eine deutsche Cumberlandsauce, die jedoch ihrerseits gut und gerne aus Niedersachsen stammen kann, weil ja die Herzöge von Cumberland aus Hannover kamen.

Klöße, Knödel und andere Beilagen

Eine der verbreitetsten deutschen Beilagen dürften Kartoffeln sein. Im Gegensatz zu vielen anderen Ländern sind sie bei uns Bestandteil des Hauptgerichts und müssen nicht extra bestellt – und bezahlt – werden.
Kartoffelbeilagen der verschiedensten Art finden sich trotzdem nicht in diesem Abschnitt, sondern zusammen mit den Gemüsen und Eintöpfen, weil da die Zubereitungsarten ineinander übergehen.
Die Klöße und Knödel sind nach ihren Hauptbestandteilen geordnet.

Klöße und Knödel nebst ihrer zahlreichen Sippschaft

„Klöse, Knöpflein oder Knötlein, in Niedersachsen auch Klümpe genannt, sind runde, aus allerhand Fleisch, Fischen, Semmel, Mehl, Hefen und Gewürz in beliebiger Größe zubereitete Bälle oder Küglein, die hernach gar gesotten, oder in Butter gebacken, und theils besonders in einer Brühe aufgesetzt, theils an gemischten Essen, als Potagen (Suppen) u. d. gl. verbraucht werden."

So steht es in einem FRAUENZIMMER-LEXICON zu lesen, das 1773 in Leipzig erschien. Noch fehlen in der Aufzählung die Kartoffelklöße. Kein Wunder, denn die berühmte Knolle begann damals gerade erst in deutschen Küchen Fuß zu fassen; zur Knödelveredelung war es noch nicht gekommen.
Ich will mich auf Klöße und Knödel aus Mehl, Semmeln, Quark und Kartoffeln beschränken. Entsprechende Fleisch- oder Fischzubereitungen finden sich in den jeweiligen anderen Abschnitten dieses Buches. Bei den Suppen finden sich die Klößcheneinlagen.
Mehr als eine Auswahl kann nicht geboten werden, denn es gibt ganze Bücher, die sich nur mit deutschen Kloß- und Knödelrezepten befassen und Hunderte davon aufzählen. Fast ebenso zahlreich sind die Worte, die es in der deutschen Sprache für derartige kulinarische Gebilde gibt, ein Beweis dafür, daß es sich um echte Spezialitäten unserer Landesküchen handelt. Als Namensgruppen sind zu erwähnen: Knöpf, Klump und Keilchen. Außerdem gibt es zahlreiche, oft recht drastische Dialektausdrücke wie «Herzdricker» (Pfalz).
In Nord-, Mittel- und Ostdeutschland ist Kloß-Gebiet, während der Süden und Südwesten von Knödeln und Knöpf spricht. Kloß ist mit «Klotz» wortverwandt, während im Knödel wahrscheinlich ein «Knoten» steckt; wegen des

lateinischen Ursprungs (nodul) ist der Knödelbegriff internationaler: Gnocchi (Italien), Quenelle (Frankreich) und die slawischen Knedl-Variationen. Der Kloß hingegen hat es nur im Inland zu der etwas zweifelhaften Popularität als «Trauerkloß» oder «Kloßkopp» gebracht.

GEBACKENE KLOSSSCHEIBEN

So ziemlich überall in deutschen Landen werden Knödel und Klöße in so reichlicher Zahl gemacht, daß man sie später in Scheiben schneiden und braten kann. Das ist mehr als eine Restverwertung. Ich persönlich esse zum Beispiel gebratene Kartoffelklöße aus gekochten Kartoffeln – wie etwa Watteklöße – lieber als die ursprünglichen Produkte; werden sie in Butter gebacken, bekommen sie ein besonders schmackhaftes Krüstchen, und man braucht nur einen grünen Salat dazu, um eine vollständige Mahlzeit zu haben.

Fangen wir bei den Knödel-Kloß-Rezepten mit den jüngsten Sprossen dieser großen deutschen Spezialitätenfamilie an, denen aus Kartoffeln. Und da wieder mit den größten, denen aus Thüringen.

Klöße aus rohen Kartoffeln

THÜRINGER KLÖSSE

(Auch «Grüne Klöße»; in manchen Gegenden sagt man auch «wollene» dazu; im Schmalkaldischen gibt es (oder gab es früher?) die Bezeichnung «Höbes»; in der Pfalz «Hoorische Knepp».) An Thüringer Klöße habe ich langjährige Kindheitserinnerungen. Vorher noch haben sie um ein Haar meine Mutter davon abgehalten, meinen Vater zu heiraten. Als dieser nämlich seine aus Frankfurt am Main stammende Braut Verwandten und Freunden in Ilmenau, seiner Heimat, vorstellte, gab es stets ein Essen. Und zu jedem Essen – Thüringer Klöße. Sie lagen der Braut schwer im Magen – und das in des Wortes doppelter Bedeutung. Schließlich siegte die Liebe über die Klöße. Meine Mutter lernte schnell, sie vorzüglich zu kochen, wobei mein Vater allerdings stets die geriebenen Kartoffeln auspreßte; das war Männerarbeit.
Hier ist das Rezept meiner Mutter, die es von ihrer Schwiegermutter übernahm, die es ihrerseits von meiner Urgroßmutter hatte, von der aus es sich im Dunkel der Geschichte verliert.

2 ¼ kg rohe Kartoffeln (möglichst große, weil die sich am besten reiben lassen)
½ l Milch
50 g Grieß
1 bis 2 Teel. Salz
1 altbackenes Brötchen
1 Eßl. Fett (Butter, Margarine oder Schmalz)

Kartoffeln schälen und in kaltes Wasser reiben. Dazu nur Großmutters Handreibe nehmen mit den gezackten Löchern, die so aussehen, als wären sie eben erst aus dem Durchschlagen eines dicken Nagels entstanden. (Bei aller Vorliebe für elektrische Küchenmaschinen – zum Kloßteigreiben taugen sie nichts.) Geriebene Kartoffeln nochmals in frisches Wasser schütten, dann in einen derben Leinensack füllen und kräftig ausdrücken, richtig auswringen. In Thüringen hatte man eine Presse dafür. Die Kartoffelmasse muß ganz trocken, fast mehlig werden. Sie wird in einer Schüssel zerkrümelt. Dann muß aber schnell gearbeitet werden, damit sie nicht zu lange der Luft ausgesetzt bleibt und grau wird.

Die Milch hat man mit dem Grieß zu einem dünnen Brei gekocht, den man nun sofort heiß über die geriebenen Kartoffeln gießt. Salzen und mit einem derben Holzlöffel kräftig durcharbeiten, schlagen, schließlich noch kneten.
Große runde Klöße mit nassen Händen formen.
Mit zwei Fingern ein Loch in die Mitte drükken und dahinein einige Brotwürfel stecken, die aus der altbackenen Semmel geschnitten und im Fett kroß geröstet wurden. Teig darüber gut zusammendrücken. Klöße vorsichtig in einen großen Topf mit kochendem Salzwasser gleiten lassen. Klöße vertragen keine Drängelei. Das Wasser muß nur eben gerade kochen; sprudelt es wild, so lösen sich die besten Klöße in ihre Bestandteile auf oder schrumpfen zu Tennisballgröße zusammen. Nach ungefähr 30 Minuten müssen Thüringer Klöße gar sein.
Beilage: Braten (Gans, Wild, Schwein, Rind) mit viel und kräftiger Sauce. Klöße mit wenig Sauce schmecken nicht. In armen Familien behalf man sich mit einer Speck-Mehl-Tunke. Kinderreiche Familien verabfolgten ihren her-

Schleusingen

anwachsenden Söhnen als Vorspeise einen trockenen Kloß, damit sie nachher nur noch 4 oder 5 der kindskopfgroßen Dinger mit Sauce und einem kleinen Stückchen Fleisch verdrükken konnten.

Zu den sehr trockenen Klößen muß die Sauce schon ein bißchen fett sein; wenn sie reichlich fett ist, schmeckt das Ganze um so besser.

Anmerkungen: Früher haben die Hausfrauen das Kartoffelwasser abgegossen, nachdem sich die Stärke auf dem Boden gesammelt hatte. Diese Stärke wurde dann noch mehrmals mit frischem Wasser durchgespült, anschließend getrocknet und diente als Stärkemehl für weitere Küchenzwecke. Für die Herstellung von Klößen verwendete man sie nicht gern, da diese dann zu fest und grau wurden. Übriggebliebene Thüringer Klöße wurden kalt in Scheiben geschnitten und dann gebacken. Mit Saucenresten oder auch nur mit Salat oder Gemüse waren sie eine beliebte Billigmahlzeit.

Abweichende Zubereitungsarten

Anstelle des Grießbreis kann man auch Milch-Kartoffelpüree oder nur heiße Milch verwenden. Jede Hausfrau schwört auf ihre Zubereitungsart. Manche verteilen die gerösteten Brotwürfelchen in den ganzen Teig.

«Fünf Klöße und 'ne Gans,
fünf Kilo im Gewicht,
das ist dem Thüringer sein Leibgericht.»

(Volkstümlicher Reim in Thüringen)

OSTPREUSSEN

KARTOFFELKEILCHEN

Keilchen ist ein ostpreußischer Name für Klöße. Die Keilchen sind erheblich kleiner als die Thüringer Klöße, sie werden oft auch länglichoval geformt und heißen dann «Flutschkeilchen», weil sie so besonders gut flutschen, gleiten.

1 kg Kartoffeln
1 Ei
Salz
1 bis 2 entrindete Brötchen
1 Eßl. Butter

Kartoffeln schälen und in eine mit Wasser gefüllte Schüssel reiben. In einem groben Leinensack kräftig ausdrücken, das ablaufende Wasser dabei auffangen. Nach kurzer Zeit kann man es von der Stärke, die sich am Boden gesammelt hat, abgießen. Die Hälfte dieser Stärke zu den ausgepreßten Kartoffeln geben. Das Ei dazu und salzen. Die Masse gut verrühren und dann mit feuchten Händen daraus Keilchen formen.
Die aus den entrindeten Brötchen geschnittenen und in Butter kroß angebratenen Würfelchen in die Keilchen drücken. Salzwasser in einem großen Topf zum Kochen bringen und darin die Keilchen in etwa 20 Minuten garziehen lassen.
Wie die Thüringer Klöße werden auch die Ostpreußischen Keilchen zu allen Braten mit viel und fetter Sauce gegessen.

Rezeptvariationen:
KARTOFFELKEILCHEN HALB UND HALB
Zu den roh geriebenen Kartoffeln kommen noch etwa ein Drittel der Menge gekochte, durchgepreßte Kartoffeln sowie ein zweites Ei.
Die traditionelle Beilage zu diesen Keilchen ist eine fette Sauce, zu der man Zwiebelwürfel und Speckwürfelchen in Butter kroß anbrät und dann über die Keilchen gießt.

Bitte beachten:
KLOSS- UND KNÖDEL-KNIGGE
Alle Klöße und Knödel werden ohne Deckel gegart, daran sollten auch alle Energiesparmaßnahmen nichts ändern.

Kommen sie dann auf den Teller – manchmal auch schon vorher –, so reißt man sie mit zwei Gabeln auseinander. Der aufsteigende Dampf ist für jeden echten deutschen Feinschmecker berauschend.
Klöße wollen schwimmen, sie brauchen viel Sauce. Fette Sauce erhöht ihren Wohlgeschmack. Vielleicht hat unsere Knödelvorliebe dazu geführt, daß unsere nationale Kochkunst unter zu stark verlängerten Saucen leidet.
Knödel- und Kloßzubereitungen entziehen sich allen sturen Grammangaben, sie sind Gefühlssache. Selbst erfahrene Knödel- und Kloßköchinnen machen immer wieder erst einen Probekloß, um in der Praxis zu erproben, ob das Gebilde nicht verkocht und auch nicht steinhart wird. Früher war es in Thüringen und Bayern gang und gäbe, daß Schwiegermütter die Kochkünste der Auserwählten ihrer Söhne beim Kloß- und Knödelkochen testeten. So manche hoffnungsfrohe Maid hat sich durch einen mißratenen Knödel die Heirat verscherzt.
Und – für so ziemlich alle Klöße gilt, was der Dichter Rudolf Hagelstange über «seine» Klöße schrieb: «So steht für den Kenner fest, daß es unmöglich ist, sich an Thüringer Klößen nicht zu überessen, wenn es wirkliche Thüringer Klöße sind.»

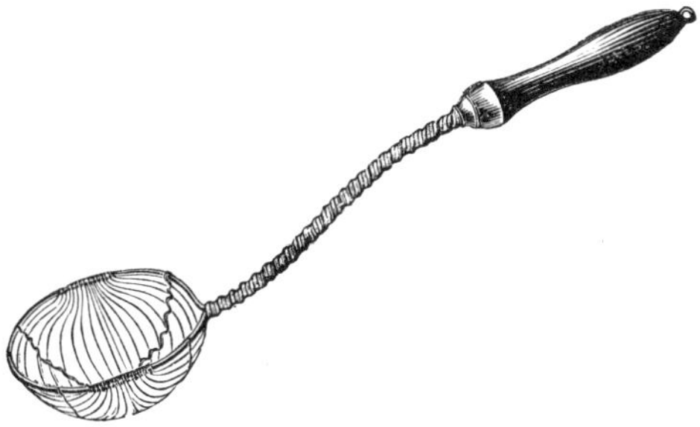

Klöße aus gekochten Kartoffeln

FRANKEN

Baumwollne Klösse

Die Franken haben ihre urbayerischen Nachbarn insofern missioniert, als sie ihnen die Kunst der Kartoffelklöße brachten, nachdem diese vorher nur Semmel- oder Mehlknödel gekannt hatten. Außerdem sind die Franken wahre Kloßfanatiker, nahezu jede ihrer Städte hat eine Kloßtradition mit eigenem Rezept.

750 g Kartoffeln, möglichst mehlige
Gut 200 g Stärkemehl
Salz
1 Tasse geröstete Brotwürfelchen

Kartoffeln kochen, schälen und durch die Kartoffelpresse drücken. Stärkemehl damit verkneten, nachdem man knapp 1/4 l warmes Wasser damit vermengt hat.
Mit Salz abschmecken. Kinderfaustgroße Klöße formen und in die Mitte eines jeden Kloßes einige geröstete Brotwürfelchen drükken.
In kochendem Salzwasser etwa 20 Minuten garziehen lassen.
Beilagen: Diese Klöße aus gekochten Kartoffeln müssen zwar auch mit Sauce gegessen werden, sie kommen jedoch mit einer geringeren Menge davon aus; außerdem ist kräftiger Fleischgeschmack wichtiger als Fett.
Rezeptvariationen: Mancherorts werden diese Klöße aus gekochten Kartoffeln entweder mit einem Ei oder mit etwas Backpulver zubereitet.
Als Gewürz schätzt man in der feinen deutschen Küche geriebene Muskatnuß an der Kloßmasse.
In ländlichen Küchen würzt man zuweilen mit Majoran.

THÜRINGEN

WATTEKLÖSSE

Sie stehen im Schatten der «echten» Thüringer Klöße. Schon der Name Watteklöße könnte eine Art Abwertung bedeuten.

Etwa 1/2 l Milch
3 bis 4 Eßl. Semmelbrösel
1 Eßl. Butter
Etwas Mehl

Kartoffeln waschen und kochen. Lauwarm schälen und durch eine Kartoffelpresse drükken oder auf einem Reibeisen (die einstmals bevorzugte Methode) reiben. Mit Kartoffelmehl und Salz vermischen und dann nach und nach so viel kochende Milch zugießen – dabei ständig rühren –, bis ein formbarer Teig entstanden ist.

Kinderfaustgroße Klöße formen.

Semmelbrösel in Butter anrösten und etwas davon in die Mitte eines jeden Kloßes drükken, Öffnung wieder verschließen. Klöße leicht in Mehl wälzen und im siedenden Wasser 10 bis 15 Minuten garen.

Die klassische Beilage dazu ist der sogenannte Topfbraten, der aus Schweine-Kleinfleisch besteht, das in einer sauer abgeschmeckten Brühe (mit Pflaumenmus und Lebkuchen) anschließend an ein Schlachtfest zubereitet wird.

Gotha

SACHSEN, ERZGEBIRGE

WICKELKLÖSSE

1 kg Kartoffeln
300 bis 400 g Mehl
1 Ei
Salz
½ Päckchen Backpulver
1 bis 2 Eßl. Butter
5 Eßl. Semmelbrösel
150 g kleingewürfelter, durchwachsener Räucherspeck
Fleischbrühe

Kartoffeln in der Schale kochen. Abpellen und am nächsten Tag durch eine Presse drücken oder reiben. Mit Mehl, Ei, Salz und Backpulver verkneten.
Butter erhitzen und darin die Semmelbrösel anrösten.
Getrennt davon die Speckwürfelchen kurz anbraten.
Kartoffelmasse zu einer dünnen Platte auf bemehltem Pergamentpapier oder einem Tuch ausrollen.
Mit abgekühlten Semmelbröseln und Speckwürfelchen bestreuen. Zu einer Wurst mittels der Unterlage aufrollen. Schräg in knapp fingerlange Stücke schneiden. Die Schnittflächen zusammendrücken, wobei man die äußere Teigschicht über die Füllung zu ziehen versucht.
In kochender Fleischbrühe eine gute Viertelstunde garen. Herausnehmen und abtropfen lassen.
Als Beilage reicht man Sauerkraut und Pökelfleisch. Man kann die Wickelklöße auch in der Pökelbrühe garen.

SACHSEN

SPECKKLÖSSE

Zutaten und Zubereitung wie «Kartoffelklöße aus dem Vogtland» (S. 334). Einziger Zusatz: 100 g gewürfelter, durchwachsener Speck wird mit einer kleingeschnittenen Zwiebel angeröstet und dann unter die Kloßmasse geknetet.

Schnupfnudeln

In Württemberg Bauchstecherle, auch «Ranzenstecher» oder «Schupfwärgel»
In Franken Kartoffelspatzen, auch «Potaknspatzn»
In Hessen und der Pfalz Buwespitz

Dies ist eine Sippschaft für sich. Alle werden nach dem gleichen Grundrezept hergestellt und zu dicken, spitzen Würstchen geformt. Sie erfreuen sich in ihren Stammlanden noch immer größter Beliebtheit. Leider hat die Gastronomie sich noch nicht damit anfreunden können – Pommes frites aus der Tiefkühltruhe machen halt weniger Arbeit.

1 kg Kartoffeln
1 Ei
Salz und geriebene Muskatnuß
4 bis 6 gehäufte Eßl. Mehl
2 bis 3 Eßl. Butterfett oder Schmalz oder Pflanzenfett

Kartoffeln in der Schale kochen. Etwas abkühlen lassen und schälen. Am folgenden Tag reiben oder durchpressen.
Mit dem Ei vermischen und mit Salz und Muskatnuß würzen. So viel Mehl in die Masse rühren und kneten, bis sich ein formbarer Teig bildet.
An beiden Enden spitz zulaufende Rollen formen, die bis zu 2 cm dick und 8 bis 10 cm lang sind.
In reichlich siedendem Salzwasser garziehen lassen. Kurz nachdem sie an die Oberfläche gekommen sind, herausnehmen und abtropfen lassen.
In heißem Fett auf beiden Seiten anbraten.
Bauchstecherle serviert man in Schwaben oft mit angerösteten Semmelbröseln übergossen.
In den anderen Landschaften gibt man dieses Gericht zu Sauerkraut und Bratwurst. In Baden reicht man zum Sauerkraut Schäufele.
Rezeptvariationen: Man kann dieses Kartoffelgericht auch ohne es vorher zu kochen in Fett braten. Dabei sollten die Gebilde etwas dünner sein.

Feinere Kartoffelklösse

In einer Berliner Hauswirtschaftsschule wurde 1912 die folgende Kloßzubereitung gelehrt (nach den handschriftlichen Aufzeichnungen von Frau Erna Frickert, geb. Scharfenberg):

750 g gekochte Kartoffeln
100 g Butter
100 g Mehl
2 Eier
4 Eigelb
30 g Salz
1 Prise geriebene Muskatnuß
20 g Zucker
4 bis 6 Eßl. Milch
70 g abgeriebenes Milchbrot
50 g Butter
50 g Mehl zum Formen der Klöße

Kartoffeln reiben. Butter zu Sahne rühren und mit den geriebenen Kartoffeln, dem Mehl, Eiern, Salz, Muskatnuß, Zucker und Milch vermischen.
Milchbrot klein würfeln und in der Butter kroß braten. Zu der Kloßmasse geben. Alles verkneten.
Mit bemehlten Händen eigroße Klöße formen und im Salzwasser 20 Minuten köcheln.
Diese Klöße wurden besonders gern mit Backobst oder mit gedünsteten Birnen und Pflaumensauce gegessen. Seltener reichte man eine Speckstippe (Zwiebeln und Speck zusammen angebraten) dazu.

Kartoffelklösse aus dem Vogtland

Im Gegensatz zu ihren thüringischen Nachbarn machen die Vogtländer ihre Klöße vorwiegend aus gekochten Kartoffeln. In der Vorliebe für Klöße stehen sie den Thüringern nicht nach.

1 kg Kartoffeln
2 Eßl. Mehl
3 bis 5 Eßl. saure Sahne
1 Ei
Salz
geriebene Muskatnuß
1 Tasse geröstete Brotwürfelchen

Kartoffeln in der Schale kochen. Abkühlen lassen, schälen und durch die Kartoffelpresse drücken oder reiben.
Mehl damit vermischen. So viel Sahne zugeben, wie der Teig, nachdem er mit einem Ei verrührt wurde, noch aufnehmen kann. Abschmecken mit Salz und Muskatnuß.
Kinderfaustgroße Klöße mit nassen Händen formen. In die Mitte eines jeden einige Brotwürfelchen drücken. In siedendem Salzwasser in etwa 15 Minuten garziehen lassen.

Kartoffelklöße halb und halb

HESSEN

GLITSCHER

Für die wahre Volkstümlichkeit dieser Klöße spricht ihr Name, der sehr drastisch, aber auch treffend ist: sie glitschen (rutschen) leicht von Löffel oder Teller.
Wetzsteine ist ein anderer Name dieser Klöße, der sich auf ihre längliche, an den Enden zugespitzte Form bezieht.

Rohe Kartoffeln in eine Schüssel mit Wasser reiben, dann in einem groben Leinensäckchen gut auspressen.
Gekochte Kartoffeln, die vom Vortag sein sollten, schälen und ebenfalls reiben. Mit den rohen geriebenen und ausgepreßten Kartoffeln sowie mit Mehl, Ei und Wasser gut vermengen. Mit Salz vorsichtig abschmecken.
Längliche Klöße daraus formen und im siedenden Salzwasser in etwa 20 Minuten garziehen lassen.

500 g rohe Kartoffeln
750 g gekochte Pellkartoffeln
3 bis 4 gehäufte Eßl. Mehl
Etwa 1 Ei
1/2 Tasse Wasser
Salz

FRANKEN

HALBSEIDENE KLÖSSE

Gleiche Zubereitung wie für «Fränkische Klöße» (S. 336). Der Anteil der rohen Kartoffeln beträgt jedoch nur 1 kg, dazu nimmt man ebenfalls 1 kg gekochte Kartoffeln und erhöht die Menge der heißen Milch etwas.
Beilagen: In Franken bevorzugt man Schweinebraten zu Klößen. Dazu gibt es dann noch Weiß- oder Rotkraut. «Halbseidene» ißt man gern zu Wild.

VOGTLAND

KLUMP

Der Kloßteig entspricht in Zutaten und Zubereitung dem für «Glitscher» (S. 335). Zuweilen verwendet man im Vogtland gleich viel rohe und gekochte Kartoffeln, für das gegebene Rezept also jeweils gut 600 g.

Diese Klöße werden in einem Eintopf gegart, man nennt sie KRAUTKLUMP.

500 g Weißkraut werden kleingeschnitten mit 500 g frischem Schweinebauch zusammen in reichlich Wasser gekocht. Wenig später gibt man 250 g kleine, herbe Kochbirnen dazu. Wenn alles gar ist, schneidet man den Bauch in mundgerechte Stücke, würzt die Brühe mit Essig und wenig Zucker und gart darin die Klöße.
Alles zusammen wird als Eintopf serviert.

FRANKEN

FRÄNKISCHE KLÖSSE BAYREUTHER KLÖSSE

1,5 kg rohe Kartoffeln
500 g gekochte Kartoffeln vom Vortag
Gut 1/4 l Milch
Salz
1 Tasse angeröstete Weißbrotwürfelchen

Rohe Kartoffeln schälen und in eine Schüssel mit Wasser reiben. In einem groben Leinensack gründlich auspressen.
Gekochte, geschälte Kartoffeln ebenfalls reiben und mit der ganz heißen Milch verrühren. Rohe und gekochte geriebene Kartoffeln dann miteinander vermengen. Salzen.
Mit nassen Händen daraus Klöße formen und in deren Mitte jeweils einige geröstete Brotwürfelchen geben.
Im siedenden Salzwasser in etwa 20 Minuten garziehen lassen.

Niederlausitz

Gubener Klösse

Zutaten und Zubereitung wie voriges Rezept «Fränkische Klöße».
Eine besondere Spezialität ist jedoch die Beilage: gekochtes Pökelfleisch und Meerrettichsauce.

Aus Hessen stammen zwei eigenwillige Kloßrezepte:

Nordhessen

Diebchen

500 g gekochte Pellkartoffeln vom Vortag
500 g rohe Kartoffeln (geschält gewogen)
1 Tasse Milch
2 bis 3 Eier
Salz
Gerebbelter Majoran
2 bis 4 Eßl. Mehl
250 g grobe, geräucherte oder luftgetrocknete Bauernmettwurst

Gekochte Kartoffeln schälen und reiben.
Rohe Kartoffeln in eine Schüssel mit Wasser, dem einige Tropfen Essig zugesetzt wurden, reiben. In einem groben Leinensäckchen gut ausdrücken.
Alle geriebenen Kartoffeln zusammenschütten und mit heißer Milch, den Eiern, wenig Salz und einer sehr kräftigen Prise Majoran gut vermischen. So viel Mehl zugeben, daß eine formbare Kloßmasse entsteht.
Wurst in 8 Würfel schneiden, den Rest kleiner würfeln und mit dem Kloßteig vermischen.
Um jeden der größeren Würfel einen Kloß formen.
In siedendem Salzwasser etwa 15 Minuten garziehen lassen.
Dazu ißt man gern eine Speck-Zwiebelsauce, die mit saurer Sahne abgerundet ist. Diese Sauce trägt auch den Namen Duckefett.

Hessen, Vogelsberg

Kartoffelsäck
oder
Beulches

Bei diesen Klößen, die unter beiden Namen bekannt sind, handelt es sich fast schon um ein Nationalgericht des Vogelsbergs. Wenn es sich nicht auch die anderen hessischen Landschaften erobert hat, so liegt das wahrscheinlich an der ausgefallenen Zubereitungsart. Man braucht dazu kleine, längliche Leinenbeutel von etwa 8 × 20 cm Größe, die man zubinden kann.

1 kg rohe Kartoffeln
250 g gekochte Pellkartoffeln vom Vortag
1 Zwiebel
1 Teel. Schmalz
Salz und etwas weißer Pfeffer aus der Mühle
Dazu kann man noch nehmen:
300 g Solberfleisch (gepökeltes und gekochtes Schweine-Kleinfleisch)

Rohe und gekochte Kartoffeln reiben und sofort miteinander vermischen. Etwas Salz und Pfeffer dazu.
Die Zwiebel schälen und klein würfeln; im Schmalz glasig werden lassen und zum Kartoffelteig geben. Nach Belieben kann man auch das Solberfleisch in kleine Würfelchen schneiden und ebenfalls unter die Masse mischen.
Diese dann in die heiß ausgespülten und danach ausgedrückten Säckchen füllen. Einzeln zubinden.
In viel kochendem Salzwasser 1 Stunde garziehen lassen. Herausnehmen, ganz kurz in eine Schüssel mit kaltem Wasser tauchen, damit sich die Masse besser aus den Beuteln drücken läßt.
Jeder schneidet sich die Beulches in Scheiben.
Dazu gibt es Zwiebelsauce, Speck-Zwiebelsauce oder auch – vor allem wenn Solberfleisch verwendet wurde – Sauerkraut.

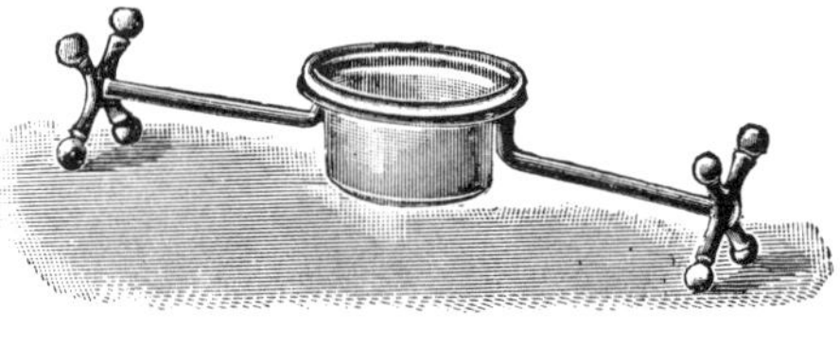

PFALZ

GEFILLTE KNEPP

Das Rezept zu diesen gefüllten Kartoffelklößen stammt aus Zweibrücken. Dort sowie in und um Pirmasens ist die Heimat dieser Kloßart.

800 g rohe Kartoffeln
400 g gekochte Kartoffeln vom Vortag
1 Tasse heiße Milch
1 Ei
Etwa 2 Eßl. Mehl
Salz
2 Eßl. ganz fein geschnittener Lauch (weiße und hellgelbe Teile)
Zum «Gefillsel»: Wahlweise 250 g Brät von roher Bratwurst oder 200 g kaltes, gekochtes Rindfleisch, 1 Teel. Schmalz, 1 Zwiebel, Salz und Pfeffer aus der Mühle

Rohe Kartoffeln in eine Schüssel mit Wasser reiben, dann auspressen in einem groben Leinensack.
Geriebene, gekochte Kartoffeln sowie die heiße Milch damit verrühren. Das Ei und so viel Mehl untermengen, daß ein formbarer Kloßteig entsteht. Diesen würzen mit Salz und dem feingeschnittenen Lauch.
Runde, dicke Fladen auf der offenen Hand formen. Auf jeden einen Klecks «Gefillsel» geben und den Kloßteig darüber gut zusammendrücken und abrunden.
Im kochenden Salzwasser in etwa 25 Minuten garziehen lassen.
Benutzt man zum «Gefillsel» gekochtes Rindfleisch, so dreht man das durch den Fleischwolf, vermischt es mit der kleingewürfelten und hellgelb angedünsteten Zwiebel und schmeckt mit Salz und Pfeffer ab. Zuweilen gibt man auch zur Bindung noch ein eingeweichtes und ausgedrücktes Brötchen dazu. Neuerdings bindet man auch gern mit einer kleinen, rohen und ausgedrückten Bratwurst.
Als Beilage schüttet man angebratene Speckwürfel über die Klöße sowie erhitzte Sahne. Dazu grüner Salat. Vor allem in Familien mit mehreren Kindern machte man sich früher den Spaß, daß ein Kloß nur mit einer Zwiebel gefüllt wurde. Wer ihn erwischte, bekam ein kleines Geschenk: vielleicht ein Zehnerl.

Knödel aus Semmeln

Wenn man auch in verschiedenen deutschen Landschaften Weckklöße kennt, begeben wir uns jetzt eindeutig ins Knödelgebiet, das seine Hochburgen in Bayern hat. Weshalb man den dort ansässigen Volksstamm auch «Knödelbayern» nennt. Wer diesem Wort einen abfälligen Unterton gibt, ist ein armer Wicht, der noch keine echt bayrischen Knödel genossen hat.

BAYERN

SEMMELKNÖDEL

Das sind die bayrischen Knödel schlechthin. Karl Valentin hat einmal gesagt, man müsse sie eigentlich «Semmelnknödel» nennen, da ja viele Semmeln zur Zubereitung gehörten. Wie viele, das ist bei jeder Rezeptangabe schwer zu sagen. Einigen wir uns auf einen mittleren bayrischen Appetit und rechnen zwei große Knödel pro Person!

10 altbackene Semmeln (Brötchen)
¼ l Milch
1 Zwiebel
1 Strauß Petersilie (möglichst glattblättrige)
1 Eßl. Butter
2 Eier
Salz, weißer Pfeffer aus der Mühle
Ganz wenig geriebene Zitronenschale oder geriebene Muskatnuß

Die Semmeln in dünne Blättchen schneiden und in einer Schüssel mit der heißen Milch übergießen. Zugedeckt ½ Stunde ruhenlassen, damit die Semmeln gut durchweichen.
Kleingehackte Zwiebel und Petersilie in Butter andünsten, bis die Zwiebeln gut glasig bis hellgelb sind.
Unter die weiche Semmelmasse heben.
Die Eier gründlich verkleppern und zusammen mit Salz, wenig Pfeffer und entweder Zitronenschale oder Muskatnuß unter die Knödelmasse mischen. Keinesfalls kneten, sonst gelingen die Knödel nie.
Mit feuchten Händen 8 Knödel aus der Masse formen und im eben siedenden Salzwasser etwa 15 Minuten garziehen lassen.
Bitte beachten: In Bayern kann man überall Knödelbrot kaufen, man muß sich dort seine Semmeln nicht selbst aufschneiden.

Übriggebliebene Knödel schneidet man in Scheiben und brät sie in der Pfanne schön knusprig. Zuweilen schlägt man auch noch einige Eier darüber. Dazu gibt es dann nur einen Salat. Dünn aufgeschnittene Knödel können aber auch selbst zum Salat werden.
Neben Fleisch und Saucen sind immer schon Pilze eine beliebte Beilage zu Semmelknödeln gewesen.
Gut schmeckt es, wenn man Semmelknödel mit in Butter gerösteten Semmelbröseln übergießt.

AUGSBURG

BAUREN-KNÖPFLEIN

Originalrezept von Sophia Juliana Weilerin aus dem Jahre 1810.

„Man ſchneide ſo viel Rögglein (weißes Brot) als man will in Würfel; röſte die eine Hälfte in Schmalz, die andere Hälfte brühe man mit ſiedender Milch ſo an, daß die Bröcklein wohl naß werden. Dann ſchneidet man eine Zwiebel ſo fein als möglich, dämpft ſie in ein wenig zergangener Butter, und thut ſie nebſt Salz ſo viel nöthig iſt, zu den Bröcklein. Nun verklopft man, wann es für vier Kreuzer weißes Brod iſt, ſechs Eier; ſchüttet ſie über das Brod und die Zwiebel, und macht es wohl durcheinander, thut noch ſo viel Mehl dazu, daß der Teig ja nicht zu feſt wird, und macht dann ziemlich große Knöpflein in ſiedendes Waſſer davon; läßt ſie aber nicht zu lange ſieden. Bei dem Anrichten gießt man etwas von der Brühe, worinnen ſie geſotten worden ſind, daran; und ſchmälzt ſie mit im Schmalze gelb geröſtetem Semmelmehle ab."

Ihren besonderen Geschmack bekommen diese Knödel – Verzeihung, Knöpf, wie man in Augsburg sagt! – dadurch, daß die eine Hälfte der Semmeln angeröstet wird.

Speckknödel

Sie sind die besonders kräftigen Geschwister aus der großen Knödelfamilie. Durch ihren vollen Geschmack haben sie eine beachtliche Eigenbedeutung; in einer Fleischsuppe stellen sie nicht nur ein Vorgericht dar, sondern können auch Imbiß oder kleine selbständige Mahlzeit sein – wenn man nicht gerade einen Holzknechts-Appetit hat.

Um unseren österreichischen Nachbarn Gerechtigkeit widerfahren zu lassen, sei noch darauf hingewiesen, daß die Speckknödel ursprünglich aus Tirol stammen. Nachdem sie jedoch schon lange in Bayern Heimatrecht genießen, können wir sie auch zu den traditionellen deutschen Speisen rechnen.

6 altbackene Semmeln (wie man in Bayern für Brötchen sagt), falls sie klein ausfallen, können es auch 7 oder 8 sein; oder entsprechende Mengen Knödelbrot».
1/4 l Milch
2 Eier
80 g durchwachsener, geräucherter Speck ohne Schwarte in Scheiben
60 g Salami in Scheiben
Etwas Mehl
Wenig Salz

Semmeln flachblättrig schneiden. Milch zum Kochen bringen und sofort über die Semmelschnitten gießen. Gut zudecken, damit der aufsteigende Dampf beim Aufweichen der Semmeln hilft.

Speck und Salami in feine Streifchen oder Stückchen schneiden. Beides in der Pfanne zusammen so lange angehen lassen, bis der Speck glasig ist. Mit ausgebratenem Fett zu den Semmeln geben. Eier in die abgekühlte Masse schlagen, salzen und alles miteinander vermischen. Auf keinen Fall kneten! Das bekommt nämlich den Knödeln schlecht.

Zur besseren Bindung kann man wenig (bis zu 1 Eßl.) Mehl zufügen. Oder noch etwas Milch nachgießen. Ein rechter Teig bleibt etwas grob-krümelig, läßt sich aber ballen. Bei zu feuchten Teigen kann man auch etwas Semmelmehl zufügen, das ist besser als zuviel Weizenmehl.

Mit feuchten Händen nicht zu große Knödel formen und in Salzwasser, das nur eben «lächeln» darf, in etwa 10 Minuten garziehen lassen.

Abwandlungen: SCHINKENKNÖDEL (Bauernknödel). Anstatt Speck und Salami kann man auch nur Speck verwenden, das ist sogar die ursprüngliche Zubereitungsart. Salami ist eine

eher neumodische – aber gut schmeckende – Sache. Als Zugabe wird oft auch roher oder gekochter Schinken verwendet, insgesamt etwa 125 g. Dann entstehen «Schinkenknödel».
Anstelle des Schinkens kann man auch gekochtes Pökelfleisch verwenden, das sogenannte G'selchte. Auch daraus werden Schinkenknödel. In Restaurants findet man auch den Namen «Bauernknödel» dafür.
Bei jeder der oben angegebenen Zubereitungsarten kann man außerdem noch eine kleingeschnittene Zwiebel, die hellgelb oder höchstens goldbraun angebraten sein darf, verarbeiten.

Apropos: Obwohl die leidenschaftlichsten Knödelesser in Bayern leben, gibt es im Schwarzwald den unangefochtenen Knödel-Vertilgungs-Weltmeister, der jede Sekunde einen Knödel schafft. Allerdings ist dieser Knödel nur künstlich, und auch der Knödelesser ist es – er sitzt auf einer Schwarzwalduhr im Uhrenmuseum zu Furtwangen.

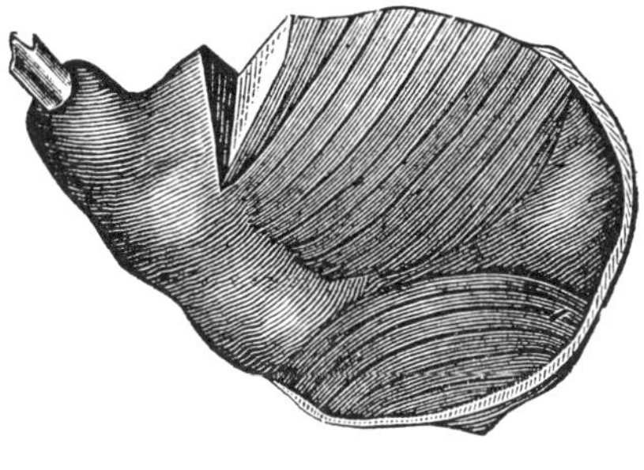

Kiensburg

SCHLESIEN, ERZGEBIRGE

BROTKLIAS MIT PILZEN

IN HESSEN WECKKLÖSS

Zu Pilzen sagt man im Erzgebirge auch Schwammer, die schlesische Form der bayrischen Schwammerln.

Etwa 500 g Brötchen (altbacken und Kruste abgerieben)
Knapp ½ l heiße Milch
1 kleine Zwiebel
1 Teel. Butter
2 Eßl. gehackte Petersilie
2 Eier
Salz
2 Eßl. Butter
100 g gemischte Waldpilze

Brötchen in dünne Scheiben schneiden und mit der Milch übergießen. Zudecken.
Zwiebel kleinschneiden und in der Butter glasig werden lassen. Zusammen mit der Petersilie, den Eiern und Salz mit den geweichten Brötchen verrühren. Mittelgroße Klöße formen und im siedenden Salzwasser in gut einer Viertelstunde garziehen lassen. Erkalten lassen, in Scheiben schneiden und in der heißen Butter kroß braten.
Mit heißem Pilzragout belegt servieren.
Zum Pilzragout 100 g gemischte Waldpilze (getrocknete) einige Stunden einweichen. In Butter, in der vorher Zwiebelwürfelchen glasig gedünstet wurden, zusammen mit einigen Eßl. Brühe garen. Sauce mit etwas Mehlbutter oder Stärkemehl binden. Abschmecken mit weißem Pfeffer, Salz und Zitronensaft. Im

Erzgebirge säuerte man meistens mit Essig, Zitronensaft schmeckt jedoch besser. Die über die Kloßscheiben gehäuften Pilze zum Schluß noch mit grobgehackter Petersilie bestreuen.

BAYERN

HOCHZEITSKNÖDEL

Immer, wenn eine Landesspezialität mit der Hochzeit in Verbindung gebracht wird, handelt es sich um eine besonders gute, aufwendige und teure Form. So auch bei diesem Serviettenkloß.

50 g Butter
4 Eier
Geriebene Muskatnuß
Weißer Pfeffer aus der Mühle
Salz
100 g gekochter Schinken
50 g durchwachsener, geräucherter Speck
150 g geriebener Allgäuer Emmentaler Käse
150 g Sauerkraut
Etwa 5 abgeriebene, altbackene Semmeln

Butter schaumig rühren. Eier zugeben und alles zu einer Creme verrühren. Dabei würzen mit Muskat, Pfeffer und wenig Salz (andere Zutaten bringen auch noch Salz mit).
Schinken und Speck in kleine Würfelchen schneiden. Zusammen mit dem Reibkäse und dem kleingeschnittenen Sauerkraut in die Masse rühren.
Semmeln feinblättrig schneiden und mit dem Teig vermengen, etwas weichen lassen. Einen großen, etwas länglichen Knödel formen, ganz locker in eine vorher mit kochendem Wasser überbrühte Serviette schlagen. Zipfel verknoten und über einen Löffelstiel stülpen, den man über einen Topf mit siedendem Salzwasser hängt. Darin den Hochzeitsknödel gut 30 Minuten garziehen lassen.
Beim Servieren oben aufreißen und den köstlich duftenden Dampf genießen. Eventuell auch noch in Butter angeröstete Semmelbrösel darüberschöpfen.

Rezept aus Westfalen

Apfelklösse

Hierbei handelt es sich um Semmelknödel, die mit Semmelbröseln zubereitet werden. Man kennt sie in fast allen deutschen Landschaften. Das nachfolgende Rezept stammt von der berühmten «Man-nehme»-Köchin Henriette Davidis (1844).

„1 Suppenteller in kleine Würfel geschnittene gute Äpfel
2 Tassen Milch
Zucker
Zitronenschale
Soviel geriebenes Weißbrot, daß es einen guten Teig gibt (etwa 375 g)
5 bis 6 Eier
1 Ei dick Butter (Butterstück von der Größe eines Eis)"

„Wenn alles wohl untereinander gemischt ist, werden Klöße davon in Wasser und Salz gekocht, mit Zucker bestreut und eine Weinsauce dazu gegeben."

Vorwiegend West- und Südwestdeutschland

Kartäuserklösse

Man kann sich streiten, ob das noch richtige Klöße sind. Da sie aber nun mal den entsprechenden Namen tragen und eine gute alte deutsche Küchentradition haben, dürfen sie hier nicht fehlen. Mit dem berühmten Likör der Kartäusermönche, dem Chartreuse, haben diese Klöße nichts zu tun. Ihr Name dürfte sie vielmehr als Fastenspeise ausweisen.

4 altbackene Brötchen, die möglichst groß sein sollen
2 Eier
¼ l Milch
2 bis 3 Eßl. Zucker
2 bis 3 Eßl. Zimt-Zucker-Gemisch

Rinde der Brötchen abreiben und diese dann so halbieren, daß möglichst kugelige Teilstücke entstehen. Abrieb aufheben. Eier, Milch und Zucker miteinander verrühren. Brötchenhälften darin einweichen. Anschließend ganz leicht ausdrücken, zu kloßförmigen Ballen drücken und im bröseligen Abrieb wälzen. Im Fett schwimmend ausbacken.

Vor dem Servieren in Zimt-Zucker-Gemisch wenden.
Als Beilage kann es Kompott oder auch Weinschaumsauce geben. Diese Kartäuserklöße können einen Nachtisch darstellen. Sehr oft waren sie in meiner Jugendzeit ein Samstagsessen; davor gab es eine Suppe.

Gefüllte Kartäuserklösse

Originalrezept von Marie Schandri, Regensburg, 1890.

„Kleine altbackene Milchwecken werden abgeschält, oben ein Deckelchen abgeschnitten (welches nicht mehr benützt wird), ausgehölt, jedes einzelne in kalte Milch getaucht, dann auf eine Platte gelegt, bis sie weich sind. Hierauf verrührt man Eier mit etwas Zucker recht gut, wendet jedes Brod darin um und bäckt es in heißem Schmalz schwimmend braun. – Jedes wird hierauf mit eingemachten Früchten gefüllt und in rothem, siedenden Wein mit Zucker und einer kleinen Zimmtrinde einmal aufgekocht. – Man kann sie auch nur mit Zucker und Zimt bestreuen, wenn sie aus dem Schmalz kommen und den Wein ganz weglassen. Hierzu gibt man dann Kirschsauce."

Klöße und Knödel aus Mehl

Überall in deutschen Landen kennt und schätzt man kleine und große, süße und herzhafte Ballen aus Mehl.
Fangen wir auch hier wieder mit dem größten und dicksten an!

SCHLESWIG-HOLSTEIN

MEHLBEUTEL oder GROSSER HANS

Schon vor etwa 250 Jahren kannte man im äußersten Norden Deutschlands Mehlballen von Kindskopfgröße. Es ist möglich, daß solche Mehlbeutel über die Nordsee von Matrosen mitgebracht worden waren, denn zuweilen wird auch schon früher ein «englischer Pudding» erwähnt. Längst sind die Mehlbeutel in vielerlei Zubereitungsarten echte schleswig-holsteinische Spezialitäten geworden. Oft werden Mehlbeutel auch nach dem einstmals freien Bauernland im Westen des Bundeslandes, nach Dithmarschen benannt.

6 Eier
Knapp ½ l Milch
125 g Butter
600 g Mehl
½ Teel. Backpulver
Salz
Abrieb einer Zitrone
200 g entsteinte Backpflaumen (Trockenfrüchte) oder auch halb Backpflaumen, halb Rosinen oder Sultaninen

Eier trennen. Eigelbe mit der Milch und der flüssigen Butter gut verrühren.
Mehl mit Backpulver, einer Prise Salz und der abgeriebenen Zitronenschale vermischen und zur Eiermilch rühren, bis daraus ein glatter Teig entstanden ist.
Eiweiße steifschlagen. Unter den Teig heben. Große Serviette in kochendem Wasser auswaschen, ausdrücken, auf dem Tisch ausbreiten, Mitte mit etwas Mehl bestäuben, gewaschene Backpflaumen darauf legen und darauf den zu einem großen Kloß geformten Teig setzen. Serviettenzipfel darüber zusammenknoten; es muß noch reichlich Luft über dem Teigkloß bleiben.

Ein oder zwei Kochlöffel unter die verknoteten Serviettenzipfel stecken und den Mehlbeutel so in einen großen Topf mit Wasser hängen, daß der Kloß etwa zur Hälfte im Wasser hängt.
Das Wasser hat man vorher mit der Schweinebacke zum Kochen gebracht. Das Fleisch bleibt während der gut $1\frac{1}{2}$ Stunden im Wasser, während der unser Mehlbeutel zugedeckt kochen muß. Dabei eventuell noch etwas Wasser nachfüllen.
Mehlbeutel und Fleisch herausnehmen. Serviette aufknoten und den Mehlbeutel umgekehrt auf eine Platte stürzen; er muß nun noch etwa 5 Minuten ausdampfen.
Zum Essen wird er in tortenähnliche Stücke geschnitten und mit Butter und Zucker oder mit Dörrobstkompott oder mit Fruchtsauce verfeinert.
Man kann auch die Schweinebacke zum Mehlbeutel essen; vielleicht eine Senfsauce dazu.
Eine Senfsauce gibt es immer dann, wenn man die Schweinebacke getrennt zu Pellkartoffeln ißt.
In neuerer Zeit bereitet man den Mehlbeutel auch in einer verschließbaren Puddingform zu, die man zum Garen ins Wasserbad setzt. Dadurch geht der unvergleichliche Rauchgeschmack verloren, den der dicke Kloß von der unter ihm kochenden Schweinebacke bekommt.
Schon immer hat man allerdings auch Mehlbeutel im Wasser (oder auch nur im Dampf über dem Wasser) ohne geräuchertes Schweinefleisch gekocht.
In manchen Rezepten wird auch ein Zusatz von Hefe genannt.
Ebenfalls kann im Mehlbeutelteig eingeweichtes Brot verarbeitet werden. Am besten schmeckt ein Mehlbeutel, wenn man dazu «Beestmilch» (gibt die Kuh unmittelbar nach dem Kalben) verwendet. Leider ist «Beestmilch» in keiner Molkerei zu kaufen.

800 g geräucherte Schweinebacke (ersatzweise geräucherter, durchwachsener Speck)
Butter, Zucker oder gemischtes, gedünstetes Backobst (dafür auch heißer Fruchtsaft, der mit etwas Stärkemehl angedickt wurde, möglich)

SCHLESWIG-HOLSTEIN

SCHWARZER MEHLBEUTEL

Zutaten und Zubereitung wie «Mehlbeutel» (voriges Rezept); nur wird die Milch durch Blut ersetzt. Als Gewürze kommen noch Kardamom und Nelken dazu. Dazu ißt man Sirupsauce.

HEFEKLÖSSE

Man spricht sehr oft von «Schlesischen Hefeklößen». Da jedoch mindestens seit Anfang unseres Jahrhunderts diese Klöße überall in Deutschland gegessen werden und z. B. in Berlin auch schon so etwas wie eine Spezialität geworden sind, kann man sie heute nicht mehr einer einzigen Landschaft zuordnen.
In Schlesien gibt es eine Sonderform, die aus supergroßen Hefeklößen besteht. Ein Kloß ist eine Portion. Aus den unten angegebenen Mengen würden also nach Schlesischer Art nur vier Hefeklöße gemacht werden.

40 g Hefe (oder ein Paket Trockenhefe)
1/4 l Milch
500 g Mehl
2 bis 3 Eßl. Zucker
1 kleine Prise Salz
3 Eßl. weiche Butter
1 bis 2 Eier

Hefe zerbröckeln und mit 2 bis 3 Eßl. lauwarmer Milch verrühren. Mehl, Zucker und Salz miteinander verrühren, in eine Schüssel häufen und in die Mitte eine Vertiefung drücken. Dahinein die angerührte Hefe schütten, mit wenig Mehl bestäuben und aufgehen lassen. Dann mit dem Mehl, der weichen Butter und den Eiern verrühren; anschließend kräftig schlagen. Zugedeckt aufgehen lassen. Dann zusammenschlagen, 10 bis 12 Klöße daraus formen und diese nochmals auf bemehlter Unterlage 1/4 Stunde gehen lassen.
Einen breiten Topf (in den meisten Fällen auch zwei Töpfe) nur bis knapp zur Hälfte mit Salzwasser füllen. Aufkochen. Über die Töpfe (oder den Topf) jeweils ein Tuch (ausgekochte Serviette oder besser Mull) spannen, darauf die Klöße nebeneinanderlegen. Sie

dürfen nicht ins Wasser hängen. Mit einer umgestülpten Schüssel zudecken und im Wasserdampf etwa 15 Minuten garen.
Zum Servieren werden die Klöße oben aufgerissen, damit sie ausdampfen und locker werden.
Als Beilage gibt es musig gekochte (entsteinte) Dörrpflaumen, die kräftig gesüßt sind, oder Backobst mitsamt seiner Brühe. Zur Verfeinerung kann man in die aufgerissenen Klöße auch etwas zerlassene Butter gießen.
Andere Möglichkeit: In Butter geröstete Semmelbrösel nebst etwas zerlassener Butter über die Klöße geben. In diesem Fall sollte für den Kloßteig etwas mehr Zucker, vielleicht auch zusätzlich Vanillezucker genommen werden.
Hefeklöße werden mit nur einer Prise Zucker zubereitet, wenn als Beilage dazu gekochtes Pökelfleisch serviert wird.
«Der (oder die) ist aufgegangen wie ein Hefekloß» ist ein vielgebrauchter volkstümlicher Kommentar, wenn jemand sehr dick wird. Und er ist ein Beweis für die Popularität dieses Gerichtes.

OSTFRIESLAND

MEHLPÜTT

Gut 1/4 l lauwarme Milch
40 g Hefe
1 Teel. Zucker
500 g Mehl
1 Prise Salz
3 Eier
1 Eßl. Butterfett

Einige Eßl. Milch abnehmen und darin die zerbröckelte Hefe mit Zucker verrühren. Aufgehen lassen.
Dann mit allen übrigen Zutaten tüchtig verrühren und kräftig kneten. An zugfreiem Platz zur doppelten Größe aufgehen lassen. Wie einen Mehlbeutel in eine Serviette schlagen. Beim Garen darf der Mehlpütt jedoch nicht ins Wasser hängen, er muß darüber nur im Dampf eine knappe Stunde garen.
Als Beilage gibt es entweder gedünstete Birnen oder Vanillesauce.

Ostfriesland

Klütje

Dies ist so etwas wie ein gebackener Mehlbeutel.

Zutaten wie für «Mehlpütt» (voriges Rezept)
Zusätzlich noch:
200 g geräucherter, durchwachsener Speck
125 g Rosinen

«Mehlpütt»-Teig zubereiten.
Speck in feine Streifchen schneiden und in einem Topf mit dickem Boden auslassen und etwas abkühlen lassen.
Gewaschene Rosinen in den Teig kneten. Diesen dann zu einer Kugel formen und auf den ausgelassenen Speck in den Topf setzen. Ist er bis zu seinem doppelten Umfang aufgegangen, Topf zudecken (Achtung! Topf muß hoch genug sein) und im vorgeheizten Backofen bei etwa 180° gut 15 Minuten backen. Dann muß der Kloß umgedreht werden, damit er auch auf der anderen Seite schön braun wird. Das dauert noch einmal etwa 15 Minuten. Stäbchenprobe machen.
Auch «Klütje» ißt man mit gekochten Birnen oder Vanillesauce. Zu ihrem geliebten Tee essen die Ostfriesen gern ein Stück erkalteten «Klütje».

Franken, Spessart

Schnitzelkloss

Ich habe dieses Gericht nur in abgelegenen Spessartdörfern gefunden.

1 Rezept «Hefekloß» (Rezept S. 350)
750 g Birnen (bei kleinen Birnen etwas mehr)
3 bis 4 Eßl. Zucker
2 Nelken
1 Zimtstange

Hefekloßteig zubereiten, zu einem großen Kloß formen und gehen lassen.
Inzwischen Birnen schälen, entkernen und in Stücke (Schnitz, in der örtlichen Mundart) schneiden. In wenig Wasser in einen großen Topf geben, auf dem Feuer lauwarm werden lassen. Hefekloß einsetzen. Topf zugedeckt in den auf 180° vorgeheizten Ofen schieben. Nach etwa 45 Minuten aufdecken, damit der Kloß oben noch eine braune Kruste bekommt. Eventuell etwas heißes Wasser nachgießen. Garprobe mit Stäbchen machen.

Besonders gern verwendet man für dieses Gericht einen irdenen Topf, in dem es dann auch aufgetragen wird.
Schnitzkloß ist mehr als ein Nachtisch. Meistens ißt man vorher nur eine Kartoffel- oder Gemüsesuppe.
Rezeptvariation: An Stelle des Hefekloßteigs nimmt man einen Semmelknödelteig. Nach meiner Erfahrung schmeckt der Schnitzkloß auf der Basis eines Hefekloßteigs erheblich besser.

Ostfriesland

Jan im Hemd

Die ostfriesische Art des allbekannten Hefekloßes besteht aus nur einem großen Kloß, der mit Hefeteig nach dem Rezept «Hefekloß» zubereitet und ebenfalls über dem Wasser hängend zubereitet wird.
Als Beilage bevorzugt man auch zwischen Ems und Jade Birnenkompott.

Diebichen

Am Rand des Eichsfeldes gegen den Harz hin sind diese einfachen Mehlklöße zu Hause. Durch die Kochkünste der Eichsfelder Frauen werden sie zu einer kleinen Gaumensensation. Das Grundrezept ist ganz simpel:

500 g Mehl
1 bis 2 Eier
1 Prise Salz
Etwas kalte Milch
50 g geschmolzene Butter

Aus allen Zutaten einen ziemlich festen Teig rühren, den man dann unter Hinzufügen der Butter kräftig schlägt. Mit dem Löffel (der immer wieder ins siedende Wasser getaucht wird) kleine Klöße abstechen und im Salzwasser in etwa 10 Minuten garziehen lassen.
Das bäuerliche Raffinement besteht in den mit der Jahreszeit wechselnden Beilagen:
Im November – süß-sauer abgeschmecktes erstes Gänseklein der Saison.
Von Januar bis März – «Birkensaft»; wobei dieser nicht von Birken stammt, sondern aus zerlassener Butter besteht. Dazu gibt es suppig gekochtes Pflaumenmus.
Im frühen Frühjahr – wird das erste junge Grün, zu dem Wildpflanzen und Raps gehören, kleingehackt und zu Gemüse gekocht, das man über die Diebichen schöpft.
Im Sommer – verwendet man die Früchte der Jahreszeit, wie entsteinte Kirschen im Teig der Diebichen, die in Milchsuppe serviert werden; oder Birnenstücke im Teig und dazu ein warmes Birnenkompott.
Während meiner Soldatenzeit habe ich die besten «Diebichen» gegessen. Es war während eines Manövers in einem gottverlassenen Kaff. Als Beilage gab es jungen Wirsing und dicke Scheiben von «Feldkieker», der berühmten Eichsfelder Wurst.

Allerlei Klöße und Knödel

Im allgemeinen geht es in der Knödel-Kloß-Familie recht gemütlich zu. Es herrscht allenfalls ein edler Wettstreit zwischen den vielen Familienmitgliedern, von denen einige nicht zum Adel derer von Weck, Mehl oder Kartoffel gehören. Man sollte sie darob aber nicht als Bastarde abwerten, sondern auch ihnen kulinarische Gerechtigkeit widerfahren lassen.

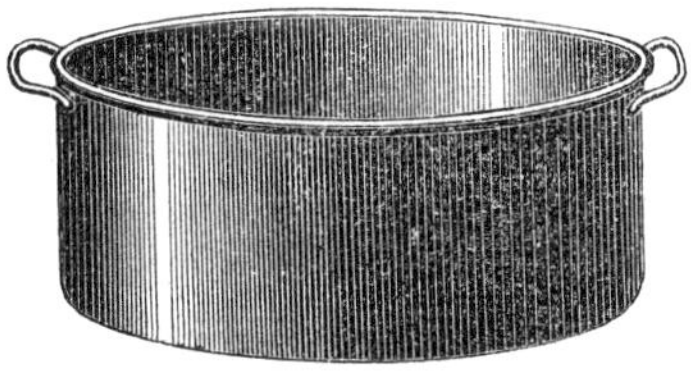

GRIESSKLÖSSE

Etwa ½ l Milch
75 g Butter
½ Teel. Salz
1 Teel. Zucker
150 g Grieß
3 bis 4 Eier

Milch mit Butter, Salz und Zucker unter gelegentlichem Rühren zum Kochen bringen. Grieß langsam einlaufen lassen. Beständig rühren, bis der Grieß voll ausgequollen ist.
Vom Feuer nehmen und die ganzen Eier nacheinander einrühren. Masse erkalten lassen. Mit einem nassen Löffel davon Klöße abstechen und in Salzwasser oder Fleischbrühe garziehen lassen.
Grießklöße können sowohl mit beliebigem Fruchtkompott (dann eventuell etwas mehr Zucker an den Teig) oder mit Zucker und Zimt sowie angerösteten Bröseln serviert werden.
Herzhafte Grießklöße gart man in Fleischbrühe, bestreut sie beim Servieren mit gehackten Kräutern und reicht sie zu grünem Salat.
Im Hannoverschen ißt man etwas kleinere Grießklößchen in der Erbsensuppe, in der sie auch gegart wurden.

KEHDINGER KLÖSSE

Diese Klöße, die zwischen Elbe und Oste daheim sind, schmecken ausgezeichnet zu allen fetten Fleischspeisen und werden vor allem zu Schweinernem gegessen.

300 g Mehl
1 Eßl. Salz
Kochendes Wasser
2 Eßl. Butter

Wichtig ist eine tiefe Teigschüssel. Das Mehl hineinsieben. Salz dazu und beides leicht vermischen. Jetzt gießt man nach und nach kochendes Wasser, in dem die Butter zerlassen wurde, über das Mehl und schleudert es nach jeder Wasserzugabe von einer Seite der Schüssel zur anderen. Am besten ist ein Spatel dazu. Keinesfalls rühren. So viel kochendes Wasser zufügen, bis ein geschmeidiger Kloßteig entstanden ist. Mit zwei Eßlöffeln davon Klöße abstechen und in siedendem Salzwasser garziehen lassen. Wenn sie an die Oberfläche kommen, kann man sie herausnehmen.
Diese Klöße kann man sehr leicht aufwärmen, wenn man sie einige Minuten in brühheißem Wasser heiß werden läßt. Sie kochen weder ab noch verlieren sie an Wohlgeschmack durch diese Prozedur.

Altona

SCHLESIEN

SCHÄLKLÖSSE – SCHLITZCHEN

Unter den zuweilen recht kargen schlesischen Spezialitäten sind die «Schlitzchen» kein «Assen für arme Leut», wie man dort zu sagen pflegt.

500 g Mehl
½ Teel. Salz
4 Eier
125 g Butter
4 bis 5 gehäufte Eßl. Semmelbrösel
Hammelbrühe oder Fleischbrühe

Aus Mehl, Salz und den Eiern einen festen Nudelteig schlagen. Eine Stunde ruhen lassen. Zu dünnen Platten ausrollen, die möglichst rechteckig sein sollen (etwa 20 × 30 cm). Diese reichlich mit zerlassener Butter bestreichen und mit Semmelbröseln bestreuen, dann zu einer flachen, etwa 30 cm langen und 5 cm breiten Wurst einrollen.
Schräg so zerschneiden, daß Rauten entstehen. Die Schnittflächen zusammendrücken und die Schälklöße dann in Hammelbrühe garziehen lassen.
In der Hammelbrühe waren sie einst ein schlesisches Leibgericht, als man dort das Hammelfleisch noch besonders schätzte. Heute gart man sie eher in Rindfleischbrühe und ißt sie dann mit dem – nicht zu weich gekochten – in Streifen geschnittenen Suppengemüse.

SCHLESIEN

SCHÄLKLÖSSE ANDERE ART

Zutaten und Zubereitung wie oben, wobei die einzige Änderung die Semmelbrösel betrifft. Sie werden durch 2 Bund Petersilie ersetzt, die nach dem Waschen fein gehackt werden muß. Damit bestreut man die gebutterten Platten aus Nudelteig.
Diese Schälklöße werden gern zusammen mit Rindfleisch und Suppengrün gegart (später einlegen) und auch gegessen.

Schlesien

Mohkliessla

In Berlin Mohnspielen

Die berühmten «Mohnklöße», wie sie auf Hochdeutsch heißen, sind kaum als Klöße anzusprechen, wenn sie auf den Tisch kommen, sondern gleichen einem kalten Auflauf. Erst wenn die einzelnen Portionen abgestochen und auf die Teller verteilt werden, erkennt man die längliche Klößchenform. Nach dem Weihnachtskarpfen werden sie zur schlesischen Weihnacht mit einem Dreistundenabstand, also etwa um Mitternacht, zum Punsch gegessen. Auch zu den Traditionen der Neujahrsnacht gehören sie.
Das Rezept stammt von meinem Freund Heinz Schwarz, der mich in viele Geheimnisse der schlesischen Küche eingeweiht hat.

250 g gemahlener Mohn
½ l Milch
5 Eßl. Zucker
50 g Sultaninen
5 Eßl. Rum
50 g Mandelstifte
1 Teel. Zimt
2 Tropfen Bittermandelöl (oder 3 geriebene Bittermandeln)
12 bis 16 Scheiben Zwieback

Gemahlenen Mohn mit ¼ l kochender Milch, in der der Zucker gelöst wurde, übergießen und quellen lassen. Verrühren. Sultaninen waschen, abtrocknen und in Rum einweichen. Dann mit dem Rum, den Mandeln, dem Zimt und dem Bittermandelöl zum gequollenen Mohn geben und damit verrühren.
In der restlichen Milch die Zwiebackstücke ganz kurz weichen, sie dürfen dabei auf keinen Fall matschig werden.
In eine (Glas-)Schüssel schichten: eine Lage Mohnbrei, eine Lage Zwieback und so weiter, bis alles Material verbraucht ist. Die oberste Schicht muß Mohnbrei sein. Wer will, kann sie noch mit einigen Mandelblättchen verzieren. Mindestens über Nacht stehen lassen, damit sich alle Aromastoffe miteinander verbinden.
Vorsicht! So gut die «Mohkließla» sind, so mächtig sind sie auch. Die Punsch- oder Glühweinbegleitung ist unerläßlich.

Ostpreussen

Glumskeilchen

Namentlich sind sie natürlich mit den Kartoffelkeilchen verwandt. Auch auf die Form erstreckt sich die enge Verwandtschaft. Der Geschmack natürlich ist grundverschieden. Glumse ist der ostpreußische Ausdruck für Quark.

500 g Glumse (Quark)
2 bis 3 Eßl. Zucker
Eine kleine Prise Salz
2 Eier
2 Eßl. Mehl
2 Eßl. Stärkemehl
3 gekochte, durchgedrückte Kartoffeln
1 Tasse Korinthen

Glumse mit Zucker, Salz und Eiern verrühren. Je nach Feuchtigkeitsgehalt der Masse etwa die angegebenen Mengen Mehl und Stärkemehl damit verrühren. Anschließend noch die durchgedrückten Kartoffeln und die vorher eingeweichten Korinthen in den Teig arbeiten. Mit nassen Händen Keilchen formen und im kochenden Wasser etwa 10 Minuten sieden lassen. Herausnehmen, abtropfen lassen.
Beilagen: braune Butter und ein Zimt-Zucker-Gemisch.
Rezeptvariationen: Man kann auch etwas zerlassene Butter sowie 1/2 Päckchen Backpulver an den Glumseteig geben.

Sachsen

Quarkkeulchen

Die sächsische Version der Glumskeilchen wird nach dem gleichen Rezept zubereitet, wobei man vielleicht mehr Wert auf die Zugabe von Backpulver legt.
Unterschiedlich ist die Zubereitungsart: Quarkkeulchen werden zu Plätzchen (rund 8 × 1 cm) ausgestochen und im Fett schwimmend ausgebacken.
Bei Tisch streut man Zimt-Zucker-Gemisch darüber.
Als Beilage kann man Apfelkompott oder anderes gedünstetes Obst reichen.

Schloß Puttsbus, Stich von H. Winkles nach einer Zeichnung von B. Peters

POMMERN

TOLLATSCHEN

Wer Pommern nie kennengelernt hat, vor allem das östliche Hinterpommern nicht, der wird dies für ein barbarisches Gericht halten. Dabei gerieten dort die Leute in Verzückung, wenn im Herbst die Metzgereien kleine Fähnchen heraussteckten, um anzuzeigen, daß es «Tollatschen» gibt. Auf dem Lande bereitete man sie nur selbst zu, vor allem wenn die große Zeit der Schlachtfeste war. Bei der Vermischung von Pikantem und Süßem handelt es sich um keine Druck- oder Satzfehler, sondern – um die pommersche Geschmacksnote.

500 g Mehl
150 g Paniermehl (Semmelbrösel)
200 g Zucker
100 g Rosinen
Abrieb 1 Zitrone (ungespritzt)
Je 1 Prise Zimt, Kardamom, Anis und Thymian
Salz

Mehl, Paniermehl und Zucker miteinander vermischen. Rosinen waschen, abtropfen lassen und nebst allen Gewürzen zugeben. Griebenschmalz und Blut zufügen und einen nicht zu weichen Teig kneten. Enteneigroße Klöße davon abstechen und in der Wurstbrühe in einer guten Viertelstunde garziehen lassen. Herausnehmen und abgekühlt in Scheiben schneiden.
Äpfel schälen, entkernen und ebenfalls in Scheiben schneiden. «Tollatschen-Scheiben»

und Apfelscheiben in Schmalz braten. Zusammen servieren und verzehren.
In Pommern aß man noch süße Blutwurst dazu oder auch Grützwurst, die mit Rosinen hergestellt war.

Gut 50 g Griebenschmalz
2 Tassen Schweineblut mit 1 Teel. Essig verrührt
Wurstbrühe (ersatzweise Fleischbrühe)
2 bis 3 Eßl. Schmalz zum Ausbraten
4 große, säuerliche Äpfel

BAYERN

ZWETSCHGENKNÖDEL

Noch einmal eine entschuldigende Verbeugung nach Böhmen hin, denn von dorther kamen diese herrlichen Knödel, ehe sie in Bayern heimisch wurden.

Kartoffeln durch die Presse drücken und mit flüssiger Butter, Eigelben und Salz vermischen. So viel Mehl nach und nach zufügen, bis sich ein nicht mehr klebender, ausrollbarer Teig gebildet hat. Zu Platten auswellen, die etwa 1 cm dick sind. Daraus Quadrate schneiden.
Zwetschen gut trockenreiben, entkernen und jeweils ein Zuckerwürfelchen hineinstecken. In ein Teigquadrat hüllen und vorsichtig zusammendrücken.
In siedendem Salzwasser leise sprudelnd garziehen lassen. Herausnehmen, abtropfen und mit den Semmelbröseln, die vorher in der Butter angeröstet und mit Zucker und Zimt abgeschmeckt wurden, beträufeln.
Mein persönlicher Tip: Die Zuckerwürfelchen in Zwetschenwasser eintauchen, ehe man sie in die Zwetschen steckt. Nur echte Spätzwetschen verwenden, die kaum noch Flüssigkeit ziehen.

500 g geschälte, gekochte Kartoffeln vom Vortag
1 Eßl. flüssige, nicht mehr heiße Butter
2 Eigelb
1 Prise Salz
2 bis 3 gehäufte Eßl. Mehl
Etwa 500 g Zwetschen
Zuckerwürfelchen
3 Eßl. Butter
4 Eßl. Semmelbröseln
2 Eßl. Zucker
1 Teel. Zimt

KOHLKLÖSSE

Dies ist ein altes Rezept aus Sachsen/Thüringen. Die Kohlklöße wurden traditionsgemäß zu Entenbraten gegessen, schmecken aber auch zu vielen anderen Braten.
Durch die Kohlkopfgröße bedingt, ergibt das Rezept reichlich vier Portionen.

1 kleiner Weißkrautkopf
60 g Butter
1 große Zwiebel
Salz, Pfeffer aus der Mühle
4 Eier
4 Eßl. saure Sahne
Muskatnuß
Etwa 100 g Semmelbrösel
Etwa 100 g Mehl

Weißkraut putzen, vierteln und in Salzwasser nicht ganz gar kochen, was etwa 45 Minuten dauern dürfte. Auf einem Durchschlag auskühlen lassen. Ausdrücken und kleinhacken.
Butter in einem Schmortopf erhitzen. Kleingeschnittene Zwiebeln darin einige Minuten angehen lassen, dann gehacktes Weißkraut zufügen, pfeffern und unter häufigem Wenden gut 10 Minuten bei nicht zu großer Hitze dünsten.
Eigelb und saure Sahne unter die erkaltete Krautmasse mischen. Semmelbrösel und Mehl in gleichen Mengen nach und nach darunterheben, bis eine knetfähige Konsistenz erreicht ist.
Mit Muskatnuß abschmecken und eventuell auch noch etwas Salz und Pfeffer zugeben.
Steifgeschlagenen Eischnee unterheben und mit zwei angefeuchteten (Holz-)Löffeln Klöße in der Größe großer Kartoffeln formen. Etwa 10 bis 15 Minuten in leise kochendem Salzwasser garen.
Mit einer Specksauce können diese Krautklöße auch ein billiges Alltagsessen sein.

Die beiden Enden des Brotes

Das haben Brot und Wurst gemeinsam: sie besitzen zwei Enden. Eine bedeutsame Gemeinsamkeit liegt auch darin, daß beide echte deutsche Spezialitäten sind und von einer in der Welt einmaligen Vielfalt: beim Brot sind es sage und schreibe 200 Sorten. Der Unterschied beginnt aber schon bei der Bezeichnung. Für die Wurst kommt man mit dem einen Wort «Zipfel» aus. Beim Brot hat jede deutsche Landschaft ihre eigene Namen für die Enden.
Bei der stets weiter um sich greifenden Sitte, das Brot nur noch geschnitten und abgepackt zu kaufen, gehen die alten Bezeichnungen für die Anschnitte im großen Loch namens «Ich weiß nicht mehr» verloren. Der Versuch einer Rettung soll unternommen werden. Hier sind einige Bezeichnungen:

Kneisle – Schwaben
Knäppchen – Westfalen
Knust – in ganz Norddeutschland
Knüstchen – in Hessen (auch «Krüstsche»)
Rämpfchen – Thüringen
Ränftel – Schlesien
Reifle – Allgäu
Riebele – Schwaben
Scherzel – Bayern
und schließlich «Kanten» als überall verstandener Begriff

Immer schrieb man den Brotkanten besonderen Nährwert zu. Wissenschaftler, die sich derzeit mit der Brotforschung befassen, konnten mir derartige Eigenschaften nicht bestätigen. Nur für die Zähne sind die Kanten ein besonders gutes Training, außerdem sättigen sie mittels des Kaueffekts etwas stärker, was jedoch mehr ein psychologischer Effekt sein dürfte. Ich persönlich mag seit meiner Kinderzeit keine Kanten mehr. Damals hatte man mir nämlich erzählt, durch Kantenessen lerne man gut pfeifen. Wie habe ich mich mit Kanten abgemüht!? Nur pfeifen, das habe ich nie gelernt. Also pfeife ich seitdem auf die Kanten und gönne sie all denen, für die sie echte Leckerbissen sind.

Spätzle

Spätzle und Schwaben sind zum Spätzle-Schwob und weltberühmt geworden. Leider hat das auch dazu geführt, daß überall in deutschen Landen immer mehr «Spätzle» serviert werden, die immer weniger den köstlichen Ur-Erzeugnissen entsprechen. Allenthalben gibt es fertige «Spätzle» in Tüten oder Paketen zu kaufen, aber selbst die besten und in Schwaben hergestellten Erzeugnisse sind nur ein schwacher Abglanz der handgeschabten «Spätzle» aus Omas schwäbischer Küche; ihre Tochter und Enkelin schaben nur noch höchst selten, sie bevorzugen einen «Spätzle-Hobel» oder eine «Spätzle-Presse». Aber der Teig wird wenigstens noch selbst gemacht.

Mein Kollege Dr. Karl Lerch hat 1966 ein «Spätzle-Brevier» herausgebracht, ein ganzes Buch nur über «Spätzle». Darin steht auch von der Ungewißheit, ob die «Spätzle» sich aus spatzenähnlichen, spitzen Klößen entwickelt haben oder ihren Namen und Ursprung Italienern verdanken; «Spätzle» könnte von dem italienischen Wort «spezzare» = in Stücke schneiden kommen. Wenn ich mir so die Essensgewohnheiten der italienischen Gastarbeiter betrachte und wie sie an heimatlichen Gaumengenüssen hängen, dann stelle ich mir vor, wie einstmals die Legionäre in Germaniens kalten Wäldern gelitten haben mußten, wo nur höchst selten ein Säckchen Mehl über die beschwerlichen Nachschubwege ankam. Und wenn ich mich dann noch an meine eigene Soldatenkocherei erinnere, dann könnte ich mir vorstellen, daß die ersten «Spätzle» als einfachste Form der Teigwaren in Legionärsunterkünften entstanden. Mit dieser Annahme gehe ich noch erheblich weiter als Dr. Lerchs Gewährsleute, die einen klösterlichen Ursprung in Betracht zogen.

Wer wirklich zu den guten, reinen Quellen der deutschen Kochkunst vordringen will, der wende sich hausgemachten Spätzle zu!

Schwaben

Spätzle

500 g Mehl
4 Eier
1 bis 2 Teel. Salz
Etwa ½ l kaltes Wasser

Mehl, Salz und Eier werden mit ganz wenig kaltem Wasser erst verrührt und dann so lange geschlagen, bis ein glatter Teig entsteht, der nicht mehr am Löffel hängt und beim Schlagen Blasen wirft. Dabei gibt man in kleinen Mengen nacheinander nur gerade so viel Wasser zu, wie nötig ist. – Das ist das erste Geheimnis der Spätzlezubereitung. Das zweite Geheimnis folgt sogleich, wobei ich allen wagemutigen Nacheiferern gleich sagen muß, daß man es nur durch einige Übung zu befriedigenden Ergebnissen bringen kann; zur Meisterschaft im Schaben sind Jahre erforderlich.

Man bringt einen großen Topf mit Salzwasser zum Kochen. Auf ein Spätzlebrett, das wie ein kleines Schneidebrett mit großem Griff aussieht und dessen Vorderkante spitz wie eine Messerschneide geformt ist, gibt man etwas Kochwasser und dann ganz wenig Teig, dieser wird mit dem Messer (oder – so man hat – dem Spätzleschaber) ganz dünn ausgestrichen, und indem man das Messer wieder und wieder ins Wasser taucht, werden feine Streifchen vom Teig abgetrennt und ins Wasser geschubst. Kommen dann die Spätzle an die Oberfläche, so fischt man sie mit einem Schaumlöffel heraus (oder einem speziellen Spatzenlöffel), wäscht in kaltem Wasser, durch das man sie zieht, den Mehlschleim ab und hält sie in heißem Wasser warm. Ich gestehe offen, dass ich zwar nach einigen verunglückten Versuchen das Spätzleschaben gelernt habe, daß es mir jedoch immer die unangenehmste Küchenarbeit bleiben wird, weil ich nämlich beim Schaben im Dampf, der aus dem Topf aufsteigt, so lästerlich schwitzen muß.

Ich kann verstehen, wenn immer mehr Köchinnen und Köche eine der mechanischen Spätzlehilfen benutzen. Trotzdem geht nichts

über handgeschabte Spätzle. Und jede Portion frisch und für sich. So was ist schon einen etwas erhöhten Sonderpreis wert.
Auf der Schwäbischen Alb stellte man früher die Spätzle aus Dinkelmehl her. Sie sollen eine Delikatesse gewesen sein. Heute wird Dinkel nur noch geröstet und zu Grünkern verarbeitet.
Spätzle ißt man zu vielerlei Gelegenheiten und in vielfältiger weiterverarbeiteter Form.
Allgemein braucht es dazu ein Fleischgericht mit viel und kräftiger Sauce: Wild, Schmorbraten oder Sauerbraten.
Einige besondere Spätzlerezepte folgen.

Spätzle in der Brühe

Spätzle in der Fleischbrühe erhitzen und mit Petersilie bestreut servieren.

1 Rezept Spätzle
1 l gute, klare Fleischbrühe
2 Eßl. gehackte Petersilie oder gehackter Schnittlauch

Saure Spätzle

Spätzle separat zubereiten; sie können kalt werden. Butter erhitzen, Mehl darin gelb anrösten. Mit Fleischbrühe ablöschen, bis eine dickflüssige Sauce entsteht. Würzen mit Essig, Sauerrahm, Lorbeerblättern, Salz und Pfeffer. Eine Viertelstunde köcheln lassen. Spätzle zugeben und in der Brühe erhitzen. Wenn möglich, Lorbeerblätter herausfischen und servieren. Ich esse am liebsten Frikadellen dazu.
Sehr gern werden «Saure Spätzle» auch mit Zwiebeln und Gurken angerichtet. Dabei läßt man in der Butter, ehe man das Mehl anschwitzt, zwei sehr klein geschnittene Zwiebeln glasig werden. Etwa 10 cm Salatgurke werden geschält, halbiert und entkernt sowie dann in dünne Scheibchen geschnitten; diese gibt man zusammen mit den Spätzle an die Sauce und vermengt alles miteinander.

1 Rezept Spätzle
2 Eßl. Butter oder Schmalz
2 Eßl. Mehl
Fleischbrühe
Essig
4 Eßl. saurer Rahm
2 Lorbeerblätter
Salz und Pfeffer aus der Mühle

Abgeschmälzte Spätzle

1 Rezept Spätzle
2 große Zwiebeln
2 bis 3 Eßl. Butter oder Butterschmalz

Spätzle separat zubereiten und warm halten. Zwiebeln schälen und halbieren oder vierteln und in dünne Scheiben schneiden, die zu Streifen zerfallen. Diese in der Butter goldbraun rösten. Mitsamt der flüssigen Butter über die Spätzle gießen.
Dazu schmeckt jedweder Salat, am besten ein Blattsalat.

Brägelte Spätzle

1 Rezept Spätzle
4 Eßl. Butter
2 Eier
3 Eßl. saurer Rahm
Salz, weißer Pfeffer aus der Mühle

Spätzle separat zubereiten; sie können auch vom Vortag sein. Butter in der Pfanne erhitzen. Spätzle darin unter gelegentlichem Wenden so lange braten, bis sie knusprige Ränder bekommen. Eier mit der sauren Sahne und den Gewürzen verkleppern und über die Spätzle gießen. Unter Wenden so lange braten, bis die Eiermischung ebenfalls kroß wird.
Dazu ißt man grünen Salat.

Leberspätzle

500 g Mehl
400 g gemahlene Leber
2 bis 3 Eier
Salz, Pfeffer aus der Mühle
3 bis 4 Eßl. sehr fein gehackte Petersilie

Mehl mit der gemahlenen Leber und den Eiern zu einem Spätzleteig verarbeiten. Am besten eine Stunde ruhenlassen. Mit Salz und Pfeffer abschmecken und die Petersilie untermischen. Vom Brett in siedendes Wasser schaben. Wie normale «Spätzle» behandeln.
Beilage: grüner Salat. Diese «Leberspätzle» genießt man gern als Zwischenmahlzeit, als Vesper. Man kann sie auch anrösten und mit Spiegelei servieren; so werden sie zur sättigenden Mahlzeit.

Allgäuer Käsespätzle

Rezept findet sich im Abschnitt «Salate und kleine Gerichte» auf S. 90.

Gaisburger Marsch
und
Spätzle und Linsen
Rezepte finden sich im Abschnitt über «Eintöpfe» auf den Seiten 439 und 438.

Rehleberspätzle
Eine ganz exquisite Spezialität.
Rehleberspätzle werden wie Leberspätzle zubereitet, nur daß man ausschließlich Rehleber dafür verwendet.

Nord- und Ostseeküste

Eierkuchen zum Rinderbraten

Wahrscheinlich kam die Idee aus England, zum Braten eine gebäckähnliche Beilage herzustellen. Was dort der Yorkshire-Pudding ist, wurde in deutschen Hafenstädten zum Eierkuchen. Eine sehr interessante und wohlschmeckende Beilage, die es verdient, der Vergessenheit entrissen zu werden. Ein Originalrezept, das kurz vor der Jahrhundertwende aufgeschrieben wurde.

4 Eier
Salz
1 Eßl. Mehl
6 Eßl. Sahne
1 Eßl. Butter
Vom Braten abtropfendes Fett

Die Eier gut mit dem Salz schlagen. Das Mehl mit der Sahne zu einem Brei rühren und dann mit den Eiern verquirlen. Eine Pfannkuchenpfanne mit Butter ausstreichen, erhitzen und den Teig einfüllen. Im Ofen backen. Von Zeit zu Zeit einige Löffel von dem heißen Bratfett über den Eierkuchen tröpfeln, wodurch dieser sehr aufgeht und schön braun backt.
Dieser Eierkuchen wird erst gegen Ende der Garzeit des Bratens in den Backofen geschoben, da er nur 20 Minuten darin bleiben soll.

HAUSGEMACHTE NUDELN

Zugegeben, unsere fabrikmäßig hergestellten Nudeln sind gut. Noch bessere machen einige Bäcker in den südwestdeutschen Landen. Die besten aller Nudeln aber sind die hausgemachten; ich habe jedenfalls noch nie eine deutsche Hausfrau getroffen, die nicht von «ihren» Nudeln überzeugt war. Vielleicht liegt das ein bißchen daran, daß nur noch sehr passionierte und gute Hausfrauen ihre Nudeln selbst herstellen. Immerhin gibt es sogar noch kleine Haushaltsmaschinen zum Nudelschneiden zu kaufen.

Wer die traditionelle Nudel-Kochkunst ausprobieren will, hier ist das Rezept der Vorsteherin der Kochschule I des Schwäbischen Frauenvereins, Hermine Kiehnle, aus der Erstauflage (1912) ihres erfolgreichen Kochbuchs (W. Hädecke-Verlag), nach dem sich noch immer Legionen von Hausfrauen richten.

3 Eier
360 bis 400 g Mehl
Salzwasser zum Kochen

Auf jedes Ei kann 1/2 Eischale Wasser genommen werden; dies wird mit den Eiern in einer Schüssel gut verschlagen; damit die Nudeln rascher trocknen, einige Tropfen Essig zugeben, dann das Mehl hineingeschafft und der Teig auf dem Nudelbrett so lange geknetet, bis er beim Durchschneiden kleine Löcher hat. Hierauf teilt man den Teig in 4 bis 6 Teile, formt sie rund und wellt jeden so dünn aus, daß man durchlesen kann. Solange man einen Teil auswellt, müssen die anderen unter eine Schüssel gelegt werden, damit sie nicht austrocknen. Die ausgewellten Kuchen legt man zum Abtrocknen auf ein reines Tuch. Sind sie beinahe trocken, so schneidet man sie in der Mitte durch, legt die beiden Teile aufeinander, rollt sie zusammen und schneidet ungefähr 1 cm breite Nudeln, die man, auseinandergelegt, nochmals gut trocknen läßt. Man läßt die Nudeln ungefähr 10 Minuten in Salzwasser kochen, schüttet sie auf ein Sieb und nach dem Abtropfen auf eine Platte.

SALBEY ZU BACKEN

«G'schwänzte Küchle» und «Mäus» sind schwäbische Namen dafür.
Mit dem Aufkommen der Elektrofriteusen ist das Fritieren bei Tisch zu einem neuartigen Eßvergnügen geworden. Dabei kam auch ausgebackener Salbei wieder in Mode. Das herb-bittere Aroma der Gewürzkrautblätter verbindet sich geradezu ideal mit einem zarten Backteig. – Diese neue Mode hat in unseren Landen eine uralte Vergangenheit. Schon in einem Kochbuch aus dem Jahre 1709 findet sich dafür ein Rezept, das wir wortwörtlich übernehmen können. Ich habe lediglich die altertümliche Schreibweise modernisiert und die Zutaten zusammengestellt.

Schöne, frische Salbeiblätter
125 g Mehl
Etwa 3 Eßl. Wasser
1 Ei
Einige Eßl. herber Weißwein (auch Apfelwein möglich)
1 Eiweiß
1 Eßl. zerlassenes, abgekühltes Schmalz
1 Prise Salz
1 kleine Prise Zucker
Ausbackfett

Man nimmt Mehl und rührt mit kaltem Wasser einen dicken Teig an, der glatt sein muß. Dann verrührt man ein geschlagenes Ei gut damit, gießt etwas sauren Wein daran, jedoch nicht zuviel. Das Eiweiß schlägt man zu Schnee und zieht es unter den Teig. Zum Schluß gibt man das Schmalz sowie ganz wenig Salz und Zucker daran und vermischt den Teig nochmals.
Die Salbeiblätter hat man gewaschen und abgetrocknet, zieht sie nun durch den Ausbackteig und läßt sie im heißen Schmalz beidseitig kroß werden.
Hinweis: Dem alten Rezept habe ich nur Salz und Zucker zugefügt. Ich würde auch vorschlagen, das geschlagene Eiweiß erst ganz zum Schluß unterzuheben und vorher den Teig noch eine halbe Stunde ruhenzulassen. – Man muß natürlich nicht Schmalz zum Ausbacken nehmen, Pflanzenfett geht auch.

Forbach im Murgtal

SCHWARZWALD

QUELLENDE KÜCHLE

Eine sehr alte Beilage zu vielen herzhaften Fleischgerichten, die man meist nur noch in abgelegenen Seitentälern findet. Für alle jene, die ihrer Familie oder ihren Gästen einmal eine überraschende Abwechslung bieten wollen, sind diese «quellenden Küchle» ein gefundenes Fressen.

40 g Hefe
1/4 l Milch
1 Prise Zucker
500 g Mehl
1 kräftige Prise Salz
50 g Butter
1 Ei
Ausbackfett; wer es «original» liebt, nimmt Schmalz

Hefe zerkrümeln und mit 1 bis 2 Eßl. lauwarmem Wasser und 1 Prise Zucker verrühren. Warm stellen und aufgehen lassen.
Mehl in eine Teigschüssel sieben, Salz und die weiche Butter in Flöckchen dazu. Aufgegangenen Vorteig mit dem Mehl und dann auch den anderen Zutaten vermischen. Das Ei in den Teig kneten. Zugedeckt aufgehen lassen. Zu einer dicken Platte ausrollen und daraus Quadrate oder verschobene Vierecke schneiden. Noch einmal kurz gehen lassen, dann im heißen Fett goldbraun ausbacken.
Die Küchle sollen dabei dick aufquellen; sie sind dann innen hohl.
In großen Stapeln sofort zu Tisch bringen.
Man gibt sie als Beilage vor allem zu Schinken mit Sauerkraut oder auch zu allen anderen Arten von Schweinefleischgerichten.

KRATZETE

Diese Beilage ist in Schwaben auch bekannt und trägt dort den Namen «Mehlkratzet»; zuweilen sagt man auch «Duranand», was fremdländischer aussieht, als es klingt, denn es bedeutet «Durcheinander» und wird auch für das ganze Gericht mit «Mehlkratzet» verwendet.
Die badischen «Kratzete» sind vor allem im Raum Freiburg als köstliche Beilage zu den dort wachsenden Spargeln berühmt. Zusammen mit Waldpilzen sind sie ebenfalls ein köstliches Gericht. Im Schwarzwald sind «Kratzete» auch unter dem Namen «Dummiß» bekannt. Die Möglichkeit, «Kratzete» auch mit Kompott zu essen, deutet auf die Verwandtschaft mit den österreichischen Schmarren hin; nun, das Markgräfler Land gehörte ja einmal zu Vorderösterreich.

250 g Mehl
4 Eier
Gut 1/8 l Milch oder Mineralwasser
1 Prise Salz
Ganz wenig Zucker
2 bis 3 Eßl. Butter oder Butterschmalz

Aus Mehl, Eiern, Milch sowie Salz und einer ganz kleinen Prise Zucker einen Eierkuchenteig rühren und 1/2 Stunde ruhenlassen. Eine Pfanne einfetten mit Butter oder Butterschmalz, Teig einfüllen und Pfannkuchen auf nicht zu großer Hitze backen. Jeder Pfannkuchen wird, nachdem er gewendet und auch auf der zweiten Seite fast fertig ist, mit der Bratschaufel in Stücke getrennt, und diese müssen dann in der Pfanne nochmals durcheinandergemengt werden. Eventuell noch etwas Fett zugeben. Wegen des scharrenden Kratzgeräusches während des letzten Teils des Backens wurde der Name «Kratzete» geprägt.
Muß man eine größere Portion aus mehreren Pfannkuchen zubereiten, so gibt man am Schluß die «Kratzete» nochmals in die Pfanne, um sie zu erhitzen.
Für süße «Kratzete» nimmt man natürlich nur ganz wenig Salz, dafür aber mehr Zucker.

Hügelsheimer Pfannkuchen

Zwischen Baden-Baden und dem Rhein liegt ein kleines Dorf, das wegen seiner Spargeln berühmt ist – und wegen der Pfannkuchen, die es dazu gibt. Eigentlich sind es gar keine Pfannkuchen, sondern zart-kroß gebackene Teigspiralen. Sie sollen im Gasthaus «Schwanen» erfunden worden sein. Das Rezept wird streng geheim gehalten. Verraten hat es mir trotz jahrelanger Bemühungen niemand. Da hat mich der Ehrgeiz gepackt, ich habe lange experimentiert, bis mir plötzlich die rettende Idee kam. Hier ist ein Rezept, dessen Ergebnis ein Gebäck ist, das dem «Hügelsheimer Pfannkuchen» gleichkommt. Und der ist die beste Spargelbeilage, die ich kenne.

½ l Wasser
1 kräftige Prise Salz
100 g Butter
250 g Mehl
4 bis 6 Eier
Reichlich Öl zum Backen

Wasser mit Salz und Butter in einem Topf zum Kochen bringen. Mehl hineinschütten und so lange weiterrühren, bis sich ein Kloß bildet und auf dem Boden des Topfes ein weißer Belag sichtbar wird. Vom Feuer nehmen, etwas abkühlen lassen und nacheinander die Eier in den Teig schlagen. So viele Eier verwenden, daß der Teig gerade anfängt zu laufen.

Öl etwa 2 cm hoch in eine Pfanne füllen, erhitzen und dann mittels eines Spritzsacks mit runder Tülle den Teig portionsweise einfüllen; dabei spritzt man eine enge Spirale in die Pfanne, deren einzelne Stränge beim Aufgehen durchaus zusammenbacken dürfen. Ist die Unterseite goldbraun, so dreht man den Spiral-Pfannkuchen mit einem Schaumlöffel herum, backt die andere Seite und entfettet ihn dann auf Küchenkrepp.

Damit man die Spiral-Pfannkuchen gut wenden kann, sollte man sie nicht zu groß machen.

Gemüse, Kartoffeln und Eintöpfe

Gemüse und Kartoffeln sind Lebensmittel gleicher Art, wenn auch die Kartoffeln in der deutschen Küche ein sehr bedeutsames Eigenleben führen. In den allermeisten Eintöpfen sind Gemüse oder Kartoffeln oder beides zu finden. Aus allen diesen Gründen wurden die traditionellen Rezepte, die aus Gemüse oder Kartoffeln bestehen, mit den Eintöpfen in diesem Abschnitt zusammengefaßt.
Allgemein bekannte und auch jenseits der Grenzen selbstverständliche Grundrezepte wurden nicht berücksichtigt. Die Schwerpunkte dieser Auswahl liegen bei reichlich unbekannten oder vergessenen Rezepten sowie Zubereitungsarten, die nur auf eine Region beschränkt sind, es jedoch verdienten, breitere Anerkennung zu finden.

Schwarzwurzeln

Das ist ein sehr deutsches Gemüse, das sich früher größerer Beliebtheit und viel stärkerer Verbreitung erfreute. Viele junge Leute kennen es heute nur noch dem Namen nach. Woran mag das liegen? Wahrscheinlich an den schmutzigen Händen, die man beim Zurichten bekommt; wobei die dunkle Verfärbung nur sehr schwer zu entfernen ist. Mit Gummihandschuhen oder, wenn man die Schwarzwurzeln erst nach dem Kochen schrappt oder schält, kann dies leicht verhindert werden. Das scheint sich noch nicht herumgesprochen zu haben. Die deutschen Erzeuger jedenfalls reagieren bereits: seit 1977 bauen sie weniger und weniger Schwarzwurzeln an.
Vielleicht rettet die Konserven- oder Tiefkühlindustrie dieses gesunde Gemüse, denn ihre Produkte sind bereits geschält. Sorgen wir dafür, daß die eisen- und insulinhaltigen schwarzen Wurzeln, die weiß genossen werden, auch weiterhin ihren Ruhm als «Spargel des Winters» behalten.

SCHWARZWURZELN MIT FLEISCHKLÖSSCHEN

250 g durchgedrehtes Kalbfleisch
1 kleines Brötchen, abgerieben, eingeweicht und ausgedrückt
1 Prise Salz
Abgeriebene Muskatnuß
1 bis 2 Eier
2 Eßl. Mehl
1 kg Schwarzwurzeln
2 Eßl. Essig
2 Eßl. Mehl
1 Teel. Salz
2 Eßl. Mehl
2 Eßl. Butter
2 Eigelbe

Kalbfleisch mit dem Brötchen vermischen. Mit Salz und Muskatnuß würzen und den Fleischteig mit den Eiern binden. Sollte er zu flüssig sein, so kann man etwas Paniermehl zugeben. Kleine Klößchen formen und in Mehl wenden.

Schwarzwurzeln gründlich unter fließendem Wasser bürsten, in Essigwasser legen und dann schrappen. In etwa 5 cm lange Stücke schneiden und sofort in etwa 2 l Wasser legen, dem man 2 Eßl. Essig und 2 Eßl. Mehl sowie eine kräftige Prise Salz zugesetzt hat. Etwa 50 Minuten lang kochen. Während der Kochzeit die Fleischklößchen einlegen und etwa 10 Minuten im Gemüsewasser garen. Herausnehmen und warm halten.

Mehl in Butter anschwitzen, ohne Farbe nehmen zu lassen. Ablöschen mit Gemüsekochwasser und mit den Eigelben legieren. Abgetropfte Schwarzwurzelstücke sowie Fleischklößchen einlegen und alles zusammen servieren.

Beilage: Salzkartoffeln.

Verfeinern kann man dieses ausgezeichnete Gericht, wenn man 2/3 Gemüsewasser und 1/3 Sahne zum Auffüllen der Sauce verwendet und diese noch mit etwas Zitronensaft abschmeckt.

Schwarzwurzel dermaleinst

Um mich über die frühe Verwendung der Schwarzwurzel in deutschen Haushalten zu informieren, habe ich in meinem geliebten «Frauenzimmer = Lexicon» (Leipzig, 1773) nachgelesen. Staunen Sie mit mir! — Hier ist ein Auszug dessen, was ich fand:

„Schwarzwurz, Wallwurz oder Beinwelle ist... eines der vornehmsten Wundmittel, indem es den Durchbruch stillt, die Lungengeschwüre und allerhand Wunden und Brüche heilt... Von den Wurzeln... wird vorgegeben, wenn man einer Köchinn ein Stück davon in einen Fleischtopf prakticiert, solle selbiges alle Stücken Fleisch zusammen wachsen machen."

Seien Sie unbesorgt, für gehacktes Fleisch und daraus gemachte Klößchen gilt das nicht.

Baden

Pikantes Kürbisgemüse

Heutzutage erfüllen die Kürbisse fast nur noch den Zweck, zu Martinslaternen für die Kinder ausgehöhlt zu werden. Kürbiszubereitungen kennt man allenfalls süß-sauer – und die kauft man fertig, um sie zum Siedfleisch zu essen. In allen alten Kochbüchern finden sich dagegen sehr viele und unterschiedliche Rezepte für Kürbisgemüse. Dieses stammt vom Oberrhein und aus einem handgeschriebenen Kochbuch. Ich gebe es im Originaltext.

„Vom gelb. Kürbis m. einem Kartoffelbohrer Kugeln ausstechen. 2–3 Std. in Salz, Citronensaft und kleingeschnittener Zwiebel marinieren. Vorsichtig in Milch glasig, aber nicht z(u) weich kochen. Die Milch mit Maismehl gut binden, mit Salz u. Zucker abschmecken. Zuletzt einige Löffel geriebenen Meerrettich dazu."

Anmerkungen: Man muß zu diesem Gemüse etwa 1 kg Kürbisfleisch (ohne Schale und Kerne) rechnen.
Zum Marinieren braucht man den Saft von 1 bis 2 Zitronen sowie 2 bis 3 kleingeschnittene Zwiebeln.
Ich habe dieses «Pikante Kürbisgemüse» zu Kalbsbraten und Huhn gegessen, wozu es mir ausgezeichnet schmeckte. Auch zu Schweineschnitzel kann ich es mir sehr gut vorstellen. Es ist eine echte Bereicherung des Küchenzettels.

BADEN-WÜRTTEMBERG, BAAR

SURE WÄLSCHBAUNA

Auf Hochdeutsch heißt das Gemüse «Saure Bohnen». Da es von der rauhen und landwirtschaftlich kargen Baar kommt, nimmt man dazu jene Bohnensorte, die am anspruchslosesten ist, die Feuerbohne, im Dialekt «Wälschbohne» genannt.

1 kg Feuerbohnen, auch «Prunkbohnen» genannte grüne Bohnen
1 Teel. Salz
1 gehäufter Eßl. Schmalz
1 Eßl. Mehl
2 Lorbeerblätter
1 kräftiger Schuß Essig
Pfeffer aus der Mühle

Bohnen waschen, putzen und in schmale Streifen schnetzeln. In wenig Salzwasser weich kochen. Kochwasser abgießen und aufheben. Bohnen beiseite stellen. Schmalz in einem Topf mit dickem Boden erhitzen, darin das Mehl unter ständigem Rühren braun rösten, mit so viel Bohnen-Kochwasser ablöschen, daß eine dicke, braune Mehlschwitze entsteht. Lorbeerblätter, Essig und etwas Pfeffer zugeben und alles zusammen etwa 1/4 Stunde köcheln lassen. Lorbeerblätter dann herausfischen und wegwerfen. Bohnen hineinschütten, umrühren, noch einige Minuten zusammen köcheln lassen, Würzung prüfen und servieren.
Dazu ißt man gern «Abgeschmälzte Kartoffelschnitz».

Teltower Rübchen

Natürlich stammt dieses köstliche Gemüse aus der Mark Brandenburg. Wenn keine regionale Zuordnung bei der Rezeptüberschrift vermerkt ist, so deshalb, weil Genießer in allen deutschen Landschaften die «Teltower Rübchen» zu ihren Spezialitäten zählten. Und das jahrhundertelang. Berühmtester Beweis: Brief des Komponisten Carl Friedrich Zelter an seinen Freund J. W. Goethe, am 19. Januar 1805 von Berlin nach Weimar geschickt: *«Ein halber Scheffel Märkischer Rüben (Teltower R.) erfolgen anbei. Ich wollte Ihnen einen ganzen Scheffel schicken, allein meine Frau hat ihre Gründe dagegen, indem es möglich wäre, einen starken Frost eintreten zu sehen, und man alsdann einen halben Scheffel nachsenden könnte. Ihr Zelter.»*

«29. Januar – Rübchen sind glücklich angekommen, schön trocken, Ihr Goethe.»

«Teltower Rübchen» sind nicht, wie in Westdeutschland vielfach angenommen, gelbe Rüben, sondern kleine weiße Speiserüben; eine ähnliche Art ist als «Mairübe» bekannt. «Teltower Rübchen» kommen erst im Herbst auf den Markt. Nennenswerter Anbau erfolgt nur noch in der Umgebung Hamburgs. Sonst sind sie kaum noch zu finden. Schade.

Ich gebe ein Rezept aus der Zeit des eben angeführten Briefwechsels. So könnte Frau Goethe ihre «Teltower Rübchen» für den Herrn Gemahl und Dichterfürsten gekocht haben:

„Die frischen Teltower Rübchen (ca. 750 g) werden geputzt und in's Wasser geworfen, mit welchem etwas glattgerührtes Mehl vermischt worden ist (1 Eßl. Mehl auf 1 l Wasser), damit sie weiß bleiben. Die Rübchen werden dann mit Butter (3 Eßl.), Salz und einer Prise weißem Pfeffer weich gedämpft. Unterdessen hat man 4 Loth Zucker (knapp 70 g oder 3 geh. Eßl.) mit ein wenig Wasser aufgelöst und so lange gekocht, bis dasselbe eine lichtbraune Farbe angenommen hat, alsdann wird es mit etwas kaltem Wasser (1 knappe Tasse) aufgefüllt und auf dem Feuer aufgekocht. Diese Sauce wird über die Rübchen gegossen und mit denselben so lange gedämpft, bis sie eine glänzende, lichtbraune Farbe angenommen haben; alle Arten Coteletten, gebackene Fischschnitten eignen sich vortrefflich dazu."

Neu-Brandenburg, nach einer Zeichnung von Borussia

In einem anderen Kochbuch, das ein Jahrzehnt vorher erschienen ist, werden etwa 25 verschiedene Fleischspeisen genannt, zu denen «Teltower Rübchen» ausgezeichnet schmekken. Darunter: Rebhuhn, Hammel und Lamm, gebratene Ente und Gans, grillierte Rindszunge, gebratene Schweinerippen, Spanferkel usw.

Anmerkung zu dem Rezept: «Teltower Rübchen» haben eine recht lange Garzeit. Es ist deshalb ratsam, sie erst eine Viertelstunde in Salzwasser zu kochen; dann abgießen, gut abtropfen lassen und in Butter unter häufigem Umwenden gut weitere 15 Minuten garen. Nachdem das Zuckerwasser zugegossen ist, brauchen sie dann nochmals gut 20 Minuten, bis sie gar sind; während dieser Zeit sollten die Flüssigkeit verdampft und die Rübchen angenehm glasiert sein. Man kann ganz zum Schluß noch etwas Butter auf ihnen zerlaufen lassen.

Grüne Bohnen

Dieses Gemüse wurde und wird leider noch immer in deutschen Küchen arg mißhandelt: viel zu weich gekocht, mit Bohnenkraut überwürzt und in Mehlsauce ertränkt.
Als traditionelle Zubereitungsart nenne ich ein Rezept, das in dem gastrosophischen Werk «Geist der Kochkunst» (1822) von Carl Friedrich von Rumohr zu finden ist.

VEITSBOHNEN
SCHNITTBOHNEN

„Die übliche Zubereitung der auf deutsche Art fein aufgeschnittenen Veitsbohnen ist mehrfältig; man dämpfe sie in Fleischbrühe vollends gar und setze etwas Butter, Mehl und gehackten Peterlein hinzu; man dämpft sie mit Butter und setzt ein wenig Essig, Dragon (Estragon), Basilikum und ähnlich stark-schmeckende Kräuter hinzu; man bereitet sie endlich auch süßlich mit süßem Rahm, mit etwas Butter und Mehl."

Bitte beachten: Bei dem ersten Rezept (in Fleischbrühe) werden Butter und Mehl angeschwitzt; Peterlein bedeutet Petersilie.
Im zweiten Rezept (in Butter gedämpft) ist mit «starkschmeckende Kräuter» offensichtlich Bohnenkraut gemeint. Ich schätze dieses Kräut höchstens an Bohnen aus der Konservendose, die dadurch nicht mehr als solche zu erkennen sind.
Zur dritten Rezeptvariante ist anzumerken, daß C. F. von Rumohr im äußersten Norden Deutschlands beheimatet war, wo man bekanntlich vielerlei süße Zubereitungsarten für kräftige Speisen kennt und schätzt.

MARK BRANDENBURG

SCHMORGURKE

Gurken schälen, der Länge nach halbieren, Kerne herauskratzen und das verbliebene Gurkenfleisch in kurze Stücke schneiden. Mit Essig begießen, Zucker, Salz und Pfeffer darüberstreuen. Während zweier Stunden mehrmals wenden und ziehen lassen.
Fleischbrühe mit Piment, Zucker und Essig würzen und darin die Gurkenstücke so lange kochen, bis sie anfangen weich zu werden.
Speckwürfel ausbraten, Grieben herausnehmen und Zwiebel im verbliebenen Fett glasig werden lassen. Mehl darüberstäuben, braun schwitzen und mit Gurken-Kochbrühe auffüllen. Verrühren, Gurkenstücke zugeben und noch etwa 1/4 Stunde offen kochen. Zum Anrichten mit den Grieben bestreuen.

1 kg Gurken
2 Eßl. Essig
1 Eßl. Zucker
1 Prise Salz
Weißer Pfeffer aus der Mühle
1/2 l Fleischbrühe
2 zerdrückte Pimentkörner
1 bis 2 Eßl. Zucker
2 Eßl. Essig
40 g Speckwürfelchen
2 Eßl. geriebene Zwiebel
1 bis 2 Eßl. Mehl

RHEINLAND

STIELMUS

Nicht überall kann man Mangold- oder Mairüben-Stiele kaufen. Im Rheinland und in Hessen werden sie gebündelt angeboten, und dort schätzt man ein Gemüse aus solchen Stielen sehr.

Alles Grüne von den Stielen abstreifen und diese in etwa 4 cm lange Stücke schneiden. Waschen und in Salzwasser so lange kochen, bis sie weich sind.
In einem anderen Topf die Butter erhitzen und darin das Mehl hell anschwitzen. Mit der Milch ablöschen und eine Sauce rühren; so viel Kochwasser der Stiele zugießen, wie für eine sämige Konsistenz benötigt wird. Stiele abtropfen und in die Sauce geben. Abschmekken mit Salz, Pfeffer und etwas Muskatnuß. Alles zusammen noch etwa 10 Minuten schwach kochen lassen und anrichten.
Beilage: Salzkartoffeln und Bratwurst.

1 kg Mangoldstiele (oft auch Rübstiele genannt)
Salz
2 Eßl. Butter
2 Eßl. Mehl
2 Tassen Milch
Pfeffer aus der Mühle
Ganz wenig geriebene Muskatnuß

HOPFENSPROSSEN

Am Bodensee zwischen Friedrichshafen und Lindau gibt es viele Kulturen, die durch ihre hohen Stangen auffallen: Hopfenpflanzungen. Im Umkreis der bayrischen Hopfenfelder habe ich nie eine Hopfenspeise gegessen, wahrscheinlich reserviert man dort den Hopfen gänzlich für die Bierherstellung und profaniert ihn nicht, indem man seine Sprossen vorzeitig verspeist.

Am Bodensee genießt man im April die jungen Triebe als Delikatesse. Zu dieser Zeit wird z. B. das «Rad» in Tettnang zum Ziel vieler Genießer, weil man dort sogar eine eigene Hopfensprossen-Karte hat.

Gut 500 g Hopfensprossen
Salz
Saft 1 Zitrone
1 Eßl. Butter
1 Eßl. Mehl
½ Tasse Sahne
Weißer Pfeffer aus der Mühle
Salz
1 bis 2 Eigelbe

Hopfensprossen putzen und gründlich waschen. In gesalzenem Wasser, dem der Zitronensaft zugesetzt wurde, in etwa 15 Minuten nicht zu weich kochen. Abgießen und den Sud aufbewahren. Butter in einem anderen Topf erhitzen und das Mehl darin anschwitzen. Mit etwas Sud ablöschen und zu einer dicken Sauce rühren, in die man noch die Sahne quirlt. Gut 10 Minuten auf schwacher Hitze köcheln lassen. Dabei abschmekken mit Salz und Pfeffer.

Vom Feuer nehmen und mit Eigelben legieren. Hopfensprossen zufügen, mit der Sauce verrühren und heiß werden lassen, nicht mehr kochen.

Als Beilage ißt man Schnitzel oder auch Rauchfleisch.

Eine andere Zubereitungsart ist ebenfalls köstlich:

- Hopfensprossen und Sauce wie im Grundrezept zubereiten, dabei Streifen von gekochtem oder rohem Schinken mit den Hopfensprossen vermischen. Gemüse mit Sauce dann in dünne Flädle (Eierpfannkuchen) einpacken und zu grünem Salat servieren.
- Die beste Verfeinerung der Hopfensprossen erzielt man, wenn man anstelle der Butter-Mehl-Sauce eine echte Hollandaise aus

Eigelb und Butter aufschlägt; aber das wird in Schwaben nicht gemacht – jedenfalls nicht in der bodenständigen Küche.

NORDBADEN

SPARGELGEMÜSE MIT KLÖSSEN

In Nordbaden, dem ehemaligen Gebiet der Kurpfalz, liegt bei Schwetzingen eines der bekanntesten deutschen Spargelgebiete. Genau dort habe ich dieses Rezept handgeschrieben gefunden. Es dürfte aus den letzten Jahrzehnten des vergangenen Jahrhunderts stammen. In den verflossenen Jahrzehnten habe ich eine ähnliche Zubereitungsart für Spargeln in Schwetzingen nicht mehr feststellen können.

1 kg Spargel
Salz
2 Eier
1 bis 2 Eßl. Butter
Geriebene Muskatnuß
Einige Eßl. gestoßener Zwieback
Einige Eßl. frische Semmelbrösel
1 bis 2 Eßl. Butter
1 bis 2 Eßl. Mehl
1/8 l Sahne
1 kleine Prise Zucker
2 bis 3 Eßl. Zitronensaft
1 bis 2 Eigelbe

Spargel schälen, in nicht zu kleine Stücke schneiden und im Salzwasser kochen, bis sie gerade gar sind, was etwa 20 bis 25 Minuten dauern dürfte. Auf ein Sieb schütten, Sud aufheben.
Die beiden Eier mit der flüssigen, abgekühlten Butter verkleppern. Salz und geriebene Muskatnuß dazu und so viel Zwieback- und Semmelmehl zu gleichen Teilen damit verkneten, bis ein haltbarer Kloßteig entstanden ist. Daraus kleine Klößchen mit zwei Teelöffeln abstechen und im Spargelsud garziehen lassen, was nicht länger als 10 Minuten dauern dürfte. Warm stellen.
Aus Butter und Mehl eine helle Schwitze machen. Mit Spargelsud und Sahne zur weißen Sauce ablöschen. Abschmecken mit Zukker, Salz und Zitronensaft.
Abseits vom Feuer wird diese Sauce noch mit 1 bis 2 Eigelben legiert. Darin die Spargelstücke erhitzen, nicht mehr kochen und dann auch die Klößchen darin aufwärmen. Alles zusammen in einer Schüssel servieren.
Als Beilage reicht ein grüner Salat.

Leipziger Allerlei

Dies ist zweifellos das beste deutsche Mischgemüse. Leider wurde durch Konservenfabriken, die es als Billig-Fertiggericht auf den Markt brachten, sein Ruf stark ramponiert. Durch Selbermachen kann man ihn zur eigenen Freude wieder aufpolieren.
Ich zweifle daran, daß es sich bei diesem Mischgemüse um eine Leipziger oder gar sächsische Spezialität handelt. Wahrscheinlich wurde es im vorigen Jahrhundert von einem genialen Küchenchef in Leipzig erfunden. Es soll aus Anlaß der Magisteressen entstanden sein.
Jedenfalls taucht es erst kurz vor der Jahrhundertwende auch in bürgerlichen Kochbüchern Mitteldeutschlands auf. Zur großen kulinarischen Zeit Berlins (vor dem Ersten Weltkrieg) erlebte dort das «Leipziger Allerlei» seine Blütezeit.
Meine Herren Minister, warum veranlassen Sie nicht Ihre Protokollchefs, diese herrliche Platte bei Staatsempfängen einzusetzen?

Ich gebe eines der frühesten Originalrezepte, es stammt aus «Allgemeines Deutsches Kochbuch für alle Stände» von Sophie Wilhelmine Scheibler, Leipzig 1892:

„Dieses beliebte Gericht schmeckt im Frühjahr und Sommer, wo alles, was dazu gehört, jung ist, am besten. Spargel, Schoten, Karottchen oder kleine Möhren, Kohlrabi, Blumenkohl, Morcheln werden jedes für sich in seiner Art einzeln fertig gemacht. Das Quantum des einzelnen richtet sich je nach dem Geschmacke oder dem Preis. Das Abkochen in Wasser oder Fleischbrühe muß dem Verständnis der Köchin überlassen werden.

Sobald nun jedes der obigen Gemüse den richtigen Grad des Garseins erreicht hat, wird dasselbe geschmackvoll angerichtet, doch so, daß der Blumenkohl obenauf kommt. Als Hauptzierde und den Wohlgeschmack erhöhend, bedarf es dazu der Krebse (man rechne, beiläufig bemerkt, auf die Person einen Krebs); diese werden gekocht, ausgebrochen, die Nasen mit Semmelklößchenteig[1] gefüllt und apart[2] in Butter gebraten. Dieselben sind nebst dem Fleische des Krebses und den Semmelklößchen, welche letzteren in Fleischbrühe gekocht werden, ein notwendiger Zusatz zu diesem Gericht. Die übrigen Schalen der Krebse werden zerstoßen und zu Krebsbutter verwendet[3]. Diese letztere wird dann unter Butter-Sauce[4] gemischt, die mit 2 bis 3 Eidottern abgezogen wird. Mit derselben wird hierauf das Gesamtgemüse übergossen und nun auf die Tafel gegeben. – Als Beilagen passen Kalbs-Koteletts, Beefsteaks von Lende, junge Hühner, gebratene junge Tauben ect."

[1] SEMMELKLÖSSCHENTEIG. Butter schaumig rühren. Eier sehr gut verquirlen und zusammen mit den Gewürzen und den Semmelbröseln mit der Butter zu einem glatten Teig verarbeiten. Kurze Zeit zum Quellen und Festerwerden stehen lassen, mit Teelöffeln Klößchen abstechen und in schwach siedender Fleischbrühe garziehen lassen. (Oder Krebsnasen damit füllen; die Masse wird dann zum Braten in Butter fest.)

125 g Butter
3 Eier
Salz
Geriebene Muskatnuß
Etwa 200 g frische weiße Semmelbrösel
Fleischbrühe

[2] APART. Dieses Wort hat nicht die Bedeutung, die man bei der Schreibweise vermuten muß, nämlich «reizvoll, geschmackvoll», sondern wird in dem früher gebräuchlichen Sinn von à part = separat, gesondert, angewendet.

[3] KREBSBUTTER. Diese kauft man heute fertig im Delikatessengeschäft oder läßt sie sich vom Küchenchef eines Restaurants besorgen.

[4] BUTTERSAUCE. Butter in einem kleinen Topf schmelzen lassen, Mehl einrühren, Salz und Muskatnuß hinzufügen und mit Gemüsekochwasser auffüllen. Weiterrühren. Es soll eine dünnflüssige Sauce entstehen, die man 15 Minuten kochen läßt. Vom Feuer nehmen, die verklepperten Eigelbe einrühren und Würzung prüfen.
Es lohnt sich nicht, dieses aufwendige Gericht für vier Personen zuzubereiten. Ich schlage vor, von je-

4 Eßl. Butter
1 Eßl. Mehl
Salz und geriebene Muskatnuß
Gemüsekochwasser (von Spargeln)
2 bis 3 Eigelbe

Das Rathaus zu Leipzig, Stich von C. W. Arldt nach einer Zeichnung von G. Täubert

der Gemüsesorte 300 g zu verwenden; Morcheln, wenn getrocknet, 30 g. Mit «Schoten» sind grüne Erbsen gemeint, ganz feine natürlich.
Mir ist als Beilage zu diesem Feingemüse ein nature gebratenes Kalbssteak oder Kalbsschnitzel am liebsten.
Man sieht an diesem Rezept, wieviel Mühe man sich seinerzeit auch in der bürgerlichen Küche machte. Erst einige Jahrzehnte später tauchen vereinfachte Zubereitungsarten, bei denen alle Gemüse zusammen gekocht werden sowie dicke Mehlsauce zum Binden angegeben wird, in der deutschen Kochbuchliteratur auf. Und die Eingangsbemerkung könnte doch wörtlich von einem der Päpste der Nouvelle Cuisine stammen.

Apropos: Wenn nicht alle Gemüse frisch verfügbar sind, dann sollte man lieber auf eines verzichten, als es aus der Dose zu nehmen. Und bei den Morcheln bitte keine chinesischen Pilze verwenden, auch wenn sie den gleichen Namen tragen; lieber ganz verzichten. Getrocknete Morcheln sind möglich, müssen natürlich vorgeweicht werden.

Salatgemüse

Vor allem Kopfsalat wird bei günstiger Witterung schnell schnittreif. Dann muß man ihn sofort verwerten, damit er nicht «schießt» und ungenießbar wird. Früher, als noch ein viel größerer Teil der Bevölkerung vom eigenen Anbau lebte, trat diese Situation häufiger ein als heute. So kamen früher Salatgemüse öfter auf den Tisch. Dafür sind sie jetzt eine um so größere Köstlichkeit, weil sie rar geworden sind. Allerdings sollte man nur Freilandsalat als Gemüse zubereiten, da Treibhausköpfe zu labberig sind und leicht zerfallen.

BADEN

ENDIVIENGEMÜSE

Originalrezept aus dem Kochbuch der Mamsell König, Karlsruhe 1844.

„Ist der Endivien geputzt und gewaschen, so wird er in kochendem Wasser weich gekocht, man muß aber darauf sehen, daß er nicht zu weich wird; nach diesem schüttet man ihn durch einen Seiher, kühlt ihn mit kaltem Wasser ab, drückt ihn gut aus und verwiegt ihn gut, – dann dämpfe man mit einem Stückchen Butter eine Hand voll Zwiebeln, ein wenig Petersilie und einen Kochlöffel voll Mehl; tue hernach den Endivien auch hinein, und lasse ihn ungefähr eine Viertelstunde mitdämpfen, rühre alsdann das Ganze mit guter Fleischbrühe an, tue etwas Salz und Muskatnuß daran und lasse es noch eine halbe Stunde mitkochen."

Alle Salatgemüse sind als Beilagen zu Kalbfleisch, Hirn, Bries und Hühnerfrikassee geeignet.

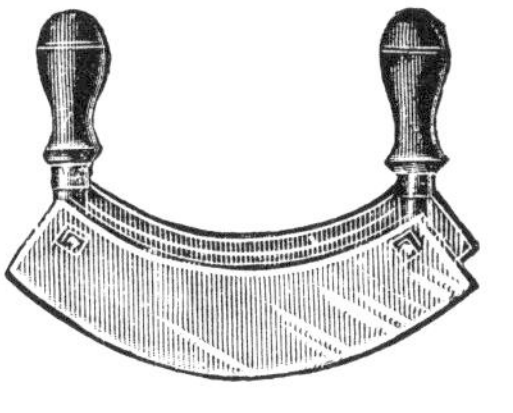

KOPFSALAT FRIKASSIERT

Nach einem Rezept vom Oberrhein, das aus den ersten Jahren des 19. Jahrhunderts stammt.

4 feste Salatköpfe
1 bis 2 Eßl. Butter
Salz, weißer Pfeffer aus der Mühle
1 bis 2 Tassen Fleischbrühe
2 Eigelb oder Mehlbutter aus ½ Teel. Butter und ½ Teel. Mehl

Harte, grüne Außenblätter wegschneiden, Herzstücke gründlich waschen und mit ungeleimtem Faden zusammenbinden.

In heißem Wasser zum Kochen bringen und so lange leise köcheln lassen, bis die Blätter weich zu werden beginnen. Das dauert nur wenige Minuten. Mit einem Schaumlöffel herausnehmen und in kaltes Wasser legen oder damit kräftig übergießen.

In einem passend großen Topf mit dickem Boden die Butter schmelzen lassen. Salatköpfe wieder sorgfältig ausdrücken, eventuell noch trocken tupfen und sie dicht nebeneinander in den Topf legen. Leicht salzen und pfeffern. Zudecken.

Wenn sie auf einer Seite gelb sind, umdrehen und nochmals salzen und pfeffern. Zugedeckt auch die andere Seite gelb werden lassen. Dann erst Fleischbrühe zugießen und gut 5 Minuten weiterköcheln lassen.

Salatherzen herausnehmen, auf eine vorgewärmte, flache Schüssel legen und Fäden entfernen. Die Sauce mit den Eigelben binden oder so lange Mehlbutter einkrümeln und auf größerer Hitze verquirlen, bis die gewünschte Bindung erreicht ist. Die Sauce über die Salatherzen gießen.

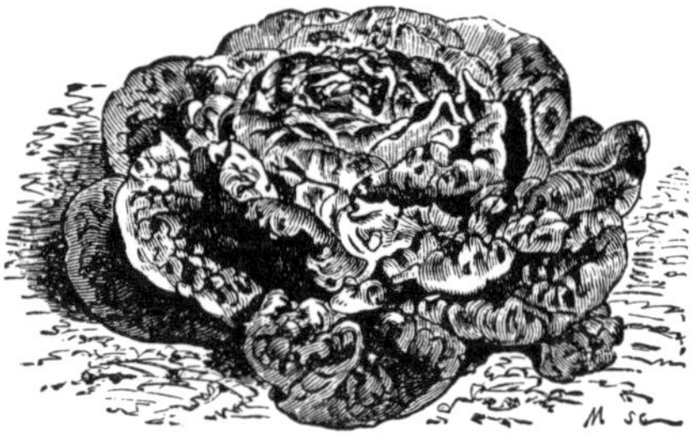

Gemüse aus Wildkräutern

Zuweilen findet man in alten Büchern Hinweise darauf, daß die ersten frischen Gemüse aus selbstgesammelten Kräutern gekocht wurden. So heißt es z. B. bei Carl Friedrich von Rumohr («Geist der Kochkunst», 1822):

„In einigen Gegenden von Deutschland sammelt man für die Osterwoche allerlei wilde Kräuter, wie Melde, Nessel, Löwenzahn, Brunnenkresse, junge Sprossen des Feldkümmels und andere, hackt sie und bereitet daraus ein äußerst wohlschmeckendes, spinatartiges Gemüse. Im sächsischen Dialekt heißt dieses Gemüse Negenschöne."

Ich konnte in alten Kochbüchern unter diesem Namen kein Gemüserezept finden. Nach den v. Rumohrschen Anweisungen habe ich das Gemüse aber mit gutem Erfolg nachkochen können. Heutzutage bekommt man eine viel größere Kräuterauswahl von den Gärtnereien. Löwenzahn und Nessel (Brennessel) sollte man selbst sammeln. Natürlich gibt es heutzutage Salate aus dem Treibhaus oder aus südlichen Gefilden, so daß man nicht mehr auf die ersten wilden (oder gezogenen) Kräuter angewiesen ist. Deshalb gingen auch die Rezepte für Kräutergemüse verloren. Gesund und wohlschmeckend sind sie jedoch geblieben.

Frauenstein

VORMALS IN SACHSEN

NEGENSCHÖNE

Gut 700 g Kräuter (eine Auswahl aus Gartenmelde, Brennessel, Löwenzahn – nur die weißen und hellgelben Blätter und Stiele, Blättchen von Kümmelpflanzen, Brunnenkresse, Gartenkresse, Kerbel, Petersilie und evtl. etwas Spinat)
3 Eßl. Butter
1 kleine Zwiebel
Salz, Pfeffer aus der Mühle
1 kleine Prise Zucker
3 bis 4 Eßl. Crème fraîche (ersatzweise süße Sahne)

Kräuter verlesen, harte Stengel entfernen, waschen und grob hacken. 2 Eßl. Butter zergehen lassen, tropfnasse Blätter darin weich dünsten. 1 Eßl. Butter erhitzen und darin die kleingeschnittene Zwiebel gut glasig werden lassen. Zu den gedünsteten Kräutern geben. Mit den Gewürzen abschmecken. Mit der Crème fraîche etwas binden.

Bitte beachten: Die meisten Kräuter haben einen herben, ja zuweilen sogar leicht bitteren Geschmack. Diesen kann man mildern, indem man sie vorher blanchiert. Allerdings geht dadurch ein Gutteil ihrer wertvollen Inhaltsstoffe verloren. Ich schlage deshalb vor, zur Abmilderung etwas ganz jungen Spinat oder auch einige Salatblätter zuzugeben; außerdem wirkt die Sahne (Crème fraîche) besänftigend.

Beilagen: neue Kartoffeln, Kochfleisch, Schweineschnitzel oder auch hartgekochte Eier.

Sauerampfer

Dieses wildwachsende Gemüse ist von der «Nouvelle Cuisine» nicht entdeckt, sondern nur wiederentdeckt worden. Überall in Deutschland nutzte man es seit Jahrhunderten in der bäuerlichen Küche zu Suppen, Saucen und als Gemüse.
Die «Frankfurter Grüne Sauce» ist ohne Sauerampfer nicht denkbar. In Ostpreußen war «Sauerampfersuppe» besonders beliebt. Hier folgen zwei Gemüserezepte.

NORDBADEN

SAUERAMPFERGEMÜSE

750 g Sauerampfer
Salz
1 Eßl. Butter
1 Teel. Mehl
1 bis 2 Tassen kräftige Fleischbrühe
Geriebene Muskatnuß
2 Eßl. Sauerrahm

Sauerampfer gut verlesen und entstielen, waschen und in reichlich kochendem Salzwasser aufwellen lassen, vom Feuer nehmen und gut 5 Minuten beiseite stellen. Abgießen und ausdrücken. Fein verwiegen.
Aus Butter, Mehl und Fleischbrühe eine helle Sauce machen. Gewiegten Sauerampfer hineinschütten, verrühren, mit Salz und Muskatnuß vorsichtig würzen und gut 15 Minuten auf kleiner Hitze garen.
Vor dem Anrichten den Sauerrahm unterrühren.

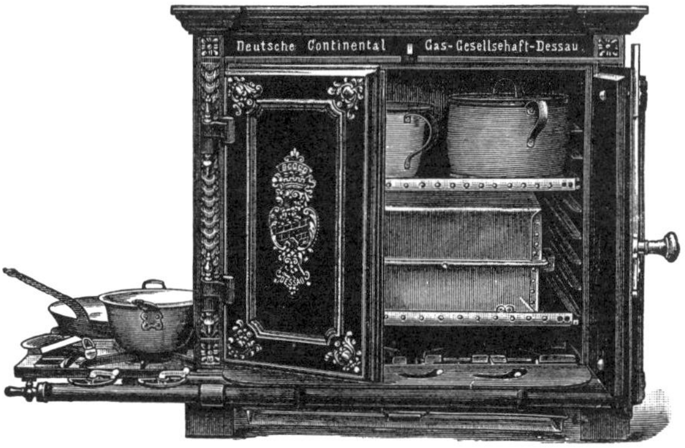

Sauerampfer mit Rosinen

750 g Sauerampfer
Salz
Pfeffer, geriebene Muskatnuß
1 Tasse Rosinen
2 Eßl. Butter

Sauerampfer gut verlesen, entstielen, waschen und in reichlich Salzwasser kurz aufkochen. Fünf Minuten ziehen lassen, abgießen und ausdrücken. Durch den Fleischwolf drehen. In wenig Wasser etwa 10 Minuten kochen. Würzen mit Salz, Pfeffer und Muskatnuß. Rosinen in der Zwischenzeit waschen und ebenfalls in wenig Wasser auf kleiner Hitze weichkochen. Abgießen und unter den gargekochten Sauerampfer mischen.
Butter erhitzen und beim Servieren über das mit Rosinen vermischte Sauerampfergemüse gießen.

Bitte beachten: Unsere Vorfahren wußten bereits, daß Sauerampfer zwar ein gesundes Frühjahrsgemüse sein kann, daß sich aber Menschen, die an Rheumatismus oder Gicht erkrankt sind oder unter Nierenbeschwerden leiden, davor hüten müssen. Die moderne Medizin hat das nur bestätigen können.
Das Vorkochen der Sauerampferblätter laugt übermäßige Oxalsäure aus, ist deshalb – wie in den oben gegebenen Rezepten – immer zu empfehlen.
Sauerampfer wächst wild auf feuchten Wiesen. Er kann im Frühling bis in den Frühherbst dort gesammelt werden. Zuweilen wird er auch in Hausgärten oder Gemüsegärtnereien angebaut.
(Siehe auch «Sauerampfersuppe», S. 21.)

Hohenstaufen und Rechberg

SÜDDEUTSCHLAND

PFIFFERLINGE IN BUTTER

750 g Pfifferlinge
3 Eßl. Butter
1 bis 2 Zehen Knoblauch
2 bis 3 Eßl. Petersilie
Salz
Weißer Pfeffer aus der Mühle

Pfifferlinge putzen, kleine ganz lassen, größere zerschneiden. Zwei Eßl. Butter in einem Topf mit dickem Boden mit den Knoblauchzehen erhitzen; diese einige Minuten auf nicht zu starker Hitze in der Butter bewegen, damit sie ihr Aroma abgeben. Anschließend herausnehmen und wegwerfen.

Pilze in der aromatisierten Butter etwa 10 Minuten dünsten. Dabei mit Salz und Pfeffer würzen und gegen Ende Petersilie zufügen. Verrühren.

Sobald die Pilze gar, aber nicht zu weich sind, gibt man noch den restlichen Eßl. Butter dazu und serviert.

Als Beilage zu Wild und Schlachtfleisch, aber auch besonders beliebt als «Voressen» mit Rührei oder Omelette.

Bayern

Steinpilze Försterinart

Die im Rezepttitel angegebene Bezeichnung hat sich schon seit vielen Jahrzehnten für diese sehr volkstümliche bayrische Zubereitungsart in ganz Deutschland eingebürgert.
In Bayern nennt man Steinpilze auch «Herrenpilze»; sie mußten früher vorzugsweise den Grundherren abgeliefert werden.

600 g Steinpilze
60 g geräucherter, durchwachsener Speck
1 Eßl. Butter
2 Schalotten (oder 1 kleine Zwiebel)
1 Tasse süßer Rahm
2 bis 3 Eßl. gehackte Petersilie
Salz
Weißer Pfeffer aus der Mühle
Eventuell 1 kleine Zehe Knoblauch

Steinpilze putzen und in nicht zu dünne Scheiben schneiden. Speck in kleine, dünne Streifchen schneiden. Diese zusammen mit den kleingeschnittenen Schalotten in Butter glasig werden lassen. Pilze zugeben und dünsten. Dabei häufig wenden und Hitze nicht zu hoch einstellen. Sobald alle Flüssigkeit verdunstet ist, die Sahne einrühren. Petersilie einstreuen und abschmecken mit Salz, Pfeffer und – nach Geschmack – mit zerdrücktem Knoblauch.
Alles gut miteinander vermischen.
Als Beilage zu hellem Fleisch oder auch als kleines Zwischengericht mit Knödel oder als Vorspeise auf Toast servieren.

Sachsen

Pilzkoteletts

Ein sehr beliebtes Sommeressen.

600 g beliebige Waldpilze
3 Eßl. Butter
1 Zwiebel
100 g Semmeln
1 Eßl. gehackte Petersilie
Salz
Pfeffer aus der Mühle

Pilze gut putzen, zerschneiden und in 2 Eßl. Butter etwa 5 Minuten dünsten.
In einer anderen Pfanne die kleingewürfelte Zwiebel in der restlichen Butter gut glasig werden lassen. Semmeln abreiben, in Scheiben schneiden, einweichen und wieder gut ausdrücken.
Semmeln und abgekühlte Pilze durch die Fleischmaschine drehen. Dann mit den Zwie-

beln und ihrem Fett sowie Petersilie, Salz, Pfeffer und Eiern zu einem Bulettenteig verkneten. Abschmecken.
Flache Fleischpfannkuchen formen, in Paniermehl wälzen und in Butterschmalz braten. Dazu ißt man Salat.

3 Eier
3 Eßl. Paniermehl
2 Eßl. Butterschmalz zum Braten

SACHSEN, THÜRINGEN

ROTKRAUT MIT SPECKÄPFELN

Ein bäuerliches Rezept aus Mitteldeutschland, das besonders bei kinderreichen Familien sehr beliebt war. Der Geschmack ist so gut, daß man es nicht nur während der Tage vor dem Monatsletzten auf den Tisch bringen sollte.

Rotkraut putzen und hobeln. Nach dem Waschen abtropfen, ausdrücken und im Fett in einem großen Topf mit dickem Boden einige Minuten unter Wenden andünsten.
Rotwein, Nelken, Salz, Pfeffer, Zucker (oder Johannisbeergelee) sowie Essig zufügen. Alles miteinander vermischen und auf kleiner Hitze gut eine Stunde dünsten.
Äpfel waschen und Kerngehäuse ausstechen. Speck in Würfelchen schneiden und auslassen. Herausnehmen und im verbleibenden Fett die kleingeschnittene Zwiebel goldgelb – aber nicht braun – werden lassen. Speck- und Schinkenwürfelchen damit vermischen und in die Äpfel füllen.
Gefüllte Äpfel auf das Rotkraut setzen und beides im Backofen bei etwa 175 Grad ungefähr 25 Minuten garen, bis die Äpfel zu mürben Bratäpfeln geworden sind. Am besten füllt man für das abschließende Garen im Backofen das Rotkraut in eine feuerfeste Form, in der man es dann auch serviert. Eventuell im Backofen noch etwas Flüssigkeit nachfüllen, falls das Rotkraut zu trocken werden sollte.
Beilage: Salzkartoffeln.

1 Kopf Rotkraut von etwa 1 1/2 Pfund
2 bis 3 Eßl. Gänsefett oder Schweineschmalz
1 Tasse Rotwein oder Wasser
2 zerstoßene Nelken oder Nelkenpulver
Salz, wenig Pfeffer
2 Teel. Zucker oder 3 Teel. Johannisbeergelee
3 Eßl. Essig
4 große Äpfel
80 g durchwachsener geräucherter Speck
1 bis 2 Zwiebeln
70 g gewürfelter, gekochter Schinken

ROTKRAUT BESSERE DEUTSCHE ART

Nach dem Rezept meiner Mutter aus Frankfurt am Main.

1 kg Rotkohl
4 kleine Zwiebeln
2 Eßl. Gänseschmalz
1 Eßl. Essig
4 Eßl. Rotwein
Eventuell noch einige Eßl. Fleischbrühe
Salz, Pfeffer aus der Mühle
1 Messerspitze Nelkenpulver
1 Lorbeerblatt
1 großer säuerlicher Apfel
3 bis 5 Eßl. Johannisbeergelee

Beschädigte Blätter vom Kraut entfernen und dieses vierteln. Strunk entfernen, dann die Blätter feinstreifig schneiden oder hobeln. Zwei Zwiebeln schälen, halbieren und in hauchdünne Scheibchen schneiden.
In einem großen Topf mit dickem Boden das Gänseschmalz erhitzen und darin zuerst die Zwiebeln, dann auch das Kraut andünsten, bis es glänzend ist. Restliche Zwiebeln ganz dazugeben; sie müssen vor dem Anrichten entfernt werden. Essig und Rotwein mit zunächst nur 2 Eßl. Brühe verrühren und zu dem Kraut gießen.
Würzen mit Salz, Pfeffer, Nelkenpulver und dem Lorbeerblatt, das vor dem Anrichten herausgefischt wird.
Apfel schälen, entkernen und grob reiben. Mit dem Kraut vermischen.
Eine gute Stunde unter zweimaligem Umrühren auf kleiner Hitze dünsten. Eventuell noch etwas Brühe zugießen.
Abschmecken mit dem Johannisbeergelee und sonstige Würzung prüfen. Noch eine weitere halbe Stunde garen; ohne Deckel, wenn zuviel Flüssigkeit vorhanden ist.

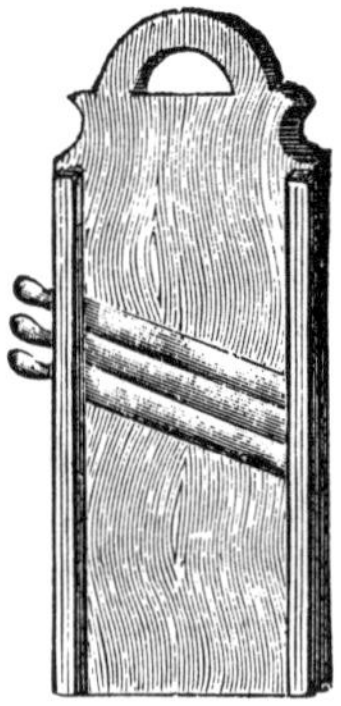

SÜDWESTDEUTSCHLAND

Glasierte Maronen

So zubereitete Eßkastanien sind eine beliebte Beilage zu Wild, Geflügel, Rosenkohl, Rot- und Sauerkraut.

500 g Eßkastanien
Etwa 1/2 l leichte Fleischbrühe
1 großes Stück Sellerieknolle
2 bis 3 Eßl. Butter
1 bis 2 Eßl. Zucker

Kastanien waschen, die Schale einer jeden einritzen und in Wasser knapp 10 Minuten wallend kochen. Abgießen, etwas auskühlen lassen und die Schalen einschließlich der Innenhaut ablösen.

In der Fleischbrühe zusammen mit der geschälten und in Scheiben geschnittenen Sellerieknolle knapp 1/2 Stunde kochen; sie dürfen auf keinen Fall dabei zerbröckeln. Abseihen. In einer großen Pfanne die Butter erhitzen. Gut abgetropfte Kastanien – möglichst nicht mehr, als die Pfanne in einer Lage bequem fassen kann – in der Butter schwenken. Dabei Zucker darüber streuen, der dann beim Schwenken karamelisiert.

Heiß servieren. Meist werden Fleisch oder Gemüse damit umgelegt. Rosenkohl allerdings wird mit den glasierten Maronen vermischt aufgetragen.

Bratkartoffeln

Röstkartoffeln
Geröste
Gebrätelte
Scheibenkartoffeln

Das sind nur einige der bekanntesten Namen für eine der beliebtesten deutschen Kartoffelzubereitungen. Sie konnte in der Gastronomie den Kampf gegen die Pommes frites nur verlieren, weil jene vorgefertigt, tiefgefroren angeboten werden und viel weniger Arbeit machen als die guten alten, ehrlichen Bratkartoffeln. Endlich ist es aber soweit, daß man die Güte eines Restaurants daran zu messen beginnt, ob es noch (oder wieder) Bratkartoffeln serviert und wie gut diese sind.

Anstelle eines Rezeptes folgen einige

Bratkartoffelgrundsätze

- *nie aus Salzkartoffeln zubereiten*
- *werden Pellkartoffeln verwendet, so müssen sie gut abgekühlt, am besten vom Vortag sein*
- *Würfel oder Scheiben, das ist gleich*
- *kleingeschnittene Zwiebeln erhöhen den Wohlgeschmack*
- *weitere Gewürze: Salz, Pfeffer, Majoran, Kümmel*
- *mögliche Zugaben: Speckwürfelchen, Wurststücke, Schinkenwürfelchen, Brat- oder Kochfleischreste*
- *Bratfett kann Schmalz sein (besonders kräftig), Wurstfett (sehr aromatisch, aber kaum noch zu haben), Butter (dann die Kartoffelstückchen möglichst klein)*
- *sehr vorsichtig müssen Bratkartoffeln aus rohen Kartoffeln zubereitet werden, wie etwa die westfälischen Scheibenkartoffeln; sie werden immer in dünne Scheiben geschnitten und sollen nicht vermanschen*

Kartoffelkroketten

Dieses beliebte Kartoffelgericht gibt es schon lange industriell vorgefertigt in Paketen zu kaufen. Früher hat man Kroketten nur so gemacht:

1 kg gekochte Kartoffeln
¼ l Milch
1 Ei
1 Eßl. weiche Butter
1 Teel. Salz
1 bis 2 Eßl. Mehl
Etwas geriebene Muskatnuß
2 Eßl. Mehl
Butterfett

Kartoffeln noch heiß zerdrücken, am besten durch eine Kartoffelpresse. Etwas abkühlen lassen und dann mit Milch, Ei, Butter, Salz und so viel Mehl, wie die Masse aufnimmt, verkneten. Mit etwas Muskatnuß abschmekken.
Flache, ovale Küchlein formen, die etwa 2 cm dick sein dürfen. In Mehl wenden, etwas ruhen lassen und dann in nicht zu heißem Butterfett beidseitig kroß braten.
Beilage: grüner Salat.
Die Kroketten können auch als Beilage zu Fleischgerichten dienen.
Hinweis: Die runde Krokettenform und die Gewohnheit, die Kroketten zu panieren, sind neuere, durch Gewohnheiten der Gastronomie eingeführte Zubereitungsformen. In bürgerlichen Haushalten hat man die Kroketten auch kaum jemals in der Friteuse gebacken.

Worms, Stich von Joh. Poppel nach einer Zeichnung von L. Lange

RHEINHESSEN, PFALZ

MAJORANKARTOFFELN

In ihren Stammlanden nennt man sie auch «Majoran-Grumbiehre».

1 kg Kartoffeln
2 bis 3 Eßl. Schmalz
125 g durchwachsener, geräucherter Speck
Gerebbelter Majoran
Salz
Schwarzer Pfeffer aus der Mühle

Die Kartoffeln – es sollen möglichst festkochende sein – schälen und in Würfel oder Scheiben schneiden.
Schmalz in einer großen Pfanne oder einem Topf mit dickem Boden erhitzen. Speck in kleine, dünne Streifchen schneiden und zusammen mit den Kartoffeln ins Schmalz geben. Beides unter häufigem Wenden gut 5 Minuten anbraten.
Reichlich Majoran, etwas Salz und Pfeffer über den Pfanneninhalt streuen, eine Tasse Wasser zugießen, nochmals wenden und dann zudecken und auf abgeschwächter Hitze noch eine knappe halbe Stunde garen; dabei nur ein- oder zweimal wenden.
Diese schmackhaften Kartoffeln werden zu Braten, aber auch zu Hausmacherwurst gegessen.

Kartoffelpfannkuchen

Ihretwegen sehen viele Ausländer die Deutschen als kulinarische Barbaren an. Diese aber lassen sich solcher Barbarei gern zeihen und verschmausen weiter ihre heißgeliebten Pfannkuchen aus Kartoffelteig. Daheim und überall in der Welt, wo sich Deutsche zusammenfinden, haben sie von Zeit zu Zeit den unstillbaren Drang, harmlose Orgien mit den knusprigen Puffern zu veranstalten.
Kartoffelpfannkuchen gelten oft als rheinische Spezialität; dort werden sie wohl nicht mehr und nicht lieber gegessen als anderswo, aber man verkauft sie von Buden aus; sie sind allgegenwärtig im Straßenbild.
Namen gibt es viele für diese Spezialität:

Reibekuchen (Rievkoke oder Rievekooche) – Rheinland
Reiberdatschi – Bayern
Kartoffelpfannkuchen (Tuffelpankok) – Norddeutschland
Krebbelcher – Koblenz
Kartoffelplätzchen – Westfalen
Reibeplätzchen – Münsterland
Erappelspankauken (mit Speck und sehr groß) – Ruhrgebiet
Kartoffelwaffeln (im Waffeleisen gebacken) – Ruhrgebiet
Grumbiehr-Pannekuche (mit etwas Grieß und Schnittlauch, pikant) – Pfalz, Rheinhessen
Kartoffelkratzet – Schwaben
Kartoffelflinsen – Ostpreußen
Kartoffelpuffer – allgemein

Ebenso vielfältig sind die Beilagen und Verzehrformen: Immer und überall schmecken Kartoffelpfannkuchen frisch und heiß aus der Pfanne, wenn man sie ohne Zugaben aus der Hand ißt. Allgemein ist auch Apfelkompott als Beilage anerkannt.
Die rheinischen «Rievekooche» verzehrt man dort gern auf Schwarzbrotscheiben mit oder

ohne Butter; außerdem schätzt man dort auch «Knollekruk» = Rübenkraut dazu.
«Kartoffelplätzchen», die in Westfalen auch mit Hefe zubereitet werden, schmecken gut mit Marmelade.
Münsterländische «Reibeplätzchen» werden zuweilen auch auf Stuten, einem süßen Hefeteigkuchen, gegessen.
Im Ruhrgebiet und in Mitteldeutschland trinkt man Kaffee zu den Kartoffelpfannkuchen.
Die Ostpreußen nehmen zu ihren «Kartoffelflinsen» Zucker und Zimt oder auch Preiselbeeren; in einigen Gegenden aber auch Spirgel, also Speckgrieben.
Aus Thüringen dürfte das Heidelbeerkompott als Beilage stammen.
Die bayrischen «Reiberdatschi» werden sowohl mit Apfelmus als auch – man höre und staune – mit Sauerkraut verspeist.

Grundrezept für Kartoffelpfannkuchen

2 kg Kartoffeln
2 Zwiebeln
1 bis 2 Teel. Salz
3 Eier
2 bis 3 Eßl. Mehl
Fett zum Backen (Schmalz oder Pflanzenfett oder Öl)

Kartoffeln und Zwiebeln schälen und reiben. Mit Salz, Eiern und Mehl zu einem Teig verrühren.
Reichlich Fett in der Pfanne erhitzen und mit einem kleinen Schöpflöffel Teigkleckse hineinsetzen, auseinanderdrücken und auf beiden Seiten braten, bis sie knusprige Ränder haben. Die Experten streiten sich, ob Kartoffelpfannkuchen dick und saftig oder dünn und ganz kroß sein sollen. Am besten bekommt sie jeder so, wie er sie persönlich mag, das kostet keine zusätzliche Mühe, sondern nur das vorherige Fragen.
Sehr heiß und möglichst frisch aus der Pfanne servieren.

TOPFKUCHEN

DÖBBEKOCHE

Links und rechts des Mittelrheins ziehen sich bis weit in die Randgebirge die Landschaften hin, in denen man den Kartoffel-Topfkuchen schätzt. Zunächst ein Rezept aus Koblenz. Dort sind die Novembertage um Martini die hohe Zeit des «Döbbekoche». In Familien, Werkstätten und Büros veranstaltet man noch heute «Döbbekoche-Essen». Gaststätten servieren ihren Stammgästen gratis eine Portion «Döbbekoche». Dieser Brauch geht auf die Tatsache zurück, daß früher zu Martini die Pacht gezahlt werden mußte (was in vielen Gemeinden heute noch üblich ist und in dieser Formulierung in den Verträgen steht). Gleichzeitig war es Sitte, daß die Herrschaft ihren «Leuten» eine Mahlzeit spendierte: «Döbbekoche».

2 kg kleine mehlige Kartoffeln
500 g Zwiebeln
Etwa 300 g Dörrfleisch (Durchwachsener Räucherspeck)
1 Ei
Salz
Pfeffer aus der Mühle
Geriebene Muskatnuß
Öl

Kartoffeln und Zwiebeln schälen und reiben. Das sich absetzende Wasser ablaufen lassen. Den Teig kräftig würzen mit Salz, Pfeffer und etwas Muskatnuß und mit dem Ei verrühren. Dörrfleisch würfeln, kurz anbraten und mitsamt dem Bratfett in den Teig mischen.
Einen eisernen Bräter großzügig mit Öl bestreichen, und auf den Boden eine dünne Ölschicht gießen. Teig einfüllen. In die Oberfläche mit dem Finger einige Löcher bohren und dahinein etwas Öl füllen. Oberfläche mit Öl einpinseln. Im vorgeheizten Backofen bei etwa 200° zwei Stunden backen.

Andere Zubereitungsart:
Zu den geriebenen Kartoffeln gibt man keine Zwiebeln, dafür aber eingeweichte und wieder ausgedrückte Brötchen (3 bis 4 Brötchen auf 2 kg Kartoffeln), außerdem noch Milch (bis zu 1 l). Dieser «DÖBBEKOCHE» ist weniger massig.

Im Westerwald ißt man zum «DÖBBEKUCHEN», der auch mit Dörrfleischscheiben oben und unten belegt werden kann, gern Pflaumenmus.

Zum rheinischen «DÖBBEKOOCHE» gibt es Apfel- und/oder Dörrobstkompott.

In Nassau gibt es den «DIPPEKUCHE» und dazu Grieben.

Etwas weiter östlich, ebenfalls in Hessen, liebt man den «DULKES» oder «DIPPEDOTZ».
In den Kartoffelteig kommen noch Stückchen von getrockneter Mettwurst und Apfel; manchmal auch Reste vom Braten oder Hausmacherwurst.
Beilage: Apfelbrei und Milchkaffee.

Eine Art Topfkuchen gibt es auch im Sauerland: «POTTHUCKE».
Zu den geriebenen rohen Kartoffeln kommen etwa $^1/_3$ gekochte Kartoffeln und Rauchfleisch. «Potthucke» läßt man erkalten und brät sie dann in Scheiben in Öl. Dazu ißt man Butterbrot.
Es gibt sogar eigene «Potthucke-Clubs».

«DICKER PICKERT» wird zwar in Westfalen mit Mehlzusatz und Hefe gemacht, bleibt aber ein Kartoffelkuchen. Er wird mit Zucker und Zimt serviert.

Eine Thüringer Spezialität ist der «ASCHKLOSS», der aus rohen und gekochten Kartoffeln gemacht wird. Dazu ißt man kräftige Wurst.
Alle Topfkuchen wurden früher im Backhaus oder beim Bäcker gebacken. Heute ist diese Sitte noch im Eifel-Vorland während der Weiberfastnacht (Donnerstag vor Fastnacht) lebendig. Die Frauen bringen ihn hin, die Männer holen ihn ab, und die Frauen können ungestört feiern.
Als Zeichen einer Topfkuchen-Renaissance ist die Tatsache zu werten, daß eine Keramikfabrik aus dem Kannebäckerland neuerdings eine Spezialform dafür bundesweit vertreibt.

Pickert

Hier haben wir eine Großfamilie westfälischer Kartoffelgerichte. Die einzelnen fallen sehr unterschiedlich aus, einmal gehören sie zur Sippe der Kartoffelpfannkuchen, dann wieder zu den Kartoffelkuchen. Ich nenne sie hier wegen der Namensgleichheit und der gemeinsamen landsmannschaftlichen Herkunft zusammen. «Pickert»-Heimat ist der Teutoburger Wald nebst Umgebung.

WESTFALEN

LAPPENPICKERT

Ein Rezept aus Bielefeld.

1 kg Kartoffeln
3 Eßl. saure Sahne
3 Eier
Gut 2 Eßl. Mehl
Salz
Schmalz oder Speckschwarte zum Ausfetten der Form

Eigentlich müßte man eine Spezialpfanne aus Eisen und mit Handgriffen an zwei Seiten haben, denn darin kann man einen großen «Lappenpickert» backen. Man kann sich jedoch auch mit einer kleineren Pfanne behelfen, die allerdings aus Eisen sein sollte. Darin backt man den Teig portionenweise.

Kartoffeln schälen, waschen, auf einer Reibe mit der Hand reiben. Alle Flüssigkeit abgießen, Kartoffelmasse leicht ausdrücken. Sahne und Eier damit verrühren. Anschließend noch etwas Mehl in den Teig arbeiten und mit Salz würzen. In ausgefetteter Pfanne dicke Kuchen (ca. 2 cm hoch) backen, die auf beiden Seiten goldgelb und knusprig sind. Dabei darf die Hitze nicht zu stark sein, damit sie auch im Innern gut durchgaren.

Als Beilage hat man die Wahl zwischen Heringen oder Räucherfisch einer- und Marmelade anderseits. Beides schmeckt gut dazu, nur darf man es natürlich nicht auf dem gleischen Pickert genießen wollen.

Hinweis: Für den «Lappenpickert» gilt, was Experten für jeden «Pickert» empfehlen: aufgewärmt schmeckt er besser.

Labskaus

Labskaus ist die umstrittenste deutschte Spezialität:
- *sie ist auf hoher See entstanden*
- *der Ursprung des Namens ist noch immer ungewiß*
- *das Gericht ist wahrscheinlich englischer Herkunft, wird jedoch nur noch in Deutschland gegessen*
- *die Zutaten sind so vielfältig und unterschiedlich, wie es selbst bei alten, weitverbreiteten Spezialitäten selten ist*
- *mit diesem Eintopf wird in der deutschen Gastronomie arg Schindluder getrieben*
- *kein Matrose hat «Labskaus» während seiner Fahrenszeit gern gegessen – dafür hängt er später mit rührender Liebe an diesem Gericht: keine Wiedersehensfeier ohne «Labskaus»*

Wer je sich mit der Zeit der großen Segelschiffe befaßt hat, weiß, daß Kartoffeln schon nach kurzer Reisezeit an Bord zur Kostbarkeit wurden. So verwundert es nicht, daß alte Rezepte eingeweichten Schiffszwieback nennen, der mit Pökelfleisch zusammen gekocht wurde – zum «Labskaus». Im Ersten Weltkrieg gab es auf deutschen Marinestützpunkten nachweislich «Labskaus» mit Nudeln. Heute werden zwar Kartoffeln verwendet, aber auch rote Bete und Heringe in den Brei gemischt; schon 1908 erklärte deshalb der berühmte HAPAG-Direktor Albert Ballin bei einem Festessen: «Die deutsche Schiffahrt ist so gut ausgerüstet, daß sie es nicht nötig hat, Labskaus mit Fisch und roten Beten anzureichern.»

An Bord konnte «Labskaus» ein Sonntagsessen sein, allerdings für den Seemannssonntag, den Donnerstag.

Selbst namhafte und kenntnisreiche kulinarische Schriftsteller der Neuzeit schreiben hanebüchenen Blödsinn über «Labskaus». Noch grausliger sind die Rezepte, die sie geben, so grauslich, daß sich sogar der anspruchsloseste Segelschiffs-Smut ihrer geschämt hätte.

LABSKAUS

Das Originalrezept kann auch ich nicht nennen, ich gebe jedoch eines, das ich aus den Erfahrungen der eigenen Marinezeit und aus den Erzählungen vieler Segelschiffsleute zusammengetragen habe. Noch nie hat jemand, der es kostete, bestritten, daß es nach Meer und mehr schmeckt.

750 g gepökeltes Rindfleisch
1 Zwiebel
2 Lorbeerblätter
2 Nelken
1 kg Kartoffeln
4 große Zwiebeln
1 bis 2 Eßl. Schmalz
Weißer Pfeffer aus der Mühle
Salz
Eingelegte rote Bete
4 Salzgurken
4 Matjesfilets oder Bismarckheringe oder Rollmöpse
4 Spiegeleier

Pökelfleisch zusammen mit der Zwiebel, Lorbeerblättern und Nelken in reichlich Wasser etwa 1 Stunde kochen.
Kartoffeln schälen, in Stücke schneiden und in ungesalzenem Wasser gar kochen.
Zwiebeln schälen, kleinschneiden und im Schmalz gut glasig werden lassen. Mit etwas Pökelbrühe ablöschen und noch eine Viertelstunde kochen, damit sie ganz weich werden.
Pökelfleisch in Stücke schneiden und durch die Fleischmaschine (gröbste Scheibe) drehen.
Kartoffeln zusammen mit dem durchgedrehten Fleisch und den Zwiebeln nebst ihrer Brühe zerstampfen, durcheinandermischen.
Abschmecken mit reichlich Pfeffer und eventuell auch noch Salz (je nach Schärfe des Pökelfleisches). Schließlich noch so viel Pökelbrühe zugießen, daß ein dicker Brei entsteht, der von dem Pökelfleisch eine deutliche Rotfärbung bekommt.
Jede Portion mit Salzgurke, Heringsfilet und roten Beten umlegen und mit einem Spiegelei krönen.

Cuxhaven

Über die Art der Heringszubereitung streiten sich die Gelehrten; an Bord gab es sicher Salzheringe, heute wird vielfach der feinere Geschmack des Bismarckherings oder Rollmops' vorgezogen. – Gewürzgurken sind ein billiger Ersatz, nur Salzgurken geben den wahren Geschmack. – Spiegeleier hat der Smut von einst allerhöchstens für den Kapitän daraufgegeben, jedoch schmecken sie auch den unteren Dienstgraden.

HUNSRÜCK

KARTOFFELWURST

Kartoffelwurst ist eine Erfindung des berühmten Herrn Schmalhans, der auf den Hunsrückhöhen überall Küchenmeister war. Diese Zubereitungsart ist im Kreis Birkenfeld besonders beliebt. Das Rezept stammt von meinem leider viel zu früh verstorbenen Freund August Görg, dem besten Spießbrater Deutschlands, der jahrzehntelang in Idar-Oberstein seine Kunst übte. Auf vorherigen Anruf machte er für mich oft Kartoffelwurst.

Fleisch in wenig Wasser kochen. Kartoffeln schälen und in kleine Schnitze schneiden. Brötchen in der Fleischbrühe einweichen. Alles durch die Fleischmaschine drehen, die man anschließend noch mit etwas Fleischbrühe ausspülen kann. Masse mit allen Gewürzen abschmecken und kräftig durchkneten; eventuell mit etwas mehr Fleischbrühe geschmeidig machen. Gut ausgewaschene Kranzdärme nicht zu fest füllen und pro Person einen Ring abbinden.
Etwa 1 Stunde in schwach gesalzenem Wasser bei ca. 85° ziehen lassen.
Auf jeden Teller gibt man einen Ring Kartoffelwurst.
Beilage: Sauerkraut. Brot oder Kartoffeln sind nicht nötig, da sie sich ja schon in der Wurst befinden.

Für 8 Portionen (entweder ißt man Doppelportionen, oder man friert den Rest ein):

1 1/4 kg frischer Schweinebauch
250 g Rindfleisch, mager
Gut 2 kg Kartoffeln
2 Brötchen
Salz und Pfeffer aus der Mühle
Nelkenpulver
Geriebene Muskatnuß
Bohnenkraut
Kranzdarm

BACKESGRUMBEERE

Der Wortteil «Backes» wird eher wie «Bagges» ausgesprochen, ist jedoch die mundartliche Bezeichnung für Bäcker. Also müßte man den herrlichen Eintopf auf hochdeutsch «Bäckerkartoffeln» nennen. Früher wurde er tatsächlich im Ofen des Bäckers gegart. Damals verwendete man auch noch Salzfleisch, das man inzwischen durch Bauch- und Dörrfleisch ersetzt hat.
Das Weindorf Framersheim bei Alzey ist die engere Heimat dieses in ganz Rheinhessen beliebten Gerichtes; man nennt die Leute aus Framersheim auch scherzhaft «Backesgrumbeere». Und aus Framersheim stammt auch unser Rezept; so wurden zur 1200-Jahr-Feier des Weinortes im Juni 1977 die «Backesgrumbeere» gekocht. Mitgeteilt von der Hausfrau des Weingutes Klenk.

Zutaten für 6 Personen (mit geringeren Mengen sollte man gar nicht erst anfangen):

350 g durchwachsener, geräucherter Speck (Dörrfleisch)
1 kg frischer Schweinebauch, möglichst mager
2 kg Kartoffeln
2 große Zwiebeln
Salz, Pfeffer aus der Mühle
3 bis 4 Lorbeerblätter
3 Nelken
Etwa 1/2 l trockener Weißwein
Gut 1/8 l Sahne
Etwas gemahlener Zimt
Einige Butterflöckchen

Dörrfleisch von der Schwarte befreien und in Scheiben schneiden, mit denen man den Boden eines Topfes bedeckt, der etwa 4 bis 5 l Inhalt und einen dicken Boden haben muß. Feuerfestes Keramikgeschirr geht auch.
Die Schwarte des frischen Schweinebauches in etwa 2 cm Abständen einschneiden. Mit Salz und Pfeffer kräftig einreiben.
Kartoffeln wie zu Salzkartoffeln vorbereiten. Zwiebeln vierteln und in feine Scheiben (die in Streifen zerfallen) schneiden. Zwiebeln und Kartoffelstücke vermischen und auf die Dörrfleischunterlage häufen. Dabei leicht salzen und etwas herzhafter pfeffern. Lorbeerblätter und Nelken zwischen die Kartoffeln stecken. Den Schweinebauch so in die Kartoffeln drükken, daß die Schwarte und deren Oberkante auf einer Höhe sind.
Erst Wein und dann die Sahne zugießen; der Topfinhalt muß gerade bedeckt sein. Wenig Zimt darüberstreuen und einige Butterflöckchen aufsetzen.
In den auf etwa 200° vorgeheizten Backofen schieben und dort in ungefähr zwei Stunden garen, bis Kartoffeln und Fleisch weich sind.

Nach einer halben Stunde kann man die Hitze auf 150° reduzieren und die Garzeit etwas verlängern, das bekommt dem abgerundeten Wohlgeschmack der «Backesgrumbeere» ausgezeichnet. Als Beilage ißt man gern grünen Salat und eingelegte rote Rüben. Ein dickes Stück Bauernbrot als weitere Zukost schmeckt ausgezeichnet.

Im benachbarten Elsaß ist dieses Gericht ebenfalls eine beliebte Spezialität mit einem ähnlichen Namen: «Bäckeofen». Unter der Bezeichnung «Bäckeofe» (mit «o» wie in «oft») kennt man den Eintopf auch in Baden. Dort verwendet man gern mehrere Fleischsorten und schneidet sie in Stücke.

Rezeptvariation: Eine Anreicherung wird zuweilen vorgenommen, indem man noch ein Stück Schweinebraten (Kammbraten) in die Kartoffeln drückt und darin garen läßt.

Sehr gern erhöht man dabei den Dörrfleischanteil und läßt den frischen Schweinebauch ganz weg.

Apropos: «Grumbeere», die südwestdeutsche Dialektbezeichnung für Kartoffeln, bedeutet nicht «krumme Beeren», sondern «Grundbirnen», also Erdbirnen, was wiederum den andernorts bekannten «Erdäpfeln» entspricht.

Mainz, Stich von J. Barker nach einer Zeichnung von W. Tombleson

Pichelsteiner

Auch Pickelsteiner, Püchelsteiner oder Büchelsteiner genannt. Dies ist einer der berühmtesten deutschen Eintöpfe, der leider in den letzten Jahrzehnten etwas an Popularität verloren hat. Über Güwetsch und Ratatouille hat man ihn fast vergessen. Dabei wage ich zu behaupten, daß er besser als die beiden genannten ist.
Man nennt das Pichelsteiner-(Fleisch) zuweilen auch «Bismarck-Ragout», weil es der Kanzler während des Kuraufenthaltes in Bad Kissingen besonders gern gegessen haben soll. Gibt es eine bessere Empfehlung für einen Eintopf? Bismarck mag als politische Persönlichkeit umstritten sein, Eßlust und guten Geschmack hat ihm noch niemand abgestritten.
Das Pichelsteiner stammt aus dem Bayerischen Wald, genauer gesagt aus der Gegend von Regen. Dort wird seit 1874 das Pichelsteiner-Fest gefeiert.
Sosehr auch die Rezepte in den Zutaten variieren, immer werden mehrere Sorten Fleisch und Gemüse nebst Kartoffeln verwendet.

BAYERISCHER WALD, GANZ DEUTSCHLAND

PICHELSTEINER

500 g Rind- und Schweinefleisch gemischt (auch Zugabe von Hammelfleisch ist möglich)
2 bis 3 Zwiebeln

Fleisch in Würfel von knapp 2 cm Kantenlänge schneiden. Zwiebeln schälen und in Würfelchen schneiden, die nicht zu fein sein sollten.
Schmalz in einem Topf mit dickem Boden oder in einer Jenaer Glasschüssel erhitzen und darin Zwiebeln und Fleisch leicht anbraten.

Dabei beides durcheinandermischen und mit Salz, reichlich Pfeffer und ganz wenig Majoran würzen.
Zwei Drittel des angebratenen Fleisches mit den Zwiebeln aus dem Topf nehmen und beiseite stellen.
Kartoffeln schälen und in kleinere Würfel oder Scheibchen schneiden. Mohrrüben schrappen und in dünne Scheibchen schneiden. Das Weiße der Porreestange gut waschen und in Ringe schneiden. Sellerie schälen und klein würfeln. Alle Gemüse und die Kartoffeln miteinander vermischen. Ein Drittel davon auf die unterste Fleischschicht verteilen. Salzen und leicht pfeffern. Darüber dann noch zwei Lagen Fleisch und zwei Lagen Gemüse/Kartoffeln. Jeweils würzen. Gemüse und Kartoffeln müssen den Abschluß bilden. Fleischbrühe zugießen. Topf gut verschließen und auf milder Hitze knapp zwei Stunden garen. Dabei nicht umrühren. Topf nur ab und zu rütteln, damit nichts anbrennt.
Beim Servieren mit gehackter Petersilie bestreuen.
Als Beilage gibt es höchstens kräftiges Bauernbrot. Ein Bier ist als begleitendes Getränk fast unerläßlich.
Abwandlungen: Sehr häufig fügt man den genannten Gemüsen noch Wirsing zu. Das schmeckt ausgezeichnet.
Für ein besonders gutes Pichelsteiner nimmt man noch 6 bis 8 Scheiben Mark, die man kurz mit den Zwiebeln andünstet, dann herausnimmt und auf die mittlere Fleischschicht verteilt. Neuerdings kommen auch Paprikaschoten und Tomaten zu Pichelsteiner-Ehren. Dem Waldgeist vom Büchelstein sollen darob die Tränen gekommen sein.

400 g Kartoffeln
1 Eßl. Schmalz
1 kleine Sellerieknolle
250 g Mohrrüben
1 Stange Porree (Lauch)
Etwa 1/2 l Fleischbrühe
Salz, Pfeffer aus der Mühle
Majoran
Gehackte Petersilie

Altes Rezept

Aus *«Regensburger Kochbuch»* von Mari Schandri, 1890.

Büchelsteinerfleisch (für 4 Personen)

„Man nehme 2 Pfund Ochsenfleisch (Lende) und schneide dieses in ziemlich große Würfel, ferner ½ Pfund reingewaschenes Rindermark in ganz dünnen Scheiben, 6 rohe abgeschälte Kartoffeln in Scheiben, 2 Zwiebeln, 2 Petersilienwurzeln und Petersiliengrün und 2 gelbe Rüben, alles fein zusammen gewiegt. Die oben angegebenen Sachen thut man dann in eine eigens gefertigte Form[1], und zwar: als Unterlage einen Teil des geschnittenen Rindermarks, diesem lasse man das Fleisch, das vorher mit Salz und spanischem oder anderem Pfeffer bestreut wurde, folgen, dann die Wurzeln, eine Lage Kartoffeln, dann Fleisch, dann wieder Wurzeln und Kartoffeln, zuletzt Fleisch und dann zum Schlusse oben auf, den übrigen Teil des noch vorhandenen Rindermarks und etwas Fleischbrühe. Die Form wird nun fest verschlossen und der Inhalt über einer Spiritusflamme 12 Minuten lang gekocht, darauf wird die Form gewendet und das Ganze nochmals 12 Minuten lang gekocht. Das fertige Gericht wird in eine tiefe Schüssel gegeben und sogleich serviert."

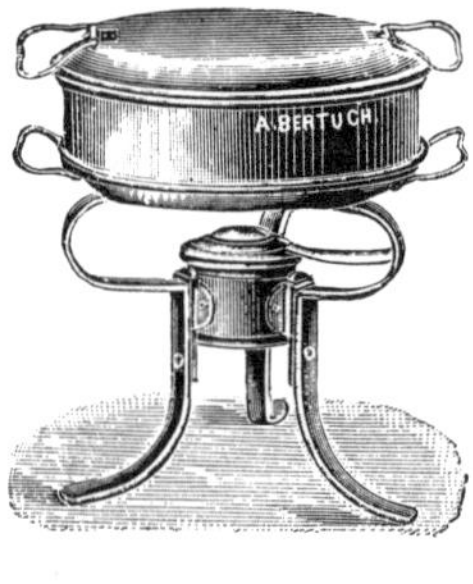

[1] Hier ist eine Spezial-Pichelsteiner-Form gemeint, die es heute nur noch in Museen gibt. Damals war sie weithin in Gebrauch. Es handelte sich dabei, wie oben abgebildet, um ein Blech- oder Kupfergefäß, das aus zwei tiefen Schüsseln bestand, deren Ränder ineinandergriffen und somit absolut dicht schlossen. Dadurch, daß man diese Form ohne Flüssigkeitsverlust wenden konnte, wurde ein optimales Garen von beiden Seiten erreicht. Die Hitze konnte größer sein. Trotzdem wage ich die zweimal 12 Minuten über Spiritusflamme anzuzweifeln. Wenn in dem Spezialgeschirr nicht ein Dampfdrucktopfeffekt entstand, konnten 24 Minuten nicht ausreichen.

Anmerkung: Durch die reichliche Verwendung von Rindermark und die Petersilienwurzeln entsteht ein sehr voller Geschmack. Beide Zutaten sind auch für heutige Zubereitungen des Pichelsteiners sehr zu empfehlen.

SCHLESWIG-HOLSTEIN

PLOCKFINKEN

Wie bei allen Mischgerichten ist auch bei den «Plockfinken» die Zusammensetzung sehr unterschiedlich. Es gibt kein «richtiges» Rezept. Man nimmt, was man hat oder was einem besonders schmeckt. So gibt es Rezepte mit weißen und grünen Bohnen. Mir schmeckt folgende Mischung sehr gut, die ich bei Kieler Freunden kennengelernt habe; in Kiel nennt man diesen Eintopf übrigens «Kurzes Gericht» («Kort Recht»), wohl weil es der Hausfrau nicht viel Arbeit bereitet.

500 bis 750 g gemischtes Fleisch von Rind und Schwein (auch Reste und Innereien; unbedingt sollte etwa 1/3 Pökelfleisch sein)
3 große Zwiebeln
400 g Wurzeln (Mohrrüben)
Salz
Pfeffer aus der Mühle
Zucker
Essig
4 Äpfel
1 Eßl. Mehl
1 Eßl. Schmalz
Petersilie

Fleisch von allen Knorpeln und Hautstücken befreien und in mundgerechte Stücke schneiden. Zwiebeln schälen und in grobe Würfel zerteilen. Wurzeln schrappen und ebenfalls würfeln. Alles zusammen mit Wasser zum Kochen aufsetzen. Mit Salz, Pfeffer, einer kleinen Prise Salz und einem Schuß Essig abschmecken.
Nach einer guten halben Stunde kommen noch die geschälten, entkernten und in Stücke geschnittenen Äpfel dazu. Durchmischen. Ist alles gar, so wird das Mehl separat in Schmalz hell angeschwitzt, mit etwas Kochwasser zur Sauce verrührt und diese in den Eintopf geschüttet, um ihn etwas zu binden. Nochmals abschmecken, wobei man den süß-sauren Charakter der Speise betont. Beim Anrichten Petersilie überstreuen.
Beilage: Salzkartoffeln.

Ostpreussen

Beetenbartsch

Das können Sie als Suppe, als Eintopf oder auch als ostpreußische Art des slawischen Borschts betrachten. Auf alle Fälle schmeckt es und gehört zu den ostpreußischen Standardgerichten.

1 kg Suppenfleisch mit Knochen
1 Zwiebel, mit 4 Nelken und 2 Lorbeerblättern besteckt
10 Pefferkörner
Salz
1 Bund Suppengrün
1 kg rote Bete (Rüben)
Essig
1 Eßl. Zucker
Gerebbelter Majoran
1 Tasse Schmant (saure Sahne)
1 bis 2 Teel. Kartoffelmehl
Salzkartoffeln

Suppenfleisch und Knochen gründlich waschen und dann zusammen mit der besteckten Zwiebel, Pfefferkörnern, Salz und Suppengrün gut von Wasser bedeckt etwa 1½ Stunden kochen, bis das Fleisch gar ist.
Inzwischen die gut gebürsteten roten Beten in Wasser gar kochen, etwas abkühlen lassen, schälen und durch die Maschine treiben. Mit einigen Eßl. Essig und dem Zucker verrühren.
Die Fleischbrühe durch ein Sieb abgießen. Rote-Bete-Mus darin verrühren. Abschmekken mit Salz, Pfeffer, Essig, Zucker und Majoran.
Kartoffelmehl in dem Schmant verrühren, in die Suppe quirlen und nochmals aufkochen.
Fleisch in Streifchen schneiden und in der Suppe nochmals erhitzen.
Salzkartoffeln werden getrennt gekocht und können dann ganz zum Schluß in die Suppe gegeben werden. Sehr gebräuchlich – und besser – ist es auch, daß man die Kartoffeln getrennt serviert; jeder nimmt sich selbst so viel davon in seine Suppe, wie er mag. Willkommen ist stets, wenn noch eine Schale mit Schmant auf dem Tisch steht, damit jeder nach Belieben zulangen kann.

Niedersachsen

Selleriekartoffeln

1 kg Kartoffeln
800 g Sellerieknolle

Kartoffeln und Sellerieknolle schälen und in Würfel schneiden. In Salzwasser, das sie gerade bedecken soll, kochen, bis beide weich sind.

Speck in kleine Streifchen oder Würfelchen schneiden und zusammen mit den ebenfalls klein gewürfelten Zwiebeln in der Pfanne angehen lassen, bis die Zwiebeln goldgelb sind. Zum Anrichten gibt man auf jeden (tiefen) Teller von dem Kartoffel-Sellerie-Gemisch und darauf etwas von der Zwiebel-Speck-Sauce.

400 g durchwachsener Speck
4 bis 5 Zwiebeln
Salz

NIEDERSACHSEN

WRUKEN MIT SCHWEINEFLEISCH

STECKRÜBEN-EINTOPF

Steckrüben sind während des Ersten Weltkrieges in Verruf geraten. Der schlimmste Hungerwinter bekam den Beinamen «Steckrüben-Winter». Dabei können Steckrüben ausgezeichnet schmecken, so vor allem, wenn man sich an die einschlägigen Erfahrungen vieler Generationen hält und sie nach dem folgenden Rezept zubereitet. Und – gewöhnen wir uns an den erstgenannten Titel, der das alte nordostdeutsche Wort Wruke benutzt, dann werden wir nicht so deutlich an Viehfutter erinnert!

Steckrüben und Kartoffeln schälen, waschen und in Würfel oder Schnitze schneiden.
Schweinefleisch in mundgerechte Stücke zerteilen.
Zwiebeln schälen und klein würfeln. In einem großen Topf mit dickem Boden 2 Eßl. Schmalz erhitzen und darin die Zwiebelwürfelchen hellgelb werden lassen. Steckrüben, Kartoffeln und Fleisch einfüllen, umrühren, etwa 1/4 l Wasser zugießen und würzen mit Salz und einer ganz kleinen Prise Zucker.
Zugedeckt unter gelegentlichem Rühren ungefähr 1 Stunde auf schwacher Hitze kochen.
Vor dem Anrichten läßt man noch den letzten Eßl. Schmalz über dem Eintopf zerfließen und schmeckt ab.

1 kg Steckrüben (Wruken, Kohlrüben)
500 g Kartoffeln
500 g Schweinefleisch, das durchwachsen sein kann; ein modern magerer Schweinebauch ist sehr gut geeignet
2 bis 3 Zwiebeln
2 bis 3 Eßl. Schmalz
Salz
1 kleine Prise Zucker

Westfalen

Blindhuhn

Weil dieser Gemüse-Eintopf schon so lange so außergewöhnlich beliebt ist, hat man ihn im Laufe der Zeit mit den verschiedensten Namen bedacht: Außer «Blindhuhn» noch «Gänsefutter», «Nachlese» und «Husch und Susch». Zubereitungsarten gibt es noch viel mehr. Um ganz sicherzugehen, nenne ich die von Henriette Davidis, Altmeisterin der deutschen Kochbuchschreiberinnen und – Westfälin (Rezept von 1844).

„Es wird ein Stückchen Schinken oder Speck vorab gekocht, grüne Bohnen, welche schon etwas härtlich sein können, tüchtig gewaschen und auf einem Küchenbrettchen kleingeschnitten, ausgeschotete weiße Bohnen hinzugetan, reichlich halb so viel gelbe Wurzeln (Mohrrüben) wie grüne Bohnen in kleine Würfel geschnitten, alles gespült und nach und nach bei jedesmaligem Durchkochen zu dem Schinken gegeben. Hat man Birnen, so gibt man einige geschälte, in Viertel geschnittene, und wenn das Gemüse beinahe gar ist, Kartoffeln mit dem nötigen Salz, nebst geschälten, in Stücke geschnittenen Äpfeln hinzu und läßt es weich kochen. Darauf wird das Stück Schinken herausgenommen, etwas Pfeffer und Mehl mit wenig Wasser angerührt hinzugefügt und das Gemüse damit durchgeschwenkt. Blindhuhn muß recht sämig und saftig gekocht sein und von den Äpfeln einen etwas säuerlichen Geschmack erhalten. Wenn man zu wenig Äpfel oder keine hinzufügt, so wird das Mehl mit Essig angerührt. Zeit des Kochens 2 bis 2½ Stunden."

Bitte, keine Panik! Werfen Sie die Flinte – pardon, den Kochlöffel, nicht voreilig ins Korn! Wenn man das Rezept ein- oder zweimal nachliest, wird es verständlich.

Zur weiteren Hilfe einige Mengenvorschläge von mir:

Schinken oder (durchwachsener) Speck = 500 g; er wird natürlich – was H. Davidis vergaß zu erwähnen – zum Schluß und in Stücke geschnitten wieder in den Eintopf gegeben.

Weiße und grüne Bohnen = je 200 bis 250 g (weiße vorher über Nacht einweichen)

Kartoffeln = 300 bis 500 g
Gelbe Wurzeln (Mohrrüben) = 200 g
2 Äpfel und 2 Birnen, eventuell noch etwas Zitronensaft

NORDDEUTSCHLAND

BIRNEN, BOHNEN UND SPECK

Diese ungewöhnliche Zusammenstellung schreckt viele Leute ab, wer sie jedoch einmal gekostet hat, ist mindestens davon überzeugt, daß sie nicht schlecht schmeckt. Ich meine sogar, daß dies nicht nur ein origineller, sondern auch besonders schmackhafter Eintopf ist. – Und ich bin kein Norddeutscher!

4 Scheiben durchwachsener Räucherspeck zu je 150 g
600 g grüne Bohnen
Ganz wenig Bohnenkraut
Salz
Pfeffer aus der Mühle
8 kleine, harte Kochbirnen, an denen der Stiel noch dran ist
1 bis 2 Teel. Stärkemehl

Am besten benutzt man einen Schmortopf, den man nachher auch auf den Tisch stellen kann. Auf den Boden die Speckscheiben legen und mit den gewaschenen und gebrochenen Bohnen bedecken. Wasser bis knapp zur Höhe der Bohnen eingießen, würzen mit Salz und Pfeffer und wenig Bohnenkraut. Zugedeckt etwa 15 Minuten kochen. Dann die Birnen waschen, Blütenansatz entfernen, Stiele dranlassen und auf die Bohnen legen. Wieder zudecken und so lange auf kleiner Flamme kochen, bis die Birnen weich, aber noch nicht musig sind.
Das Wasser, welches ziemlich eingekocht sein dürfte, abgießen; in einem kleinen Stielpfännchen mit etwas kalt angerührtem Stärkemehl leicht binden und wieder zu Speck, Bohnen und Birnen gießen.
Damit es schöner aussieht, kann man die Speckscheiben herausfischen und obenauf zwischen die Birnen legen.
Dazu als Beilage Salzkartoffeln.
Hinweis: Oft werden auch die Kartoffeln mit in dem Eintopf gekocht. Ich finde jedoch, daß der Geschmack besser ist, wenn sie separat serviert werden.

Krautkrapfen

Während vieler Reisen kreuz und quer durch Bayern habe ich dieses uralte und sehr schmackhafte Sauerkrautgericht nur ein einziges Mal gefunden. Bayrische Freunde bestätigten mir, daß es tatsächlich immer seltener aufgetischt wird. Dabei hat man eigentlich nur Arbeit mit dem Nudelteig, den man selber machen muß.

400 g Mehl
2 bis 3 Eier
3 bis 5 Eßl. kaltes Wasser
1 Prise Salz

500 g Sauerkraut
70 g durchwachsener Räucherspeck
1 kleiner Apfel
4 Eßl. Schmalz
Fleischbrühe

Aus Mehl, Eiern, Wasser und wenig Salz einen festen Nudelteig erst rühren, dann kneten. Je nach Feuchtigkeit eventuell etwas mehr Mehl oder Wasser verwenden. Den Teig auf bemehlter Unterlage zu dünnen Platten ausrollen und daraus Rechtecke schneiden. Etwas antrocknen lassen.

Den Speck in ganz kleine Würfelchen schneiden und in 2 Eßl. Schmalz glasig werden lassen. Sauerkraut auseinanderzupfen, mit dem geriebenen Apfel vermischt zugeben und im Fett unter gelegentlichem Wenden so lange anrösten, bis es gelb wird.

Das etwas abgekühlte Kraut auf die Teigplatten flach verteilen, diese dann zu Rollen wikkeln. Aus den Rollen, die etwa einen Durchmesser von 5 cm haben sollen, schneidet man 4 bis 5 cm breite Stücke.

In einen flachen Schmortopf oder in eine Eisenpfanne (auch ein feuerfestes Keramikgeschirr ist möglich) gibt man das restliche Schmalz, erhitzt es und setzt die Rollenstücke mit der Schnittfläche nach oben dicht nebeneinander; sie sollen Topf oder Pfanne ausfüllen. Fleischbrühe gut 1 cm hoch eingießen. Im Ofen bei 180° so lange backen, bis sich eine helle Kruste gebildet hat, was ungefähr 20 Minuten dauert. Eventuell noch etwas Brühe nachgießen und damit auch die Oberfläche benetzen. Wer keine Angst vor Kalorien hat, der kann auch nocht etwas Schmalz oder Butter auf die Krautkrapfen setzen.

Grünkohl

Grünkohlausläufer reichen tief nach Westfalen und Niedersachsen hinein. Auch in den südlicheren deutschen Landschaften, in denen er nicht heimisch ist, schätzen viele Kenner den Grünkohl. Im Oberbergischen Land wurde (wird?) er traditionsgemäß am 2. Weihnachtsfeiertag aufgetischt (mit Bratwurst als Beilage).
Die vielen Namen, mit denen man dieses Wintergemüse belegt, beweisen, wie tief es in der Bevölkerung verwurzelt ist: Blatt-, Pflück- und Winterkohl. In Bremen nennt man es Braunkohl. Früher gab es tatsächlich eine braunblättrige Grünkohlart. Sie soll sogar ausgezeichnet geschmeckt haben; wegen ihres geringeren Ertrags wird sie jedoch nicht mehr angebaut. Leider Gottes geht selbst bei Landesspezialitäten Quantität vor Qualität! Wenigstens dem alten Namen sind die Hanseaten von der Weser treu geblieben. Und – in Bremen ist der Braunkohl Traditionsgericht bei den zwei hanseatischen Staatsbanketts, der «Schaffermahlzeit» und der «Eiswette». Hut ab vor soviel kulinarischem Heimatstolz! Ein gewisser Stolz klingt auch in einem weiteren Grünkohlnamen mit: Oldenburger Palme.
Ab November unternimmt man im Norden «Kohlpartien» oder «Kohlfahrten». Früher waren das reine Herrenausflüge, inzwischen haben sich die Damen ihren Platz dabei erkämpft.
Am besten schmeckt der Grünkohl nach dem ersten Frost, weil dann sein etwas strenger Geschmack durch eine größere Zuckerkonzentration gemildert wird.
«Een beeten good un een beeten veel!», diese alte Grünkohldevise sollte bei jedem Grünkohlrezept beherzigt werden. Schließlich wird er durchs Aufwämen bestimmt nicht schlechter.

BREMEN, FRIESLAND, SCHLESWIG-HOLSTEIN

GRÜNKOHL
(BRAUNKOHL) MIT PINKEL

1,5 kg Grünkohl[1]
2 Zwiebeln
1 bis 2 Eßl. Schweineschmalz
1 Tasse Fleischbrühe
Salz, weißer Pfeffer aus der Mühle
1 knapper Teel. Zucker
350 g «gestreifter» Speck (geräuchert und durchwachsen)
1 Ring Pinkel (Grützwurst)
350 g grobe, geräucherte Mettwurst
Einige Teel. Haferflocken

[1] Grünkohl wird heute meistens ohne Rippen verkauft; dann nur 1 kg.

Grünkohl von den Rippen streifen und waschen. War er noch nicht gefroren, so kocht man ihn kurz auf und schüttet das Wasser weg. Kohlblätter dann hacken (das gibt «langen Kohl») oder durch den Fleischwolf treiben (das gibt «kurzen Kohl»). Ich ziehe das Hacken vor.

Zwiebeln kleinschneiden. Schmalz in einem großen Topf mit dickem Boden erhitzen. Zwiebeln darin einige Minuten glasig werden lassen. Kohl zufügen und unter Rühren zusammenfallen lassen. Brühe zugießen; so wenig wie möglich, lieber später noch nachgießen. Würzen und eine gute halbe Stunde köcheln lassen.

Danach Speck drauflegen und zugedeckt 15 Minuten weitergaren. Jetzt Pinkel und geräucherte Mettwurst auf den Kohl legen. Nochmals gut 25 Minuten auf kleiner Hitze schmoren.

Haferflocken einrühren und weitere 5 bis 10 Minuten auf dem Herd lassen, mehrmals umrühren, damit die Haferflocken alle Flüssigkeit binden können.

Fleisch und Wurst werden erst bei Tisch aufgeschnitten.

Ein Kranz von kroß gebratenen kleinen Pellkartöffelchen ist die lieblichste Umrahmung für jede Grünkohlplatte.

Damit die ganzen Kartöffelchen schmackhafte Krusten bekommen, beträufelt man sie beim Anbraten mit etwas Sirup.

Rezeptvariationen: Bei den Fleisch- und Wurstbeilagen wird häufig variiert. Alles Pökelfleisch ist geeignet. Auch frischer Schweinebauch und andere Kochwürste passen zum Grünkohl. Schweinebacke, gepökelt oder scharf angebraten, schätzt man besonders in Holstein als Beilage. Möglich sind

auch Bratwürste, in Niedersachsen «Brägenwurst».
In Schloß Lütetsburg (Ostfriesland bei Norden) lernte ich als sehr schmackhafte Grünkohlbeilage gepökelte Gänsekeulen kennen. Aus der Pökelbrühe wurde eine weiße Mehlsauce gekocht, die meiner Zunge nicht gerade Freudenschreie entlockte. Diese Grünkohlbeilage ist offensichtlich nicht typisch ostfriesisch, wahrscheinlich hat die Schloßherrenfamilie sie aus ihrer Heimat Pommern mitgebracht.
Nur besondere Fans werden sich aus der Zukkerdose bedienen, die man in manchen deutschen Küstenstrichen neben die Grünkohlterrine stellt.
Bitte beachten! Grünkohl immer sehr vorsichtig salzen, weil er durch die mitgekochten Beilagen leicht zu scharf werden kann.
Auch in Westfalen ist der Grünkohl heimisch. Seit 1590 feiern die Bewohner Herfords ihr Kohlfest. An jedem Donnerstag nach dem 1. Advent gibt es in jeder Familie mittags Grünkohl, in einem Vorort sogar noch abends dazu. Ich habe erlebt, daß die Kinder eigens schulfrei hatten und in aller Frühe durch die Straßen zogen und riefen: «Heut ham wir frei, das danken wir dem Grünkohl.» Sehr typisch, daß man in Westfalen die Fleischbeilage an erster Stelle nennt; es heißt dort: «Mettwurst und Grünkohl».

Anhang zum Grünkohl

Für alle bedauernswerten Grünkohlfreunde, die in pinkellosen Gegenden ihr Leben fristen müssen, sei noch kurz ein Hausmacherrezept für diese Grützwurst gegeben.

Pinkel

100 g frischer Speck
150 g Flomen
2 bis 3 Zwiebeln
250 g Hafergrütze

Nach Geschmack Salz, Pfeffer aus der Mühle und Nelkenpfeffer (Piment).
Rindermastdarm (auch Pinkeldarm genannt) oder kräftiger Leinenbeutel.
Speck grob würfeln, Flomen ebenso, Zwiebeln in Scheiben schneiden. Alles zusammen so lange auf dem Feuer rühren, bis die Zwiebeln gut glasig sind.
Etwas abkühlen lassen und dann durch die Fleischmaschine drehen. Mit der Hafergrütze und allem ausgetretenen Fett zu einem Teig verkneten. Würzen. In Därme oder Leinensäckchen füllen und auf dem Grünkohl garen.

Mosel

Weincräwes

Das ist ein Essen, welches man gern in die Weinberge trägt, wenn dort bei kaltem Wetter hart gearbeitet werden muß. Heute serviert man es auch in Touristenlokalen als beliebte Spezialität der Mittelmosel. Ich habe das Rezept in Traben-Trabach gefunden. Man nennt dieses Gericht auch ganz einfach nur «Stampes».

1 kg Sauerkraut
1 kleingeschnittene Zwiebel
2 Eßl. Schmalz
2 Lorbeerblätter
Einige Wacholderbeeren
Gut 1/4 l herber Weißwein (Riesling)

Sauerkraut zerpflücken. Zwiebeln in einem großen Topf mit dickem Boden in heißem Schmalz hellgelb werden lassen. Kraut zugeben. Lorbeerblätter, Wacholderbeeren und Weißwein zufügen, leicht vermischen. Schweinerippchen auflegen. Alles zusammen zugedeckt garen.

Kartoffeln schälen, zerschneiden und zu Salzkartoffeln kochen. Abgießen, zerstampfen und mit der Milch verrühren. Speck in kleine Streifchen schneiden, auslassen und darin die geschälten, halbierten und in Scheibchen geschnittenen Zwiebeln braun braten.
Rippchen vom Kraut nehmen, sobald dieses gar ist. Kartoffelbrei unter das Kraut mischen. Rippchen wieder auflegen und das Gebrätsel aus Speck und Zwiebeln darüberlöffeln.

4 Schweinerippchen, gepökelt
1 kg Kartoffeln
Salz
Etwas heiße Milch
150 g durchwachsener, geräucherter Speck
2 Zwiebeln

SÜDWESTDEUTSCHLAND

KRAUTWICKEL

Blätter aus dem Weißkrautkopf lösen und im Salzwasser einige Minuten kochen. Herausnehmen, abtropfen lassen und die dicken Blattrippen flach schneiden.
Hackfleisch mit dem eingeweichten und wieder ausgedrückten Brötchen, Ei, Pfeffer, Muskatnuß und etwas Salz vermischen. Zwiebel in kleine Würfel schneiden und zusammen mit dem ebenfalls gewürfelten Speck andünsten, bis beide glasig sind. Zu dem Hackteig schütten und diesen kräftig kneten.
Den durchwachsenen Speck in der Pfanne kroß anbraten und aufheben.
Krautblätter für die Wickel zusammenlegen, auf jede Portion einen großen Klecks Hackteig geben und einwickeln. Mit Faden zusammenbinden.
In einem Schmortopf das ausgetretene Fett des durchwachsenen Specks mit Schmalz erhitzen und darin die Krautwickel auf allen Seiten anbraten. Zuletzt noch das Mehl in den Topf danebenstreuen und braun rösten. Mit Fleischbrühe ablöschen und alles zusammen zugedeckt etwa eine Stunde schmoren. Die Krautwickel sollen mindestens auf einer Seite schön dunkelbraun sein.
Mit Salzkartoffeln servieren, dabei mit Speckscheiben belegen.

1 Kopf Weißkraut
Salz
400 g gemischtes Hackfleisch
1 altbackenes Brötchen
1 Ei
Pfeffer aus der Mühle
Etwas geriebene Muskatnuß
1 große Zwiebel
100 g Räucherspeck (fett)
4 Scheiben durchwachsener Räucherspeck
1 bis 2 Eßl. Schmalz
1 Eßl. Mehl
1 bis 2 Tassen Fleischbrühe

ROTKOHLROULADEN

1 kräftiger Schuß Essig
1 Zwiebel
1 Nelke
1 Lorbeerblatt
½ Teel. Salz
1 bis 2 Eßl. Zucker
1 Kopf Rotkohl
500 g Hackfleisch, halb vom Schwein, halb vom Rind
1 Semmel
2 Zwiebeln
1 Eßl. Schmalz
2 Eier
Salz
Pfeffer aus der Mühle
2 Eßl. Schmalz
1 Mohrrübe
1 Zwiebel
1 Lorbeerblatt
1 Tasse Fleischbrühe
1 Tasse Rotwein
Stärkemehl

Reichlich Wasser mit Essig, Zwiebel, Nelken, Lorbeerblatt, Salz und Zucker zum Kochen bringen.
Vom Rotkohl soviel wie möglich ganze, schöne Blätter auslösen, Strunk entfernen. Die Blätter im kochenden Sud so lange ziehen lassen, bis sie anfangen weich zu werden. Herausnehmen und abtropfen lassen.
Hackfleisch mit eingeweichter und wieder ausgedrückter Semmel vermischen. Zwiebel in kleine Würfelchen schneiden und diese im Schmalz glasig werden lassen. Samt ihrem Fett zum Hackfleisch geben. Eier unterkneten und mit Salz und Pfeffer abschmecken. Rotkohlblätter portionenweise ausbreiten, Hackmasse in die Mitte verteilen und jeweils zusammenrollen. Mit Klammern oder Faden zusammenhalten.
Schmalz in einem Schmortopf erhitzen. Rouladen darin anbraten. Geschrappte Mohrrübe und geschälte Zwiebel grob zerschnitten samt dem Lorbeerblatt zugeben. Brühe und Rotwein nach und nach zugießen und zugedeckt auf kleiner Hitze gar schmoren. Roulade dabei mindestens einmal wenden. Garzeit etwa 45 Minuten.

Zum Anrichten werden die Rotkohlrouladen herausgenommen und warm gestellt. Sauce passieren und mit etwas kalt angerührter Speisestärke binden. Abschmecken und extra servieren. Beilage Salzkartoffeln.

BERLIN

LÖFFELERBSEN MIT PÖKELFLEISCH

200 g gelbe Erbsen, ungeschält
400 bis 500 g Pökelfleisch (sehr beliebt: Schweinsohr zusammen mit ½ Schnauze oder auch nur gepökelter, durchwachsener Speck)
1 Stange Lauch (Porree, nur das Weiße)
1 Zwiebel
1 Eßl. Schmalz
1 Stück Sellerieknolle, geschält
1 Petersilienwurzel
1 bis 2 Lorbeerblätter
500 g Kartoffeln
Majoran
Salz und Pfeffer aus der Mühle

Erbsen über Nacht einweichen. Unter Hinzufügung von etwas mehr Wasser – es muß ein guter Liter Flüssigkeit sein – das in mundgerechte Stücke geschnittene Pökelfleisch zugeben und alles zusammen zum Kochen bringen. Lauchstange und Zwiebel kleinschneiden, im Schmalz glasig werden lassen und zusammen mit der kleingewürfelten Sellerieknolle und der geschnittenen Petersilienwurzel sowie den Lorbeerblättern zugeben. Alles zusammen muß eine gute Stunde kochen, damit das Pökelfleisch weich und die Erbsen nicht zu weich werden. Während der letzten 25 Minuten gibt man außerdem die geschälten, in kleine Würfelchen geschnittenen Kartoffeln zu.
Abschmecken mit Majoran und sehr vorsichtig mit Salz und Pfeffer.
In tiefen Tellern servieren und – um dem Namen gerecht zu werden – mit dem Löffel essen.

Apropos: «Die Hülsenfrüchte: Erbsen, Bohnen und Linsen, sind an Nahrungsgehalt dem Fleisch völlig gleich, mit ein wenig Speck gekocht, sättigen und nähren sie ebensogut wie eine Portion Gemüse und Braten.»
So steht es in einem Kochbuch aus dem Jahre 1882. Außer acht gelassen wurden dabei allerdings die Kohlehydrate; deren hohe Konzentration in Hülsenfrüchten hätte damals jedoch zu erheblichen Pluspunkten geführt.

Hamburger Hafen

HAMBURG

ERBSEN MIT SNUTEN UND POTEN

Diese Hamburger Spezialität wird nach den gleichen Rezeptgrundsätzen wie «Löffelerbsen mit Pökelfleisch» zubereitet. Anstatt beliebigen Pökelfleisches nimmt man lediglich Snuten = Schnauze oder Schweinsrüssel und Poten = Pfoten oder Schweinsfüße. Beides kann gepökelt oder frisch sein. Es wird in den Erbsen gegart und dann herausgenommen und in Stücke geschnitten bzw. von den Knochen gelöst und zerteilt.
Sonstige Zutaten sind die gleichen wie für «Löffelerbsen mit Pökelfleisch» (vorausgehendes Rezept).

«Ja, de schönste Tied von'n Sommer
Is de Grautebaunentied –
In de Grautebaunentied,
Buk (Bauch), dann wär (werde) no mal so wied!»

So wird in einem alten münsterländischen Lied gejubelt. Die Großebohnenzeit wurde mit dem schönsten Sommerfest gefeiert. Und Mittelpunkt der Feier war das große Bohnenfressen. Diese Spezialität wird nur vollkommen während der wenigen Wochen, in denen es junge, zarte große Bohnen (Saubohnen) gibt.

WESTFALEN

DICKE BOHNEN MIT SPECK

1 1/2 kg dicke Bohnen (sind die Kerne klein, braucht man bis zu 3 kg)
1 Prise Salz
400 g durchwachsener Räucherspeck
2 Eßl. Butter oder (echter) Schmalz
2 Eßl. Mehl
Weißer Pfeffer aus der Mühle
1 Prise gerebbeltes Bohnenkraut

Bohnen enthülsen und mit einer Prise Salz und dem Speck in etwa 1/2 l Wasser schwach kochend garen, was etwa 1 Stunde dauern wird. Abgießen und Kochwasser aufheben. Speck herausnehmen und in mundgerechte Scheiben schneiden. Butter oder Schmalz in einem anderen Topf erhitzen, Mehl darin hell anschwitzen und mit so viel Kochbrühe auffüllen, daß eine sämige Sauce entsteht. Abschmecken mit etwas Pfeffer und einer kleinen Prise Bohnenkraut. Unter gelegentlichem Umrühren 1/4 Stunde schwach kochen. Bohnen und Speckstücke dazugeben und noch so lange auf dem Feuer lassen, bis alles gut heiß ist.
Beilage: Salzkartoffeln.

SCHLESISCHES HIMMELREICH

Das schlesische Nationalgericht hat Kriege, Hungersnöte und Vertreibung überstanden, ja, die Liebe zu ihm ist dadurch nur größer geworden. «Schlesisches Himmelreich» – darin steckt das ganze Herz der Schlesier. Muß es ja wohl, wenn man ein Essen Himmelreich nennt. Dabei ist es ein nach heutigen Begriffen einfaches Gericht, dessen Zusammenstellung nicht jedem behagen mag. Am besten schmeckt es, wenn man es mit Heimweh garniert nach dem «Schlesien hold in Wiesen». Selbst Nicht-Schlesier werden dies «Himmelreich» genießen, wenn sie dabei ein bißchen von dem schönen Land an der Oder zu träumen versuchen.

750 g geräucherter, durchwachsener Schweinebauch (oder Kasseler Rippenspeer)
1 große Zwiebel
1 Lorbeerblatt
4 Nelken
8 Pfefferkörner
Wenig Salz

500 g gemischtes Backobst
2 Eßl. Sultaninen
4 bis 6 getrocknete Feigen
1 Zitrone
4 bis 6 Eßl. Zucker
1 bis 2 Teel. Stärkemehl
1 Gläschen Weinbrand

Fleisch zusammen mit der Zwiebel, auf die das Lorbeerblatt mittels der Nelken gesteckt ist, und allen Gewürzen in möglichst wenig Wasser aufsetzen. Etwa eine Stunde köcheln lassen.
Alle Trockenfrüchte waschen und über Nacht in kaltem Wasser einweichen. Im selben Wasser dann unter Beigabe der Zitronenschale weichkochen. Etwas Fleisch-Kochbrühe zugießen, damit sich der Rauchgeschmack mit dem süß-säuerlichen Backobstaroma vereint. Abschmecken mit Zucker. Leicht mit angerührtem Stärkemehl binden und abrunden mit etwas Weinbrand und Zitronensaft.

«Die Hauptsach – doas soa ich Eich –
vun insem schläs'cha Himmelreich
doas sein do bluß de Kließla!»

Dieser Vers verrät es uns: die Klöße sind beim «Schlesischen Himmelreich» die Hauptsache. Aber welche der vielen schlesischen Klöße? Meistens werden Semmelklöße als Beilage genannt. Zuweilen auch schlesische Kartoffelklöße. Da jedoch diese Beilage eine Haupt-

sache ist, habe ich umfangreiche Erkundigungen eingezogen. Viele meiner besonders feinschmeckerischen schlesischen Freunde statten ihr «Himmelreich» mit Hefeklößen aus, die sie im Mulltuch über dem kochenden Wasser garen, damit sie besonders locker werden.
Und noch eines haben mir diese Freunde verraten: das Backobst schmeckt höchstens halb so gut, wenn die dazugehörenden Apfelstücke geschält sind. Soweit Sie in Süd- oder Südwestdeutschland leben, helfen Sie sich, indem Sie einige Birnschnitze zugeben, die es mit Schale zu kaufen gibt. Oder Sie trocknen sich ihr eigenes Dörrobst, mit Schale und ohne Schwefel – so wie man es einst daheim machte.
Für gänzlich unkundige Landsleute, die auch einmal ein «Schlesisches Himmelreich» echt genießen wollen (wozu ihnen der Ortspfarrer wohl kaum Hilfe gewähren kann), sei angefügt, daß man den gekochten Schweinebauch in Scheiben schneidet und neben Backobst und Klößen auf den Teller legt; die Backobstbrühe dient als Sauce für Fleisch und Klöße. Spätestens beim dritten Bissen wird die ausgefallene Geschmackskomposition auch bei Neulingen ihren vollen Reiz entfalten.

Breslau, Stich von Jos. Rybicka nach einer Zeichnung von Wilh. Kandler

BIRNENBESCHLAG

Im Dialekt nennt man diese Zubereitungsart «Beerenbeslag»; allerdings hat sich in den letzten Jahren mehr und mehr die Bezeichnung «Birnen im Teig» eingebürgert. Auch in Schleswig-Holstein.

1 kg Birnen
Saft und Schale einer Zitrone
1 Stück Zimtstange
2 Nelken
2 bis 3 Eßl. Zucker
500 g Mehl
1 Päckchen Backpulver
4 Eier
Gut 1/4 l Milch
100 g Butter
2 bis 3 Eßl. Zucker
1 kleine Prise Salz
400 g fetter Speck in Scheiben

Birnen schälen, halbieren und entkernen. In Wasser mit Saft und Schale (ohne weiße Teile) der Zitrone, Zimt, Nelken und Zucker etwa 10 Minuten kochen. Abkühlen lassen.
Aus Mehl, Backpulver, Eiern, Milch, weicher Butter, Zucker und Salz einen nicht zu weichen Rührteig machen.
Den Boden einer großen Auflaufform mit Speckscheiben belegen. Den Rand mit Speckscheiben etwas einreiben, so daß er gut fettig ist.
Auf den Speck die Birnen dicht an dicht legen. Einige Eßl. Saft darüberträufeln. Mit Teig bedecken und bei etwa 175° im Ofen gut 1 1/2 Stunden backen. Mit Aluminiumfolie oder Pergamentpapier abdecken, damit die Oberseite nicht verbrennt.
Die übriggebliebenen Birnen ganz klein schneiden, mit dem Kochsaft mischen und als ziemlich flüssiges Kompott zu dem «Birnenschlag» heiß servieren. Man kann auch dieses Kompott mit etwas Stärkemehl leicht binden.
Nach älteren Rezepten kann man «Birnenbeschlag» auch mit Hefeteig zubereiten, was ausgezeichnet schmeckt. Es gibt eine Zubereitungsart, bei der Hefeteig vor dem Backen mit Wasser begossen werden muß, das fingerbreit darüber stehenbleibt und erst beim Backen verdampft.
Auf der Insel Fehmarn macht man einen Teig, der einem Semmelknödelteig ähnelt, und bedeckt damit die Birnen.

Linsengemüse mit Bratwurst

Die Herkunft dieses Rezeptes konnte ich nicht feststellen. Ich fand es in einem handgeschriebenen Kochbuch. Es könnte aus Hessen oder vom Rhein stammen.

500 g Linsen
1 Zwiebel
1 Eßl. Schmalz
1 kleingewürfelte gelbe Rübe
Salz und Pfeffer aus der Mühle
Gut 1 Eßl. Schmalz
Gut 1 Eßl. Mehl
1/4 l herber Weißwein
Einige Eßl. Essig
1 geriebene Zwiebel
2 Eßl. geriebener Meerrettich
1 große, in dünne Scheiben geschnittene Gewürzgurke
2 hartgekochte Eier
Butterfett (geklärte Butter)
4 grobe Bratwürste

Linsen über Nacht einweichen. Am nächsten Tag mit frischem Wasser zusammen mit der kleingeschnittenen Zwiebel, die im Schmalz glasig gedünstet wurde, sowie der gelben Rübe etwa eine Stunde kochen. Dabei mit Salz und Pfeffer kräftig würzen.
Aus Schmalz und Mehl eine braune Schwitze rühren. Mit Wein und Kochflüssigkeit der Linsen ablöschen. Zu den Linsen gießen und diese damit binden.
Geriebene Zwiebel, Essig, Meerrettich, Gewürzgurke sowie die gehäckelten Eier mit den Linsen vermischen. Warm stellen. Bratwürste in Butterfett auf beiden Seiten braten und zusammen mit dem Bratfett auf den Linsen anrichten.
Anmerkung: Sollten die Bratwürste klein sein, so nehme man natürlich zwei Stück pro Person, insgesamt also acht. Vielfach werden auch noch einige Zwiebelringe mit den Würsten gebraten und zusammen mit ihnen angerichtet.

Spätzle und Linsen

Die Zusammenstellung dieses Gerichts bringt Landfremde zunächst einmal zum Naserümpfen. Aber gerade bei dieser Spezialität bewahrheitet sich die alte Weisheit: «Probieren geht über Studieren». Außerdem bringt Linsenessen am Karfreitag Geldsegen fürs ganze Jahr. So wenigstens behaupten die Schwaben, die in Sachen Geld bekanntlich sehr genau sind.

400 g Linsen
500 g Rauchfleisch
1 Möhre
2 Eßl. Schmalz
2 Eßl. Mehl
Salz und Pfeffer aus der Mühle
2 bis 4 Eßl. Essig
1 Rezept Spätzle (siehe S. 366)

Linsen verlesen, über Nacht einweichen und am folgenden Tag in frischem Wasser zusammen mit dem Rauchfleisch und der geschrappten und kleingewürfelten Möhre gar kochen, was ungefähr 3/4 Stunden dauern dürfte.
Inzwischen Schmalz erhitzen und darin das Mehl goldbraun rösten. Mit Kochsud der Linsen ablöschen. Kräftig mit Salz und Pfeffer abschmecken. Die Hälfte der Essigmenge zugießen und gut 10 Minuten köcheln. Linsen zugeben, Würzung prüfen und alles zusammen noch einige Minuten garen. Kurz vor dem Auftragen das Fleisch in Scheiben schneiden und noch einmal je nach Gusto mit Essig abschmecken. — Wer nicht sparsam mit Essig ist, fördert die Verdaulichkeit der Linsen und verringert deren gasbildende Kräfte.
Als Beilage gibt es Spätzle.
Andere Zubereitungen verzichten auf das Rauchfleisch; dann ißt man getrennt erhitzte Siedewürstchen dazu, die man in Schwaben «Saitenwürste» nennt. Sind heiße Würstchen anstelle von Rauchfleisch die Beilage, so kocht man die Linsen gern mit etwas kleingeschnittenem, angebratenem, magerem, geräuchertem Bauchspeck. Der Geschmack der Linsen wird vorteilhaft abgerundet, wenn man eine kleingeschnittene Zwiebel zusammen mit dem Speck glasig werden läßt.

SCHWABEN

GAISBURGER MARSCH

Ein Eintopf, der zaghaft anfängt, eine bundesweite Karriere zu machen. Man werfe uns deshalb keinen Militarismus vor! Der Name hat einen unverdächtigen Grund. Eine Wirtschaft in Gaisburg, einem heutigen Stadtteil von Suttgart, der Anfang des Jahrhunderts noch ländlich war, bot als Spezialität einen Eintopf an, der ebenso sättigend wie gut war. So nahmen es die Soldaten einer recht entlegenen Kaserne immer wieder auf sich, den langen Marsch nach Gaisburg an Feierabenden anzutreten, um in den Genuß des Eintopfs zu kommen, den sie dann «Gaisburger Marsch» nannten.

200 bis 500 g Rindfleisch, mager, zum Kochen (je schwäbischer das Gericht werden soll, um so weniger Fleisch nimmt man; für besseren Geschmack nehme man mehr)
Reichlich Suppenknochen
1 Bund Suppengrün
Salz
Pfeffer aus der Mühle, geriebene Muskatnuß
400 g Kartoffeln
½ Rezept Spätzle (siehe S. 366)
1 große Zwiebel
1 Eßl. Butter

Rindfleisch und Knochen gut waschen und zusammen mit dem Suppengrün in kaltem Salzwasser aufsetzen und kochen, bis das Fleisch weich ist. Brühe abseihen. Fleisch herausnehmen und beiseite stellen.
Kartoffeln schälen, in längliche, nicht zu große Schnitze schneiden und in der Brühe weich kochen.
Fleisch in Würfel schneiden und zugeben. Abschmecken mit Pfeffer und Salz.
Fertige, separat gekochte Spätzle zugeben. Alles miteinander vermischen.
Zwiebeln schälen, in Würfel schneiden und in der Butter bräunen. Mitsamt dem Fett über den Eintopf schütten. «Gaisburger Marsch» wird mit dem Löffel gegessen. Er ist ein vollständiges Essen.

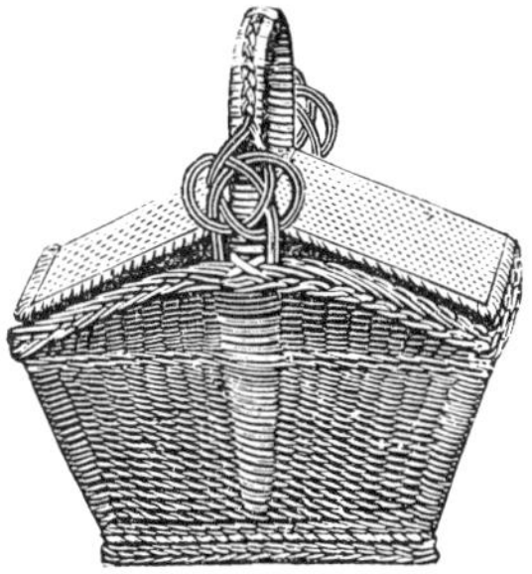

SCHINKENNUDELN

Einer der bekanntesten deutschen Aufläufe. Vor allem südlich der Mainlinie sehr populär.

300 g Nudeln
180 g Schinken
Knapp 1/4 l saurer Rahm
2 Eßl. geriebener Emmentaler
Salz
1 bis 2 Eßl. Butter
2 Eßl. Weckmehl

Nudeln in Salzwasser kochen und abtropfen lassen. Sie können auch vom Vortag sein. Eine Auflaufform abwechselnd mit Nudeln und dem in kleine Stücke geschnittenen Schinken auslegen. Dazwischen immer wieder etwas Rahm träufeln, auch leicht salzen und Reibkäse einstreuen.

Zuoberst soll eine Nudelschicht sein. Auf diese setzt man Butterflöckchen und streut Weckmehl.

Im Backofen bei etwa 175° eine gute halbe Stunde garen.

Hinweis: Die Mengenangaben dieses schwäbischen Rezeptes sind das Minimum der benötigten Lebensmittel. Vor allem die Anteile von Schinken, saurem Rahm und Butter können erhöht werden, ohne dem Wohlgeschmack Abbruch zu tun.

Andere Zubereitungsmöglichkeit: Alle Zutaten miteinander und mit noch 2 bis 3 Eiern vermischen, dann die Form gut ausbuttern, einfüllen und weiter verfahren wie im Grundrezept.

Nachspeisen

Diese Art kulinarischer Genüsse gehörte in weitesten Kreisen der Bevölkerung nie zum Alltagsessen. Allenfalls gibt es eine Reihe von Speisen, die wir heute zu den Nachtischen rechnen müssen und die früher so etwas wie Samstagsessen waren; es gab dann eine kräftige, meist dicke Suppe und danach eine Süßspeise oder sogar Kuchen. Der Zwetschenkuchen ist ein bis in die heutigen Gewohnheiten reichendes Beispiel dafür.

Die nachfolgenden Rezepte sind folgendermaßen geordnet:

Puddings und puddingähnliche Speisen

Obstdesserts der verschiedensten Art

Süße Breie

Gebackene Nachspeisen

Pfannkuchen aller Art

Waffeln

Eis

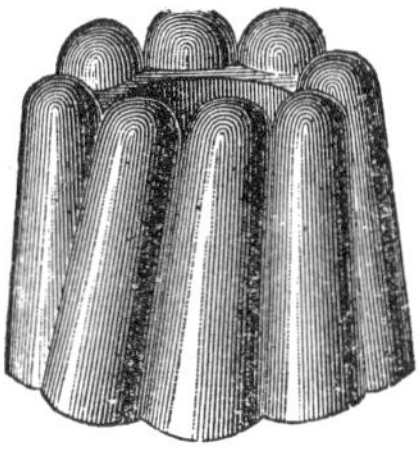

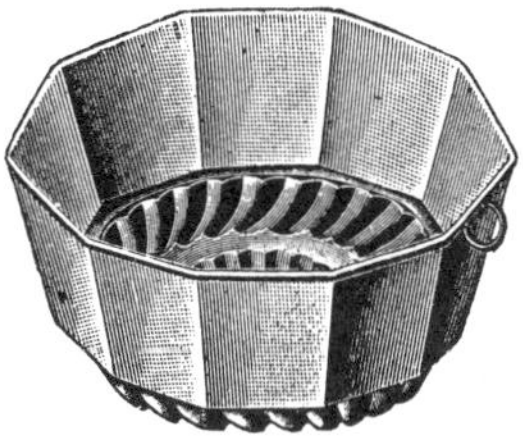

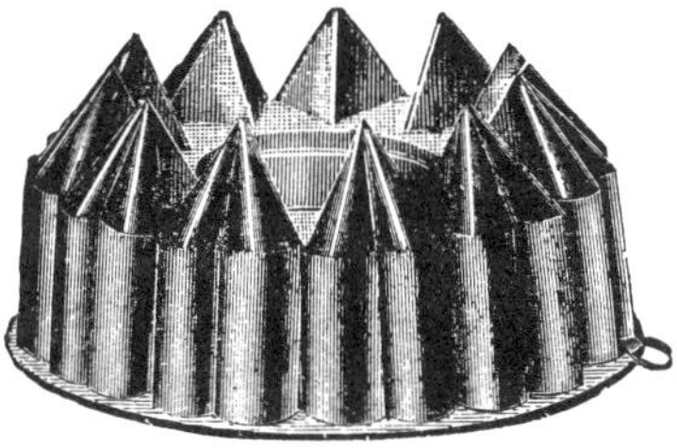

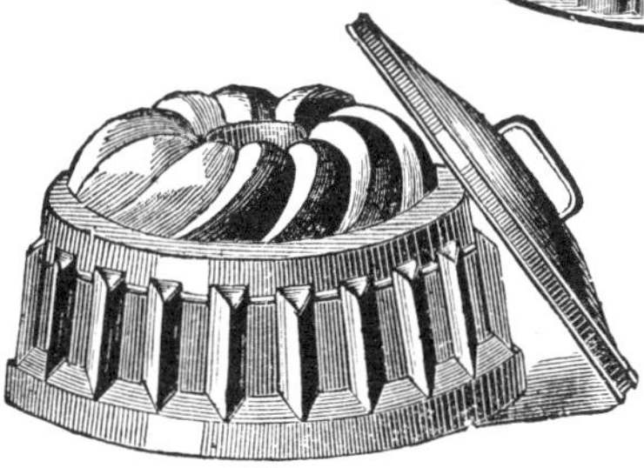

Rezepte, wie sie Großmutter aufschrieb …

Ordentlich, wie sie war, hatte Großmutter ein solides, in Leinen gebundenes Büchlein für ihre Rezepte. Manchmal glänzte es sogar durch Goldschnittkanten der einzelnen Blätter. Auch gab es früher besondere Bücher für handgeschriebene Rezepte, die meistens ein Register und illustrierte Titelseiten für die einzelnen Speisengruppen aufwiesen.
Solche Bücher waren um die Jahrhundertwende sehr populär. Eines davon aus dem Verlag von Moritz Schauenburg, Lahr, hat eine Art Vorwort, das zwar wenig poetisch ist, dafür aber von treuherzig gutem Gemüt zeugt.

«In dieses Büchlein, meine Lieben,
Findet Ihr säuberlich geschrieben,
Was eine Hausfrau wohlerfahren
Gesammelt hat in vielen Jahren:
Rezepte für manches gute Brätlein,
Für Suppe, Gemüse und manch Salätlein,
Für Fische und Klöße, für Obst und Kuchen,
Die möget Ihr nun getrost versuchen
Zu Eurem und Eurer Kinder Frommen

Hoff', es soll allen wohl bekommen!»

Und ohne den Schreibefleiß vieler Hausfrauen früherer Jahre, Jahrzehnte und Jahrhunderte wäre es nie möglich gewesen, ein Buch wie dieses hier zusammenzustellen. Herzlichen Dank, Ihr Großmütter und Ur-Großmütter!

Grossmutters Schokoladenspeise

Mein Freund Hans Buch gehört zu den führenden Chronisten der deutschen Hobbyköche. In seinem privaten Familienarchiv hütet er u. a. das Rezept einer Schokoladenspeise, das seine Großmutter aufschrieb, so wie sie es von ihrer Großmutter gelernt hatte.
Schokoladenspeisen waren in der Vor-Puddingpulver-Zeit in allen gutbürgerlichen Haushalten Deutschlands eine der beliebtesten Sonntagsdesserts.

250 g Schokolade (je nach Geschmack Koch- oder Milchschokolade)
100 g Butter
70 g Zucker
6 Eier
1 Gläschen Kirschwasser

Schokolade in Stückchen schneiden und zusammen mit der Butter auf ganz kleiner Hitze schmelzen. Zucker darin auflösen. Vom Feuer nehmen und abkühlen lassen.
Eier trennen. Eidotter mit einem mehr oder weniger großen Gläschen Kirschwasser verkleppern und in die Schokoladencreme rühren. Eiweiße zu steifem Schnee schlagen und 1/4 davon mit der Schokoladenmasse gut verrühren, um sie leichter zu machen; restlichen Eischnee vorsichtig unterheben.
In Gläser füllen und kalt stellen. Beim Anrichten kann man jede Portion mit einer Makrone und/oder mit einem Klecks Schlagsahne garnieren.

Pommern

Götterspeise

650 g Preiselbeeren aus der Dose
250 g Zucker
1 Teel. Zimtpulver
Saft von 1 Zitrone
8 bis 10 Scheiben Schwarzbrot (oder Pumpernickel)
2 Eßl. geriebene Schokolade
½ l süße Sahne
1 Päckchen Vanillinzucker
1 bis 2 Eßl. Borkenschokolade

Preiselbeeren mit 200 g Zucker, dem Zimtpulver und dem Zitronensaft kurz kochen, verrühren und abkühlen lassen. Brot fein zerkrümeln und mit der geriebenen Schokolade mischen.
Sahne mit dem restlichen Zucker und dem Vanillinzucker sehr steif schlagen.
Einzelne Gläser oder eine große Glasschüssel schichtweise füllen mit Brotkrumen, Preiselbeeren und Sahne; diesen Vorgang ein- oder zweimal wiederholen. Die oberste Schicht muß Sahne sein. Sie wird mit Borkenschokolade bestreut. (Man kann auch etwas von den Preiselbeeren aufheben und mit zur Dekoration verwenden.)
Gut gekühlt servieren.

Bayern

Bayrische Creme

Eine internationale Berühmtheit. Es sollte einen jedoch stutzig machen, daß sie meistens unter ihrem französischen Namen «Crème bavaroise» bekannt ist. Und in der Tat handelt es sich dabei um eine bayrische Creme aus – Paris. Bayrische Prinzen waren Anfang des 18. Jahrhunderts mehr Veranlasser als Urheber. Sie waren Stammgäste im damals schon berühmten «Café Procope» und bestellten regelmäßig eine Süßspeise, die nach ihnen genannt wurde, allerdings kaum etwas mit der heutigen «Bayrischen Creme» zu tun hatte.

200 g Zucker
6 Eigelbe
⅜ l Milch
Mark 1 Vanilleschote
1 Päckchen gemahlene Gelatine, weiß

Zucker mit den Eigelben schaumig schlagen. Die Milch mit dem Vanillemark bis fast zum Kochen bringen. Dann mit dem Schneebesen den gesüßten Eigelbschaum einrühren. Wenn sich die Milch zusammenzuziehen beginnt, schnell vom Feuer nehmen. Gelatine, die man mit wenig Wasser eine Viertelstunde hat quellen lassen, mit der heißen Creme verrühren. Die Sahne mit Vanillezucker steif schlagen und unter die abgekühlte Creme heben. In eine Schüssel oder in einzelne Schälchen (auch Gläser) füllen und erstarren lassen, indem man sie in den Kühlschrank stellt.

Knapp 1/4 l Sahne
1 bis 2 Teel. Vanillezucker

«Errötendes Mädchen»

Eine altbekannte Süßspeise der gutbürgerlichen Küche, von der man nicht weiß, ob sie durch ihre Farbgebung oder durch ihren romantischen Namen mehr Aufmerksamkeit erweckt.
Es gibt dafür zwei grundverschiedene Rezepte.

Errötendes Mädchen des 19. Jahrhunderts

Milch, Sahne und Zucker miteinander verrühren. Zusammen mit der aufgeschlitzten Vanilleschote aufkochen.
Vom Feuer nehmen, Vanilleschote entfernen, Kartoffelmehl mit ganz wenig Wasser zu einem Brei rühren und unter die Creme schlagen. Aufkochen, dann vom Feuer nehmen und die verquirlten Eigelbe unterrühren.
In vier Kelche oder in eine Glasschüssel schichtet man nun abwechselnd erkaltete Creme und Preiselbeerkompott mehrmals hintereinander und schließt mit einer Cremeschicht ab, die mit einigen Tupfern Preiselbeerkompott garniert wird.
Kalt stellen und servieren.

1/4 l Milch
1/2 l süße Sahne
4 Eßl. Zucker
1/2 Vanilleschote
4 Eigelbe
2 Eßl. Stärkemehl
3 bis 4 Tassen gesüßtes Preiselbeerkompott

Errötendes Mädchen des 20. Jahrhunderts

½ l Sahne
4 Eßl. Zucker
8 Blatt rote Gelatine
5 Eßl. dunkelfarbiger, voller Rotwein
Einige Tropfen Rum-Aroma
1 bis 2 Eßl. geraspelte Schokolade

Sahne mit dem Zucker verrühren, dann so lange schlagen, bis sie gut schaumig ist.
Gelatine einweichen. Rotwein erhitzen und die Gelatine darin auflösen. Dann in die schaumige Sahne rühren. Zur Abrundung des Aromas noch etwas Rum-Aroma zugeben.
Die Creme in vier Gläser oder eine Glasschale füllen und, nachdem sie im Kühlschrank steif geworden ist, mit den Schokoladeraspeln bestreuen und servieren.
Hinweis: Man kann sowohl süße als auch saure Sahne für dieses Rezept verwenden. Mit saurer Sahne bekommt das Rezept einen aparteren Geschmack.

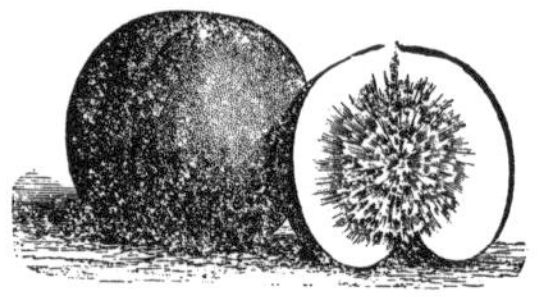

Soufflé mit Aprikosen

Ein Originalrezept aus dem «Taschenbuch der Kochkunst», das um 1890 in Berlin gedruckt wurde.

„10 bis 12 Stück Aprikosen läßt man entsteint dick einkochen, passiert sie dann durch ein Haarsieb, mengt 90 Gramm ganz feinen Zucker darunter, schlägt das Weiß von 6 Eiern zu sehr festem Schnee, mischt ihn unter die Aprikosen, füllt die Masse in eine Schale (Auflaufform), streut etwas Zucker oben auf und backt es langsam. Bevor man es zu Tisch giebt, nochmals mit Zucker bestreuen."

Hinweise: Backen bei etwa 180° und 15 bis 20 Minuten.
Anschließend sofort auftragen.
Wenn man nach dem Einfüllen der Masse mit einem befeuchteten Messer ringsum zwischen Rand der Form und Masse entlangfährt,

erleichtert das ein gleichmäßiges Aufgehen des Soufflés. Ich habe mir einmal erlaubt, auf den Boden der Auflaufform eine dicke Schicht zerbröckelter Löffelbiskuits zu legen und diese mit einem Aprikosenschnaps zu beträufeln, ehe ich die Soufflémasse einfüllte. Das Ergebnis hätte meinem Urgroßvater sicher auch sehr behagt. – Vielleicht sogar dermaßen, daß er das alte «Taschenbuch der Kochkunst» weggeworfen und nach diesem Kochbuch Ausschau gehalten hätte.

POMMERN

APFELCREME

Dieses Rezept stammt aus einem Gutshaus. Es ist ein gutes Beispiel dafür, wie man es in jenen Häusern verstand, aus einfachen Zutaten Speisen zuzubereiten, die auch auf eleganten Festtafeln bestehen konnten.

6 große Äpfel
1 Ei
2 bis 4 Eßl. Zucker
6 Blatt weiße Gelatine
1 Tasse Weißwein
1/4 l Sahne
1 kleine Prise Salz
2 Eßl. mit Vanille parfümierter Zucker
Einige Makronen und Löffelbiskuits
Einige kandierte Früchte

Äpfel in der Bratröhre zu Bratäpfeln garen. Das kann man auch im Backofen sehr gut, wenn man sie in einen Römertopf setzt oder in Aluminiumfolie einschlägt.
Bratäpfel schälen und durch ein Haarsieb streichen.
Mit dem Eigelb und Zucker schaumig rühren.
Gelatine kalt einweichen und dann in dem kochendheißen Wein auflösen. Mit dem Apfelschnee vermischen. Abkühlen lassen. Kurz vor dem Stocken die Sahne mit Salz und Zucker sehr steif schlagen und unter den Schnee heben.
Eine Schale mit Makronen, Biskuits und kandierten Früchten auslegen. Den Apfelschnee vorsichtig darüber verteilen, Oberfläche glattstreichen und im Kühlschrank stocken lassen. Zum Servieren auf eine Platte stürzen. Das geht am besten, wenn man die Schale kurz in heißes Wasser taucht oder mit einem feuchtheißen Tuch so lange belegt, bis sich der Inhalt löst.

Bratäpfel

Eine winterliche Wonne, deren wundersam heimeliger Reiz für immer verloren ist – weil es keine Kachelöfen oder Kohlenherde mehr gibt. In ihren Ofenrohren brutzelten früher die Äpfel ganz langsam vor sich hin, ließen ein ganz leises Knistern hören und ihren einmaligen Duft verströmen. Wir bereiten sie heute in Aluminiumfolie oder im Römertopf zu. Sie werden gut darin. Wir verbessern sie noch, indem wir sie mit Rosinen, Nüssen, Butter, Honig, Zimt und mancherlei Leckerem füllen. Das alte Bratäpfelerlebnis können wir nur unvollkommen nachahmen. Der schlesische Dichter Friedrich Bischoff, der mir nach dem Krieg verehrter, väterlicher Freund war, hat es in seinem «Apfellied» festgehalten:

«So ein Apfel, geschmort
Im Ofenrohr drin,
Ach, was für ein Labsal,
Das langte uns hin.
Dann schmolz er wie Honig,
Gewürzt mit Wein,
Und wir glaubten beim Schmausen
Im Himmel zu sein.»

(Friedrich Bischoff bezieht sich auf eine Apfelsorte namens «Weinling», die «rotblütig, goldhäutig» beim elterlichen Haus des Dichters «in unserem Garten im schlesischen Land» reifte und besonders gut als Bratapfel schmeckte.)

SCHLESWIG-HOLSTEIN

QUITTENSCHNEE

Eines der vielen fast vergessenen Quittenrezepte.

Knapp 1 kg Quitten
Zucker
Abrieb 1/2 Zitrone
6 Eiweiße
1 Eßl. Butter

Quitten abreiben, schälen und Kernhäuser entfernen.
Schalen und Kernhäuser mit wenig Wasser weich kochen. Die Flüssigkeit dann durch ein Haarsieb gießen und darin die kleingeschnittenen Quitten so weich kochen, daß man sie durch ein Haarsieb streichen und pürieren kann. Dieses Mus mit Zucker und abgeriebener Zitronenschale abschmecken. Etwas abkühlen lassen.
Eiweiße zu sehr steifem Schnee schlagen und unter das Quittenmus heben.
Eine Auflaufform ausbuttern, Quittenschnee einfüllen, glattstreichen und bei etwa 200° im Ofen backen, bis sich eine goldbraune Kruste gebildet hat. Sofort auftragen.

Rote Grütze

Auch in Dänemark gilt sie als Nationalgericht; aus welcher Landschaft sie nun wirklich stammt, ist kaum noch festzustellen. Es ist auch unerheblich, denn Lebensformen und Eßgewohnheiten sind dauerhafter als Grenzpfähle.
Die Rote Grütze ist seit vielen Jahrzehnten auch in anderen Küstenlandschaften der Ost- und Nordsee heimisch geworden, bis nach Ostpreußen hin. In den siebziger Jahren unseres Jahrhunderts hat sie sich die Menükarten der Nobel-Gastronomie ganz Deutschlands erobert.
Grütze war jahrhundertelang eines der Hauptnahrungsmittel der bäuerlichen Bevölkerung. Sie wurde als Brei aus Getreideschrot gekocht. Als Flüssigkeit nahm man Wasser, Brühe, Milch oder – Fruchtsaft. Verfeinert wurde die Grütze, die man ursprünglich gemeinsam aus einer Schüssel («Grapen») löffelte, durch Butter oder Vollmilch. Rote Grütze ist die einzige Grützeform, die immer noch populär ist.

Das älteste mir bekannte Rezept stammt aus den ersten Jahren des 19. Jahrhunderts.

SCHLESWIG-HOLSTEIN

RODE GRÜTT

500 g entstielte rote Johannisbeeren
250 g Himbeeren
1 ½ l Wasser
¼ Vanillestange
Etwa 200 g Zucker (je nach Säuregehalt der Früchte und persönlichem Geschmack)
150 g Stärkemehl

Gewaschene Früchte in der angegebenen Wassermenge so lange kochen, bis sie ganz weich sind. Durch ein feines Sieb passieren. Die dabei gewonnene Flüssigkeit mit der Vanille und dem Zucker nochmals kräftig durchkochen; dabei gut rühren.
Stärkemehl in 1 bis 2 Tassen kaltem Wasser anrühren und in den gesüßten Fruchtsaft einsprudeln. Nochmals aufkochen.
In eine mit kaltem Wasser ausgespülte Form füllen und kaltstellen.
Anrichten: «Rode Grütt» kam früher nur in der Schüssel auf den Tisch. Jeder bekam seine

Portion in ein Schälchen oder einen tiefen Teller. Heute gießt man die heiße Rote Grütze gern gleich in Portionenschälchen.

Beilagen: Kalte Milch oder süße Sahne (ungeschlagen) oder kalte Vanillesauce. Stets erst im letzten Augenblick, unmittelbar vor dem Verzehr über die Rote Grütze gießen.

Rezeptvariationen: Anstelle der Früchte oder eines Teils der Früchte kann man auch Fruchtsaft verwenden. Auch eingemachte oder tiefgefrorene Früchte sind möglich.

Es können auch zusätzliche Obstsorten verwendet werden. Sehr beliebt sind Kirschen, Sauerkirschen und schwarze Johannisbeeren. Viele Hausfrauen geben einen Teil der Früchte erst kurz vor Beendigung der Kochzeit zu, damit diese nicht zerkochen, sondern der Grütze einen gewissen «Biß» geben.

Zur Bindung wird oft auch Sago verwendet; manche behaupten sogar, nur mit Sago sei die Rote Grütze original. In Ostpreußen und Sachsen habe ich vor Jahrzehnten stets Rote Grütze mit Grieß vorgesetzt bekommen. Eine derartige Bindung könnte die ursprüngliche sein, denn die Worte «Grütze» und «Grieß» gehören zur gleichen wortgeschichtlichen Gruppe.

Als Verfeinerung können Rotwein oder hochprozentige Spirituosen dienen.

Bitte beachten: Rote Grütze darf nie zu steif sein. Die richtige Konsistenz liegt zwischen Pudding und Brei. Beim Abschmecken kann die Speise ruhig etwas zu süß oder zu parfümiert schmecken, sie wird nämlich beim Abkühlen und durch Milch- oder Sahnebeigabe erheblich milder.

«Rodegrütt, Rodegrütt!
Kiek mol, wat lütt Hein hüt itt,
Allns rundum het he vergeeten.
Rodegrütt, dat is en Eten!»

Sylter Rote Grütze

Auf dieser Nordseeinsel treffen sich jeden Sommer verwöhnte Gäste aus allen Landschaften. Die ortsansässigen Köche haben die Rote Grütze zu einem ausgesprochenen Hit gemacht, indem sie sie verfeinerten.

Für 5 Portionen:

500 g rote Johannisbeeren
250 g Himbeeren
60 g schwarze Johannisbeeren (oder schwarze Kirschen)
1 Handvoll rote, entstielte Johannisbeeren
3 kräftige Rispen schwarze Johannisbeeren
10 entsteinte schwarze Kirschen
3 Pflaumen oder Zwetschen
Gut 125 g Himbeeren
60 g Brombeeren
½ Glas Rotwein
1 bis 2 Teel. Weinbrand
1 bis 2 Teel. Rum
Zucker nach Geschmack
Etwa ½ Päckchen Vanillepudding-pulver

Die drei erstgenannten Beerenportionen mit kaltem Wasser bedeckt aufkochen und etwa 15 Minuten köcheln lassen. Durch ein feines Sieb abgießen, Früchte dabei nicht ausdrükken, damit der Saft klar bleibt.
In ⅔ dieses Saftes Johannisbeeren (die schwarzen auch ohne Rispen), Kirschen, ganz klein geschnittene Pflaumen sowie Himbeeren und Brombeeren kurz kochen; die Johannisbeeren sollen sich gerade gut essen lassen. Rotwein und Spirituosen zugeben. Nach Geschmack mit Zucker süßen.
Puddingpulver im restlichen Saft anrühren und nach Vorschrift mit der Grütze aufkochen.
In kalt ausgespülte Portionengefäße füllen.
Mit kalter Sahne gut gekühlt servieren.

Ostpreussen und Mitteldeutschland

Rhabarbergrütze

750 g Rhabarber
250 g Zucker
½ Zitrone
1 Stück Stangenzimt
½ l Wasser
1 Glas Weißwein
125 g Sago

Rhabarber abbürsten, nicht schälen und in kleine Stücke schneiden. Mit Zucker vermischen. Zitronensaft sowie (ungespritzte) Schale zugeben. Zimtstücke hineinstecken. Mit Wasser und Wein begießen. Sago einstreuen und verrühren.

Alles zusammen etwa 20 Minuten lang auf schwacher Hitze köcheln lassen. Nochmals abschmecken. Zitronenschale und Zimtstange herausfischen. Erkalten lassen.
Mit kalter Milch oder Sahne oder mit Vanillesauce servieren.
Anmerkung: In Mitteldeutschland wird Rhabarbergrütze sehr gern mit Grieß gebunden. Dabei rechnet man 125 g Grieß auf 3/4 l Kompott; zusätzlich etwa eine Tasse kaltes Wasser zum Anrühren des Grießes.
Man verfeinert gern mit einem Stück Butter, gehackten Walnüssen, Mandelsplittern oder Kirschen, wobei alles zusammen genommen werden kann oder auch nur eine oder zwei der angegebenen Verfeinerungen.

APFELGRÜTZE

Eine wahrscheinlich sehr alte Form der Obstgrütze. Wurde in Schleswig-Holstein als Vorspeise gegessen, schon ehe man Rote Grütze als Spezialität bezeichnen konnte.

Äpfel
Mehl
Zucker

Äpfel achteln. Dabei Stiele, Blütenansatz und Kernhäuser entfernen, aber nicht schälen. In wenig Wasser weich kochen. Durch ein feines Sieb passieren.
Mehl kalt anrühren, zusammen mit dem Apfelmus aufkochen und mit Zucker nach Geschmack süßen.
Erkalten lassen und mit kalter Vollmilch übergossen servieren.
Anmerkung: Etwas Zitrone in Scheiben sowie Stärkemehl anstatt Mehl bekommen der Apfelgrütze bestimmt gut.

STACHELBEERGRÜTZE

Sehr alte norddeutsche Grützeform. Auch in Mitteldeutschland bekannt. Zubereitung wie Apfelgrütze.

Dampfnudeln

Im allgemeinen schreibt man dieses köstliche Hefegebäck den Bayern zu. Ich mißgönne ihnen die Urheberschaft nicht, trotzdem glaube ich, daß die «Dampfnudeln» allen Deutschen gehören. So hat z. B. die berühmte Henriette Davidis, eine Westfälin, schon 1844 drei verschiedene Rezepte dafür genannt. Ich als Frankfurter kann mir meine Jugend nicht ohne «Dampfnudeln» vorstellen; und ich bekam sie auch bei einer Tante im Rheinland.
Dampfnudeln können Nachspeise sein; oft stellen sie zusammen mit einer Suppe eine ganze Mahlzeit dar, vor allem waren sie an Samstagen beliebt.
Als Ausgleich für die nicht anerkannte Allein-Urheberschaft der Bayern sei wenigstens ein bayrischer Kindervers zitiert:

«Dampfnudel hamma gestern g'habt,
Dampfnudel hamma heut,
Dampfnudel hamma alle Dag,
Weil's uns halt g'freut.»

SÜD- UND SÜDWESTDEUTSCHLAND

DAMPFNUDELN

Leider ist dieses altbeliebte Gericht arg in Vergessenheit geraten, obwohl es doch viel besser als all die Fertig-Puddings schmeckt.

500 g Mehl
35 g Hefe (oder ein Päckchen Trockenhefe)
Etwa 1 Tasse Milch
2 Eier
4 Eßl. Zucker

Mehl in eine Schüssel häufen und Trichter in die Mitte drücken.
Hefe mit einigen Eßl. lauwarmer Milch und ganz wenig Zucker verrühren, in die Mitte des Mehls geben, mit wenig Mehl von den Rändern bepudern und aufgehen lassen. Dann erst mit restlichem Mehl, der Milch, den

Eiern, Zucker, Zitronenschale und Salz vermischen. Zerlassene, abgekühlte Butter zugießen und einen Teig kneten. Zugedeckt gehen lassen. Durchkneten und nochmals aufgehen lassen.
In einem breiten Topf mit gut schließendem Deckel 2 Eßl. Butter in 1 Tasse Milch mit 1 Teel. Zucker und 1 kleinen Prise Salz verrühren und heiß werden lassen.
Vom Teig kleine Ballen formen und nebeneinander in den Topf setzen. Zudecken; am besten mehrere Lagen Küchenkrepp zwischen Topf und Deckel legen und den Deckel beschweren, so kann kein Dampf entweichen, und beim Öffnen des Deckels können auch keine Wassertröpfchen auf die gebackenen «Dampfnudeln» tropfen. Bis es soweit ist, dauert es gut 20 Minuten auf mittlerer Hitze. Die «Dampfnudeln» verkünden selbst, wenn sie fertig sind, weil sie dann ein Knistern vernehmen lassen, das von der Bodenkruste herrührt. Erst dann – und nie zwischendurch – Deckel öffnen und die «Dampfnudeln» mit einer Backschaufel herausheben.
Sofort servieren.

Etwas abgeriebene Zitronenschale
1 kleine Prise Salz
75 g zerlassene Butter
2 Eßl. Butter
1 Tasse Milch
1 Teel. Zucker
1 kleine Prise Salz

Für die Beilage gibt es verschiedene Möglichkeiten:
- beliebiges Kompott
- beliebige Fruchtsauce
- Vanillesauce
- Weinschaumsauce (gab es bei uns daheim, schmeckt mir am besten)
- als bäuerliche bayrische Zusammenstellung ist auch angebratener, durchwachsener Speck möglich, den man mit seinem Bratfett in die oben aufgerissenen Dampfnudeln gießt; dazu gibt es dann als weitere Beilage gedünstete Pflaumen.

Andere Zubereitung: Dampfnudeln gleicher Art werden im Backofen ohne Deckel gegart. Dadurch bleiben sie oben nicht weiß, sondern bekommen auch da eine braune Kruste.

Rohrnudeln

Das sind «Dampfnudeln», die ohne Deckel im Ofen gegart wurden. Vorher muß man allerdings noch jeden Teigballen mit etwas Pflaumenmus füllen. Zuweilen setzt man sie auch nur in eine gebutterte Form und gießt die gesüßte Milch erst nach 20 Minuten zu.
Im Volksmund wird die Backröhre abgekürzt mit Rohr bezeichnet, so haben diese «Nudeln» ihren Namen bekommen.

Ausgebackene Holunderblüten

In Franken Hollerküchle
Holder-Küchlein
Alter mitteldeutscher Ausdruck

Heute gehen die Menschen meist achtlos an den großen, weißen Dolden der Holunderblüten vorbei. Unsere Vorfahren wußten sie in vielerlei Form zu genießen. Nur wenn einen Gicht oder Rheuma gepackt haben, erinnert man sich an den Holuderblütentee. Vergessen sind die Saucen zu Gebratenem oder der Salat, den man daraus machte.
Um so mehr sollten wir uns an den köstlichen kleinen Pfannkuchen erfreuen, die man hie und da noch immer in unseren Landen mit den Holunderblüten backt. – Einer der schönsten frühsommerlichen Genüsse, der strikt an die Monate Mai und Juni gebunden ist. Und ans Selberpflücken.

8 bis 12 frisch gepflückte Holunderblüten.
250 g Mehl
½ Päckchen Backpulver
1 bis 2 Eßl. Zucker
1 kleine Prise Muskatblüte
1 Ei
⅛ l Bier

Die Holunderblüten kalt waschen und gut abtropfen lassen, dabei nachher noch auf dicke Lagen Küchenkrepp tupfen, damit sie richtig trocken werden. Die Stiele müssen an den Blüten bleiben, man braucht sie als Handgriffe.
Mehl mit Backpulver und Zucker vermischen, ganz wenig Muskatblüte zugeben (das muß nicht sein, aber meine Großmutter hat es gemacht, und allen Enkeln hat es geschmeckt)

und dann mit Ei, Bier und Öl einen nicht zu dünnen Ausbackteig rühren. Diesen mindestens eine Stunde ruhen lassen.
Ausbackfett erhitzen, die einzelnen Blüten in den Teig tauchen und ins siedende Fett setzen; auch etwas unter die Oberfläche drükken, damit der Teig ringsum schön goldbraun und knusprig wird. Heiß in Puderzucker stupfen und verzehren.

1 Teel. Öl
Ausbackfett
Butterschmalz

BADEN-WÜRTTEMBERG

PFITZAUF

In allen guten Haushaltswarengeschäften Südwestdeutschlands kann man spezielle Pfitzauf-Formen kaufen. Man kann diesen alten schwäbisch-badischen Nachtisch auch sehr gut in Ragout-fin-Näpfchen zubereiten, die allerdings nicht zu klein sein sollten.

Mehl mit der Milch verrühren, dann die Eier verkleppern und mit Salz, Zucker und Butter ebenfalls in den Teig rühren.
Förmchen gut ausbuttern und den Teig einfüllen, aber so, daß er nur bis zur halben Höhe reicht.
Im vorgeheizten Ofen bei gut 200° in ungefähr 1/2 Stunde backen.
Danach sofort stürzen und mit Zucker bestreuen.
Als Beilage gibt es ein beliebiges Kompott.
Hinweis: Bereitet man «Pfitzauf» ohne Zukker zu, so wird er mit grünem Salat zusammen gegessen.

350 g Mehl
1/2 l Milch
4 Eier
1 kleine Prise Salz und 1 Eßl. Zucker
125 g zerlassene, abgekühlte Butter
1 bis 2 Eßl. Butter für die Förmchen
Zucker zum Bestreuen

APFELKÜCHLEIN

Man verachte die Apfelküchlein nicht! Sie hätten beinahe die europäische Einigung verhindert. Und das schon Anno 1815. Auf einem der unzähligen Empfänge während des Wiener Kongresses beobachtete der Königl.-Sächsische Gesandte, wie der österreichische Staatskanzler Metternich und die Bevollmächtigten von Preußen, Rußland und Frankreich die Köpfe zusammensteckten, gespannt lauschten und Metternichs Worten Zustimmung nickten. Unheil ahnend, pirschte sich der Sachse heran und erhaschte gerade noch, wie – Metternich das Rezept für Apfelküchlein aus dem heimischen Rheinland beendete.
Ein Apfelküchleinrezept aus jener Zeit und aus dem Rheinland konnte ich nicht entdecken. Ich hoffe, Sie sind auch mit einem aus Schwaben zufrieden!

500 g säuerliche große Äpfel
1 bis 2 Eßl. Zucker
1 bis 2 Gläschen Kirschwasser
125 g Mehl
2 Eßl. Zucker
Zimt
1 kleine Prise Salz
Abrieb 1/2 Zitrone
1/8 l Wein
1 Teel. Öl
3 steifgeschlagene Eiweiße
Butter oder Butterschmalz zum Backen

Die Äpfel schälen, entkernen und in Scheiben schneiden. Mit Zucker und Kirschwasser vermischen und etwa 1/2 Stunde marinieren.
Mehl mit Zucker, Salz, Zitronenschale, Wein und Öl zu einem klümpchenfreien Teig rühren und ebenfalls 1/2 Stunde ruhen lassen. Kurz vor dem Backen die Eiweiße unterheben.
Apfelscheiben in den Teig tauchen und in heißem Fett goldgelb backen. Auf Küchenkrepp entfetten.
Beim Anrichten überstreut man die Apfelküchlein mit Zucker und Zimt und genießt sie heiß.

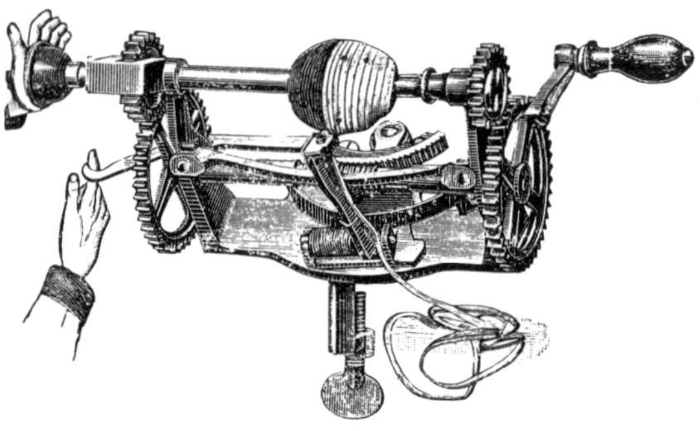

SCHWARZWALD

AUFLAUF MIT KIRSCHWASSER

Ein Rezept von Mitte des vorigen Jahrhunderts.

„Man ſchneidet von Milchbrod Schnitten nach beliebiger Dicke und backt ſie in heißem Schmalz; wenn ſie ein wenig erkaltet ſind, taucht man ſie in Kirſchwaſſer, legt ſie auf eine Platte und überſtreut ſie ſtark mit Zucker, dann röſtet man ¼ Pfund geſchälte und fein geſtoßene Mandeln mit 2 Eßlöffel voll Zucker halbgelb, thut ſie in eine Schüſſel, rührt ſie, bis ſie ein wenig erkaltet ſind, ſchlägt von 8 Eiern einen Schnee und rührt ihn, nebſt der fein zerſchnittenen Schale von einer Citrone und dem Saft derſelben, zu den Mandeln; dann legt man von den Schnitten auf eine mit Butter beſtrichene Platte, thut von den zugerichteten Mandeln halb Finger dick darauf herum, legt wieder Schnitten hinein, und fährt ſo fort, bis alles zu Ende iſt, dann ſtellt man es in einen Ofen und läßt ſie ſchön aufgehen."

SCHWABEN, ALLGÄU

MOSTKÜCHLE

180 g Mehl
2 Eier
Knapp ¼ l Milch
1 Eßl. Zucker
1 kleine Prise Salz
4 Wecken
Ausbackfett
½ l Most
3 bis 5 Eßl. Zucker
1 Stück Zimtstange

Aus Mehl, Eiern, Milch sowie etwas Zucker und ganz wenig Salz einen Pfannkuchenteig rühren und mindestens ½ Stunde ruhenlassen. Die Wecken in jeweils 4 bis 5 Scheiben schneiden. Diese durch den Teig ziehen und im heißen Fett auf beiden Seiten goldgelb ausbacken. Auf Küchenkrepp entfetten, dann in eine Schale oder flache Schüssel legen, die gerade so groß sein sollte, daß alle nebeneinander Platz haben.
Most mit dem Zucker und der Zimtstange erhitzen, nicht kochen. Dann heiß über die Küchle gießen und warten, bis sie sich vollgesogen haben.
Möglichst warm servieren.

BAYERN

«A SCHMARREN!»

So überschreibt Carl Spitzweg, der Apotheker, der zum berühmten Maler wurde, sein Schmarrenrezept. Dieser «Schmarren» ist, auch wenn er kein österreichischer «Kaiserschmarren» ist, kein Schmarren, womit man in Bayern unzusammenhängende Dummheiten meint. «Schmarren» können aus Grieß, Mehl oder Brot bestehen. Rosinen, Mandeln, Zucker, Zimt, Marmeladen und Kompott dienen zur Verfeinerung. Die ältesten Rezepte, die immerhin schon vor rund 500 Jahren belegt sind, beziehen sich stets auf Brot. So bleiben wir bei dieser Art, die durchaus kein Arme-Leute-Essen war, sondern hohe und höchste Herrschaften erfreute. Hier ist das Spitzweg-Rezept im Originaltext!

„6 Semmeln werden klein geschnitten. Ein ½ Schoppen Milch mit 3 ganzen Eiern abgesprudelt, über die Semmeln gegossen, einige Zeit lang stehen gelassen bis die Semmeln die Milch eingesogen haben; dann läßt man ¼ Pfund Schmalz heiß werden u. gibt die geweichten Semmeln hinein u. beendet es wie den Eierhaber: dann ist der Schmarren fertig."

Praktische Hinweise:

- Schoppen = ½ Liter; ½ Schoppen = ¼ l.
- «beendet es wie den Eierhaber» heißt, daß man die Masse unter häufigem Wenden anbrät, bis sie Krusten (bayr. «Ramerln») hat; das geschieht mit einem Spezialinstrument, das «Scherrer» heißt (Kratzer, Pfannkuchenwender).
- Zum Schluß kann man noch etwas Butter auf den Schmarren geben, was den Geschmack abrundet.
- Streut man schon in der Pfanne Zucker darüber, bräunt er sehr schnell.
- Auf dem Teller wird der «Schmarren» mit Zucker oder Zimt-Zucker-Gemisch oder mit beliebigem Kompott versehen.

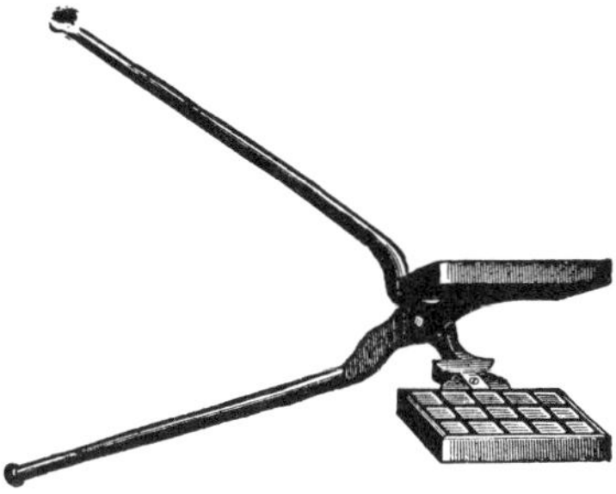

BADEN

FREIBURGER WAFFELN

Ein altes Familienrezept aus dem Breisgau.

100 g Butter
250 g Mehl
8 Eier
1/4 l saurer Rahm
1 Eßl. Zucker
1/2 Teel. Salz
Abrieb 1/2 Zitrone
Speckschwarte zum Einfetten des Waffeleisens
Puderzucker zum Bestreuen

Butter so lange rühren, bis sie zu einer weißen Creme wird. Dazu rührt man dann Mehl, Eier und saure Sahne derart, daß man von jeder Zutat jeweils einen Löffel zu der Butter gibt und damit verrührt. Ist alles verbraucht, so kommt noch der Zucker zu dem Teig sowie ganz wenig Salz und abgeriebene Zitronenschale.

Sollte der Teig zu dick geraten, wird er mit etwas saurer Sahne verdünnt. Er wird sofort auf das mit Speckschwarte bestrichene Waffeleisen gegossen, und so backt man eine Waffel nach der anderen goldbraun.

Vor dem Auftragen sollte man noch Puderzucker über die einzelnen Waffeln streuen.

Freiburg im Breisgau

FÜRST-PÜCKLER-EIS

Hermann Fürst von Pückler-Muskau (1785—1871) war ein berühmter Reisender, Schriftsteller und Gartenarchitekt. Unsterblich wurde er durch eine Eisbombe, die ein Lausitzer Konditor namens Schulz ihm zu Ehren erfand.
Heute trägt jedes Eis, das aus Streifen mehrerer Sorten zusammengesetzt und recht bunt ist, den Namen des Fürsten. Die echte Zubereitung des Fürst-Pückler-Eises ist sehr viel aufwendiger. Sie war schon wenige Jahre nach dem Tode des Fürsten in Berlin sehr populär; ich gebe ein Rezept aus der damaligen Zeit, welches so um 1880 herum aufgeschrieben worden sein dürfte.

„Hierzu bereitet man Vanille-Eis. Wenn es gefroren, theilt man es in drei Theile. Der erste bleibt gelb, den zweiten färbt man rosa und giebt etwas Marasquino hinein, unter den dritten Theil mischt man etwas geriebene Chocolade. Bevor man das Eis abtheilt füllt man unter so viel Eismasse, wie man aus ½ Liter Sahne und 4 Eiern herstellt, ½ Liter geschlagene Sahne und mengt noch ¼ Pfund bittere und gebröckelte Makronen darunter, füllt die Massen eine nach der anderen in eine Eisform, legt Papier darauf, schließt den Deckel fest darüber und legt sie in feingestoßenes Eis mit Salz untermengt. Vor dem Stürzen taucht man die Form in kaltes Wasser."

Hinweis: Wenn wir heute für die rote Eisschicht Himbeereis nehmen oder Erdbeereis, so ist das zweifellos ein Fortschritt. Vergessen sollten wir aus dem Originalrezept jedoch nicht die zerbröckelten Makronen und die Tatsache, daß es sich um ein durch Schlagsahne besonders leicht gehaltenes Eis-Parfait handelt.

Ostpreussen

Schaltenoses

Hinter dem lustigen Namen verbirgt sich eine noch lustigere deutsche Übersetzung: «Kalte Nasen». «Schaltenoses» dürfte als Name und Rezept aus dem Baltikum stammen. Aber so ganz genau kann heute niemand mehr sagen, wer wann bei wem «ab»gekocht hat. Außerdem gibt es, Gott sei Dank, keinen Rezeptraub und auch keine Küchenspionage; wenn man irgendwo ein Gericht nachkocht, dann ist das die sympathischste Ehre, die man einem Nachbarn, ja einem fremden Volkstum erweisen kann.
Mögen die «Schaltenoses» mit den slawischen «Piroggen» oder «Schwäbischen Maultaschen» verwandt sein, sie schmecken jedenfalls ausgezeichnet.

500 g Mehl
4 Eier
1 kleine Prise Salz
1 Eßl. Zucker
125 g Rosinen
2 bis 3 Eßl. Rum
500 g Glumse (Quark)
3 Eßl. Butter
2 Eier
Abrieb 1 Zitrone
3 Eßl. Zucker
1 Prise Safran

Aus Mehl, 4 Eiern, wenig Salz und 1 Eßl. Zucker zusammen mit etwas Wasser einen Nudelteig kneten.
Rosinen waschen und zwei Stunden in Rum einweichen.
Glumse (wie man in Ostpreußen den heißgeliebten Quark nennt) mit der weichen Butter und 2 Eigelben cremig rühren. Würzen mit Zitronenschale, Zucker, Safran (in wenig Zitronensaft angerührt) und den Rosinen nebst Einweich-Rum.
Nudelteig dünn ausrollen. Kreise von etwa 10 cm Durchmesser ausstechen. Auf jeden etwas Glumse-Creme setzen, Ränder mit Eiweiß bestreichen und Halbmonde zusammendrücken.
In mild gesalzenem Wasser in 10 bis 15 Minuten garziehen lassen. Herausnehmen, abtropfen und servieren.
Bei Tisch werden die «Schaltenoses» mit zerlassener, brauner Butter begossen und mit Zimt und Zucker bestreut.

BERGISCHE KAFFEETAFEL

Dies ist eine kulinarische Urvätersitte – und Urgroßmuttersitte natürlich auch –, die bis auf den heutigen Tag lebendig geblieben ist. Und jetzt ist sie sogar noch zu einer Touristenattraktion geworden.

Wer im Bergischen Land «Kaffee mit Essen» bestellt, der bekommt eine Kanne mit ausgezeichnetem Kaffee, natürlich mit Sahne und Zucker dazu und: Rosinenplatz, Korinthenstuten, Burger Brezeln, Zwiebäcke mit Guß, Schwarzbrot, einen kleinen Butterberg, Reisbrei, Apfelkraut, Klatschkäse und knusprige, warme Waffeln.

Hier ist ein altes bergisches Waffelrezept für etwa ein Dutzend Waffeln.

250 g Butter
4 Eier
4 Eßl. Zucker
½ Teel. Salz
2 Eßl. flüssiger Honig
500 g Mehl
1 Päckchen Vanillinzucker
1 Teel. Backpulver
Puderzucker zum Bestreuen

Aus allen Zutaten in der angegebenen Reihenfolge einen dickflüssigen Waffelteig mit etwas warmem Wasser anrühren; dabei Mehl mit Vanillinzucker und Backpulver vermischen. Im gefetteten Waffeleisen goldbraune, knusprige Waffeln backen, mit Puderzucker bestreuen und möglichst warm servieren.

Apropos: Wußten Sie, wie man im Bergischen Land die Kaffeekanne nennt, die zur Kaffeetafel auf den Tisch kommt? – Dröppelminna.

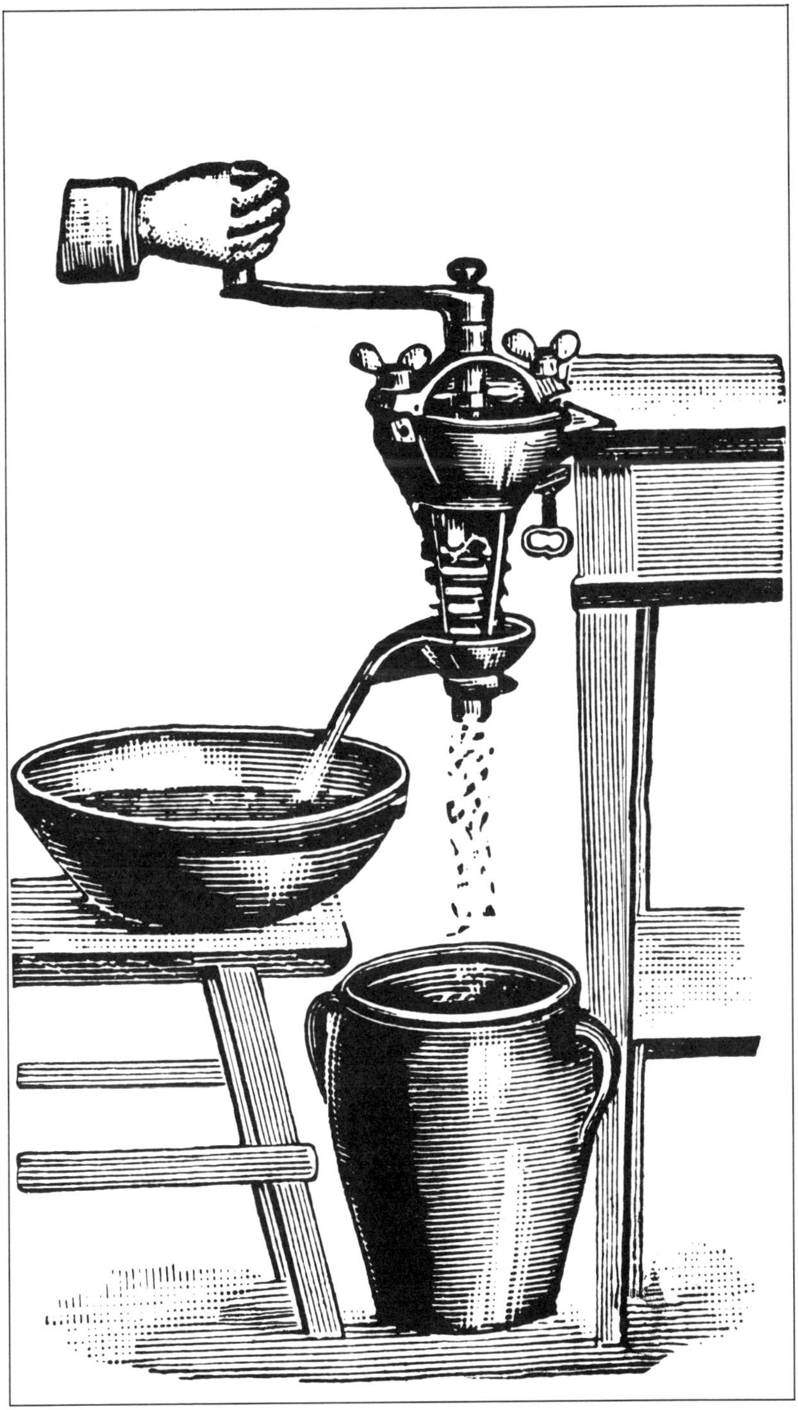

Eingemachtes

Es wird seit einigen Jahren wieder modern, selbst etwas einzumachen. Trotz des vielfältigen Konservenangebots aus aller Herren Ländern machen jedes Jahr wieder mehr deutsche Hausfrauen Marmelade, Gelees und Obststücke nach Großmutterart selbst ein.
Vielleicht ist das zum Teil eine Modeerscheinung; nostalgisch essen ist «in». Sicher aber spielt auch der individuell zu verändernde Wohlgeschmack eine Rolle, man will «was Echtes» genießen.
Bei den Obststücken handelt es sich heute weniger um selbstgemachte Kompotts als vielmehr um süß-saure Würzbeilagen, die man selbst einkocht.
Weitgehend hat natürlich die Tiefkühltruhe das Regal mit dem Eingemachten ersetzt. Auch das Trocknen ist als hausfrauliche Beschäftigung ganz in den Hintergrund getreten. Ich weiß aus alten Schwarzwaldhäusern, daß dort überall noch ein Raum mit Darren vorhanden war, der heute anderen Nutzungen zugeführt ist.

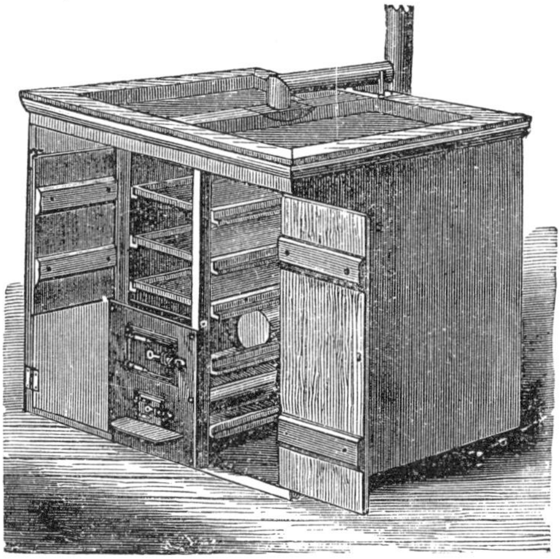

Eine sehr interessante Trockenobst-Spezialität gab es bis zum Ersten Weltkrieg in der Gegend von Kitzingen am Main: Prünellen. Sie wurden in mühsamer Heimarbeit erzeugt und brachten den Familien ein schönes Stück Geld. Pflaumen oder Zwetschen wurden geschält, dann stieß man den Kern heraus und steckte sie auf Holzspieße. Diese wurden langsam im Kachelofen getrocknet. Die meisten gingen dann nach England, und sie brachten 2 Mark pro Kilo. Das war ein horrender Preis. – Prünellen sollen ursprünglich eine südfranzösische Spezialität gewesen sein, jahrhundertelang hat man besonders feine Suppen oder Torten daraus gemacht.

Köstlin,
nach einer Zeichnung
von Clerget

POMMERN

KREUDE

Ein sehr alter Brotaufstrich, den Frau Gertrud Kulau anläßlich eines Wettbewerbs der «Gastronomischen Akademie Deutschlands» so schilderte:

«Zuckerrüben wurden gut gesäubert und weichgekocht. Dann in längliche Stücke geschnitten, in einen Sack gesteckt und ausgepreßt. Die Presse dazu war von unserem Schmied und Stellmacher dazu ganz besonders angefertigt. Der Saft kam in einen großen Kupferkessel, und das Kochen konnte beginnen. Mit dem Kochen färbte sich der Saft langsam dunkel. Er wurde auch dicker und mußte dauernd gerührt werden; dazu hatte der Stellmacher einen Rührstab, genannt ‹Pimpel›, angefertigt. Hatte man $^3/_4$ Tage gekocht, wurde ein kleingeschnittener Kürbis dazugetan und etwa noch eine halbe Nacht gekocht und immer gut und gleichmäßig dabei gerührt.
Das Kochen der ‹Kreude› war ein besonderes Fest, jeder blieb die Nacht gern auf. Dabei wurden Kartoffelkuchen gebacken und mit Apfelmus gegessen. Man machte Tellerproben und stellte so fest, ob die ‹Kreude› gut und dick genug war. Man hob sie in Steintöpfen auf und verschloß diese mit Rindertalg.»

Quittenpaste

Das sind köstliche Bonbons zum Selbermachen, ein altbeliebtes deutsches Konfekt.

1 kg Quitten
Zucker
Öl
Hagelzucker

Quitten sollen möglichst vollreif und quittengelb sein. Mit einem Tuch den weißen Flaum abreiben. Früher sagte man, Quitten dürften keinesfalls gewaschen werden; das entbehrt jeder Grundlage; allerdings genügt das Abreiben. Stiele und Blütenansätze entfernen, dann die ganzen Früchte mit Schale und Kernen in beliebige Stückchen schneiden und gerade eben mit Wasser bedecken. Der Topf sollte einen möglichst dicken Boden haben. Auf mittlerer Hitze weichkochen. Wenn man nicht rührt, brennt auch nichts an – vorausgesetzt, die Hitze wird nicht zu intensiv. Anschließend den ganzen Topfinhalt durch ein Haarsieb streichen. Der entstandene Brei muß gewogen werden, weil man das gleiche Gewicht an Zucker zusetzen muß. Alles zusammen nochmals auf gelinder Hitze kochen, etwa 25 Minuten lang. Jetzt allerdings gelegentlich umrühren. Schließlich entsteht ein dicker rötlicher Brei.

Ein Backblech oder eine flache Schale gut einölen und dann darauf den Quittenbrei etwa 2 cm dick ausstreichen. Jetzt muß er nur noch so lange trocknen, bis er zur schnittfesten Paste geworden ist. Dazu am besten locker mit einem Tuch bedecken und ihn dahin stellen, wo er nicht im Weg ist; der Kleiderschrank im Schlafzimmer ist traditionsgemäß ein beliebter Trocknungsort. Man muß mit 2 bis 3 Wochen rechnen, bis die Paste fertig ist.

In Würfel schneiden oder mit Förmchen ausstechen. In Hagelzucker wälzen, diesen leicht andrücken.

Zwischen Pergamentpapier kann man die Quittenpaste viele Wochen lang lagern. Besonders schön wirkt sie, wenn man die einzelnen Stückchen in Pralinenpapier legt. So werden sie in einer Spanschachtel zum beliebten Mitbringsel persönlicher Art.

Abwandlungen: Zusätzliche Aromatisierung der Quittenpaste kann man erreichen durch: Zitronensaft (zu 1 kg Brei Saft von 1 bis 2 Zitronen), Zitronen- oder Orangenschale, die hauchdünn abgeschält wurde und dann in nadelfeine kurze Streifen geschnitten ist. Rosenwasser (2 bis 3 Eßl. pro Kilo Brei).

Zwetschgenmus
Latwerge

Oft hört man auch den Namen Pflaumenmus, der jedoch falsch ist, weil dieses ohne Zucker zu kochende, köstlichste aller Fruchtmuse nur aus Zwetschgen – je später, desto besser – gekocht werden kann.

An Zutaten braucht man nur Zwetschgen und Geduld. Die Zwetschgen entsteinen und hakken oder durch die Fleischmaschine drehen.

Mitsamt allem Saft mit ganz wenig Wasser langsam zum Kochen bringen und auf schwacher Hitze mehrere Stunden eindicken lassen. Dabei auf keinen Fall umrühren, sonst brennt das Mus an.

Erst das gedickte Mus muß dann gerührt werden, und zwar so lange, bis buchstäblich «der Löffel drin stehen bleibt.» Dabei kann es spritzen.

Das Einkochen ohne Rühren dauert schon einige Stunden, und dann muß nochmals stundenlang gerührt werden.

Früher haben sich mehrere Familien zum Mus-Kochen in einem Waschhaus zusammengefunden, sich die Zeit mit Geschichtenerzählen vertrieben und abwechselnd gerührt.

Das dicke Zwetschgenmus wird dann am besten in Steinguttöpfe gefüllt und bei kleiner Hitze so lange in den Backofen gestellt, bis sich eine getrocknete Kruste bildet. Zur besseren Haltbarkeit kann man dann noch ein Pergamentpapier auflegen, das in Rum getränkt wurde oder in Zwetschgenwasser. Danach erst mit Einmachpapier verschließen.

PFALZ

MARMELADE VON BLAUEN TRAUBEN

Nach einem handgeschriebenen Rezept von ungefähr 1840.

1,5 kg Traubenbeeren ohne Stiele (blaue Trauben)
1 l neuer süßer Wein («von dem Vorlauf» heißt es in dem Rezept, also, wie er aus der Kelter kommt)
250 g Zucker (Gelierzucker in heutiger Zeit)
1 Teel. kristalline Zitronensäure (moderne Zutat)

Zum Kochen schreibt das alte Rezept «eine neue messingene Pfanne» vor. Ein Edelstahltopf kann es heute sein. Abgezupfte Traubenbeeren einlegen, neuen Wein zufügen und eine 3/4 Stunde kochen lassen. Beim ersten Aufwallen muß mit einem feinen Schaumlöffel gerührt werden, dabei steigen die Kerne jeweils kurz hoch und können abgefischt werden. Ist dies geschehen, läßt man den Zucker einlaufen, gibt die Zitronensäure zu und läßt noch eine gute halbe Stunde unter fleißigem Rühren kochen. Etwas abkühlen lassen und in Gläser füllen.
Anmerkung: Mitte des vorigen Jahrhunderts brachten alle unsere Trauben – mit Ausnahme ganz seltener sehr guter Jahre – so viel Säure mit, daß die Marmelade auch ohne Hilfsmittel gelierte.

INGWERBIRNEN

Den Wohlgeschmack dieses selbstgemachten Kompotts erreicht keine der modernen Birnenkonserven.

2 kg Birnen, möglichst kleine, feste
2 kg Zucker
1/2 l Wasser
4 nicht zu kleine Stücke Ingwerwurzel, frisch oder getrocknet

Birnen schälen und entkernen; vierteln.
Zucker im Wasser so lange kochen und abschäumen, bis ein Tropfen, den man auf eine Untertasse bringt, nicht mehr zerfließt. Dann Ingwerstücke – eventuell in Scheiben geschnitten – einlegen und portionsweise die Birnen für einige Minuten vorkochen. Anschließend alle Birnen eine knappe Stunde kochen, bis sie weich sind; sie sollen jedoch nicht zu Mus werden.

In saubere Gläser füllen, erkalten lassen und gut mit Pergament oder Einmachhaut verschließen.
Diese Birnen sind eine ausgezeichnete Beilage für viele Fleischsorten.

Chinois

Augenblicklich ist der Rumtopf groß in Mode. Bei unseren Großeltern war es der «Chinois». Sie hatten dabei den ursprünglich verwendeten Sake (Reisschnaps) durch Nordhäuser Korn ersetzt. Wie kommt ein China-Topf dazu, eine deutsche Spezialität zu werden?
Sechzehn Jahre lang flatterte die Flagge Schwarz-Weiß-Rot über einem kleinen Zipfelchen Chinas. Tsingtau war von 1898 bis 1914 Hauptstadt des deutschen Pachtgebietes Kiautschou. Die dort stationierten Marineartilleristen brachten das «Chinois-Rezept» mit in die Heimat.
Hier ist es in einem Originaltext aus dem Jahre 1902!

„Auf einen großen, leeren Ingwertopf[1] passe man einen Kork dicht auf und fülle ihn zur Hälfte mit bestem, altem Nordhäuser Korn.
Wie nun die Jahreszeit vorrückt, liest man fehlerfreie, schöne, reife Früchte aromatischer Sorten aus und legt sie in den Topf: Erdbeeren, Himbeeren, Brombeeren, grüne Nüsse, mit Näglein (Nelken) gespickt, Johannisbeeren, Aprikosen, Pfirsiche, Reineclauden, kleine süße Pomeranzen, Weinbeeren und andere mehr. Dem Ganzen fügt man nach Geschmack Zucker, eine Stange Zimt und ganz wenig Vanille hinzu und stellt es mehrere Wochen an einen nicht zu kalten Ort. Die Früchte werden in flachen Schalen von chinesischem Porzellan serviert und mit Eßstäbchen herausgegriffen, der kräftig aromatische Saft aus kleinen chinesischen Täßchen getrunken."

[1] Wer keinen großen Ingwertopf findet, der kann eine chinesische Vase nehmen (sie muß ja nicht gerade aus der Ming-Zeit stammen) oder einen Rumtopf.

Wie wäre es, meine Damen und Herren Zeitgenossen, wollen Sie nicht einmal den Großvater unseres Rumtopfs probieren? Mit dem im Rezept vorgeschlagenen Zeremoniell würde er bestimmt zur Partysensation.

SPREEWALD

SALZGURKEN

SAURE GURKEN

Salzgurken wurden zwar überall in Deutschland hergestellt und gern gegessen, aber nirgendwo waren sie so zur Spezialität geworden wie im Spreewald, besonders in Lübbenau. Dort ist heute noch Salzgurkenland. Von Berlin aus fährt man zu Ausflügen hin – soweit man kann.
Unvergeßlich ist einer der ältesten Werbesprüche, der da lautet:
«Was klärt den Kopp bei Mann und Frau?
Saure Gurken aus Lübbenau.»
Unsere westdeutschen Gurkenhersteller vernachlässigen die Salzgurken, weil die Gewürzgurken in punkto Haltbarkeit problemloser sind. Grund genug, sich an Großmutters Rezept zu erinnern. Saftige Salzgurken sind eine wirklich einmalige Delikatesse.

Einleggurken von 10 bis 15 cm Länge, die schlank und nicht bauchig sein sollen
1 gehäufter Eßl. Salz pro Liter kaltes Wasser
Eventuell:
Sauerkirschblätter
Dillzweige
Weinblätter
Frischer Meerrettich
Estragonblätter

Vergessen wir das hölzerne Gurkenfaß, das in Großmutters Kochbuch anempfohlen wird; es ist viel zu schwer zu säubern und dicht zu bekommen. Große Steinzeugkrüge oder auch große Einmachgläser tun den gleichen Dienst.
Gurken mit viel kaltem Wasser sehr gründlich bürsten und anschließend mit Küchenkrepp gut abtrocknen.
Einmachgefäße mit Sauerkirschblättern auslegen – diese müssen jedoch vorher gründlich heiß gewaschen werden, was nicht in Großmutters Kochbuch steht, weil es damals noch nicht so viele Schädlingsbekämpfungsmittel gab.
Gurken dicht nebeneinander einschichten. Dazwischen möglichst reichlich Dillzweige stecken und nach Belieben die anderen, bei den Zutaten angegebenen Aromaten.
Salz in frischem kaltem Wasser völlig auflösen und dann so viel über die Gurken gießen, daß diese ganz bedeckt sind. Einen Teller auflegen und diesen eventuell noch mit einem Stein beschweren, damit die Gurken nicht an die Luft steigen können. Mit einem Tuch zubinden, nie hermetisch verschließen, denn die

Milchsäurebakterien, die sich jetzt bilden, brauchen Luft. Sie bewirken Haltbarkeit, guten Geschmack und die außergewöhnliche Bekömmlichkeit der Salzgurken.
Bildet sich eine weiße Schicht an der Oberfläche der Gurkengefäße, so schöpft man diese gründlich ab. Eventuell muß man mit neuer Salzlake nachfüllen.
Nach 10 bis 14 Tagen hat sich das Gärungswunder vollzogen: die Gurken sind glasig und köstlich.
Sollten die Salzgurken während der ersten Tage bei Zimmertemperatur aufbewahrt werden, weil das die Gärung fördert, so halten sie sich anschließend um so besser. Aber in 1 bis 2 Monaten sollten sie halt doch aufgegessen sein. – Was bei dem ihnen eigenen Wohlgeschmack kein Problem sein dürfte.

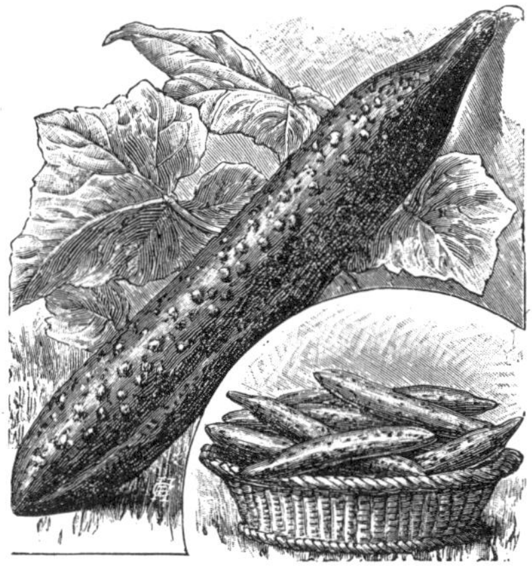

EINGELEGTE GRÜNE NÜSSE

Diese köstliche «Einmacherei» kann man nur da herstellen, wo in deutschen Landen Nüsse reifen. Leider wird immer seltener die Mühe aufgewendet, um eine so exquisite Beilage wie die «Grünen Nüsse» herzustellen.

1 kg unreife Walnüsse
Salz
Gut 1 kg Zucker
4 bis 5 Zimtstangen
Etwa 20 Nelken
Saft und Schale von 2 ungespritzten Zitronen

Die Walnüsse müssen Ende Juni gepflückt werden, wenn sie zwar völlig entwickelt, die Schalen aber noch weich sind. Die Schalen mehrmals durchstechen mit einer Nadel aus Edelstahl oder Silber. Dazu unbedingt Handschuhe anziehen, sonst werden die Finger schwarz!

Zwei Wochen lang die Nüsse in kaltes Wasser legen, das jeden Tag gewechselt wird. Sie werden schwarz.

Abgießen, in reichlich Salzwasser schütten und knapp 5 Minuten kochen. Wieder abgießen und in kaltes Wasser legen.

Am nächsten Morgen kocht man in genügend Wasser (für die Nüsse) Zucker, Zimt, Nelken sowie Zitronensaft und Zitronenschale (ohne weiße Innenhaut) so lange, bis der Zucker nicht nur in Lösung gegangen ist, sondern zwischen zwei Fingern einen Faden bildet.

Gewürze herausfischen. Nüsse nacheinander in die kochende Zuckerlösung in kleinen Portionen gleiten lassen. Nach dem Aufkochen mit einem Schaumlöffel herausnehmen und in angewärmte Einmachgläser oder auch Keramiktöpfchen legen. Saft nochmals aufkochen lassen und über die Nüsse gießen. Nach dem Abkühlen zubinden. Nach 2 Wochen Saft wieder abgießen, etwas einkochen lassen und sofort wieder über die Nüsse gießen, die gut bedeckt sein müssen. Nach dem Abkühlen zubinden. Nach 3 bis 4 Wochen sind die eingelegten Nüsse zum Verzehr fertig.

Sie sind eine köstliche Beilage zu gekochtem Fleisch, aber auch zu Braten und Wild.

Süss-saurer Kürbis

1 kg Kürbis-Fruchtfleisch
½ l Essig
600 g Zucker
15 Pfefferkörner
15 Nelken
10 g Zimtstange
20 g getrockneter Ingwer in dünnen Scheiben

Kürbis in kleine Stückchen oder Würfel schneiden. Essig mit etwa der gleichen Menge Wasser vermischen und über die Kürbisstücke gießen. Einige Male umwenden. Essig abgießen und aufkochen, sofort über die Kürbisstücke gießen. Über Nacht stehenlassen.
Essig wieder abgießen. Mit Zucker, Pfefferkörnern, Nelken, Zimt und Ingwer etwa eine Viertelstunde kochen. Kürbisstücke einlegen und so lange kochen, bis sie gut glasig sind.
Schließlich die Kürbisstücke in Gläser oder Steintöpfe legen. Essig noch etwas einkochen lassen, durchseihen und über die Fruchtstücke gießen, wenn er abgekühlt ist. Mit Pergamentpapier zubinden. Diese Kürbisse sind nach wenigen Tagen zum Verzehr bereit; sie halten sich ein Jahr lang.
Man ißt «Süß-sauren Kürbis» vor allem zu gekochtem Fleisch. Er eignet sich auch als Beilage zu großen Braten.

Ingelheim

RHEINHESSEN

SÜSS-SAURE GURKEN

Hier handelt es sich um ein urdeutsches Chutney. Es wird in den Familien selbst hergestellt und hält sich mindestens 2 Jahre. Deshalb empfehle ich, die unten angegebenen Mengen zu verdoppeln. Das Rezept stammt von der Winzerfamilie Klenk aus Framersheim bei Alzey.

1 ½ Salatgurken, längs halbiert und Kerne ausgekratzt
400 g Zucker
¼ l Essig
8 bis 10 Pfefferkörner
4 g Zimtstange
4 g Nelken
½ Eßl. kleingeschnittener Ingwer (frisch oder eingelegt, wenn nicht sehr scharf aromatisch, kann es auch mehr sein)

Gurkenhälften in dünne Scheiben schneiden. Essig mit allen Gewürzen und dem Zucker zum Kochen bringen, umrühren, Gurkenstücke zugeben und alles zusammen etwa 5 Minuten lang kochen lassen.

Gurken dann mit Schaumlöffel herausnehmen und in einen irdenen Topf oder ein Einmachglas schichten.

Essigsud mit den Gewürzen (die man entweder in ein Säckchen gebunden oder herausgefischt und zurückgegeben hat) auf gut die Hälfte einkochen. Etwas abkühlen lassen und über die Gurken gießen.

Nach 4 Tagen die Brühe nochmals abgießen, wieder etwas einkochen und erneut über die Gurken gießen.

Nach einer weiteren Woche wird diese Prozedur zum letzten Mal wiederholt; dabei muß der Sud dicklich, sirupartig eingekocht werden. Jetzt beschwert man, nachdem der eingekochte Sud darübergegossen wurde, die Gurken mit einem kleinen Teller und bindet die Gefäße mit Einmachhaut oder Pergamentpapier zu.
Dies ist eine köstliche Beilage zu gekochtem Fleisch, das man in Rheinhessen gern in der «Franzosesupp» (siehe S. 16) zubereitet.

Eingelegte grüne Tomaten

In unseren Breiten werden die letzten Tomaten an den Stöcken nicht mehr reif. Oft bleiben sie auch klein. Daraus kann man eingelegte Tomaten machen, was man seit mehreren Jahrzehnten tut.

25 kleine, grüne, feste Tomaten
1 l Essig
2 Eßl. Salz
10 g Pfefferkörner
5 Nelken
1 Eßl. Senfkörner
1 bis 2 Eßl. Zucker
10 cm Meerrettichstange oder 4 bis 5 kleine, scharfe Gewürzpaprika

Tomaten gut abreiben und mit einem Holzzahnstocher mehrmals einstechen. In Gläser schichten und dazwischen Salz streuen. Kühl stellen und zwei bis drei Tage ziehen lassen.
Essig mit allen Gewürzen erhitzen, nicht kochen.
Zwischen die Tomaten kleine Stückchen der geputzten Meerrettichstange oder scharfe Gewürzpaprika schieben.
Abgekühlten Essig darübergießen und zubinden.
Mindestens 10 Tage ziehen lassen, damit die Tomaten aromatisch werden.
Als Vorspeise zu Butterbrot oder sonst wie Mixed Pickles servieren.

Pilze in Essig

Früher wurden Pilze mit der ganzen Familie gesammelt. Bei guter Ernte bot sich das Einlegen als Verwendungsmöglichkeit an. Das Ergebnis war eine sehr beliebte, pikante Beilage zu Fleisch oder Fisch.

1 kg Pilze (nur ganz frische, gemischte Wildpilze)
Etwa ½ l Essig
1 bis 2 Teel. Salz
1 Eßl. Zucker
1 Prise gemahlener weißer Pfeffer
12 Pfefferkörner
12 Pimentkörner
1 Eßl. Senfkörner
4 Lorbeerblätter
5 cm Zimtstange

Pilze sehr sorgfältig putzen und grob zerschneiden. Nach Sorten getrennt halten. Jede Sorte für sich in wenig Salzwasser etwa 1 Minute kochen und gut abtropfen lassen. Jetzt können die Pilze vermischt werden.
Aus allen folgenden Zutaten einen Sud knapp 10 Minuten kochen. Hitze ausschalten, Pilze in den Sud schütten und darin erkalten lassen. Früher hat man nach dem Umfüllen die Gläser mit Wachs übergossen, um die Haltbarkeit zu verbessern. Heute kann man die Pilze in Schraubgläser füllen, die man vorher mit kochendem Wasser ausgespült hat. Sie halten sich, wenn der Sud kräftig genug ist, mehrere Monate. Kühl aufbewahren.
Hinweis: Man kann den Essigsud abseihen und nochmals erhitzen, ehe man die Pilze hineinschüttet. Voller wird ihr Geschmack, wenn man die Gewürze mit in die Gläser füllt. Ich kann mich nicht erinnern, daß sie mich je gestört hätten.

Kräuteressig

Heute kann man aromatisierte Essigsorten in jedem Supermarkt kaufen. Großmutter mußte sich ihren Kräuteressig selbst ansetzen. Das können wir auch heute noch tun, es macht wenig Arbeit, und wir haben dann einen Essig, der ganz nach persönlichem Geschmack aromatisiert ist.
Solcher Essig, mit einem handgemalten Etikett versehen, kann auch ein nettes kleines Geschenk sein.
Das Rezept soll nur als Anleitung für persönliche Kräutermischungen dienen.

4 l erstklassiger Weinessig (reiner Weinessig)
Etwas Salz
6 Schalotten
Estragonblätter
Bohnenkraut
Pimpinelle – von allen etwa 50 g
40 g Zitronenmelisse
10 g Pfefferminze

Essig mit etwas Salz vermischen.
Schalotten schälen und in dünne Scheiben schneiden.
Kräuter waschen, gut abtrocknen und grob hacken. Am besten dann noch einmal ausbreiten und trocknen lassen.
Alles in eine große Flasche oder einen kleinen Glasballon füllen, schütteln, mit Mull zubinden und für zwei bis drei Wochen an die Sonne stellen — falls diese so lange scheint.
Abseihen und in einzelne Flaschen füllen, die man dann zukorkt oder durch Schraubverschluß abschließt.
Wer will, kann noch eines der Kräuter als Zweiglein zur Dekoration in jede Flasche stecken.

BADEN

KIRSCHEN IN ESSIG

3 kg Kirschen
1 ½ kg Zucker
1 Flasche Essig

Essig mit Zucker aufkochen, ständig abschäumen.
Inzwischen Kirschen waschen. Die Stengel halb abschneiden. Kirschen in irdene Gefäße, Hafen sagt man in Baden dazu, schichten.
Den lauwarmen Zuckeressig über die Kirschen gießen. Die nächsten Tage gießt man täglich den Essigsaft ab, kocht ihn wieder auf und gießt ihn etwas abgekühlt über die Kirschen zurück. Beim letzten Mal schüttet man die Kirschen in den siedenden Essig, läßt einige Minuten sprudelnd kochen und füllt dann alles wieder in die Steintöpfe.
Nach dem Abkühlen wird mit Pergamentpapier oder Einmachhaut zugebunden.
Diese Kirschen sind eine hervorragende Beilage zu Wild.

Allerlei Backwerk

Backwerk ist in Deutschland vor allem Sonn- und Feiertagskost. Dabei haben sich im Lauf der Jahrhunderte besonders für die Weihnachtszeit und zu den Fastnachtstagen ganz bestimmte Backtraditionen herausgebildet.
Betrachtet man die Geschichte der traditionellen Bäckerei, so wird sie von Hausfrauen und professionellen Bäckern bestimmt. Einen großen Einfluß hatte die Tatsache, daß bis in dieses Jahrhundert hinein sehr viele Küchenherde reine Kochherde waren und keine Backröhre hatten. Während der langen Jahrhunderte, in denen an offenen Herdstellen gekocht wurde, fehlten im privaten Bereich die Backmöglichkeiten ganz. So ist es zu verstehen, daß viele alte Gebäcksorten früher im Gemeindebackofen am Brotbacktag zubereitet wurden. Oder daß sehr altes Backwerk Schmalzgebäck ist, zu dem man keinen Backofen braucht.
Auf die Backwaren, die heute weitgehend der Berufsbäckerei vorbehalten sind, habe ich bei der Rezeptauswahl verzichtet. So ist z. B. der «Dambedei» (primitive Menschenfigur aus süßem Hefeteig) ebensowenig mit einer Zubereitungsanleitung bedacht wie die zu Ostern so beliebten Lämmlein aus Bisquitteig, die in katholischen Gegenden angeboten werden.

Bei der Zusammenstellung wird mit dem großen Gebäck begonnen. Dabei geht es von den Formkuchen zu den Torten und Blechkuchen. Kleingebäck für alle Jahreszeiten schließt sich an. Dann folgt traditionelles Feiertagsbackwerk zu Weihnachten und Neujahr und schließlich fastnachtliches Schmalzgebäck, dem ja ein eigener Tag geweiht ist, ein echter Schmalztag, genannt der «Schmuzige Donnerstag», der nichts mit Schmutz im landläufigen Sinn zu tun hat, bei dem vielmehr «Schmuz» mit sehr langem «u» gesprochen und von Schmalz abgeleitet wird. Aus der unendlichen Vielzahl des Kleingebäcks, der Plätzchen, konnte nur eine kleine Auswahl aufgenommen werden. Dafür bitte ich um Verständnis.

GUGELHUPF

Im Norden und im Osten Deutschlands ist dieser Kuchen ebenso populär, trägt jedoch dort den Namen «Napfkuchen». Mit «Gugel» bezeichnete man früher eine Kapuze; die Form dieses Kuchens ist ähnlich.

Österreich (Wien) und das Elsaß beanspruchen Gugelhupf auch als einheimische Spezialität. Im Elsaß und in Baden wird er oft mit ganz wenig Zucker gebacken; man ißt ihn zum Wein oder sogar zu Fleisch. Es gibt dafür am Oberrhein auch sehr schöne Formen aus gebranntem Ton.

Im «Oberrheinischen Kochbuch», 1811 erstmals in Mülhausen (Elsaß) gedruckt, finden sich nicht weniger als 8 Gugelhupf-Rezepte. Bei vielen steht ausdrücklich, daß man sie «wenn das Brot schon eine halbe Stunde im Ofen ist» zum Backen einschiebt. Gugelhupf wurde am Brotbacktag hergestellt. Sehr viele der Rezepte beschreiben Kuchen ohne Hefe.

Da Hefe-Gugelhupf und Napfkuchen allgemein bekannt sind, lasse ich ein altes Rezept aus dem eben erwähnten «Oberrheinischen Kochbuch» im Originaltext folgen.

„Ein Biscuit-Gugelhopf

Nimm ein Pfund fein gesiebten Zucker, schlage 10 ganze Eyer hinein, nimm von 8 Eyern das Gelbe dazu und rühre dieß eine gute halbe Stunde nach einander. Reibe auf einem Reibeisen das Gelbe von einer Zitrone dazu, und drücke den Saft auch darein. Nimm dann drei Viertelpfund vom schönsten Weißmehl und führe es ganz langsam darunter. Das Weiße von den 8 Eyern schwinge zu einem dicken Schnee und rühre es gleichfalls darunter. Bestreiche eine Gugelhopf-Form mit frischer Butter, thue das Gerührte hinein und laß es backen. Wenn der Teig fertig ist, muß der Gugelhopf gleich in den Ofen gestellt werden."

Hinweis: Ofen vorheizen auf etwa 180° und eine gute halbe bis zu einer dreiviertel Stunde backen. Anschließend mit Puderzucker bestreuen.

NAPFKUCHEN

Die Form ist die gleiche wie die des «Gugelhupf». In den Küstengebieten sagt man auch «Topfkuchen» dazu. Berlin hat eine besonders enge Verbindung zu diesem Gebäck, denn von dorther stammt der liebenswürdig-abschätzige Ausdruck «Napfkuchen», mit dem man einen Zeitgenossen belegen kann, ohne ihn ausgesprochen zu beleidigen.
Während der «Gugelhupf» meistens mit Hefe gebacken wird, macht man den «Napfkuchen» auch häufig aus einem geriebenen Teig. Ein solches Rezept will ich geben (es wird sogar in einigen Kochbüchern als «Altdeutscher Napfkuchen» bezeichnet).

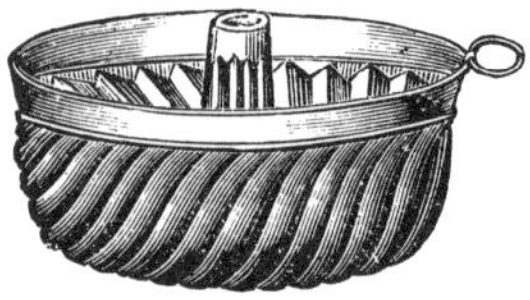

250 g Butter
7 Eier
200 g Zucker
1 Prise Kardamompulver
75 g gehackte Mandeln
1 Eßl. Rum
300 g Mehl
1 Eßl. Butter
Puderzucker

Butter sehr gut schaumig rühren. Eier trennen und Eigelbe einzeln und abwechselnd mit etwas Zucker mit der Butter verrühren. Kardamom auch dazu. Anschließend Mandelsplitter und Rum. Mehl mit diesem Vorteig zu einer glatten Masse verarbeiten. Eiweiße zu steifem Schnee schlagen; 1/3 davon in den Teig rühren, um ihn leichter zu machen, den Rest nur unterheben.
Napfkuchenform (Gugelhupfform) mit Butter ausstreichen. Teig einfüllen, der aber nur zu etwa 2/3 der Höhe der Form reichen darf.
Bei etwa 180° eine Stunde backen.
Anschließend stürzen und mit Puderzucker bestäuben.
Hinweis: Dieser Kuchen wird heute auch oft mit 1 Teel. Backpulver zubereitet. Um ihn zu verfeinern, kann man noch ca. 100 g kleine Schokoladebröckchen in den Teig mischen.

ANHALTERKUCHEN

Die wenigen Zeitgenossen, die sich noch in der mitteldeutschen Geographie auskennen, werden mit Recht den Kopf schütteln: Anhalt liegt doch nicht in Ostpreußen! Stimmt. Aber dieser Kuchen hat nichts mit dem alten Askanier-Fürstentum rings um Dessau zu tun. Auch nichts mit den Däumchenwinkern am Straßenrand, die mitgenommen werden wollen. Besuchte in Ostpreußen ein junger Mann das Haus seiner Angebeteten mit der Absicht, um ihre Hand anzuhalten, so war er ein Anhalter. War er der Familie genehm, so wurde ihm zunächst einmal Kaffee und «Anhalterkuchen» vorgesetzt. War er nicht willkommen, so gab es keinen Kuchen, und er konnte sich dank dieses dezenten Winkes die Blamage einer Absage ersparen.

Eier trennen, Eiweiße beiseite stellen.
Butter schaumig rühren und abwechselnd Eigelb und Zucker zugeben. Mehl mit Backpulver vermischen sowie Rum und abgeriebene Zitronenschale zufügen und daraus einen Teig rühren.
Eiweiße mit wenig Salz zu steifem Schnee schlagen und unter den Teig heben.
Kastenform mit Butter ausstreichen und mit Zwiebackmehl ausstreuen. Teig einfüllen und im vorgeheizten Ofen bei etwa 180° knapp eineinhalb Stunden backen.
Abgekühlt mit Puderzucker bestäuben.

6 Eier (sind sie sehr klein, so nimmt man 2 mehr)
250 g weiche, nicht flüssige Butter
250 g Zucker
250 g Mehl
½ Päckchen Backpulver
2 Eßl. Rum
Abrieb einer Zitrone (ungespritzt)
1 Eßl. Butter
2 Eßl. Zwieback- oder Paniermehl
1 kleine Prise Salz
Einige Eßl. Puderzucker

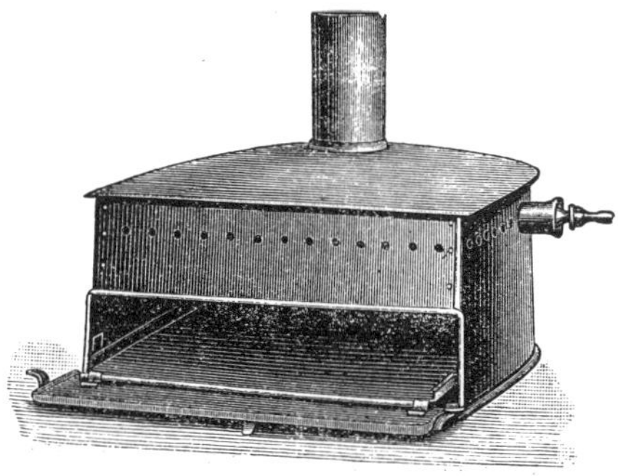

Thüringische Backstube

THÜRINGEN

SCHIETCHEN

In alten Kochbüchern habe ich auch die Schreibweise «Schüttchen» gefunden; diese entspricht jedoch keineswegs der mir bekannten Aussprache, die das «ie» nicht allzu lange dehnte und das «t» sehr weich formte. «Schietchen» wurden von meiner Großmutter in Ilmenau jeden Monat einmal gebacken. Ich bin heute noch der Überzeugung, daß sie nur deshalb einen so riesigen Herd in ihrer Küche hatte, um genügend «Schietchen» backen zu können. Es gab sie morgens zum Frühstück und nachmittags zum Kaffee. Die Scheiben durften «geditscht» werden. Mein kindlicher Wunsch nach Butteraufstrich wurde jedoch strikt abgelehnt. Deshalb erfülle ich ihn mir heute um so lieber. Manchmal gebe ich dann sogar noch Gelee obenauf. Früher wäre das im Thüringer Wald als Prasserei betrachtet worden.

Mehl in eine große Schüssel sieben und Zimmertemperatur annehmen lassen. In der Mitte eine Kuhle drücken. Hefe mit einigen Eßl. lauwarmer Milch verrühren und hineingießen, mit etwas Mehl von den Rändern bestäuben und das Hefestück aufgehen lassen. Weiche Butter sowie Zucker auf dem Mehl verteilen, wenig Salz zufügen und einen nicht zu weichen Hefeteig unter Hinzufügen der restlichen Milch kneten. Aufgehen lassen. Gewaschene und abgetropfte Korinthen in den aufgegangenen Teig kneten, nochmals kurz ruhenlassen und drei Stollen daraus formen. Nochmals 20 Minuten gehen lassen und mit Wasser bestreichen. Mandelblättchen darüber verteilen und im vorgeheizten Ofen bei etwa 180° goldbraun backen.
Herausnehmen und noch warm mit etwas Butter bestreichen, was Geschmack und Haltbarkeit verbessert.
Anstelle der teuren Mandeln hat man oft auch nur feinen Streuzucker verwendet; der wurde sofort nach dem Bestreichen mit Butter auf die «Schietchen» gestreut.
«Schietchen» gehören zwar zum süßen Gebäck, sie dürfen jedoch nicht so süß wie Stollen sein.

2 kg Mehl
1 1/4 l Milch
100 g Hefe
250 g Butter
175 g Zucker
1 kleine Prise Salz
100 bis 200 g Korinthen
50 g Mandelblättchen
Einige Eßl. Butter zum Bestreichen

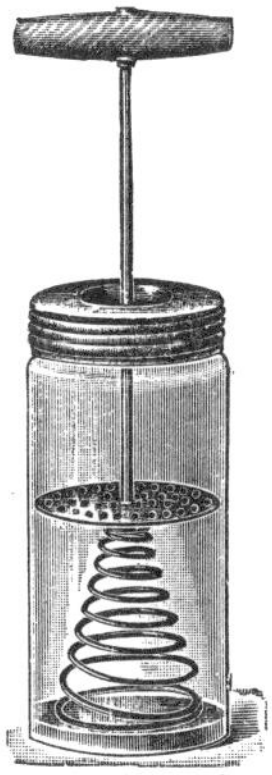

Baumkuchen

Das ist zweifelsohne eines der großartigsten Erzeugnisse deutscher Backkunst, eine Spezialität mit Weltgeltung. Es tut ihr keinen Abbruch, wenn Kulturhistoriker nachweisen, daß riesige Baumkuchen schon in der Frühzeit des alten Griechenlands als Phallussymbole gebacken und in feierlichen Prozessionen zum Tempel getragen wurden. Lebendig geblieben ist dieser seltsam geformte Kuchen in unserem Land. Ausländischen Freunden kann man eine angenehme Überraschung bereiten, wenn man ihnen einen Baumkuchen oder Baumkuchenspitzen zum Geschenk macht.

Wo er in Deutschland beheimatet ist, läßt sich nicht einwandfrei feststellen. Der Berliner Baumkuchen des Hofkonditors Jaedicke war in ganz Europa berühmt. Die deutschen Konditoren kennen heute verschiedene Baumkuchenarten, die sich vor allem durch die Teigzubereitung unterscheiden: Kottbuserart, Dresdnerart, Magdeburgerart und Salzwedelerart. Womit sich die Herkunft des Baumkuchens auf Mitteldeutschland zu konzentrieren scheint. Im deutschen Brauchtum spielte meines Wissens jedoch der Baumkuchen nur in Pommern eine Rolle, wo er Hochzeitskuchen war. Sollte da eine kultische Brücke zwischen Hellas und Stettin bestehen? Wer könnte sie geschlagen haben? Wohl nur die seltsame Form des Kuchens. Stettin habe ich deshalb erwähnt, weil die Konditoren dieses Ostseehafens für die Güte ihrer Baumkuchen weithin berühmt waren. In Berlin wurden Baumkuchen schon zur Zeit des Großen Kurfürsten schriftlich erwähnt, sollen damals jedoch schon einige Jahrhunderte alt gewesen sein.

In vielen Haushalten backt man jetzt Baumkuchen in runden oder länglichen Formen, wobei man Schicht nach Schicht des Teiges unter dem Grill bräunt. Das Geschmacksergebnis ist ausgezeichnet, leider muß man auf die spezielle Baumform verzichten. Dafür haben die Kondi-

toren besondere Apparate, in denen sich Walzen über oder vor den Wärmequellen drehen. Kleinere Baumkuchen kann jeder original herstellen, der einen Holzkohlegrill mit Drehspieß und senkrecht stehender Glut hat. Er braucht sich nur für seinen Spieß eine Walze machen zu lassen, am besten aus Hartholz und der Länge nach in zwei Halbschalen zersägt, die man um den Drehspieß klappen kann.
Ein Durchmesser von 5 bis 6 cm genügt. Diese Walze umwickelt man mit mehreren Lagen gefettetem Pergamentpapier und bindet dieses mit ganz dünnem Draht fest. Vorteilhaft ist es, wenn die Walze leicht konisch gedreht ist, weil sie sich dann leicht aus dem fertigen Baumkuchen ziehen läßt. Die genaue Zubereitung wird beim Rezept beschrieben. Es sei nur noch darauf hingewiesen, daß mir alte Konditoren sagten, moderne Baumkuchen hätten nicht mehr die Qualität von einst, weil sie mit Gas oder Elektrizität gebacken würden; früher sei das mit rauchloser Holzglut viel besser gewesen. Wohlan, backen wir einen Baumkuchen alter Art!

Berlin, Stettin

Baumkuchen

350 g Butter
350 g Zucker
10 Eier
250 g Mehl
100 g Stärkemehl
Abrieb ½ Zitrone
1 gehäufter Eßl. geriebene Mandeln
1 kräftige Prise Kardamom
1 Päckchen Vanillinzucker
1 kleine Prise Salz
Zitronen- oder Schokoladenglasur

Butter mit dem Zucker gut schaumig rühren. Nacheinander die Eier zugeben; 6 ganze Eier und 4 Eidotter. Eiweiße aufheben. In die glatte Masse das Mehl rühren. Eiweiße zu steifem Schnee schlagen und unter den Teig heben. Stärkemehl und Gewürze zufügen. Zu einem glatten, leicht flüssigen Teig verarbeiten. Sollte er noch zu fest sein, kann man 1 bis 2 weitere schaumig gerührte Eier zufügen.
Grill anheizen. Walze einsetzen, sich drehen lassen. Ist die Holzkohle gut durchgeglüht und das Pergamentpapier schon leicht angesengt, so läßt man ganz langsam aus einer kleinen Kelle mit Ausgießer den Teig über die sich drehende Walze laufen, er wird fest, dann braun. Nächste Schicht folgen lassen und so weiter, bis aller Teig verbraucht ist. Walze abnehmen und Kuchen etwas abkühlen lassen. Von der Walze streifen und mit Glasur überziehen, während er noch warm ist.
Zum Anrichten in ringförmige Scheiben schneiden.
Mein Tip zum Rezept: Da Eier unterschiedlich groß sind, kann der Teig zu fest oder zu flüssig werden. Gegebenenfalls so viel Mehl oder Stärkemehl zugeben, daß er gerade an der Backwalze hält.

Nord- und Mitteldeutschland

Butterkuchen

Ein sehr urtümlicher Blechkuchen, der im Lauf der Jahrhunderte nichts an Anziehungskraft eingebüßt hat.

40 g Hefe
¼ l Milch
100 g Zucker
500 g Mehl
1 Ei
80 g Butter

Hefe mit etwas lauwarmer Milch und einigen Körnchen Zucker anrühren und aufgehen lassen. Anschließend mit Mehl, einem Ei, weicher Butter und wenig Salz zu einem glatten Teig verarbeiten, der nicht mehr an der

Schüssel hängt. Gut aufgehen lassen, dann auf einem eingefetteten Backblech ausrollen. Oberfläche mit einer Gabel vielfach einstechen.
Butter für den Belag sahnig rühren und auf den Teig streichen. Mit Zimt und Zucker bestreuen.
Im vorgeheizten Ofen bei etwa 200° in ungefähr einer halben Stunde goldbraun backen.
Rezeptvariation: In alten Backanweisungen findet man oft den Hinweis auf Verbesserung des Butterkuchens dadurch, daß man zum Guß noch Mandelblättchen und etwas Rosenwasser gibt.

1 Prise Salz
150 g Butter
1 bis 2 Teel. gemahlener Zimt
125 g Zucker

Käsekuchen auf dem Blech

Wir leben im Zeitalter der Käsesahnetorten. Wer diese wabbeligen, weißen Schaumgebilde für einen Fortschritt hält, der hat nie einen ehrlichen Käsekuchen nach Großmutters Rezept gekostet. Da war die Auflage zwar nur ein Viertel so hoch, schmeckte dafür aber viermal so gut. In der Röhn habe ich den Namen «Bätscher» für diesen Kuchen gehört.

500 g Mehl
30 g Hefe
200 g Zucker
1 Prise Salz
1/8 l lauwarme Milch
100 g Butter

Belag:
500 g Quark
1/8 l Sahne
2 bis 3 Eier
180 g Zucker
1 Päckchen Vanillinzucker
Abrieb einer Zitrone
125 g Korinthen

Mehl in eine Rührschüssel sieben und in die Mitte eine Vertiefung drücken. Hefe zerkrümeln und mit ganz wenig Milch und einigen Körnchen Zucker verrühren. In die Vertiefung füllen und aufgehen lassen. Anschließend mit den restlichen Teigzutaten verarbeiten. Den Hefeteig zugedeckt aufgehen lassen.
Inzwischen den Quark mit allen Belag-Zutaten zu einem Brei verrühren. Die Korinthen selbstverständlich vorher gut waschen. Aufgegangenen Teig auf ein gefettetes Blech (oder auch zwei kleine Bleche) ausrollen, einen kleinen Rand dabei hochdrücken. Teigplatte überall mit einer Gabel einstechen und den Belag daraufstreichen.
Im Ofen bei vorgeheizten 220° in etwa einer 1/2 Stunde backen.

RAHMKUCHEN

In östlichen deutschen Gefilden war dieser Kuchen auch als Schmantkuchen bekannt. Jetzt ist er zu einem französischen Geschenk geworden. Erstaunlich? Ganz einfach, zu diesem alten Rezept benötigte man dicke, saure Sahne, die es einst auf den Bauernhöfen gab, die aber von unserer hochwohllöblichen Milchwirtschaft, die einzig auf die Erhöhung des Butterbergs fixiert ist, nicht mehr hergestellt wurde; dann lieferten die Franzosen ihre «Crème fraîche», die unserem guten alten Schmant entsprach. So können wir dank französischer Hilfe endlich wieder einen urdeutschen Kuchen backen.

500 g Mehl
30 g Hefe
1 Tasse Milch
150 g Zucker
1 kleine Prise Salz

1/4 l Milch
2 Eßl. Grieß
1 Prise Salz
1 Eßl. Zucker
3 Eßl. Rosinen
3 Eßl. Sultaninen
2 bis 3 Becher Crème fraîche
1 bis 2 Eier
1 Eßl. Zucker
Zucker zum Bestreuen

Mehl in eine Schüssel sieben und Vertiefung in die Mitte drücken. Zerbröckelte und mit wenig lauwarmer Milch sowie etwas Zucker angerührte Hefe hineinfüllen und aufgehen lassen. Mit den restlichen Zutaten verarbeiten, bis der Teig sich von der Schüssel löst. Zugedeckt aufgehen lassen.
Inzwischen 1/4 l Milch erhitzen, Grieß, etwas Salz und Zucker zufügen und einen Brei rühren.
Rosinen und Sultaninen waschen und abtrocknen.
Teig ausrollen auf einem gebutterten Blech (oder zwei kleinen Blechen), kleinen Rand hochdrücken und die Fläche einstechen. Abgekühlten Grießbrei daraufstreichen.

Zittau, Stich von Johann Poppel nach einer Zeichnung von L. Rohbock

Crème fraîche mit Ei(ern) und Zucker gut verrühren. Rosinen und Sultaninen auf dem Grießbrei verteilen, etwas andrücken und darüber dann die gewürzte Crème fraîche verstreichen.
Bei gut 200° im vorgeheizten Ofen etwa eine halbe Stunde backen. Noch warm mit reichlich Zucker bestreuen.
Rezeptveränderung: In alten Backanweisungen findet man nicht selten den Rat, zu der sauren Sahne etwas Muskatblüte zu geben, was dem Kuchen eine sehr pikante Note verleiht.

Streuselkuchen

Daheim in Frankfurt sagten wir liebevoll «Krümmelkuche» dazu. Ihn auf runden Tortenblechen zu backen ist geradezu eine Perversion; die Bleche müssen viereckig und können nicht groß genug sein.

500 g Mehl
30 g Hefe
1/4 l lauwarme Milch
100 g Zucker
60 g Butter
1 Ei

Streusel:
150 g Mehl
75 g Zucker
1 Eßl. geriebene Mandeln
1/2 Teel. Zimtpulver
80 g Butter
Zucker zum Bestreuen

Mehl in eine Schüssel sieben, Vertiefung in die Mitte drücken. Hefe zerkrümeln und mit wenig Milch und Zucker verrühren. In die Vertiefung füllen. Sobald dieses Hefestück aufgegangen ist, vermischt man es mit den übrigen Zutaten zu einem Hefeteig, der sich beim Kneten von der Schüssel löst und gut aufgehen muß.
Zu den Streuseln werden Mehl, Zucker, Mandeln und Zimt vermischt. Dann träufelt man die flüssige, aber ja nicht heiße Butter darüber und verreibt alles zwischen den bemehlten Händen, damit es Klümpchen, Streusel, gibt.
Teig nach dem Aufgehen auf einem gefetteten Blech ausrollen, mit den Streuseln belegen und im vorgeheizten Ofen bei gut 200° bakken. Noch warm mit Zucker bestreuen.
Hinweis: Streuselkuchen schmeckt am besten ganz frisch; er kann sogar noch ein bißchen warm sein. Am nächsten Tag «ditscht» man ihn am besten in Milchkaffee. Berliner «stippen» ihn; vornehme Leute — wenn sie so was überhaupt tun — «tunken» ihn ein.

Bienenstichkuchen

Sehr alt ist dieser Kuchen noch nicht, wahrscheinlich erst zu Beginn unseres Jahrhunderts entstanden. Dafür ist er jedoch äußerst beliebt und schmackhaft — eine der vorzüglichen Spezialitäten.

Für eine Tortenform von ca. 24 cm Durchmesser

25 g Hefe
Gut 1/8 l Milch
350 g Mehl
75 g Butter
1 Ei
1 kleine Prise Salz
60 g Zucker

100 g Butter
100 g Zucker
100 g Mandelstifte
1 Messerspitze Zimt
3 Eßl. Milch

80 g Zucker
1/2 Teel. Vanillinzucker
3 Eigelb
1 Eßl. Stärkemehl
1/4 l Milch
80 g Butter

Aus der ersten Gruppe der Zutaten einen Hefeteig zubereiten.

Für den Mandelbelag läßt man die Butter in nicht zu heißer Pfanne schmelzen, gibt Zukker dazu, den man gut verrührt, und fügt die Mandelstifte bei sowie Zimt und Milch. Unter ständigem Rühren läßt man die Masse schmierig werden. Sie darf nicht braun werden.

In eine gebutterte Tortenform (Springform) legt man den Teig und drückt ihn platt. Abgekühlte Mandelmasse aufbringen und gleichmäßig ausstreichen. Bei etwa 180 bis 200° in ungefähr 45 Minuten goldbraun backen.

Inzwischen verrührt man zur Füllung den Zucker, der mit Vanillinzucker gemischt wurde, mit den Eigelben, bis sie schäumen und der Zucker sich aufgelöst hat. Stärkemehl und Milch zugeben, alles zusammen aufs Feuer setzen und unter ständigem Rühren bis kurz vors Kochen kommen lassen. Wegsetzen und erkalten lassen, während man in kurzen Zeitabständen kräftig durchrührt. – Gleichzeitig die Butter schaumig rühren und schließlich mit der abgekühlten Creme verarbeiten.

Torte nach dem Erkalten einmal quer durchschneiden und mit der Creme füllen.

Verdoppelt man die Mengen der Zutaten, so kann man den «Bienenstich» auch auf einem Blech backen. Anschließend wird er in rechteckige Stücke geschnitten.

SCHLESIEN, SACHSEN, THÜRINGEN

MOHNKUCHEN

Dieser Kuchen ist so köstlich, daß es wie ein Wunder erscheint, daß er sich nicht die westdeutschen Familien erobert hat.
Rezept einer Hauswirtschaftslehrerin aus Erfurt, die zu Anfang des Jahrhunderts auch in Sachsen tätig war.

1½ kg Mehl
1 l Milch
100 g Butter
150 g Zucker
75 g Hefe

780 g Mohn
500 g Zucker
3 Eier
500 g Grieß
3 l Milch
50 g Butter
100 g Zitronat in Würfeln
100 g grobgehackte oder gestiftelte Mandeln
100 g Rosinen

Aus der ersten Gruppe der Zutaten einen Hefeteig herstellen und aufgehen lassen.
Den Mohn wäscht man einige Stunden vor dem Gebrauch und brüht ihn mit kochendem Wasser, dann gießt man ihn in ein feines Sieb und läßt ihn ablaufen. Er wird zweimal durch die Fleischhackmaschine gedreht, oder man reibt ihn mit einer Reibkeule in einer Schüssel; bis er fein ist, jedesmal 250 g mit einem Ei und einem Teil des Zuckers. Aus Milch, Butter und Grieß kocht man einen Brei, vermischt ihn mit dem mit Ei und Zucker verrührten Mohn sowie Zitronat, Mandeln und gewaschenen Rosinen.
Man rollt den aufgegangenen Teig auf dem Backblech aus, läßt ihn nochmals kurz gehen und streicht den Brei darauf aus und bäckt ihn bei guter Hitze.
Dieses Rezept zeigt, in welchen Mengen man seinerzeit Mohnkuchen gebacken (und gegessen) hat.
Die angegebenen Mengen waren nur auf einem der großen Bleche unterzubringen, die beim Bäcker oder im Backhaus gebacken wurden.
Heute muß man die Mengen dritteln. Oder aber man nutzt die Vorteile eines modernen Umluft-Herdes, richtet drei Kuchenbleche und backt sie gleichzeitig. Was nicht gleich gegessen wird, läßt sich ausgezeichnet einfrieren.

SÜDWESTDEUTSCHLAND

ZWETSCHENKUCHEN

IN NORDDEUTSCHLAND PFLAUMENKUCHEN
IN BAYERN ZWETSCHGENDATSCHI

Das ist *der* deutsche Obstkuchen. Die Bezeichnung «Pflaumenkuchen» ist irreführend, denn gut kann er nie mit Pflaumen, sondern nur mit Zwetschen werden, die, je später gereift, um so besser sind, weil sie keinen Saft mehr ziehen.

Dieser Kuchen wird traditionell immer nur auf Blechen gebacken, die so groß wie möglich sein sollten. Runde Formen sind eine bedauerliche Neuzeitentwicklung.

Ich entsinne mich noch gut, wie wir früher in Frankfurt jeden Herbst in die Vororte Seckbach oder Bergen zogen – zum «Quetschekuche-Esse». An großen Tischen fanden sich befreundete Familien mit Kind und Kegel zusammen. Man saß in der letzten warmen Herbstsonne. Kaffee wurde nur in großen Kannen und der «Quetschekuche» zu Bergen getürmt auf Platten serviert. Man mußte ihn gegen Bienen und Wespen verteidigen. Das gehörte auch zum Spaß der Fresserei (die es tatsächlich war – seligen Angedenkens!).

500 g Mehl
¼ l Milch
30 g Hefe
1 Teel. Zucker
1 Prise Salz
125 g Zucker
1 gestrichener Teel. Backpulver
125 g Butter
2 Eier

1,5 bis 2,5 kg Zwetschen

Mehl in eine Schüssel sieben, Vertiefung in die Mitte drücken. Hefe mit wenigen Eßl. lauwarmer Milch und wenig Zucker zerreiben. In die Vertiefung füllen und mit etwas Mehl vom Rand bestäuben. Zudecken und Vorteig aufgehen lassen. Dann restliche lauwarme Milch, Salz, Zucker mit Backpulver sowie die ganz weiche Butter in den Teig arbeiten. Anschließend noch die Eier dazu. Gut kneten, bis sich der Teig von der Schüssel löst. Zugedeckt an warmem Ort aufgehen lassen. Anschließend plattdrücken auf einem gebutterten und leicht

bemehlten Blech und ausrollen; Ränder ganz wenig hochdrücken. Der Teig soll dünn sein. Handtuch darüberlegen und noch etwa 10 Minuten ruhenlassen.
Mit Zwetschen vollstellen; die Zwetschen wurden vorher entkernt und jede Hälfte nochmals eingeschnitten (maschinelle Entkerner machen das selbsttätig). Die auseinandergeklappten Zwetschen dürfen nicht auf den Teig gelegt, sondern müssen tatsächlich in Reihen gestellt werden. Andernfalls wird der Belag zu dünn.
Im vorgeheizten Ofen bei etwa 200° in etwa 35 Minuten backen. Man erkennt den Garzustand an der goldgelben Farbe der zu Wulsten aufgegangenen Ränder.
Dieser Zwetschenkuchen schmeckt am besten, wenn er noch ein kleines bißchen ofenwarm ist. Nie zu früh mit Zucker überstreuen, weil er dann u. U. zuviel Saft zieht.
Zwetschenkuchen ist zusammen mit einer Kartoffelsuppe ein beliebtes Samstagsessen.

Hinweise:
- Zwetschenkuchen immer nur mit Hefeteig backen.
- Die von mir angegebene kleine Backpulverzugabe ist ein Trick, der dem Teig einen angenehmeren Biß gibt.
- Muß man befürchten, dass die Zwetschen zuviel Saft ziehen, weil man sich von seiner Ungeduld hat hinreißen lassen, den Kuchen zu früh in der Jahreszeit zu machen, so kann man den Teig mit Zwiebackmehl oder Haferflocken bestreuen, die beide eine Menge Saft aufsaugen.
- Streusel oder Mandelsplitter sind moderne Zutaten, deren ein so ausgezeichneter Kuchen nicht bedarf.
- Schlagsahne auf Zwetschenkuchen ist durch Konditoreien in Mode gekommen; ich halte es für eine Sünde wider den alten, ehrlichen Zwetschenkuchengeist.
- Zwetschenkuchen lassen sich ausgezeichnet tiefgefrieren.

HESSEN, BADEN, SCHWABEN

KIRSCHENMICHEL

IN DER PFALZ UND IN BADEN
«KERSCHEPLOTZER»

125 g Butter
125 g Zucker
6 Eier
1 Gläschen Kirschwasser (wird in der Pfalz durch Hefeschnaps ersetzt)
6 Brötchen
Gut 1 Tasse Milch
700 g entsteinte Kirschen (süße oder saure oder gemischt; auch eingemachte möglich)
1 kleine Prise Salz
1 Eßl. Butter und
2 Eßl. Paniermehl

Butter mit Zucker schaumig rühren. Eier trennen und nacheinander die Eigelbe in die gezuckerte Butter rühren, bis eine glatte Creme entsteht. Kirschwasser dazu.
Brötchen in Scheibchen schneiden, in der Milch einweichen und dann mit der Creme verrühren.
Abgetropfte Kirschen mit dem Teig vermischen.
Eiweiße mit wenig Salz zu steifem Schnee schlagen und zum Schluß unter den Teig heben.
Eine runde Auflaufform oder eine Springform kräftig ausbuttern und mit dem Paniermehr ausstreuen.
Teig einfüllen und bei 180° in etwa 1 Stunde goldbraun backen.
Dieser «Kirschenmichel» schmeckt am besten, wenn er noch warm ist. Er läßt sich ausgezeichnet einfrieren und wieder aufwärmen.
«Kirschenmichel» war lange ein beliebtes Freitags- oder Samstagsessen. Davor gab es nur eine Kartoffel- oder Kerbelsuppe.
Schlagsahne zum «Kirschenmichel» wird zwar heute zuweilen in Restaurants gereicht, ist jedoch eine etwas zweifelhafte Neuerung.

FRANKEN

APFELKUCHEN

Nach einem seit Generationen bewährten Rezept der Familie Wissmath in Nürnberg.

Teig:
300 g Mehl
120 g Zucker
120 g Butter

Aus den Teigzutaten einen Knetteig herstellen.
Äpfel schälen, halbieren und entkernen. In einer Schüssel zusammen mit den gewasche-

nen Sultaninen sowie mit Rum und Zucker vermischen. Einige Stunden ziehen lassen und währenddessen mehrmals durchheben.
Boden einer Springform mit 2/3 des Teigs so auslegen, daß man einen hohen Rand bekommt.
Marinierte Apfelhälften hochkant, so daß die Schnittflächen senkrecht oder schräg stehen, in die Form ordnen. Rosinen dabei mitverwenden. Eventuell auf dem Schüsselboden vorhandenen Saft über die Äpfel träufeln.
Aus dem Rest des Teiges einen Deckel machen, auflegen und an den Rändern des Unterteils, die mit Ei-Milch-Mischung bestrichen sind, gut festdrücken.
Oberfläche mit der Ei-Milch-Mischung bestreichen und bei etwa 180° goldbraun bakken.
Dieser Kuchen kann mit und ohne Schlagsahne serviert werden.

1 Ei
1 bis 2 Teel. Backpulver

Füllung:
2 kg nicht zu große, säuerliche Äpfel
200 g Sultaninen
4 bis 5 Eßl. Rum
3 bis 4 Eßl. Zucker
1 Ei und 1 Eßl. Dosenmilch

HEIDESAND

Das ist noch immer ein beliebtes Gebäck fürs ganze Jahr. Ich gebe ein altes Rezept aus dem vorigen Jahrhundert, das mir handschriftlich vorliegt. Die angegebenen Mengen stammen wohlgemerkt von Anno dazumal; heutige Hausfrauen werden sich wahrscheinlich mit der Hälfte begnügen, denn ihre Familien sind kleiner.

«1 Pfund Butter läßt man auf dem Feuer goldbraun werden und rührt sie dann kalt. 1 Pfund Zucker und 1 1/2 Pfund Mehl, etwas Vanille und zuletzt einen kleinen Löffel Hirschhornsalz tut man nach und nach dazu und verknetet die Masse. Auf ein Blech setzt man mit dem Löffel kleine Klümpchen, die man etwas drückt und goldbraun backen läßt.»
Hinweis: Im vorgeheizten Backofen bei 180° 10 bis 15 Minuten backen.

500 g Butter
500 g Zucker
750 g Mehl
1/2 Teel. Hirschhornsalz (heute auch 2 Teel. Backpulver möglich)
Mark einer Vanillestange

Einfacher Honigkuchen

Nach handschriftlichen Aufzeichnungen der Familie Seidel aus Baden-Baden. Das Rezept ist aber in allen deutschen Landesteilen in Gebrauch gewesen und heute noch bekannt.

500 g Mehl
1 Päckchen Backpulver
1 Zitrone, Schale und Saft
100 g brauner Zucker
250 g Sirup (oder Rübenkraut)
4 Eßl. Öl
Etwa 1 Tasse Malzkaffee
1 Messerspitze gemahlener Ingwer
1 gehäufter Teel. Anis
2 Eßl. feingehacktes Zitronat

Alle Zutaten zu einem dickflüssigen Teig verarbeiten. In einer Kastenform bei etwa 170° backen. Stäbchenprobe!

Hessen

Frankfurter Brenten

Ein sehr altes Konfekt, eine echte Frankfurter Spezialität, die allerdings immer den vornehmen Patrizierfamilien vorbehalten blieb. Für die Masse der Frankfurter Bürger oder gar für die Bauern des umliegenden Landes waren sie zu teuer in der Herstellung.

Trotzdem – oder gerade deswegen – haben die «Frankfurter Brenten» zwei berühmte Dichter inspiriert: Goethe war der eine, der seine Mutter in rührenden Bettelbriefen bat, sie ihm nach Weimar zu schicken; der andere lebte in Schwaben, hieß Eduard Mörike und machte aus dem Rezept ein Gedicht. Diesen seltenen Fall einer poetischen Backanweisung wollen wir uns natürlich nicht entgehen lassen.

Mandeln erstlich, rat' ich dir,
Nimm drei Pfunde, besser vier
(Im Verhältnis nach Belieben)[1]
Diese werden nun gestoßen
Und mit ordinärem Rosen-
Wasser feinstens abgerieben.
Je aufs Pfund Mandeln akkurat
Drei Vierling[2] *Zucker ohne Gnad',*
Denselben in den Mörsel bring',
Hierauf ihn durch ein Haarsieb schwing!
Von deinen irdenen Gefäßen
Sollst du mir dann ein Ding erlesen,
Was man sonst eine Kachel[3] *nennt;*
Doch sei sie neu zu diesem End'!
Drein füllen wir den ganzen Plunder
und legen frische Kohlen unter.
Jetzt rühr' und rühr' ohn' Unterlaß,
Bis sich verdicken will die Mass',
Und rührst du eine Stunde voll:
Am eingetauchten Finger soll
Das Kleinste nicht mehr hängen bleiben;
So lange müssen wir es treiben.
Nun aber bringe das Gebrodel
In eine Schüssel (der Poet,
Weil ihm der Reim vor allem geht,
Will schlechterdings hier einen Model[4]*,*
Indes der Koch auf ersterer besteht)!
Darinnen drück's zusammen gut;
Und hat es über Nacht geruht,
Sollst du's durchkneten Stück für Stück,
Auswellen messerrückendick
(Je weniger Mehl du streuest ein,
Um desto besser wird es sein).
Alsdann in Formen sei's geprägt[5]*,*
Wie man bei Weingebacknem pflegt;
Zuletzt – das wird der Sache frommen,
Den Bäcker scharf in Pflicht genommen,
Daß sie schön gelb vom Ofen kommen!

Erklärungen:
[1] Gemeint ist das Verhältnis von süßen zu bitteren Mandeln, von denen man nur 5 oder 6 nehmen sollte; man kann sie heute auch durch einige Tropfen Bittermandelöl ersetzen.
[2] Ein Vierling war zur Zeit Mörikes ein Viertelpfund, also 125 g.

[3] Kachel, damit bezeichnet man heute noch in Südwestdeutschland einen feuerfesten, irdenen Topf.
[4] Model ist eine geschnitzte Holzform, mit der figürliche oder ornamentale Verzierungen auf den Teig gedrückt werden; Mörike meint hier eine Schüssel und macht sich über den von ihm verschuldeten falschen Gebrauch des Wortes «Model» lustig.
[5] Das bedeutet, daß mit Modeln Verzierungen auf die Brenten gedrückt werden sollen. Früher stellte man riesige Kuchen auf über einen Meter langen Backblechen als Brenten her, von denen dann verzierte Einzelstücke abgeschnitten wurden.
Gebacken wurden die Brenten auf einem mit Wachs bestrichenen Blech; heute nimmt man Backtrennpapier. Am besten die Brenten vorher über Nacht trocknen lassen, dann bei 140° etwa 20 Minuten backen; sie sollen nur gelb werden.

RHEINLAND

AACHENER PRINTEN

Napoleon ist sicherlich nicht an allem schuld, die Entdeckung des berühmten Aachener Gebäcks wird ihm jedoch indirekt in die Schuhe geschoben. Durch seine Kontinentalsperre sei kein Zucker mehr aus Übersee nach Deutschland gekommen, und so seien die Aachener Konditoren gezwungen gewesen, mit Honig und Sirup zu backen. Mit dem Ergebnis seien sie so zufrieden gewesen, daß sie es beibehielten – eben die Printen. Da die Kontinentalsperre inzwischen aufgehoben wurde, verwendet man auch wieder Zucker dafür.

125 g Honig
100 g Zucker
30 g Butter
1 Teel. gemahlener Zimt
1 Prise gemahlene Nelke
Abrieb 1/2 Zitrone
30 g Zitronat, ganz fein gehackt
30 g Orangeat, ganz fein gehackt

Honig mit Zucker und Butter unter Rühren so lange erhitzen, bis eine glatte Flüssigkeit entstanden ist. Abkühlen lassen und vermischen mit allen Zutaten bis einschließlich gemahlene Haselnußkerne. Alles gut verrühren. Pottasche in Rum auflösen und ebenfalls zugeben. Etwa 150 g Mehl in den Teig rühren. Das restliche Mehl einkneten. Der Teig, der nicht mehr kleben darf, muß nun 1 bis 2 Stunden ruhen. Dann dünn (etwa 1/2 cm) ausrollen und daraus Rechtecke schneiden, die etwa 8 cm lang und 3 cm breit sind.

Auf ein gefettetes Blech setzen.
Stärkemehl mit wenig Wasser verrühren, einmal aufkochen und die Printen vor dem Backen dünn damit bestreichen. Im vorgeheizten Ofen bei etwa 200° in 10 Minuten backen.
Diese Printen sind ein ausgezeichnetes Teegebäck fürs ganze Jahr.

75 g gemahlene Haselnußkerne
4 g Pottasche
2 Eßl. Rum
250 g Mehl
1 Eßl. Butter für das Blech
1 Teel. Stärkemehl
5 Eßl. Wasser

WESTPREUSSEN

THORNER KATHRINCHE

Hierbei handelt es sich um das wohl berühmteste ostdeutsche Lebkuchengebäck, das heute überall in deutschen Landen geschätzt wird.
Die alte Universitätsstadt an der Weichsel, die vom Deutschen Orden gegründet wurde, zur Hanse gehörte, aber auch jahrhundertelang polnisch war, gehört seit 1918 wieder zu Polen. Die Weihnachtslebkuchen, in Katzenzungenform ausgestochen, eben die «Thorner Kathrinchen», sind als kleines deutsches Andenken erhalten geblieben. Landesspezialitäten kulinarischer Art sind halt dauerhafter als politische Landesgrenzen.

Butter mit Zucker und Honig vermischen und auf kleiner Hitze schmelzen lassen. Abkühlen lassen.
Lebkuchengewürz, Salz, Zitronenschale, 2 Eßl. Zucker und das Eigelb miteinander schaumig rühren. Pottasche in Rosenwasser verrühren und zur Schaummasse geben. Diese dann zusammen mit der Honigmasse zu Teig kneten. Über Nacht ruhenlassen. Halbzentimeterdick auswallen und mit Kathrinchenformen Gebäck ausstechen oder längliche Vierecke ausschneiden. Auf gebuttertem Blech bei etwa 200° in 15 bis 20 Minuten backen.
Man kann das Gebäck dann auch noch mit Zucker- oder Schokoladenguß überziehen.

50 g Butter
100 g Zucker
200 g Honig
1 Päckchen Lebkuchengewürz
1 kleine Prise Salz
Abgeriebene Schale einer Zitrone (ungespritzt)
2 Eßl. Zucker
1 Eigelb
15 g Pottasche
2 Eßl. Rosenwasser
500 g Mehl
2 Eßl. Butter zum Einfetten des Backblechs

SCHMALZPLÄTZCHEN

Nach handschriftlichen Aufzeichnungen von Frau Höhner aus Offenburg.

750 g Schweineschmalz
625 g Mehl
375 g Zucker
½ Teel. Hirschhornsalz
Etwas ausgekratzte Vanille (oder Vanillinzucker)
Gemahlener Kardamom nach Geschmack

Alle Zutaten kalt zusammenkneten, bis ein glatter Teig entsteht. Daraus walnußgroße Kugeln formen. Mit gehörigem Abstand auf ein Backblech setzen; sie laufen breit auseinander. Bei 170° zu heller Farbe backen.

Der Wasserfall bei Triberg

FRANKFURT AM MAIN

BETHMÄNNCHEN

In ihrer Geburtsstadt nennt man sie «Betmännscher». Sie sind das wahrscheinlich köstlichste Feingebäck aus deutschen Landen. Ursprünglich wurden sie in Frankfurt als Weihnachtsgebäck betrachtet, heute genießt man sie das ganze Jahr über.

Einige wenige fromme Frankfurter leiten den Namen des Konfekts von Beten her, Bet-Männchen. Die Mehrzahl aber hält sich an die eingesessene Bankiersfamilie Bethmann. Das von ihrem Koch (oder war es eine Köchin?) erfundene Marzipankonfekt soll 1840 erstmals bei den Bethmanns gereicht worden sein. Damals wurde es noch von vier Mandelhälften geziert, die die vier Söhne des Hauses symbolisierten; als einer der hoffnungsvollen jungen Herren starb, garnierte man nur noch mit drei Mandelhälften – bis auf den heutigen Tag.

Gegen die Annahme, daß «Bethmännchen» eine ältere Spezialität sind, spricht die Tatsache, daß Goethe, der doch ein arges Leckermaul war und seine Mama ständig in Jammerbriefen um einheimische Spezialitäten bat, niemals «Bethmännchen» erwähnte.

200 g Marzipanrohmasse (gibt es fertig zu kaufen)
150 g Puderzucker
Einige Eßl. Rosenwasser
100 g Mandeln
1 Ei
1 Teel. Zucker

Marzipanrohmasse mit Puderzucker und Rosenwasser zu einer glatten Paste verkneten. Daraus Kugeln von etwa 2 cm Durchmesser formen und diese oben etwas spitz zusammendrücken. Jeweils drei halbe, geschälte Mandeln an diese Kegelspitzen drücken, wobei die Spitzen der Mandelhälften nach oben zeigen müssen.

Über Nacht in einem gut geheizten Raum trocknen lassen. Auf Backtrennpapier im auf 250° vorgeheizten Ofen mit Oberhitze 2 bis 3 Minuten erwärmen. Das Ei mit Zucker so gut verrühren, daß dieser sich auflöst. Bethmännchen herausnehmen, mit gezuckertem Ei dünn bestreichen, wieder einschieben und goldgelb mit braunen Rändern werden lassen.

Omas Schlosserbuben

Nach einem schwäbischen Familienrezept.

12 große Backpflaumen ohne Stein (Kurpflaumen)
12 geschälte Mandeln

Backteig aus:
100 g Mehl
1/8 l Weißwein
2 Eßl. Zucker
1 Prise Salz
1 Eigelb
1 Eiweiß zu steifem Schnee geschlagen

Ausbackfett
4 bis 5 gehäufte Eßl. geriebene Schokolade
2 Eßl. Zucker

Backpflaumen in wenig Wasser nicht zu weich kochen. Abtropfen lassen und abgekühlt mit je einer Mandel füllen. Durch einen Backteig ziehen, der aus den angegebenen Zutaten gerührt wurde. Im siedenden Fett sogleich schwimmend ausbacken.
Noch heiß in der geriebenen Schokolade wälzen, die man vorher mit dem Zucker vermischt hat.

Ostpreussen

Königsberger Marzipan

Ob man «Lübecker Marzipan» oder dem aus Ostpreußen den Vorzug gibt, ist Geschmackssache. Wichtig ist nur, daß man «Königsberger Marzipan» immer sofort erkennen kann: mit den Augen, weil es überflämmt ist, also braune Ränder hat, und mit der Zunge, weil es etwas weniger süß schmeckt.

500 g Mandeln
Einige bittere Mandeln
350 g Puderzucker
2 bis 3 Eßl. Rosenwasser (in Drogerien oder Apotheken erhältlich)
2 bis 3 Eiweiß, ungeschlagen

Mandeln nach Überbrühen abziehen und gut trocknen lassen. Sehr fein mahlen; von der ganz feinen Körnung hängt der Erfolg ab. In erwärmter Schüssel mit dem Puderzucker und Rosenwasser sehr gut verkneten. Zu einer Rolle formen und über Nacht kühl stellen.
Einen halben Zentimeter dick ausrollen und daraus mit Modeln oder auch nur mit Ausstechern verschiedene Gebäckstückchen formen. Eventuell noch mit einer Messerspitze ziselieren. Bei Oberhitze oder unter dem Elektrogrill so lange backen, bis sich braune Ränder bilden.
Herausnehmen und mit Eiweiß bestreichen.
Bitte beachten: Heutzutage gibt es überall Rohmarzipan zu kaufen, das so fein gemahlen ist, wie man es daheim nie hinbekommt. Dieses Rohmarzipan ist besonders geschmeidig.

Man verknetet es mit relativ wenig Zucker, auf 100 g etwa 4 Eßl. Puderzucker und 1 Eßl. Rosenwasser. Sonst bleibt die Zubereitung gleich.
Unbedingt sollte man sich ein wenig Mühe beim Dekorieren des «Königsberger Marzipans» machen; die Dichterin Agnes Miegel hat es schließlich bezeichnet als «unser schönstes Stilleben». Früher wurde dieses Marzipan in allen ostpreußischen Familien zu Weihnachten selbst angefertigt, und jede Hausfrau setzte natürlich ihre Ehre darein, daß es besonders gut und besonders schön war.

NORDDEUTSCHLAND

RUMKUGELN

Keine anderen Pralinen wurden in Privathäusern so viel hergestellt wie diese «Rumkugeln».

75 g Sultaninen
5 Eßl. Rum
150 g geriebene Schokolade
150 g Puderzucker
75 g Pflanzenfett
150 g Schokoladenstreusel

Sultaninen gut in heißem Wasser waschen, abtropfen und mit Küchenkrepp gründlich abtrocknen. Auf einem Brett mit dem Wiegemesser fein zerhacken. Rum damit verrühren. Mindestens eine Stunde so stehenlassen.
Schokolade mit Puderzucker vermischen.
Pflanzenfett auf schwacher Hitze schmelzen lassen, etwas abkühlen und dann mit dem Zucker-Schokoladen-Gemisch verrühren. Sobald die Masse weiter abkühlt und anfängt fester zu werden, verknetet man die eingeweichten Sultaninen damit. Kurz ruhen lassen, dann aus der Masse Kugeln von 3 bis 4 cm Durchmesser rollen, in den Schokoladenstreuseln gründlich wälzen; die Streusel leicht andrücken. Im Kühlschrank vollends fest werden lassen.
In Schalen zu Kaffee oder Tee servieren.

Meißen, Stich von Johann Poppel nach einer Zeichnung von L. Rohbock

SACHSEN

STOLLENREZEPT VON EINST

Wer ein gutes Gedächtnis hat und nicht allzu jung ist, der erinnert sich noch an die großen Mengen von Stollen, die man früher und vor allem in Mitteldeutschland im Haushalt und ohne jede Maschinenhilfe herstellte.
Wie es damals war, geht aus einem handgeschriebenen Rezept der Großmutter Schönfelder hervor, das mir ihr Enkel Fritz zur Verfügung stellte.

16 Pfund Mehl
4 Pfund Butter
2 Pfund Zucker
4 Pfund Sultaninen – Rosinen
1 Pfund Citronat
Schale und Saft von 2 Zitronen
20 g Vanillepulver
2 Gläschen Rum
400 g Hefe
gibt 8–9 Stollen

Ans Hefestück kommt erst die Butter. Dann Milch, Mehl und Zucker. Wieder Milch, Mehl. Erst gut verarbeiten. Dann erst die Rosinenmischung dazu und das Citronat.
Anmerkungen: Wie bei vielen handschriftlichen Rezepten, werden Arbeiten, die für die betreffende Hausfrau selbstverständlich waren, nicht erwähnt. So z. B., daß die Hefe zerkrümelt und mit lauwarmer Milch zu einem Hefestück angesetzt wird. Auch ist die Zugabe einzelner Zutaten nicht bei der Arbeitsanweisung erwähnt (sie kommen mit dem Zitronat an den Teig); ebenso selbstverständlich ist, daß der Teig ausdauernd gekne-

tet wurde und aufgehen mußte. – Meine eigene Großmutter zwang sich selbst zu diesem enormen Kraftaufwand, indem sie ein kleines Stück weißen Wollfaden in den Teig gab und beim Kneten nicht eher ruhte, bis sie ihn zwei- oder dreimal gefunden hatte.

Ich erinnere mich auch noch gut, wie in den zwanziger Jahren selbst in Frankfurt Stollen in Mengen gemacht und beim Bäcker gebakken wurden. Mittags brachte man sie hin. Dann stand am Abend bei unserem Bäcker Geißhäcker die ganze Treppe, die zur Backstube hinunterführte, voller Frauen mit Anhang. Ein herrlicher Kuchenduft strömte aus der verheißungsvollen Tiefe herauf. Wir Kinder wurden ganz kribbelig. Die Frauen waren es schon längst. Wie würden ihre Stollen ausgefallen sein? Wenn sie aus dem großen Ofen kamen, entzifferte der Bäcker die Namen, die auf eingesteckten Pergamentstreifen standen. Dann wurden stolz die hohen Prachtexemplare in Empfang genommen. Die auseinandergelaufenen lösten Schreckschreie aus, denen tiefe Scham folgte. Ich vergesse nie, wie eine Nachbarin einmal ganz entsetzt aufschrie: «Ei, du lieber Himmel, des sin ja Pannekuche!»

Auch das gehörte zu den Weihnachtsvorfreuden der guten alten Zeit. Die, waren sie recht geraten, dann allerdings auch bis Ostern vorhielten; denn dann wurde traditionsgemäß der letzte Christstollen angeschnitten. Und er war noch immer gut und saftig.

Stollen müssen, wenn sie noch ofenheiß sind, mehrmals mit Butter bestrichen und anschließend dick mit Puderzucker überstreut werden.

LIEGNITZER BOMBE

Dieses alte deutsche Weihnachtsgebäck ist leider weitgehend in Vergessenheit geraten. Dabei kann es sich an Wohlgeschmack und Haltbarkeit durchaus mit den «Dresdner Christstollen» messen. – Vielleicht haben wir Deutschen so viel kriegerische Vergangenheit zu bewältigen, daß uns zum Christfest die Unbefangenheit fehlt, selbst *süße* Bomben zu bewältigen.

Liegnitz ist die Hauptstadt eines der vier schlesischen Fürstentümer, auf die Friedrich der Große Erbansprüche geltend machte, was schließlich zu den Schlesischen Kriegen führte. Damit aber haben die «Liegnitzer Bomben», Gott sei Dank, nichts zu tun. Der Name bezieht sich nur auf die Bombenform, stumpfe Kegel von 8 bis 12 cm Durchmesser und etwa 10 cm Höhe.

Das folgende Rezept stammt wieder von meinem schlesischen Freund Heinz Schwarz. Seit vielen Jahren backe ich danach jedes Jahr Anfang Dezember viele «Liegnitzer Bomben», die ich als Weihnachtsgrüße an meine Freunde verschicke – eine kleine Erinnerung an die schlesische Urheimat der Scharfenbergs.

400 g Honig (auch Kunsthonig möglich)
125 g Butter
4 Eier
250 g Zucker
500 g Mehl
1 Päckchen Backpulver
50 g Kakaopulver
1/3 Teel. gemahlener Kardamom
1 Messerspitze gestoßene Nelke
1/2 Teel. Zimtpulver
1 Prise Salz
Abrieb 1/2 Zitrone
Abrieb 1/2 Orange (beide natürlich ungespritzt)
125 g Korinthen

Bewahren Sie bitte Ruhe! Geraten Sie ob der vielen Zutaten nicht in Panik! Die Zubereitung ist keine Hexerei; mit Hilfe einer Küchenmaschine ist sie sogar recht einfach.

Honig mit Butter auf kleiner Flamme zergehen und dann abkühlen lassen.

Eier mit Zucker gut schaumig rühren. Honig-Butter-Mischung zugeben. Mehl mit Backpulver dazusieben. Würzen mit den angegebenen Gewürzen (die auch durch Lebkuchengewürzmischung für 500 g Mehl ersetzt werden können) sowie dem Abrieb von Zitrone und Apfelsine. Teig gut rühren. Zum Schluß noch folgende Zutaten damit vermengen: gewaschene Korinthen, Mandeln und Zitronat.

Eine Form (kann eine Springform sein oder mehrere kleine Kastenformen oder auch – um annähernd echte «Bomben» zu bekommen – große Weißblechdosen, deren Deckel sauber

abgeschnitten wurden) ausfetten. Teig nur zu gut der halben Höhe einfüllen; er geht stark auf.
Bei Mittelhitze je nach Formgröße 30 bis 60 Minuten backen. Stäbchenprobe rechtzeitig machen!
Inzwischen Aprikosenmarmelade auf geringer Hitze mit dem Aprikosenschnaps (oder Aprikosenlikör) glattrühren; eventuell durch ein Haarsieb passieren.
Marzipanrohmasse mit Rosenwasser und dem Puderzucker gut verkneten und zu Platten drücken, die etwa 1 bis 2 mm dick sind. Ausgekühlte Bombe(n) waagerecht zweimal durchschneiden, so daß drei Platten entstehen. Unterste mit Marzipan belegen, zweite auflegen, diese dick mit Aprikosenmarmelade bestreichen und dritte aufdrücken.
Schokolade mit Kakaopulver und Puderzucker in wenig Wasser auf kleiner Hitze schmelzen und zu Glasur verrühren. Damit die Bombe(n) allseitig überziehen. Mit Mandeln garnieren. Diese «Liegnitzer Bombe» hält sich im Keller und in Aluminiumfolie eingeschlagen gut ein bis zwei Monate. Man sollte sie auf keinen Fall vor einer Lagerzeit von zwei Wochen verzehren.
Beim Teig kann man Rosinen und Zitronat weglassen oder aber auch nur eines von beiden. Sehr gut schmeckt es, wenn man den Korinthenanteil um die Hälfte erhöht.
Ebenfalls kann man die Füllung zwischen den einzelnen Schichten verändern. Auch Sauerkirschmarmelade und Nougat schmecken gut darin.
Bitte darauf achten, daß auch der Boden der Bombe(n) mit Schokoladenguß überzogen ist, damit das Gebäck nicht austrocknet.

125 g gestiftelte Mandeln
150 g Zitronat in kleinen Würfelchen
1 bis 2 Eßl. Butter zum Ausfetten

Zum Füllen:
250 g Aprikosenmarmelade
2 bis 3 Eßl. Aprikosenschnaps (nach Belieben)
250 g Marzipanrohmasse
150 g Puderzucker
4 Eßl. Rosenwasser oder Rum

Überzug:
100 g Kochschokolade
1 Teel. Kakaopulver
250 g Puderzucker
Etwa 10 geschälte Mandeln

BADEN-WÜRTTEMBERG

HUTZELBROT

SCHNITZBROT

BIEREWECKE

Überall da, wo dieses Gebäck zum bäuerlichen Küchenrepertoire zählt, belegt man es mit einem der oben genannten Namen. «Bierewecke» ist dabei rein alemannisch; es hat nichts mit Bier zu tun, sondern mit Birnen. Auch Hutzel oder Schnitz sind mundartliche Bezeichnungen für Birnen, vor allem getrocknete Birnen. In Baden-Württemberg bekommt man sie heute noch ab Herbst überall in den Lebensmittelgeschäften zu kaufen. Wer etwas auf seine Kochkunst hält, der trocknet natürlich selbst und sucht sich genau die Birnensorten aus. In allen Gegenden, in denen dieses Gebäck kein Heimatrecht genießt, nennt man es «Früchtebrot». Auch in Baden-Württemberg hat man schon immer andere Trockenfrüchte ins «Hutzelbrot» gemischt. Ich gebe deshalb eines der verfeinerten Rezepte. Dieses Gebäck stellt man auf Vorrat her. Es reicht dann normalerweise bis Lichtmeß (2. Februar), entsprechend groß sind auch die angegebenen Mengen.

1,5 kg getrocknete Birnen (gemischt mit beliebigen Anteilen von Dörrpflaumen ohne Stein und/oder Feigen)
1 kg Mehl
50 g Hefe
250 g Zucker
1 Prise Salz
200 g Sultaninen
500 g Hasel- oder Walnüsse ohne Schale
Je 50 g Orangeat und Zitronat in Würfelchen
Je ½ Teel. Zimt und Nelkenpulver
1 Eßl. Fenchelsamen

Birnen entstielen und mit den anderen Trokkenfrüchten gründlich waschen. In frischem Wasser, das sie gut bedecken soll, einige Stunden einweichen. Alles grob zerschneiden. Mit dem Einweichwasser etwa 30 Minuten lang kochen. Über Nacht zugedeckt stehenlassen. Am nächsten Tag das Mehl in eine große Schüssel sieben. Hefe zerbröckeln und mit einigen Eßl. lauwarmem Wasser verrühren. Aufgehen lassen und dann in eine Vertiefung in die Mitte des Mehls geben. Zucker, Salz und Trockenfrüchte mit ein wenig von ihrer Kochbrühe zugeben und einen Teig kneten. In diesen arbeitet man nun noch die gewaschenen und gut abgetropften Sultaninen, die grobgehackten Nüsse, Orangeat und Zitronat sowie die Gewürze und das Kirschwasser ein. Dabei sollte man nicht zu kräftig kneten, weil dadurch der Teig leicht breiig wird.

1 Gläschen Kirschwasser
2 Eßl. Zucker
1 Eßl. Stärkemehl

Eine andere Schüssel mit Mehl dick ausstreuen, Teigkloß hineinlegen und so lange hin und her bewegen, bis er nicht mehr festklebt. Dabei eventuell noch etwas mehr Mehl einstreuen. Auf jeden Fall den Teig mit etwas Mehl bestreuen, zudecken und so lange gehen lassen, bis er Risse zeigt.
Jetzt mehrere kleine Laibe daraus formen, diese auf ein gefettetes Blech setzen, kurz ruhenlassen und bei 180° etwa 1 Stunde backen.
Einen Viertelliter der Trockenobstkochbrühe mit Zucker aufkochen, Stärkemehl darin verrühren. Damit die noch warmen Hutzelbrote bestreichen und auskühlen lassen. Nach Belieben kann man die einzelnen Brote noch mit halben Mandeln verzieren, die auf der warmen Glasur festgedrückt werden.
Es ist auch möglich, etwas Kirschwasser mit der Kochbrühe zu vermischen, was den Hutzelbroten einen zusätzlichen Geschmack nach Schwarzwald gibt.
Diese Brote kann man in dünne Scheiben schneiden und zu Kaffee oder Tee oder auch zum Frühstück servieren. Sehr gut schmecken sie, wenn man sie mit frischer Butter bestreicht.

Apropos: Heutzutage wachsen die Hutzelbrote nicht mehr nach wie weiland das des Schustergesellen Seppe, von dem der Schwabe Eduard Mörike in seinem «Stuttgarter Hutzelmännlein» dichtete.

BREMEN

KLABEN

Das ist der hanseatische Weihnachtsstollen. Er ist meistens noch schwerer von Korinthen, Rosinen und Mandeln als das berühmte Dresdner Gebäck.

1 kg Mehl
100 g Hefe
¼ l Milch
150 g Zucker
400 g Butter
1 Teel. Salz
Abrieb 1 Zitrone
250 g Rosinen
250 g Korinthen
125 g Mandeln
100 g Orangeat
50 g Zitronat
2 Eßl. Butter zum Bestreichen

Mehl in eine Teigschüssel sieben, in die Mitte eine Vertiefung machen. Hefe zerkrümeln und mit einigen Eßl. lauwarmer Milch und ½ Teel. Zucker gut verrühren. Den so entstandenen Brei in die Mehlvertiefung füllen und mit wenig Mehl abdecken. Aufgehen lassen, dann mit Mehl, Milch, Zucker, Butter und Salz zu einem Teig verarbeiten, bis er Blasen wirft. Alle Zutaten müssen gleiche Zimmertemperatur haben, sonst gelingt der Teig nicht. Abgedeckt aufgehen lassen.
Alle anderen Zutaten, von denen die Trockenfrüchte gewaschen und gut abgetrocknet und die Mandeln geschält und gehackt sind, in den Teig kneten. Nochmals gehen lassen.
Dann auf einem gefetteten Blech einen Klaben formen, nochmals gehen lassen und bei etwa 200° in ungefähr einer Stunde goldbraun bakken. Stäbchenprobe. Mit Butter bestreichen.
Bedenken Sie immer, daß «Klaben» mit dem Wort Kloben, Klotz verwandt ist. So soll der Klaben auch aussehen, aber so soll er nicht im Magen liegen.

SCHLESIEN

MOHNSTRIEZEL

«Striezel» ist die schlesische Bezeichnung für Christstollen. Während «Mohnstriezel» die echt schlesische Form des Stollens ist, den man zu Weihnachten backt. Weil man ihn sehr gern ißt, bereitet man ihn auch schon mal zwischendurch zu.

40 g Hefe
1 Tasse lauwarme Milch
500 g Mehl

Aus der ersten Gruppe der Zutaten einen Hefeteig herstellen. Aufgehen lassen.
Gemahlenen Mohn mit kochendheißer Milch übergießen.

Butter zerlassen und zusammen mit dem Zukker in den Mohnbrei rühren. Je nachdem, wie flüssig oder fest dieser ist, etwas Zwiebackmehl zufügen. Mandeln, gewaschene Rosinen, Ei, Zimt mit dem Mohnbrei verrühren.
Den aufgegangenen Hefeteig zu einer rechteckigen Platte knapp fingerdick ausrollen. Mit Mohnbrei bestreichen, Rand dabei ringsum frei lassen. Aufrollen.
Mit der Naht nach unten auf ein leicht gebuttertes Blech setzen. Zudecken und nochmals gehen lassen.
Mit wenig zerlassener Butter bestreichen und bei etwa 180° in ungefähr einer Stunde goldbraun backen.
Herausnehmen und noch warm mit reichlich zerlassener Butter bestreichen. Sofort dick mit Puderzucker bestäuben. Nach dem Abkühlen nochmals etwas Puderzucker überstäuben.

75 g Butter
75 g Zucker
1 Ei
Abrieb einer Zitrone
1 kleine Prise Salz

250 g gemahlener Mohn
1/4 l Milch
2 Eßl. Butter
175 g Zucker
1 bis 2 Eßl. Zwiebackmehl (zerdrückte Zwiebäcke)
40 g grobgehackte Mandeln
75 g Rosinen oder Korinthen
1 Ei
1/2 Teel. gemahlener Zimt
Einige Eßl. Butter
Puderzucker

Der Wasserfall in Adersbach

Knusperhäuschen

Eine der gemütvollsten deutschen Weihnachtsspezialitäten ist das «Knusperhäuschen», auch «Lebkuchenhaus» oder «Hexenhäusle» genannt. Natürlich kann man es überall fertig kaufen. Es wäre jedoch schade, wenn eine so weihnachtliche Gebäckbastelei aus den Familien verschwinden würde.
Meine Eltern haben mir ein «Knusperhäuschen» hergerichtet, so wie sie es bei ihren jeweiligen Eltern gelernt hatten. Da meine Frau aus dem Ausland stammt, habe ich allein die Tradition weitergegeben, und ich hoffe, daß meine Enkel sich an «Knusperhäuschen» ebenso erfreuen werden, wie es meine Kinder taten.

500 g Mehl
2 Päckchen Backpulver
1 Prise Salz
Etwas gemahlene Muskatnuß
1 Teel. gemahlener Zimt
½ Teel. gemahlener Kardamon
2 Messerspitzen Nelkenpulver
1 Tasse Honig
350 g Zucker
Abrieb von 1 bis 2 Zitronen
1 Eigelb
1 Ei
Mehl und Butter für das Blech

Als Mörtel und zur Dekoration benötigt man eine süße Masse aus:
3 Eiweiß
300 g Puderzucker
Eiweiße zu sehr steifem Schnee schlagen, nach und nach den Puderzucker

Wer große Gefäße hat und sich Arbeit sparen will, der verdreifache die Menge der oben angegebenen Zutaten. In normal kleinen Küchen backt man hingegen besser dreimal dieses Rezept, um genügend Lebkuchen für den Knusperhausbau zu haben. Mehl mit Backpulver und allen Gewürzen vermischen.
Honig, Zucker und Butter erhitzen und miteinander verrühren. Etwas auskühlen lassen, dann zu dem Mehl gießen und damit verarbeiten. Teig noch mit dem Abrieb der Zitronenschale würzen sowie das mit dem Eigelb verklepperte Ei ebenfalls in den Teig kneten. Der Teig bleibt leicht klebrig.
Auf einem gebutterten und mit Mehl bestäubten Blech den Teig ausrollen. Im vorgeheizten Backofen bei etwa 175° ungefähr 35 Minuten backen.
Nachdem der Teig einige Minuten abgekühlt ist, kann man bereits die einzelnen Teile des Knusperhäuschens ausschneiden.
Montage des Hauses. Für Seitenwände und Dachteile unbedingt Schablonen schneiden, damit die Lebkuchenstücke paßgerecht werden. Eine Lebkuchenplatte wird als Unterlage benötigt. Lebkuchenreste kann man zu Zäunen, Schornsteinen oder Tannen schneiden.
Die einzelnen Bauelemente aus Lebkuchen kann man mit der Glasur zusammenkleben;

besser ist es, wenn man ihnen durch Einziehen von Holzzahnstochern festeren Halt gibt. So steckt man z. B. Zahnstocher senkrecht in die Grundplatte und setzt die Wände darauf, wobei die Zahnstocher 2 bis 3 cm in die Wände hineinragen. Ähnlich verfährt man bei allen anderen Verbindungen.
Die Glasur verwendet man zum Festkleben der Dekorationen auf Dächern und Wänden. Außerdem spritzt man sie als Rauhreif auf.
Die Fenster hinterklebt man mit roter Blattgelatine. Besonders schön ist es, wenn man Hänsel-und-Gretel-Figuren kauft und um das Knusperhäuschen herum postiert.
Dieses Knusperhäuschen hält, wenn man es sorgfältig lagert, mehrere Jahre.
Um dem Namen gerecht zu werden, sollte den Kindern erlaubt sein, die Dekorationen abzuknappern. Sie werden im nächsten Jahr durch neue, frische ersetzt.

damit verrühren, bis eine dicke Glasur entsteht.

Zur weiteren Dekoration benötigt man eine Auswahl aus folgenden Dingen:
Kleine Schokoladefiguren
Schokoladeplätzchen
Geleefrüchte
Pralinen
Bonbons
Mandeln
Kleines Marzipankonfekt
Rote Blattgelatine
Hölzerne Zahnstocher

BAYERN, SCHWABEN

AUSGEZOGNE KÜCHLE

Andere Namen für dieses Schmalzgebäck sind «Pfosen» oder «Gezogene Küchle», die vor allem im Schwäbischen gebräuchlich sind. Im Fränkischen heißen sie «Knieküchle», weil die Hausfrauen sie über dem Knie auseinanderziehen.

500 g Mehl
20 g Hefe
¼ l Milch
100 g Zucker
50 g Butterschmalz
2 Eier
1 Prise Salz
Einige Eßl. Zucker zum Bestreuen

Aus den angegebenen Zutaten einen Hefeteig zubereiten, aufgehen lassen, eigroße Stücke daraus rollen und nochmals kurz gehen lassen. Dann unter ständigem Drehen die einzelnen Teigkugeln von der Mitte nach außen mehr drücken als ziehen. Der innerste Teigkreis soll ganz dünn sein, während der Rand als Wulst stehenbleibt.
Ausbackfett erhitzen und die Küchle darin beidseitig goldgelb backen; das dünne Innenstück bleibt viel heller. Noch warm mit Zucker bestreuen.

CHRISTBAUMKONFEKT

Jüngeren Mitbürgern muß wohl erklärt werden, daß man bis in die erste Hälfte unseres Jahrhunderts den Christbaum weitgehend nur mit Äpfeln, Nüssen und Konfekt schmückte. Das war nicht nur billig, sondern es schenkte auch allen Kindern die unersetzliche Freude, davon stibitzen zu können, was natürlich viel größeren Genuß bereitete als die schließlich erteilte Erlaubnis zum Abpflücken des Christbaumschmuckes.

Es folgt ein Rezept aus einem Familienblatt vom 17. Dezember 1904:

„1 kg Zucker wird geläutert und zum Flug gekocht; unterdessen werden 10 Eiweiß zu festem Schnee geschlagen. Dann wird der Zucker heiß unter den Schnee geschlagen und nun langsam kalt gerührt. Wünscht man die Sache leichter, so kann man 12 Eiweiß nehmen. Nun gibt man Farbe und Geschmack dazu. Farben: Kochenillefarbe, Safran, Kakao oder Zimmet. Gewürz je nach Belieben: zu einer Safranfärbung gibt man zum Beispiel Citronengeschmack u.s.w. Nun werden auf Wachsblech ganz beliebige Formen gemacht, ovale, runde Ringe, Herzen u.s.w. Die Formen werden mit Zucker bestreut. Das Blech wird ebenfalls mit farbigem Zucker bestreut, damit das Konfekt auf beiden Seiten hübsch aussieht. Der Ofen darf beim Backen nicht zu heiß sein, damit die Farben nicht leiden. Das Konfekt wird doppelt so hoch, als es war."

Praktischer Hinweis: In vielen alten Rezepten wird eine bestimmte Vorbehandlung des Zuckers empfohlen, wie hier «geläutert und zum Flug gekocht». Das Läutern geschah einmal, um den Zucker zu reinigen (was heute nicht mehr nötig ist) und weil man ihn in flüssigem Zustand besser verwenden kann. Normalerweise werden 500 g Zucker in 1/4 l Wasser gelöst und aufgekocht. Sobald er anfing zu schäumen, hat man ihn früher für 2 bis 3 Minuten auf kleine Hitze gesetzt, damit sich alle Kristalle auflösten. Dann kam er wieder auf größeres Feuer, und man schöpfte beim Weiterkochen allen grauen Schaum von der Oberfläche ab. Dann wurde weitergekocht bis zu dem gewünschten Grad. «Zum Flug» war der 4. Grad; steckte man eine Drahtschlinge hinein, so mußte er dazwischen ein Häutchen bilden, das beim Blasen in kleinen Bläschen davonflog.

SPRINGERLE

In anderen Gegenden kennt man dieses aromatische Gebäck auch; man nennt es dort meistens «Anisgebäck».

4 Eier
500 g Zucker
500 g Mehl
1 Prise Hirschhornsalz
½ Teel. geriebene Zitronenschale
Reichlich Aniskörner
Butter fürs Blech

Dieses Gebäck erfordert schon ein bißchen Backkunst und vor allem Aufmerksamkeit. Man benötigt geschnitzte Modeln zum Formen der Plätzchen.
Eier trennen. Eiweiße zu sehr steifem Schnee schlagen und dann mit den Eigelben und dem Zucker kräftig verrühren. Alte Rezepte schreiben eine dreiviertel Stunde dafür vor; mit elektrischen Geräten kann man die Zeit verkürzen. Dann erst Mehl und geriebene Zitronenschale (die man auf Papier vorher zum Trocknen ausgebreitet hatte) zugeben und den Teig dann nochmals kräftig bearbeiten, bis er ganz zart ist. Gut eine Stunde in einem kühlen Raum oder dem Kühlschrank ruhenlassen. Ausrollen. Model mit Mehl bestäuben und damit Figürchen auf die Oberfläche drükken; gemäß den eingedrückten Figuren den Teig zu Plätzchen ausschneiden.
Backblech einfetten und mit Anis bestreuen. Die Plätzchen daraufsetzen und über Nacht trocknen lassen; ihre Oberfläche muß dabei trocken, etwas hart werden. Eventuell noch länger trocknen lassen. Wer besonders gute Ergebnisse wünscht, der sollte sich die Arbeit machen und die Plätzchen einzeln anheben, um die Unterseite mit einem Pinsel mit Wasser zu befeuchten; Vorsicht, die Oberseite darf kein Tröpfchen abbekommen!
Den Ofen zunächst nur auf gut 150° vorheizen und während der ersten 20 Minuten die Backofentüre einen breiten Spalt geöffnet halten. Dann erst die Tür schließen, die Hitze auf etwa 180° erhöhen und noch weitere 20 Minuten backen.
Die «Springerle» sollen oben fast weiß bleiben und ein sogenanntes «Füßchen» bekommen,

weil unter der getrockneten Oberfläche der Teig beim Backen nur unten aufgehen kann und einen Sockel bildet.
Mit einem Pinsel kann man nach dem Backen das Mehl (welches von den Modeln stammt und beim Backen draufbleiben muß) abbürsten.

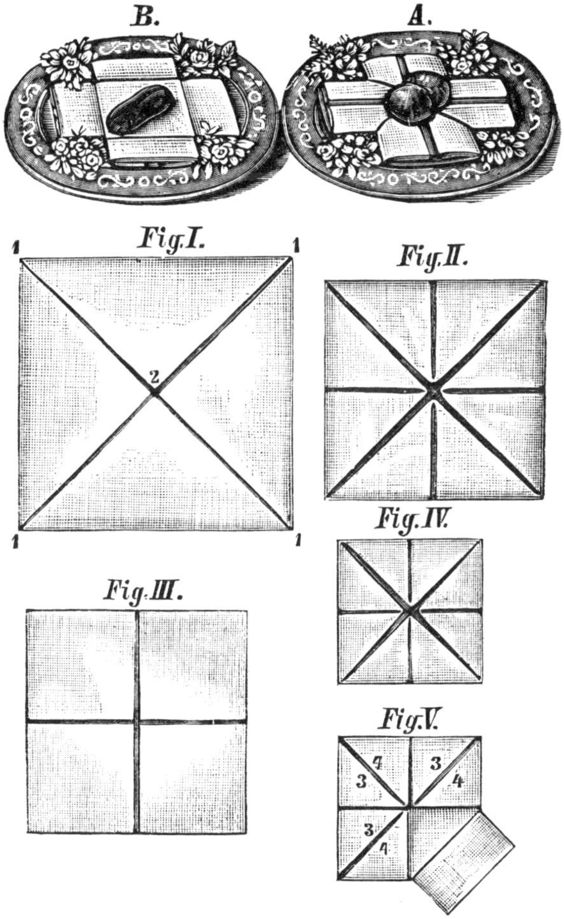

Man breitet die Serviette aus und schlägt die vier Ecken nach der Mitte ein, so entsteht Fig. I. Nun schlägt man wieder die Ecken 1 nach der Mitte 2, und es ergibt sich Fig. II. Darauf wendet man die Serviette um und wiederholt das Umklappen mit den Ecken nach der Mitte, so erhält man Fig. III. Diese Figur wendet man wieder um und schlägt dann, wie in voriger Weise, die Ecken nach der Mitte, so entsteht Fig. IV. Diese Figur wird ebenfalls gewendet, bei den Nummern 3, 4 gefaßt, in die Höhe gezogen und breit gelegt, wie an der einen Ecke gezeigt ist. So erhält man die Form B. Wendet man nun die Form B um, so erhält man die Form A.

Berliner Pfannkuchen

Dieses Gebäck ist in ganz Deutschland daheim. Früher einmal war es zwei Feiertagen vorbehalten: Neujahr und Fastnacht. Heute findet man es das ganze Jahr über in den Bäckereien. Es hat viele Namen: «Berliner», «Krapfen», «Krebbel» oder auch «Fastnachtsküchle» und «Ballen».

Nach dem berühmten «Mainzer Rosenmontagszug» z. B. lädt noch heute der Oberbürgermeister der Stadt traditionsgemäß die einheimische und angereiste Prominenz zum festlichen «Krebbel-Kaffee» ein.

Die Berliner erzählen gern eine rührende Geschichte von einem wehruntauglichen Artilleristen, der zur Zeit des Siebenjährigen Krieges nur in der Backstube arbeiten konnte, jedoch seine nationale Aufgabe erfüllte, indem er den «Berliner Pfannkuchen» erfand und – ihm die Form einer Kanonenkugel gab. Damit ist jedoch das Erstgeburtsrecht nicht zu reklamieren, denn es ist nachzuweisen, daß es solches Gebäck schon viel früher und vielerorts gab, wahrscheinlich sogar schon im alten Rom.

30 g Hefe
Etwa 1 Tasse Milch
70 g Zucker
400 g Mehl
2 Eier
65 g Butter
Abrieb 1/2 Zitrone
1 Prise Salz
Marmelade
Ausbackfett
feiner Zucker

Hefe zerbröckeln und mit einigen Eßl. lauwarmer Milch und einer Prise Zucker anrühren.

Mehl in eine Rührschüssel sieben, in der Mitte eine Mulde drücken und die Hefemasse einfüllen; mit wenig Mehl bestäuben. Wenn das Mehl Risse zeigt, vermengt man das Hefestück mit dem Mehl, den Eiern, der weichen Butter, geriebener Zitronenschale, Salz, dem restlichen Zucker und so viel lauwarmer Milch, wie der Teig aufnimmt. Kräftig kneten, bis sich der Teig von der Schüssel löst. Mit einem Tuch bedeckt aufgehen lassen. Nochmals durchkneten, auf bemehltem Blech etwa 1 cm dick ausrollen, runde Plätzchen von etwa 8 cm Durchmesser ausstechen. Auf die Hälfte davon jeweils einen kleinen Klecks Marmelade in die Mitte setzen, Ränder mit Wasser bestreichen, zweites Plätzchen aufsetzen und die Ränder festdrücken. Wieder mit

einem Tuch bedecken und nochmals aufgehen lassen.
Ausbackfett auf etwa 180° erhitzen. Die aufgegangenen Gebäckstücke darin mit einmaligem Wenden goldbraun backen. Immer nur zwei oder drei einlegen, damit die Temperatur des Fettes nicht absinkt.
Herausnehmen, auf Küchenkrepp entfetten und mit feinem Zucker bestreuen.
Man kann die «Berliner Pfannkuchen» auch mit einer Zucker-Wasser-Glasur überziehen.
Früher wurden die meisten «Krebbel» ohne Füllung gebacken. Man sticht dazu ebenfalls runde Plätzchen aus, nur ist der Teig dicker ausgerollt.

Hofkonditor im alten Burgverließ des Kaiserlichen Schlosses zu Berlin

SCHLESIEN, BRESLAU

PFEFFERKUCHENMANN

«GOTTHOLD EPHRAIM LESSING»

So um 1765 herum gab es solche «Pfefferkuchenmänner» in der Schweidnitzerstraße zu Breslau zu kaufen. Diese Kenntnis verdanken wir dem weiland Theaterdirektor Karl von Holtei, der in der schlesischen Metropole zu jener Zeit wirkte. Bei dem Lebküchler in der Schweidnitzerstraße wohnte nämlich Lessing, der Sekretär des Stadtkommandanten war. Und unsolide soll der junge Herr auch gewesen sein. So jedenfalls behauptete der brave Lebküchler, der ihm mittels «Lebkuchenmännern» eins auswischen wollte. Ob deren Teig wohl besonders schlecht war? Oder die Form liederlich ausgestochen? Das Rezept ist leider verlorengegangen. Ich gebe dafür eines der für Schlesien typischen Pfefferkuchenrezepte. Wer es heute ausführt und «Pfefferkuchenmänner» dabei formt, der erweist dem Gebäck eine hohe Ehre, wenn er es nach dem berühmten Dichter nennt. – Das konnte aber jener Lebküchler damals noch nicht ahnen.

300 g Honig
200 g Zucker
50 g Butter
Etwa 750 g Mehl
150 g Mandeln
75 g Zitronat
½ Teel. Zimt
1 Teel. Kardamom
1 Messerspitze Nelkenpulver
1 Messerspitze Pfeffer
1 Ei
10 g Pottasche (heute auch 1 bis 1½ Päckchen Backpulver möglich)
100 g Puderzucker
1 Teel. Zitronensaft

Honig mit Zucker und Butter zusammen erhitzen. So lange rühren, bis eine glatte Masse entstanden ist. Abkühlen lassen.

500 g Mehl in eine Teigschüssel füllen. Mandeln abziehen und etwa 1 Dutzend besonders schöne beiseite legen, den Rest kleinhacken. Zitronat ebenfalls ganz klein schneiden. Beides zusammen mit Zimt, Kardamom, Nelkenpulver und Pfeffer mit dem Mehl vermischen. Das Ei zugeben und kräftig unterrühren. Abgekühltes Honiggemisch mit der Mehlmischung verarbeiten. Pottasche in 1 bis 2 Eßl. lauwarmem Wasser auflösen und zum Teig gießen. (Backpulver wird mit dem Mehl natürlich trocken vermischt.)

Nach und nach so viel Mehl zugeben, wie der Teig aufnimmt und bis er sich von der Schüssel gut löst.

Auf bemehlter Unterlage knapp 2 cm dick ausrollen. Männchen ausschneiden, wozu man eine Schablone aus Pappe verwenden

kann. Auf gefettetem und leicht gemehltem Blech bei ungefähr 170° etwa 15 Minuten backen.
Inzwischen Puderzucker mit Zitronensaft und etwa 1 Eßl. heißem Wasser anrühren. Mit diesem Guß die «Pfefferkuchenmännchen» bestreichen und mit Mandelhälften verzieren.
Hinweis: Diese Pfefferkuchen schmecken natürlich ebenso gut, wenn man sie mit beliebigen Förmchen aussticht. Sie werden dann allerdings keine Gotthold Ephraim Lessings mehr.

Falscher Ingwer

Bei der Entstehung dieses Rezeptes, das wahrscheinlich schon sehr alt ist und sich überall in deutschen Landen ausgebreitet hat – oder soll ich besser sagen «hatte»? –, stand neben dem teuren Preis echten Ingwers sicher auch die Notwendigkeit Pate, die reichlich anfallenden Kürbisfrüchte zu nutzen.
Ich habe diesen «Falschen Ingwer» schon als kleiner Bub in bäuerlichen und kleinstädtischen Familien als Weihnachtskonfekt kennengelernt.

500 g reifer Kürbis ohne Schale und Kerne
2 Eßl. Wasser
500 g Zucker
3 bis 4 Teel. Ingwerpulver
1 bis 2 Eßl. Öl
Schokoladeglasur

Kürbis durch den Fleischwolf drehen und mit ganz wenig Wasser und dem Zucker auf kleinem Feuer zu einer dicken Marmelade kochen. Das kann einige Stunden dauern.
Vom Feuer nehmen und Ingwerpulver damit vermischen. Möglichst große Porzellanplatten mit Öl bestreichen und darauf die Masse etwa 1 bis 2 cm dick ausbringen. Über Nacht erstarren lassen. In Würfel oder Streifchen schneiden, diese mit Schokoladeglasur dick überziehen. Auf geöltem Porzellan erkalten lassen.

SÜDWESTDEUTSCHLAND

SCHERBEN

Ein typisches Schmalzgebäck, wie man es vielerorts zur Fastnacht backt. Nach einem alten Familienrezept vom Hochrhein.

500 g Mehl
150 g Butter
3 Eßl. saurer Rahm
2 Eßl. Zucker
2 bis 3 Eßl. Rosenwasser
1 Prise Salz
2 Eier
3 Eigelb
Etwas Mehl zum Ausrollen
Schmalz oder ein anderes Ausbackfett
Einige Eßl. feiner Zucker

Alle Zutaten von Mehl bis Eigelbe zu einem glatten Teig verarbeiten. Eine Viertelstunde ruhenlassen.
Auf bemehltem Brett dünn ausrollen und mit der Rückseite eines Messers oder – besser – dem Kuchenrädchen Rechtecke von knapp Handgröße ausschneiden. Man kann auch Ovale ähnlicher Größe schneiden.
Im heißen Fett beidseitig goldgelb ausbacken. Noch warm mit Zucker bestreuen.

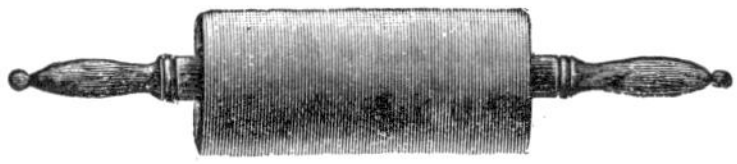

MARZIPANKARTOFFELN

Dies ist ein Kriegsrezept. Es wurde im Ersten Weltkrieg aufgeschrieben. Da es sehr schnell und in verschiedenen Landesteilen erschien, muß man annehmen, daß es bereits in vorhergegangenen Notzeiten entwickelt worden war.
Notzeiten hat es in Deutschland oft gegeben; man könnte ein ganzes Buch mit Kriegsrezepten füllen.

1 Tasse Grieß
1 Tasse Zucker
2 Päckchen Vanillinzucker
2 bis 3 Eßl. Milch
Einige Spritzer Rosenwasser
Einige Tropfen Bittermandelöl
Einige Eßl. Kakaopulver

Alle Zutaten bis Bittermandelöl gut miteinander vermischen. Kräftig kneten und dann die Masse zwei Stunden ruhenlassen. Sie wird besonders gut, wenn man den Zucker im Mörser sehr fein zerreibt. Aus der Masse kleine Bällchen formen, in Kakaopulver wälzen und nebeneinander einige Tage trocknen lassen. Anschließend kann man sie oben noch ein bißchen einschneiden, um ihnen ein schöneres Aussehen zu geben.

Nürnberger Eierzucker

Früher gehörte dieses Gebäck zu den Attraktionen des berühmten Christkindlemarktes, heute muß man lange danach suchen oder – es selber backen. Bitte aber schon drei bis vier Wochen vor Weihnachten, damit die «Eierzucker» zum Fest ihren vollen Wohlgeschmack entwickelt haben. Oder besteht der Wohlgeschmack mehr in der Einbildung? In den Vorweihnachtswochen werden alte Blechdosen zu wahren Schatzkisten. Nicht nur kindliche Phantasie malt sich immer wieder die Köstlichkeit ihres Plätzcheninhalts aus. Kein Wunder, daß er dann, wenn er endlich auf den Teller kommt, ein Aroma entwickelt, das geradewegs aus dem Himmel zu kommen scheint!

4 bis 5 Eier
1 kleine Prise Salz
500 g Zucker
1 Päckchen Vanillinzucker
Gut 500 g Mehl
2 bis 3 Teel. Arrak
1 Eßl. Butter
Speisefarben

Eier mit Salz, Zucker und Vanillinzucker schaumig rühren, was am besten mit den Rührbesen eines Elektrogerätes geht. Mehl sieben und nach und nach in die Masse mischen. Auch Arrak dazu. Gründlich verkneten, bis ein glatter Teig entstanden ist. Mindestens zwei Stunden stehenlassen.

Auf bemehltem Brett ca. 3 mm dick ausrollen. In geschnitzte Holzmodel drücken, Ränder abschneiden und ausgeformte Teigstücke im warmen Zimmer etwa zwei Tage trocknen lassen. Auf gebuttertem Backblech dann bei etwa 140° sehr hell backen.

Am nächsten Tag mit Speisefarben die aufgeprägten Muster bunt bemalen.

In Blechbüchsen einige Wochen aufheben.

FRANKEN

NÜRNBERGER LEBKUCHEN

Seit über 600 Jahren werden an der Pegnitz nachweislich Lebkuchen gebacken, nicht etwa nur von Hausfrauen oder Bäckern, sondern von Spezialisten, den Lebküchlern, die ihre eigene, exklusive Zunft hatten. Aus dem glücklichen Zusammentreffen vom Gewürzhandel der Nürnberger Pfeffersäcke (mittelalterliche Kaufleute) und der fränkischen Honigproduktion entstanden die Lebkuchen. Sie gehören heute zu den berühmtesten deutschen Spezialitäten. In Nord- und Ostdeutschland nennt man ähnliches Gebäck «Pfefferkuchen» oder «Honigkuchen». Dies ist keines der weltweit erfolgreichen Rezepte der Nürnberger Lebkuchenfabrikation, sondern eine Backanweisung, wie sie seit Generationen in einer aus der Lebkuchenstadt stammenden Familie weitergegeben wird.

„1 Pfund Mandeln feinwürfelig schneiden mit dem Wiegemesser, auf dem Backblech dunkelgelb rösten. 1 Pfund feinen Zucker mit 6-8 Dottern 1/4 Stunde rühren, dazu den Schnee noch 1/4 Stunde rühren. Dazu: 1/4 Pfund Orangeat, 1/4 Pfund Citronat, 7 g Zimt, 8 g Nelken, 1 Teel. Kardamom, 1 Citronenschale, 1/2 Teel. weißen Pfeffer, etwas Muskatblüte, 1 Pfund Mehl gut vermischen. 1 Nacht stehenlassen. And.(ern) Tags mit 1 Messerspitze Hirschhornsalz u. Mehl durchkneten, der Teig ist etwas schmierig. Mit in Wasser getauchtem Messer auf Oblaten streichen (kl. Rand stehenlassen!) Belegt mit halben Mandeln oder Citronat, bestaubt mit Puderzucker, sofort bei mäßiger Hitze backen.“ Backen bei etwa 175° etwa 20 Minuten.

Erfahrene Hobbybäckerinnen werden gemerkt haben, daß dies Rezept eine Art der berühmten Elisenlebkuchen beschreibt.

Walnussschnitten

Vor allem für große Familien wurde es recht kostspielig, Marzipan zu machen. So haben findige Mütter in Osterrode (dem bei Allenstein und nicht dem im Harz) als Weihnachtsgebäck die «Walnußschnitten» entwickelt. Wer sie einmal probiert hat, weiß, daß sie beileibe kein Ersatz sind.

250 g Puderzucker
375 g geriebene Walnüsse
2 Eier
250 g Puderzucker
2 Eßl. Wasser
2 Eßl. Zitronensaft

Puderzucker sieben und mit den geriebenen Walnußkernen vermischen. Geschlagene Eier dazugeben und einen glatten Teig kneten. Etwa 1 cm dick ausrollen und daraus Rauten oder Sterne ausstechen.

Auf ein gewachstes Backblech legen; einfacher geht es heute, wenn man Backtrennpapier benutzt.

Aus Puderzucker, Wasser und Zitronensaft eine dünnflüssige Glasur auf ganz kleiner Hitze rühren. Eventuell noch einen weiteren Eßlöffel Wasser oder Zitronensaft zugeben.

Walnußschnitten mit der Glasur bestreichen und im warmen (etwa 60°) Backofen trocknen lassen.

Getränke

Wer von deutschen Getränken spricht, denkt sofort an Bier. Und wer an Bier denkt, meint vor allem Bayern. Aber dort werden lediglich ein paar Liter mehr gebraut als in Nordrhein-Westfalen. In einer Pressenotiz des deutschen Brauerbundes aber steht, daß «Bier nach Kaffee das wichtigste Getränk der Deutschen ... ist». Vom Kaffee hätte wohl niemand diese Spitzenstellung erwartet. Dabei sind die so typisch deutschen Kaffeekränzchen der Damen aus Bierkränzchen hervorgegangen. Es ist genau nachzuweisen, daß sich die Frauen immer da zusammenfanden, wo gerade frisches Bier gebraut worden war, um es zu probieren und ein Kaffeekränzchen abzuhalten. Richtiger natürlich ein Bierkränzchen, denn das geschah bereits, ehe man Kaffee in deutschen Landen trank.
Heute trinken wir Deutschen mehr Bier als jedes andere Volk. Der Weinkonsum ist beträchtlich gestiegen. Weltmeister sind wir im Schaumweinverzehr. Die Vielfalt der Spirituosen ist kaum noch zu überschauen. Mineralwässer und Obstsäfte beherrschen die Sommermonate. Auch

die Milch und ihre Produkte behaupten sich noch ... aber von allen diesen Produkten soll in diesem Abschnitt nicht die Rede sein, sondern von den zubereiteten Getränken, die oft sehr typisch für verschiedene Landschaften sind. Auch werden einige Getränkespezialitäten erwähnt, die langsam der Vergessenheit anheimzufallen drohen. Die Zusammenstellung umfaßt alkoholische und alkoholfreie Getränke, ebenso heiße und kalte und auch einige alte Gesundheitstränklein.

SCHLESWIG-HOLSTEIN

ANGLER MUCK

Genau gesagt stammt dieses Getränk aus der Landschaft zwischen Schlei und Flensburger Förde, die man Angeln nennt (nach dem Volksstamm, der nach Britannien auswanderte, um berühmt zu werden, weil es von da an England = Angelnland hieß).

Rum und Wasser mischen, bis gerade vors Kochen bringen und dann mit Zitronensaft und Zucker abschmecken.
Heiß trinken. In Schleswig-Holstein kennt man spezielle kleine Gläser dafür.

Für 4 Personen:

1/4 l Rum
1/4 l Wasser
Saft von 2 bis 3 Zitronen
2 bis 4 Eßl. Zucker

NORDDEUTSCHLAND

GROG

Dafür gibt es eine ganz simple Grundregel: Rum muß, Zucker kann, Wasser braucht nicht. Auf Schiffen und Halligen gilt das noch immer. Im Binnenland allerdings kann sich niemand den Grog ohne Wasser vorstellen – und das ist bestimmt kein Fehler.
Wer Grog erfunden hat, bleibt dahingestellt. Zweifellos ist sein Name englisch; «Grog» war der Spitzname eines britischen Admirals, der seinen Seeleuten erstmals Rum mit Wasser verabreichen ließ. Was damals – es war in Westindien – fast zu einer Meuterei geführt hätte, ist an Deutschlands Küsten seit über hundert Jahren heißgeliebtes Kaltwettergetränk.

Zucker in ein Glas legen, mit heißem Wasser begießen und umrühren, bis sich der Zucker aufgelöst hat. Rum zugießen. Nochmals kurz umrühren.

1/3 bis 1/2 Rum
1/2 bis 2/3 kochendheißes Wasser
1 bis 3 Stück Würfelzucker

SCHLESWIG-HOLSTEIN

ANGLER MUCK KALT

1 kleine Flasche Zitronensprudel, süß
1/4 l Rum

Beide Getränke gut kühlen und miteinander mischen. Das kann in der Flasche geschehen oder auch in einzelnen Gläsern, in die man dann im Sommer gern noch Eiswürfel gibt.

Apropos: Früher müßte dieses Getränk eigentlich in Tassen serviert worden sein, denn «Muck» ist das niederdeutsche Wort für eine große Tasse; auf Segeljachten spricht man noch heute von den Mucken oder Muggen. Englisch: mug = Becher, Krug.

NIEDERSACHSEN

BRAUNSCHWEIGER MUMME

In einem alten Rezept steht: «Dieses Getränk ist ebenso angenehm als stärkend, besonders wenn es nüchtern getrunken wird.» «Braunschweiger Mumme», das Ausgangsgetränk, war früher nur ein dunkles, hopfenreiches Bier, das in Braunschweig gebraut wurde; heute bezeichnet man damit auch unvergorenen Malzextrakt.

Für 2 Personen:

1/2 l starke Mumme oder Malzbier
2 Teel. gestoßener Kandiszucker, weiß
2 bis 3 Eidotter

Das Bier langsam mit dem fein gestoßenen Kandiszucker, der weiß sein soll, erhitzen, umrühren und so lange kochen, bis der Zukker gelöst ist. Vom Feuer nehmen. Eidotter verkleppern und kurz mit einem Rührbesen in das heiße Getränk quirlen.

Apropos: In anderen Landschaften ist dies Getränk auch einfach als «Eierbier» bekannt. Es wird gern zimmerwarm getrunken.

NORDDEUTSCHLAND

EIERGROG

Zubereitung wie «Grog». Es wird zusätzlich ein Eigelb mit Zucker verquirlt, dann im Rumglas zusammen mit dem Rum verrührt und mit heißem Wasser aufgegossen. Dabei reduziert man gern den Wasseranteil, weil ja durch das Eigelb ein weiteres abschwächendes Element ins Glas kommt.

Hinweis: An der Küste hat man früher zuweilen den Rum durch Arrak ersetzt. Das ist möglich. Unmöglich ist jedoch, was findige Gastronomen zuweilen im Binnenland versuchen, den Übersee-Rum durch österreichischen Stroh-Rum zu ersetzen; das gibt nämlich einen abscheulichen Geschmack.

NIEDERSACHSEN

EIERBIER

3/4 l Bier
125 g weißer Kandiszucker
1 Stück Zimtstange
2 ganze Eier
2 Eigelbe

Kandiszucker in einem Mörser zerreiben, dann ins Bier schütten und dieses zusammen mit dem Zimt erhitzen. So lange rühren, bis der Zucker aufgelöst ist.

Die ganzen Eier zusammen mit den Eigelben schaumig schlagen. Unter ständigem Rühren in das Bier gießen. So lange weiterrühren, bis das Eierbier sehr heiß ist, und gleich servieren. Dabei Zimt herausfischen.

SINBOHNTJESOPP

Man nennt sie auch vereinfacht nur «Bohntjesopp», was soviel wie Bohnensuppe bedeutet. Es ist kein Ostfriesenwitz, daß dort Bohnensuppe ein äußerst beliebtes Getränk ist. Wo es noch ganz stilecht zugeht, wird sie in einer speziellen Zinnschüssel angeboten, und jeder Gast bedient sich daraus mit dem Löffel.
Der «echte» Anlaß ist die Geburt eines Kindes, zu dem die Gratulanten kommen und damit bewirtet werden.
Ein echter Ostfriesenvater setzt die «Bohntjesopp» schon gut zwei Monate vorher an.

300 g große Rosinen oder Sultaninen
50 bis 100 g Kandiszucker
1 Flasche Kornbranntwein

Rosinen waschen, sehr gut abtropfen lassen, damit kein Wasser den guten Korn verdirbt. Kandiszucker fein zerstoßen.
Rosinen in den Branntwein schütten, so viel Zucker wie gewünscht zugeben. Gefäß verschließen und einige Wochen ziehen lassen.
Man kann die «Sintbohntjesopp» auch in Tassen servieren oder in Gläsern; immer aber gehört ein Löffel(chen) dazu.
In einem der schönsten Barockhäuser Ostfrieslands, das in der Rathausstraße in Leer steht, kann man die «Sintbohntjesopp» auch fix und fertig kaufen; besonders schön sind die Glasgefäße, die mit blauem, kariertem Bauernleinen zugebunden sind.

KNICKEBEIN

Eine spirituöse Spielerei, die bis hin in die «Goldenen zwanziger Jahre» sehr beliebt war.

1/3 Maraschino
1 frisches Eigelb
1/3 Crème de Vanille (Likör)

Unbedingt ein schmales «Knickebein»-Glas nehmen, ersatzweise ein Sherry-Glas. Die Zutaten in der oben angegebenen Reihenfolge einfüllen, dabei aber so vorsichtig zu Werk gehen, daß alle drei getrennt voneinander im Glas stehen.
Das ist die deutsche Version des französischen «Pousse-Café».

Türkenblut

Eine Mischung, die in der zweiten Hälfte des 19. Jahrhunderts populär wurde.

In ein großes Weinglas (Bordeauxglas) füllt man zuerst den Rotwein und gießt mit dem Schaumwein auf.

1/3 dunkler Rotwein (Burgunder)
2/3 Sekt oder Champagner

Berlin

Weisse mit Schuss

Hamburg hat schon im 16. Jahrhundert dieses Bier «erfunden», zu einem weltberühmten Getränk aber wurde es in Berlin. Immerhin auch schon im 17. Jahrhundert. Es ist ein Bier aus Weizenmalz, das – so sagen die Genießer – vor allem durch das Berliner Wasser seinen Wohlgeschmack bekommt. Zusammen mit Sirup wird es zu einem unvergleichlich erfrischenden Sommergetränk. Was paßte besser zu den fröhlichen Gesellschaften in den Grunewald-Gartenlokalen oder auf die sommerlich eleganten Café-Terrassen des Kurfürstendamms als «Weiße mit Schuß» in Rosa oder Zartgrün!?
Wie die Mode der Damen, so wechselten die traditionellen Weiße-Gläser. So um 1850 herum trank man sie aus hohen Gläsern mit Klappdeckel. Dann kamen die Weißbierwannen, wahre Beidhänder mit einem Fassungsvermögen von 2/3 l. In der ersten Hälfte unseres Jahrhunderts fand man überall die großen, schalenförmigen Weißbierkelche. Jetzt gibt es die kleineren Weiße-Gläser, die wie eine Faust auf kurzem Glaswulst stehen.

Weiße gut kühlen. Sirup etwa 1 cm hoch auf den Boden des Glases gießen. Mit «Weiße» auffüllen. Es gibt sehr viel Schaum. Mit nicht zu dünnem Strohhalm servieren.
Man kann natürlich auch ohne Strohhalm trinken, vor allem, wenn sich der Schaum etwas gesetzt hat.

Berliner Weißbier
Himbeersirup oder Waldmeistersirup

Norderney

OSTFRIESLAND

KARSENBRANNTWEIN

So sehr die Ostfriesen ihren «Landwein» auch pur lieben, sie verwenden ihn zu einer ganzen Reihe von Spezialgetränken. Meistens sind das «Aufgesetzte», also Früchte mit Branntwein angesetzt.
Dieses Getränk müßte auf hochdeutsch «Kirschbranntwein» heißen. Man schätzt es vor allem im Sommer.

Reichlich 500 g saftige Sauerkirschen
1 l Kornbranntwein
400 bis 500 g Kandiszucker

Kirschen entsteinen, allen dabei austretenden Saft sorgfältig auffangen. Kirschen in eine große, weithalsige Karaffe oder Flasche füllen und den Branntwein zugießen. Verschließen und 3 bis 4 Wochen an einem nicht zu kühlen Ort stehen lassen. Gelegentlicher Sonnenschein schadet dem Gebräu nichts.
Kandiszucker grob zerkleinern, mit möglichst wenig kochendem Wasser übergießen und so lange stehen lassen, bis der Zucker aufgelöst und die Flüssigkeit abgekühlt ist.
Branntwein von den Sauerkirschen abgießen, diese leicht ausdrücken, dann wegwerfen. Den nun aromatisierten Branntwein mit dem Kandiswasser nach Geschmack süßen. Wieder

verschließen und nach einigen Ruhetagen genießen.

Hinweis: Andere Früchte können auf ähnliche Art mit Branntwein als «Aufgesetzte» zubereitet werden. Die Ostfriesen nehmen dabei gern Johannisbeeren, bei denen immer möglichst viel schwarze sein sollten.

Ratafia

Ratafia war bis gegen Ende des vorigen Jahrhunderts ein in weiten Teilen Europas sehr beliebtes, likörartiges Getränk. Das Rezept ist etwa 150 Jahre alt; in ihm ist noch «Ratavia» geschrieben. Ich habe die Mengen halbiert und in moderne Maße übertragen.

4 Flaschen Branntwein
1 l ausgepreßter Himbeersaft (kein Sirup)
1/4 l reiner Kirschsaft
1 kg Zucker

«Zum Ratafia nehme vier Bouteillen guten Branntwein, 1 l Himbeersaft, 1/4 l Kirschsaft und 1 kg Zucker.

Nachdem der Zucker in dem Saft gut aufgelöst ist, gieße den Branntwein dazu, und wenn er in einem dazu passenden Geschirr oder einer großen Flasche gut zugebunden geruht hat und schön hell geworden ist, dann binde ihn wieder auf, gieße ihn in einzelne Flaschen; diese werden zugepfropft und aufbewahrt.»

Ratafia von Sellerie

Originalrezept aus „Frauenzimmer Lexikon", Leipzig, 1773.

„Dazu nimmt man Sellerie-Saamen und etwas von den Wurzeln, wovon man den Salat macht, thut auf ein Pfund ein Maaß Branndtwein, und ein Viertelpfund Zucker dazu, läßt es in gelinder Wärme acht bis zehn Tage stehen, schüttelt das Gefäß, worinnen es steht, alle Tage um, filtriert es durch Löschpapier und verwahrt es in Flaschen."

Erklärungen:

- Maaß Brandtwein = 1 Liter
- gelinder Wärme = geheizter Raum, etwa Küche
- heute filtern wir nicht mehr durch Löschpapier, sondern nehmen eine Filtertüte

Ostpreußische Getränke

Mein erstes Erlebnis mit ihnen ist bezeichnend. Ich war damals noch Pennäler und wunderte mich, daß man den Schnaps in ziemlich großen Gläsern servierte, für das Bier jedoch relativ kleine Gefäße verwendete. Das erklärte man mir so: «Ja, Jungchen, wir wolln nich so viel Flissigkeit in'n Bauch kriejen.»
Keine Landschaft hat für die deutsche Getränkekarte einen so vielfältigen, hochprozentigen Beitrag geliefert wie Ostpreußen. Schon deshalb wird es unvergeßlich bleiben.
Die kommerziell hergestellten ostpreußischen Getränkespezialitäten sind bei der Beschreibung der Küche Ostpreußens erwähnt. Hier folgen jedoch einige Sonderzubereitungen.

OSTPREUSSEN

NIKOLASCHKA

Auch das ist eine der genialen Trink-Erfindungen unserer Landsleute in Masuren. Die Zitrone wirkt dem Alkohol entgegen und verlängert den Trinkgenuß, womit der Hauptzweck der Erfindung (für die Erfinder) erreicht war. Da der «Nikolaschka» außerdem noch vorzüglich schmeckt, hat er es bald zu nationalem und internationalem Ansehen gebracht.

Pro Person:

2 bis 4 cl Weinbrand
1 Scheibe Zitrone (quer geschnitten, Kerne entfernt, Schale nicht entfernt und ungespritzt)
1 Teel. Zucker

Bei diesem Weinbrandgenuß verzichte man tunlichst auf ein dickbauchiges Schwenkglas und bediene sich eines schmaleren Schnapsgläschens. Weinbrand einfüllen, Zitronenscheibe auflegen und darauf den Zucker placieren.
Zum Verzehr fasse man die Zitrone und befördere sie nebst Zuckerhäufchen in den Mund. Durchkauen und Weinbrand genüßlich darüberlaufen lassen. – Ob man die Zitronenschale anschließend schluckt oder sie diskret aus dem Mund und auf ein Tellerchen praktiziert, bleibt dem Genießer überlassen.

Wer diese Abfallbeseitigung unschicklich findet, der klappt die Zitronenscheibe zusammen und schiebt den so entstandenen Halbmond mit Zuckerfüllung so in den Mund, daß er den Innenteil abbeißen kann, während die Schale zwischen den Fingern zurückbleibt.
Abwandlung des Rezeptes: Auf den Zucker werden einige Körnchen grob gemahlenen Bohnenkaffees gestreut.

PILLKALLER

Das ist sicher die bekömmlichste Art, klare Schnäpse zu trinken: Das Fett erhöht die Standfestigkeit gegenüber dem Alkohol, der Alkohol verbessert die Verträglichkeit des Fettes, und der Senf schließlich macht immer wieder Appetit auf mehr von beidem.

4 cl Kornbranntwein
1 dicke Scheibe fette Leberwurst
1 Klacks Mostrich (Senf)

Dazu ein Schnapsglas mit möglichst engem Durchmesser; es darf dafür aber etwas höher sein.
Korn einfüllen, Wurstscheibe ohne Pelle auflegen und mit dem Mostrich nicht zu sparsam garnieren.
Beim Verzehr dieses Aufbaus angelt man sich mit spitzen Lippen zunächst die Leberwurst nebst Mostrich vom Glas, kaut einmal leicht durch, läßt dann den Schnaps darüberlaufen, schluckt ihn und kaut die Wurst genüßlich zu Ende.
Ungeübte brauchen ein Papierserviette, denn sie fassen die Wurstscheibe mit spitzen Fingern, um sie in den Mund zu schieben. Weiterer Ablauf wie oben beschrieben.

Apropos: Pillkallen war ehemals eine Kreisstadt nordöstlich von Gumbinnen; sie ist durch «ihren» Schnaps unsterblich.

Ostpreussen

Bärenfang Meschkinnes

Beide Namen bezeichnen das gleiche Getränk, der erste ist bekannter (bei uns), der zweite ist ostpreußischer.
«Bärenfang» gibt es heute fertig zu kaufen. In Ostpreußen wurde er in jedem Haus selbst gebraut.

Für 1 Flasche:

1 Tasse Wasser
1 Stück Zimtstange
1 Stück Vanilleschote, aufgeschlitzt
350 g flüssiger Honig
½ l Alkohol (96 % Weingeist aus der Apotheke)

Wasser mit den Gewürzen kurz aufkochen, dann abseihen.
Honig zugießen und auf kleinem Feuer so lange rühren, bis er gut gelöst ist. Etwas abkühlen lassen, Weingeist zugießen. Gut verrühren und in eine Flasche füllen. Verkorken und etwa zwei Wochen ruhenlassen, bevor man ihn genießt.
Eine Verfeinerung des Rezeptes ist möglich, wenn man das Wasser durch einen herben Weißwein ersetzt.
Je aromatischer der Honig ist, um so besser wird natürlich der «Bärenfang».

Ostpreussen, Memel

Russer Milchpunsch

Mit diesem «Rußer» Punsch wurde niemand angeschwärzt, es konnte unerfahrenen Fremden nach diesem weißfarbenen Getränk höchstens gelegentlich schwarz vor Augen werden. Ruß ist der Name eine Flüßchens im Memelland.

Für 4 Ostpreußen oder 8 Westdeutsche:

¼ l Arrak
½ l Rum
300 g Zucker
Schale einer Zitrone
1 Vanillestange, aufgeschlitzt
½ l Milch

Arrak, Rum und Zucker mit Zitronenschale und Vanille langsam bis kurz vor den Siedepunkt erhitzen.
Von der Feuerstelle nehmen und langsam die separat erhitzte Milch zugießen. Dabei mit dem Schneebesen schlagen, bis das Getränk schaumig wird.
Zitronenschale und Vanille herausnehmen.
Dieser «Milchpunsch» schmeckt auch eisgekühlt sehr gut.

VORPOMMERSCHER UMTRUNK

Dieses Getränk gehört zur einstmals sehr beliebten Gruppe der Pomeranzenbowlen. Heute ist der Name «Pomeranze» nur noch Kennern geläufig. Es handelt sich dabei um eine Bitter-Orange, die früher hauptsächlich aus Spanien eingeführt wurde und deshalb auch Sevilla-Orange hieß. Heute kennt man sie nur noch in verarbeiteter Form, z. B. in Orangenmarmelade, Curaçao-Likör oder als Orangeat. Eßbar ist die Frucht nicht. Nur mit Mühe kann man heute die getrockneten Schalen bekommen, die man für dieses Rezept braucht. Früher verwendete man frische Früchte, die man selbst schälte.

Gesellschaftliche Mittelpunkte waren in Pommern die Offizierscasinos der dort garnisonierten Regimenter. Außer Ähäh-Witzen haben sie eine ganze Reihe von Getränkerezepten hinterlassen. So auch dieses aus dem Büchlein «Bowlen und Pünsche zum Manöver- und Feldgebrauch der deutschen Armee», gesammelt aus den Kursen der Schießschule zu Jüterbog.

„Man lasse die feingeschälte Schale einer frischen, grünen Pomeranze in einem Glase Rotwein etwa eine halbe Stunde ziehen. Auf zwei Flaschen leichten, guten Rotspon eine Flasche herben Sekt und von der Pomeranzenessenz so viel hinzugethan, daß der Pomeranzengeschmack leicht durchkommt. – Die Bowle stärkt nicht nur die Leber, sondern auch Herz und Nieren und ist deshalb dem sonst üblichen Leberthran vorzuziehen."

Dreimal kurz gelacht! Ha, ha, ha!

KARDINAL UND BISCHOF

Zwei einstmals berühmte Getränke. Zubereitung wie vorhergehendes Rezept, jedoch ohne Pomeranze. «Bischof» mit Weißwein.

Königsberg

Ostpreussischer Maitrank

1 Flasche Burgunder (Volnay)
2 Flaschen leichter Sekt
2 Flaschen Porter (englisches Bier)
5 Glas Arrak
Geläuterter Zucker nach Belieben

Das Rezept stammt aus dem Getränke-Rezeptbuch des Offizierscasinos eines Feldartillerie-Regimentes; veröffentlicht 1905.

Alles miteinander in einer großen Karaffe vermischen. Kalt zu trinken und mit Eis servieren.

Deputatchen

Deputate an Naturalien spielten auf den großen Gütern eine wichtige Rolle. «Deputatchen» gab es im Dorfkrug.

Pro Person:

1 Glas klarer Schnaps
1 (kleines) Glas Bier

Und beides ist hintereinander zu trinken.

Ostpreussen

Klarer mit Punkt

1 Glas mit klarem Kornschnaps
Knapp 1 Teel. Himbeersirup

In den klaren Schnaps gießt man den roten Himbeersirup, sozusagen als i-Tüpfchen des Genusses.

*«Trink Wasser wie das liebe Vieh
und denk, es sei Krambambuli.»*

OSTPREUSSEN

KRAMBAMBULI

Das ist sozusagen ein klassisches deutsches Getränk. Zumindest war es eines, als die Kommersbücher noch stärker im Gebrauch waren, woraus jeder Herr Studiosus eingehende Kenntnisse über «Krambambuli» bezog.

Die Ostpreußen belegen dieses Getränk mit ihrem Ursprungszeichen. Diese Ursprungsangabe stimmt. In alten Lexika steht tatsächlich: «Crambambuli, eine Gattung Danziger Aquavits, die sehr stark und gut ist.»
Allerdings hat sich mit der Schreibweise so manches an diesem Getränk gewandelt. Wo sich die einzelnen Wandlungen vollzogen, bleibe dahingestellt. Selbst die frühen Angaben über den «Krambambuli» deuten darauf hin, daß es ein süßer Kräuterlikör war. Und der wiederum soll aus Polen stammen. In den letzten hundert Jahren jedenfalls wurde «Krambambuli» vorwiegend in die große Familie der Feuerzangenbowlen eingereiht.
Hier ist ein Rezept, das gegen Ende des 19. Jahrhunderts vom Casino des Kürassierregiments von Seydlitz mitgeteilt wurde:

„In ein blankes Metallgefäß gieße man nach Belieben Rotwein. Quer über das Gefäß lege man zwei silberne Löffel so, daß sie ein großes, voll mit Kognak oder gutem Rum getränktes Stück ausgehöhlten Hutzucker tragen können. Man zündet den Zucker an und läßt ihn herabtropfen, immer wieder mit einem Löffel (nicht mit der Flasche) Kognak und Rum daraufgießend, bis die Bowle süß genug bzw. der Zucker ganz geschmolzen ist. Der Kognak oder Rum muß, wenn auch in größerer Quantität verwendet, abbrennen und darf nicht ungebrannt in die Bowle tropfen. Vor dem Trinken füllt man noch einige Flaschen Sekt zu und serviert kalt."

Bowlen

Sie sind das deutsche Sommergetränk schlechthin und werden mit Früchten, Gemüsen und Blüten aromatisiert. Früher wurden sie sehr viel häufiger getrunken als heute. Damals waren eben die Weine auch noch saurer. In Nord-, Mittel- und Ostdeutschland lagen die hauptsächlichen Bowlenlandschaften; wobei es kein Zufall ist, daß gerade dort kein Wein wächst. Ich werde trotz der Bedeutung der Bowlen nur drei Einzelrezepte geben, dafür aber eine Anleitung, die für alle Bowlen gilt. Sie stammt von einem langjährigen Casino-Offizier in einem preußischen Garderegiment und wurde 1889 verfaßt – trifft jedoch heute noch bis aufs letzte Komma zu.

MAIBOWLE WALDMEISTERBOWLE

Beide Namen stehen gleichberechtigt für eine Bowle, die auch in den Weinlandschaften immer gern getrunken wurde. Wahrscheinlich, weil man sie als eine Art Frühlingsfeier betrachtete. Noch heute kann man das «Maikraut» oder «Waldmeister» kaufen – ab April. Im April ist die «Maibowle» am besten, weil das Kraut dann noch nicht blüht.

1 Bündel Maikraut (Waldmeister)
2 bis 3 Flaschen Weißwein, halbtrocken

Maikraut darf noch keine aufgegangenen Blüten haben. Es muß am Vortag gepflückt sein, damit die Blätter beim Gebrauch schon leicht welk sind und dadurch ihr volles Aroma besser entfalten.
Maikrautbündel mit einem Zwirnfaden an den Stielen zusammenbinden und mit den Blättern nach unten so in ein Glasgefäß mit 1/2 l Weißwein hängen, daß die Stiele nicht in der Flüssigkeit sind. Nach 10 bis 15 Minuten das Kraut herausnehmen und wegwerfen. Den aromatisierten Wein mit dem gut gekühlten Rest des Weines auffüllen. Servieren.

Da diese Bowle sehr leicht durch den Zusatz von Zucker verhunzt wird, kann man einen leicht süßen Wein dafür verwenden. Läßt man das «Maikraut» zu lange auslaugen, so kann das Getränk Schwindel und/oder Kopfschmerzen verursachen.
Zur Abwandlung der «Maibowle» – und zur Verbesserung, wie manche behaupten – kann man noch einige Scheiben Apfelsine mit ungespritzter Schale hineinlegen.
Für Kinder bereitet man «Maibowle» auch mit Apfelsaft zu; oder «Waldmeister-Milch» nach dem gleichen Rezept.

MARK BRANDENBURG

HOLUNDERWEIN

Im alten, handgeschriebenen Rezept steht noch «Hollunderwein» und «Hollbeeren».

10 kg Holunderbeeren
Etwa 2 kg Zucker
100 g Ingwer
20 g Nelken

Holunderbeeren abstreifen und mit 10 l Wasser etwa 1/2 Stunde kochen. Durch eine Saftpresse geben. Den Saft klären, indem man ihn, nachdem er sich gesetzt hat, durch ein feines, mit Mull ausgelegtes Sieb gießt.
Pro Liter Saft setzt man nun 300 g Zucker zu, gibt zur Gesamtmenge den Ingwer und die Nelken und läßt gut 15 Minuten kochen.
Abgekühlt, wird die Flüssigkeit im Glasballon oder Faß zum Gären gebracht. Dabei muß die Öffnung offen bleiben. Nach 6 bis 8 Wochen kann man den Wein vorsichtig vom Bodensatz abziehen (oder abgießen) und auf Flaschen füllen, die man verschließt.
Der Geschmack dieses oder anderer Obstweine ist bei sachgerechter Herstellung so gut, daß darunter die Bekömmlichkeit etwas leidet, was man aber meist erst am nächsten Morgen feststellt.

Grundregeln zur Bowlenbereitung

1. Laß dir nicht von guten Freunden und getreuen Nachbarn hineinreden, sondern braue deine Bowle allein. Denn stets gibt es einen, dem sie zu sauer, einen andern, dem sie zu süß wurde; einem dritten hat sie zu wenig gezogen, und wieder einem ist sie zu stark geworden. Hört man auf solche Einrede, so wird gekünstelt, nachgezuckert, womöglich gar Madeira oder Kognak hinzugefügt, daß das Resultat schlimmer ist als der Bomster Wein[1] *in seinen schlechtesten Jahrgängen.*
2. Man nehme im allgemeinen nur leichte und reine Weine, da ja mehr als gewöhnlich getrunken werden soll, und prüfe jede Flasche, damit kein Wein in die Bowle kommt, der nach Pfropfen schmeckt.
3. Wenn man überhaupt Zucker verwendet, so löse man Stückenzucker in klarem Brunnenwasser auf und versüße mit dieser Zuckerlösung; es kann nämlich leicht vorkommen, daß die Bowle trübe wird, wenn man gestoßenen Zucker verwendet.
4. Alle Zutaten, welche das Aroma geben sollen, nehme man nicht zu reichlich; die Bowle soll immer noch Wein bleiben, und das Maß des Duftes muß so gehalten sein wie bei einer vornehmen Dame die Parfümierung. Besonders sollen Erdbeer- und Pfirsich-Bowlen klare Getränke bleiben, nicht aber das Aussehen von Spülwasser bekommen.
5. Hält man die Bowle nach leichtem Umrühren für genügend durchzogen, so gießt man bei Damenbowlen zur Regelung der Süßigkeit Zucker zu und stellt sie kalt. Man vermeidet das Hineinwerfen von Eisstückchen und kühlt lieber in einem Eisbad oder durch die Verdunstungskälte eines nassen, um die Bowle gewickelten Tuches. Zur Abkühlung einer größeren Bowle[2] *bedient man sich eines umfangreicheren Gefäßes als die Bowle selbst. In dieses stelle man die Bowle und fülle den Zwischenraum mit zerschlagenem Eis.»*

[1] «Bomster Wein» war ein schlesisches Gewächs und wegen seiner Säure berühmt. Im Jahr, als das Bowlentraktat geschrieben wurde, war er besonders schlimm, so daß Johannes Trojan von ihm schrieb: *«Diamanten werden sogleich, in ihn hineingelegt, pflaumenweich. Dieses vergiß nicht, falls du kommst in diesem Winter einmal nach Bomst.»*

[2] «Kühlung der Bowle» ist immer noch ein Problem, weil die großen Gefäße nicht in den Kühlschrank passen. Allerdings gibt es heute kleine, eingeschweißte Kühlelemente, die man bedenkenlos als Einlage verwenden kann.

Kalte Ente

Seit vielen Jahrzehnten ein sehr beliebtes Sommergetränk.

1 Flasche herber Weißwein
1 Flasche Sekt
Schale einer Zitrone (ungespritzt)

Den gekühlten Weißwein in eine hohe, schlanke Weinkanne aus Glas füllen. Sekt weiter sehr gut kühlen. Zitronenschale zu einer Spirale abschneiden und diese in den Wein hängen. Nach 10 bis 15 Minuten abschmecken, ob der Wein bereits genügend Zitronenaroma aufgenommen hat. Entweder noch etwas ziehen lassen oder mit dem eiskalten Sekt auffüllen.

In Bowlen- oder Weingläsern servieren.

Es gab schon immer Leute, die dem Wein noch etwas Läuterzucker zugefügt haben. Diesen sei empfohlen, jetzt einen normalen Weißwein und dann noch einen «trockenen» Sekt zu nehmen, dann bekommen sie ein Getränk, das trotz der Zitrone noch immer süß genug ist.

Hinweis: Die Glaskanne mit dem ziehenden Weißwein stellt man gern in eine Schüssel mit Eiswürfeln, damit das Getränk kalt bleibt.

Apropos: Die «Kalte Ente» soll in Koblenz von einem General namens Von Pape erfunden worden sein. Besagter Herr gehörte zur Tafelrunde Kaiser Wilhelms I., die häufig im Schloß tagte. Wenn alle anderen nach dem Dessert einen Mokka tranken, richtete sich der General das Getränk, das wir heute als «Kalte Ente» kennen. Nach dem Grund für diese damals absonderliche Sitte gefragt, soll er geantwortet haben: «Nach einem warmen Essen liebe ich ein kaltes Ende.» Und da brauchte der Volksmund nur noch das «d» durch ein «t» zu ersetzen, um einen Namen für das Getränk zu prägen.

SCHLESWIG-HOLSTEIN

PHARISÄER

In Norddeutschland standen die Pastoren in hohem Ansehen. Das konnte aber nicht verhindern, daß es auch bittere Fehden mit Fischern und Bauern gab. Die braven Landleute meinten: «Beeter en lüttjen Seever (Rausch) as en lütt Fever.» – Viele Pastoren kämpften gegen übermäßigen Schnapskonsum. So wird von einem Pastor Koch berichtet, der im vorigen Jahrhundert auf Hallig Hooge allen Branntwein, dessen er habhaft werden konnte, eigenhändig ausgoß. Die Halligbewohner verfielen auf den Ausweg, ihn nur noch in Kruken zu bestellen, auf denen «Essig» stand.
So um die Mitte des 19. Jahrhunderts gab es auch auf Nordstrand, einer der Nordfriesischen Inseln, einen sehr antialkoholischen Pastor. Ansonsten war der geistliche Herr recht leutselig und setzte sich gern zu seinen Pfarrkindern in den Krug. Dabei bereitete es ihm großes Wohlbehagen, daß alle brav nur Kaffee tranken. Eines schönen Abends jedoch hatte sich der Pastor so in Eifer geredet, daß er versehentlich seines Nachbarn Kaffeetasse ergriff. Und da merkte er, daß sich im Kaffee und unter der Sahnehaube Rum verbarg. Empört blickte er in die Runde und jammerte: «O ihr Pharisäer!»

Pro Person:

Gut ½ Tasse Bohnenkaffee, heiß
2 bis 4 cl Rum
1 bis 3 Teel. Zucker
1 bis 2 Eßl. steifgeschlagene Sahne

Bohnenkaffee in Tasse gießen. Angewärmten Rum und Zucker dazu, kurz umrühren. Schlagsahnehaube aufsetzen.
Um den rechten Genuß zu haben, wird nach der Sahnezugabe nicht mehr umgerührt; man schlürft das Getränk durch die Sahne.

MUCKEFUCK

Dieses Getränk aus geröstetem Gerstenmalz, auch «Spitzbohnen» genannt, wurde natürlich nicht nur in Berlin getrunken. Die Bewohner dieser Stadt haben nur den schönen Namen erfunden, welcher eine Verbalhornung des französischen «mocca faux» = «falscher Mokka» ist.

Wer «Muckefuck» probieren will, der kann ihn heute als sofortlöslichen Extrakt kaufen. Früher wurden die Körner nicht zu fein gemahlen und mit kochendem Wasser überbrüht. Dazu Zucker und Milch nach Geschmack.
Herzklopfen bekommt man nach «Muckefuck» bestimmt nicht, und auch die Nachtruhe beeinträchtigt er nie.

HOPPELPOPPEL

Ein Kräftigungsmittel, das Großmutters Opa bekam, wenn ihn eine Krankheit geschwächt hatte. Wie jedoch dieses Hausmittel und die Berliner Kartoffelpfanne zu dem gleichen Namen kamen, das hat keine unserer Großmütter je verraten.

½ l starker, heißer Tee
75 g weißer Kandiszucker
½ l süße Sahne
4 Eigelb
Knapp ¼ l Arrak oder Rum

Den Tee mit Kandis süßen, wobei man ihn eine ganze Weile rühren muß, bis sich der Kandis löst.
Die Sahne mit den Eigelben und dem Arrak (oder Rum) mit dem Schneebesen gut verrühren. Den Tee dazugeben und alles unter ständigem Schlagen im Wasserbad erhitzen. So heiß wie möglich trinken.
Hinweis: So süß und angenehm diese Medizin auch war, sie durfte natürlich nicht auf einmal geschluckt werden. Entweder machte die ganze Familie die Kur freiwillig mit, oder Großmutters Opa hatte den ganzen Tag und die halbe Nacht daran zu schlürfen.

Ostfriesentee

Es gibt in Ostfriesland eine echte Teezeremonie, deren Ritus man unter den riesigen Reetdächern der Bauernhäuser ebenso beachtet wie in Stadtwohnungen, Wasserburgen oder guten Restaurants. Mir ist das Ergebnis dieser ostfriesischen Zeremonie viel lieber als die berühmte japanische Teezeremonie, die allenfalls durch ihre Fremdartigkeit beeindruckt. Lernen wir von den vielgeschmähten Ostfriesen Teekultur!

Dazu braucht man:

- *kräftige ostfriesische Teemischung*
- *weiches Wasser ohne Chlor (evtl. aus Flaschen)*
- *Porzellan-Teekanne*
- *dünnwandige Teetassen aus Porzellan*
- *ein «Teestowke», also einen kleinen, mit einer Kerze beheizten Wärmeuntersatz*
- *weißen Kandiszucker in möglichst großen Klumpen*
- *ein kleines Schälchen für die Sahne*
- *einen speziellen Sahnelöffel, der flach und rund ist*

Pro Tasse Tee:

1 Teel. ostfriesische Teemischung plus einen Extra-Teel. «für die Kanne»
Weißer Kandiszucker
Frische süße Sahne

Teekanne mit heißem Wasser vorwärmen, dieses wegschütten und die gehörige Menge Teeblätter in die Kanne geben.
Mit kochendem Wasser übergießen. Kanne zudecken und auf das «Stowke» stellen. Tee etwa 4 Minuten ziehen lassen.
In jede Tasse ein «Kluntje», großes Stück Kandiszucker, legen (oder mehrere kleine), heißen Tee darübergießen. Dabei muß man ein zartes Knistern hören. Mit dem Sahnelöffel ein kleines «Wulkje» (Wölkchen) Sahne setzen; auf keinen Fall umrühren.
Auf diese Art und Weise hat man drei verschiedene Teegenüsse aus der gleichen Tasse: zuerst den etwas bitteren, reinen Tee, dann die Sahne, die sich ganz sacht wie ein neues Thema durch die Geschmackskomposition zieht, und drittens kommt dann noch die zurückhaltende Süße des Kandiszuckers hinzu.
Natürlich wird zum ostfriesischen Tee auch ein Löffel serviert, der jedoch nur einen Zweck hat: Man stellt ihn in die Tasse, wenn man andeuten will, daß man keinen Tee mehr möchte.
Die Kandiszuckerstücke sollen so groß sein, daß eines für mindestens zwei, besser noch für drei Tassen reicht. Brauner Kandis hat zuviel Karamelgeschmack und würde die Reinheit des Tees beeinträchtigen, deshalb kommt nur weißer in Frage. Früher gab es in Ostfriesland den Kandiszucker vorwiegend in einer heute unbekannten Handelsform: er war um einen

Faden herum erstarrt und kam als eine dünne Girlande in den Handel. Die Kolonialwarenhändler zwickten je nach Wunsch ein kürzeres oder längeres Stück ab. Man konnte buchstäblich Kandiszucker am laufenden Meter kaufen. Die Kolonialwarenhändler nannte man noch bis in die Zeit zwischen den beiden Kriegen in ländlichen Gegenden Ostfrieslands «Kluntjeskniper», also «Kandiszuckerabzwikker».

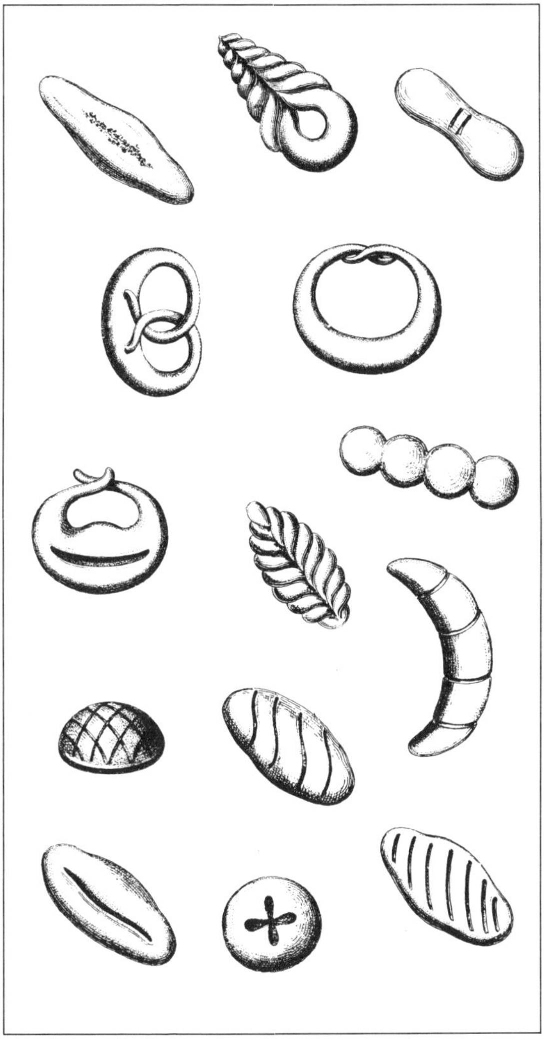

Heisser Äppelwoin

Was so ein echter Frankfurter von altem Schrot und Korn ist, für den gibt es gegen Erkältung nur ein Mittel, das zudem noch den Vorteil hat, gut zu schmecken.

Pro Portion:

Ein knapper halber Liter Apfelwein
2 bis 3 cm Zimtstange
1 Nelke
1 Scheibe Zitrone mit ungespritzter Schale
1 bis 3 Eßl. Zucker

Apfelwein mit Zimt, Nelke und Zitronenscheibe langsam erhitzen. Nicht kochen, sondern nur etwa 5 Minuten ziehen lassen. Mit Zucker nach persönlichem Gusto abschmekken. Durch ein Sieb ins Glas gießen und so heiß wie möglich trinken.
Diese Kur kann mehrmals wiederholt werden. Allerdings sollte man ein schönes Rippchen oder einen Haspel zwischendurch essen. Für alle, die es noch nicht wissen: Haspel ist die Frankfurter Form des Eisbeins.

Apropos: Mit jedem schwäbischen Most oder auch herben Weißwein läßt sich dieses Getränk ebenfalls zubereiten.

Kulinarische Eigenheiten der verschiedenen Regionen

STAATEN-ÜBERSIC

0 50 100 150 200 Kilometer Maßs
(100 Kilometer in

ON DEUTSCHLAND

N:o 62

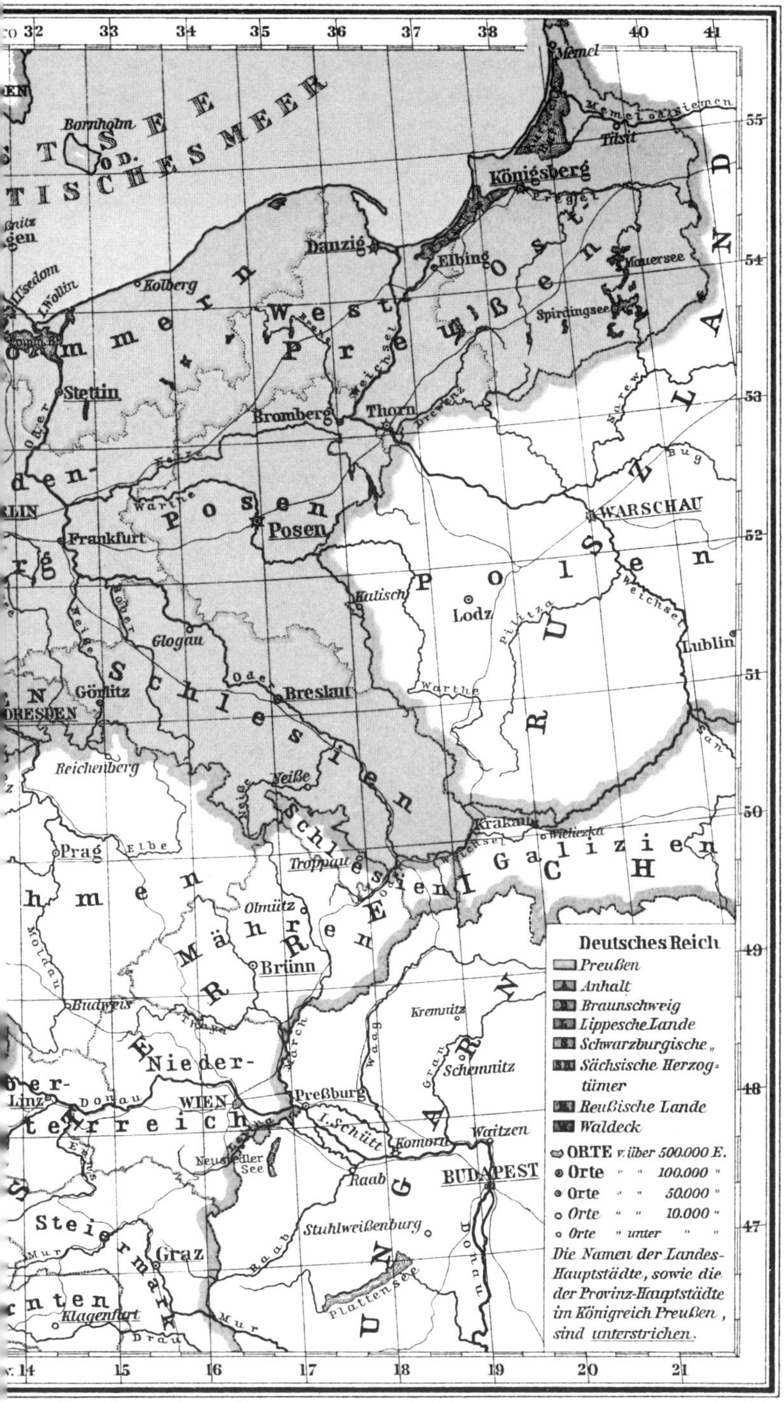

.000 10 0 10 20 Deutsche Meilen (15=1°)

auf der Karte.)

Bayern

Die Eigenständigkeit der bayerischen Küche geht eindeutig aus der Tatsache hervor, daß es im deutschen Sprachgebrauch eine kulinarische Grenzlinie gibt, den Weißwurst-Äquator. Eine innerdeutsche Nord-Süd-Grenze, der eine bayerische Spezialität den Namen gegeben hat. Die Achtung vor dem Weißwurst-Äquator ist es, die mich veranlaßt hat, hier einmal der politischen Ländereinteilung zu folgen. Auch für Bayern umgrenzt sie kein Gebiet einheitlicher Koch-, Eß- und Trinkgewohnheiten. Im Norden des Bundeslandes führt Franken teilweise ein kulinarisches Eigenleben. Auch innerhalb der urbayerischen Landschaften gibt es erhebliche geschmackliche Unterschiede zwischen armen Gegenden und solchen, die von der Natur verwöhnt sind. So mußten sich in der kargen Oberpfalz andere kulinarische Gewohnheiten entwickeln wie etwa im reichen Niederbayern. Die Stadt München hat aber nie den gesamtbayerischen Boden der Gaumengenüsse verlassen. Dieser Boden ist bäuerlich. An Hauptgerichten hat die bayerische Bauernküche keine gesamtdeutschen Leistungen hervorgebracht, wohl aber bei dem, was man unter dem Begriff «Schmankerl» zusammenfassen kann, bei den kleineren Genüssen, die man besonders zwischendurch gern verzehrt. Was dem Schwaben sein Vesper, das ist dem Bayern die Brotzeit. Bei der allerdings ist entscheidend, was es alles zum Brot gibt.

Der Marktplatz
in München

Da sind zunächst einmal die Würste. Voran die bereits zitierte Weißwurst, die ihre Entstehung einem Zufall verdankt und nach guter alter Sitte das Zwölf-Uhr-Läuten nicht hören darf, also frisch verzehrt werden muß und ohne viel süßen Senf undenkbar ist. An Ruhm stehen ihr die «Nürnberger Rostbratwürste» kaum nach, die sowohl gebraten mit Kraut als auch gekocht in saurer Brühe vorzüglich schmecken. Die dickeren «Regensburger» können die Ehre für sich in Anspruch nehmen, die ältesten urkundlich belegten deutschen Würste überhaupt zu sein. Dann kommen noch die anderen Wurstkonsorten hinzu: «Bauernseufzer», «Stadtwürste», «Gelegter», «Preßsack», «Milzwurst», «Wollwürste» und die «Leoni», bei der unsere bajuwarischen Landsleute unbekümmert die Stadt Lyon mundgerecht machen, indem sie sie in ein Dorf am Starnberger See umtaufen. Auch beim «Leberkäs» stört es niemanden, daß kein Gramm Leber drin ist. Nun hat aber in Bayern – und das trifft hauptsächlich auf Gewohnheiten vergangener Jahrzehnte zu – die Wurst nie die einzige Hauptrolle beim zweiten Frühstück, bei der Brotzeit, gespielt. Hier mußten die Lehrbuben auch zusammengekochte Voressen vom Metzger holen, wie etwa «Züngerl», «Saure Leber» oder «Eingemachte Kutteln». Wir sehen, beim Weißwurst-Äquator spielen nicht nur die Weißwürste eine Rolle, sondern auch die Innereien. Südlich davon ißt man sie lieber. Bayern gar hat eine wahre Leidenschaft dafür entwickelt. Nirgendwo sonst verspeist man so gern Milz oder Herz oder Lunge. Bei Leber, Nieren und Kutteln müssen sich die Bayern die Genüsse mit ihren südwestlichen Nachbarn in Schwaben und Baden teilen. Vergessen wir nicht, daß Bayern auch Käseland ist. Ureigen sind ihm der «Allgäuer Emmentaler» oder der «Backsteinkäs», verschiedene «Bierkäse» und vor allem der «Weißlacker». Es ist unbegreiflich, daß der «Weißlacker» nie über die weiß-blauen Grenzpfähle hinaus

Die Küche im Wittelsbacher Palast zu München

populär wurde. Vor allem haben wir in diesem würfeligen, pikanten Käse eine echte deutsche Spezialität; er war immer bodenständig und ist es noch heute. «Schweinshaxen» und «Wammerl» sind inzwischen bundesweit bekannt und gelten als Zeugen für die bajuwarische Liebe zu Schweinernem. Da trügt allerdings der Schein: Bayern scheint mir viel stärker dem Rindfleisch zuzuneigen, jedenfalls was die Häufigkeit des Verzehrs betrifft. Früher sagte man, das haben mir viele urbayerische Freunde bestätigt: werktags Rind, sonntags Schwein. Noch immer ist der Schweinsbraten als köstlicher und festlicher Fleischgenuß in hohem Ansehen.
Die Gemüseplatte wird eindeutig vom Kraut beherrscht. Kraut, eingesalzen, frisch als Salat oder geschmort, gekocht oder gedünstet, ist des Bayern Freude und – Alltagskost. Selbst zu «Reiberdatschi» (Kartoffelpuffer) ißt er Sauerkraut. Zum Bier und zwischendurch schwärmt er auch für einen Rettich, den er liebevoll «Radi» nennt und sehr kunstgerecht aufzuschneiden weiß.
Weil die vielen Brotzeiten natürlich nicht ohne Brot oder Brötchen auskommen, wurde, ihrer Häufigkeit entsprechend, auch eine Vielzahl von Gebäck erfunden: «Eierweckel», «Kaisersemmeln», «Maurerloabe», «Mohnweckerl», «Rasperl», «Semmeln», «Römische», «Salzstangen» und «Brezn».
Bei allen bayerischen Spezialitäten ist, so scheint mir, die Größe der Portion mindestens so wichtig wie die Geschmacksqualität. Der Bayer liebt's halt groß. Bei den Bierkrügen ebenso wie beim Essen. Einer der Münchner Künstler

Partenkirchen

– und Künstler sind natürlich immer ein wenig suspekt – hat mir verraten, daß selbst die vielen Köchinnen, die sich die Münchner hundert Jahre lang aus Böhmen holten, die Kochkunst nicht mit irgendwelchem Raffinement hätten ausstatten können. Und er müßte es eigentlich beurteilen können, er ist einer von der immer seltener werdenden Spezies der Ur-Münchner.
Die bayerische Küche ist selbstverständlich eine Bierküche, obwohl man im Norden Deutschlands sehr viel mehr mit oder in Bier kocht als an der Isar. Aber «Bayerisches Bier» hat nun wirklich Weltruhm. Echte Biergeschworene bedauern allerdings den Niedergang, den sie in der aussterbenden Vielfalt der Biere sehen. Früher hatte jedes Dorf seine eigene Brauerei, von den wenigen, die noch existieren, gehören die meisten Großkonzernen. In München soll es nur noch zwei echte Privatbrauereien geben. Natürlich kann es auch sein, daß viele Wirte selbst in Bayern dem Bier nicht mehr die Sorg-

falt widmen, die unbedingt nötig ist, damit es schmeckt. Zurzeit bedroht die Europäische Gemeinschaft den bayerischen – und deutschen – Biergenuß; das Reinheitsgebot, das Anno 1516 in Bayern erlassen wurde, immer bestand und heute für die gesamte Bundesrepublik gilt, soll aufgehoben werden. Hier kämpft ganz Deutschland mit den Bayern gegen den Rest Europas. Diesen gänzlich unblutigen Kampf sollten wir endlich einmal gewinnen.
Die nördlichsten bayerischen Landesteile stecken in ähnlichen Auseinandersetzungen. Dabei geht es allerdings um Wein, Frankenwein und seine Bocksbeutelflaschen. In Portugal werden sie sträflich kopiert, das Ansehen der Frankenweine ist in der ganzen Welt bedroht. Sollten sie an ihren Bocksbeutelflaschen festhalten, so werden es die Portugiesen schwer haben, in die EG einzutreten. Nun sind wir bei der Weinküche Bayerns und in Franken. Weinküche, das trifft in reiner Form nur für die nördlichen Teile

Ingolstadt

Frankens zu. Weiter nach Süden trinkt man wieder mehr Bier. Und was für Bier! Aus Franken stammen solche Berühmtheiten wie das «Bamberger Rauchbier» oder der «Kulmbacher Eisbock», beide einzigartig, das eine wegen seines aromatischen Rauchgeschmacks, das andere als stärkstes Bier überhaupt.

Es gibt viele kulinarische Gemeinsamkeit zwischen Franken und Alt-Bayern. Bei den Würsten haben wir sie schon erwähnt. Die Knödelleidenschaft ist ebenfalls gesamtbayrisch, wenn man auch in Franken mehr Kartoffeln dafür verwendet.

In der fränkischen Küche schätzt man zwar das Kraut auch, setzt aber noch eine größere Fülle frischer Gemüse zusätzlich auf den Tisch. Ohne die Liebe zu Gemüsen hätte – und damit wird eine der großen deutschen Spezialitäten angesprochen – «Pichelsteiner» nie geschaffen werden können. Franken gehört zu den wichtigsten Gemüsegärten Deutschlands. Beim Knoblauch und Meerrettich steht es einsam an der Spitze der Erzeugung. Unbestreitbar ist die fränkische Küche abwechslungsreicher, ja fast ein wenig moderner als die alt-bayrische. So wie Menschen und Landschaft etwas leichter im Charakter sind, so ist es auch die Küche. Wie wichtig man schon immer die Gaumengenüsse nahm, bezeugt eine Briefstelle: «Jede Dame aus unserem Kreis muß allabendlich ein Gericht in meiner Küche kochen, die ich reizend eingerichtet habe.» Geschrieben 1732 von der Markgräfin Wilhelmine von Bayreuth an ihren Bruder Friedrich den Großen.

Zu den echten Genüssen Frankens zählen auch die Fische aus Flüssen und Seen, vor

Regensburg

allem die Karpfen. Die Alt-Bayern können allerdings auch vor den verwöhntesten Feinschmeckern mit ihren Trüschen und Renken bestehen, ganz zu schweigen von der seltenen Spezialität «Isar-Huchen». Bei den «Schwammerln» (Pilzen) liegen Franken und Alt-Bayern ebenfalls gleichauf. Ebenso bei Wild, dessen Genuß in unzähligen Wilddiebromanen beschrieben wird.
Einmalig sind dann wieder die fränkischen, die «Nürnberger Lebkuchen». Alte Kaufmannstradition half dieses würzige Gebäck schaffen, das noch immer eine der ganz großen deutschen Spezialitäten ist.
Die Küche Bayerns ist eine Bauernküche mit einiger Weltgeltung. Meine geschätzte Kollegin Erna Horn glaubt nachweisen zu können, daß Bayern die erste «Hochküche» Mitteleuropas besaß. Vor Frankreich und ebenfalls aus Italien importiert.

Rezepte

Suppen

Salate und kleine Gerichte

Fisch

Schlachtfleisch

Wild

Saucen

Klöße, Knödel und andere Beilagen

Gemüse, Kartoffeln und Eintöpfe

Nachspeisen

Allerlei Backwerk

Mitteldeutschland

Sachsen und Thüringen sind die Gebiete, die hier betrachtet werden. Dabei ist Sachsen in der weitesten Ausdehnung seiner wechselvollen Geschichte gemeint, schließt also auch Magdeburg ein. Schlesien und die Umgebung Berlins werden gesondert behandelt.
Ich muß ehrlich gestehen, daß ich nach dem Krieg nicht mehr in Mitteldeutschland war. Alle kulinarischen Anmerkungen beziehen sich also auf Erfahrungen früherer Jahrzehnte oder auf Erzählungen und Berichte und Briefe von Freunden und Verwandten aus diesen Landschaften.
Mit Thüringen verbinden mich besonders viele Jugenderinnerungen; meine Großeltern lebten dort. Den Inbegriff thüringischer Genüsse sehe ich in folgendem Erinnerungsbild: Sommerabend in Ilmenau. Am Bahnhof «Ilmenau-Bad» berührte der mächtige Thüringer Wald die kleine Stadt. Blumenrabatten, eingefriedete Rasenflächen, Kieswege und eine Konzertmuschel bildeten die Zwischenzone. Und sobald die Klänge einer Kapelle am Waldrand entlangwehten, zog es die Familien dorthin. Bier wurde im Freien ausgeschenkt, Tische und Bänke gab es auch. Niemand hielt es lange beim Promenieren aus, denn es standen allenthalben Holzkohlenroste in der Gegend, von denen stiegen Rauchschwaden auf und ein köstlicher Duft, der für mich immer der Lebenshauch Thüringens sein wird: Bratwurstduft. Vom Rost hob der

Metzger die leicht braungekohlten Würste mit einer Zange ab und legte sie in eine aufgeschnittene, längliche Semmel. Die Bratwurst war natürlich viel länger und hing an beiden Seiten darüber hinaus. Aufgeplatzt war sie auch an einigen Stellen, so daß sich der Mostrich, den man daraufstrich, mit dem Wurstsaft wunderbar vermischte. Und dann wurde geschmaust, daß das Fett nur so tröpfelte. Bier gab es dazu, von dem auch wir Kinder nippen durften. Blasmusik und Waldluft rundeten die wunderbare Sinfonie Thüringer Lebens ab. Vor wenigen Tagen habe ich mit einem alten Metzger, der aus Thüringen zu Besuch gekommen war, Hausschlachter-Wurst gemacht; er hat mir erzählt, daß noch immer die Bratroste in den Straßen und Anlagen stehen. Wie gut die Thüringer Würste sind, das hat er mir gezeigt, hat kräftig gewürzt mit Kümmel und Majoran und Koriander: Knackwürste, Leberwürste, Blutwürste und Mett.

Dresden, Stich von Albert H. Payne

Mit kulinarischem Überfluß allerdings scheint Thüringen nie gesegnet gewesen zu sein. Wie hätte es sonst sein können, daß der Herr Minister Goethe aus Weimar der Mutter und Freunden so viele Bettelbriefe um Zusendung von Speisen und Getränken schrieb!? Die Kartoffel vertrieb den Hunger aus den armen Landstrichen. Sehr bald wurde der Thüringer Kloß das heißgeliebte Kartoffelgericht in weitem Umkreis. Dazu gab es Wild und Waldbeeren in Hülle und Fülle; besondere Zubereitungsarten wurden dafür nicht entwickelt. Darob sollte man den Thüringern keinen Vorwurf machen, denn gerade Pilze und Beeren sind frisch von so köstlichem Eigengeschmack, daß alles erfindungsreiche Zutun eigentlich Verfälschung sein muß. Ähnliches gilt für das Wild des Landes und dessen Genuß. Dafür haben die Thüringerinnen ihre Backkunst mit Eifer und Erfolg geübt. Nirgendwo gibt es so große, saftige Blechkuchen mit Obst und Butterguß wie in Thüringen. – Oder sagen wir einschränkend: wie sie in Thüringen gang und gäbe waren. Während die thüringische Küche einerseits der fränkischen verwandt ist, hat sie natürlich andererseits auch viel mit der sächsischen gemeinsam. Die herrlichen Kuchen gehören dazu und die Pilze; die Klöße auch.
Die Sachsen haben der deutschen Küche das wohl stolzeste Gebäck geschenkt, den «Dresdner Christstollen». Ein deutsches Weihnachten ohne Christstollen wäre gar nicht mehr denkbar. Ausgewanderten Deutschen kann man die größte Freude machen, wenn man ihnen zum Fest einen echten Stollen aus der Heimat schickt.

Leipzig, Stich von Georg M. Kurz

Die sächsische Küche hat allerdings ein janusköpfiges Gesicht: einerseits ist sie üppig, andererseits karg. Im «Leipziger Allerlei» haben wir eine der aufwendigsten (und köstlichsten) deutschen Spezialitäten. Aber auch dünner Mehl- oder Hirsebrei gehörten lange zum sächsischen Küchenalltag weiter Landesteile. In den sächsischen Industrierevieren waren Salzheringe und Fleisch alter Hämmel Leckerbissen.
Merkwürdigerweise hat die blendende Residenz Dresden die sächsische Küche viel weniger befruchtet als die geschäftige Handels- und Messestadt Leipzig. Während Dresden (vielleicht geschockt von der mangelnden Qualität seiner Weine) seine ganze Energie auf die anerkannten schönen Künste konzentrierte, wandte sich Leipzig der 10. Muse zu und – ließ es sich gut schmecken. Alle Welt spricht heute noch von den vielen ausgezeichneten Gasthöfen. Die Herren Studiosi haben kräftig mitgeholfen, deren

Ruhm zu verkünden. Vielleicht trieb sie das schlechte Gewissen zu dieser billigen Wiedergutmachung für nichtbezahlte Rechnungen. So kamen auch die Keller ins (rühmliche) Gerede. Nachdem Goethe seine Studienerinnerungen an «Auerbachs Keller» im «Faust» dramatisch aufleben ließ, spricht man nur noch von diesem . einen unter vielen Leipziger Kellern, in denen man vorzüglich speist(e) und auch nie durstig zu bleiben braucht(e). Für das Durstlöschen haben die Leipziger übrigens ein besonderes Bier erfunden, die «Gose», ein lieblich-säuerliches Gebräu obergäriger Art.
Zu den Gasthöfen und Kellern kommen die Kaffeehäuser der Stadt. Nicht umsonst sagt man «Kaffeesachsen». Ursprünglich war das ein Wort, voller Neid von den umwohnenden Untertanen knausriger Potentaten geprägt, weil sie selbst unter Kaffeeverbot litten. Kaffee und Kuchen gehen in Sachsen die innigste aller Geschmacksverbindungen ein, weil dort nämlich «geditscht» wird. Heute steht in Leipzig noch der «Kaffeebaum», Sachsens ältestes Kaffeehaus aus dem Jahre 1694. Vergessen wir nicht, daß aus Sachsen die feinsten Unterlagen für kulinarische Köstlichkeiten kommen: Geschirr aus edlem Porzellan, «Meißner». Oder aus Thüringen das kaum noch zu habende «Henneberger»; und wundervolle Gläser dazu. So ist die mitteldeutsche Küche zwar eine einfache Küche, auf der jedoch köstliche Glanzlichter sitzen: Bäckereien und häusliche Backkünstlerinnen sind höchsten Lobes wert. Mag Thüringen das «grüne Herz» Deutschlands sein, so bildet es mit Sachsen das «Kuchenherz» der Nation.

Rezepte

Schlesien

Lassen Sie mich gleich mit dem kulinarischen Grundakkord beginnen: Die schlesische Küche ist eine Heimwehküche. Ich kenne keinen deutschen Volksstamm, der mit einer so schwärmerischen Liebe an der Küche seiner Heimat hängt wie die Schlesier. Bei allen Flüchtlingen merkt man das doppelt stark, aber auch entlang der Oder habe ich eine still-bescheidene Verzückung gespürt, wenn die Einheimischen von ihren Spezialitäten sprachen, sie bekamen einen träumerischen Blick und leckten sich genüßlich die Lippen, auch wenn man nur Heringskartoffeln oder Leinöl erwähnte.
Wahrscheinlich ist diese Heimatliebe, die auch durch den Magen geht, aus jahrhundertelangen Bedrohungen erwachsen. Da waren Polen, Böhmen, Habsburger und Preußen, die sich immer wieder um Schlesien schlugen. Alle erhoben Ansprüche und drückten dem schönen und so arg geschundenen Land ihre Brandzeichen auf. Die Menschen haben darunter gelitten, ihre Küche hat davon profitiert. Polnische, böhmische und österreichische Einflüsse sind in die schlesischen Spezialitäten eingeflossen. Die mitteldeutschen Nachbarn machten sich ebenfalls kulinarisch bemerkbar. Nur vom alten Preußen nahmen die Schlesier kaum etwas, dafür exportierten sie ihre Gaumengenüsse verschwenderisch nach Berlin.
Wie fest und treu die Schlesier an ihren bodenständigen Genüssen hängen, selbst

wenn die gar nicht so genußreich sind, beweisen sie mit ihrem Wein. Welchen Spott haben sie sich anhören müssen über die Säuerlinge aus Grünberg und Bomst!? Doch während die Winzer in allen anderen nördlichen schlechten Weinbaugebieten, die sich einst bis Tilsit erstreckten, aufgaben, bauten die Schlesier unbeirrt ihre Rebstöcke. Wenn das keine Heimattreue ist! Und sie wurden belohnt. Der «Grünberger Sekt» ist sehr anständig gewesen. Er wird noch immer gemacht; leider hatte ich nie Gelegenheit, eine Flasche aus Polen zu bekommen und zu verkosten.
Da wahre Heimatliebe keine Klassenunterschiede kennt, gibt es in der schlesischen Küche auch keine Kluft zwischen Armer-Leute-Küche und Herrschaftsessen. In beiden galten immer die gleichen Vorlieben. Ob arm, ob reich, beim Essen sind beide gleich. Der schlesische Dichter Friedrich Bischoff war nach dem Krieg Intendant des Südwestfunks. Er war

Liegnitz, Stich von Johann G. F. Poppel

Schlesier und einst auch Intendant des Senders Breslau gewesen. Ich war im Schwarzwald jahrelang einer seiner Mitarbeiter und erlebte ihn stets als Superästheten; geschliffenes Bildungshochdeutsch und stäubchenfreie Maßanzüge. Sprach oder schrieb er von Schlesien, seiner Heimat «hold in Wiesen», so wurde er erdhaft wie ein Bunzlauer Krug. Die schlesische Küche besang er:

«Meiner Heimat gute Gaben:
Striezel, Streuselkuchen, Baben!
Schlesisch lecker, saftdurchkräuselt,
Butterknusprig, duftumsäuselt –
Ach, wie hat es uns geschmeckt!
Kringelsorten gab es sieben,
Ostern, Pfingsten, nach Belieben.
Pfeffermänner, Anissterne
Schenkte und das Christkind gerne.
Doch das Schönste waren Klöße
von Kanonenkugelgröße
aus dem erdgewürzten Mohne,
Sankt Sylvester stets zum Lohne . . .»

In diesem kurzen Gedichtausschnitt haben wir zwei der herausragenden schlesischen Spezialitäten, nämlich Mohn und Klöße. Um den Unterschied zwischen anderen Klößen oder Knödeln und den schlesischen Gebilden zu erkennen, muß man nur das Dialektwort hören: «Kließla». Und Kließla gibt es in schier unübersehbarer Vielfalt in der schlesischen Küche.
Dann wollen wir die Würste des Landes nicht vergessen. «Wellwurst» ist eine Spezialität, die man nirgendwo sonst trifft. Dafür kennen die Schlesier auch Weißwurst, die sie allerdings in süßsaurer Pfeffergurkensauce zubereiten; die

Würste haben wahrscheinlich die fränkischen Einwanderer mitgebracht, während die Sauce aus Polen stammt. «Schömberger» und «Jauersche Würste» waren einst weit berühmt. Kleine Brühwürste aus Oppeln begründeten 1843 eine urdeutsche Eßtradition: sie waren die ersten Bahnsteigwürstchen. Wir sollten gelegentlich daran denken, wenn es in Bahnhofshallen schallt: «Heiße Wüüürstchen!» Nahe der schlesischen Grenze, in Reichenberg (Böhmen), entstand der Ausdruck «Tuchmacher Forelle» für die Bockwurst. Echt schlesisch sind die süßsauren Saucen, die es nicht nur für Weißwurst oder Bratwurst gibt, sondern auch für Fleisch oder Zunge oder den berühmten Weihnachtskarpfen des Landes. Er hat als «Karpfen, polnisch» Eingang in die gesamtdeutsche Küche gefunden; und aus Polen ist er sicher auch gekommen, um schlesische Spezialität zu werden.
Was schmeckt sonst noch schlesisch? Nun, vor allem das Weihnachtsgebäck. Welch köstlicher Dreiklang: «Neißer Pfefferkuchen», «Liegnitzer Bomben» und «Striezel»!?
Den schlesischen Berggeist Rübezahl kann ich mir immer nur vorstellen mit einer Wurstkette um den Hals, in der einen Hand einen Kuchenteller und in der anderen als riesengebirgischen Reichsapfel ein Kließla. In seinem Ränzlein aber trägt er saftige Blaubeeren und gelbe «Galuschel» (Pfifferlinge), während oben die Läufe eines Rehbocks herausschauen. Ich glaube nicht, daß Rübezahl böse wird, wenn man ihn so nahrhaft ausschmückt. Er ist doch Schlesier.

Rezepte

Berlin und Umgebung

Mag ein Teil Berlins heute auch von seinem Umland abgeschnitten sein, das Berlin, das zu Beginn unseres Jahrhunderts Weltstadt wurde, ist kulinarisch nicht von seiner Umgebung zu trennen. Berlin kulinarisch – das ist kunterbunte Weltstadt. Da jedoch der Berliner in allem Gewoge immer den Kopf (und die Schnauze) oben behalten hat, kann man in den Millionen Küchen tatsächlich ganz bestimmte Grundzüge erkennen: Berliner Luft, Berliner Küchenduft. – Bei Zille hat er natürlich ein anderes Aroma als in Zehlendorf. Aber ich habe schon so manchen vornehmen alten Herrn im Gehpelz beobachtet, der eben mal in einer Eckkneipe mit Vergnügen eine Bulette verspeiste.

In Berlins Töpfen haben immer viele Fremde herumgerührt. Am wenigsten fielen dabei die Schlesier auf, die mit ihren heimatlichen Spezialitäten Berliner wurden. Erdverbundene Einflüsse vornehmer Art strömten aus den Schlössern der Mark Brandenburg in die Hauptstadt. Französische Hugenotten brachten etwas Eleganz in den Berliner Küchenalltag. Schweizer Zuckerbäcker versüßten ihn. Die größten Küchenchefs des Landes empfanden es als eine Ehre, die Spree-Athener bekochen zu dürfen und nebenbei den Herren Diplomaten aus aller Welt zeigen zu können, daß Berlin halt «doch keen Dorf is». Fix, wie die Berliner nun mal sind, nehmen sie auch alle kulinarischen Anregungen und Neuerungen freudig auf und waren gleichzeitig großzügig genug, sie – als Berliner Spezialitäten anzuerkennen. Auch in der geteilten Stadt gibt es diese Internationalität noch. Zwei Beispiele: Der berühmteste Feinschmeckertempel heißt heute «Maître» und wird von einem Franzosen bekocht; der Bezirk Kreuzberg hat den größten Lammfleischkonsum aller deutschen Gemeinden aufzuweisen, wofür die Massierung der türkischen Bevölkerung verantwortlich ist.

Fragt man jemanden, welche Gaumengenüsse ihm bei Berlin einfallen, so wird er wahrscheinlich antworten: «Weiße mit Schuß», «Berliner Pfannkuchen», «Molle und Korn», «Harzer mit Gänseschmalz», «Bockwurst», «Bulette», «Löffelerbsen mit Speck» und «Aschinger». Alles einfache, volkstümliche Speisen und eine der ersten deutschen Billig-Schnell-Gaststätten mit vielen Filialen, die ihren Ruf nicht zuletzt dadurch begründete, daß man zum einfachsten Gericht so viele Schrippen, wie man wollte, kostenlos verzehren durfte.

Es gibt aber etwa ebenso viele vornehme, aufwendige Spezialitäten: «Berliner Hühnerfrikassee», «Aal grün mit Gurkensalat», «Kalbsleber Berlinerart»,

Brandenburger Tor

«Schnitzel à la Holstein» und «Schüsselhecht».
Dazwischen liegen dann so herzhafte Köstlichkeiten wie: «Hackepeter», «Sülzkotelett», «Falscher Hase», «Saure Eier mit Specksauce», «Pökelkamm mit Sauerkohl», «Stolzer Heinrich», «Schmorgurke» und «Napfkuchen».
Wem läuft da nicht das Wasser im Munde zusammen?
Die Berliner Spezialitäten hätten ohne die Gemüse, das Fleisch und die Fische seiner Umgebung nie entstehen können. Früher als anderswo pflegte man von Berlin aus auch kulinarische Kontakte zum Umland. Man fuhr hinaus zum Krebsessen, ließ sich die Spreewälder Gurken schmecken und den Johannisbeerwein bei Werder. Einigen Spezialitäten sieht man die Berliner Herkunft nicht an: «Kasseler Rippenspeer» hat nichts mit der Stadt Kassel zu tun, er ist benannt nach einem Schlachtermeister namens Cassel, der seinen Laden in der Potsdamer Straße 15 hatte; und die Wiener Würstchen kann ein Berliner auch ohne Verletzung des Lokalstolzes verzehren, denn sie sollen – wofür ich mich nicht verbürgen kann – von einem Berliner Metzger Wien(er) erfunden worden sein; sicherer schon ist die Herkunft der Bockwürste aus der Schlachterei Niquet am Gendarmenmarkt. (Allerdings wurden die «Frankfurter Würstchen» nicht von einem an der Spree wohnenden Metzger namens Frankfurter erfunden. Das hat auch in Berlin noch niemand behauptet.) Ganz Deutschland kann stolz darauf sein, daß Berlin in den ersten Jahrzehnten unseres Jahrhunderts eine Weltklassegastronomie hatte mit Feinschmeckerrestaurants wie

Königliche Schloß-
küche Berlin

«Hiller», «Dressel», «Ewest» oder «Borchardt» und Weinstuben wie «Lutter und Wegener» und Kaffeehäusern wie «Kranzler», «Wien» oder «Café des Westens», das wie das «Romanische» ein echtes Künstlercafé war.
Westberlins kulinarische Gegenwart: Die Eckkneipen sind weniger geworden, sich jedoch gleich geblieben; sonst ißt man entweder billig und schlecht oder muß rechtzeitig einen Tisch bestellen, an dem man teuer speist – und zuweilen sogar exzellent.

Rezepte

Mecklenburg und Pommern

In Westdeutschland kannte man beide Landschaften kaum. Höchstens, daß man einmal von Hinterpommern sprach. Das geschah aber meist symbolisch und bedeutete am Rande der Zivilisation, in der Nachbarschaft von Walachei und Bodokudien. – Heute spricht man gar nicht mehr von den beiden Ostseeprovinzen. Für Berlin und Mitteldeutschland waren sie immer bedeutsamer: als Gemüsegarten und Badestrand. Beides sind rein landwirtschaftliche Gebiete, an denen unsere «Grünen» ihre helle Freude hätten. Mecklenburg mit den Städten Schwerin und Rostock gehört heute mit einem Teil Vorpommerns zur DDR. Urlaubsparadiese sind seine Badestrände und die Mecklenburgische Seenplatte mit über 600 Seen. Beachtlich auch seine Wälder und unberührten Heidelandschaften. Fruchtbare Böden waren der Reichtum zahlreicher Güter. Der feudale Lebensstil führte dazu, daß man viel auf gutes Essen hielt und selbst in verschlafenen Landstädtchen gastronomische Perlen finden konnte. Die Fische der Ostsee und der Seen füllten zusammen mit Gemüse, Vieh, Wild und Geflügel die mecklenburgischen Tische reichlich. Eine Landesspezialität sind die Kompottbeilagen zu Fleisch und Wurst. Spezialitäten jedoch, die über die engeren Landesgrenzen hinaus Ansehen oder gar Ruhm erworben haben, gibt es in Mecklenburg nicht. Da sieht es in Pommern schon besser aus. Die dortige Küche ist der Mecklenburgs

ähnlich, trägt aber stärkere östliche Züge, was nicht verwundert, da Pommern ja schließlich im Osten an Mecklenburg anschließt.
Es ist ein flaches Küstenland beiderseits der Oder. Lange Sandstrände liegen an der Ostsee. Auch die drei deutschen Ostseeinseln Rügen, Usedom und Wollin sind pommersches Gebiet, trotz der heute anderen Verwaltungsgrenzen. Stettin ist die Hauptstadt des heute weitgehend unter polnischer Verwaltung stehenden Gebietes. Früher wurden die riesigen Flächen von sehr großen Gütern aus bewirtschaftet. Die kleinen Landstädtchen dienten preußischen Regimentern zur Garnison; auf dem platten Land wuchsen die besten Gänse des Reiches heran. «Pommersche Gänse» hielten früher die Gegenwart und halten heute noch die Erinnerung an Pommern lebendig. Sogar stärker als der Vorwurf «pommerscher Dickschädel». Ganz oben in der Hit-Liste der Wurstsorten steht immer noch die «Rügenwalder Teewurst», die eine echte

Schloß Schwerin, nach einer Zeichnung von Krüsi

pommersche Spezialität ist, woran hiermit das pp. Feinschmeckerpublikum wieder einmal erinnert sei!
Trotz lauter Klagen ortsansässiger Landwirte über schlechte Böden muß Pommern stets ein blühendes Agrarland gewesen sein. Hier ist der Reisebericht eines Kirchenmannes aus dem Jahre 1159: «... Denn es herrscht dort ein unglaublicher Überfluß an Fischen, sowohl aus dem Meere wie aus Gewässern, Seen und Teichen, und für einen Pfennig würdest du einen ganzen Wagen frischer Heringe bekommen; und wenn ich über den Geschmack und die Dicke derselben sagen dürfte, was ich denke, so würde ich der Gefräßigkeit beschuldigt werden. An Wildbret von Hirschen, Büffeln und wilden Pferden, Ebern, Schweinen und anderem Wild hat das ganze Land Überfluß; Butter von den Kühen und Milch von den Schafen mit dem Fett der Hammel und Böcke, mit Überfluß an Honig und Weizen, mit Hanf und Mohn und jeder Art von Gemüse.» Das stimmte auch für die späteren Jahrhunderte; mit Ausnahme der Büffel und wilden Pferde natürlich. Dafür kamen jedoch die Kartoffeln dazu. Und weitgehend stimmte es auch für Mecklenburg.
Die Gänse lieferten eine andere weitberühmte Spezialität, «Spickgans». Heute ist sie unter dem Namen «geräucherte Gänsebrust» von ihrer pommerschen Heimat losgerissen und führt ein heimatloses Delikatessengeschäftsdasein. Wie in Pommern die weißen Schnattervögel bis zum letzten Zehennagel verwertet wurden, ist bei den Rezepten erwähnt. Leider scheinen die geräucherten Rehkeulen, so wie ich sie einst bei Star-

Stettin, Stich von H. Winkles

gard gegessen habe, unwiederbringlich verloren. Gleiches gilt für die Fische aus der Ostsee und den Binnengewässern und die Krebse der Oder, die sich durch Fülle des Angebots, billige Preise und herrliche Frische auszeichneten.
Mit vielen Landesspezialitäten tut sich der landfremde Genießer schwer. Das sind die Blutspeisen. In Mecklenburg ist es vor allem das «Schwarzsauer» vom Schwein, in Pommern steht das «Gänseschwarzsauer» im Vordergrund. Dazu kommen noch Klöße, Würste, Saucen und «Tollatschen». Zusammenfassend könnte man sagen: Durch die Küchen Mecklenburgs und Pommerns zieht sich eine Blutspur, die durch Zucker und Spezereien schmackhaft gemacht wird; und aus den Küchen heraus dringt vernehmlich Geschnatter der Gänse, die in ihrer sprichwörtlichen Dummheit nie stolz waren auf die postmortale Karriere ihrer geräucherten Brüste.

Rezepte

Ostpreußen

Es ist ein wahrer Jammer, daß, wer an Ostpreußen denkt, gleich von Tannenberg und Ordensrittern spricht. Alle jene, die mehr als eine Stippvisite im Land zwischen Memel und Weichsel gemacht haben, wissen es besser. Sie denken an die hinreißenden Sandküsten, die weiten Ebenen mit dem großen Himmel, die stillen Wälder, Seen wie riesige Urweltaugen und ostpreußische Gastfreundschaft.
Ostpreußische Küche, das war immer eine Küche der Begegnung zwischen West und Ost. Einwanderer aus dem alten Reichsgebiet brachten ihre Spezialitäten mit, während vom slawischen Nachbarn und Mitbürger osteuropäische Rezepte einflossen. Typische Beispiele dafür sind einerseits die vielen Klöße-, Keilchen-

Königsberg, Stich von H. Winkles

Rechts: Die Langgasse in Danzig mit dem Rathausturm

und andererseits die Rote-Rüben-Gerichte wie der «Beetenbartsch», der natürlich ein Ableger des Borscht ist – auch sprachlich.
Zur ostpreußischen Küche nehme ich hier auch die aus den Grenzgebieten zum Baltikum und aus Westpreußen hinzu, da keine grundlegenden Unterschiede bestehen.
Die Grundfesten dieser Küche sind «Schmant», «Glumse» und große Portionen. Zur Sahne (Schmant) und zum Quark (Glumse) gehören natürlich wie überall noch Fleisch und Fische, in Ostpreußen besonders viele Fische und herrliche Räucherwaren daraus. Die vorherrschenden Gewürze sind für mich Dill – in dem die Nachbarschaft zu Finnland zu erkennen ist – und Majoran, den die Ostpreußen «Meiran» nennen.
Untrennbar von den festen Genüssen Ostpreußens sind die flüssigen Hochprozentigen. In der Erfindung von Schnäpsen haben die Ostpreußen Einfallsreichtum und Genialität entwickelt, wie man sie in keinem anderen Landesteil trifft.
Die Hauptstadt Königsberg gehört zu den kulinarisch erfolgreichsten deutschen Städten. Sie kann nie vergessen werden, denn in drei beliebten Speisen ist sie stets lebendig, allgegenwärtig im deutschen Sprachraum und in aller Munde: «Königsberger Klopse», «Königsberger Fleck» und «Königsberger Marzipan». Von anderen Städten dieser Ostregion sind an der Aktion «Nievergessen» noch beteiligt: Tilsit mit seinem Käse, Pillkallen durch seine Schnaps-Leberwurst-Kombination und Danzig mit «Goldwasser». Andere Verbindungen wie «Nikolaiker Maränen» oder «Flundern aus Cranz»

oder «Kurenkaffee» (auch «Masurenkaffee») sind nur von geringerem Bekanntheitsgrad und können also in der Öffentlichkeitsarbeit nicht für Ostpreußen wirken. – Das Namensglück, das der Hauptstadt durch die «Königsberger Klopse» widerfahren ist, kam gänzlich ohne Zutun der Königsberger, denn die sprechen nur von «Sauren Klopsen».
Unwiederbringlich verloren sind die vielen Wildgerichte, die man immer nur in Ostpreußen selbst genießen konnte, oder auch die rauchwarmen Fische am Kurischen oder Frischen Haff. Schwer wird es, auch im Bundesgebiet solche deftigen Genüsse nachzuvollziehen wie «Grue Afte», weil man die grauen Erbsen kaum finden kann.
Mit dem «Schmant» sieht es besser aus. Sahne gab es schon immer überall. Wem der hiesige Sauerrahm nicht ostpreußisch fett genug ist, für den leisten unsere französischen Nachbarn masurische Erinnerungshilfe mit ihrer Crème fraîche. So kann sich jedermann einen echten «Schmantschinken» schmecken lassen.
«Glumse», also Quark, ist nie westdeutsche Mangelware gewesen. Eher fehlte es uns in der Bundesrepublik an abwechslungsreichen Quarkrezepten. Die ostpreußische Küche hat sie: «Glumskeilchen», «Glumsnudeln», «Glumsflinsen», «Glumskäschen», «Glumstorte» oder «Butterglumse».
Ohne hochprozentige Vorbereitung und ebensolchen Abschluß ist keine ostpreußische Mahlzeit denkbar. Neben dem «Danziger Goldwasser» mit seinen Rauschgoldblättchen gibt es da auch noch den «Danziger Lachs», nach dem gemeinsamen Stammhaus «Lachs» in der Nähe

Börse und Post
zu Memel

des Krantors genannt; beide Liköre sind, wie das Krantor, Wahrzeichen Danzigs. In der alten Handelsstadt selbst galt stets der «Machandel» als Nationalgetränk, der dort schon gern mit Backpflaumen genossen wurde.
Ostpreußische Likörspezialitäten wie die genannten und dazu «Kosakenkaffee» oder «Kurenkaffee» sowie «Bärenfang» (auch «Meschkinnes» genannt) werden in der Bundesrepublik nach Originalrezepten hergestellt. «Bärenfang» kann man sich auch aus Honig und Alkohol selbst ansetzen. «Pillkaller» und «Nickoläschka» sind sowieso nur Zusammensetzungen, die überall für einen Erinnerungsschluck zur Verfügung stehen.

Rezepte

Schleswig-Holstein

Der meerumschlungene Nordzipfel Deutschlands ist ein Musterbeispiel dafür, wie Klima und bodenständige Produkte die Küche einer Landschaft prägen. Und zu dieser Landschaft gehört in Schleswig-Holstein das Meer; genauer gesagt sind es zwei Meere, die Nord- und die Ostsee. Aus den Fluten, die immer wieder das Land mit ihrer Urgewalt bedrohen, kommen viele Genüsse, die auch in anderen Teilen Deutschlands einen guten Ruf haben: Bücklinge, Kieler Sprotten und zahlreiche pikante Heringszubereitungen. Völlig vergessen ist hingegen, daß einmal die Austern sehr bedeutsam waren; es ist überliefert, wie reich die Fänge noch im Jahre 1835 ausfielen und daß damals der Inselpastor von Amrum von jeder Tonne Austern zwei Stück bekam und dafür die Austernfischer und die Austern in sein Gebet aufnehmen mußte. Im Inselbereich hat man später immer wieder versucht, die Austernzucht zu beleben. Seit 1975 besteht wieder Hoffnung, daß man bald die Austern erneut zu den Spezialitäten Schleswig-Holsteins zählen kann. Die Austernzucht geht auf einen Dänenkönig zurück. Unentwirrbar verknotet sind die Eßgewohnheiten zwischen den Menschen, die diesseits und jenseits der Nordgrenze leben. So kann man viele Rezepte, die in diesem Buch als deutsche Spezialität genannt sind, auch in Zusammenstellungen der dänischen Küche finden. Vielfach tragen sie sogar die gleichen Namen.

Das Land selbst nennt sich gern «große grüne Speisekammer», und das nicht zu Unrecht. Die Wirtschaftsstatistik weist aus, daß fast ein Drittel des industriellen Umsatzes auf die Ernährungswirtschaft fällt, und das ist für deutsche Verhältnisse enorm viel. An der Spitze stehen dabei Fleisch und Wurst sowie Milch und Milcherzeugnisse. Wer durch das Land fährt, sieht auf den endlosen saftigen Weiden die gehörnten Fleisch- und Milchlieferanten. In den Metzgereien wird er dann gewahr, daß auch Borstenvieh reichlich vorhanden sein muß und sich nach einer köstlichen Metamorphose als Schinken und Würste präsentiert. Holsteiner Katenrauch-Schinken ist eine der größten Berühmtheiten. An Wohlgeschmack stehen ihm die geräucherten Frischwürste nicht nach. In der bodenständigen Küche hat der Speck allerdings stets die Hauptrolle gespielt.

Die vielen Urlauber, die jährlich Schleswig-Holstein besuchen, lernen allerhöchstens Randgebiete der Landesküche kennen, da sie vor allem Badefreuden suchen und vollauf beschäftigt sind, jeden Sonnenstrahl auszunutzen. Dabei meint es der Himmel gut mit der Landesküche, denn er beschert den Feriengästen fast immer genug kühle und trübe Tage, an denen man sich nichts Angenehmeres denken kann, als die kulinarischen Seiten des Landes zu entdecken.

Man ißt kräftig dort. An Fett wird nicht gespart. Das Klima mit seinen rauhen Winden von der See her verlangt reichlich Brennmaterial für den Organismus. Vielleicht ist es auch der Salzgeschmack, der sich einem ständig auf die Zunge drängt, der die landestypische Geschmacksvorliebe geschaffen hat: «broken söt», wie man im Dialekt sagt, was «gebrochene Süße» oder süß-sauer bedeutet. Da, wo eine binnenländische Hausfrau den Zucker knapp teelöffelweise verwendet, wird er im Norden in gehäuften Eßlöffeln gemessen. Für Fremde ist das anfangs ein Schock, aber man kann sich daran gewöhnen.

Rauhes Klima, fettes Essen und getreulich befolgte Altvätersitte haben den flüssigen Spezialitäten zu hohem Ansehen verholfen. Sie sind alle hochprozentig. Man erkennt auch bei den meisten die enge Verbindung mit dem Meer und der Schiffahrt. Daher kommen die Gewürze, die dem Aquavit sein Aroma geben. Und dem Meer ist es zu danken, daß Flensburg die Rum-Metropole Europas wurde. Vom Rum wiederum ist es nur ein ganz kleiner Schritt zum Grog oder Pharisäer. Und dann kommt die Wechselbeziehung: nach fettem Essen braucht der Mensch einen hochprozentigen Verdauungsschluck, der seinerseits energisch nach einer deftigen Begleitung verlangt. So hat sich die Küche Schleswig-Holsteins entwickelt. Moderne Ernährungsberater bemühen sich, die Getränke zu verwässern und die Speisen zu entfetten. Sie haben dabei schon Erfolge erzielt, aber die bedächtige, konservative Art der Schleswig-Holsteiner verhinderte, daß die Grundfesten erschüttert wurden.

Noch liebt man die dicken Mehlköße, den Speck und die Backpflaumen, die Würste und Schinken mit dem einmaligen Rauchduft, die weißen Saucen für Gemüse und Eintöpfe, die Fische springfrisch oder im Goldgewand, das sie im Räucherofen bekamen; ja man macht sogar noch immer Klöße und Pfannkuchen aus Buchweizenmehl und hat die vielen Grützen aus Urgroßmutters Zeit noch nicht vergessen. Eine der alten Sitten scheint allerdings ausgestorben oder nur noch in böswilligen Witzen zu leben: das Grasessen – welches man den Ostfriesen in die Schuhe schiebt, während es doch bei den nördlichen Inselfriesen Sitte war. Ausdrücklich wird von Sylt darüber berichtet. Im Mai und Juni wurden die Blätter des Strandwegerichs geschnitten und genüßlich verzehrt. Man nannte sie «Suden», und die Marschbewohner fuhren mit Pferd und Wagen familienweise hinaus, um das zarte Grün den Schafen rechtzeitig wegzuschnappen, die es gleich gern fressen. Und sie ließen sich für den vegetarischen Genuß auch gern «Sudenbieter» schimpfen. Vor 200 Jahren waren derartige Schmäuse auf den Inseln noch groß im Schwange. Ich habe einige alte Leute getroffen, die sich gern an den Genuß des Strandwegerichs erinnern, der natürlich nach Landessitte immer in einer weißen Milchsauce zubereitet wurde. Wer seiner heute noch habhaft werden kann, der hat das Glück, wirklich ganz landesecht nach alter Art zu essen. Er lasse sich nicht lange nötigen. – Und mit dem «Nötigen» wären wir bei der letzten hier zu erwähnenden Eßgewohnheit Schleswig-Holsteins. Man wird bei aller sonstigen Zurückhaltung nicht müde, den Gast immer wieder zu bedrängen, zu nötigen, doch kräftig zuzulangen. Ein wohlerzogener Gast läßt sich lange nötigen – langt dann aber kräftig zu.

Rezepte

Ostfriesland

Wer sie einmal im eigenen Land kennengelernt hat, der läßt nichts auf die vielbewitzelten Ostfriesen kommen. Ich habe einen Sommer dort gelebt, den schlimmen von 1945, und habe das Land und seine Menschen liebengelernt. Ich war einer jener entwurzelten Städter, die überall auf dem Land nicht viel besser als die Schmeißfliegen behandelt wurden; aber in Ostfriesland habe ich nie ein harsches Wort gehört. Ich habe, wie es dort Sitte ist, nur wenig Worte und kurze Sätze gehört, doch die waren ehrlich und gut. Tee war damals rar, dafür habe ich um so mehr Buttermilch genossen, die eine noch ältere kulinarische Tradition in Ostfriesland hat als der Tee oder der «Landwein» (klarer Kornbranntwein). Die ostfriesischen Frauen verstehen es auf dem Lande immer noch, köstliche Breie und Suppen daraus zu kochen. Vielleicht hat der Dichter des Deutschlandliedes, Hoffmann von Fallersleben, dort die Erfahrungen gemacht, die ihn zu den Versen anregten: «Die Buttermilch, mein Leibgericht, die Buttermilch, mein Leben! Frau Nachbarin kann Beßres nicht mir zum Geschenke geben.»
Allerdings war früher ein mächtiger Schinken ein berühmtes ostfriesisches Geschenk, der Hochzeitsschinken, der so um die 25 bis 30 Pfund gewogen haben soll. Praktisch, wie die Ostfriesen trotz gegenteiliger Witzbehauptungen sind, wurde er oft vom Brautpaar verkauft und der Erlös für Hausrat ausgegeben.

Ich habe nach dem Krieg noch viele der großen Bauernhöfe erlebt, in denen auf offenem Feuer gekocht wurde. Und dabei ging es nach dem alten Küchenmotto «ein bißchen viel und ein bißchen fett» zu. Wohl waren die Ostfriesen auch die letzten, die noch am alten Zinnlöffel und dem gemeinsamen Mahl mit Familie und Gesinde festhielten.
Trotz ihrer alten Bauerntradition – und es gab wohl nirgends stolzere, freiere, fast königliche Bauern wie in Ostfriesland –, haben sie der deutschen Küche wenig übermittelt. Nur für ihren Tee, ihr Bier aus Jever und ihren Doornkaat haben sie gesamtdeutschen Ruhm ernten können. Während z. B. ihre Krabben (Granat) meist nach dem schleswig-holsteinischen Büsum genannt werden. Dabei haben die Ostfriesen durchaus gute Spezialitäten. An erster Stelle würde ich die Pfannkuchen nennen, Pfannkuchen jeder Art. Früher hat man sogar gespöttelt, daß die Emsländer einen Zaun aus lauter Pfannkuchen um ihr Land gezogen hätten. Und dann sollten wir das Pökelfleisch nicht vergessen, das in Ostfriesland wohl deshalb eine so alte Tradition hat, weil man es in früheren Jahrhunderten als Proviant für die Schiffe benötigte. Das

Wangerooge

Norderney

schwarze ostfriesische Brot sollte sich kein Besucher entgehen lassen. Die vierkantigen 8-Pfünder sind so massiv, daß man sie meist in geschnittenen Scheiben verkauft.

Der längst verstorbene Großvater meiner Freunde aus Jever hat mir erzählt, was es in seiner Jugend so auf dem Bauernhof zu essen gab: Morgens um 7 Uhr Buttermilchbrei und Schwarzbrot oder auch Spiegeleier und Bratkartoffeln; das Mittagessen wurde mit aufs Feld genommen und war meist «dörstampt Eeten», durcheinandergestampftes Essen, Eintopf; abends kamen dann riesige Pfannkuchen auf den Tisch, mit viel Speck natürlich, oder man schüttete auch gewaltige Mengen Pellkartoffeln auf die Platte, zu denen es Specksauce gab und nachher Brot und gesalzene Butter; dazwischen gab es noch «Melkenkofje», Milchkaffee aus selbstgebranntem Roggen. War die Arbeit besonders hart, stärkte man sich mit Stuten und Schinken; Stuten ist hausgebackenes Weizenbrot.

Zur ostfriesischen Tafeltradition gehören zwei uralte Feste: «Theelacht» und «Leegmoorschmuus». Bei der «Theelacht» treffen sich 30 Männer der ältesten in Deutschland nachweisbaren Bauerngenossenschaft. Sie hatte schon 1542 ihre eigene Kammer im Rathausneubau zu Norden, und die Mitgliedschaft kann nur vererbt werden. Bei den Zusammenkünften wird mehr Warmbier und «ostfriesischer Landwein» getrunken als Tee. Sehr viel üppiger geht es bei den Festmählern der «Leegmoorgesellschaft», dem «Leegmoorschmuus», zu. Er findet an Maria Lichtmeß, jeden 2. Februar, in Norden statt. Teilnehmer sind 85 Löffel, was soviel wie löffelbewaffnete Männer heißt. Seit 150 Jahren bedeutet jeder Löffel einen Anteil an einem gemeinschaftlichen Landbesitz, dessen Jahreszins zu besagtem Fest verteilt und verspeist wird. Jeder Teilnehmer trägt eine Umhängeserviette aus Packpapier, und jedes Jahr werden die gleichen Speisen aufgetischt: graue Erbsen mit zwei Saucen, von denen die erste klar, die zweite mit Zwiebeln gekocht ist. Neben Doornkaat gibt es Burgunderwein dazu. Rinderbraten mit Backpflaumen und Roten Beten folgt. Den Abschluß bildet Korinthenzwieback mit Käse. Und Tee wird natürlich auch getrunken. Zu dem Essen gehören – und das ist bei den sonst so wortkargen Ostfriesen eine Überraschung – sehr viele und lustige Tischreden, die natürlich nur auf Platt gehalten werden. Und dazu zerknüllt man schließlich die Papierservietten zu Kügelchen, mit denen sich die würdigen Herren eine muntere Schlacht liefern.

Rezepte

Hansestädte

Bürgerstolzer Hansegeist und weltweite Beziehungen haben in den Städten Bremen, Hamburg und Lübeck viele Gemeinsamkeiten geschaffen. Natürlich kann man ihre Küche nicht von den Gewohnheiten der Umgebung in Schleswig-Holstein, Niedersachsen und Ostfriesland trennen; trotzdem hat sie eine erstaunliche Zahl eigener Schöpfungen herausgebracht. Und – was bemerkenswert ist – eine ganze Reihe der hansestädtischen Speisen haben einen guten, ja in einigen Fällen sogar internationalen Ruf. Denken wir nur an das «Lübecker Marzipan» oder die «Hamburger Aalsuppe» und das «Bremer Kükenragout»! Dazu kommt noch anderes: «Hamburger Rauchfleisch», «Stubenküken», die einzige echte deutsche Steakkultur mit ihrem berühmten «Kluftsteak». Erweisen wir auch dem «Bremer Klaben» Reverenz und der kulturhistorischen Leistung, aus dem bäuerlichen «Braunkohl mit Pinkel» eine Festbankett-Delikatesse gemacht zu haben. In Lübeck serviert man den «Labskaus» ebenfalls zu offiziellen Anlässen. Außerdem wurden Bremen und Lübeck wahre europäische Weinmetropolen; in ihren Kellern reiften Frankreichs junge Rotweine zu vollen «Rotsponen» heran und gingen dann vor allem nach Rußland. Im rebenfernen Bremen wurde der Ratskeller zu Deutschlands größter, vor allem vollständigster Weinstube, von Dichtern besungen, von Genießern aus aller Welt besucht.

Eine sehr bedeutsame Gemeinsamkeit der drei Hansestädte sehe ich in der Tatsache, daß jede ihren Dichter hatte, um ihre kulinarischen Tugenden zu preisen. Für Bremen war das, wie schon angedeutet, vor allem Wilhelm Hauff mit seinen «Phantasien im Bremer Ratskeller». Thomas Mann ließ es sich nicht nehmen, in den «Buddenbrooks» die Familienessen in seiner Vaterstadt Lübeck eingehend zu würdigen. Heinrich Heine erlebte in Hamburg zwar bittere Enttäuschungen durch seinen knausrigen Onkel Salomon. Trotzdem erkannte er an: «Hamburg ist die beste Republik. Seine Sitten sind englisch, und sein Essen ist himmlisch. Die Hamburger sind gute Leute und essen gut.»

In allen drei Hansestädten findet sich eine kulinarische Urbanität wie in keiner anderen Landschaft Deutschlands. Leider hat der Kaufmannsgeist in den letzten Jahrzehnten zu wenig Nachdruck auf den Wortteil «geist» gelegt und den Kaufmann überbewertet, was sich kulinarisch

Bremen

Speisekarte
aus Hamburg, 1894

in einem bedauerlichen Niedergang der Gastronomie ausdrückt, die erst seit einem Jahr erfolgreiche Anstrengungen unternimmt, den alten Ruf wiederzuerlangen.

In der Bevölkerung ist die Feinschmekkerei, die sich auf drei Säulen gründet, nämlich bestes Fleisch, fangfrischen Fisch und Gewürze aus aller Welt, immer lebendig geblieben. Man kann es daraus ersehen, daß in Hamburg und Bremen seit vielen Jahren einige der besten und erfolgreichsten deutschen Hobbyköche werkeln und genießen. In Hamburg ist zudem die größte Dichte kulinarischer Fachzeitschriften, die sicher nicht ohne einen vertrauenswürdigen *genius loci* dort bleiben würden.

Lübeck

Die fettglänzenden Genüsse der Umgebung strahlen natürlich auch in die Hansestädte hinein. Sie werden jedoch durch weitläufiges Gewürzraffinement gemildert. Den süß-sauren Geschmacksvorlieben stehen einerseits süße Weine aller deutschen Gebiete zur Seite, es stehen ihnen aber auch die kennerisch ausgewählten (trockenen) Rotweine Frankreichs gegenüber. Und vergessen wir nicht, daß vor den Toren Hamburgs die Obstgärten des Alten Landes und die fruchtbare Marschlandschaft Vierlande liegen, deren Qualitätsprodukte großen Ruf genießen. Außerdem lagern in den Speichern aller Hansestädte schon seit jeher Köstlichkeiten kulinarischer Art, die wagemutige Seefahrer über alle Meere heranbringen. Und so sture Kaufleute sind die Hanseaten nun wieder nicht, daß sie alles weiterverkaufen, sie genießen auch selber reichlich davon. So kam es, daß Deutschland auf seine hanseatische Küche stolz sein kann.

Rezepte

Niedersachsen

Eigentlich müßte man sagen, daß es sich hier um den größten Teil Niedersachsens handelt, denn auch Ostfriesland gehört zu diesem Bundesland. Ostfriesland wurde seiner eigenständigen Küche wegen gesondert behandelt. Auch sonst weist der großflächige niedersächsische Raum noch beträchtliche unterschiedliche Küchen auf, wie etwa im Harz und in der Heide. Insgesamt jedoch leidet der kulinarische Ruf Niedersachsens unter den Sünden der Landeshauptstadt Hannover. Zu viele Fremde lernen die Stadt alljährlich nur als Messebesucher kennen – und ihre Küche hassen. Dabei darf man natürlich die messezeitliche Küchenmisere nicht der bodenständigen Kochkunst anlasten und die hohen Preise nicht allein mit Gastronomenhabsucht begründen. In allen Messestädten führt der Massenansturm zu derartigen Unzuträglichkeiten.
Ich will versuchen, der echten niedersächsischen Speise- und Getränketradition einigermaßen gerecht zu werden. Einen Namen haben sich die Würste aus Braunschweig, der Käse aus dem Harz, das Bier aus Einbeck und eine Süßspeise gemacht. Bei den Wurstwaren spricht man vor allem von den Braunschweiger Mett- und Leberwürsten. Allerdings sind das heutzutage nur noch Gattungsbezeichnungen; die so benannten Würste, die man bundesweit zu kaufen bekommt, haben Braunschweig nie gesehen. Wer sie tatsächlich dort kauft, wird feststellen, daß die Stadt ihren Wurstruhm verdient.

Die oben erwähnte Süßspeise ist auch mit Braunschweig verbunden, mit der Welfenresidenz, die «Welfenspeise». Mit bodenständiger Küche hat diese nichts zu tun, oder höchstens soviel wie die «Mozartkugeln» mit Mozart oder Salzburg. Noch immer wird in Einbeck Bier gebraut, außerdem sind seine Fachwerkhäuser sehenswert, doch das Einbecker Bier hat sich seinen großen Ruf als Bock-Bier erworben, welches eben nichts mit einem Geißbock zu tun hat, sondern auf die mittelalterliche Brautradition der Stadt Einbeck zurückgeht und heute fröhliche Urstände in Bayern feiert. Ein anderes niedersächsisches Bier, das einstmals großen Ruf genoß, ist weitgehend aus dem Bewußtsein der Biertrinker verschwunden, die Braunschweiger Mumme, ein dunkles, obergäriges Bier. In gewisser Hinsicht ist allerdings Braunschweig die kulinarische Hochburg Niedersachsens trotzdem geblieben, denn zu den genannten Genüssen kommt ja noch der Braunschweiger Spargel, dessen Namen einen so guten Klang hat wie sein Aroma auf Feinschmeckerzungen. Überstrahlt wird alles – wenn man vom Bekanntheitsgrad ausgeht – von den Harzer Käsen, kurz auch nur «Harzer» genannt. Sauermilchkäse sind sehr alt, ihrer Fettarmut haben sie eine moderne Karriere zu verdanken. Es gibt zwei Sorten, von denen man die eine als normalen Handkäse bezeichnen könnte, während die andere eine echte Spezialität aus dem Harz ist und auf einen Schweizer zurückgeht, der 1787 bei Dagmarsfeld eine bernburgische Meierei übernahm und auf die Idee kam, den Sauermilchkäse mit Edelschimmel zu impfen. So entstand das

einzigartige Aroma des «echten» Harzers. So hat Herr Sommer aus der Schweiz eine Niedersachsen-Spezialität geschaffen. Im Harz werden übrigens die Käse gebacken, wenigstens sprachlich; man spricht von «Käsebäckerei».
Die Forellen und anderen Fische aus den Harzbächen sind der Zivilisation zum Opfer gefallen, auch Pilze gibt es kaum noch, allenfalls Waldbeeren bekommt man in guten Jahren als Spezialität des Harzes angeboten. Wer Fischspezialitäten sucht, der tut sich gütlich an der Erzählung Theodor Fontanes von der Schmerle oder bestelle sich – außerhalb der Messezeit – einen Maschseekarpfen.
Die wohl größte Köstlichkeit Niedersachsens, die nicht den Namen des Landes trägt, kommt aus der einmaligen Heide. In dieser Urlandschaft mit der herben Lieblichkeit weiden die Heidschnucken, kleine Heideschafe, deren Fleisch auf eine Stufe mit dem besten Wildbret gestellt werden kann. Heidschnuckenbraten ist eine echte Delikatesse. In der Lüneburger

Hameln

Heide bekommt man sie noch in einfachen Gasthäusern, während sie sonst nur für viel teureres Geld in der Nobelgastronomie zwischen Nordsee und Alpen angeboten wird. Heidschnuckenkeule oder Heidschnuckenrücken gehören zu den ganz großen deutschen Fleischspezialitäten. In einem Atemzug mit ihnen zu nennen wäre der Heidehonig. Allerdings sind Imkerei und Honigqualität mit dem Ansteigen der künstlichen Düngung erheblich zurückgegangen.

Mit den Rübeneintöpfen und der guten Kartoffelqualität hat der Feinschmecker nicht viel im Sinn, obwohl ein guter Steckrübentopf mit genügend Fleisch nicht zu verachten ist. Und er gehört zur Landschaft und ihren Menschen, hat Generationen von ihnen erhalten.

Beenden wir die kulinarische Blitztour durch Niedersachsen an dem flachen See, der sich stolz «Steinhuder Meer» nennt und sich seiner Aale rühmt. Als Räucheraale sind sie mit einem «Klaren» genossen wahrlich eine Delikatesse. Schade, daß Wilhelm Busch uns keinen Vers darauf gemacht hat. Der hintersinnige-humorvolle Wilhelm Busch war nicht nur ein echter Sohn Niedersachsens, er hat auch die kulinarischen Genüsse seiner Heimat sehr wohl zu schätzen gewußt: ich kenne keinen, der mehr Verse aufs Essen gemacht hat. Und diese gehören auch zum kulinarischen Ruhm der niedersächsischen Gefilde.

Rezepte

Westfalen

Alle Verwaltungsbeamten und Historiker mögen dem Feinschmecker bitte verzeihen, wenn er mit den ihnen geläufigen Begriffen sehr großzügig umgeht. Westfalen ist ein Begriff, der seine Umgrenzung, bedingt durch vielerlei Herrschaftsformen, oft geändert hat. Als kulinarische Einheit hat er immer bestanden. Gut essen und trinken hält eben nicht nur Leib und Seele zusammen, sondern auch Landschaften und Volksstämme. Bei den westfälischen Rezepten werden nicht selten die genaueren Ursprungsgebiete angegeben, wie Münsterland, Sauerland oder Bergisches Land. Diese drei sind nur einige der westfälischen Landschaften, allerdings kulinarisch besonders ergiebige.
Ganz Westfalen war schon immer ein Schlemmerparadies, keines von der besonders feinen Art, aber ein gehaltvolles. Kaum einer hat es besser beschrieben als Christophel von Grimmelshausen, alias «Simplicissimus» und später Stadtschultheiß im badischen Renchen. Er schrieb im Dreißigjährigen Krieg: «Das Paradies fanden wir, wie wir's begehrten – und noch darüber: anstatt der Engel aber schöne Jungfrauen darinnen, welche uns mit Speise und Trank also traktierten, daß ich in Kürze wieder einen glatten Balg bekam; denn da setzte es das fetteste Bier, die besten westfälischen Schinken und Knackwürste, wohlgeschmack und sehr delikat Rindfleisch, das man aus dem Salzwasser

Opladen

kochte und kalt zu essen pflegte. Da lernte ich das schwarze Brot fingerdick mit gesalzenem Butter schmieren und mit Käs belegen, damit es desto besser rutschte.»

Etwas zurückhaltender schrieb wenig später ein Päpstlicher Nuntius, der im Frieden durch Westfalen reiste: «Kein lukullisches Mahl, mit appolinischen Künsten bereitet,
Bietet die Tafel, denn Schlemmen und eitle Kniffe der Kochkunst
Sind im Herzen verhaßt Westfalens tapferem Sohne.
Alles Gemüse mengt dieser in deftiger Schüssel zusammen . . .»

Ob die Westfalen wirklich stur sind, wie man ihnen zuweilen nachsagt, vermag ich nicht zu entscheiden; traditionsbewußt über die Jahrhunderte hinweg sind sie allerdings, wie die Verse des römischen Nuntius beweisen.

Zu den Leuchttürmen westfälischer Gaumengenüsse zählen zweifellos: Bier,

Schinken, Pumpernickel und Steinhäger. Über die beiden Getränke braucht der Chronist kaum ein Wort zu verlieren, es sei denn, daß er auf die Stärke des Biers hinweist und anfügt, daß auch die alte obergärige Braumethode noch immer mit Erfolg gepflegt wird. Der Steinhäger hat das Glück, daß ein weiser Gesetzgeber ihn vor ortsfremden und schlechten Nachahmungen schützt: nur was in Steinhagen gebrannt ist und vom würzigen Wacholder veredelt wurde, darf den berühmten Namen tragen.

Der Pumpernickel wird gesondert gewürdigt, weshalb nur noch ein Wort zum Schinken gesagt werden müßte. Der westfälische Schinken hat eine außergewöhnliche Erfolgsgeschichte hinter sich und eine ebensolche Gegenwart. Seinen Ruf gewann er, weil die Schweine dermaleinst in den großen Eichenwäldern Westfalens weideten. Die Eichelmast und der Weidebetrieb gaben ihrem Schenkelfleisch eine besonders kräftige Struktur. Dann kam noch die Räucherkunst dazu und machte sie zu einem der sehr frühen deutschen Markenartikel. Allerdings spielten die Mainzer den Westfalen einen schlimmen Streich. Sie nutzten ihre Beziehungen zu Frankreich und stillten den Schinkenhunger der Franzosen mit den deftigen Keulen aus Westfalen, die fortan in Frankreich berühmt wurden als «Mainzer Schinken». Heute gibt es keine Eichelmast mehr, aber der gute Ruf hat sich trotzdem gehalten. Bei Schweinernem ist der gute Ruf anscheinend robuster als auf gesellschaftlichem Parkett.

Neben diesen Weltberühmtheiten aus Westfalen gibt es noch eine beachtliche

Menge von lukullischen Lokalmatadoren, wie da sind: Töttchen, Pfefferpothast, Grünkohl, Dickmusik, Blindhuhn, Dicke Bohnen, Pannhas, Pickert oder Bergische Kaffeetafel. Sie finden sich unter den Rezepten.
In dieser Zusammenfassung muß ich nur noch meiner großen Kollegin namens Henriette Davidis Reverenz erweisen. Sie ist die Ahnherrin der modernen Kochbuchschreiber. Ihr «Man nehme» wurde zum kulinarischen Imperativ. Henriette Davidis stammte aus einem Pfarrhaus in Wengeren an der Ruhr. Ihr Buch erschien 1844 in Bielefeld und trug den Titel: «Praktisches Kochbuch für die gewöhnliche und feine Küche». Es hat viele Übersetzungen und noch viel mehr Auflagen erlebt und kann heute noch als Standardwerk der deutschen Küche bezeichnet werden. Es wäre interessant, einmal zu untersuchen, welche der beiden westfälischen Frauen heute noch bekannter ist, die adlige Dichterin Annette von Droste-Hülshoff oder die aus bescheidenem, kinderreichem Hause stammende Köchin Henriette Davidis.

Solingen

Rezepte

Rheinland

Auch beim Rheinland bitte ich um geographische Großzügigkeit. Ich fasse unter diesem Bergriff die Küchen vom Mittelrhein bis zum Niederrhein zusammen und beziehe noch die Seitentäler mit ein. Während Westfalen immer standhaft an seiner überkommenen Kochtradition festhielt, blieb auf der großen Völkerstraße Rhein so manches aus dem Speisevorrat von durchziehenden Heeren und Kaufleuten liegen. Die Küche des Rheinlandes ist etwas buntscheckig. Im äußeren Erscheinungsbild wirkt sie zuweilen sogar etwa effekthascherisch, wofür jedoch allerhöchstens Schnörkel über einer ehrlichen Basis verantwortlich sind.

Die Küche des Rheinlands hat – das muß man nüchtern sehen – die deutsche Küche in Verruf gebracht. Schuld daran ist auch der englische Dichter Byron. In seinem Buch «Childe Harolds Pilgrimage» schrieb er Strophen über den Rhein, die überall in Europa, und besonders natürlich in England, einen Überschwang der Rheinbegeisterung entfachten. Als Napoleon besiegt war, ergossen sich Touristenströme an den deutschen Strom. Der Rheinreiseboom dauerte bis in die dreißiger Jahre des vorigen Jahrhunderts. Will man zeitgenössischen Karikaturen glauben, nahm er groteske Ausmaße an. Bei aller Begeisterung aber klagten die Reisenden immer wieder über das Essen, das ihnen vorgesetzt wurde, es sei viel zu sauer und viel zu fett. Und weil diese

Touristen nur den Rhein bereisten, war dessen Küche eben für sie die deutsche Küche.
Ist es nicht geradezu ein Treppenwitz, daß der einst geschmähte «Rheinische Sauerbraten» später zu einem der deutschen Lieblingsbraten wurde und erst durch das «Zigeunerschnitzel» (Gott sei's geklagt!) von Platz 1 der Hit-Liste verdrängt werden konnte!
Wirklich große Namen haben sich außerdem noch die Reibekuchen gemacht, die Moselaale, das «Neuenahrer Rauchfleisch» (dessen Qualität wirkungsvoll geschützt wird) und die Muscheln auf rheinische Art. Außerdem muß man noch die großartigen «Aachener Printen» nennen. Damit sind natürlich noch längst nicht alle Spezialitäten aufgezählt. Allein an den verschiedenen Arten Kartoffelkuchen, die dann auch «Döppches-Koche» oder so ähnlich heißen, könnte man sich etwa zwei Wochen lang satt essen und dabei niemals das gleiche Rezept vorgesetzt bekommen. Feiner – und teurer – sind die Wildbraten aus der Eifel. Sehr urwüchsig ist die Spezialität «Himmel und Erde». Mancher ortsunkundige Reisende ist in Köln schon sehr

Der Marktplatz zu Aachen

Köln, nach einer Zeichnung von B. Foster

enttäuscht worden, wenn er einen «Halve Hahn» bestellte und an Stelle des halben Hähnchens nur ein Röggelchen (Roggenbrötchen) mit Käse bekam. Wenn er ein «Kölsch» dazu getrunken hat, ist er sicher schnell über die Enttäuschung hinweggekommen. «Kölsch», das ist wie «Düssel» ein Alt-Bier, also obergärig gebraut, und eine Spezialität, die sich in den letzten Jahren immer mehr Freunde in anderen Teilen Deutschlands erworben hat.
Und dann gehört zur Rheinlandküche natürlich noch der Wein, richtiger die Weine von der Ahr und Mosel und vom Mittelrhein. Der Wein aber hilft der Küche. Wer auf einem Rheindampfer sein Touristenmenü mampft, der kommt gar nicht dazu, sich über mangelnden Wohlgeschmack zu beklagen, denn die Zunge wird vom Wein getröstet und das Auge von den Bergen und Burgen der Rheinufer abgelenkt. Und dann singt er gefühlvoll: «Ich weiß nicht, was soll es bedeuten, daß ich so traurig bin . . .»
. . . Und er weiß es wirklich nicht.

Rezepte

Hessen

Es gibt eine hessische Spezialität mit Namen «Dorchenannergekochtes», und damit haben wir gleich die Zusammenfassung dessen, was ich mich bemühen werde, als die Küche Hessens darzustellen. Die Spezialitäten wechseln mit den Landschaften und dem Klima, das an der Bergstraße nicht mit dem der Rhön zu vergleichen ist. Wie in fast allen deutschen Landesküchen spielt Schweinernes eine große Rolle. Aber Rezepte, die man auch anderswo schätzt, haben in Hessen oft einen besonderen Pfiff. Ja, sollte ich einen Überbegriff prägen müssen, so würde ich mich für «Koch-Pfiffigkeit» entscheiden. Diese aber kommt geradewegs aus dem Charakter der Bevölkerung. Man sagt in Hessen nicht ohne einen kleinen Schuß Bewunderung, daß jemand «vigilant» sei, und meint damit eine gewisse Cleverness. (Womit wir gleich zwei ausländische Wörter zu Hilfe nehmen müssen, was bezeichnend sein dürfte.) Die Hessen haben sich gegen so mancherlei Herrschaftsformen und fremde Besatzer sowie einheimische Despoten behaupten müssen. Wären sie nicht «vigilant» gewesen, hätten sie es nicht geschafft. Kommen wir wieder auf die Küche zurück. Da gibt es beim Schlachten Wellfleisch, Solber, Haspel und Leiterchen, womit man sich nicht nur sprachlich von anderen deutschen Regionen unterscheidet. Und erst die Krönung aller hessischen Schweinespezialitäten, das «Rippche», Mehrzahl «Rippcher»!

Sie unterscheiden sich eindeutig in Saft und Dicke von ihren Namensvettern in anderen Regionen. Ein echt hessisches Rippchen darf nur als ganzes Rippenstück heiß gemacht werden. Zum Verzehr erst wird es dann heruntergeschnitten, sehr dick geschnitten, und strotzt nur so von Saft.

Bei den Würsten, für die Oberhessen berühmt ist, habe ich das Gefühl, man nehme ein bißchen mehr kernigeres Fleisch als anderswo, denn knickerig sind die Hessen nicht, besonders dann, wenn es um was Gutes zu essen geht. Und dann läßt man die Würste auch noch so lange hängen, bis alles überflüssige Wasser verdunstet ist. So entsteht die «Alte Wurst» («Aahle»), die man auch «Dürre Runde» nennt. Sogar die einfachen Blutwürste läßt man austrocknen. In ganz dünne Scheibchen geschnitten und auf Butterbrot gelegt, werden sie zu einer wahren Delikatesse. Das Brot muß natürlich oberhessisches Bauernbrot sein, das ist kernig, ohne einem den Gaumen zu zerreißen.

Zwei weitere hessische Lieblingslebensmittel sind Quark und Kräuter. In Hessen sagt man natürlich nicht Quark, sondern «Schmierkäs» oder auch «Matte», und man genießt ihn süß und pikant und angemacht mit allem, was man sich nur denken kann.

Kräutersaucen und Kräutersuppen gehören in vielen Teilen des Landes zur alten Tradition. In Frankfurt entstand daraus die inzwischen berühmt gewordene «Grüne Sauce». Sie war einstmals ein Frühlingsessen, das es, je nachdem, wie früh die Feste fielen und das Wetter war, zu Gründonnerstag oder Himmel-

fahrt gab. Heute bekommt man die Kräuter in Hessen das ganze Jahr über fertig gemischt und abgepackt, und «Grüne Sauce» ist zu einer bundesdeutschen Spezialität geworden. Aufgestiegen oder abgesunken?
Bleiben wir noch kurz in der Frankfurter Küche, die zu den meistgenannten kulinarischen Namen zählt. Da gibt es die Frankfurter Würstchen mit weltweitem Ruhm – die in Neu-Isenburg, einem Vorort in der Nähe des Flughafens, gemacht werden. Ursprünglich waren die «Frankfurter Würstchen» übrigens Bratwürste, und ganze Armeen wurden damit versorgt. Die «Frankfurter Rindwürste» sind nie so bekannt geworden wie ihre dünneren Schwestern, erfreuen jedoch den Kenner durch ihren außergewöhnlichen Wohlgeschmack. Als bekanntes Gebäck gibt es die «Bethmännchen» und die «Brenten», die beide den Namen ihrer Geburtsstadt tragen, während der «Frankfurter Kranz» zwar bekannt und wohl-

Frankfurt am Main

schmeckend ist, jedoch nicht zur bodenständigen Küche gehört. Dazu sind die «Hartekuchen» zu zählen, ein trockenes Gebäck, das vorzüglich zum «Äppelwoin» schmeckt. Abgerundet werden die Spezialitäten der Main-Metropole durch den «Handkäs mit Musik».

Damit der heitere Unterton der hessischen Küche noch ein bißchen fröhlicher wird, kommt zum Apfelwein noch jener aus Trauben, die von den berühmtesten deutschen Lagen des Rheingaus stammen und somit hessische Gewächse sind.

Gerade beim Wein zeigen die Hessen, was in ihrer Küche steckt. Vigilant, wie sie stets in der Küche sind, wissen sie auch noch aus den sauersten Tropfen köstliche Genüsse zu machen, wie etwa «Wipp».

Da haben sie, weltoffen und clever, ein italienisches Rezept genommen, das der Zabaione, und ihm einen unschlagbar treffenden eigenen Namen gegeben, nämlich «Wipp».

Und nimmt man *«Wipp» mit em «Schepper» aus'm «Kumpe», dann werd «geachelt».* Das letzte Wort kommt aus dem Jiddischen, und der ganze Satz ist ein Beispiel für Gaumengenuß auf hessisch.

Rezepte

Pfalz und Rheinhessen

Beide Gebiete liegen zwar miteinander in hartem Wein-Konkurrenzkampf: Welches ist das größte deutsche Weinbaugebiet? Im Augenblick hat Rheinhessen die Nase vorn, denn es weist etwa 1000 ha mehr Weinbergfläche aus. Im Zuge der Gleichberechtigung legen heimatbewußte Pfälzer Wert darauf, ihr Gebiet als Rheinpfalz zu titulieren.

Titelblatt des Dürkheimer «Wurstmarkt-Anzeigers»

Was die Küche betrifft, so herrscht zwischen Bingen und Ludwigshafen weitgehend Übereinstimmung. Ja man kann sogar das Saargebiet noch mit einbeziehen. Überall sind Kochen und Essen mit Wein verbunden. Wird Wein nicht zu Marinaden oder Saucen verwendet, so sind die Speisen doch geschmacklich derart abgestimmt, daß ein echter Pfälzer «Trobbe» unbedingt dazugehört. Wie sehr Essen und (Wein-)Trinken miteinander verbunden sind, das beweisen allein schon die Namen, die man dort den Weinfesten gibt: Dürkheimer Wurstmarkt, Speyrer Brezelfest, Deidesheimer Geißbockversteigerung oder Wormser Backfischfest.
Die Küche in Rheinhessen und der Pfalz hat zwei Grundtugenden: sie ist ehrlich und naiv. Die Ehrlichkeit erkennt man z. B. im berühmten Pfälzer Saumagen. Anderswo hätte man einer so köstlichen Ballotine (was sie küchentechnisch durchaus ist) sicher einen gestelzteren Namen gegeben, wie etwa «Gefüllter Schweinemagen». Jedoch nicht so in der Pfalz. Dort heißt es kurz und bündig «Saumage», und jeder weiß, was gemeint ist. Selbst das allgemein gebräuchliche Wort Kartoffel ist für die Menschen am Rhein viel zu gekünstelt, sie ersetzen es durch das erdverbundenere «Grumbeere». Und wo andere deutsche Volksstämme von Kartoffelklößen sprechen, sagen sie bildhaft und ehrlich «Hoorische Knepp». Ebenso ehrlich sind die Pfälzer und Rheinhessen in ihren Beziehungen zum lieben Gott, wenn sie schlicht sagen:
«Ich lobe dich, Herr, mit Esse und Trinke,
mit Hoorische Knepp, Saumage, Worscht,
Weck und Wein!»

Die linksrheinische Weinküche kann man an einem Käsebeispiel ganz deutlich erkennen. In Rheinhessen gibt es als angemachten Käse den sogenannten «Spundekäs». Vergleicht man nun diesen mit der entsprechenden bayerischen Zubereitung, dem «Oanbazte», so hat man den Unterschied zwischen Wein- und Bierküche: dezent-pikant die rheinische Mischung und derb-kräftig die bayerische.
Damit keine falschen Vorstellungen aufkommen, sei betont, daß weder die Pfalz noch Rheinhessen durch ihre bodenständigen Käse glänzen. Man kennt dort neben dem Handkäs nur noch Quarkzubereitungen. Beides sind viel eher Wurst- und Kartoffellandschaften. Hausschlachterwürste und einfallsreiche Kartoffelzubereitungen spielen eine große Rolle im Alltag.
Vergessen darf man dabei nicht die feineren Genüsse: Gemüse und Wild. Auf den fruchtbaren Ebenen und im sanft geschwungenen Hügelland wachsen zahl-

Bingen, nach einer Zeichnung von Abresch

reiche Gemüsesorten in verschwenderischer Fülle. Weil es die Sonne sehr gut mit diesen Landschaften meint, konnten sich ihre Bewohner auch den Luxus leisten, zum jungen, noch ungestüm schäumenden Wein die Marone, die Edelkastanie, als Zukost zu wählen. «Neie un Keschte» sagt man in der Pfalz dazu, was «Neuer Wein und Eßkastanien» heißen soll. Das ist eine der naiven und gleichzeitig köstlichen Zusammenstellungen, auf die jedes Volk stolz sein kann.

Weil man, wenn man von Rheinhessen oder der Pfalz spricht, zuerst an Wein denkt, vergißt man allzuleicht, daß es noch andere Landschaftsformen gibt. Der Pfälzer Wald ist westliches Randgebirge der Oberrheinischen Tiefebene und gleichzeitig eines der ganz großen zusammenhängenden Waldgebiete der Bundesrepublik. In ihm können sich nicht nur Nato-Lager verstecken, sondern auch viel Wild. Nimmt man noch die Tatsache dazu, daß rings um die Weinberge und in den Flußauen ideale Lebensbedingungen für Niederwild herrschen, so erklärt sich der beachtliche Anteil von Wildgerichten.

Wer sich eine Reise in die Pfalz oder nach Rheinhessen sparen will, um die Küche dieser Landschaften kennenzulernen, dem entgehen zwar Gaumengenüsse, er kann sich jedoch ein sehr gutes Bild von ihnen machen, wenn er sich ländliche Szenen naiver Maler anschaut mit ihren kraftvoll bunten Farben der prallen Lebensfreude. So meinte ich es auch, wenn ich die pfälzisch-rheinhessische Küche im besten Sinne naiv nannte.

Rheinhessen hat seinen eigenen, weltbekannten Sänger der Lebensfreude, er ist mit dem «Fröhlichen Weinberg» berühmt

Geisenheim, Stich von Johann G. F. Poppel nach einer Zeichnung von L. Rohbock

geworden, und was er sagt, kann Wort für Wort auch für die Pfalz gelten:

«Welch ein entzücktes Spiel:
zu hohen Festen
erles'ner Bissen Liebreiz zu erfleh'n,
und welche Lust:
sich mächtig voll zu mästen,
satt und mit Saft gefüllt
vom Hals bis zu den Zeh'n!»

Rezepte

Baden

Lange Zeit war der Südwestzipfel Deutschlands als «Musterländle» bekannt, heute schätzt man ihn noch mehr als das Schlemmerparadies. Die kühne Behauptung, Baden habe die beste aller deutschen Landesküchen, ist leicht zu beweisen: Entweder man fährt hin und überzeugt sich selbst, oder man blättert die gängigen bundesdeutschen Restaurantführer durch und erkennt, daß in Baden mehr hochgelobte Küchen sind als in allen anderen Landschaften; am deutlichsten im «Michelin» bei seinen Sternen festzustellen.

Woher kommt die vielgerühmte Qualität der badischen Küche? Ich glaube, sie hat drei Quellen.

Da ist einmal die sonnengesegnete Landschaft mit ihren reichen Fluren im Oberrheintal, die eine Fülle bester Gemüse, Früchte und Salate hervorbringt, die von den Beeren, den Pilzen und dem Wild der Schwarzwaldberge umgeben werden.

Zweitens – und sehr bedeutsam – sind die fremden Einflüsse zu nennen, die mit der größten Selbstverständlichkeit in die badischen Kochtöpfe flossen, weil sie nämlich alle von Stammesverwandten kamen. Aus Frankreich brachten sie die Gevattern Elsässer über den Rhein; von den alemannischen, in der Schweiz ansässigen Brüdern kamen nicht nur deren eigene kulinarische Spitzenleistungen, sondern auch italienische Anregungen; aus Österreich kam etwas fernere Verwandtschaft und setzte sich als fremde Herrschaft in

Südbaden für eine Weile fest. Was nach ihrem Abzug blieb, waren einige Perlen ihrer Kochkunst (so betrachten die Badener z. B. heutzutage die «Linzer Torte» als regionale, eigene Spezialität). Wer gehässig sein will, kann sagen, daß man in Baden immer die Verwandtschaft ausgenutzt hat. Die meisten Menschen waren jedoch freundlicher – und vernünftiger – und kamen von allen Ecken Deutschlands, um die Früchte dieser Nachbarschaftshilfe zu genießen – und sich dabei auch noch der herrlichen Landschaft zu erfreuen. Der Schwarzwald wurde zum frühesten deutschen Urlaubsgebiet, was dazu führte, daß im kulinarischen Wettkampf um den Gast die anspruchsvolle Küche bis ins letzte Dorf vordrang.

Die dritte Quelle der vielgelobten Kochkunst der Badener – den Namen Badenser lehnen sie ab – sprudelt ständig aus ihnen selbst, und sie sprudelt fröhlich. Es ist die heitere, genußfrohe Lebensart der Menschen am Oberrhein, die immer

Baden-Baden, Stich von Johann G. F. Poppel nach einer Zeichnung von R. Höfle

Zeit finden, mit Freunden und Fremden zu «schwätze», und dabei was Gutes essen und trinken. Dafür nimmt man sich Zeit, ganz bestimmt ein bißchen mehr als in allen anderen deutschen Provinzen. Natürlich ist die badische Küche auch eine der deutschen Weinküchen. Sie ist aber noch mehr; mir scheint sie die eleganteste aller deutschen Landesküchen zu sein. Nehmen wir nur ihre Spezialitäten, als da sind Schnecken, Froschschenkel, Flußfische in Wein und Sahne, Rehrücken Baden-Baden, Spargel, Löwenzahnsalat oder Schwarzwälder Kirschtorte. Selbst wenn letztgenannte nicht zu den bodenständigen Spezialitäten zählt, sondern eine neuere Erfindung der Konditoren ist, so waren es immerhin badische Backkünstler, die sie als Ausdruck heimischen Wohlgeschmacks schufen. Eine andere der badischen Spezialitäten, die zu den wenigen gehört, die zu den anderwärts vorherrschenden deftigen gehört, das «Schäufele», ist ein bißchen weniger robust als ähnliche Pökelfleischgerichte. Dieses Stück aus der Schulter, das man auf Sauerkraut reicht, hat auch etwas von der Eleganz der Landesküche, und das begleitende Sauerkraut ist natürlich mit Wein gekocht. Oder: Sogar beim bäuerlichen Einsalzen des Krautes haben die Badener eine kleine, aber köstliche Spezialität entwickelt, die «Gumbistöpfel»; durch das Liegen im Sauerkraut werden diese Äpfel pikant säuerlich und wunderbar mürbe. Wo andere Landesküchen in Schmalz und Speck schwelgen, ergeht sich die badische in Sahne und Butter. Vergessen wir nicht die Getränke des Landes, die neben dem «Schwarzwälder Schinken» wohl am

meisten zum kulinarischen Weltruf beigetragen haben: «Schwarzwälder Kirschwasser», «Zwetschgenwasser» und «Himbeergeist». Im Lande selbst trinkt man viel mehr «Obstler», der aus einer Obstmischung gebrannt wird, und «Topinambur», der neben «Erdäpfler» noch viele regionale Namen hat, in der Ortenau vorherrscht und aus einer anderswo kaum noch angebauten Erdknolle stammt. Diese badische Spezialität hat leider den Nachteil, daß sie anfänglich etwas streng schmeckt. Das wird jedoch durch den Vorteil ausgeglichen, daß «Topinambur» der wohl beste bodenständige Verdauungsschnaps sein dürfte und außerdem dank seiner besonderen Inhaltsstoffe ein echtes Elixier für Diabetiker ist. Natürlich gibt es in Baden zahlreiche – und sehr renommierte – Brennereien, dazu kommen jedoch noch viel mehr kleinbäuerliche Brennblasen, aus denen echt hausgemachter Schnaps fließt. Viele Kenner haben ihre speziellen Quellen, deren Adresse sie oft besten Freunden nicht verraten.
Der badische Wein hat nach dem Krieg eine unglaubliche Karriere gemacht. Vom bäuerlichen Hausgetränk wurde er zu einem der bekanntesten Spitzenweine des Landes. Baden kann sich der größten Kellerei Europas – in Breisach – rühmen – sowie einer traditionsreichen Sortenvielfalt. Außerdem werden in keinem anderen deutschen Weinbaugebiet so viele trockene Weine angeboten wie in Baden. Was schließlich auch für den guten Geschmack spricht.

Rezepte

Kartoffeln, Gemüse und Eintöpfe

Nachspeisen

Eingemachtes

Allerlei Backwerk

Schwaben

Die Schwaben sind Nachbarn der Badener – beide können sich in die Kochtöpfe gucken. Allerdings muß man dabei bedenken, daß zu den Schwaben auch die bayerischen Familienmitglieder zu rechnen sind, die in Augsburg anders kochen, als man das in Heilbronn gewöhnt ist. Trotzdem gibt es neben den Ähnlichkeiten zur badischen Küche auch sehr deutliche Grundzüge der schwäbischen Kochkunst.
Wahrscheinlich haben die landeskundlichen Feinschmecker-Leser schon längst das Wort «Spätzle» vermißt, das man natürlich mit gutem Grund als Überschrift über jede Betrachtung Schwabens setzen könnte. Nur dann, wenn es sich um eine kulinarische Betrachtungsweise handelt, sollte man die schwäbische Nationalspeise nicht allzu einsam in den Vordergrund stellen. Neben ihr gibt es nämlich noch die vielen und ständig aufgetischten Suppen. Man spricht vom Schwaben in zwei nahrhaften Ergänzungsformen: «Spätzles-Schwab» und «Suppen-Schwab». Geographisch kann man zwischen beiden keine genaue Trennungslinie ziehen: vielleicht daß südlich von Ulm der «Suppen-Schwabe» häufiger anzutreffen ist.
Was die Spätzle betrifft, so sind sie nur eine Erscheinungsform der hausgemachten schwäbischen Teigwaren.
Und diese Teigwaren sind die eigentliche Grundlage der schwäbischen Küche.
Sie tauchen auch in den Suppen auf.

Ja man kann sogar konsequenter sein und behaupten, daß der Oberbegriff noch weiter gefaßt werden muß und man am besten vom «Mehl-Schwaben» spricht. Ich wage es. Denn eindeutig ist die untergeordnete Rolle, die das allgemeine deutsche Grundnahrungsmittel Kartoffel bei den Schwaben spielt. Dafür haben sie die unendliche Vielfalt von Speisen, die aus Mehl hergestellt werden. Wenn in Baden die Sahne den Ton angibt, dann ist es in Schwaben das Mehl. Köstlich sind die immer wieder anderen Gebäckarten, die man an Neckar und Donau daraus zaubert. Welche einmalige Harmonie zwischen knusprig und mürbe weisen zum Beispiel die schwäbischen Laugenbrezeln auf! Ißt man sie gar noch mit reichlich frischer Butter, so ist das ein Genuß für Götter. Allerdings ist er dann nicht mehr so ganz schwäbisch, da Butter zu Brezeln von vielen als Verschwendung betrachtet wird. Die Brezeln aber sind nur ein Gebäck unter vielen, dazu noch eines, das man auch anderwärts kennt. Ganz schwä-

Heilbronn

bisch jedoch sind «Seelen», «Mutscheln», «Horaffen», «Wibele», «Ulmer Brot», «Ulmer Spatzen» oder «Straubeze», um nur die bekanntesten zu nennen und auf die vielen Fasnets-Küchle gar nicht einzugehen.

Bei aller Betrachtung schwäbischer Kochkunst darf man nicht außer acht lassen, daß es äußerst fruchtbare Landstriche gibt, wie etwa zwischen Donau, Lech und Iller, denen arme Berggegenden in der Alb oder Baar gegenüberstehen. Reichtum und Armut spiegeln sich in den betreffenden Regionalküchen wider, ohne die Gemeinsamkeiten zu vergessen.

Zu diesen gehört die «saure Brühe», mit der man Spätzle, Kartoffeln, Würste und Gemüse anrichtet.

Ich habe zuvor von Wein- und Bierküchen gesprochen. Nun ist das Schwabenland in weiten Landstrichen ein gesegnetes Weinland. Vor allem Rotweinland. Dort wird mehr Rotwein gebaut und getrunken als sonstwo in Deutschland. Das «Viertele» wird im urwüchsig anmutenden stiellosen Rundglas mit Henkel (wie ein Bowlenglas) angeboten. Es ist echtes Volksgetränk und von manchen Speisen gar nicht zu trennen. Trotzdem würde ich Schwaben nicht als Land einer Weinküche einstufen wollen; es nimmt eine eigenartige Zwischenstellung zwischen Wein- und Bierküche ein, wobei beide Formen miteinander vermischt und nicht so sehr geographisch getrennt sind. Größten Ruhm haben sich die Schwaben mit ihrem sprichwörtlichen Fleiß erworben. Doch beim näheren Hinsehen ist es nicht Fleiß allein, der sie zu Erfolgen bringt, sondern ein sehr reger unternehmerischer und vor allem auch erfindungs-

reicher Geist. Er hat die hochspezialisierten mittelständischen Unternehmen geschaffen, ohne die der Wohlstand des Landes undenkbar wäre. Die großen Unternehmen sind aus ihm ebenso erwachsen. Und in der schwäbischen Küche finden wir eine verblüffende Parallele. Die handwerklich als Tüftler berühmten Schwaben haben Frauen zur Seite, die in den Küchen ebensolch erfolgreiche Tüftlerinnen sind. Sie haben die schwäbische Küche abwechslungsreich gemacht. Noch mehr: sie haben ihren Erfindungsreichtum eingesetzt und die erstaunlichsten Kompositionen geschaffen. So gibt es Linsen mit Spätzle oder Kartoffeln mit Spätzle und Sauerkraut zusammen; oder Spätzle mit Käse und zur Abwechslung in saurer Brühe; schließlich ist die Füllungsvielfalt für Maultaschen ja auch recht abenteuerlich. So ist die schwäbische Küche eigentlich eine Tüftlerküche, in der das Mehl in Hunderten von Arten gebraucht wird. Und sie ist eine der abwechslungsreichsten des ganzen Landes. So wie die Schwaben arbeiten, so kochen sie auch, und sie sagen dazu: «Wie oiner ißt, so schafft er.»
Beides ist echt schwäbisch. Und dazu sagte Goethe: *«... mir behagt die Landesweise: Hilf Himmel, was gibt's da für Speise!»*

Rezepte

Alphabetisches Verzeichnis der Rezepte

Suppen

Salate und kleine Gerichte

Fisch

Geflügel

Schlachtfleisch

Wild

Saucen

Klöße

Gemüse

Nachspeisen

Eingemachtes

Backwerk

Getränke

Register